U0927858

社区心理援助师

主编　刘义林

军事医学科学出版社
·北　京·

内容提要

本书主要内容是社区心理援助师的专业知识、技能技巧以及相关标准和规定，从一个社区心理援助师成长所必备的知识、条件、考核到掌握各种实操技术直至服务于社区的方式、方法都做了详尽的描述。全书共分十章，由全国社区心理援助中心组织各地知名专家和心理治疗师、心理咨询师、心理督导师等专业人员进行分工合作编写。

本书作为全国社区心理援助中心《社区心理援助师》执业资格培训的指定教材，可以帮助心理咨询师、社会工作师、婚姻家庭指导师、心理学专业院校师生、心理学爱好者通过比较系统全面的学习，了解和掌握开展社区心理援助活动所需要具备的知识和技能，为促进我国的社区心理健康工作和构建和谐幸福家庭奉献我们的专业知识和爱心。本书的专业知识覆盖面和被援助对象群体的领域涉及面比较广泛，比起以往单一内容的心理学教材和书籍，具有更强的社会性、普及性和实用性。

本书的内容经过众多具有临床实操经验的编写人员精简和筛选，力求避免高深的学术用语和复杂理论的争议，尽量采用公众比较认可、通俗易懂、接地气的描述和生动简明的文字来进行讲解，努力寻求为行业的规范化、标准化、科学化建设做出贡献。

图书在版编目(CIP)数据

社区心理援助师/刘义林主编.
-北京:军事医学科学出版社，2015.7
ISBN 978-7-5163-0625-3

Ⅰ.①社… Ⅱ.①刘… Ⅲ.①社区-心理咨询-咨询服务-职业培训-教材 Ⅳ.①R395.6

中国版本图书馆 CIP 数据核字(2015)第 143437 号

出 版：军事医学科学出版社
地 址：北京市海淀区太平路 27 号
邮 编：100850
联系电话：发行部：(010)66931051，66931049，63827166
编辑部：(010)66931039
传 真：(010)63801284
网 址：http://www.mmsp.cn
印 装：中煤涿州制图印刷厂北京分厂
发 行：新华书店

开 本：787mm×1092mm 1/16
印 张：20
字 数：642 千字
版 次：2015 年 8 月第 1 版
印 次：2015 年 8 月第 1 次
定 价：51.20 元

本社图书凡缺、损、倒、脱页者，本社发行部负责调换

《社区心理援助师》编委会

主　　编　刘义林

执行副主编　刘华清　陈　伟　孙启亮　仇铁健　张雪泳　彭　娟　王　伟　刘名徽　万岩杰　许多斌

副 主 编　刘　立　林信洁　冯树英　覃　燕　朱美云　万岩杰　康雪琴　高　源　陈　欣　许多斌　韩志跃　徐毅强　麦合巴·卡哈尔(维吾尔族)　焦伟珍　刘冒闯

编　　委　(以姓氏笔画为序)

丁晓燕　于文清　万安娣　万岩杰　及领杰　卫春娟　马晓丽　马晓燕
王　伟　王　洪　王　峰　王卫红　王文举　王龙云　王仕俊　王志恒
王武霞　王恩德　王富立　王瑞雪　王照华　王新静　韦纯伟　牛雪梅
仇建国　文思纬　方柳丁　孔匡建　邓许林　邓秀文　邓绍强　卢文静
卢宇鸿　代　军　代忱灵　代洪颖　付春山　冯树英　皮佳鑫　边爱萍
戎孝慧　曲　欣　吕　桔　吕文丽　吕新燕　朱星星　朱美云　乔　露
任明霞　向海燕　刘　旻　刘　洋　刘　浩　刘　超　刘　颖　刘　璇
刘　薇　刘义林　刘亚朝　刘华清　刘名徽　刘国静　刘春燕　刘冒闯
刘胜珊　刘艳秋　刘晓霞　刘雅娟　齐春娥　齐艳伟　米思宏　许多斌
阮焕怡　孙　伟　孙　红　孙启亮　孙春云　孙晓峰　孙凌傲　孙盛尧
麦合巴·卡哈尔　杜　彬　苏永生　苏朝霞　杨　洋　杨文玲　杨吉影
杨沁言　杨海燕　杨键秋　李　康　李玉娇　李红卫　李玖菊　李春霞
李晓强　李婉娇　李谢之　李毅红　肖　航　吴　静　吴　巍　吴道林
何　玲　佟　林　余秋龙　邹亚萍　沈　樾　沈彩云　宋　宁　张　伟
张　娟　张　蔚　张　聪　张小霞　张远雯　张英姿　张宝英　张夏琴
张雪泳　张绪峰　陆书华　陈　伟　陈　芳　陈　欣　陈　静　陈旭华
陈秋香　陈晓娟　范铁微　林　玲　林丽琴　林信洁　罗　芳　岳太鹏
周　云　周安山　周贵香　庞　丽　郑　萍　郑　蕾　郑艳玲　单红妍
赵　伟　赵　新　赵　霞　赵丽春　赵春霞　赵菊清　荣新奇　胡　建
胡鑫超　查丽敏　柳旭锋　柳晓琼　段　峰　禹彩云　姜　水　贺华玲
秦钰燕　贾丽云　倪翠坤　徐卓琳　徐明立　徐毅强　高　健　高　源
高禄璋　郭　倩　郭向红　郭金梅　唐玉霞　陶业兰　姬　红　黄文树
黄文娟　黄庆霞　黄家豪　曹　虹　曹秀丽　符龙花　康雪琴　彭　娟
葛秀琴　蒋玲丽　韩志跃　韩群业　喻成兰　焦伟珍　谢桂华　赖翠玲
雷凤翔　路丽玲　窦　玮　蔡　芸　蔡鑫杰　漆江鸿　熊　英　熊安安
颜永惠　潘　冰　魏贵环　魏晨曦　瞿进红

序言

习近平同志在2015年春节团拜会上讲:中华民族自古以来就重视家庭、重视亲情。家和万事兴、天伦之乐、尊老爱幼、贤妻良母、相夫教子、勤俭持家等,都体现了中国人的这种观念。家庭是社会的基本细胞,是人生的第一所学校。不论时代发生多大变化,不论生活格局发生多大变化,我们都要重视家庭建设,注重家庭、注重家教、注重家风,紧密结合培育和弘扬社会主义核心价值观,发扬中华民族传统家庭美德,促进家庭和睦,促进亲人相亲相爱,促进下一代健康成长,促进老年人老有所养,使千千万万个家庭成为国家发展、民族进步、社会和谐的重要基点。

中共中央十六大六次会议通过《中共中央关于构建社会主义和谐社会若干重大问题的决定》,其中第五部分指出:"建设和谐文化,巩固社会和谐的思想道德基础,广泛开展和谐创建活动,形成人人促进和谐的局面。着眼于增强公民、企业、各种组织的社会责任,把和谐社区、和谐家庭等和谐创建活动同群众性精神文明创建活动结合起来,突出思想教育内涵,广泛吸引群众参与,推动形成我为人人、人人为我的社会氛围。以相互关爱、社会服务为主题,深入开展城乡社会志愿服务活动,建立与政府服务、市场服务相衔接的社会志愿服务体系。注重促进人的心理和谐,加强人文关怀和心理疏导,引导人们正确对待自己、他人和社会,正确对待困难、挫折和荣誉。加强心理健康教育和保健,健全心理咨询网络,塑造自尊自信、理性平和、积极向上的社会心态。"

和发达国家相比,我们在这个领域还有很大差距。美国国会1946年通过了《国家心理卫生法案》;1949年成立了国家心理卫生研究院;1960年开展著名的社区心理卫生运动,发起者包括政府部门、政治活动家、心理卫生相关专业人员与半专业人员;1963年,国会通过了《社区心理卫生中心法案》;2002年,布什总统设立了总统的心理健康新自由委员会。英国于1983年通过《心理卫生法》;澳大利亚于1986年出台了《精神卫生法案》,于1991年发表了《国家心理健康权利与责任宣言》;日本于1995年通过了《心理卫生法》;马来西亚于2001年通过了《心理卫生法》。

从1996年,国务院批转《中国残疾人事业"九五"计划纲要》,要求社区精神卫生工作在广度和深度上延伸,如针对社区居民开展心理健康知识宣传教育、开设心理咨询服务,针对社区精神疾病患者进行管理、治疗和康复等全方位的服务以来,我国的社区心理援助工作已经有了可喜的进步。2000年,我国卫生部(现"卫生和计划生育委员会")制定的《城市社区卫生服务中心设置指导标准》中就已经将提供精神卫生服务和心理卫生咨询服务、开展健康教育与健康促进工作和提供个人与家庭连续性的健康管理服务作为城市社区卫生服务中心重要的基本功能。《全国精神卫生工作体系发展指导纲要(2008—2015)》中提出:"各地要制定政策措施,将心理疾病社区管理、心理健康指导工作纳入社区卫生服务机构、农村医疗机构的公共卫生服务内容。"

2013年实施的《中华人民共和国精神卫生法》(以下简称《精神卫生法》),除了切实维护精神障碍患者的合法权益,着力提升防治康复能力外,还强调要注重促进公民心理健康。该法规定了预防为主的工作方针，并设专章规定了政府及有关部门、用人单位、学校、医务人员、监狱等场所，社区、家庭、新闻媒体、心理咨询人员等在心理健康促进和精神障碍预防方面的责任。如规定各级人民政府和县级以上人民政府有关部门应当采取措施，加强心理健康促进和精神障碍预防工作，提高公众心理健康水平。规定各级人民政府和县级以上人民政府有关部门制定的突发事件应急预案，应当包括心理援助的内容。发生突发事件，履行统一领导职责或者组织处置突发事件的人民政府应当根据突发事件的具体情况，按照应急预案的规定，组织开展心理援助工作。要求用人单位应当创造有利于职工身心健康的工作环境，关注职工的心理健康；对处于职业发展特定时期或者在特殊岗位工作的职工，应当有针对性地开展心理健康教育。《精神卫生法》的颁布实施，将有利于提高公众心理健康水平，对加强心理健康促进和精神障碍预防工作，引导公众关注心理健康，增强心理健康意识，普及精神卫生知识，提高心理健康水平，减少精神障碍的发生，将产生重要的推动作用。如规定村民委员会、居民委员会应当协助所在地人民政府及其有关部门开展社区心理健康指导、精神卫生知识宣传教育活动，创建有益于居民身心健康的社区环境。乡镇卫生院或者社区卫生服务机构应当为村民委员会、居民委员会开展社区心理健康指导、精神卫生知识宣传教育活动提供技术指导。国家鼓励和支持新闻媒体、社会组织开展精神卫生公益性宣传，普及精神卫生知识，引导公众关注心理健康，预防精神障碍的发生。心理咨询人员应当提高业务素质，遵守执业规范，为社会公众提供专业化的心理咨询服务。

本书的编委来自全国各地70多个城市和地区，每个人都努力书写自己擅长的一部分内容，并尽量保持内容的完整性和统一性。有时候为了校对一个章节，几十个人同时工作到午夜也是常有的。许多编委是七〇、八〇后，常常忙碌完日常工作，晚上照顾好家庭和孩子，半夜才有时间加班加点。

这本书中使用综合积极情绪疗法改善神经症的一个阶段案例非常值得一读，其采用口语化的语言和最原始的记录方法，保留了咨询的过程，使读者不仅可以了解咨询的真实过程，还可以模仿记录的方法运用于本人日常的咨询过程中。

近年来，国家领导人、党中央、国务院、卫计委、教育部、人社部、民政部、工青妇等一级组织，都十分关怀、支持、重视社区心理援助活动。我们相信，在全国社区心理援助中心的组织和带领下，能够迅速培养出大批合格的、优秀的社区心理援助师，以弥补社区心理专业人才的不足，以适应构建和谐社会、和谐社区、幸福家庭的迫切需要。

原北京大学心理学系教授
原卫生部心理健康教育中心研究员　张伯源
2015年4月28日

前言

党的十六大首次阐述了“社会和谐与心理和谐”的关系，指出：“注重促进人的心理和谐，加强人文关怀和心理疏导，引导人们正确对待自己、他人和社会，正确对待困难、挫折和荣誉。加强心理健康教育和保健，健全心理咨询网络，塑造自尊自信、理性平和、积极向上的社会心态。”党的十七大指出：“注重人文关怀和心理疏导，用正确的方式处理人际关系。”党的十八大指出：“要注重人文关怀和心理疏导，培育自尊自信、理性平和、积极向上的社会心态。”近年来，国家领导人、党中央、国务院、卫计委（卫生和计划生育委员会）、教育部、人社部、民政部、工青妇等一级组织，都十分关怀、支持、重视社区心理援助活动。

我国目前精神障碍整体发病率为17.5%，需要服务的患者约2.48亿人，但其中只有4.9%的患者得到了专业帮助；精神科医师2万人，心理治疗师约3000人，注册心理师、督导师700多人，从事心理咨询和心理治疗工作人数约5万人。全国约400所高校心理系师生约80万人，社会工作者约26万人，获得心理咨询师资质者约60万人（考证约200万人），合计约168万人，这几年均以每年20%的速度递增。国家人社部2012年曾指出：我国心理咨询师、心理治疗师严重匮乏，从业人员参差不齐。正是在这种社会需求和填补社区心理援助教材空白的迫切需求下，我们编写了这本《社区心理援助师》，它不仅是全国社区心理援助中心社区心理援助师培训的指定教材，也是心理咨询师、社会工作师（以下简称“社工师”）、婚姻家庭指导师和心理学专业院校学生以及广大心理学爱好者的参考书，是比较具体、比较全面的心理援助及心理咨询的操作指南和工具书。

全国社区心理援助中心于2015年3月成立以来，在各地热爱社区心理援助事业人士的大力支持下，已经初步完成了专家团队和核心成员的组建工作，起草了《全国社区心理援助中心章程》《全国社区心理援助条例》《社区心理援助师职业道德和伦理守则》《社区心理援助师注册条例》等行业指导性、规范性文件，在广西、福建、甘肃、河北、四川、贵州、新疆、浙江、海南、山东、山西、江苏、黑龙江、辽宁、吉林、内蒙古、安徽、湖南等23个省区和南宁、雅安、武威、泉州、平凉、哈尔滨、长沙、泰州、大连、大庆、乌鲁木齐、赤峰、滨州、遵义、温州、葫芦岛、成都、三亚、菏泽、日照、涿州、嘉兴、白城、天津、太原、达州、亳州、蚌埠、重庆、白山、绍兴、上海、潍坊、常州、长春等72个城市设立了社区心理援助中心。

全国社区心理援助中心首席顾问李心天教授，总顾问张伯源教授，名誉顾问张吉连教授，顾问刘立教授、时勘教授，首席专家刘华清教授，对中心的工作给予了有力的支持和指导。设置的主要机构有：秘书处、宣传部、培训部、法律服务部、专业技术资格评审委员会、职业道德与伦理监督委员会，并可根据需要聘请其他委员和专家委员，设立相应的部门和机构，在各省市县设立社区心理援助中心。

我们计划2015年内在全国100个城市设立社区心理援助中心，开办第一期社区心理援助师师资班，培养300名社区心理援助师，然后接下来尽快培养20万名社区心理援助师。我们期待着您的指导，期待着您加入我们的行列，也期待着和您一起为构建和谐社区贡献我们的专业力量。

让我们用心理学来解读社会主义核心价值观，让心理援助走进全国社区，让心理学使更多的人受益。最后，感谢为这本书的出版费心的每一位专家和编委。

刘义林

2015 年 5 月

目录

第一章 社区心理援助基础知识

第一节 社区的定义和现状

一、社区的定义

“社区”一词源于拉丁语，意思是共同的东西和亲密的伙伴关系。“社区”是20世纪30年代初，费孝通先生在翻译德国社会学家滕尼斯的一本著作——*Community and Society*时，从英文单词“community”翻译过来的，后来被许多学者开始引用，并逐渐地流传下来。“社区”一词最初是由德国社会学家滕尼斯应用到社会学的研究中，所以“社区”是社会学的基本概念之一。

在研究社会学的过程中人们发现：我们每个人都生活在一个相对固定的区域，那里有一定数量的人口，居民具有共同的区域身份、某些共同的看法、相关的利益和比较密切的交往；社区是一个特定地区内的人口集团；社区成员之间的联系纽带是共同语言、风俗和文化，由此产生共同的结合感和归属感；每一社区都有共同的活动场所和活动中心；每一社区都有自己的组织和制度；每一社区都有它特有的自然条件或生态环境。

结合社区的这些特点，社会学家们在长期的研究过程中，从不同的角度对社区下过许多不同的定义。那究竟什么是社区？就字面意思而言，“社”是指相互联系、有某些共同特征的人群；“区”是指一定的地域范围。所以，“社区”可以说是相互联系、有某些共同特征的人群共同居住的一定的区域。

美国芝加哥大学的帕克是最早对社区下定义的社会学家之一。他在1936年指出，“社区的基本特点可以概括如下：它有一群按地域组织起来的人群；这些人口程度不同地深深扎根在他们所生息的那块土地上；社区中的每一个人都生活在一种相互依赖的关系之中。”到1955年，美国社会学家希勒里发现，在各种社会学文献中至少出现了94种社区定义，截至目前，关于社区的定义已不下150种。在这些定义中，社区被界定为群体、过程、社会系统、地理区划、归属感和生活方式等。虽然有如此之多的社区的定义，但归纳起来只有一点是完全一致的，那就是社区是由人组成的。在这么多个社区定义中，有相当一部分都涉及到三个因素：地域、共同联系和社会互动。

综合西方社会学家对社区所下的定义，国内学者对社区确定了一个比较宽泛的定义：社区就是区域的社会，换言之，社区就是人们凭感官能感觉到的具体化了的社会。构成社区的有地域、人口、区位、结构和社会心理五个基本要素。

另外要说明的是，随着社会的进步、科技的发展，互联网已经进入到我们生活的方方面面，于是出现了一种全新意义的社区概念，即一种虚拟的平台——一个网络板块，可以交流思想、电商营运、行业分类等。

二、我国现阶段社区及社区心理援助的现状

20世纪30年代初，“社区”一词被译为汉语并流传下来以后，我国的很多社会学家开始对“社区”进行了深入细致的研究。20世纪后期，有感于过去过度重视宏观经济发展而忽略社区需求的情势，逐渐将“社区建设”或“社区营造”提升到国家政策的层面。在地方组织方面，开始在小型地缘组织中引入“社区”两字，并将原来的“居民委员会”改称为“社区居民委员会”，不过此举尚有很多法律问题没有厘清。目前我们国家的社区，绝大部分是由城镇的居民委员会更名而来，少部分由并入城镇的村委会改名而来。各个社区是党和政府传递、落实政策和了解民情的最基层组织，社区在行政上接受街道办事处领导，由街道办接受并传达县级政府和各科局的任务和指示。社区一般没有行政级别，社区工作人员既不属于行政编制也不是事业编制，社区工作人员的主体是社区干部，由三年一次的换届选举产生。因此，大部分社区的工作人员流动非常大。社区的工作人数根据管辖居民多少而定，大的社区可能管辖5000户，小的社区则有不到

1500户，一般社区工作人员为8～20名，只设一个社区主任兼党支部书记，不设副职（个别地区在工作中不断改革试验，有不同安排）。

从社区心理援助的视角看，由于国家提倡人文关怀和心理援助，我国于2003年颁布了《突发公共卫生事件应急条例》，2013年5月1日又颁布实施了《中华人民共和国精神卫生法》，加强了对公共应急和精神卫生的指导，许多大中型城市随即启动了公共心理援助建设。2008年汶川地震以后，各级政府进一步强化了危机管理意识和预警机制建设，同时也将心理援助的重点放在了重大灾害后心理援助的机制建设。但是应该看到，目前对心理困扰的公益性援助方式还比较少。就目前国内较大的公益性援助体系12355服务平台（是团中央权益部针对青少年而提供的）来看，该服务平台同时提供心理和法律两项援助，与法律援助相比，心理援助的接待人数、专业特征、服务效果、社会辐射的能力明显薄弱。以江苏省淮南市为例，同年接受心理援助个案与法律援助的案件的数量比是66:587。

在实际运行过程中，还存在大量对心理工作的误解和简单化认识，导致这项工作的社会效应不大。特别表现在一些公共服务体系建设尚不健全的中小城市，基本都缺乏对心理援助热线的建设，日益增长的群众心理服务需要得不到及时解决，导致社会问题频发。以四川省广安市为例，研究人员对广安市73个城市社区进行了调查，发现社区服务突出存在三个方面问题：首先，缺乏项目建设，社区心理工作在管理上缺服务；其次，缺乏规范建设，专业咨询队伍有咨询但弱技术；最后，缺政府主导，主体机构势单力薄效果小。综合分析目前状况，我们应该把社区心理援助体系的重点放在预防性干预上，侧重于普及心理健康知识与危机教育，开展心理辅导并建设心理疏导标准程序。要改变我国社区心理援助建设落后的现状，积极推进建设就成为一项迫在眉睫的公共工作。

我国许多地方政府和职能部门尚没有对社区心理援助工作引起足够的重视，未将之纳入议事日程。但是，从1996年国务院批转《中国残疾人"九五"计划纲要》，要求社区精神卫生工作在广度和深度上延伸，如针对社区居民开展心理健康知识宣传教育、开设心理咨询服务，针对社区精神疾病患者进行管理、治疗和康复等全方位的服务以来，我国的社区心理援助工作已经取得可喜的进步。

2000年，卫生部（现"卫生和计划生育委员会"，简称"卫计委"）制定的《城市社区卫生服务中心设置指导标准》中就已经将提供精神卫生服务和心理卫生咨询服务、开展健康教育与健康促进工作和提供个人与家庭连续性的健康管理服务作为城市社区卫生服务中心重要的基本功能。《全国精神卫生工作体系发展指导纲要（2008—2015年）》中提出："各地要制定政策措施，将心理疾病社区管理、心理健康指导工作纳入社区卫生服务机构、农村医疗机构的公共卫生服务内容。"

2013年实施的《中华人民共和国精神卫生法》（以下简称《精神卫生法》），除了切实维护精神障碍患者的合法权益，着力提升防治康复能力外，还强调要注重促进公民心理健康。该法规定了预防为主的工作方针，并设专章规定了政府及有关部门、用人单位、学校、医务人员、监狱等场所，社区、家庭、新闻媒体、心理咨询人员等在心理健康促进和精神障碍预防方面的责任。如规定各级人民政府和县级以上人民政府有关部门应当采取措施，加强心理健康促进和精神障碍预防工作，提高公众心理健康水平。规定各级人民政府和县级以上人民政府有关部门制定的突发事件应急预案，应当包括心理援助的内容。发生突发事件，履行统一领导职责或者组织处置突发事件的人民政府，应当根据突发事件的具体情况，按照应急预案的规定，组织开展心理援助工作。要求用人单位应当创造有利于职工身心健康的工作环境，关注职工的心理健康；对处于职业发展特定时期或者在特殊岗位工作的职工，应当有针对性地开展心理健康教育。《精神卫生法》的颁布实施，将有利于提高公众心理健康水平，对加强心理健康促进和精神障碍预防工作，引导公众关注心理健康，增强心理健康意识，普及精神卫生知识，提高心理健康水平，减少精神障碍的发生，将产生重要的推动作用。如规定村民委员会、居民委员会应当协助所在地人民政府及其有关部门开展社区心理健康指导、精神卫生知识宣传教育活动，创建有益于居民身心健康的社区环境。乡镇卫生院或者社区卫生服务机构应当为村民委员会、居民委员会开展社区心理健康指导、精神卫生知识宣传教育活动提供技术指导。国家鼓励和支持新闻媒体、社会组织开展精神卫生公益性宣传，普及精神卫生知识，引导公众关注心理健康，预防精神障碍的发生。心理咨询人员应当提高业务素质，遵守执业规范，为社会公众提供专业化的心理咨询服务。

2004 年,在我国西部地区成立的克拉玛依区三级心理健康教育及咨询服务中心,是我国第一个专业开展心理卫生工作的政府职能部门。该中心以对区属街道办事处建立了心理健康辅导站,在社区居委会建立心理健康教育工作室,在消防大队成立心理辅导站,以此为平台积极开展社区心理健康服务工作。该中心以对区政府心理工作为核心、各街道心理工作站为平台、街道相关机构人员为基础,建立起行政干预与精神卫生工作高度结合的三级管理模式,是和谐、统一、多层次的网络模式,充分体现了以人为本、构建和谐社区、提高社区居民心理健康水平的宗旨。

2004 年,桂林市秀峰区文明办、市社会福利院和东华社区联合,设立了首个免费社区心理卫生服务站东华社区心理卫生服务站。

2005 年,深圳市启动"心理卫生进社区"项目,市政府、市卫生和人口计划生育委员会高度重视这个项目,将其经费纳入年度精神卫生工作预算。2008 年,深圳全市共有 300 个社区健康服务中心(以下简称"社康中心")推广心理卫生项目,实施心理卫生服务的社康中心覆盖率达到 50% 以上;2010 年,深圳全市社康中心心理卫生项目实施已达 100% 的覆盖率,成为我国心理卫生进社区的模范城市。

2006 年,杭州市开始采取四级社区心理卫生工作服务模式,在社区、街道、区、市都设有心理卫生服务平台,分社区级、街道级、区级、市级四级心理服务机构,依托于社区卫生服务站、社区卫生服务中心、区心理卫生中心和市心理卫生中心。在社区卫生服务中心建立心理咨询室,提高心理卫生服务人员专业水平;加强心理卫生知识宣传教育,提供对心理疾病的咨询和治疗,扩大对心理危机的干预范围,制定心理危机干预预案,加强对重点人群的心理卫生服务,扶持精神疾病康复机构,对重性精神疾病监护率达 99% 以上。

2007 年,武汉市制定《武汉市社区精神卫生防治工作实施方案》和《武汉市社区精神卫生工作考核标准》,正式启动精神卫生下社区、武汉市精神疾病社区防治网建设工作。武汉市青山区被列为国务院社区卫生服务体系建设重点联系城市的试点区,被卫生部确定为社区卫生服务适宜技术试点区。该区所有的社区卫生服务中心,都按照统一规划建立了心理咨询室,有一名以上的专业人员从事心理卫生服务工作。武汉市武东医院的精神科医师和高级心理咨询师,每周定时定点到社区坐诊,同时定期组织社区心理卫生服务人员到医院学习。社区卫生服务中心可以开展心理卫生知识普及、居民精神疾病防治知识宣传教育、精神疾病患者监管、重性精神疾病登记建档、突发灾难事件的现场协助干预、精神疾病的双向转诊及社区康复等。

第二节 社区心理援助的意义和重要性

心理援助是指重大灾难后对受灾人群所提供的应对因灾难引发的各种心理困扰、心理创伤,以及逐步恢复正常心理状态的所有心理帮助的途径与方法。2008 年汶川地震后,在 2008—2011 年,卫生部和其他政府部门、有关非政府组织、地震灾区和对口支援省市各级卫生行政部门和业务技术机构密切配合,引导、规范各方资源开展汶川地震灾后心理援助工作,对缓解灾区群众的心理压力,延缓、减少精神障碍的发生起到了积极的作用。卫生部收集并分析汶川地震 3 年间灾后心理援助工作的有关信息,为将来的突发公共事件灾后心理援助工作提供参考。将心理学应用于日常生活之中,是进入新世纪以来国内外心理学家呼声很高的一个议题。

习近平同志在 2015 年春节团拜会上讲:中华民族自古以来就重视家庭、重视亲情。家和万事兴、天伦之乐、尊老爱幼、贤妻良母、相夫教子、勤俭持家等提法,都体现了中国人的这种观念。家庭是社会的基本细胞,是人生的第一所学校。不论时代发生多大变化,不论生活格局发生多大变化,我们都要重视家庭建设,注重家庭、注重家教、注重家风,紧密结合培育和弘扬社会主义核心价值观,发扬光大中华民族传统家庭美德,促进家庭和睦,促进亲人相亲相爱,促进下一代健康成长,促进老年人老有所养,使千千万万个家庭成为国家发展、民族进步、社会和谐的重要基点。习近平总书记关于构建"和谐社会"的论述提出之后,以在社区背景中探讨心理学的应用为主要内核的社区心理学越来越被我国心理学工作者所重视,并且开展了一系列的研究,开展了各种活动。

开展社区心理援助，有以下重大意义。

一、预防与矫正青少年犯罪

青少年犯罪往往与家庭、学校、社区环境密不可分。近年来，随着经济和社会生活的发展，我国城市化水平和程度不断提高，社区日益成为城市基层管理和社会生活的平台。社区规模越来越大，社区内因为各种原因失学、没有合适工作的青少年人数日益增加。有的青少年因父母离异而找不到属于自己的家，缺少亲人的陪伴，这部分人因为遭遇了生活中、学习上或者工作上的挫折而情绪缺少稳定性，他们是潜在的不安定因素。对这部分人的心理安抚也是社区心理干预工作的重要内容。所以针对青少年的心理特点展开的诸如挫折教育、人际关系处理、自我疏导、倾诉和排遣等活动，对青少年学会调节自身情绪，有意识地培养其健全的人格有积极的意义。

在青少年犯罪的社区矫正方面，越来越多的相关部门，如法院、劳教所等，都在积极尝试社区心理矫正工作。如徐素娣等对上海某社区的服刑青少年进行调查中发现，这部分人群中具有抑郁感和焦虑感的人所占比例较大，其中，自认是失败的人占22%；认为前途一片凄惨的占11%；为所做过的事情后悔的占44%。这说明，社区服刑人员面对生活方式的改变，不但要承受种种外部的压力，更要面对自己内心的困惑，极需要社会方方面面的关怀和帮助。之后，通过组织管理干部开展心理讲座、组织社区服刑青少年开展心理健康教育、建立心理咨询中心等活动的帮助，很多矫正人员走出了人生阴影，并极大地促进了社区矫正工作的发展。

综上所述，社区心理援助工作对社区失学、失业、失管及无业青年走出困境，找到自己在社会中的定位和价值意义非凡。

二、改善老年人的生活环境，促进老年人身心健康和长寿，提高其生活质量

孙志红等对住公寓的老年人心理健康状况及相关影响因素的研究表明，住老年公寓的老人存在着大量的心理问题，孤独（67%）、抑郁（82%）、焦虑（20%）、强迫（13%）、敌对（15%）、精神质（31%），其中抑郁、孤独最高。心理问题的概率差异显著，并存在性别差异，男性孤独高于女性；生活满意度方面，公寓老年人显著低于社区老年人。老年公寓老人急需进行心理护理和心理援助。

三、帮助居丧者顺利度过悲哀期

痛失亲人是人生最大的悲哀之一，必须帮助居丧者认识、面对、接受丧失亲人这一事实，这是心理干预成功的第一步。居丧之初，人往往存在否认的倾向。为了接受这一事实，需要对居丧者与死者的关系及其他有关的事件进行回忆，必须鼓励居丧者表达内心感受及对死者的回忆，允许并鼓励居丧者反复地哭泣、诉说、回忆，以减轻内心的巨大悲痛。居丧者在经受了难以承受的打击之后，往往无力主动与人接触，因此必须动员其亲友提供具体的帮助，可暂时接替居丧者的日常事务，如代为照看孩子、帮其料理家务。必要时还需提醒居丧者的饮食起居，保证居丧者得到充分的休息，帮助居丧者分析事情的轻重缓急等，使他们能正视痛苦，找到新的生活目标。

四、帮助产妇预防产后抑郁的发生

产妇在产前过度焦虑和恐惧可导致一系列生理、病理反应。如去甲肾上腺素分泌减少以及其他内分泌激素的改变，可致子宫收缩减弱，疼痛敏感、产程延长、出血较多，进一步加重产妇的焦虑、不安情绪，成为产后抑郁症的促发因素。产妇在分娩后心理发生变化，情感脆弱，担心会承担太多的母亲责任，以及由新生儿诞生而产生爱的被剥夺感，加上对孩子的性别期盼过度等，都会对她们的情绪有或多或少的影响。帮助产妇针对发生抑郁的原因进行自我分析和自我化解，改变错误的认知，充分发挥心理防御机制的作用，可以增强产妇的自信心，有效预防产后抑郁的发生。

五、提高对意外事故及灾难的心理承受力和应变能力

各种意外和灾难的发生是不以人的意志为转移的，提高对意外事故及灾难的心理承受力和应变能力极其重要。近年来，心理援助正在成为继生命救援、物质救援之外的第三种重要救援方式，在救灾和重建中

发挥积极的作用。

2008年汶川地震后,心理援助工作以人为本、尊重自然、立足国情、统筹兼顾、科学规划、精心组织,对缓解灾区群众的心理压力,延缓、减少精神障碍的发生起到了积极的作用;有力地促进了灾区建立覆盖城乡、功能完善的精神卫生服务网络,充分地运行了“政府领导、部门合作、社会参与”的精神卫生工作机制,成功地检验了政府落实和谐社会建设、履行社会管理和公共卫生职能的能力,为完善精神卫生专业机构建设和逐步实现城乡基本公共卫生服务均等化提供了重要的参考依据。

《中共中央关于构建社会主义和谐社会若干重大问题的决定》中第五部分指出:“建设和谐文化,巩固社会和谐的思想道德基础,广泛开展和谐创建活动,形成人人促进和谐的局面。着眼于增强公民、企业、各种组织的社会责任,把和谐社区、和谐家庭等和谐创建活动同群众性精神文明创建活动结合起来,突出思想教育内涵,广泛吸引群众参与,推动形成“我为人人、人人为我”的社会氛围。以相互关爱、社会服务为主题,深入开展城乡社会志愿服务活动,建立与政府服务、市场服务相衔接的社会志愿服务体系。注重促进人的心理和谐,加强人文关怀和心理疏导,引导人们正确对待自己、他人和社会,正确对待困难、挫折和荣誉。加强心理健康教育和保健,健全心理咨询网络,塑造自尊自信、理性平和、积极向上的社会心态。”可见,党中央十分重视社会的和谐,重视心理健康教育、心理疏导等方式在社会和谐中的作用。

党中央、国务院及其组成部门如卫计委、教育部、人社部、民政部等一级组织,都十分关怀、支持、重视社区心理援助活动。我们相信,全国社区心理援助中心的成立具有跨时代的重大意义,必将推动我国社区心理卫生服务事业的快速发展,同时能够迅速培养出大批合格的、优秀的社区心理援助师,以弥补社区心理专业人才的不足,适应构建和谐社会、健康社区、幸福家庭的迫切需要。

第三节　国家行政部门对社区心理援助的政策扶持

随着心理健康知识的逐渐普及,越来越多的民众开始意识到心理健康的重要性,我国大部分居民认为需要接受心理健康服务。在提供社区心理健康服务的社区中,居民心理健康水平确实得到了一定的提升。但目前我国能提供系统、有效的心理健康服务的社区还很有限。为改变这一现状,要从加大宣传教育、建立和完善服务模式、提高服务人员专业素养和加大政府投入着手,进一步完善社区心理健康服务工作。

关于精神卫生法的相关条款

第一条　为了发展精神卫生事业,规范精神卫生服务,维护精神障碍患者的合法权益,制定本法。

第二条　在中华人民共和国境内开展维护和增进公民心理健康、预防和治疗精神障碍、促进精神障碍患者康复的活动,适用本法。

第三条　精神卫生工作实行预防为主的方针,坚持预防、治疗和康复相结合的原则。

第四条　精神障碍患者的人格尊严、人身和财产安全不受侵犯。

精神障碍患者的教育、劳动、医疗以及从国家和社会获得物质帮助等方面的合法权益受法律保护。

有关单位和个人应当对精神障碍患者的姓名、肖像、住址、工作单位、病历资料以及其他可能推断出其身份的信息予以保密;但是,依法履行职责需要公开的除外。

第五条　全社会应当尊重、理解、关爱精神障碍患者。

任何组织或者个人不得歧视、侮辱、虐待精神障碍患者,不得非法限制精神障碍患者的人身自由。

新闻报道和文学艺术作品等不得含有歧视、侮辱精神障碍患者的内容。

第六条　精神卫生工作实行政府组织领导、部门各负其责、家庭和单位尽力尽责、全社会共同参与的综合管理机制。

第七条　县级以上人民政府领导精神卫生工作,将其纳入国民经济和社会发展规划,建设和完善精神障碍的预防、治疗和康复服务体系,建立健全精神卫生工作协调机制和工作责任制,对有关部门承担的精神卫生工作进行考核、监督。

乡镇人民政府和街道办事处根据本地区的实际情况，组织开展预防精神障碍发生、促进精神障碍患者康复等工作。

第八条 国务院卫生行政部门主管全国的精神卫生工作。县级以上地方人民政府卫生行政部门主管本行政区域的精神卫生工作。

县级以上人民政府司法行政、民政、公安、教育、人力资源社会保障等部门在各自职责范围内负责有关的精神卫生工作。

第九条 精神障碍患者的监护人应当履行监护职责，维护精神障碍患者的合法权益。

禁止对精神障碍患者实施家庭暴力，禁止遗弃精神障碍患者。

第十条 中国残疾人联合会及其地方组织依照法律、法规或者接受政府委托，动员社会力量，开展精神卫生工作。

村民委员会、居民委员会依照本法的规定开展精神卫生工作，并对所在地人民政府开展的精神卫生工作予以协助。

国家鼓励和支持工会、共产主义青年团、妇女联合会、红十字会、科学技术协会等团体依法开展精神卫生工作。

第十一条 国家鼓励和支持开展精神卫生专门人才的培养，维护精神卫生工作人员的合法权益，加强精神卫生专业队伍建设。

国家鼓励和支持开展精神卫生科学技术研究，发展现代医学、我国传统医学、心理学，提高精神障碍预防、诊断、治疗、康复的科学技术水平。

国家鼓励和支持开展精神卫生领域的国际交流与合作。

第十二条 各级人民政府和县级以上人民政府有关部门应当采取措施，鼓励和支持组织、个人提供精神卫生志愿服务，捐助精神卫生事业，兴建精神卫生公益设施。

对在精神卫生工作中做出突出贡献的组织、个人，按照国家有关规定给予表彰、奖励。

第十三条 各级人民政府和县级以上人民政府有关部门应当采取措施，加强心理健康促进和精神障碍预防工作，提高公众心理健康水平。

第十四条 各级人民政府和县级以上人民政府有关部门制定的突发事件应急预案，应当包括心理援助的内容。发生突发事件，履行统一领导职责或者组织处置突发事件的人民政府应当根据突发事件的具体情况，按照应急预案的规定，组织开展心理援助工作。

第十五条 用人单位应当创造有益于职工身心健康的工作环境，关注职工的心理健康；对处于职业发展特定时期或者在特殊岗位工作的职工，应当有针对性地开展心理健康教育。

第十六条 各级各类学校应当对学生进行精神卫生知识教育；配备或者聘请心理健康教育教师、辅导人员，并可以设立心理健康辅导室，对学生进行心理健康教育。学前教育机构应当对幼儿开展符合其特点的心理健康教育。

发生自然灾害、意外伤害、公共安全事件等可能影响学生心理健康的事件，学校应当及时组织专业人员对学生进行心理援助。

教师应当学习和了解相关的精神卫生知识，关注学生心理健康状况，正确引导、激励学生。地方各级人民政府教育行政部门和学校应当重视教师心理健康。

学校和教师应当与学生父母或者其他监护人、近亲属沟通学生心理健康情况。

第十七条 医务人员开展疾病诊疗服务，应当按照诊断标准和治疗规范的要求，对就诊者进行心理健康指导；发现就诊者可能患有精神障碍的，应当建议其到符合本法规定的医疗机构就诊。

第十八条 监狱、看守所、拘留所、强制隔离戒毒所等场所，应当对服刑人员，被依法拘留、逮捕、强制隔离戒毒的人员等，开展精神卫生知识宣传，关注其心理健康状况，必要时提供心理咨询和心理辅导。

第十九条 县级以上地方人民政府人力资源社会保障、教育、卫生、司法行政、公安等部门应当在各自职责范围内分别对本法第十五条至第十八条规定的单位履行精神障碍预防义务的情况进行督促和指导。

第二十条 村民委员会、居民委员会应当协助所在地人民政府及其有关部门开展社区心理健康指导、精神卫生知识宣传教育活动，创建有益于居民身心健康的社区环境。

乡镇卫生院或者社区卫生服务机构应当为村民委员会、居民委员会开展社区心理健康指导、精神卫生知识宣传教育活动提供技术指导。

第二十一条 家庭成员之间应当相互关爱，创造良好、和睦的家庭环境，提高精神障碍预防意识；发现家庭成员可能患有精神障碍的，应当帮助其及时就诊，照顾其生活，做好看护管理。

第二十二条 国家鼓励和支持新闻媒体、社会组织开展精神卫生的公益性宣传，普及精神卫生知识，引导公众关注心理健康，预防精神障碍的发生。

第二十三条 心理咨询人员应当提高业务素质，遵守执业规范，为社会公众提供专业化的心理咨询服务。

心理咨询人员不得从事心理治疗或者精神障碍的诊断、治疗。

心理咨询人员发现接受咨询的人员可能患有精神障碍的，应当建议其到符合本法规定的医疗机构就诊。

心理咨询人员应当尊重接受咨询人员的隐私，并为其保守秘密。

第二十四条 国务院卫生行政部门建立精神卫生监测网络，实行严重精神障碍发病报告制度，组织开展精神障碍发生状况、发展趋势等的监测和专题调查工作。精神卫生监测和严重精神障碍发病报告管理办法，由国务院卫生行政部门制定。

国务院卫生行政部门应当会同有关部门、组织，建立精神卫生工作信息共享机制，实现信息互联互通、交流共享。

第二十五条 开展精神障碍诊断、治疗活动，应当具备下列条件，并依照医疗机构的管理规定办理有关手续：

（一）有与从事的精神障碍诊断、治疗相适应的精神科执业医师、护士；

（二）有满足开展精神障碍诊断、治疗需要的设施和设备；

（三）有完善的精神障碍诊断、治疗管理制度和质量监控制度。

从事精神障碍诊断、治疗的专科医疗机构还应当配备从事心理治疗的人员。

第二十六条 精神障碍的诊断、治疗，应当遵循维护患者合法权益、尊重患者人格尊严的原则，保障患者在现有条件下获得良好的精神卫生服务。

精神障碍分类、诊断标准和治疗规范，由国务院卫生行政部门组织制定。

第二十七条 精神障碍的诊断应当以精神健康状况为依据。

除法律另有规定外，不得违背本人意志进行确定其是否患有精神障碍的医学检查。

第二十八条 除个人自行到医疗机构进行精神障碍诊断外，疑似精神障碍患者的近亲属可以将其送往医疗机构进行精神障碍诊断。对查找不到近亲属的流浪乞讨疑似精神障碍患者，由当地民政等有关部门按照职责分工，帮助送往医疗机构进行精神障碍诊断。

疑似精神障碍患者发生伤害自身、危害他人安全的行为，或者有伤害自身、危害他人安全的危险的，其近亲属、所在单位、当地公安机关应当立即采取措施予以制止，并将其送往医疗机构进行精神障碍诊断。

医疗机构接到送诊的疑似精神障碍患者，不得拒绝为其做出诊断。

第二十九条 精神障碍的诊断应当由精神科执业医师做出。

医疗机构接到依照本法第二十八条第二款规定送诊的疑似精神障碍患者，应当将其留院，立即指派精神科执业医师进行诊断，并及时出具诊断结论。

第三十条 精神障碍的住院治疗实行自愿原则。

诊断结论、病情评估表明，就诊者为严重精神障碍患者并有下列情形之一的，应当对其实施住院治疗：

（一）已经发生伤害自身的行为，或者有伤害自身的危险的；

（二）已经发生危害他人安全的行为，或者有危害他人安全的危险的。

第三十一条 精神障碍患者有本法第三十条第二款第一项情形的，经其监护人同意，医疗机构应当对患者实施住院治疗；监护人不同意的，医疗机构不得对患者实施住院治疗。监护人应当对在家居住的患者做好看护管理。

第三十二条 精神障碍患者有本法第三十条第二款第二项情形，患者或者其监护人对需要住院治疗的诊断结论有异议，不同意对患者实施住院治疗的，可以要求再次诊断和鉴定。

依照前款规定要求再次诊断的，应当自收到诊断结论之日起三日内向原医疗机构或者其他具有合法资质的医疗机构提出。承担再次诊断的医疗机构应当在接到再次诊断要求后指派二名初次诊断医师以外的精神科执业医师进行再次诊断，并及时出具再次诊断结论。承担再次诊断的执业医师应当到收治患者的医疗机构面见、询问患者，该医疗机构应当予以配合。

对再次诊断结论有异议的，可以自主委托依法取得执业资质的鉴定机构进行精神障碍医学鉴定；医疗机构应当公示经公告的鉴定机构名单和联系方式。接受委托的鉴定机构应当指定本机构具有该鉴定事项执业资格的二名以上鉴定人共同进行鉴定，并及时出具鉴定报告。

第三十三条 鉴定人应当到收治精神障碍患者的医疗机构面见、询问患者，该医疗机构应当予以配合。

鉴定人本人或者其近亲属与鉴定事项有利害关系，可能影响其独立、客观、公正进行鉴定的，应当回避。

第三十四条 鉴定机构、鉴定人应当遵守有关法律、法规、规章的规定，尊重科学，恪守职业道德，按照精神障碍鉴定的实施程序、技术方法和操作规范，依法独立进行鉴定，出具客观、公正的鉴定报告。

鉴定人应当对鉴定过程进行实时记录并签名。记录的内容应当真实、客观、准确、完整，记录的文本或者声像载体应当妥善保存。

第三十五条 再次诊断结论或者鉴定报告表明，不能确定就诊者为严重精神障碍患者，或者患者不需要住院治疗的，医疗机构不得对其实施住院治疗。

再次诊断结论或者鉴定报告表明，精神障碍患者有本法第三十条第二款第二项情形的，其监护人应当同意对患者实施住院治疗。监护人阻碍实施住院治疗或者患者擅自脱离住院治疗的，可以由公安机关协助医疗机构采取措施对患者实施住院治疗。

在相关机构出具再次诊断结论、鉴定报告前，收治精神障碍患者的医疗机构应当按照诊疗规范的要求对患者实施住院治疗。

第三十六条 诊断结论表明需要住院治疗的精神障碍患者，本人没有能力办理住院手续的，由其监护人办理住院手续；患者属于查找不到监护人的流浪乞讨人员的，由送诊的有关部门办理住院手续。

精神障碍患者有本法第三十条第二款第二项情形，其监护人不办理住院手续的，由患者所在单位、村民委员会或者居民委员会办理住院手续，并由医疗机构在患者病历中予以记录。

第三十七条 医疗机构及其医务人员应当将精神障碍患者在诊断、治疗过程中享有的权利，告知患者或者其监护人。

第三十八条 医疗机构应当配备适宜的设施、设备，保护就诊和住院治疗的精神障碍患者的人身安全，防止其受到伤害，并为住院患者创造尽可能接近正常生活的环境和条件。

第三十九条 医疗机构及其医务人员应当遵循精神障碍诊断标准和治疗规范，制定治疗方案，并向精神障碍患者或者其监护人告知治疗方案和治疗方法、目的以及可能产生的后果。

第四十条 精神障碍患者在医疗机构内发生或者将要发生伤害自身、危害他人安全、扰乱医疗秩序的行为，医疗机构及其医务人员在没有其他可替代措施的情况下，可以实施约束、隔离等保护性医疗措施。实施保护性医疗措施应当遵循诊断标准和治疗规范，并在实施后告知患者的监护人。

禁止利用约束、隔离等保护性医疗措施惩罚精神障碍患者。

第四十一条 对精神障碍患者使用药物，应当以诊断和治疗为目的，使用安全、有效的药物，不得为诊断或者治疗以外的目的使用药物。

医疗机构不得强迫精神障碍患者从事生产劳动。

第四十二条 禁止对依照本法第三十条第二款规定实施住院治疗的精神障碍患者实施以治疗精神障碍为目的的外科手术。

第四十三条 医疗机构对精神障碍患者实施下列治疗措施，应当向患者或者其监护人告知医疗风险、替代医疗方案等情况，并取得患者的书面同意；无法取得患者意见的，应当取得其监护人的书面同意，并经本医疗机构伦理委员会批准：

（一）导致人体器官丧失功能的外科手术；

（二）与精神障碍治疗有关的实验性临床医疗。

实施前款第一项治疗措施，因情况紧急查找不到监护人的，应当取得本医疗机构负责人和伦理委员会批准。

禁止对精神障碍患者实施与治疗其精神障碍无关的实验性临床医疗。

第四十四条 自愿住院治疗的精神障碍患者可以随时要求出院，医疗机构应当同意。

对有本法第三十条第二款第一项情形的精神障碍患者实施住院治疗的，监护人可以随时要求患者出院，医疗机构应当同意。

医疗机构认为前两款规定的精神障碍患者不宜出院的，应当告知不宜出院的理由；患者或者其监护人仍要求出院的，执业医师应当在病历资料中详细记录告知的过程，同时提出出院后的医学建议，患者或者其监护人应当签字确认。

对有本法第三十条第二款第二项情形的精神障碍患者实施住院治疗，医疗机构认为患者可以出院的，应当立即告知患者及其监护人。

医疗机构应当根据精神障碍患者病情，及时组织精神科执业医师对依照本法第三十条第二款规定实施住院治疗的患者进行检查评估。评估结果表明患者不需要继续住院治疗的，医疗机构应当立即通知患者及其监护人。

第四十五条 精神障碍患者出院，本人没有能力办理出院手续的，监护人应当为其办理出院手续。

第四十六条 医疗机构及其医务人员应当尊重住院精神障碍患者的通讯和会见探访者等权利。除在急性发病期或者为了避免妨碍治疗可以暂时性限制外，不得限制患者的通讯和会见探访者等权利。

第四十七条 医疗机构及其医务人员应当在病历资料中如实记录精神障碍患者的病情、治疗措施、用药情况、实施约束、隔离措施等内容，并如实告知患者或者其监护人。患者及其监护人可以查阅、复制病历资料；但是，患者查阅、复制病历资料可能对其治疗产生不利影响的除外。病历资料保存期限不得少于三十年。

第四十八条 医疗机构不得因就诊者是精神障碍患者，推诿或者拒绝为其治疗属于本医疗机构诊疗范围的其他疾病。

第四十九条 精神障碍患者的监护人应当妥善看护未住院治疗的患者，按照医嘱督促其按时服药、接受随访或者治疗。村民委员会、居民委员会、患者所在单位等应当依患者或者其监护人的请求，对监护人看护患者提供必要的帮助。

第五十条 县级以上地方人民政府卫生行政部门应当定期就下列事项对本行政区域内从事精神障碍诊断、治疗的医疗机构进行检查：

（一）相关人员、设施、设备是否符合本法要求；

（二）诊疗行为是否符合本法以及诊断标准、治疗规范的规定；

（三）对精神障碍患者实施住院治疗的程序是否符合本法规定；

（四）是否依法维护精神障碍患者的合法权益。

县级以上地方人民政府卫生行政部门进行前款规定的检查，应当听取精神障碍患者及其监护人的意见；发现存在违反本法行为的，应当立即制止或者责令改正，并依法做出处理。

第五十一条 心理治疗活动应当在医疗机构内开展。专门从事心理治疗的人员不得从事精神障碍的诊断，不得为精神障碍患者开具处方或者提供外科治疗。心理治疗的技术规范由国务院卫生行政部门制定。

第五十二条 监狱、强制隔离戒毒所等场所应当采取措施，保证患有精神障碍的服刑人员、强制隔离戒毒人员等获得治疗。

第五十三条　精神障碍患者违反治安管理处罚法或者触犯刑法的，依照有关法律的规定处理。

第五十四条　社区康复机构应当为需要康复的精神障碍患者提供场所和条件，对患者进行生活自理能力和社会适应能力等方面的康复训练。

第五十五条　医疗机构应当为在家居住的严重精神障碍患者提供精神科基本药物维持治疗，并为社区康复机构提供有关精神障碍康复的技术指导和支持。

社区卫生服务机构、乡镇卫生院、村卫生室应当建立严重精神障碍患者的健康档案，对在家居住的严重精神障碍患者进行定期随访，指导患者服药和开展康复训练，并对患者的监护人进行精神卫生知识和看护知识的培训。县级人民政府卫生行政部门应当为社区卫生服务机构、乡镇卫生院、村卫生室开展上述工作给予指导和培训。

第五十六条　村民委员会、居民委员会应当为生活困难的精神障碍患者家庭提供帮助，并向所在地乡镇人民政府或者街道办事处以及县级人民政府有关部门反映患者及其家庭的情况和要求，帮助其解决实际困难，为患者融入社会创造条件。

第五十七条　残疾人组织或者残疾人康复机构应当根据精神障碍患者康复的需要，组织患者参加康复活动。

第五十八条　用人单位应当根据精神障碍患者的实际情况，安排患者从事力所能及的工作，保障患者享有同等待遇，安排患者参加必要的职业技能培训，提高患者的就业能力，为患者创造适宜的工作环境，对患者在工作中取得的成绩予以鼓励。

第五十九条　精神障碍患者的监护人应当协助患者进行生活自理能力和社会适应能力等方面的康复训练。

精神障碍患者的监护人在看护患者过程中需要技术指导的，社区卫生服务机构或者乡镇卫生院、村卫生室、社区康复机构应当提供。

第六十条　县级以上人民政府卫生行政部门会同有关部门依据国民经济和社会发展规划的要求，制定精神卫生工作规划并组织实施。

精神卫生监测和专题调查结果应当作为制定精神卫生工作规划的依据。

第六十一条　省、自治区、直辖市人民政府根据本行政区域的实际情况，统筹规划，整合资源，建设和完善精神卫生服务体系，加强精神障碍预防、治疗和康复服务能力建设。

县级人民政府根据本行政区域的实际情况，统筹规划，建立精神障碍患者社区康复机构。

县级以上地方人民政府应当采取措施，鼓励和支持社会力量举办从事精神障碍诊断、治疗的医疗机构和精神障碍患者康复机构。

第六十二条　各级人民政府应当根据精神卫生工作需要，加大财政投入力度，保障精神卫生工作所需经费，将精神卫生工作经费列入本级财政预算。

第六十三条　国家加强基层精神卫生服务体系建设，扶持贫困地区、边远地区的精神卫生工作，保障城市社区、农村基层精神卫生工作所需经费。

第六十四条　医学院校应当加强精神医学的教学和研究，按照精神卫生工作的实际需要培养精神医学专门人才，为精神卫生工作提供人才保障。

第六十五条　综合性医疗机构应当按照国务院卫生行政部门的规定开设精神科门诊或者心理治疗门诊，提高精神障碍预防、诊断、治疗能力。

第六十六条　医疗机构应当组织医务人员学习精神卫生知识和相关法律、法规、政策。

从事精神障碍诊断、治疗、康复的机构应当定期组织医务人员、工作人员进行在岗培训，更新精神卫生知识。

县级以上人民政府卫生行政部门应当组织医务人员进行精神卫生知识培训，提高其识别精神障碍的能力。

第六十七条　师范院校应当为学生开设精神卫生课程；医学院校应当为非精神医学专业的学生开设精神卫生课程。

县级以上人民政府教育行政部门对教师进行上岗前和在岗培训，应当有精神卫生的内容，并定期组织心理健康教育教师、辅导人员进行专业培训。

第六十八条 县级以上人民政府卫生行政部门应当组织医疗机构为严重精神障碍患者免费提供基本公共卫生服务。

精神障碍患者的医疗费用按照国家有关社会保险的规定由基本医疗保险基金支付。医疗保险经办机构应当按照国家有关规定将精神障碍患者纳入城镇职工基本医疗保险、城镇居民基本医疗保险或者新型农村合作医疗的保障范围。县级人民政府应当按照国家有关规定对家庭经济困难的严重精神障碍患者参加基本医疗保险给予资助。人力资源社会保障、卫生、民政、财政等部门应当加强协调,简化程序,实现属于基本医疗保险基金支付的医疗费用由医疗机构与医疗保险经办机构直接结算。

精神障碍患者通过基本医疗保险支付医疗费用后仍有困难,或者不能通过基本医疗保险支付医疗费用的,民政部门应当优先给予医疗救助。

第六十九条 对符合城乡最低生活保障条件的严重精神障碍患者,民政部门应当会同有关部门及时将其纳入最低生活保障。

对属于农村五保供养对象的严重精神障碍患者,以及城市中无劳动能力、无生活来源且无法定赡养、抚养、扶养义务人,或者其法定赡养、抚养、扶养义务人无赡养、抚养、扶养能力的严重精神障碍患者,民政部门应当按照国家有关规定予以供养、救助。

前两款规定以外的严重精神障碍患者确有困难的,民政部门可以采取临时救助等措施,帮助其解决生活困难。

第七十条 县级以上地方人民政府及其有关部门应当采取有效措施,保证患有精神障碍的适龄儿童、少年接受义务教育,扶持有劳动能力的精神障碍患者从事力所能及的劳动,并为已经康复的人员提供就业服务。

国家对安排精神障碍患者就业的用人单位依法给予税收优惠,并在生产、经营、技术、资金、物资、场地等方面给予扶持。

第七十一条 精神卫生工作人员的人格尊严、人身安全不受侵犯,精神卫生工作人员依法履行职责受法律保护。全社会应当尊重精神卫生工作人员。

县级以上人民政府及其有关部门、医疗机构、康复机构应当采取措施,加强对精神卫生工作人员的职业保护,提高精神卫生工作人员的待遇水平,并按照规定给予适当的津贴。精神卫生工作人员因工致伤、致残、死亡的,其工伤待遇以及抚恤按照国家有关规定执行。

第七十二条 在精神障碍的诊断、治疗、鉴定过程中,寻衅滋事,阻扰有关工作人员依照本法的规定履行职责,扰乱医疗机构、司法鉴定机构工作秩序,构成犯罪的,依法追究其刑事责任;尚不构成犯罪的,依法给予治安管理处罚。

第七十三条 违反本法规定,应当承担民事赔偿责任和缴纳罚款、罚金,其财产不足以同时支付时,先承担民事赔偿责任。(以下略)

卫生部办公厅关于进一步规范心理援助热线管理工作的通知

各省、自治区、直辖市卫生厅局,新疆生产建设兵团及计划单列市卫生局:

为应对经济社会转型中出现的各种心理调试不适,向群众提供便利的心理健康教育、心理咨询和心理危机干预服务,减少心理行为问题的发生,我部印发了《关于做好心理援助热线建设工作的通知》(卫办疾控发〔2008〕149 号),要求各地逐步设立心理援助热线电话(以下简称热线)。目前,已有天津、山西等 13 个省(自治区、直辖市)卫生厅局在 17 个城市建立了热线。

一年来,各地结合本地区实际,在管理措施、技术规范等方面对热线的建设进行了有益探索,积累了宝贵经验。为规范热线管理工作,我部组织制定了《心理援助热线电话管理办法》(以下简称《管理办法》)和《心理援助热线电话技术指导方案》(以下简称《技术方案》),现印发各地贯彻实施并提出如下要求。

一、总结经验，逐步增加热线试点

各地要及时总结经验，逐步增加试点地区，扩大热线覆盖范围。未开通热线的省（自治区、直辖市），尤其是东部省份，应在2010年底前确定1~2个城市作为试点，按照《管理办法》和《技术方案》要求开通热线。

二、严格管理，保障热线的公益性

已开通热线的省（区、市）、地市两级卫生行政部门要切实加强领导，充分认识热线对推进精神卫生工作、促进心理和谐的重要意义，将其作为推动本地区精神疾病预防和心理行为问题干预工作的抓手。要按照《管理办法》要求，为设立热线的机构提供必要的经费和设备支持，满足其基本运转需要，确保热线的公益性。同时，加大宣传力度，使公众逐渐知晓、了解、信任热线，将热线打造成满足群众心理卫生需要、干预心理危机的便捷平台。

三、科学实施，强化热线的专业性

设立热线的机构要按照《技术方案》要求，选择具备心理卫生专业基础、责任心强、能够胜任热线接听工作的人员作为热线咨询员，开展岗前培训，使其熟悉热线接听流程，掌握接听技巧，并定期接受考核。要建立热线督导制度，聘请资深的专业人员作为督导员，对热线咨询员接听情况进行抽查和指导。我部组建“心理援助热线专家组”，开展热线技术指导和对热线咨询员的专业督导。

四、定期沟通信息，及时总结经验

各地要认真总结热线运行经验，发现问题及时调整，逐步探索出符合本地区实际的热线运行管理模式。省级卫生行政部门应视情况引导更多具备条件的城市开通热线。开设热线的各城市（省、自治区）之间应加强沟通，交流经验与教训，必要时可以到起步较早、模式较为成熟的地区现场考察，相互借鉴，取长补短。

各地要建立热线电话工作信息报告制度，及时汇总本地区热线运行情况。各省级卫生行政部门主管处室，应于每年1月31日前，将上年度热线工作报表以书面形式报送我部疾病预防控制局。对于热线管理中发现的问题和意见，请各地及时反馈。

心理援助热线电话管理办法

第一条 为加强心理援助热线电话（以下简称热线）管理，规范热线建设和服务行为，根据《卫生部办公厅关于做好心理援助热线建设工作的通知》（卫办疾控发〔2008〕149号）要求，制定本办法。

第二条 热线服务为社会公益性质，遵循心理卫生服务的专业规律，尊重求助者的文化差异和多样性。

第三条 热线建设坚持自愿原则，实行分级建设、属地化管理。热线建设应当遵照《心理援助热线技术指导方案》的技术要求。

第四条 热线建设以地市（州）为单位规划。在地域面积较小、人口较少或者精神卫生人力资源缺乏的地方，可以省（自治区、直辖市）为单位建设热线。

第五条 热线应当设在具备心理治疗和心理咨询服务能力的精神专科医院或者有精神科特长的综合性医院，并由设立医院承担日常管理和维护。

第六条 热线咨询员应当为具有医学、护理学、心理学、社会学、教育学等其中之一的大专及以上学历并接受过心理卫生专业训练的人员。

第七条 热线咨询员应当掌握心理危机干预的基本理论、心理卫生服务伦理要求和热线基础知识，具备处理心理应激问题的能力，具有良好的职业操守，热爱心理卫生服务工作。

人员上岗前，应当通过热线设立医院组织的热线服务技能考核，持合格证上岗。

第八条 热线咨询员应当遵守以下工作职责：

（一）对提供的服务内容负责；

（二）向求助者提供准确、有效的信息；

（三）必要时，为求助者推荐其他适当的资源或服务；

（四）服务中，按照热线管理要求收集有关电话内容和求助者信息；

（五）遵守热线规章制度，服从工作安排；

（六）定期接受岗位培训和督导；

（七）遵守心理卫生服务伦理要求。

第九条 设立热线的医院应当组织有临床心理学专长的精神科医师、心理治疗师成立“心理援助热线专家组”，定期对当地参加热线服务的人员进行专业督导和指导，保障热线服务规范开展。

第十条 热线服务方式为电话咨询服务，主要包括心理健康教育、心理咨询和心理危机干预。

条件许可时，可以与“110”“120”服务热线联合，提供突发紧急事件心理干预。

第十一条 热线应当在每周固定的时间提供服务。条件许可时，应当每日或者保持24小时开通。

第十二条 主持热线建设的卫生行政部门和设立热线的医院应当主动向社会公布热线号码、服务内容、时间、费用等信息。

第十三条 热线咨询员应尊重求助者的隐私权。未经求助者同意，不得擅自将求助者个人信息、求助问题以及其他相关信息透露给任何第三方。如有违反国家有关法律规定的，将依法处理。

第十四条 热线咨询员在遇到应急或突发事件时，应当及时、恰当地进行处理；并在处理后24小时内向热线管理人员报告。如遇难以自行处理的事件，应立即向热线管理人员报告。不得对事件予以隐瞒、弄虚作假或擅离职守。

第十五条 拨打热线电话由主叫方付通讯费用。热线不收取信息服务费用。

第十六条 主持热线建设的卫生行政部门应当提供维持热线日常运转的必要工作经费、人员补助经费和设备，制定管理制度，定期督查运转状况。

第十七条 设立热线的医院应当保障热线所需的房屋，配备管理人员，开展日常运转管理。定期检查服务质量、考核人员服务技能，辞退考核不合格人员，向卫生行政部门报告热线运转状况。

第十八条 卫生部疾病预防控制局负责全国热线管理工作。地市级及以上卫生行政部门负责辖区内热线的建设、管理与协调工作。

第十九条 卫生部设立心理援助热线专家组承担地方热线咨询员的专业培训及督导，提供技术指导。

第二十条 卫生部建立热线电话信息报告制度。地市级及以上卫生行政部门应当按照要求定期上报热线工作报表。

第二十一条 设在12320公共卫生公益电话下的“心理援助专线”应遵守本办法和12320公共卫生公益电话的管理规定，并与12320公共卫生公益电话建立定期沟通制度。

第二十二条 本办法自发布之日起生效。

心理援助热线电话技术指导方案

近年来，我国心理行为问题逐渐增加。在资源不足的情况下，心理援助热线电话（以下简称热线）作为一种行之有效、且相对方便实用的心理健康教育、心理咨询和心理危机干预途径，成为大多数发达国家提供心理保健的重要方式，在处理心理应激和预防心理行为问题方面发挥积极作用。为规范热线建设，依据《卫生部办公厅关于做好心理援助热线建设工作的通知》（卫办疾控发〔2008〕149号）要求，制定本技术指导方案。

一、热线服务对象

接受心理援助热线服务的对象，往往因精神障碍、急性社会心理应激、长期积累的慢性社会心理应激等原因，处在孤独、无助、悲伤、绝望、自暴自弃、不信任、烦躁不安、愤怒、仇恨等心理危机状态中，非常容易出现冲动性的行为，同时，他们又希望能及时和便捷地得到疏泄、理解、接纳、支持和鼓励等帮助。

二、热线咨询员

（一）基本要求

1. 自愿参加热线服务工作，普通话流利，语言表达清楚，可信赖，具有较好的从业态度，愿意倾听、交流，年龄不小于21岁。

2. 接受过热线电话服务相关培训,了解热线电话接听服务工作,具备心理卫生专业知识和一定的热线电话服务技巧。

(二)专业要求

热线咨询员应当具备的专业能力包括:心理危机干预的基本理论、心理卫生服务伦理要求和热线基础知识,处理心理应激问题的能力,能够识别常见精神疾病,有良好的职业操守。

人员上岗前接受相关专业培训的时间应当不少于40个标准学时数。

热线开通试点阶段,为保证服务质量,应当优先考虑以下人员参与热线服务:具有临床心理学专长的精神科医师、心理治疗师,接受过心理卫生专业训练的精神科医师、精神科护士、心理咨询师和社会工作师。

1. 专业理论

基本理论培训的主要方式为专家授课、主题内容讨论及相关理论教材自学。培训的主要内容如下:

(1)热线的发展和基本特征。包括服务的主要对象及服务宗旨,常见的咨询问题及相关问题的心理学理论,心理危机干预的概念和发展。

(2)热线的一般处理原则。包括倾听和沟通的原则和技巧;解释、支持等常用热线处理方式的讲解;犯罪、自杀、暴力的伦理道德原则及相关法律知识;热线的记录及相关科研和病例讨论的方法。

(3)热线工作中的相关评估(包括求助者的情绪状态、自杀或自杀倾向等的评估)。

(4)常见心理行为问题的处理。包括:情绪问题、家庭子女问题、工作与人际关系问题、性相关问题(同性恋、未婚先孕等)、精神疾病、物质依赖、犯罪、暴力、纠纷等问题。

(5)热线的机构设置、团队协作、管理体系。包括:热线整体流程及相关职能,热线咨询员的相关职责义务及管理制度,热线督导的设置和操作办法。

(6)心理危机干预的处理。包括:危机干预的对象和原则,危机干预的应急处理方式、相关协作部门和可利用资源等。

2. 职业态度

职业态度不仅指对热线咨询员个人的道德要求,还包括专业态度。主要内容有:

(1)热线咨询员在面对与自己或传统观点相冲突的问题时(如无端地想死、同性恋、人流问题等)保持接受、理解和不带偏见的态度。

(2)热线咨询员在帮助别人时保持平衡的、实际的态度(如不要期盼营救或保护所有存在自杀可能的人,不要期盼通过电话咨询解决所有的问题)。

(3)热线咨询员在面对死亡、病危、自残以及其他各种人权问题时保持现实和人道的态度(例如,不要质问受害者:"你做了什么激怒别人的事?")。

(4)要尽量体谅求助者对各种经历(离别、暴力等)的感受,保持中立的态度。

3. 实践操作要求

热线咨询员不仅要熟悉、掌握热线基本理论和职业态度相关知识,还应具备运用这些理论、采取适当的态度来系统有效地帮助求助者解决各种问题的能力。

实践操作培训非常重要,且富有实效,主要通过实际案例的分析讨论、情景模拟演练、督导实习等形式进行,为申请热线咨询员最终做好电话心理咨询做最直接的准备。实践操作要求主要包括:

(1)熟悉常规电话心理咨询的处理流程,包括倾听、提问、分析、处理、总结等过程和设备操作、相关记录等,及其注意事项。

(2)掌握电话心理咨询中的各种基本技巧,如倾听的技巧,提问的方式,如何表达理解、如何提建议、如何总结以及时间的把握等。

(3)熟悉处理实际工作中可能遇到的问题的策略(如情绪问题、家庭子女问题、工作和人际关系问题、性相关问题等)。

(4)熟悉电话心理咨询中的评估要求,包括基本的状态、严重性、危险性、效果的评价演练。

(5)熟悉危机来电的识别和处理基本原则,包括基本步骤、资源的利用等。

(6)熟悉电话心理咨询的督导操作和实施。

(三)工作职责

1. 对提供的服务内容负责。

2. 向求助者提供准确、有效的信息。

3. 必要时,为求助者推荐其他适当的资源或服务。

4. 服务中,按热线管理要求收集有关电话内容和求助者信息。

5. 遵守热线规章制度和工作安排。

6. 定期接受岗位培训和督导。

7. 遵守心理卫生服务伦理要求。

三、专业督导

(一)督导目的

专业督导的目的是促进热线咨询员的专业发展,确保求助者的健康利益。

(二)对督导员的基本要求

1. 具有精神医学、社会心理学、危机干预、相关法律法规等方面的专业教育及培训背景。

2. 有丰富的理论和实际工作经验。

3. 有教学的意愿和热情,有教学能力。

4. 有成熟的人格和进取的人生态度。

5. 对热线工作比较熟悉。

(三)督导员工作职责

1. 保障职责:密切关注热线运行情况,针对热线的长期发展及时提出切实可行的意见建议,保证热线的健康发展。

2. 教育职责:对热线相关工作进行指导,对热线咨询员的专业知识、咨询技能等方面进行专业培训,提高热线咨询员的业务能力。

3. 支持职责:为维护热线咨询员的身心健康,保证热线的服务质量,督导员定期为热线咨询员提供个体或团体督导,解答热线咨询员的疑难问题,帮助热线咨询员自我成长。

4. 考核职责:配合热线管理人员对热线咨询员进行招募、选拔、考核等,定期对上线热线咨询员的工作状态进行评估。

(四)督导工作制度

1. 建立督导聘任制度。聘任具备热线专业背景的资深专家担任督导员。

2. 确立督导活动的计划和总结制度。记录督导活动过程和内容,评价督导活动效果。

3. 多形式定期进行督导,促进热线咨询员的专业发展和个人成长。

4. 定期召开督导员会议,对热线发展提供意见和建议。

四、热线咨询员的社会伦理道德标准

(一)坚持服务的社会公益性

热线服务是一项社会公益事业,是为整个社会中有心理健康需求的人士提供相关咨询服务。热线咨询员应抱着对国家、社会、大众无限的关爱和热诚,积极投入热线服务工作。热线咨询员应具备奉献精神,不计较个人得失、局部利益。为促进公众心理健康,无私奉献自己的学识。不可以利用热线谋取私利。

(二)科学、准确传播相关信息

热线咨询员是心理健康知识的传播者,对公众心理健康起到直接的宣传、指导、教育和咨询作用。因此,应认真学习相关专业知识,不断更新自己的知识,以确保及时、准确、科学地传播相关信息。

(三)应急事件处理

热线咨询员有义务防范和处理个人、团体和社会应急事件。在面对应急或突发事件时,要沉着冷静,依据自己的执业范围恰当地处理，不得违反相关职业守则。对应急事件不可隐瞒、弄虚作假或擅离职守。

（四）政治责任感

热线咨询员应当具备基本的社会政治责任感。在遵守国家法律法规的基础上开展工作。必须认识到心理援助热线是一条党和国家维系群众的热线，热线工作人员是一座桥梁，要以构建和谐社会作为目标。及时发现问题，上达民意；及时传达有关法律法规和政策。不做违背法律、基本社会道德的行为。

（五）公正性

热线咨询员应当尽最大可能保证每一位求助者都得到同等的机会，获得满意的答复。应当以客观、科学、公正的态度对待每一位求助者，尽量减少个人价值观对求助者的影响，努力做到多提供科学咨询，少给予道德价值评判；多提供选择方案，少给予直接指令。

（六）尊重文化差异和多样性

热线咨询员要认识到我国是一个多民族的大家庭，不同的区域、民族和团体存在自己的文化、习俗、宗教和价值体系。作为心理健康的宣传者，应尊重文化的差异和多样性。对自己不了解的文化应当先接纳、学习，后提供建议、给予指导。切忌不顾文化差异，歧视不同文化，伤害其他民族、宗教团体的感情。

（七）知情同意及保密原则

热线咨询员对热线咨询过程录音应当事先取得求助者知情同意。热线咨询员应当充分尊重求助者的隐私权。在接听电话过程中可以对求助者的问题做必要的记录，但这只是为了以后接受督导，对自己的工作进行总结所用。未经求助者知情同意，严禁将求助者的个人信息、求询问题以及相关信息透露给第三方，更不可利用上述信息谋取私人利益。

五、热线服务质量管理

承担热线建设的部门和单位要严格遵守《心理援助热线电话管理办法》的规定。根据热线工作的专业性质，针对服务人群的特点，建立科学、有效的管理机制。基本做法包括：

（一）建立热线服务质量评估标准

评估标准应当涉及以下内容：

1. 热线咨询员的接线态度、交流技巧、接电过程，对常见来电、危机来电、特殊来电进行评估干预的实施要点。

2. 求助者的问题类型、求助者使用服务过程的反应、服务结束时的满意度（如：对热线咨询员态度、服务有效性的评价）。

评估方法可以采取自评、他评以及即时评定和定期抽查相结合的方式。

（二）规范热线业务资料的采集保存

应制订热线电话登记、处理记录及评估表格，明确保存期限，建立热线咨询员交接班记录。

热线服务的文字登记和录音资料需要遵循保密、及时、完整的基本原则。

（三）配备督导员，完善并落实相关服务标准和规范

督导员定期对热线服务业务登记资料进行抽查，依照服务质量评估标准，进行咨询服务质量检查，并提出改进意见。

可以采取盲法评估，也可以与相关热线咨询员一起复习业务登记资料，共同评估热线服务的合理性、有效性。

通过质量检查发现的问题，采取有针对性的继续岗位教育将有助于热线服务质量的保证和提高。

（四）开放举报、投诉等民意反馈渠道，接受社会监督

可以采取的方式包括：设立举报电话、网站论坛、民意问卷调查等。

（五）设立热线定期总结评估制度

1. 汇总分析热线服务人次、举报问题次数、民意测验结果，评估机构的社会影响水平。

2. 汇总分析求助者的基本信息、咨询问题类型、满意度等数据，评估热线服务的合适程度。

3. 汇总分析热线咨询员的自评、他评结果，评估热线咨询员的工作状态。

4. 汇总分析来电中自杀发生率、疾病缓解率、转诊率等相关数据，评估热线服务功能的发展方向。

六、热线实施所需配置

（一）硬件条件

1. 有符合电信部门配置电话程控设备的房屋。

2. 有固定的热线电话接听场所，环境封闭、安静、空间宽敞。

3. 有专用的热线电话接听、记录、转接、监听设备。

4. 配备网络，能与该地区指定公安、民政、医疗机构联网联动。

5. 按一定的人口比例配备电话线路数量。

6. 开通 24 小时热线服务的，应设置工作人员休息室。

（二）人员配备

依据电话线路数量决定热线咨询员人数。

热线咨询员上岗前必须通过热线服务技能考核，持合格证上岗；定期接受督导和考核。热线咨询员可以为全职工作，也可以是兼职工作。

卫生部心理援助热线专家组名单（19 人）

组长：

肖泽萍　教授　上海市精神卫生中心

成员：

吕秋云　教授　北京大学第六医院

钱铭怡　教授　北京大学心理学系

樊富珉　教授　清华大学教育研究所

唐登华　主任医师　北京大学第六医院

方　新　副主任心理师　北京大学心理咨询与治疗中心

贾晓明　教授　北京理工大学心理咨询中心

杨蕴萍　主任医师　北京安定医院

侯志瑾　副教授　北京师范大学心理学院

王择青　教授　解放军军事心理训练中心

赵旭东　教授　同济大学附属同济医院

张海音　主任医师　上海市精神卫生中心

季建林　主任　复旦大学医学院精神卫生系

孙时进　教授　复旦大学心理系

施琪嘉　主任医师　武汉市心理医院

张亚林　主任医师　中南大学湘雅二医院

刘培毅　主任医师　成都市卫生局

杨彦春　主任医师　四川大学华西医院

秘书：

张　冰　副主任医师　上海市精神卫生中心

第四节　社区心理援助的基本条件

社区心理援助活动工作的开展需要相应的时间、空间、材料和人员，即必要的“软、硬件”设施和基本条件。县级以上政府应积极扶持，民政部门应提供专项资金，帮助各地建立社区心理援助中心和开展社区心理援助活动，为社区心理援助活动创造有利条件。

一、开展心理援助活动的基本“硬件”设施及要求

1. 社区心理援助中心咨询接待室与咨询室

(1)地点的选择:社区心理援助中心咨询接待室与咨询室地点选择本着安静方便的原则,一般设在人流少的安静处,并且有窗子的地方,但是也不能太偏僻。有窗的房间,会满足来访者对窗口的心理要求,改善空间的开放性,将来访者引向理想世界,可以向咨询师畅所欲言。标准的社区心理援助中心设咨询接待室、会谈咨询室和心理活动室三部分。咨询接待室用于接待前来咨询的人员,主要有两方面用途,一是为来访人员登记,预约咨询时间;二是为前来接受咨询的人员提供等候的空间。会谈咨询室用于咨询,是正式进行心理咨询的场所。活动室一般用于团体咨询或者开展心理讲座的地方。有条件的中心还可以设置心理测量室和心理档案室。

(2)咨询室的室内设计:社区心理援助中心咨询室一般喜欢用暖色(例如米黄色)的色调(包括桌椅、沙发、资料柜、茶几的颜色),使咨询室显得温馨、亲切,以使来访或等候的人员感觉松弛。咨询室的光线要比较柔和,色彩感觉与光环境应融为一体,以有利于咨询工作的开展为原则,不论是光环境的设计还是灯具的选择和布设,都必须以求询者的行为和心理需求为前提。光线含蓄柔和、色彩温和,创造一种温馨的气氛,良好的咨询氛围,以便使来访者的情绪能够平静、轻松,精力集中,不至于分散注意力。

无论是咨询接待室、会谈咨询室或是心理活动室,都尽可能在夺目的地方放一些盆栽、花瓶、工艺品、古玩、书画作品等,因为这些美丽的室内设计具有高雅、亲切、宜人的性格,会给空间环境升格定调,可以改善环境气氛,增加美的因素,赋予丰富的文化内涵和遐想空间,对人的神经产生一种良性刺激、使人皮肤降温、呼吸均匀、精神放松。

(3)室内设施配备:社区心理援助中心咨询室的座椅应该柔软、舒适,这样的话,可使来访者容易放松。由于认知的恒常性,尽量避免使用一般教室中的座椅作为咨询室的座椅,那样的话,来访者会感到冷漠、紧张,产生防御心理,影响接受咨询的愿望。另外,来访者和咨询师的座椅之间要有一定角度,避免来访者与咨询师直接面对面,因为,每个人在与别人交流时(或是咨询师与来访者交流时),围绕交流者身体周围有一个看不见界限而又不受他人侵犯的一个个人空间,直接地近距离地面对面交流,有些不想要的信息,如面孔、身体、气味等感觉和感性认识,会汹涌的扑来,通过视觉、听觉、嗅觉会扰乱或抹杀谈话的内容,直接损坏咨询效果。咨询师要有自己的办公桌椅,咨询室要配备两个单人沙发,一个茶几。根据房间的大小确定沙发的大小,摆放时要成约90度角。钟表一个,用来控制咨询时间,同时也能起到装饰的作用。钟表放在来访者的背后,咨询师容易看见的地方。如果咨询师多次看手表的话,容易使来访者不能平静地谈话等等。另外,在会谈咨询室中,咨询者的旁边要有放笔记用具的地方,可以随时将来访者的住所、电话号码、家庭成员构成等情况记下,以防忘记。准备必要的纸巾、开水,以备求询者使用。办公桌椅、沙发、茶几、资料橱、钟表等室内设施的选择(色彩、质地)要与咨询室的总体环境布局统一和谐,创造一个温馨、人与环境优化统一的心理咨询环境。

此外,在开展正常的心理咨询中还需配备以下一些器材:电脑,不仅可以作为存放来访者心理咨询材料的工具,并且在心理测试、网上咨询等方面日益呈现出重要性。信箱,在咨询室门外的墙上挂一个咨询信箱,可以为不好意思当面咨询的来访者留一些空间。电话,如有条件,可以考虑开设电话咨询。录音机,不仅可以作为音乐疗法的必要工具,还可以作为做必要的咨询记录时采用。

总之,一个简练、温馨、富有生活气息的、理想的、人与环境优化统一的心理咨询环境,可以使来访者感觉温馨、松弛,并有安全感,不必担心“泄露”秘密,以便心情轻松毫无顾忌地讲述有关事情,很安全地谈论个人生活的细节问题,畅所欲言。而心理咨询师可以仔细倾听他们的谈话,并帮助他们认清问题,帮助他们探索解决问题的方法,从而促进了咨询工作的开展。

2. 常用心理测量工具　心理咨询的重要任务是帮助来访者了解自身心理发展的状况,消除心理障碍,恢复和保持健康心理。为了能“对症下药”,咨询师需要准确地了解来访者的心理发展状况,并分析来访者产生心理或行为问题的原因。为此,咨询室必须配备相应的心理测量工具,以帮助咨询师准确诊断来访者的心理和行为问题。开展心理咨询工作至少应准备如下几类心理发展与心理健康测查工具。

(1)智力测查量表:智力测查可以帮助咨询师了解来访者的智力发展水平,判断来访者在感知、注意、记忆、思维、言语,以及解决问题、动手操作等方面的潜力和局限,更好地制定心理援助计划。常用的智力测查量表有比奈智力测查量表、韦克斯勒智力测查量表、瑞文推理测查量表。

(2)个性与性格测查量表:个性与性格测查可以帮助来访者了解自己的个性特点与性格类型,判断自己个性发展的长处与不足,帮助来访者在学习和生活中"扬长避短"。常用的个性与性格测查量表有:卡特尔16人格因素测验(16PF),艾森克人格问卷(EPQ),爱德华个人爱好量表(EPPS)、明尼苏达多项个性调查表(MMPI)等。

(3)能力倾向测验:能力倾向测验可以帮助来访者了解自己潜在的能力趋势,预测来访者在将来的学习和工作中可能取得的成就。常用的能力倾向测验有学术能力倾向测验(SAT)、分辨能力倾向测验(DAT)等。

(4)心理健康测(筛)查量表:心理健康测(筛)查量表可以帮助来访者了解自己心理、行为问题的具体表现和严重程度,以便制定有针对性的咨询策略。常用的心理健康测查量表有:Achenbach儿童行为量表、症状自评量表(SCL-90)、抑郁自评量表(SDS)、焦虑自评量表(SAS)、Rutter儿童行为问卷等。

此外,还有一些综合性的测验,如内田克莱佩林心理测验(UK测验)等,心理援助师通过测验能获得多方面的信息,既能了解来访者的能力水平、个性和性格特征,又能了解来访者的心理健康程度,以及可能出现的心理和行为问题。还有应激及相关问题评估表,如生活事件量表(LES)、社会支持评定量表等。

3. *统一而规范的咨询预约单和咨询记录表* 统一而规范的咨询预约单和咨询记录表对建立咨询档案很有帮助。咨询预约单的内容主要包括来访者员的姓名、性别、年龄、想咨询的问题、拟咨询的时间等。可以根据预约单的内容安排相应的咨询师。咨询记录的内容主要包括来访者的姓名、性别、年龄、咨询的次数、来访者咨询的问题、咨询师的诊断结果,以及咨询建议等。有条件的咨询室可以运用计算机建立咨询档案,以便管理和查找。

4. *相关书籍和报刊杂志* 在咨询接待室可以放置一个书架,用来摆放与来访者的心理发展、心理健康、心理问题、心理咨询与治疗有关的书籍和报刊杂志。最好有介绍不同年龄身心发展规律和心理健康知识等方面内容的专业书刊。其一,来访者通过阅读可以了解和丰富有关心理发展与心理健康的知识;增进对自身心理健康状况的了解,获得生活、学习等方面的指导。其二,阅读可以减少来访者在等待过程中由于无事可做而产生的烦躁心理。其三,咨询师可以随时翻阅,扩展心理健康方面的知识,了解其他咨询案例,学习其他咨询师的有益经验,以便更好地开展咨询工作。

二、开展社区心理援助活动的"软件"要求

1. *心理援助师、心理咨询师、婚姻家庭治疗师* 一名合格的心理援助师、心理咨询师、婚姻家庭治疗师具备的素质应该有以下三个方面:

(1)专业道德素质:热爱心理援助事业,责任心强;对待来访者真诚,严格为来访者保守秘密和隐私,给来访者一种亲和力和信任感;不计较个人报酬,能牺牲个人时间为来访者提供服务。

(2)专业修养:具备较全面的专业知识,特别是心理学和医学知识。系统地学习过来访者心理发展方面的理论知识,熟悉研究来访者心理的方法,对来访者心理发展规律有清楚的认识。

(3)专业经验:要有敏锐的观察力、良好的记忆力、丰富的想象力以及创造性思维和应变能力。在心理测量方面受过专门而系统的训练,熟悉心理测量理论并能熟练运用常用的心理测查工具,能对测查结果做恰当的解释。

2. *社区心理援助工作制度* 完善的社区心理援助制度是顺利开展心理援助工作的必要保证。社区心理援助工作制度主要包括两方面内容:一是要有对社区心理援助师心理援助工作的管理章程;二是社区心理援助中心的日常管理章程。社区心理援助工作的管理章程着眼于从宏观角度规范的社区心理援助工作,如社区心理援助中心工作制度、保密原则、转介流程、对社区心理援助工作的考核和评价办法、来访者须知等。社区心理援助中心的日常管理章程着眼于从微观角度规划具体的社区心理援助工作,如规定社区心理援助中心的开放时间、安排值班人员、制定工作条例等。

3. *来访者心理援助档案的建立* 建立来访者心理援助档案，有助于心理援助师了解来访者的心理发展状况，针对来访者具体情况制定心理援助计划，或防患于未然，或扬长避短，“有的放矢”地促进来访者心理健康发展。咨询档案也有利于社区心理援助师对社区心理援助工作进行评估和管理。

来访者心理援助档案一般包括以下内容：

(1)来访者基本情况，如姓名、性别、年龄、文化程度、婚姻、生育状况、职业等。

(2)来访者的家庭背景，如父母的职业、文化水平、家庭结构、经济状况、居住环境等。

(3)来访者的重要生活经历，如家人去世、父母离异、意外变故等。

(4)来访者的学习工作情况，如学习工作成绩、态度、方式、习惯、兴趣及压力等。

(5)来访者的智力发展水平。

(6)来访者的个性与性格特征。

(7)来访者的心理健康状况，如是否出现过心理问题，程度和具体表现如何；是否接受过心理援助，接受过多少次心理援助；每次援助的时间、内容和结果如何等。

在来访者心理援助档案中应标明所用的心理测查工具。

三、社区心理援助工作的对象与内容

社区有了自己的心理援助中心、心理援助师之后，并不是万事大吉了，还要进行宣传，让人们有先进的意识，有了心理困惑之后敢于走到心理援助中心来。

什么情况下你可以走进心理援助中心去求助？

当你的心理上有困扰和问题，需要获得帮助、支持、治疗和指导时，你可以去寻求心理援助师的帮助。

具体包括以下情况：

当你睡眠不好如失眠、做噩梦或者梦游时，你应该去寻求心理援助。

当你有心理不健康的表现时，你可以去寻求心理援助。例如，害怕一些并不可怕的事物，如害怕花、害怕水、害怕笔、害怕看人等。再如，脑子里总不停地想一些无意义的小问题，或者不停地洗手等。

当你有一些奇怪的疾病时，你可以去寻求心理援助。例如，因为精神受刺激等原因，突然瘫痪了、失明了或聋哑了。在医院相应的科室虽查不出病，又确实发生过的奇怪的疼痛、胃肠不适等。

当你身体没毛病，有由心理原因引起的性功能障碍时，或者有一些古怪的性问题时，你可以去寻求心理援助。

当你情绪极差、难以自拔时，你可以去寻求心理援助。一般这类常见的情况有过度抑郁或长期抑郁、神经衰弱、对某些事过度紧张焦虑等。

当某些事引起了你强烈的心理冲突，自己难以解决时，你可以去寻求心理援助。

当你的孩子出现各种心理问题时，你可以去寻求心理援助。例如，孩子学习成绩总是不好，有一些坏习惯，多动、口吃、情绪低落、胆子太小等都可以去找心理援助师寻求帮助。

一般人有一个误解，认为找心理援助师的人都是“疯子”“精神有毛病”。由于这种偏见，许多人不敢轻易去寻求心理援助，害怕别人以为自己精神不正常。实际上，寻求心理援助的人之中，虽然有一部分有较严重的心理疾病，但是也有一大部分是正常人。不论是谁，只要你心理上、情绪上有痛苦烦恼，都可以去找心理援助师。

不仅是你的心理和生活出现问题时需要心理援助，当你在自身发展、在事业上遇到一些影响心理的问题时，你都可以去寻找心理援助师的指导和帮助。如果你希望进一步改善自己的性格，也可以去请心理援助师给予指导。

总之，只要遇到和心理有关的问题，你都可以去找心理援助师。特别是你的问题很严重，自己无法解决时，有心理援助师的帮助，问题解决得会更好一些。许多对你来说极难解决的问题、长期困扰你的问题，在心理专家指导下都可以找到解决的办法。

第五节　积极参与构建和谐社区和健康家庭

一、和谐社区建设

(一)构建和谐社区的重要性

和谐社会指的是一个民主法治、友爱诚信、有序安定、正义公平、人与自然和谐相处的社会,社区是社会有机体的最基本内容,是宏观社会的缩影,构建和谐社区是构建和谐社会的必要条件。

社区是指居住在一定的地域范围内,人们所组成的社会活动共同体,我国国家关于和谐社区建设的基本标准是:居民自治、管理有序、服务健全、治安良好、环境优美、文明祥和。与此同时,根据各个地方不同的生活环境和生活方式、民风民俗,各地政府也根据自身的情况提出了构建和谐社区的标准。通过建设一个和谐的社区环境,能够培养居民的社区归属感,将有利于缓解人们的社会压力,带来社会安定感,最终提高人们的生活满意程度。只有把社区建设成为生活安定美好、社会保障充分、秩序稳定、生活环境舒适、公共服务完善、各种社会群体和谐相处的现代城市社会生活共同体,才能为建成高水平的小康社会奠定坚实的社会基础。

(二)如何构建和谐社区

我国正在推行工业化、城镇化。在基层中,社区又是矛盾的焦点,是重中之重。只有社区日趋和谐了,构建和谐社会才有基础。

如何参与构建和谐社区呢?

首先,要为居民的生产生活提供必要的条件。其次,居民是构建和谐社区的实践主体,居民的不断参与会有力地促进和推动和谐社区建设。构建和谐社区必须相信居民,紧紧依靠居民,充分调动他们的积极性、创造性和主动性,集中他们的力量和智慧,尽可能地做到人人参与,共同建设和谐家园。再次,居民是和谐社会的主体,既是和谐社会的创造者,又是和谐社会的拥有者,还是和谐社会成果的享受者,和谐社会的一切发展成果均属于全体公民。因而,必须让全体居民共治、共管、共创和谐。最后,构建和谐社区,达到居民共享和谐的目的,必须以居民的全面自由发展作为出发点和落脚点。一方面,要做到发展为了居民,发展依靠居民,发展成果由居民共享;另一方面,又要以解决居民最关心、最直接、最现实的利益问题为重点,更加注重民生,着力解决社会保障等方面的具体问题,使人民群众的各项权益得到切实充分的尊重。

以群众满意度为最高准则,完善社区各项服务功能,满足居民和单位的各种需求,这是构建和谐社区的最基本要求。为了更好地发挥好社区的各项服务功能,社区建设必须以服务社区居民为重点,以突出社区关怀和利益协调为功能,使社区居民困有所助、难有所帮、病有所医、老有所养、需有所应。社区服务一般是以街道、居民委员会为依托,发动社会各方面的力量来开展满足于社区居民的各种需求的活动,它以方便、利民、就地及时解决问题等为特色。为此,建设和谐社区一要拓宽服务的领域,针对社区人口的改变,社区居民生活需要的实际,精神性服务和物质性服务并举,开展面向所有居民、满足各类需求的社区便民服务。要送温馨服务到社区,通过增加就业机会与社会保障制度的完善、社会治安综合治理的认真履行、城市建设与管理的完善、社会服务等政府职能“四个到位”,为社区搭建好坚实的服务平台,将服务送达社区每家每户,提升社区的服务功能。要改进公共服务的方式,积极推进涉及居民的生活、工作和服务行业驻社区“一站式”的服务,为居民提供更加快捷的服务,大力发展与居民和服务都密切相关的各种中介组织、公益性的组织,创立市场服务的方式,引入市场运行机制,大力鼓励相关人员组成专门服务团队,深入社区,深入居民,提供优质上门服务。

通过构建和谐社区,把社区建设成为生活秩序稳定、居民充分自治、社会保障充分、生活环境舒适、公共服务完善、教育资源充沛、各种社会群体和谐相处的现代社会生活共同体,才能使居民从社区找到归属感,这将会有利于缓解人们在多元社会中的精神压力,提高人们的生活满意程度,进而为构建小康社会奠定坚实的社会基础。

二、构建健康家庭

(一)构建健康家庭的意义

构建和谐社会,健康的家庭是基础。没有家庭的和谐与家庭新风的倡扬,也谈不上整个社会的和谐。

家庭是社会的基本细胞,建设和谐家庭是构建和谐社会不可或缺的重要组成部分,没有健康的家庭,就不会有一个稳定和谐的社会。家庭和谐是社会和谐的基础与前提,只有家庭关系和睦,社会关系才会和谐。而和谐社区又是和谐社会的基础,在构建和谐社区的同时不能忽视健康家庭的建设。我们构建健康家庭的目标在于:建立平等和睦的家庭关系、倡建良好的家庭道德风尚、倡导健康的家庭生活方式。

和谐的家庭是人们生活、工作、学习的动力源泉,是打造高质量生活标准的动力源泉。正所谓内忧外患,内忧是外患的有利条件,外患是内忧的必然结果。如果家庭内部没有弱点和缺陷,家庭外部的不良因素就不会形成祸患。亿万家庭内部的团结,才能创造安居乐业的良好局面,小康社会的幸福生活才能够实现,从这个意义上说构建健康家庭是人们打造高品质生活的基础。

(二)如何构建健康家庭

“和谐家庭、和谐社会的根本立足点是人,构建和谐社会需要道德高尚、人格健全、心理健康的人”。中国伦理学会理事、首都师范大学政法学院教授安云凤说,在这种“人”的塑造过程中,家庭文化和道德氛围具有不可替代的作用。要通过构建健康家庭,营造“夫妻恩爱、亲子和谐、孝敬长辈、邻里和睦、管理民主”的和谐家庭氛围,从而推进整个社会的和谐发展。

1. *要树立科学健康的生活方式*　健康向上的生活方式是构建和谐家庭的最终要求,也是一个家庭是否和谐的本质体现。要求家庭成员树立终身学习的现代意识,崇尚科学、健康、文明的生活方式,追求充实健康的精神文化生活,以自身的文明和良好素质,带动家庭的文明和谐。

2. *倡扬平等和睦的家庭关系*　建设和谐家庭关系,关键在于提高家庭成员的责任感和责任心,每个家庭成员在经济上、生活上互相关心,情感上加强沟通交流,社会事务上相互支持,共同构建和谐的夫妻关系、亲子关系和兄弟姐妹、婆媳、姑嫂等其他家庭关系,为健康家庭的建立奠定平等进步的基调。

3. *树立良好的家庭道德风尚*　唱响“法在家庭”“学在家庭”“教在家庭”“情在家庭”“创在家庭”“美在家庭”的家庭文明新风,通过健康观念、和谐文化的传播,引导家庭成员模范遵守社会公德、职业道德、家庭美德,共同营造热爱生命、热爱生活、勤奋好学、道德高尚、身心健康、团结和谐、蓬勃向上的家庭氛围,建立文明健康的现代家庭,进而促进社区的和谐。

4. *女性作为母亲和妻子的双重角色,是“和谐家庭”的核心*　女性对和谐家庭氛围的营造、良好家风的形成以及家庭成员素质的提高有着至关重要和无可取代的作用。乔治·赫伯特曾经说过:“一个好的母亲抵得上学校的100个老师”。德国教育家福禄培尔说过:“国家的命运与其说掌握在当权者手中,倒不如说是掌握在母亲手中。”女性文化素质越高,其协调家庭各种关系的能力、抚养教育子女的能力、管理家庭事务的能力、维护自身合法权益的能力就越强,这样家庭的文化氛围就越融洽、温馨、和谐。所以创建和谐家庭应该主要从提高女性科学文化素质、业务技能素质、思想道德素质三方面着手。

三、构建和谐社区和健康家庭存在的困难和问题

中国是世界上家庭最多的发展中国家。从整体上看,倡导美德、崇尚文明、追求和谐已成为家庭建设和和谐社区构建的主流,但随着市场经济的深入发展,改革开放的不断推进,东西方文化的碰撞激荡,人们的思想空前活跃,社会意识呈现多样化的趋势,反映在家庭领域,表现为家庭成员思想意识和文化需求的多样性和复杂性,给婚姻家庭领域带来了一些前所未有的现实问题。有的家庭出现了价值观念扭曲、道德行为失范、子女教育有误、婚姻稳定性下降、邻里关系淡漠、敬老世风日下等一系列问题,严重影响了家庭的和睦与幸福,影响了社会的文明和稳定。主要表现在以下几个方面:

1. *婚姻关系不稳固*　由于离婚率不断攀升,现代家庭面临着前所未有的婚姻危机。就整体来看,因婚姻问题导致家庭不和谐的占90%以上,婚姻问题已经成为家庭不和谐的首要因素。

2. *养老问题矛盾突出*　随着人口老龄化进入快速发展期,由于社会保障制度的不健全,使得老人赡养

问题成为当代家庭矛盾的焦点。尤其在农村,因养老引起的家庭纠纷表现为夫妻间、兄弟妯娌之间的矛盾问题日显突出。农村老人的生活状况,大多停留在解决了温饱的层面上,老人的就医、住房、文化、健康保障等问题都无法顺应时代发展的需求而得以妥善解决。

3. *子女教育有偏颇* 主要表现在重智轻德、有爱无教、粗暴施教等方面。家长对孩子的教育过分追求学分名次,放松了对青少年的思想道德教育,忽略了德、智、体、美、劳全面发展,致使青少年犯罪率逐年上升,影响了社会的和谐与稳定。和谐社区和健康家庭建设问题必须引起全社会高度的关注和重视,构建和谐社会必须从建设和谐社区和健康家庭这个基础抓起。

四、充分发挥社区心理援助工作在构建和谐社区和健康家庭中的作用

社区心理援助的总体任务是:提高个人心理素质,使人健康、愉快、有意义地生活下去,简单地说就是助人自助。社区心理援助第一任务是帮助被援助对象认清自己的内、外世界。

近年来,积极构建健康家庭,促进社区和谐成为社区心理援助新的工作领域。构建和谐社区和健康家庭是当前社区心理援助工作的重要历史使命,也是社区心理援助工作的优势所在,更是社区心理援助工作参与建设和谐社会,打造小康社会建设的切入点。在构建和谐社区和健康家庭的过程中,社区心理援助师要按照职业道德规范和执业相关规定的要求,从社区心理援助工作独特的社会定位出发,从群众的实际需求出发,充分发挥自身优势,切实履行自身职能,积极参与和谐社区和健康家庭建设。

(一)努力提高社区群众的心理健康水平,以阳光的心态促进家庭的和谐

心理健康是指精神活动正常、心理素质好。心理健康大多与遗传(基因)相关,既能过着平平淡淡的日子,也能经受住各种事件的发生。心理健康突出表现在社交、生产、生活上能与其他人保持较好地沟通或配合。

抓好社区心理健康辅导工作,应以培养身心健康的社会公民为目的,通过运用健康管理的方法,以功能环境的改善为主,人文环境的改善相配合,使群众在生活实践中,能够正确认识自我,自觉控制好自我,正确对待外界影响,从而使心理保持平衡协调。社区心理援助师在具体工作中可以针对不同层次、不同类型的居民开展多层面的辅导和培训,对社区群众给予心理援助和辅导的过程就是人文素质提高的过程,就是改变人们生活陋习和不文明行为的过程,通过辅导和培训,使群众的综合素质逐步提高,从而以社区群众心理健康水平的提高来带动每个家庭的和谐,促进家庭和睦、邻里友好,树立文明、和谐、健康的良好社会风尚。

(二)普及家庭教育科学知识,以科学的家教促进亲子关系的和谐

亲子关系的和谐是家庭和谐的支点,传统的家庭教育方式存在许多不利于亲子间和谐共进的因素。社区心理援助师应着力于把科学健康的教育理念和教育方法传递给千家万户,在家庭成员中营造"平等尊重、共同成长"的民主氛围。应依托家长、学校和家庭教育指导站,在全社会构建起家庭教育工作组织网络,并积极开展形式多样的主题活动,从而在广大家庭中形成以民主平等为基础的新型亲子关系。

(三)为社区居民提供心理咨询和心理援助,有效化解家庭矛盾,消除不和谐因素

社区心理援助师对造成家庭不和谐的种种因素要给予足够地重视和充分地评估,尤其要对来信来访和群众心理求助及时进行处理,并要整合社会力量,充分发挥"家庭暴力救助中心""社区心理援助中心""青少年心理健康指导中心"等机构的作用,有效化解家庭矛盾,积"小安"为"大安",以此推动社区居民积极参与到促进家庭和谐、维护社区稳定的工作中来。

(四)充分运用心理学知识,采取切实有力的措施,积极应对出现的新问题

随着改革的深入,中国社会出现了许多新情况、新问题。如大学生就业难、社会弱势群体的生活困难、下岗职工再就业难、人口老龄化严重、基础设施薄弱、外来人口管理难、普遍面临心理压力大等问题日益突出。同时,由于社会经济成分、组织形式、分配方式、就业渠道、个人技术水平层次、个体心理健康水平的多样化,给社会管理增加了许多困难和压力,如处理不好、解决不当,势必会增加社会的不稳定因素。

创建和谐社区,就是要通过社区构建这一基础平台,化解各类社会矛盾,维护社会治安秩序,搞好社区工作。在社会转型的过程中,必然会造成利益格局的变化和社会资源的整合。利益关系的调整会引起人们

心理的不平衡甚至恐慌，收入的差距悬殊使人们暴露出不满的情绪，工作的紧张和工作机会的短缺会增加人们压力的精神，价值观念和生活方式的变化也会给人们带来诸多的不适应。这些影响社会稳定的因素都潜在于社区这一社会基本细胞中。构建和谐社区，社区心理援助师就要挖掘并充分运用自身的知识资源，采取切实有力的措施，及时帮助社区居民化解心理冲突，疏导不良情绪，缓解各种压力，学会理性沟通，促进健康人格的养成。只有这样，才能实现家庭健康、社区和谐和社会稳定。

第六节　社工师、心理咨询师、婚姻家庭咨询师如何参与社区心理援助

社工师、心理咨询师、婚姻家庭咨询师在社会发展进程中起到了越来越重要的作用，如何在社区心理援助中充分利用自身特点，有效地开展社区心理援助工作？我们根据国内外情况及社区活动具体阐述。

一、社会工作师在社区

1. 什么是社会工作师　社会工作师是指遵循助人自助的价值理念，利用个案、社区、小组等专业方法，帮助机构和他人发挥自身潜能，协调社会关系、促进社会公正为职业的社会服务人员。

2. 社会工作师的作用　社会工作师是一种新的职业资格，《全国助理社会工作师、社会工作师职业水平考试大纲》已获人力资源和社会保障部审定通过，意味着社会工作者首次被纳入国家专业技术人员范畴。社会工作师主要工作于民政、妇联、慈善机构、社会团体机构、社区服务机构、街道办事处等各个领域，并开始逐步向卫生、教育、社会保障、心理辅导等广大领域扩展。

在发达国家和地区，社工体系已经非常完善和专业，社工们是维系社会健康运转的重要力量。他们在预防犯罪特别是预防青少年犯罪、老人陪护等扶持、帮助社会弱势群体方面，已经是社会不可缺少的一环。在我国香港地区，平均每1000人中就有1人是社工。

随着我国经济和社会的高速发展，许多社会问题也随之增加。可以说，社会工作者职业涉及的面极其广泛，医院内从事病人心理疏导工作的人员、司法机构处理和疏导家庭纠纷的人员等，均属于社会工作者范围。按照“大市场、小政府”的发展趋势，以及参照上海市正在实行的“政府购买服务”等政策（由政府通过招标，聘请民间服务机构帮助社区矫正人员、吸毒人员和问题青少年等边缘人群回归社会等），上述社会工作将会从民政、司法、卫生等执法系统中剥离出来进行市场化、社会化，会提供大量工作机会。

3. 社会工作师如何参与社区心理援助　社会工作师在社区中通过以下服务来进行心理援助：

（1）助老服务：积极搭建老年人社会支持网络，为老人提供身体健康、心理健康、康乐活动等服务。持续开展“情满空巢”的项目服务。在服务中，注重运用优势视角的专业观点，充分发挥老人的经验优势和社区参与能力，组织老人与年轻人对接，并参与“青年文明号”的义工服务，提升老年人“老有所为”的价值感。对有需求的老年人提供日间照顾服务。

（2）残康服务：协助残障人士了解相关政策，提供资源链接与转介服务，为其提供康复训练、就业指导、126789心理援助等服务，帮助其树立信心，积极参与社会生活。

（3）儿童、青少年服务：开展情绪管理、人际交往、生活教育等专业服务，提升儿童、青少年自我管理、朋辈交往、家庭生活、校园适应、社区参与五个维度的能力，关注儿童、青少年的身心健康，提高应对挫折与战胜困难的能力，协助解决成长中的困恼与烦扰。对困难家庭子女开展“爱心英语小小屋”服务。

（4）女性身心保健：缓解女性尤其是单亲母亲因子女管教、人际交往等问题带来的压力，提升女性素质，搭建女性互助网络，支持妇女参与社区发展等公共事务。

（5）家庭生活教育：为家庭提供亲子教育、婚姻辅导、问题家庭干预等综合性服务。整合社区资源，为陷入困境的家庭提供支持，恢复其家庭功能，提高家庭幸福感。

（6）心理辅导服务：由专业的心理咨询师为社区有需要的个人及家庭提供心理咨询、情绪疏导、情感支持等个案辅导，协助其挖掘自身潜能，以更好地适应生活。

（7）发展性互助支援服务：为社区居民搭建一个能力建设平台，通过开展多样的社区教育活动，培养社

区的自助及互助团体，推动社区各类团体、企业关注社区，参与社区活动及义工服务，在能力提升中感受到自信与幸福。持续开展“无讼社区”服务项目，整合社区有利资源，为有需要的居民提供法律咨询及援助等转介服务，促进社区和谐，融洽社会关系。

二、心理咨询师在社区

1. 心理咨询师的重要性　据世界卫生组织估计，全球每年自杀未遂的达1000万人以上，造成功能残缺最大的前10位疾病中有5种属于精神障碍，中国神经精神疾病负担到2020年将上升至疾病总负担的四分之一。在中国，据保守估计，目前大概有1.9亿人在一生中需要接受专业的心理咨询或心理治疗。据调查，我国13亿人口中有各种精神障碍和心理障碍患者达1600多万，1.5亿青少年人群中受情绪和压力困扰者就有3000万人。中国每年自杀死亡的人数已达28.7万人，每年约有200万人自杀未遂。

社会的发展，生活节奏的加快，使许多人精神长期处于高度紧张的状态下，焦虑、抑郁、对什么都不感兴趣等问题越来越多。有了苦闷，和朋友或家人诉说，有时并不能得到解决，有时也不方便，所以心理咨询会变得像到餐馆就餐一样慢慢成为一种普遍的需求，心理咨询师有发挥才能的广阔用武之地。

2. 心理咨询师如何参与社区心理援助　心理咨询师可以进行如下心理援助：

(1)心理危机干预：一个人遇到沉重的心理创伤和打击，如理想、目标和事业的丧失，亲人的意外死亡，人际关系的恶化等导致急剧的精神崩溃时采取的心理咨询。

(2)生活问题咨询：包括恋爱、婚姻、家庭及性问题，升学和就业的选择、适应不良、学习困难、儿童行为不良、人际关系问题，以及酒精和药物依赖等各种心理卫生问题。

(3)身心疾病咨询：许多躯体疾病，如高血压、冠心病、肿瘤等慢性疾病，其发生、发展与转归也均与心理社会因素有一定关系，可以及时进行心理咨询，从而解除心理压力，防止躯体疾病加剧。

(4)精神障碍咨询：如患神经症、人格改变及其他精神障碍者，可就有关药物治疗转介精神科医生。

(5)其他心理卫生问题咨询：如家庭、群体的心理卫生问题，亦可进行心理咨询。

心理咨询师不但要有一定的专业知识水平，还要具有一定的职业阅历和素质。导致心理问题或心理疾病的原因有很多，其中人与人之间的冲突摩擦、恋爱婚姻、家庭矛盾、亲子关系、升学考试、就业选择等问题尤为突出。因此，心理咨询师的年资和咨询经验、咨询技巧十分重要，在非药物治疗中，除了要缓解临床症状给求助者带来的困扰外，也要对压力源做适当的处理。对心理健康的重视，标志着社会的文明程度，不断进步的社会期待着心理咨询师的团队不断壮大并越来越优秀，在社会和政府有关部门的支持下，心理咨询在社区的心理援助将会步入正轨，人们的生活质量逐步提高。

三、婚姻家庭咨询师在社区

1. 认识婚姻家庭咨询师　婚姻家庭咨询师是国家人力资源和社会保障部于2007年4月批准的职业，是目前中国婚姻家庭咨询领域唯一的国家级职业。“弘扬家庭美德，促进社会和谐”是婚姻家庭咨询师开展工作的最终目的。社会主义家庭美德建设的基本规范是尊老爱幼、男女平等、夫妻和睦、勤俭持家、邻里互助。婚姻家庭咨询师就是要通过自己的工作，使家庭美德在每一个家庭得到弘扬，使每个家庭都健康发展，从而促进整个社会的和谐。

婚姻家庭领域属于私人领域，不愿为他人所知的个人生活秘密比比皆是。婚姻家庭咨询师必须恪守职业道德，注意保护求助者的个人隐私，严守咨询秘密。婚姻家庭咨询师认为，每一个家庭成员的言行都能对其他家庭成员产生影响，家庭中任何一个人独特的个性特征、习惯的思维方式、情绪特点、智力水平、日常待人接物的方法以及出现的问题，都与他成长的家庭息息相关。即人的心理问题、情感或人格障碍，是不可避免地在家庭的成长过程中形成，在家庭成员的互动中巩固，当然也就要在家庭系统中化解和消除。

婚姻家庭咨询师认为，家庭关系是每个人都不能回避的，家庭对个人情绪、认知、人格的影响更是无法忽视的。心理咨询师与婚姻家庭咨询师看问题的角度不同，采取干预的措施也不一样，咨询的对象也有差异。可喜的是，现在有许多心理咨询师借鉴了婚姻家庭咨询的方式、方法，婚姻家庭咨询师也在不断吸纳心理咨询方面的精华，互为借鉴，互为影响。

2. 婚姻家庭咨询师如何参与社区心理援助

(1)婚姻家庭咨询师应忠实于《宪法》,严格遵守国家相关法律、法规和行业规章制度,诚实守信、勤勉尽责,为社会、为婚姻、为家庭服务。

(2)婚姻家庭咨询师在任何情况下都要做到:尊重服务对象,保护个人隐私,严守咨询秘密;在咨询工作中必须遵循公序良俗、遵守法律法规、弘扬家庭美德、促进社会和谐。

(3)婚姻家庭咨询师要努力做到:主动传播健康的恋爱、婚姻观与健康的伦理、道德观,科学探索婚姻家庭咨询领域的理论发展与实践方法;积极参加社会公益事业,促进社会和谐进步,服务中国婚姻家庭。

(4)婚姻家庭咨询师有责任和义务逐步建立和完善婚姻家庭咨询行业的规章制度,积极推进行业的道德建设和文化建设,加强行业内的学习交流与合作,合法有序地维系往来业务,公平公正地开展同行竞争。

(5)全体婚姻家庭咨询师应尊重同行,同业互助,共同发展,自觉接受上级、同行及社会各界对行业的监督,共同抵制和纠正行业不正之风,共同维护行业利益和行业形象。婚姻家庭咨询师个人与机构不得以任何方式做出有损于行业形象的行为。

(6)婚姻家庭咨询师须遵照国际社会婚姻与家庭的主流方向,为消除性别不平等和性别歧视,实现性别的社会化和主流化而积极努力。贯彻和遵守我国的基本国策,保障妇女儿童的根本权益,以人为本、科学全面地促进婚姻和家庭的健康和谐发展。

一个合格的婚姻家庭咨询师必须具有到位的法律意识,掌握相关的法律规定,同时正确认识到自己的法律地位、法律权利、法律责任,做到知法、讲法、守法,不仅在咨询中注意把法律知识传介给求助者,而且在自己的工作和生活中增强法制观念,遵守法律规定,履行法律义务,杜绝违法犯罪行为。只有这样,才能保证出色地完成工作任务。

本章编写负责人:刘义林　冯树英　彭　娟

本章参与编写校对人员:刘义林　冯树英　彭　娟　高禄璋　王仕俊　李春霞　丁晓燕　贾丽云　米思宏　姜　水　于文清　刘名徽　何　玲

第二章 社区心理援助专业知识

第一节 普通心理学知识

普通心理学是心理学的一门基础学科。它研究心理现象产生、发展的最一般的规律以及心理学的历史、发展趋势、理论体系、派别和研究方法等。普通心理学的内容既要概括各个分支学科的研究成果,从中总结出心理学的最一般规律,又要为各个分支学科提供理论基础。普通心理学是心理学的入门学科。

一、心理学的概念

1. 定义 心理学是研究心理现象的一门科学,主要研究个体的心理,包括认知、情绪和动机、能力和人格,也研究团体和社会心理。

2. 研究对象和人的心理现象

(1)心理学:它既研究动物的心理又研究人的心理,而以人的心理现象为主要研究对象;既研究个体心理又研究团体和社会心理。

(2)人的个体心理现象的三个重要方面:认知、情绪和动机、能力和人格。

3. 心理与行为、意识与无意识的关系

(1)心理与行为:行为是有机体的反应系统,它由一系列反应动作和活动构成,行为不同于心理,但又和心理有着密切的联系。行为总是在一定的刺激下产生的,而且引起行为的刺激常常通过心理的中介而起作用。心理既然支配行为,又通过行为表现出来,不理解人的内部心理过程,就难以理解外部行为。心理学研究的一条基本法则就是通过外部行为推测内部心理过程,在这个意义上,心理学有时也叫做研究行为的科学。

(2)意识与无意识:人的意识是由人的认知、情绪、情感、欲望等构成的一种丰富而稳定的内在世界,是人们能动地认识世界和改造世界的内部资源。自我意识具有分析和评价自我的能力,人不仅能意识到客体的事物,而且还具有自我意识,低等动物没有自我意识,婴儿的自我意识也没有发展起来。人的心理除意识外,还有无意识现象,无意识是人们在正常情况下觉察不到,也不能自觉调节和控制的心理现象,如人在梦境中产生的心理现象主要就是无意识的。人平常都是在意识的支配下工作、学习和生活,只有精神错乱、大脑损伤的病人,他们的行为才失去意识的控制,而完全被无意识的欲望所支配。

4. 心理学要研究的问题 人的心理现象是非常复杂的,可以从不同的方面和角度进行研究,但概括起来主要研究 5 个方面的问题:①心理过程;②心理结构;③心理的脑机制;④心理现象的发生与发展;⑤心理与环境。

5. 心理学的研究类型 心理学的研究类型有因果研究、相关研究、个案研究。

6. 研究心理学的意义 研究心理学可以科学地预测现象,有效地控制现象和从不同方面提高人的生活质量。心理学作为一门科学,在理论和实践上同样具有重要意义。

(1) 理论意义:科学正确地解释心理现象,对于我们破除迷信,形成科学的世界观和人生观具有重要的意义。

(2) 实践意义:通过科学地认识心理现象,我们在实践中就可以引导人心理健康地发展,并且可以运用心理的规律去预测和控制心理现象,指导不同领域的实践。

二、现代心理学的发展

1. 现代心理学的历史背景事件

(1)历史上第一部论述各种心理现象的著作是亚里士多德的《论灵魂》。

(2)西方近代唯理论哲学的开创者为法国的笛卡尔,主要代表人物有荷兰的斯宾诺莎和德国的莱布尼茨。

(3)经验主义起源于英国哲学家霍布斯(经验主义先驱)和洛克(奠基人)。

(4)英国经验主义形成联想主义,代表人物是詹姆斯·穆勒、约翰·穆勒和亚历山大·培因。

(5)近代哲学思潮为西方现代心理学的诞生提供了理论基础,实验生理学是现代心理学实验方法的直接来源。

(6)1879年,德国著名心理学家冯特在德国莱比锡大学创建了第一个心理学实验室,开始对心理现象进行系统的实验室研究。在心理学史上,人们把这看成是心理学脱离哲学的怀抱,走上独立发展道路的标志。

2. 现代心理学的主要派别

(1)构造主义:奠基人是德国冯特,著名的代表人物为铁钦纳,主张心理学应该研究人们的直接经验即意识,并把经验分为感觉、意想和激情状态三种元素,强调意识的构成成分,研究方法强调内省法。

(2)机能主义:创始人是美国的詹姆斯,代表人物为杜威和安吉尔,主张研究意识,他们把意识看成是一个川流不息的过程,强调意识的作用和功能,推动向实际生活的发展。

(3)行为主义:美国心理学家华生发表《从一个行为主义者眼光中所看的心理学》。行为主义特点:①反对研究意识,主张心理学研究行为;②反对内省法,主张用实验法。

(4)格式塔心理学:创始人有德国的韦特海默、柯勒、科夫卡;反对把意识分析为元素,而强调心理作为一个整体、一种组织的意义;认为整体不能还原为各个部分、各种元素的总和,部分相加不等于全体,整体先于部分而存在,并且制约着部分的性质和意义;重视心理学实验,在知觉、学习、思维等方面的研究很重要(注:格式塔在德文中的意思是“整体”)。

(5)精神分析学派:由奥地利维也纳的精神科医生弗洛伊德创立的一个学派;重视研究成年人的异常行为分析,并且强调心理学应该研究无意识现象,重视动机和无意识现象的研究。

三、心理学分支

心理学有许多分支,每一分支分别从不同的角度来研究心理现象。但是,任何一个分支都不可避免地要涉及对心理和心理现象的总看法,如心理学的对象和方法,心理的实质和心理现象的规律性等。对这些心理学一般理论问题的阐述,构成了普通心理学的一个重要的研究领域,即心理学基本原理的研究,其研究成果对其他心理学分支有重大的意义。

在普通心理学中,心理学基本原理与心理现象一般规律的研究是两个重要方面。心理学基本原理的研究主要有两类:①以心理实质的问题为核心,涉及心理与客观现实的关系,心理与脑、心理与社会、心理与实践的关系,以及心理活动的规律性等,这些通常称为心理学的哲学问题;②以心理的结构问题为核心,涉及心理活动的层次组织,心理现象的分类,如各种心理现象的联系等。这两类研究是互相联系的,有时统称为心理学的方法论问题,对这些问题的不同观点表现出不同的心理学的理论倾向。

在近代心理学史上,出现过许多重要的心理学思潮,如早期的构造心理学、功能心理学,以及行为主义心理学、精神分析、格式塔心理学和巴甫洛夫学说等。它们对心理学的基本原理各有不同的论述,都对心理学的发展产生了重大的影响。

普通心理学对心理学基本原理的研究与一定的哲学思想紧密地联系着,同时也依赖于心理学具体研究的发展,并常受到邻近学科的影响。心理学的发展离不开基本原理的研究,而随着心理学的科学材料的积累,某些心理学基本原理也将发生变化。

四、普通心理学的领域

在普通心理学中,心理现象一般规律的研究常分为几个领域:感觉与知觉、学习与记忆、思维与言语、情感与意志、人格与个性心理特征,这些领域包括了人的心理活动的极为重要的方面。许多心理学家认为,普通心理学以正常成人的心理活动为研究对象。

从整体上看，正常成人的心理活动达到心理发展的高级水平，体现出人类心理活动的特征，具有典型性。但是，普通心理学并不研究人的某一年龄阶段或人的某一特定社会生活领域中的心理现象的特殊规律，而是研究心理现象的一般规律，如有关感受性的测量和各种感知觉的机制，学习与记忆的形式和过程，思维的各种操作，言语的知觉和理解以及能力的测量、人格的结构等。这些研究所得到的结果具有一定的普遍意义，在一定程度上能适用于人的不同年龄和不同的活动领域。可以说，普通心理学主要是通过对正常成人的心理活动的研究来揭示心理现象的一般规律的。

五、研究方法

1. *系统观察法* 指在自然或实验室的条件下，直接系统地观察研究对象心理活动的外部表现，观察它的产生和发展。心理学研究中，很多实证性课题都是通过对心理活动的观察确立的。研究者只有观察到某种现象，并对现象产生的内部原因发生兴趣，才会着手进行进一步的研究。例如，在日常生活中，我们不难发现心理活动的表现总是带有主体的个人特点的：学习时，有的人学得快，记得牢；有的人则学得慢，忘得快；有的人思维敏捷，有的人却思维迟缓；有的人善于运算，有的人却善于文辞。这些人在学习活动中的不同表现，就构成了有关实验研究的重要内容。

另一方面，由于人的各种活动都是在心理的调节和支配下实现的，因而通过对人的外部言行的观察去了解人的心理是可能的，观察法也可以作为一种探索心理活动内在规律的研究手段使用。例如我们可以通过单向玻璃观察了解儿童游戏的产生和发展规律或通过观察人们在街头偶发事件中的行为表现，了解行为的产生条件。

用系统观察法研究心理活动的发生、发展规律，有其独特的优点，由于它在日常生活条件下使用，正常生活没有受到干扰，被观察者也不知道自己在被观察，活动比较自然，因而获得的材料比较真实，切合实际，这是系统观察法的优点。系统观察法作为研究手段运用的缺点是研究者不知道他要研究的心理活动什么时候才会出现，他必须长时间地等待它的发生，具有一定的被动性。

2. *个案研究* 指对某一特定对象的某些心理活动进行深入细致地研究。通过对一个个案的全面系统研究，研究者希望发现隐藏在那些表面现象后的一般规律，例如S·弗洛伊德通过对其病人的个案研究，建立了心理分析的理论体系。个案研究作为一种研究手段的缺点在于它很容易把人导向以偏概全的误区，弗洛伊德从少数几个维也纳神经症患者身上得到的结论是否代表了所有人类的人格特点就很值得怀疑。出于这个原因，心理学家不把个案法作为一种获得可靠结论的研究手段，而只是把它作为为进一步研究提供线索的有效途径之一。但是，对于许多偶发事件或非正常状态下，如遭遇龙卷风、水灾、脑损伤时人的心理活动的表现，个案法就是唯一可用的研究手段了。

3. *实验法* 在科学发展的早期，非实验的方法在研究中占主导地位。随着知识的积累，自然界中自然发生的事件已不能满足人类对规律的认识的要求，于是就产生了在特殊的条件下，在科学观察能够进行的地点引发我们所希望的事件的实验研究方法，实验就是对某种假设在严格控制的条件下进行检验的研究工作。在实验研究中，实验者在引发事件时扮演了一个积极主动的角色，通过引发待研究的心理现象，可以让它在预定的时间内发生，使实验者能做好充分准备，加以精确地记录和测量。心理现象在精确的条件下产生，使实验者和其他人能够随时加以重复。通过主动产生特定的心理现象，实验和控制条件能够加以系统变化，从而可以判断测量的因变量是否也随之发生了系统变化，找到事物间的因果联系。与非实验方法相比，实验研究最大的优点在于，一个假设由实验的方法来验证比非实验方法更可靠，实验方法对结果解释的逻辑关系也更清晰。

4. *心理测验法* 是指用一套预先经过标准化的问题（量表），来测量某种心理品质的方法。心理测量要注意两个基本要求：测验的信度和测验的效度。

（1）信度是指测验的可靠程度。

（2）效度是指一个测验有效地测量了所需要的心理品质。

为了保证心理测验的信度和效度，一方面要对某种心理品质进行深入地研究，我们对智力或性格了解得越深入，那么相应的量表就会越完善；另一方面，在编制心理量表时要注意严谨性和科学性。

5. 调查法　调查法是指通过交谈、答卷等形式获得原始资料，并对所得资料进行分析、讨论，从而获得对于研究对象的认识的一种研究方法。一般是同时向一个总体的、有代表性的样本问一些同样的问题，经常用来了解个体或群体的基本情况。常见的调查方法有：访谈法、问卷法、测查法、评价法和书面材料分析法。

六、普通心理学与其他心理学的联系

在心理现象一般规律的研究方面，普通心理学与其他心理学分支是彼此紧密结合的，特别是与实验心理学有着密切的联系。普通心理学概括了其他心理学分支的研究成果，带有综合的性质。随着科学研究的发展，在普通心理学领域又出现了许多心理学分支，如感觉心理学、知觉心理学、记忆心理学、思维心理学以及情感心理学、个性心理学等。它们同样带有综合的性质，体现出普通心理学与其他心理学分支的相互联系和相互渗透。

在心理学的许多分支中，普通心理学占有特殊的地位，它从更广阔的理论角度来研究心理现象，是心理学的基础研究领域，对心理学的发展起着重要作用，并能反映出心理学的发展水平和倾向。一些心理学家认为，普通心理学也是一门介乎自然科学和社会科学之间的边缘学科，它既涉及心理的自然方面，主要为心理的神经生理基础，也涉及人们的社会生活条件。但不同的问题可有不同的侧重，有些问题可侧重自然科学方面，有些问题可侧重社会科学方面，无论对认识过程或对情感、人格等心理现象的研究都是如此。

七、普通心理学的特点

当前，普通心理学在心理学的基本原理和研究领域两个方面都在发生变化，表现出两个显著的特点。

1. 认知心理学对普通心理学的影响越来越大　认知心理学的许多具体研究成果已被普通心理学吸收，但更引人注目的是其理论观点已逐渐渗透到心理学基本原理中来。认知心理学倡导信息加工观点，将认知过程看作信息加工过程，强调研究人的内部心理活动及其机制，它重视策略在信息加工过程中的作用，突出了人的心理活动的主动性和富有智慧的特点，它还力图将各种认识过程统一起来，并进而将认识过程与情感、人格等统一起来，这些都推动心理学基本原理的进一步研究。

2. 关于人的社会行为和意识状态等领域的研究在普通心理学中的比重有较大增加　长期以来，普通心理学以各种认识过程的研究为主，关于情感、动机、人格以及意识状态等方面的研究则比较少，这种以认识过程为主体的趋势在当前普通心理学中仍然存在。不过，关于人格和意识问题的具体研究，包括情感、动机、需要、性格以及觉醒、睡眠和自我调节等，都有较大地进展，扩大了研究领域。

导致这种变化的原因是多方面的，它与各国的社会状况有关，也与发展心理学、社会心理学、医学心理学以及生理心理学等心理学分支对普通心理学的渗透有关。这种变化反映出普通心理学更加注意从人、从整体出发来研究心理现象，这无疑会使普通心理学更加接近人的实际生活。

八、中国的普通心理学研究

中国的普通心理学研究在中华人民共和国成立后的30多年中得到了发展。中国心理学家重视马克思主义的思想指导，在心理学基本原理和感觉、知觉、记忆、思维、人格等方面的研究中都取得了一些成果。在综合大学和高等师范院校、医学院校开设了普通心理学课程，出版了普通心理学教科书，这对推动中国心理科学事业的发展起了较大的作用。中国心理学会设立了普通心理学和实验心理学专业委员会，它通过组织各种学术活动，也为促进中国普通心理学的发展做出了贡献。中国科学院心理研究所是我国官方的心理学研究和教学权威机构。

第二节　社会心理学知识

一、社会心理学的概念

社会心理学是心理学的一个主要分支，它所研究的是和社会有关的心理学问题。社会心理学是研究个体和群体的社会心理现象的心理学分支。个体社会心理现象是指受他人和群体制约的个人的思想、感

情和行为,如人际知觉、人际吸引、社会促进和社会抑制、顺从等。群体社会心理现象是指群体本身特有的心理特征,如群体凝聚力、社会心理气氛、群体决策等。社会心理学的研究范围涉及个体社会心理和社会行为、社会交往心理和行为、群体心理,以及应用社会心理学等层面,即理论与方法、社会个体、态度与行为、社会影响和社会心理学的应用等领域。

二、社会心理学的研究对象

社会心理学研究的主要课题随着时代的演变而有所不同。早期的社会心理学侧重于研究大型群体和群众的心理现象,如拉察鲁斯、斯坦塔尔、冯特关于民族心理学的研究;塔尔德、西格尔和勒邦关于群众心理的研究。这些研究者所提出的某些思想直至今天还有影响,如塔尔德的模仿律、勒邦的群体极端化和个性消失的思想等。自20世纪60年代中期以来,社会心理学家的观点有所改变。主要表现在:认识到实验方法的局限性,重视现场研究,重视应用研究,重视以现场应用研究去检验实验室研究所得的理论,对之加以修正、补充和发展。21世纪初社会心理学家强调从现场研究到实验室研究,或从实验室研究到现场研究,往复循环、相互论证。同时,计算机的广泛使用,也为处理从现场获得的大量材料提供了方便,推动了社会心理学的进步。

早期的社会心理学侧重于研究群体和群众的心理现象;20世纪初,态度的研究成为中心;实验社会心理学出现以后,社会促进的研究成为中心;群体过程、说服、顺从、认知失调、归因等分别成为某一时期的研究中心。

三、社会心理学的研究领域

从研究领域来看,社会心理学研究常常被分为三个领域,这三个领域涵盖了社会心理学研究的几乎所有问题。

(一)个体过程

主要涉及与个体有关的心理与行为研究,到目前为止这个领域的研究课题包括如下方面:

1. *成就行为与个体的工作绩效* 像韦纳的成就归因、阿特金森的成就动机研究、麦克里兰以及温特等人对能力结构的研究,以及各式各样的对工作绩效的研究都包括在这个课题中。

2. *态度以及态度改变* 态度问题一直受到心理学家的重视。许多理论被用来说明态度的形成及改变,霍夫兰德和西尔斯等人在这一方面做出了重要的贡献。

3. *归因问题* 产生于20世纪50年代,到20世纪80年代中期已经有许多这样的理论。20世纪90年代以来,随着文化心理学的兴起,人们对东西方归因差异的兴趣使得这一领域又受到了人们的关注。

4. *个人知觉与自我意识* 一直就是心理学家关注的问题。随着心理学的进一步发展,心理学家发现,许多问题都和它有关,比如鲍姆斯特、布斯等人对内在自我和公众自我的区分就被用在广告、说服等许多领域。

5. *人格与社会发展* 这是社会心理学的一个传统领域。它向人们展示了在个体的人格与社会发展中,许许多多的因素,比如学校、家庭以及社会环境和先天因素是怎样起作用的。应激和情绪问题主要针对人们如何处理生活情境中的种种紧张源,以及采用何种方式去消除其影响。

(二)人际过程

这个领域涵盖了人与人相互作用的所有领域,研究的课题包括:

1. *侵犯和助人行为* 侵犯行为为什么会产生?生活中挫折的来源,如何促进助人行为等都是这个领域的研究课题。心理学家研究这些问题的最终目的,在于减少侵犯、培养人们的利他观念,为创造幸福的生活提供理论指导。

2. *人际吸引与爱情* 人际吸引是人际关系的基础,爱情则是一种最亲密的人际关系。对这些问题的研究可以为发展人际关系提供指导。有意思的是,从20世纪80年代以来,心理学家开始对中国人的人际关系模式及影响产生了浓厚的兴趣。

3. *从众和服从* 谢利夫、阿希以及米尔格拉姆的研究为这一领域的研究树立了一系列榜样,同时也为社会心理学的发展做出了极大的贡献。

4. 社会交换与社会影响　把人际关系与人际交往看成是一种社会交换，看起来是对人的一种讽刺，但是霍曼斯和蒂鲍等人确实证明人的交换性。与此相反，人们对社会影响的看法倒是很一致，拉塔纳提出的社会影响理论就说明了这种影响的大小。

5. 非语言的交流　在人际相互作用过程中，人们常常用非语言的线索表达自己的信念和情感，表情、体态以及语气等都是这个领域的课题。

6. 性别角色和性别差异　从20世纪80年代就引起了心理学家的极大兴趣。性别差异的基础是什么？男性和女性到底有什么不同？这些不同有什么样的影响？所有这些问题都促使心理学家去关注。

（三）团体过程

从宏观环境与团体的角度研究人类心理与行为问题，这个方面的研究包括：

1. 跨文化的比较研究　这是产生于20世纪60年代的课题，到20世纪90年代末期的时候受到了越来越多的关注，其中有许许多多的人为此做出了贡献。20世纪60年代费正清等人提出的“近代化理论”，20世纪80年代Triandis等人对个人主义—集体主义的区分，以及20世纪90年代尼司彼特和彭凯平对中国人思维方式的研究就是这一领域最有代表性的研究。

2. 拥挤与环境心理学　随着人们对地球环境及人类生活环境的关注，心理学家越来越多地考虑环境对人类心理与行为的影响。人口过快增长所引发的人口爆炸，人们对资源的过分消耗所引发的资源枯竭与环境污染等问题都引起了心理学家的关注。人类必须改变自己的行为方式，以保护我们所赖以生存的环境。

3. 团体过程与组织行为　团体生活是人类生活的基本方式，我们所处的团体和组织对人们的心理与行为有着极大的影响。对团体运作过程中的规律进行研究一直被社会心理学所重视，组织结构、团体与组织决策以及团体领导等问题都包括在这一领域内。

4. 种族偏见与伦理问题　从20世纪40年代心理学家就研究这些问题，但到目前为止，研究的结论还不足以解决这个问题。种族偏见不仅造成了不同民族之间的冲突与仇杀，而且也对世界的和平与稳定构成了威胁，这个领域的研究将会显得越来越重要。

5. 健康心理学　这是自20世纪80年代以来比较受到重视的课题。社会支持、与疾病有关的社会心理因素等都包括在此课题内。这一问题将在21世纪受到更大的重视。

（四）社会心理学研究学派

1. 行为主义学派

（1）刺激—反应理论：该理论认为动物与人的大部分行为都是后天学习的结果，都是有机体在遇到某种刺激，引起某种行为反应并受到强化而构成联结的结果。

（2）模仿论：模仿可以通过延伸刺激—反应关系与强化的概念来加以理解。他们认为人类许多社会行为都是通过人际相互影响—模仿而习得的，都可以通过一般学习原则的使用来予以说明。

（3）社会学习理论：该理论认为人的一切社会行为都是在社会环境影响下，通过对示范行为的观察学习而得以形成、提高或加以改变的。

（4）社会交换理论：该理论认为客观上存有适合于有机体的规律；人的社会行为除服从这种规律外，还服从社会交换规律；因此也引出了分配公平原则。

2. 认知学派

（1）格式塔学派的理论：格式塔学派的理论强调从整体和关系的角度研究心理与行为的理论。该学派的理论认为，个人的行为不是对外界刺激的一种孤立的、简单的反应，也不是许多反射弧机械的总和，它是通过心理物理场，特别是认知活动的整合而做出的。

（2）场论和群体动力学理论：群体动力学基于整体比部分重要的观点，认为整体作为一种由内在关系组成的系统，其影响力或作用远大于互不相干的个体。

（3）认知相符理论和一致性理论：认知相符理论是阐释人心理的内部动机状态对其心理活动和外部行

为的影响的社会心理学理论,形成于20世纪50年代末。它试图以人的认知活动为出发点,理解隐含在个体的社会心理活动背后的动机状态。美国心理学家W.J.麦克盖尔首先提出的认知相符概念。“一致性理论”是探讨和预测人在接受了对有关事物的新的信息后会调整原有态度的社会心理学理论。

3. 精神分析学派

(1)精神分析理论:精神分析理论是奥地利精神科医生弗洛伊德于19世纪末20世纪初创立的,早期理论认为,人的一切行为动机,都和性本能冲动有关,性的后面是一种叫“力比多”的性潜力,它常驱使人去追求快感;后期理论认为,人有指向生命的生长和增进的性本能和自我本能,即生存本能,同时也有表现为求杀欲望的死亡本能。

(2)新精神分析中的社会学派别:这是20世纪40年代在美国从精神分析运动中分离出来的一个心理学流派,开始否定弗洛伊德的本能论、泛性论和人格结构说,强调文化、社会条件和人际关系等因素对人的心理和行为的影响,强调家庭环境和童年经验对人格形成与发展的作用,重视自我整合与调节作用,逐渐形成了新的学派,其代表人物有沙利文、霍妮、弗罗姆和埃里克森等。

(3)人际行为三维理论:这是以人际需要理论为基础来阐述人际关系的形成、取向类型以及群体聚散过程特征的理论,是由社会心理学家舒茨于1958年提出的,每一个个体在人际互动过程中,都有三种基本的需要,即包容需要、支配需要和情感需要。

4. 符号相互作用学派

(1)符号相互作用理论:符号相互作用理论,也叫符号互动论,是一种通过分析在日常环境中的人们的互动来研究人类群体生活的社会学理论派别,它主要研究的是人们相互作用发生的方式、机制和规律。社会心理学家米德被认为是符号互动论的开创者,除了米德之外,托马斯、库利等人也对符号互动论做出了重要贡献。

(2)角色理论:角色理论是关于人的态度与行为怎样为其在社会中的角色、地位及社会角色期望所影响的社会心理学理论,是试图按照人们所处的地位或身份去解释人的行为并揭示其中规律的研究领域。

(3)参照群体理论:参照群体理论是关于人的社会心理态度和行为怎样受其从属的或追求的群体参照力所影响的社会心理学理论。

第三节　发展心理学知识

发展心理学是心理学的一个分支。研究个体从受精卵开始到出生、成熟直至衰亡的生命全程中心理发生、发展的特点和规律,简言之,它是研究毕生心理发展的特点和规律的科学。

一、发展历程

发展心理学是研究心理发展规律的科学。发展心理学的研究任务是描述心理发展现象,揭示心理发展规律。有广义的和狭义的两方面内容:广义的心理发展是指包含心理的种系发展、心理的种族发展和个体心理发展;狭义的心理发展仅指个体心理发展。个体心理发展的研究对象是人生全过程各个年龄阶段的心理发展特点,这些年龄阶段包含婴儿期、幼儿期、儿童期、少年期、青年期、中年期、老年期等时期。

二、简史

(1)1882年,出版的德国普莱尔的《儿童心理》一书,标志着儿童心理学的诞生。

(2)20世纪初,美国霍尔将儿童心理学的研究范围扩大到青少年时期。

(3)20世纪30年代,精神分析学派荣格提出了40岁的“中年危机”理论。

(4)1957年,美国《心理学年鉴》第一次使用“发展心理学”代替了以前的儿童心理学。

(5)1980年,德国贝尔特斯提出“毕生发展观”理论,标志着发展心理学的完善。

三、心理学家简介

1. 让·皮亚杰　近代最有名的儿童心理学家,生于1896年8月9日,逝于1980年9月16日,瑞士人。他的认知发展理论成为这个学科的典范,一生留给后人60多本专著、500多篇论文。他曾到过许多国家讲学，获得了几十个名誉博士、荣誉教授和荣誉科学院士的称号。皮亚杰对心理学最重要的贡献，是他把弗洛伊德的那种随意、缺乏系统性的临床观察，变得更为科学化和系统化，使之日后在临床心理学上有长足的发展。

2. 哈沃德·加德纳　美国发展心理学家，1943 年生于美国宾夕法尼亚州斯克兰顿，1983 年提出了多元智能理论。

3. 奥利佛·萨克斯　经验丰富的神经病学专家，具有诗人气质的科学家，在医学和文学领域均享有盛誉。他擅长以纪实文学的形式，充满人文关怀的笔触，将脑神经病人的临床案例，写成一个个深刻感人的故事，被书评家誉为本世纪难得一见的“神经文学家”，被《纽约时报》誉为“医学桂冠诗人”。

4. 霍林沃思　美国心理学家，最先提出要追求人的心理发展全貌，而不是满足于孤立地研究儿童心理，并于 1927 年出版了《发展心理学概论》一书，这是世界上第一部发展心理学著作。

5. 古迪纳夫　美国心理学家，与霍林沃思提出了同样的观点，并写出了在科学性和系统性上超过霍林沃思著作的《发展心理学》。该书于 1935 年出版，1945 年再版，曾畅销欧美。

四、发展研究

（一）儿童心理学

发展心理学的前身是儿童心理学，至今已有 130 余年的历史。儿童心理学诞生之前经历了理论和研究实践的准备阶段，用了解儿童、尊重儿童的基本观念，强调儿童的天性在其心理发展中的主导作用，提出“心理化的教育”，达尔文的《一个婴儿的传略》（1876）是儿童心理学早期的专题研究成果之一。

19 世纪后半期，德国的生理学家和实验心理学家普莱尔是科学儿童心理学的奠定者，于 1882 年发表了《儿童心理》一书。发展心理学界把普莱尔的《儿童心理》一书公认为儿童心理学的早期经典著作。自 19 世纪末至 20 世纪初是儿童心理学的形成和发展的时期。

（二）从儿童心理学到发展心理学的演变

1957 年，美国《心理学年鉴》用“发展心理学”取代“儿童心理学”作为文章的标题，可以认为发展心理学在心理学中的地位从此更为明确起来。

（三）主要研究内容

人的身心在生命进程中表现出质和量两方面的变化，且与年龄有密切的联系，既表现出连续性，又表现出发展的阶段性，形成年龄特征。发展心理学正是研究各种心理活动的年龄特征，包括两个主要部分和四个有关的方面。两个主要部分：一是人的认知过程（智力活动）发展的年龄特征，包括感觉、知觉、记忆、思维、想象等，思维的年龄特征的研究是其中最主要的一环；二是社会性发展的年龄特征，包括兴趣、动机、情感、价值观、自我意识、能力、性格等，人格的年龄特征的研究是其中最主要的一环。

为了研究生命全程或个体毕生心理发展年龄特征的这两个主要部分，还必须结合研究如下四个方面的问题：①心理发展的社会生活条件和教育条件；②生理因素的发展；③动作和活动的发展；④言语的发展。

（四）功能特殊性

（1）发展心理学研究的四种功能：描述、解释、预测、控制。

（2）发展心理学研究的特殊性：①专门研究个体心理和行为如何随年龄增长而发展变化的；②心理的发展性即心理发展的过程性和动态性。

（五）研究方法

发展心理学的研究设计在相关设计及实验设计的基础上有新的特征，可以从三个方面看到。

1. 横向研究设计

（1）优点：是具有适用性和时效性。

（2）缺点：是具有人为的联结性和可能存在组群效应。

2. 纵向研究设计

（1）优点：①能够系统地了解心理发展的连续过程；②能够揭示从量变到质变的规律。

（2）缺点：①时效性较差（耗费时间及人力和物力）；②被试容易流失；③可能出现练习效应和疲劳效应

(因多次重复测试)。

3. 纵横交叉研究设计

先对不同年龄组进行横向研究,后对被试者进行纵向跟踪研究的方法。

(1)跨文化比较研究:①探讨发展的相似性的跨文化比较研究;②探查发展的差异性的跨文化比较研究。

(2)跨学科、跨领域的综合性研究:①跨学科的综合性研究;②跨领域的综合性研究。

(3)研究方法的整合。

(4)训练研究和教育实验越来越受重视。

五、性质

个体心理发展具有多种性质,可归纳为如下几种基本性质:

1. 整体性　心理发展的整体性是指作为整体的心理活动具有独特的质的规定性,心理发展是在各种心理过程相互作用的互动关系中进行的。

2. 活动性　个体心理发展是主客体相互作用的结果,主客体相互作用的桥梁是活动和动作。主客体相互作用是指外界环境作用于主体,主体对环境采取一系列活动之间的相互作用。

3. 规律性

(1)心理发展的普遍性和特殊性的统一。

(2)心理发展的方向性和顺序性的统一。

(3)心理发展的不平衡性。心理发展的不平衡性是指人一生的心理发展并不是以相同的速率进行的。

六、影响因素

从个体终生发展的观点看,个体发展过程中呈现出来的差异是由于受到多方面因素的影响,包括生物的、心理的、社会文化的因素,而且这些因素是交织在一起造就了个人独具特色的生命历程。

1. 生物因素　生物因素大多是由我们的遗传密码决定的。比如:很多儿童与他们的父母长得很像,这反映了遗传对发展的影响。同时生物因素也包括生活方式,比如饮食和锻炼等,不仅提供了发展所必需的原材料,也为发展设定了有限条件。

2. 心理因素　一般而言,心理因素就是所有会对行为产生影响的内在的认知、情绪、人格、知觉及相关的因素,在影响个体发展的因素中最受关注,让我们注意到了对人的塑造产生最多的影响的那些方面,以及让我们成为独特自我的差异,比如智力、自尊、信念、个性等。

3. 社会文化因素　人的发展是一个大的系统的一部分,不仅与生活的环境发生交互作用,还发生各种关系。系统中的任何部分都离不开其他部分的影响。这个系统包括每个人的父母、孩子、兄弟姐妹以及家庭以外的重要他人,还包括对个体发展产生影响的学校、工作单位等。所有这些部分构成了文化,每个人的发展都离不开他(她)的文化背景,并受到社会文化的深远影响。

4. 影响因素的交互作用　以上因素对个体发展的影响不是孤立的,而是交互的,在一个特定的社会背景中看行为的某些特定的方面,才能理解遗传差异的影响,从某一社会文化因素对人的健康产生影响的角度看,才能理解这个因素对个体发展的影响。同时,在生命的不同阶段,生理因素、心理因素和社会文化因素的特定组合会给个体发展带来关键的影响。

七、理论

人类发展的理论解释是很多的,精神分析观、认知发展观、进化观、背景观、学习观、毕生发展观等,每一种理论都有自己的立足点,对人类发展都提出了自己的见解,从不同方面关注了人类发展过程。本书着重介绍三个理论:精神分析观、认知发展观、毕生发展观。

(一)精神分析观

精神分析观认为发展是由无意识动机推动人的行为而形成的,每个人的发展必然经历一系列的过程,在这个过程中要面对生物学驱力与社会期望的冲突,解决这些冲突的方式决定了个体的学习能力、与人相处的能力及应对焦虑的能力。这一理论除了创始人弗洛伊德的经典精神分析理论,还有埃里克森的新精神分析理论。

1. 弗洛伊德的发展心理学理论　他认为存在于潜意识里的性是人心理发展的基本动力,是决定个人发展的永恒力量。弗洛伊德提出了本我、自我、超我的概念,认为人随着年龄的发展,与社会接触越来越频繁,就逐渐产生超我,超我抑制本我的随意性,自我是现实中的我。

弗洛伊德提出了心理性欲发展阶段理论,根据力比多的发展而分为五个阶段:①口欲期(0~1岁);②肛欲期(1~3岁);③生殖器期(3~6岁);④潜伏期(6~11岁);⑤生殖期(11岁或13岁开始)。

2. 埃里克森的心理发展观　埃里克森师承弗洛伊德的女儿安娜·弗洛伊德,与弗洛伊德的理论一脉相承,又与时俱进。他不仅考虑到生物学的影响,也考虑到了社会文化的因素。认为逐渐形成的自我在人的发展中起主要作用,整合了现代社会心理学和人类学研究发展的结果,提出了发展八阶段理论。

(1)婴儿前期(0~2岁):这一阶段的主要发展任务是获得信任感,克服怀疑感。

(2)婴儿后期(2~4岁):这一阶段的主要发展任务是获得主动感,克服羞耻感。

(3)幼儿期(3~6岁):这一阶段的主要发展任务是获得主动感,克服内疚感。

(4)童年期(6~11岁):这一阶段的主要发展任务是获得勤奋感,克服自卑感。

(5)青少年期(12~18岁):这一阶段的主要发展任务是形成角色同一性,防止角色混乱。

(6)成年初期(18~25岁):这一阶段的主要发展任务是获得亲密感,避免孤独感。

(7)成年中期(25~50岁):这一阶段的主要发展任务是获得繁衍感,避免停滞感。

(8)成年后期(50岁以后):这一阶段的主要发展任务是获得完善感;避免失望或厌恶感。

(二)认知发展观

认知发展是指个体自出生后在适应环境的活动中,对事物的认知及面对问题情境时的思维方式与能力表现,随年龄增长而改变的历程。认知发展理论是著名发展心理学家让·皮亚杰所提出的,被公认为20世纪发展心理学上最权威的理论。他把认知发展视为认知结构的发展过程,以认知结构为依据,把认知发展分为四个阶段。

1. 0~2岁　感知运动阶段。婴儿关于外部世界的知识是由他们的感觉和运动技能获得的。

2. 2~7岁　前运算阶段。儿童学会使用符号来反映外部世界的各个方面,反映他们之前感觉运动时期的认识。

3. 6~12岁　具体运算阶段。儿童开始进行逻辑性地推理,尚未发展出抽象思维。

4. 12岁以后　形式运算阶段。抽象、系统思维得到发展,并能够提出假设并进行推理、分类和综合,使假设得到证实。

(三)毕生发展观

毕生发展从个人、家庭到社会文化环境等各种影响毕生发展过程的因素,个体的生物基础、认知过程、情绪与社会性发展等各个领域进行探讨,诠释了个体发展是整个生命发展的过程、是多方面与多层次的、是由多种因素共同决定的等毕生发展的经典命题。

1. 先天与教养的关系　遗传和环境在人的发展中都起着重要的作用。先天是我们由遗传而获得的东西,即我们从父母那里得到的遗传信息,教养则是物理世界和社会世界中复杂的因素在我们出生以前及出生以后对我们的生物学构造和心理经验产生的影响。对遗传和环境对人的作用哪个更重要的立场直接影响解释个体差异的方式,强调遗传的作用,就会认为个体的某些特质在其一生中从始至终保持稳定,强调环境的作用,就会把早期经验看成对未来行为模式的建构。有一些理论家持有乐观的看法,强调可塑性。

2. 发展的主动性和被动性　英国哲学家洛克认为儿童像一块白板一样由社会来"书写",是机械论发展模型的先驱,他认为人是像机器一样对环境影响做出反应的;法国哲学家卢梭认为儿童是先天的"高尚的原始人",他们会按照自己积极的自然倾向去发展,是机体论发展模型的先驱,他认为人是主动地不断成长的机体,他们会设定自己的发展轨迹。

3. 发展的持续性和阶段性　对于个体发展的持续性和阶段性有两种观点:一是认为婴儿和学前儿童对

外部世界的反应与成年人是一样的，成熟个体与不成熟个体的差异只是量和复杂度的差异，思维能力的变化是连续性的；二是认为婴幼儿具有独特的与成年人不同的感觉、思维和行为方式。即发展是不连续的，是分阶段的，感觉、思维、行为等方面的量变构成了特定发展阶段的特征。

八、新趋势

随着发展心理学科学研究的不断深入，随着现代科学技术和社会的迅速发展，发展心理学研究出现了一些新的趋势，研究方法表现出许多新特点。这体现在：研究思路的生态化；研究方式的跨学科和跨文化的特点；研究手段的综合化和现代化；多元统计技术的大量应用；研究各方面的计算机化。

（一）研究思路

20 世纪 70 年代末以来，随着发展心理学学科的发展，科学研究工作的不断深入，实验室研究模式日益显示出其固有的局限性，发展心理学的研究出现了生态化的趋势，即强调在现实生活中、在自然情景下研究儿童的心理与行为，研究儿童在自然、社会环境中各种因素的相互作用，从而揭示他们心理发展与变化的规律。

1. *生态化趋势*　发展心理学家在研究儿童品德发展、人格发展、亲子关系、同伴关系、早期气质、家庭相互作用、课堂中师生互动等问题时，都十分注意在现实的情景、条件下控制和观察儿童的心理活动，测定和记录其整个心理过程，取得了巨大的成果。比如，在儿童依恋方面做出的许多新发现，都是以对儿童家庭进行实际观察为基础获得的。即使是在实验法采用较多的儿童认知发展的研究领域，如记忆发展，也十分注意在现实情景中研究儿童的实际记忆活动，比如，在实际学习活动中儿童如何进行记忆、选择记忆策略、调整注意、指向记忆要点、监控记忆过程、儿童记忆发展中的群体功能怎样发挥等。

2. *跨学科方式和跨文化特点*　发展心理学的研究对象是个体的心理发展，涉及的问题纷繁复杂，不是发展心理学一门学科所能承担和解决的。因此，从多学科的角度研究个体心理发展和探讨发展中的各种现象，解决发展中的各种问题，已成为一种新的趋势。这种跨学科的方式有如下两种不同水平。

（1）发展心理学研究与心理学领域内其他有关分支学科的协作：儿童心理发展的维度是多方面的，影响因素也各种各样，只从本学科角度是不可能完全准确地解释和预测个体心理发展的，必须同时运用心理学各分支的理论、知识和方法，对儿童阅读水平、能力发展与培养等各个侧面进行分析和研究。

（2）发展心理学研究与心理学领域以外各有关学科的协作：发展心理学研究所涉及的许多课题，除需与心理学内各分支学科加强协作外，通常需要与心理学领域以外的学科加强合作研究。比如，我们进行的名为“儿童元认知发展与学会如何学习”的研究课题，是一个涉及哲学、思维科学、教育理论、教学论、教学法、美学、方法论和心理学等许多学科的综合性课题，它需要我们从多学科角度进行探讨。

随着发展心理学研究的深入和理论的发展，不同社会文化背景对个体心理发展的影响越来越受到研究者们的重视，有关人类个体发展的跨文化研究，极大地丰富了发展心理学的研究成果，对于解释人类心理、行为的起源及其发展过程，弄清影响个体心理发展的各种因素及其重要程度，探讨个体心理发展的规律及其适用范围，建立发展心理学理论等都具有重要意义。

3. *研究方法的综合化和手段的现代化*　发展心理学研究在方法上出现了综合化趋势：一是强调采用多种方法去研究、探讨某一心理发展现象；二是强调和大量采用多变量设计，过去，研究者较多地采用单变量设计，因而难以揭示个体心理发展各维度之间的复杂关系；三是强调采用综合设计方式，在个体心理发展的研究中，多采用综合交叉研究设计，突破局限性；四是注重将定性和定量研究方法结合起来。在重视定量研究方法的同时，注重运用各种定性方法（如参与观察法、口头报告法）。加深对个体心理发展的过程，不同年龄被试心理活动的特点、性质的认识，同时获得较为全面、客观的数据、资料，挖掘出了数据、资料的深层含义。

发展心理学的研究手段和技术随着科学技术的迅速发展也日益现代化。在发展研究中，录音、录像、摄像、照相设备以及各种专门研究工具、手段（如视崖装置、运动房屋、信号发生器、自动记录仪、分析仪、眼动仪等）都得到了大量的应用。此外，电子计算机的广泛应用更为发展心理学的科学研究开辟了新的广阔道路。研究手段、工具的现代化，大大提高了发展心理学研究的精度和科学性水平，有利于对被试活动、行为、言语等的观察、记录，以及事后进行深入细致的分析，同时也促进了研究过程的自动化。

（二）多元统计

多元统计对研究结果进行多元分析的特点与多变量研究设计的特点密切相联，多元分析的方法很多，随着电子计算机技术的发展，特别是由于各种用于多元分析软件的开发，多元分析所需要的复杂的计算还不能由计算机执行，而这种计算又不是人力所能完成的，因此，多元分析在发展心理学研究中的应用受到了很大限制。只是到了近十几年，才使多因素分析越来越多地应用于发展心理学的研究之中，并且逐渐成为一种新的趋势。今天，计算机统计分析已成为发展心理学结果分析的重要手段。随着统计软件包的开发和运用，采集、整理、储存和统计分析研究数据的准确性和速度都得到很大的提高，使计算机统计分析在发展心理学中的应用出现了新的前景。

（三）计算机的运用

随着电子计算机特别是微型计算机的迅速发展，发展心理学的研究出现了计算机化的新趋势。作为当今科学研究必不可少的强有力工具，计算机已被广泛地应用于发展心理学研究的各个领域，在数据处理、实验控制、心理过程模拟等方面发挥着重要功能，极大地促进了发展心理学科学研究水平的提高。

计算机在发展研究中的应用功能主要有以下三个方面。

1. 对研究过程进行控制　具体来说，它被用来呈现刺激、控制其他仪器、对被试的反应进行自动记录。在有关早期心理能力水平和发展的研究中，研究者们常采用习惯化——去习惯化、视觉偏爱等研究范式。将计算机与其他研究仪器联机作业，由其控制、操作有关仪器的起动、运行方式和停止，就可达到研究过程的自动化、精确化。在一项儿童图形分辨的研究中，刺激图形由一录像产生，反应由眼动仪记录，二者的启动、运行时间长短和停止均由计算机统一控制。

2. 处理、分析研究数据　用计算机处理、分析研究数据，是计算机在发展心理学研究中应用最广泛的一个方面。用计算机采集整理、储存和分析数据，具有许多明显优点，它可按要求对数据进行自动分类储存，能可靠地、完好无损地储存数据，以备后用，可提高运算结果的准确性和速度，适用于对大样本的研究数据进行处理，这是过去人力所不及的。它具有的对研究结果进行复杂的各种多元统计分析的能力，也是心理学研究者过去所无能为力的。应用计算机处理分析研究数据时，除了可以自编程序外，还可使用一些专用统计软件包。

3. 模拟心理过程　随着人工智能和认知心理学的发展，研究者们认识到计算机可以进行智能模拟，即让计算机模拟人在解决问题时的思维过程。例如，用计算机模拟儿童在接受心理测量中的反应等等。

计算机已在儿童认知发展、言语发展、学习能力发展、儿童心理测验、儿童心理咨询与治疗等领域得到广泛应用。它具有能精确地产生和呈现刺激、准确方便地记录被试者的反应、有效地控制实验过程、可以减少主试对被试的影响、可以节省大量的时间和人力、可以使实验和测验的条件更加标准化等许多优点。当然，计算机在发展心理学研究中的应用也还存在一些不足和局限性。例如，学习计算机语言、编制计算机程序都需要花费一定的时间和精力，在心理实验和测验中应用计算机，使主试失去了直接观察被试的机会，计算机控制实验缺乏灵活性，计算机的应用范围是有限的等。认识它们对于我们更好地做好研究工作、在研究中正确地应用计算机并克服其不足，是十分必要的。

第四节　咨询心理学知识

一、概论

咨询心理学是研究心理咨询的过程、原则、技巧和方法的心理学分支。它是运用心理学的理论指导生活实践的一个重要领域，具有明显的实用性和多学科交叉性，属于应用科学。咨询心理学的涵盖范围与基本职能的内容广泛，它不仅与教育心理学、社会心理学、发展心理学和医学心理学关系密切，而且与教育学、社会学、文化人类学、医学相互交叉。

咨询心理学的研究对象主要是正常人，而不是患者。它为解决人们在学习、工作、生活、保健和防治疾病方面出现的心理问题（心理危机、心理负荷等）提供有关的理论指导和实践依据，使人们的认知、情感、态度与行为有所改变，以达到更好地适应社会、环境与家庭的目的，增进身心健康。心理咨询是通过人际关系的作用，运用心理学方法，帮助来访者自强自立的过程。

心理治疗是在良好的治疗关系基础上，由专业训练的治疗者运用心理治疗的有关理论和技术，对来访者进行帮助的过程。

心理咨询是一个协助人们认识自己、建立健康的自我形象、发挥个人潜能、迈向帮人自助的过程，它的主要范畴包括教育咨询、职业咨询、心理健康咨询及心理发展咨询。

二、简史

咨询心理学首先在美国兴起。20 世纪初期，美国加速工业化，城市人口剧增，需要有从事各行各业的人员，在职业选择与培训方面急待指导。职业指导的目的在于根据人的不同智力水平和特点、能力、兴趣、气质等心理因素优选适合的工种，提高生产效率。1909 年，帕森斯出版了《选择职业》一书，为咨询心理学的诞生奠定了基石。1908 年，比尔斯在美国发起精神卫生运动，促进了心理健康咨询的发展。这个时期内，心理咨询的主要对象是正常人，重点放在青年人的指导与教育方面。第一次世界大战期间，美国军队为对征募的士兵进行甄别与分类的需要，委托心理学家设计智力测验，推动了心理测量的发展。战后，军队使用的各种测验转为民用，测量兴趣、能力和态度的诊断技术为职业指导提供了科学手段。从 1930 年开始，卡特尔的个别差异和心理测验的科学研究带动了以整个人格为对象的心理咨询的发展，其中包括职业、人格、情感、家庭与健康等方面。30 年代后期，职业指导、心理测量和社会教育逐渐联为一体。

第二次世界大战的爆发以及 20 世纪 30 年代以后美国经济萧条局面的缓和，以心理测量为基础的指导性谈话的临床咨询模式转变为心理治疗的模式。到 20 世纪 40 年代出现了“心理治疗的时代”。罗杰斯的《咨询与心理治疗》一书是这一时期的代表作，它对心理咨询的发展产生了深远的影响。

第二次世界大战结束后，大量的退伍军人涌进高等院校。当时，入学、就业以及残废军人的社会适应等方面都需要心理咨询服务。1949 年，退伍军人管理部与各大专院校合作，成立了许多社区和学校的心理咨询中心。

20 世纪 50 年代前后，咨询心理学在质与量上又有迅猛发展。1946 年，美国心理学会设立咨询与指导分支。1951 年，更名为咨询心理学会。当时规定：咨询心理学的目的是研究教育、就业和个人适应中的心理问题。20 世纪 60—70 年代以来，咨询心理学在美国已发展成为仅次于临床心理学的第二大分支学科。与此同时，世界各国和地区，尤其是欧洲，咨询心理学与心理咨询事业也先后蓬勃发展起来。

中国的心理咨询起步较晚，在 20 世纪 30 年代，丁瓒先生作为中国第一位临床心理学家，进入北京协和医院从事心理学工作。于 1937 年与丁祖荫一起，翻译出版弗·狄·布鲁克《青年期心理学》一书。

中国的临床心理学咨询工作刚刚开始。1937 年，抗日战争的爆发，使我国刚刚萌芽的临床心理学和健康心理咨询工作毁于一旦。再一次兴起是在 20 世纪 50 年代中期，当时，丁瓒、李心天等人，曾使用“综合快速疗法”治疗神经症和身心疾病。20 世纪 60 年代中期，心理学再次被摧残。直到 20 世纪 80 年代初，我国咨询心理学在新形势下重新焕发了生机和活力。

近年来，北京、广州、上海、辽宁、四川、内蒙古、河南、陕西等省市的一些高等院校和医疗卫生部门，已先后建立起心理咨询机构或咨询门诊，报刊、电视与广播等大众传播媒介也纷纷开设了心理咨询专栏和专题。目前，中国心理咨询工作已逐步展开，但业务范围还比较狭窄。

咨询心理学的理论从初期主要选用有关学科的理论与方法，通过长期的实践活动与经验总结，逐渐建构自己的理论体系、技能与方法。最初，它的理论模式主要为职业咨询模式；当前，已发展成为决策模式与社会影响模式。

决策模式是指在教育、社会生活与疾病预防等方面提供决策意见，在决策过程中又与问题解决紧密配合，并突出认知的成分；社会影响模式由斯特朗率先提出，它的产生对当今咨询心理学的发展很有影响。

三、重要人物

心理测验的创始人卡特尔 1890 年，发表《心理测验与测量》论文。咨询心理学的创始人 L. Witmer 于

1896 年在宾夕法尼亚大学开办第一个儿童行为矫正诊所。

现代咨询心理学起源于美国的职业指导运动，F. Parsons 于 1908 年开办就业辅导《职业选择》书。

心理卫生运动创始人 C. W. Beers 于 1907 年出版了《自觉之心》。

临床心理学的代表人 Willionsen 于 20 世纪 30 年代后，开展美国明尼苏达大学心理测验和个体差异的研究。

四、理论学派

（一）精神分析理论与方法

精神分析理论由弗洛伊德所创立。这一理论的基本思想在他的早期著作中被补充表达。弗洛伊德认为，人类的心理活动分为潜意识和意识两大层次，两者之间有前意识为中介。潜意识是人的心理活动的深层结构，包括原始冲动和本能，这些内容因为同社会道德准则相悖而无法直接得到满足，只好被压抑在潜意识中。潜意识里的内容并不是被动的、僵死的，而是积极活动着，时刻寻求满足着的。前意识是介于潜意识和意识之间的一部分，是由一些可以经由回忆而进入意识的经验所构成，其功能是在意识和潜意识之间从事警戒任务，它不允许潜意识的本能冲动到达意识中去。意识则是心理结构的表层，它面对外部世界，是由外在世界的直接感知和有关的心理活动构成。由于弗洛伊德十分强调深层的潜意识对人类心理的作用，所以，人们把他的理论称作“深层心理学”。

（1）结构观点：人格的结构分为“本我”“自我”和“超我”三个部分。“本我”代表追求生物本能欲望的人格结构部分，是人格的基本结构。按照“现实原则”而起作用的人格结构部分称为“自我”，通过与外界环境的接触和通过后天的学习获得特殊的发展。为此“自我”变成为“本我”与外界关系的调解者。弗洛伊德把代表良心和道德力量的人格结构部分称为“超我”，它的活动遵循“道德原则”。“超我”一旦形成之后，“自我”就要同时协调“本我”“超我”和现实等三方面的要求。

（2）动力学观点：“力比多”是人的性本能，但不是心理发展的唯一动力。本能有两种类型：一是性本能；二是营养本能。作为自我保存的本能——营养本能，也是自我发展的动力。为此，弗洛伊德所说的心理发展动力，是性本能和营养本能的复合体。个体保存和种族延续两种本能同时促进心理发展，这才是弗洛伊德心理动力学观点的全部。

（3）发展观点：弗洛伊德理论的发展观点是动力学观点的延伸，即对心理动力的动态描述。他认为，性心理的个体发展，可分为如下五个阶段（或时期），即口欲期、肛欲期、生殖器期、潜伏期、生殖期。

（4）适应观点：弗洛伊德认为，人的本能得以实现，必须经过不懈的努力和艰苦的应对。两种本能的应对经历，构成了人类的两种基本应对方式。

（二）行为治疗的理论与技术

行为疗法又称行为治疗，是基于现代行为科学的一种非常通用的新型心理治疗方法，是根据学习心理学的理论和心理学实验方法确立的原则，对个体反复训练，达到矫正适应不良行为的一类心理治疗。

发展于 20 世纪 50 年代末，早期代表人物有前苏联生理学家巴甫洛夫、华生，美国的斯金纳，后来有英国的艾森克，南非的沃尔普，美国的班杜拉、贝克等人。行为疗法是继精神分析之后重要的心理治疗方法之一。

1. 基本理论

（1）条件反射理论：早期的行为主义心理学认为，一物的心理活动，包括人的一切智慧行为和随意运动都是无条件反射基础上形成的条件反射的心理活动，都是从刺激到行为的反应，都可以简化为刺激 - 反应（S - R）的活动和单纯的适应功能。所谓刺激是指引起机体行为的内部和外部的变化，而反应则是指构成行为最基本成分的肌肉收缩和腺体分泌。

巴普洛夫提出经典条件反射，斯金纳提出操作条件反射，其基本规律是：自发性行为在先，强化在后；行为表现的频率随该行为造成的结果而改变（效果律）；取消强化物可使原已习得的操作行为消退（消退律）。与经典条件反射实验相比，操作反应是自发性的，虽有条件刺激和条件反应，但无明确的非条件反应出现。在行为主义看来，任何复杂的行为以及变态的行为都来自学习，尤其是早期的行为实践。

（2）情绪理论：原始的情绪模式表现为恐惧、愤怒和爱，而其他的各种复杂情绪是通过条件作用而逐渐形成的，情绪反应可以归结为特定内脏变化的行为表现。

(3) 环境决定论:行为主义认为,人的一切心理现象和行为都是环境塑造的结果,而且行为是可以通过教育变化的,否认遗传和本能对行为的作用。新行为主义的社会学习理论认为,人类不仅通过自身行为被强化而习得新的行为,而且还可以通过观察他人(榜样)完成的行为而习得新的行为。

(4) 人格论:认为人格是在环境的影响下形成的一切动作的总和,是所有的各种习惯系统的最后产物。人在与社会相互作用的过程中形成了多种行为习惯系统,而所谓人格不过是诸多习惯系统中占有优势的习惯系统。在行为主义看来,人格并非一成不变,而是可以通过改变环境和行为而得以重塑。

2. 主要技术

(1)系统脱敏疗法:系统脱敏疗法又称交互抑制法,利用这种方法主要是诱导求治者缓慢地暴露在导致神经症焦虑的情境,并通过心理的放松状态来对抗这种焦虑情绪,从而达到消除神经症焦虑习惯的目的。

(2)厌恶疗法:厌恶疗法又叫"对抗性条件反射疗法",它是应用惩罚的厌恶性刺激,即通过直接或间接想象,以消除或减少某种适应不良行为的方法。

厌恶疗法的特点是治疗期较短,效果较好。厌恶疗法的使用,从历史资料看,确实源远流长,中国古代妇女为使孩子断奶,成人往往采用在乳头上涂黄连或难看的颜色,使儿童望而生畏,产生厌恶感,以达到断奶的目的。

(3)满灌疗法:又称"暴露疗法""冲击疗法"和"快速脱敏疗法"。它是鼓励求治者直接接触引致恐怖焦虑的情景,坚持到紧张感觉消失的一种快速行为治疗方法。

(4)生物反馈疗法:又称生物回授疗法,或称植物神经学习法,是在行为疗法的基础上发展起来的一种新型心理治疗技术和方法。生物反馈疗法利用现代生理科学仪器,通过人体内生理或病理信息的自身反馈,使患者经过特殊训练后,进行有意识的"意念"控制和心理训练,通过内脏学习达到随意调节自身躯体机能的效果,从而消除病理过程、恢复身心健康。

(三)以人为中心的治疗理论及技术

以人为中心的治疗理论和方法来源于人本主义心理学,其中的人本倾向、强调咨访关系等已经成为心理咨询和治疗的基本共识,但其缺陷是排斥任何诊断、评估。

"以人为中心"疗法是罗杰斯人本主义心理学的主要内容之一,也是他的"自我理论"在心理咨询与心理治疗中的具体应用,其具体的理论观点有:①有机体具有自我实现的趋向,即人有一种与生俱来的自我实现倾向。这种倾向不仅要在生理上、心理上维持自己,而且要不断地增长和发展自己。②有关自我概念的理论,自我概念是指个人对自己及其与相关环境关系的了解和看法。罗杰斯认为自我概念的形成,是个人在其生活的环境中与自己、与他人交互作用过程中形成的综合性的观念。③有机体心理失调的原因在于价值条件化。罗杰斯认为,每个人对于自己都有两种不同的评价:一是来自有机体"自身内部"的自我评价,通过这种评价,获得真实的自我;另一种评价是价值条件化评价,是建立在他人评价内化或内投射基础上的评价,来源于个体对他人积极评价的需要,来源于个体对社会评价条件的认同。

"以人为中心"疗法的技术及应用。"以人为中心"疗法所提倡的技术并不是如面质、解释之类的具体的治疗技巧,它有自己独特的一套技巧。①提出应建立一种良好的咨访关系。罗杰斯认为,治疗的成功与否最重要的是治疗者和当事人之间是否建立了一个安全、自由的关系。②强调应以当事人为中心。在传统的治疗方法中,是以治疗者为中心的,治疗者常以专家或权威自居,被治疗者经常处于消极被动的地位。但罗杰斯认为,最了解自己的只有当事人自己,因此当事人自己对找出更好地应付现实生活的途径负有责任和能力,最终的决定与选择依赖于当事人本人,而治疗者则是为其"提供便利者"。③提倡非指导性的技巧。以人为中心的疗法中并不提倡使用诸如解释这一类的指导性技巧,而是引导当事人充分描述自己,体验自己的情感状态,反省主观意识,进行经验开放,使得自我能够准确地感觉和知觉到经验或体验,从而找寻回真实的自我。

(四)合理情绪疗法的理论与工作程序

该理论是由美国临床心理学家阿尔伯特·艾利斯于20世纪60年代创立的一种心理治疗体系。他认为,人有其固有本性,人的先天倾向中有积极的取向,也有消极的本性,换句话说人有趋向于成长和自我实现这样的内在倾向,同时也具有非理性的不利于生存发展的生活态度倾向,而且艾利斯更强调后一种倾向,他认为正是这种非理性的生活态度,导致人心理失调。

艾利斯认为人的情绪来自人对所遭遇的事情的信念、评价、解释或哲学观点,而非来自事情本身。艾利斯将以上观点概括称之为ABC理论:A代表诱发事件;B代表信念,是指人对A的信念、认知、评价或看法;C代表结果即症状。艾利斯认为并非诱发事件A直接引起症状C,A与C之间还有中介因素在起作用,这个中介因素是人对A的信念、认知、评价或看法,即是信念B;人极少能够纯粹客观地知觉经验A,总是带着或根据大量的已有信念、期待、价值观、意愿、欲求,因此,对A的经验总是主观的,因人而异的,同样的A在不同的人中会引起不同的C,这主要是因为他们的信念有差别即B不同。换言之,事件本身的刺激情境并非引起情绪反应的直接原因,个人对刺激情境的认知解释和评价才是引起情绪反应的直接原因。

1. 工作程序

(1)心理诊断阶段:①根据ABC理论对来访者的问题进行初步分析和诊断;②和来访者共同协商制定工作目标;③社区心理援助师还应向来访者解说合理情绪治疗法关于情绪的ABC理论,使来访者能够接受这种理论及其对自己问题的解释。

(2)领悟阶段:①进一步明确来访者的不合理信念;②使来访者进一步的领悟自己的问题及其与自身的不合理信念的关系。

社区心理援助师要帮助来访者达到三种领悟,即使他们认识到是信念引起了情绪及行为后果,而不是诱发事件本身;他们因此对自己的情绪和行为反应应负有责任;只有改变了不合理信念,才能减轻或消除他们目前存在的各种症状。

(3)修通阶段:所谓修通就是指工作透入的过程。前两个阶段的工作是解说性的和分析性的,那么这一阶段的工作就是技术性和方法性的了。常用的方法主要有:①与不合理信念辩论;②合理情绪想象技术;③家庭作业;④再教育阶段。

(四)沟通分析的理论与方法

沟通分析是波纳提出的辅导理论中最核心的部分。波纳在此部分的分析指出:任何时候,当一个人确认出另一个人出现之时,不管是口头语言的或身体语言的,沟通即已发生。沟通经常被定义为人们对话的一个单位,或者是两个人自我状态之间的刺激——反应的联结。

1. 沟通分析的总体论　波纳的人性观主要包括三个方面,即先天正向的人性观、后天学习辅导的功效以及人的理性。

(1)正向的人性观:波纳对人性持正向的观点,他认为人之初,性本善,相信儿童出生时都是品行高贵的;只是由于父母的教养方式不当或环境的不善,而使儿童的本性发生变化,由高贵而变为低下,也就是波纳所言"从王子、公主到青蛙"。

(2)心理辅导的功效:波纳相信虽然儿童的品质会由于父母的教养方式不当或环境的不善,而使儿童的本性发生变化,但通过后天的学习,特别是将学习与应用沟通分析结合起来,将沟通分析融入生活中,便能再恢复儿童与生俱来的天赋的尊贵;在儿童进入学校之前的学前阶段,他们已形成了生活脚本的基本雏形,并且也会发展出自己是一个"行"或"不行"的人的自我概念,同时也具有对他人是一个"行"或"不行"的人的判断能力。

(3)人的理性:在波纳的观点里,过生活是件很单纯的事,然而人们都会发明心理游戏;有些人总要将过去事件等来进行自我颠覆;这种人经常在抱怨生活是如此复杂,其实这都是他们自己的坚持与固执让生活变得更为艰苦。波纳认为,生活即是一连串待决策的决定与待解决的问题。波纳深信人们拥有理性与自由来做决定及解决个人的问题。

2. 沟通分析的辅导理论　基于沟通分析中所阐述的人性观及人际关系理论,波纳衍生出他基本的辅导理论。

这就是对五种型态的资料进行收集和分析,即进行结构分析、沟通分析、脚本分析、生活地位分析和抚慰的追求。

3. 具体方法

(1)教导步骤:对任何儿童来说,沟通分析的有效教导法包含三个步骤。①解读原则,可运用故事、图片、玩具或其他适合的方法;②检测孩子所了解的沟通分析理论(发现理解错误时纠正之);③让孩子从自己的经验中举出与沟通分析理论相呼应的例子(如"今天你得到什么正面抚慰?"),或者确定你说的例子对他们的意义为何?(如"你必须早些上床睡觉是受什么自我状态的要求?")。

(2)抚慰方法:可以教导与人相处有冲突的孩童一些有关新的抚慰型态的概念。首先,他们必须分析对方的行为。父母、老师、朋友给这孩子的是什么正向或负面的抚慰?对方给的又是什么抚慰?教导孩子从以下的分类中学习新的抚慰方法:①自我抚慰——为自己做一些好的事;②身体抚慰——拥抱、握手、拉勾勾(必须区分好的或不良的触碰);③无声抚慰——点头、微笑、挥手、使眼色;④口头抚慰——"我喜欢你""做得好""谢啦"等;⑤报酬或特权——让你的父母和你一起外出,让他们跟你一起玩、为你做一些事。

儿童(5~7岁)可能不会像大一点的孩子那样能了解抚慰及自我状态的象征意义。此外,术语的运用与了解也会相对地减少许多。但对年幼的孩子,可从了解的直接感知,如给他们"温暖的绒毛",使他们感觉到很舒服;也可以用带刺的硬塑料玩具,让儿童了解"冷酷的刺",让他们体会到别人对他说了或做了一些让他不愉快的坏事的感觉。当孩子因负向抚慰而感觉不舒服时,可以要求有正向抚慰的权利。同样地,年幼儿童或许可以了解我有"思想的部分""快乐的部分""霸道的部分"等自我状态之同义词。

一旦儿童了解自我状态的意义与存在,他们便可以开始了解与区分互补性、交叉性及暧昧性沟通型态。如果儿童带出一个有关任一沟通型态的情境,可以促使儿童将情境对话化。在交叉或暧昧的沟通中,多鼓励孩子运用"成人"的自我状态来找出更有效的沟通方式。

(3)其他方式

①配合着自我状态。配合着儿童的自我状态,来谈论负面情绪与行为,将促使他们辨别自己与别人的自我状态。在此基础上,把自我状态理论配合儿童所述的经验进行解说,儿童便很容易了解。

②结合生活脚本的课题。在处理生活脚本的课题时,协助孩子澄清与描述个人的生活脚本,可以引用阿德勒学派的生活方式询问的问句,以便找出该儿童生活脚本的雏形。

③综合自传体文字,寻找儿童的生活脚本。很多人有写日记或周记的习惯,以记录生活中的片段,写下个人最内在的世界、感受、想法和事件。儿童对要写日记的家庭作业反应都不错。日记可以提供辅导者和儿童一份相关的感受、思想和生活脚本的纪录,以供探索。写日记或周记亦可以提供儿童与辅导者在晤谈以外时间的联系与亲近。

④根据实际情况,引导儿童的具体行为。当辅导者不能保护儿童遭受负向的对待时,则别去干扰或阻碍儿童一些在他(她)的家庭中仍有功效的脚本行为。别急着要求孩子在学会获得抚慰的适当方式前,放弃其原用的游戏。别替孩子决定什么是其应该做的事,也别鼓励孩子去扮演一名沟通分析的辅导者,尤其是面对比他们更有权力的人,因为对方可能会不喜欢,而有更强烈的负向行为。

沟通分析提供了许多人从个别辅导及不同的团体辅导中,得到人际关系与沟通技巧的改善。然而,在沟通分析中,尚有许多定义不明之处及理论与技术结合不佳的部分。实际上许多学者很难把沟通分析归为哲学性高的辅导方法。因此,沟通分析的各种观点、各方面之标准与准则应有所发展,以确保沟通分析的地位及专业水准。

(六)现实疗法的理论与实施过程

现实疗法是由美国精神病学家威廉·格拉塞所开创的一个心理咨询和治疗流派。1965年,格拉塞的《现实疗法》一书问世,标志着现实疗法的正式推出。在这本书中,格拉塞对传统心理治疗的一些基本理念作了批驳,系统阐述了现实疗法的理论和应用。

1. 基本理论　现实疗法对人的一个基本假定是,每个人都力求较好地控制自己的生活,以达到一种成功的统合感。格拉塞认为人有一些基本需要。在早期理论中,格拉塞提出两种需要:爱的需要和自我价值感的需要。一个人需要爱人,也需要被人爱;需感到自己在别人眼里是重要的,体验到自己是一个有价值的人。20世纪80年代以后,格拉塞提到人有五种基本需要:生存、归属、力量感、乐趣和自由。这些需要都得到较好满足的人,就体验到成功的统合感。与具有成功的统合感的人形成对照的是具有“失败的统合感”的人,他们相信没有人爱自己,觉得自己卑微渺小,没有能力做任何有意义的事情,对自己的问题也无能为力。在格拉塞看来,有心理困难、需要咨询和治疗帮助的人就是具有失败的统合感的人。

2. 现实疗法的实施过程　根据格拉塞的理论,现实疗法的过程分为 8 个步骤:①与来访者建立关系,了解来访者的需求。②询问及了解来访者目前的行为。③行为评估。④协助来访者制订行动计划。⑤承诺。⑥不接受借口。⑦排除惩罚。⑧拒绝放弃。

(七)森田疗法的理论与方法

森田疗法的治疗原理,是对易陷于执着性素质倾向的神经症患者,通过性格的陶冶、训练的方法,通过对精神的交互作用,打破和切断恶性循环,以达到治疗的目的。

治疗时指导的要点如下:

(1)对症状实态的说明(说明患者的症状是因疑病性基因和精神交互作用而造成的)。

(2)心理构造的矫正(通过语言的指导、矫正)。

(3)通过患者自身的体验去达到对症状的理解。

而且,通过治疗,患者必须体会到以下的态度,即实事求是、顺从自然、尊重事实等。这些态度都有同样的含义,也就是说接受由症状所产生的各种不快、痛苦等感情这一现实,去做自己能做的事情,而且采取积极地去做的态度。

森田疗法重视由治疗体验所获得的对症状及治疗本身的理解。对症状存在着的不安,告诉患者要面对不安这一事实并继续作业。如果患者对治疗存在疑虑的话,也告诉患者不要过虑或不要去管这样一些疑虑,继续从事所吩咐的作业。这样,就可以使患者不必过分地追究症状的原因,而是督促其在家庭的治疗环境下积极参与“今天,在这里”的生活,从而引起患者内在的、行动的变化。这是森田疗法基本的治疗原理。

森田在 1919 年将巢鸭医院患有神经症的原护士长接到自己家中,通过指导她从事家务等作业治好了这名护士长的神经症,以后开始在自己家中收容患者,一边与患者生活,一边进行生活指导,让患者从事某些作业劳动,这是森田疗法的初期。但是,由于社会状况、生活习惯的变化,当时森田的治疗方法很难行得通。于是,依据各治疗设施的具体状况,森田疗法在增加若干变化的基础上建立了新的治疗体制。

森田疗法以住院治疗为原则。住院治疗过程共分四个时期:

第一期(4~7 天):绝对卧床期,这一期间患者处于一种刺激遮断状态,到第 4 天即可出现无聊期(或烦闷期),这是在刺激饥饿状态下所出现的生命活动的需要,这对增强活动欲求和需要的自觉、对其后作业期的治疗都具有重要的意义。

第二期(4~7 天):轻作业期,虽然使患者从卧床状态下解放出来,但仍使其置身于隔离状态。睡眠时间限定为每天 7~8 小时。卧褥期之后的 1~2 天内应避免肌肉活动,从第 4~5 天开始,可让患者从事打扫、洗衣、除草等较轻的劳动。这一期间的重要目的,是打破以患者的情绪为中心的做法,促使其产生自发的活动愿望。当看到患者的自身活动愿望增强并希望从事重体力劳动时,即可进入第三期。

第三期(4~7 天):重作业期,当患者习惯了治疗活动,其自发性也得以增强时,即可安排其做一些园艺等须负一定责任的工作。目的是养成患者对作业的持久力和忍耐力。当看到患者能逐渐完成作业劳动并能自觉过渡到繁忙时,即可进入第四期。

第四期(1~2 周):实际生活期,这一期间,与卧床、作业并重,患者须接受日记指导。森田指出,从卧床期结束后的第 2 天开始,要让患者写日记,这样可以为了解患者的身体和精神状态提供帮助。森田自身并不太重视患者写日记,但现代的森田疗法则强调须最大限度地利用患者的日记,这可以使医师能直接通过患者每天的生活记录,在了解患者的生活内容的同时,加上某些注释、生活态度的指导,以促进患者生活内容的改善。比较多的治疗者强调禁止在患者记注释时添加有关症状病历等内容,生活指导也应限定在作业的指示方面。

五、产生的背景

(一)学术背景

一般说来,咨询心理学作为心理学的分支学科,在其形成之前,已具备了以下充分和必要的学术条件:

(1)高尔顿用测量的方法对心理活动个别差异的研究和“自由联想”方法的建立(1882 年)。

(2)卡特尔发表“心理测验与测量” 的论文(1890 年)。

(3)韦特默在宾夕法尼亚大学开办儿童行为矫正诊所(1896 年)。

(4)比奈-西蒙为帮助弱智儿童编制智力测量(1904 年)。

(5)大卫为防止学生的行为出现问题,进行行为指导(1907 年)。

(6)帕森斯职业指导运动的兴起(1908 年)。

(二)社会需求背景

当前期学术理念和方法学基本确立之后,在强烈社会需求之下,心理咨询作为心理学的实践活动便开始了。心理咨询的前期学术观念和方法学的准备工作,是不同学者在各自的不同工作领域内,使用心理学的知识向人们提供帮助的过程中完成的。他们那时并不是自觉的临床心理学家或咨询心理学家,而是自为地、为实现某一种具体目标而去工作。尽管当时还没有“咨询心理”这一概念,心理咨询还称不上一种专门职业,但心理咨询成为一种社会职业的可能性,已经孕育在这类实际活动之中了。

乐国安在《咨询心理学》一书中提出:“20 世纪初美国职业指导运动、心理测量技术和心理卫生运动的兴起被认为是现代心理咨询产生的三个直接根源。”“现代的专业咨询服务最早是由‘职业指导之父’帕森斯于 1908 年率先开展起来的。”这些说法与史料略有出入。

帕森斯于 1908 年确实在美国波士顿创立了一家具有公共服务和培训性质的“就业辅导局”,于次年又出版了《职业选择》一书。此书为职业择业指导,确实在方法学方面提供了帮助,但说他开创了“现代咨询服务”,那就与史实相背了。

据文献记载,心理咨询不是发端于“职业指导”,而是起源于 1896 年诞生的临床心理学。“心理咨询”作为临床心理学的早期工作内容,早在“职业指导”之前已经出现了。即便是“职业指导”在后来也作为发展心理咨询的一部分,但帕森斯的从业年代,毕竟是在 20 世纪初,他比韦特默进行儿童行为问题的健康咨询(1896 年),确实晚了整整 12 年。在咨询心理学快速发展的初期,12 年不是个短暂的瞬间。另外,韦特默不但在 19 世纪末已经提出“临床心理学”概念,而且以临床心理学家的立场,在解决儿童行为问题方面,做了大量工作,1907 年已经创办了专业刊物。由于他当时肩负着废止童工的社会职责,所以提出了就业之前必须经过心理测量的建议。这无疑为后来咨询心理学的产生创造了条件和开辟了阵地。为此,他作为咨询心理学的启蒙者,无论就时间排序上,还是在工作性质上,都比帕森斯更有资格。

有的学者将一名住过精神病院的患者——比尔斯在 1907 出版的《自觉之心》定为咨询心理学的发端,这显然是一种历史的误会。虽然比尔斯的作品以及他个人的活动对后来的心理卫生事业有贡献,但心理卫生学和咨询心理学毕竟是两码事。咨询心理学诞生以后,促使该学科大踏步前进的外在因素,是社会现实的需要;内部关键因素,则是该学科自身方法学的发展。

在 20 世纪 30 年代以后,心理测验和个体差异的研究,是临床心理学发展的主要条件和促进因素,也是心理咨询工作的重要手段。在这方面,对该学科发展曾经提供帮助的功劳,应归于美国明尼苏达大学,其代表人物是威尔森。

20 世纪 40 年代以后,心理咨询这门学科发展得更快。直到 1953 年,美国心理学会(APA)咨询心理学分会规定了正式的心理咨询专家培养标准,这一“培养标准”,后来成为教育训练委员会研究生院博士课程培养计划的认定标准。同时,这一分会还向美国心理专业职业考试委员会派出常任代表,积极参与颁发“心理咨询指导员”的特别执照。同年,美国心理学会伦理基准委员会公布了 APA 伦理纲领。次年,由 20 余名心理学家发起创办《咨询心理学杂志》,该刊物成为心理咨询的专业杂志。1955 年,美国心理学会开始正式颁发心理咨询专家执照。

1956 年,APA 咨询心理学分会的定义委员会,发表了题为“作为一个专业分支的咨询心理学”的报告。该报告指出，咨询心理学可以从三个方面做出贡献，并且这三者不可偏废。第一，通过关心人的动机、情绪的调节，进而促进个体内在精神世界的发展；第二，通过发展人们必要的能力、动机，帮助个人与环境的协调；第三，正确地利用个体差异，充分考虑所有成员的发展，加深社会对心理咨询的理解。另外，该委员会又强调，心理咨询专家的目标，不但要帮助那些连最基本、最低适应状态都已丧失的心理不适应者，而且还应该帮助特定社会集团的每一个人，使其最大限度地实现自我。心理咨询工作除在美国迅速发展外，20 世纪 40 年代在欧洲大陆也有新的面貌出现。第二次世界大战结束后，心理学重获新生，并发展很快。

在咨询过程中能否遵循心理咨询的基本原则，关系到心理咨询工作能否顺利开展，也决定咨询工作的成败和效果。

六、基本原则

（一）保密的原则

保密的原则，可以理解为心理咨询中最为重要的原则，它既是咨访双方确立相互信任的咨询关系的前提，也是咨询活动顺利开展的基础。

这一原则要求在没有得到对方同意的时候，不得将在咨询场合下对方的言行随意泄漏给任何人或机关。在公开案例研究或发表有关文章必须使用特定来访者的有关个人资料时，必须充分保护来访者的利益和隐私，并使其不至于被他人对号入座。但是为什么有时候人不能保守秘密呢？首先的一个原因，是幼儿的性格，就像幼儿一样，因为不能承受保守秘密的压力，一有事就全部告诉父母亲的心理。可是，进入青年期以后，由于自我的成长，承受秘密的压力的能力增强。咨询者除自己的秘密之外，还背负着许多人的人生秘密，需要有相当的自我抑制力。

不能保持秘密的另一个原因，是社交能力不足。尽管心理咨询要求拒绝有关对来访者情况的调查，但来访者的某些情绪调整可能需要在不伤害其自尊心的前提下获得他人的配合，这自然要求较高的社交能力。例如，虽然已与孩子约好保密但又必须将孩子的苦恼让其父母感觉到时，咨询师就需要社交的能力和艺术。如果简单地将孩子所说的“老师，不要告诉我爸爸呀，我讨厌我爸爸”告诉孩子的父亲的话，孩子的父亲回到家后可能会责骂孩子：“你怎么能跟老师说爸爸的坏话呢？”但是，又必须将孩子对父亲的不满，在不伤害孩子父亲的自尊心的前提下让其感觉到，这就向咨询师提出了较高的交涉艺术要求。

但是，保密原则也并不是绝对的，有时需要咨询师智慧的判断能力。例如有明显自杀意图的来访者，当咨询师知识不足而仅局限于保密原则的话，就可能陷入一种恐慌状态而不知所措。因此，作为咨询师在必要时应有冲破保密约定的勇气与值得信赖的人，或与有关人士商量，避免自杀状态的出现。也就是说，与保密原则相比，来访者的生命安全应该而且必须首先予以考虑，此所谓“人命关天”的道理。

（二）时间限定的原则

心理咨询必须遵守一定的时间限制。咨询时间一般规定为每次 50 分钟左右（初次受理时咨询时间可以适当延长），原则上不能随意延长咨询时间或间隔。

（1）由于事先对咨询时间予以限定，可以让来访者有一定的安定感，使来访者能够充分珍惜并有效利用这一时间。

（2）作为日常生活中成长的刺激剂。一般情况下，咨询次数为一周 1 次或 2 次比较普遍，这样可以使来访者在间隔期间充分回味咨询时的体验，并将其作为自身走向适应的成长刺激剂。因此，一次 2 小时的咨询不如一次 1 小时分 2 次咨询的效果好。

（3）可以促使来访者进行现实原则的学习。要让来访者知道，咨询师也有自己的生活，除自己以外，还有其他人要找咨询师咨询。自己不是想怎样就能怎样的，世界并不是也不能仅为自己。这样的一些体验学习的意义，就促使来访者从咨询中的快乐原则转移到现实原则而得以成长。

（4）促使来访者产生分离的体验。人生是一个分离的连续过程，与母胎的分离、与乳奶的分离、与家庭的分离（入学、结婚）、与孩子的分离（孩子的成长、结婚）、与配偶的分离（离异、死别）、与工作的分离（离职、退休）等，这一系列的分离是痛苦和伤感的，但从某种意义上讲，分离也含有成长的意思。因此，限定一定时间，让来访者重复这些分离所带来的伤感和复杂体验，可以促进人的健康成长。但是，咨询时间的限定也不是绝对的。根据来访者的病理状态、心理发展程度和年龄大小，可以缩短时间和间隔，增加咨询次数。例如，与分裂症患者的咨询时间定为50分钟可能就太长，以每次20～30分钟，一周2～3次比较合适。对行为化倾向较强的来访者，也可考虑增加咨询次数。而夫妇咨询的时候，可能需要一次1小时以上才能满足双方的需要。

电话咨询原则上以30分钟为限，如果超过30分钟仍然不能终止咨询的话，除应急情况之外，可以考虑要么是咨询人员卷入了求询者的感情漩涡，要么是咨询人员在咨询技术、应对能力方面存在问题。学校心理咨询和指导时所可能出现的家庭访问，也应该遵循咨询室内时间限制的原则，不能根据学生状态的好坏而随意改变时间从而被学生（求询者）所牵制。咨询者若因为会议等原因不得不提前结束咨询谈话时，需要在咨询开始时向来访者说明，避免咨询半途时突然告知而引起来访者的不安和不快。

（三）“来者不拒、去者不追”的原则

原则上讲，到心理咨询室求询的来访者必须出于完全自愿，这是确立咨访关系的先决条件。没有咨询愿望和要求的人，咨询者不会去主动找他（她）并为其心理咨询，只有自己感到心理不适，为此而烦恼并愿意找咨询人员诉说烦恼以寻求咨询者的心理援助，才能够获得问题的解决。

应父母或老师、上司要求前来心理咨询的来访者也大有人在。这一类来访者往往自闭倾向较强，也有较强的抵抗情绪和自我防御，因此开始不愿意谈论实质性问题。咨询者不能排斥这种迫于别人督促前来求询的来访者群体，但需要付出比对一般人多许多倍的辛劳，才能够使来访者去掉被动态度，最终建立咨访关系并展开咨询活动。代替他人（孩子、学生、父母、爱人等）前来心理咨询室咨询的情况也较多见。原则上，心理咨询要与当事人进行谈话，才能帮助其解决心理问题。也就是说，要确定“谁”是“主角”。与“主角”进行对话，是咨询者的工作。但是，我们仍然不能拒绝代替“主角”前来咨询的来访者群体，不过要让代替者清楚，当问题的实质无法解决而又期望问题解决的时候，需要“主角”出面。某些智力低下、重度精神病患者因为无法自诉或缺乏自控能力，原则上需要接受系统的心理治疗，不能作为心理咨询的直接对象。不过，心理咨询也不能拒绝这一群体，可以通过家属或他人陪同开展心理咨询和指导。那么，既然是自愿前来，也可以自愿离去。也就是说，无论是在咨访关系确立的时候，还是咨询过程之中，以及咨访关系的打破、中止或结束，都不应该存在任何意义上的强制。“来者不拒，去者不追”，是心理咨询工作中所应遵循的原则。心理咨询室的大门原则上，向任何人都是永远敞开的。

（四）感情限定的原则

咨访关系的确立和咨询工作的顺利开展的关键，是咨询者和来访者心理的沟通和接近。但这也是有限度的。来自来访者的劝诱和要求，即便是好意的，在终止咨询之前也是应该予以拒绝的。“老师，我们一起吃饭好吗？”“到我这里来玩吧？”“我们去一个清静的地方谈好吗？”等来自来访者的要求是不应答应的。个人间接触过密的话，不仅容易使来访者过于了解咨询者的内心世界和私生活，阻碍来访者的自我表现，也容易使咨询者该说的不能说，从而失去客观公正的判断事物的能力。因此，心理咨询的场面设定时，原则上禁止与来访者有除咨询室之外的任何接触和交往，也不能将自己的情绪带进咨询过程，不对来访者在感情上产生爱憎和依恋，更不能在咨询过程中寻求在爱憎、欲求等方面的满足和实现。

（五）重大决定延期的原则

心理咨询期间，由于来访者情绪过于不稳和动摇，原则上应规劝其不要轻易做出诸如退休、调换工作、退学、转学、离婚等重大决定。在咨询结束后，来访者的情绪得以安定、心情得以整理之后做出的决定，往往不容易后悔，或反悔的几率较小。就此应在咨询开始时予以告知。对于有强烈自杀愿望者来咨询的时候，有经验的咨询人员往往这样说：“你如果能保证在咨询期间不发生意外，或不采取极端的包括自杀在内的做法的话，我才愿意为你咨询。”不过，对于这样的来访者，还是依赖精神科医生或接受精神科医生的指导进行咨询为好，必要时也可以得到其他有关人士的协助。但是，咨询活动必须慎重进行，以免发生意外。

对因为特殊原因办理转学或退学不得不中止咨询的来访者，咨询师需要在咨询时与来访者开诚布公地就现在面临的问题及今后的打算进行细致的讨论，必要时还可以通过来访者（学生）与学校、家长建立联系，以共同促进来访者的成长和问题的解决。

(六)伦理原则

心理咨询活动的开展必须以一定的伦理规范为约束力,这是心理咨询所必须坚持的重要原则。心理咨询的伦理规范,主要表现为对从事心理咨询工作的咨询人员、团体的伦理要求。心理咨询人员的道德准则与伦理规范,我国虽尚未制定,但已经提上了议事日程。我们也热切地期待这样的伦理纲领能在中国心理学界早日出台。

第五节　变态心理学知识

一、概述

(一)变态心理

也称异常心理,是指人们的心理活动,包括思想、情感、行为、态度、个性心理特征等方面发生异常或接近异常,从而出现各种各样的心理活动异常。

研究这些异常的心理活动,包括探索异常心理活动的表现及规律;寻求引起这些异常心理活动的原因;了解及掌握这些异常心理活动的发生、发展及其变化;并研究各种心理异常活动和纠正、治疗及预防方法的学问。

(二)变态心理学的任务

1. 在理论上,变态心理学的研究有助于对正常心理活动的认识,有助于揭示人类心理活动的实质。

2. 变态心理学的研究也为辩证唯物主义提供了科学证据。因为,变态心理学通过对行为异常的发生、发展、病因和治疗的研究,加深了对物质和精神、社会存在和社会意识关系的认识。

3. 在实践中,变态心理学有助于促进和保障人类心理健康事业的发展。同时,变态心理学的研究也有利于对心理异常的临床诊断和治疗。

(三)变态心理学的判断标准

1. *经验标准*　以经验作为判别心理正常或异常的标准时主要有两个方面,一是个体的主观体验,即自我评价;二是观察者根据自己的经验对被观察个体的心理与行为处于正常或异常状态的判断。

2. *统计学标准*　对人群的心理现象进行调查和测量,用统计学的方法处理,勾画出某些群体的心理活动和行为的正态分布曲线;绝大多数人都处在均值附近,只有极少数处在两端,变态心理者大多处在两端。

3. *医学标准*　又称症状标准和病因学标准,是从医学角度出发,用判断躯体疾病的方法来判断心理是否处于异常状态。

4. *社会适应标准*　这是以社会常模为标准来衡量的,所谓社会常模,是指人们必须依照社会生活的需要适时地调整心理活动,以使自己的行为符合社会准则,并根据社会要求和道德规范行事。

判断心理是否处于常态一般有以下几个原则:①心理与环境的统一;②心理活动自身的完整性和协调性;③个性特征是否具有相对的稳定性,以及稳定的个性特征在其各种心理过程中是否得到表现,即心理活动自身的统一性。

二、研究对象

变态心理学是以心理与行为异常表现为研究对象的心理学分支。变态心理学的这个定义,明确地指出了它是以研究各类形式的变态心理为研究对象的学科。变态心理学研究的对象,同时也是精神病学的对象。不过,针对同样的对象,两门学科各自的侧重点不同。

变态心理学侧重研究和说明异常心理的基本性质与特点,研究个体心理差异以及生存环境对异常心理发生、发展的影响;精神病学作为临床医学的分支,着重异常心理的诊断、治疗、转归、预后,以及精神病的预防与康复等。

三、发展历史

早在公元前4、5世纪,古希腊医生希波克拉底已经开始对人的变态心理进行过一些描述和研究,并试图用朴素的唯物主义观点解释心理异常现象。他反对以求神诅咒等方法对待患者,认为应从患者的身体和大脑中寻找致病原因。

约在公元前1世纪，另一位古希腊医生阿斯克·列皮阿德斯首先使用了“心理障碍”与“心理不健全”的术语。此后，经过长期的历史发展，变态心理学逐渐成为心理学的一个领域，使有关变态心理的研究从思辨转向实验，从患者的外部表现进入其内心活动。

在中国，公元前11世纪的殷代末期，就已有“狂”这一病名载于文献。成书于秦汉时期的医学典籍《黄帝内经》，最早列出“癫狂篇”，对变态心理作了医学描述，并且存录了有关治疗的资料。以后历代医家和学者在探讨医药或哲理的过程中，对于变态心理的表现、成因和矫治等屡有论述，至明清时期，更在理论和实践上有许多重要的进展。

20世纪20年代后期，欧美各国有关变态心理学的著作陆续介绍到中国。中国学者朱光潜等较系统地评价变态心理学的各种学派，论述了这一学科的任务和研究方法，推动了当时中国变态心理学的科学研究与实际应用。其后，不少学者相继撰写有关变态心理学的著作，并开展了实验与临床的研究。

20世纪70年代后期以来，随着整个心理学、特别是医学心理学在中国的迅速发展，变态心理学受到重视，取得了较大的进展。

四、内容

变态心理学的研究可以帮助人们从异常与正常的对照中更加清楚地揭示人的心理本质，即揭示心理现象对于大脑的依赖关系，以及对于客观现实的依赖关系。

变态心理学以普通心理学、包括实验心理学的基本知识和实验技术为基础，它的研究成果又可为普通心理学开辟新的工作领域，提炼新的研究课题，从而充实、丰富了普通心理学。

变态心理学是医学心理学中的一个重要分支，它与医学心理学的其他分支交叉渗透，互为补充。变态心理学与精神病学既有紧密联系，又各有不同的任务和课题。精神病学是医学的一个分支，以变态心理学为理论基础，直接服务于疾病的诊断和防治，其临床资料和实践成果又可丰富变态心理学的内容，验证变态心理学的理论和假说。

对变态心理发生的原因和机制有多种探索途径。由于理论观点和研究方法不同，对变态心理的认识也不尽一致。在变态心理学的发展进程中，曾出现过不少试图解释各种病态心理或行为的变态心理模式。这些模式都较注意根据统计结果区分病态和常态，考虑到变态心理和常态心理之间存在连续的量的改变。

通常，人们总是把在群体中出现频率高的心理现象称为常态，反之则称为变态。例如，在群体中智力的分布，呈现为常态曲线，若以智商表示，群体中95%以上的人的智商在90~109之间，属正常；智商不到70者，约占5%以下，被视为智力障碍；130以上者则一般称之为高智商。

(1)生物医学模式：又称疾病模式，按躯体疾病的模式来理解变态心理。希波克拉底曾以4种体液不平衡来解释变态心理。中医沿用躯体疾病的理论对癫狂进行辨证论治，即属于这一模式的代表。19世纪菲尔肖提出细胞病理学说之后，从人脑的组织结构改变中找寻变态心理的原因曾风行一时。最成功的例子是麻痹性痴呆，病理学家不仅发现了患者脑结构的典型改变，而且还从死者的脑组织中找到了苍白螺旋体。此外，各种急性和慢性器质性脑病综合征以及症状性精神病都显示了变态心理与躯体疾病，特别是脑病的因果关系。于是，变态心理的医学模式获得了大量的论据。

精神异常被看做是一种疾病状态，躯体和行为的异常改变组成其症状，根据特别的症状组合即可做出疾病诊断。克雷佩林根据大量临床观察经验，按照医学模式对形形色色的变态心理加以分类，建立了精神疾病现代分类系统的雏形。

(2)心理动力学模式：从弗洛伊德的精神分析理论说明变态心理发生的原因和机制，认为变态心理不符合一般疾病的概念，而是意识与无意识之间的冲突，即内驱力和欲望引起的内在冲突，以致产生固着及退行行为等，这均可引起情绪障碍甚至导致心理变态。

处于无意识中的本能欲望经常要求获得满足，但又因社会的制约而不得不被意识压制下去，于是形成内心冲突，因而往往引起焦虑。为了减轻或消除焦虑时的紧张不安，以保障内心的安宁，在人的心理活动中存在着一系列心理防御机制，各种变态心理就是各种防御机制单个的或多个组合起来发生作用的外部表现。心理防御机制(如压抑)的过度运用,常引起明显的精神异常和人格缺陷。

(3)行为主义模式:以华生的行为主义理论和斯金纳的学习理论来说明病态行为发生的原因和机制,即所谓心理冲突之类概念不过是主观臆测,不可能进行客观的测量和评定,对变态心理的研究应注重于可观察的行为表现;病态行为和正常行为一样,是通过学习获得的,因而也可以经过再学习,通过对抗性条件作用加以矫正。行为疗法应用于临床,在矫正恐怖症性变态等病态行为方面取得的成效,使这一模式经受了实践检验,获得支持,并对行为医学的兴起产生一定的影响。

评定心理现象是否异常,有赖于制定明确的客观标准。然而,心理的正常与异常之间的界限往往只是相对而言,不一定十分清楚,有时又可互相重叠。一般说来,所谓异常至少有三方面的含义:①从统计学方面考察,处于群体中常态曲线两个极端的个体处于异常。②从个人生活史考察,常把个体当前的心理活动与以往的加以对比,看是否有异于寻常的改变,临床病史往往会反映出这类变化。③从社会适应状况考察,可根据个体社会适应能力缺陷的程度,分析其是否属于异常,患者的家属常常是以此为标准而要求治疗。此外,在评定心理现象是否异常时,不可忽略参考社会文化背景等方面的资料。

五、影响变态心理形成的因素

变态心理形成的过程很复杂,导致心理变态的因素也很多,主要有生理因素、心理因素和环境因素等。

1. *生理因素* 生理因素是变态心理形成和活动的物质基础,它包括先天的遗传因素、后天的神经系统(特别是大脑)的损伤或病变,以及有药物导致的生理障碍等。

2. *心理因素* 主体自身的心理状态、个性因素等对其变态心理的形成,起着能动的作用。心理因素的影响主要表现在以下两方面:①主体自身的心理发展不协调、不完善,可能导致其心理和行为的异常。②心理素质的缺陷直接影响到变态心理的发展和定型。家庭和社会的不良影响是否会导致一个人的心理变更,取决于他的心理承受能力和对不良影响的抵抗力。变态心理者由于自身的心理素质的缺陷,不能及时抵御不良影响,也不能及时矫正心理异常,因此,其变态心理便逐渐发展并定型。

3. *环境因素* 环境因素是影响变态心理形成和发展的决定因素。环境因素的作用具体表现在以下几方面:

(1)家庭的不良影响:一般来讲,对变态心理者来说,他们所处的家庭环境和氛围往往是有异常的,所经历的早期生活经验常常是消极的和不良的,因而早年儿童对社会实践和环境的消极认识和作用,进一步强化和巩固了其心理缺陷和人格变态。因而当遇到外界严重的挫折和挑战时,有时甚至是轻微的刺激和挫折时,就会诱发个体变异的心理和行为反应,导致变态心理和行为的发生。

(2)学校教育的不当或不良影响:学校教育是影响儿童心理发展的主导因素。如果学校教育的内容和教学方法不遵循儿童心理的特点和规律,过分压制儿童的个性发展,那么,长期压抑的结果就可能导致个性的畸形发展或变态。

(3)社会不良风气和不良人际交往的影响:恶劣的社会风气,严重的精神污染等都可能导致个体的社会意识、价值观念、社会行为等异常。特别是当其有不良交往后,成员间的相互传习、感染,更容易促使变态心理的定型。

六、对变态心理的矫治

可分为心理治疗和躯体治疗两大类。

1. *心理疗法* 心理疗法是矫正变态心理的基本方法。由于各学派的理论观点不同,施治方法也各有所异。言语和非言语的心理疗法均已被广泛用于各类变态心理患者;催眠疗法、暗示疗法、行为疗法等则各有其相应的适应证,只有选择恰当,才能获得显著的疗效。

2. *躯体治疗* 躯体治疗包括精神药物治疗、物理治疗、心理生理治疗和外科治疗。20 世纪 50 年代初,精神药物问世之后,改变了以往对严重的行为障碍束手无策的状态。精神药物对幻觉、妄想等表现的精神病性障碍以及躁狂症、抑郁症、焦虑症等情感障碍,都有显著的治疗效果。20 世纪 30 年代开始使用的胰岛素治疗,已为精神药物所取代,电休克治疗几乎极少应用;对一些严重的难以治愈的变态心理,也很少使用对症性精神外科治疗。此外,包括心理治疗、躯体治疗、工作治疗、文娱治疗的综合性疗法,效果显著,被越来越多的医务工作者所重视和采用。

预防变态心理的产生是变态心理学中的一个重要课题。由于变态心理产生的原因多种多样十分复杂,这就要求各个方面采取综合性预防措施。另外,还应当积极开展心理咨询工作,及时干预各种心理危机,这对于预防对紧张刺激产生不良适应甚至引起的自杀,以及预防婚姻和家庭的破裂,减少心理社会因素的有害作用等,都是十分有益的。

第六节　教育心理学知识

一、教育心理学的概念

教育心理学是研究在教育情境下人类的学习、教育干预的效果、教学心理,以及学校组织的社会心理学。教育心理学的重点是把心理学的理论或研究所得应用在教育上。教育心理学可应用于设计课程、改良教学方法、推动学习动机以及帮助学生面对成长过程中所遇到的各项困难和挑战。"教育心理学"和"学校心理学"这两个名词经常交替使用,但通常从事理论工作及研究的人员较倾向称作教育心理学家,而在学校或学校相关场所从事实务工作的就被归类为学校心理学家。教育心理学关注学生如何学习与发展,实务工作者特别关注有特殊教育需要的学生(不论是资优儿童或有情绪、行为问题等的学童)。通过与其他学科的关系对比,对理解教育心理学也有一定的帮助。首先,教育心理学是以心理学为基础,两门学科之间的关系就像医学与生物学、或工程学与物理学之间的关系。然后,从教育心理学又可以发展出研究教育问题的众多特殊领域,包括教学设计、教育技术学、课程发展、组织学习、特殊教育和课堂管理。教育心理学从认知科学及学习科学中得到养分,也回馈到这些学科之内。

二、研究对象

教育心理学是研究教育、教学情境中学与教的基本心理规律的科学,它主要研究教育、教学情境中师生教与学相互作用的心理过程、教与学过程中的心理现象。

教育心理学与普通心理学和教育学都有着密切关系,因而对于它的研究对象有以下几种不同的见解:①以教育学的体系为依据,研究培养德、智、体全面发展的人的教育方法。②认为教育心理学必须研究人的心理结构,并根据教育过程中心理活动的规律来确定它的理论体系,探讨家庭教育、学校教育、社会教育乃至终身教育过程中的心理现象。③认为没有必要把教育心理学从普通心理学中区分出来,完全可以应用心理学的理论知识于教育工作,探讨在教育实践中的心理学原理,说明加速人的培养的途径。④认为教育心理学的主要任务是研究课堂学习的性质、条件、效果和评价问题,应当着重研究学习理论,尤其是学生接受知识和技能的学习理论,至于儿童心理发展、成人心理、心理卫生、个性等,除非与教育和教学直接有关者外,不应归入教育心理学,而应当归入普通心理学或社会心理学的研究中去。⑤认为教育心理学应着重研究在教育和教学影响下出现的各种心理现象及其发展的规律,并结合实际建立自己的理论体系,直接促进教育和教学的改革,提高质量,以最好的效果达到学生最理想的发展水平。

教育心理学虽与普通心理学的基本理论有密切关系,但是它主要是研究在教育和教学条件下,学生的心理现象和心理发展的规律,因此具有自己的特点。教育心理学与教育学的关系也十分密切。因为教育工作是一项复杂而又细致的培养人的工作,要切实有效而又迅速地实现教育目的,使学生在德、智、体几方面都得到发展,成为符合社会要求的人,还需要借助于教育心理学的指导,以深入发现和掌握学生的生理、心理的变化和发展的规律;并为明确某一教育阶段的培养目标,选取教育内容和方法,提供心理学的依据。所以,教育心理学既不是简单地应用普通心理学的知识解释或说明教育和教学的现象,也不是把教育和教学过程当作心理活动的一般过程,而是要揭示在教育和教学的影响下,学生的外部信息与内部信息的交换过程和交互作用中所引起的机能系统的变化与控制的规律。教育心理学研究的对象,是在教育和教学影响下学生的心理活动及其发展规律。如学生掌握知识技能、道德规范及其个性形成等的心理规律。学生本身的体质和心理发展的关系,以及学生和教师、学生与学生之间相互影响的心理因素,也是教育心理学研究的对象。

三、研究内容与任务

教育心理学的具体研究范畴是围绕学与教相互作用过程而展开的。学与教相互作用过程是一个系统过程,该系统包含学生、教师、教学内容、教学媒体和教学环境等五要素;由学习过程、教学过程和评价、反思过程这三种活动过程交织在一起。

教育心理学是一门交叉学科。因此,教育心理学具有双重任务,它既有教育学的性质任务,又会有心理学的性质任务。首先,研究、揭示教育系统中学生学习的性质、特点及类型以及各种学习的过程及条件;从而使心理学科在教育领域中得以向纵深发展。其次,研究如何运用学生的学习及其规律,去设计教育过程、改革教育体制、优化教育系统,以提高教育效能、加速人才培养的心理学原则。

四、研究意义

1. *教育心理学有助于提高师资水平*　教师队伍建设的重点在于教师,而教师的素质既包括专业素质又包括育人素质。教育心理学是教育理论与技术的一个重要组成部分,不仅有助于提高教师的理论素养,而且有助于提高教师解决教育实际问题的能力。

2. *教育心理学有利于提高教育教学质量*　教育心理学有助于教师更加深入地了解学生,提高教育教学的针对性。学习教育心理学,能够更深刻地理解有关教学措施的心理学依据,从而能更主动而科学地驾驭教学方法和教育手段,丰富自己的教学艺术,从而全面地提高教学质量。

3. *教育心理学有助于进行教育教学改革*　纵观国际国内成功的教育教学改革无不是心理学,而且主要是以教育心理学为支撑的。最典型的是20世纪50、60年代涌现的世界三大教育改革家:美国的布鲁纳、苏联的赞科夫和德国的瓦根舍因(其本人就是心理学家)。学习教育心理学有利于提高辩证唯物主义水平,提高教师自我教育的自觉性;有利于更好地对学生进行思想教育工作,搞好教书育人,并把教书育人提高到更科学的高度;并有利于教师总结工作经验,自觉开展教育科学研究。

五、历史发展

1. *教育心理学的起源*　提出教育心理学化的人是克斯坦罗琦。捷克的夸美纽斯第一次明确提出教育必须遵循自然的思想。瑞士的裴斯泰洛奇提出"教育心理学化"。德国的赫尔巴特第一次明确提出把教学的研究建立在心理学等学科基础上。

俄国著名教育家乌申斯基于1867年出版了《教育人类学》(此书的中译本为《人是教育的对象》,科学出版社1959年版)一书。俄国教育家兼心理学家卡普杰列夫的《教育心理学》一书于1877年出版。美国的桑代克1903年出版的《教育心理学》一书,以学校情境详尽地说明学习的概念,从而使教育心理学成为一门独立的实验科学体系,这是近代教育心理学的真正开端。1913年,这一著作扩充为三大卷,内容包括人的本性、学习心理学、个别差异及其原因三大部分。他提出的学习三大定律(效果律、准备律、练习律)及个别差异理论,成为20世纪20年代前后教育心理学研究的重要课题。由于桑代克把教育心理学研究的重点放在学习心理方面,导致了中国的教育心理学界长期把学习心理作为教育心理学研究的主要对象。这是迄今为止我们所知道的最早正式以"教育心理学"来命名的一部教育心理学著作,使桑代克成为教育心理学这门学科的奠基人。

2. *教育心理学的发展阶段(20世纪20年代到50年代)*　20世纪20年代以后,教育心理学汲取儿童心理学和心理测量方面的研究成果,心理测量实际上是进步教育时期的实验教育的成果。20世纪30年代以后,学科心理学发展很快,也成了教育心理学的组成部分。到20世纪40年代,弗洛伊德的理论广为流传,有关儿童的个性和社会适应以及生理卫生问题也进入了教育心理学领域。20世纪50年代,程序教学和机器教学兴起,同时信息论的思想为许多心理学家所接受,这些成果也影响和改变了教育心理学的内容。

在美国,学习理论成为这一时期的主要研究领域。20世纪20年代以后,行为主义在动物和人的学习的研究上,取得了重要的成果。美国的杜威则以实用主义的"从做中学"为信条,对教学实践活动进行改革,对教育产生了相当深刻的影响。

在前苏联，维果斯基强调教育与教学在儿童发展中的主导作用，并提出了“文化发展论”和“内化论”。前苏联教育心理学家重视结合教学与教育实际进行综合性的研究，学科心理学获得了大量的成果。

在中国，第一本教育心理学著作是 1908 年由房东岳译、日本小原又一著的《教育实用心理学》。1924 年廖世承编写了我国第一本《教育心理学》教科书。一些学者进行了一定的科学研究，但研究问题的方法和观点，大都模仿西方，没有自己的理论体系。

3. 成熟与完善阶段（20 世纪 60 年代至今） 20 世纪 60 年代初，美国教育心理学家布鲁纳等人重视教育心理学理论与教育教学实际的结合，强调为学校教育服务，发起了课程改革运动。人本主义心理学家罗杰斯也提出了以学生为中心的主张。随着信息技术特别是计算机的发展，美国教育心理学家围绕着计算机辅助教学的条件和效果，进行了大量的研究工作。

20 世纪 80 年代以后，多媒体计算机问世，使计算机辅助教学达到了一个新的水平。

前苏联教育心理学家则注重教育心理学与发展心理学相结合的研究，最有代表性的是赞可夫的“教学与发展”的研究，它推动了苏联的学制与课程改革。以巴甫洛夫的经典条件反射理论为基础的学习理论也得到进一步的发展，列昂节夫和加里培林等提出了学习活动理论。

我国的教育心理学在 20 世纪 60 年代受“文化大革命”的冲击，研究曾一度中断。20 世纪 70 年代末，我国教育心理学重新繁荣。教育心理学家们自编了多本教材，同时，许多专家、学者结合我国教育实际开展了大量的实验研究，其中有些研究的规模、水平已接近国际先进水平。

巴甫洛夫学说传入中国以后，在 20 世纪 50 年代不仅影响了心理学的基本理论，也影响了教育心理学。他的两种信号系统学说，给教育心理学提供了新的理论根据，也给教育心理学找到了与自然科学相联系的纽带。第二信号系统学说的提出，使儿童言语与思维的问题成为教育心理学研究的主要对象。

为适应教育不断发展的需要，教育心理学的任务也不断增加，研究对象的范围逐渐扩充。教育心理学初期偏重于学习心理的研究和学习律的讨论，并且大多集中于智育方面的问题，随着教育对人的全面发展的日益重视，它越来越重视道德行为、道德情感以及审美情感的培养。

近代科学的发展，特别是近代生物学、人类学、社会学、医学及精神病学的发展都对教育心理学产生影响，促使它不断更新内容，以适应社会发展的要求。

中国把发展教育置于重要地位，教育心理学研究有着十分广阔的前景。

第七节 家庭心理学知识

一、什么是家庭

家庭是指婚姻关系、血缘关系或收养关系基础上产生的，亲属之间所构成的社会生活单位。家庭是幸福生活的一种存在。

家庭有广义和狭义之分，狭义是指一夫一妻制构成的社会单元；广义的则泛指人类进化的不同阶段上的各种家庭利益集团即家族。

从社会设置来说，家庭是最基本的社会设置之一，是人类最基本最重要的一种制度和群体形式。

从功能来说，家庭是儿童社会化、供养老人，是满足经济合作的人类亲密关系的基本单位。从关系来说，家庭是由具有婚姻、血缘和收养关系的人们长期居住的共同群体。

家庭是亲属中较小的户内群体共同生活居住、共同经济核算、相互合作发挥作用的人组成的单位。我们一生中大部分人属于两种家庭。出生并进行大多社会化的家庭是出身家庭；因结婚生子而建立的家庭是生育家庭。现代社会人们主要忠于自己的生育家庭。

在中国，现代家庭的框架就是一对父母一个孩子。有的家庭可有两个孩子。现代人的家庭就是在这样的一个模式下复制着。然后家庭内部，或者说家庭内涵的东西就没人能看得透了。一些家庭初起组建是因为爱，可到后来维系家庭的正常模式就由爱蜕变成了责任，爱在柴米油盐中一点点地流逝。但有责任感的人仍会让家庭保持完好无损。没有责任感的人会出现背叛。让自己的情感随意泛滥，让爱一次次走出道德的轨道。也许他有他的理论"爱就爱得明明白白"。这个说法从他自身的角度来说也不无道理,只是他的道理有些太自私了。这种做法不可取。

既然组合成家庭,面对你弱小的孩子,你要有一份责任心,爱可以消逝但人性不能消逝,对你的孩子要拥有一份为人父、为人母的天性,起码不要让孩子感受到家庭的不幸。为了孩子的健康、快乐,请把握好自己的尺度,尽职尽责地维护好孩子遮风避雨的家,用真心、真义、真爱支撑好家庭的大厦不要坍塌。

二、家庭发展的历程

人类第一种家庭形态和第一个社会组织是血缘家庭,又称"血缘家族",是建立在血缘婚基础上的家庭形式,存在于人类由原始人群向氏族公社过渡的整个时期。其特征是:婚姻集团按辈分划分,即在家庭范围内,一群直系或旁系的兄弟姊妹互相通婚,但婚姻关系基本上排除祖辈与孙辈、父母辈与子女辈的婚配。这种家庭的典型形式是一对配偶的子孙中,每一代都互为兄弟姊妹,也互为夫妻。在亲属称谓上无父系和母系的区别,祖父与外祖父、伯叔父与舅父、姑母与姨母、舅母与母亲等都使用相同称呼。血缘家庭的出现是与原始社会早期生产力的发展水平相一致的。

在旧石器时代中期,由于狩猎技术的提高,引起了年龄分工,从而导致原始群分裂为若干血缘家庭的小集团。同原始群相比,血缘家庭已经抛弃了没有婚姻规定的杂乱性交共系,而产生了禁止父母与子女之间婚配的婚姻规例。在血缘家族集团内,人们共同生产,共同消费,过着共产主义的集体生活,这种"由于血缘家庭的需要而产生的共产生活方式",是一种"共产制公社",故亦称"血缘家族公社"。血缘家庭形态在世界上早已绝迹了。它是美国民族学家亨利·摩尔根于19世纪70年代依据遗留在夏威夷的马来亚式亲属制和群婚的残余物推论出来的。这一论点冲破了当时流行的一夫一妻制家庭自古就有的家庭形式观念,并得到了马克思、恩格斯的肯定。中国许多学者运用民族学有关血缘婚和马来亚式亲属制材料,补充阐述了血缘家庭存在的历史合理性与真实性,并认为,在原始社会史领域,利用亲属制来复原家庭的发展史,是摩尔根的一大贡献。

三、家庭心理学

研究家庭心理问题的学科,是社会心理学的分支学科,也是家庭学研究的重要领域。家庭构成人的心理活动的微观环境,而家庭心理则构成家庭生活的基本方面。家庭心理学要探索为家庭所影响又影响到家庭生活的心理活动的规律,并引导和帮助家庭成员生活美满和幸福。它的主要研究内容包括:①社会的经济、政治、文化发展通过家庭对人的心理产生的影响;②家庭人际关系,家庭成员的互动,家庭关系的构成、冲突和协调,其中特别重要的是夫妻关系心理;③家庭教育心理;④家庭管理心理;⑤家庭伦理心理;⑥家庭危机的心理分析;⑦残缺家庭的心理问题;⑧反常家庭的心理问题。

家庭心理学是社会心理学的一个分支,研究家庭中和影响家庭关系的心理活动及其规律的科学。其研究任务是:探索家庭生活中所有心理活动的规律,发现符合社会经济、政治、文化基础、促进社会发展的最优家庭生活模式。其主要内容有:家庭生活的社会制约性;夫妻关系的性生理—心理机制;家庭功能与发展的心理问题;家庭成员之间相互关系的心理问题;家庭的劳动分工、权利与义务的心理问题,家庭的心理气氛和道德气氛;有关家庭生活的品德心理;家庭中人际间协调、冲突及其心理对策;家庭管理心理;家庭教育心理;家庭成员个性心理(兴趣、爱好、需要、动机、性格、气质、能力等)间的相互影响;家庭生育心理;家庭成员心理状态和精神生活的自我调节对家庭关系的影响;家庭危机的心理分析;残缺家庭中的特殊心理学问题;掌握家庭成员间交往的技巧及"心理治疗"方法。

四、婚姻家庭心理学

又称"家庭心理学"。它是研究人类婚姻家庭生活中的心理现象的一门学科,是社会心理学的分支。

婚姻家庭心理学以人类婚姻家庭生活中大量存在的心理现象为研究对象。研究任务是揭示人类婚姻生活和家庭生活中人们的心理活动规律,帮助婚姻当事人和家庭成员调适心理,使之相容、协调,情感得到深化,从而稳定婚姻家庭关系,提高婚姻质量,增强家庭成员之间的亲和力和家庭生活的美满程度。

研究的主要内容有:婚姻、家庭功能发展的心理问题;家庭成员之间的相互关系的心理问题;家庭的劳动分工、权利和义务的心理问题;家庭教育的心理问题;家庭的心理气氛问题;家庭成员心理(意识、情感、性格、气质、能力等)的相互影响问题;家庭生育的心理问题;个人心理状态和精神生活的自我调节对夫妻关系和家庭关系的影响问题;家庭破裂和家庭关系不正常的心理问题;恋爱的心理问题,复婚、再婚、独身、丧偶、丧子的心理问题;夫妻性生活的心理学问题;结婚的心理学问题等。由于婚姻家庭是以人的活动为主体构成的一种社会现象,因而,对婚姻家庭心理学的研究同社会心理学的研究有很密切的关系。研究方法有调查法、测验法、实验法等。

把心理科学的理论引入对婚姻家庭生活中的心理问题进行系统研究是在20世纪初开始的。但早在19世纪,针对家庭中的心理异常患者的治疗,医学和一些心理学已进入了家庭研究领域,为家庭心理学的产生和发展奠定了基础。1920—1921年,美国人戴维斯对美国各地的1000名已婚妇女进行婚姻问题调查,被人们认为是进行婚姻家庭心理学研究的开始。目前,美国、日本等国在这方面的研究开展得较深入。我国近年来也开始了这方面的研究,翻译、介绍了一些国外著作。

五、家庭关系心理学

家庭心理学的重要组成部分,是从心理学观点出发,研究家庭人际关系的结构、特点及其相互协调。它主要包括:①夫妻关系心理。像夫妻幸福度的影响因素、家庭权势关系、夫妻关系危机、离婚问题等。②亲子关系心理。像乳儿、幼儿、儿童、青年几个阶段的亲子关系特点,早期亲子关系对儿童人格发展的影响,代际冲突问题等。③兄弟、姐妹关系心理。像子女出生顺序与行为特征的关系,子女的性别差异与人格形成之间的关系,多子女和独生子女的行为特征等。④家庭成员整体关系心理。仅仅局限于各种关系的研究是不够的。如夫妻关系的破裂会给整个家庭关系带来不利的影响。⑤家庭病理。家庭从动力学角度来看,既有处于正常状态的时候,也有处于异常状态的时候,家庭中问题成员必有其家庭病理背景,家庭病理的研究现已和精神医学的研究密切结合在一起。⑥社会对家庭关系的影响。

六、家庭矛盾的心理的影响

老年人离退休后,家庭就成为活动的主要场所,家庭关系的好坏对其心境影响很大,它直接左右着老人的精神状态,俗话说:“家家都有一本难念的经”。因此,家庭矛盾在所难免,错综复杂,其表现形式和内容也不尽一致。①在老年期,夫妻间性格改变,过去长期分居、体弱多病或性生活发生不协调,以及对子女的教育、经济分配发生意见分歧等都会给双方带来新的矛盾和困惑,有的老人因此而懊恼,经常乱发脾气,这就难免伤了和气,让对方感到委屈、沮丧,甚至产生陌生感和厌恶感,长期不和与忍耐有可能会导致老年人离婚。②老年人与儿女之间,由于两代人所处的时代相距几十年,其各自受到的社会文化教育及环境影响差异很大,因而对一些问题的看法、认识很难一致,即出现“代沟”现象,不理解这点的老人则感到孺子不可教,孩子的思想、行为与自已格格不入,从而感到痛心,心情沉重,希望无所寄托,感觉在子女面前失去了威力与尊严。③老人与婿、媳之间,由于生活经历、生长环境、所受教育、思维方式、生活习惯、价值观的不同,双方没有血缘关系,却又要以血缘关系相认,因而往往矛盾丛生,尤其是婆媳矛盾最为突出,容易产生多疑、多虑、反感、误会等心理,矛盾尖锐时可使老人感到受气、烦闷,上述千变万化的家庭矛盾往往牵一人而动全家,常常搅得全家不得安宁,给老人带来精神创伤,为此,积极、主动、妥当地解决家庭各种矛盾就显得更为重要。周恩来和邓颖超同志根据亲身体验总结出处理好夫妻关系的“八互”原则,即“互敬、互爱、互信、互帮、互慰、互勉、互让和互谅”,很值得老年人学习。老年人若能按这个原则去做,夫妻之间就容易和睦相处。在两代人之间,老年人不宜过多干涉子辈的工作和生活,两者之间应该做到相互尊重,互相信任,尤其对婿、媳要像对亲生儿女一样,一视同仁,出现小的摩擦和误会时要及时消除和说明。在对待第三代的教育问题上,要与子女共同协商,统一认识,协调一致地教育管理下一代。总之,家庭各成员间应逐步建立起互相尊重、互相爱护、互相信赖的情感基础,积极协调各种家庭关系,做到大事化小,小事化了,共同创造一个和睦温馨的美满家庭。

第八节　医学心理学知识

一、医学心理学的定义

医学心理学尚未形成一致公认的定义。目前，国内许多学者认为医学心理学是心理学和医学相结合的一门新兴学科，是对心理变量与身体健康之间关系的研究，或者说是研究心理因素在健康和疾病及其相互转化过程中所起作用的科学。

曾有一些人认为医学心理学是心理学在医学中的应用，因而是心理学的分支。但这一观点在我国显得狭隘了一些。应该说，医学心理学既是医学的分支，也是心理学的分支。例如从医学的分支来看，医学心理学研究医学中的心理行为问题，如各种患者的心理行为特点、各种疾病的心理行为变化等；从心理学分支来看，医学心理学研究如何把心理学的系统知识和技术应用于医学各方面，包括在疾病诊治过程中如何应用有关心理科学的知识和技术问题等。

由于医学心理学研究的是介于医学与心理学之间的课题，故有人提出也可将其称为心理医学。但医学心理学偏重于相对正常行为的研究，对于医学中严重变态行为的研究（也是心理医学），则主要归入精神病学研究范围。

二、医学心理学介绍

医学心理学是一门从医学的观点研究、诊断、治疗和预防精神障碍和人的身心疾病及其相关问题的一门应用学科。它与在英国被称为的医学心理学和在美国被称为的精神医学同义，与临床心理学近义，但各种学科名称所强调的侧重点或研究的历史取向有所不同。

医学心理学是把心理学的理论、方法与技术应用到医疗实践中的产物，是医学与心理学结合的边缘学科。它既具有自然科学的性质，又具有社会科学的性质，包括基本理论、实际应用技术和客观实验等内容。医学心理学兼有心理学和医学的特点，它研究和解决人类在健康或患病以及两者相互转化过程中的一切心理问题，即研究心理因素在疾病病因、诊断、治疗和预防中的作用。如怎样克服过度焦虑，如何消除抑郁，医生与患者如何建立和谐的关系等。

现代医学心理学强调从整体上认识和掌握人类的健康和疾病问题，主张把人看做是自然机体与社会实体相统一的存在物，是物质运动与精神活动相结合的统一体。

人不仅是一个单纯的生物有机体，而且也是一个有思想、有感情、从事着劳动、过着社会生活的社会成员。人的身体和心理的健康与疾病，不仅与自身的躯体因素有关，而且也与人的心理活动和社会因素有密切联系。临床实践和心理学研究证明，有害的物质因素能够引起人的躯体疾病与心理疾病，有害的心理因素也能引起人的身心疾病（例如药物、酒精和其他精神活性物质等）能够导致人的身心疾病，而良好的心理因素与积极的心理状态能够促进人的身心健康或作为身心疾病的治疗手段。

医学心理学不仅具有重要的理论意义，而且有着更大的实践意义。运用心理学的理论与方法探索心理因素对健康与疾病的作用方式、途径与机制，可更全面地阐明人类躯体疾病与心理疾病的本质，协助医学揭示人类维护健康、战胜疾病的规律，寻找与丰富人类疾病的诊断、治疗、护理与预防的更全面、更有效的方法，提高医疗水平，促进人的身心健康。

三、医学心理学的应用

随着心理学知识和技术广泛应用于医学，医学心理学便逐渐形成了一些分支，如重点用于精神病方面的变态心理学；用于神经病学方面的临床神经心理学；用于预防医学的健康心理学；用于护理工作的护理心理学。

临床心理学是运用心理学的知识和原理帮助患者纠正自己的精神和行为障碍以及通过咨询来指导和培养健全的人格以便更有效地适应环境和更富有创造力的心理学应用学科。

临床心理学是医学心理学中发展得最早、从业人数最多的一个分支。在应用心理学方面，工业心理学、教育心理学、临床心理学和组织管理心理学四大领域中，临床心理学占有很大的比重。

医学心理学在应用方面，如同教育心理学、工业心理学和运动心理学一样，把心理学的系统知识，包括它的理论、技术、方法和研究成果，结合医疗实践，应用到医学各个部门，如综合医院、专科医院、精神病医院、诊所、疗养院、康复医院；工厂、学校和机关的保健室、基层卫生院、各级卫生防疫机构、儿童行为指导中心、青少年健康服务中心；也应用到海底、高空、远航、沙漠、矿山等作业的特殊职业群体以及职业学校、盲聋哑学校、特殊儿童学校、工读学校和监狱等群体。总之，它要解决各种影响人们身心健康的心理学问题。

四、医学心理学常用方法

(一)心理评估

心理过程和个性差异可以用一些方法来做客观描述，这些方法主要有观察、会谈和心理测试等。应用多种方法所获得的信息，对个体某一心理现象作全面、系统和深入的客观描述，这一过程称为心理评估。

1. 观察与会谈　观察与会谈都是医学心理学的基本方法。

在观察中我们要注意目标的行为，如仪表、体形、人际交往风格、言谈举止、注意力、兴趣等各种情景中的应对行为；观察时间，通常直接观察时间为10~30分钟；资料记录，一般会因观察法的不同采用不同的记录方法；观察者的条件，首先应具备一定的社会知识、较好的专业知识和一定的人际交往经验。

在会谈中我们要注意用词，尽量让受访者感到舒适易懂；提问要恰当，如开放式提问、促进性提问、阐明性提问、对质性提问、直接性提问等；记录时常采用录音和录像，但要获得受访者同意；倾听和非言语性沟通也必不可少。

2. 心理测试　心理测试通常与心理量表同义，是指在标准的情境下，对个人行为样本进行客观的分析和描述的一类方法。

在临床工作中，目前常用的心理测试不过百余种，通常按其目的和功能可分为能力测试、人格测试、神经心理测试、临床评定量表和职业咨询测验等。

(1)能力测试：只是心理测试的一大类别，包括智力测试、心理发展量表、适应行为量表及特殊能力测试等。

(2)人格测试：此类测试数量众多，有的用于测查一般人群人格特征，如卡特尔16项人格问卷、艾森克个性问卷等；有的用于测试个体的病理性人格特点，如MMPI等。

(3)神经心理测验：用于评估正常人和脑损伤病人脑功能状态的心理测验，在脑功能的诊断及脑损伤的康复与疗效评估方面发挥重要的作用。

(4)评定量表：评定量表是对自己主观感觉和他人行为的客观观察进行量化描述的方法。此类量表种类和数目繁多，最早始于精神科临床，以后推广到其他广泛的临床和研究领域。

(5)职业咨询测验：常用的测验有职业兴趣问卷、性向测验和特殊能力测验等，人格和智力测验也常与这些测验联用，使评估结果更为全面。

(二)心理疗法

心理疗法也称精神疗法，是以医学心理学的各种理论体系为指导，以良好的医患关系为桥梁，应用各种心理学技术包括通过医护人员的言语、表情、行动或通过某些仪器以及一定的训练程序，改善患者的心理条件，增强抗病能力，从而消除身心症状，重新保持个体与环境之间的平衡，达到治疗的目的。

精神分析疗法由弗洛伊德于19世纪末创立，以"自由联想"等内省方法，帮助来访者将潜在意识中的各种心理冲突挖掘出来，带入意识中，将之转变为个体可以认知的内容进行疏导，使来访者重新认识自己，并改变原有的行为模式，达到治疗目的。

行为疗法主要根据行为学习理论原理，认识和治疗临床问题的心理治疗方法。首先对来访者的病理心理及有关功能障碍进行行为方面的确认、检查、监察以及对有关环境影响因素的分析，然后确定制定操作化目标的干预措施，目的是改善来访者适应性目标行为的数量、质量和整体水平。

认知疗法是1970年代所发展起来的一种心理治疗技术。认知疗法更注重来访者认知行为方式的改变和认知－情感－行为的三者和谐。通过认知过程影响情感和行为的理论假设，通过认知和行为技术来改变来访者不良认知的一类心理治疗方法的总称。

来访者中心疗法又称求助者中心疗法，是由美国心理学家罗杰斯于20世纪40年代创立的，它强调来访者的主观能动性，发掘其潜能，不主张给予疾病诊断，治疗更多的是采取倾听、接纳与理解，即以来访者为中心的治疗。

森田疗法是日本森田正马创造、发展的一种治疗神经症的方法。包括神经症的发生机制、生的欲望、疑病性基调、精神交互作用等基本理论。

支持疗法是所有心理治疗都要给予患者某种形式和某种程度的精神支持。如果治疗者提供的支持构成心理疗法的主要内容，这种疗法便叫做支持疗法、支持性心理疗法。

暗示疗法是指医生通过对来访者的积极调动来消除或减轻疾病症状的一种方法。常用测试方法有：语言暗示、操作暗示、药物暗示、自我暗示、笔谈暗示等。

松弛疗法是通过一定的程式的训练，让来访者学会精神上及躯体上特别是骨骼肌放松的一种行为治疗方法。根据放松的不同可以把松弛疗法分为对照法、直接法和传统法等。

生物反馈疗法是个体通过对生物反馈出来的活动变化的信号加以认识和体验，学会有意识地自我调控这些生物活动，从而达到调整机体功能和防病治病的目的。

五、医学心理学研究内容

医学心理学的研究内容比较广泛，几乎所有医学领域都有医学心理学的研究内容。概括起来，大致有以下几方面：①研究心理行为的生物学和社会学基础及其在健康和疾病中的意义；②研究身心相互作用的规律和机制；③研究各种疾病过程中的心理行为变化及其影响；④研究情绪和个性等心理行为因素在健康保持和疾病发生、发展变化过程中的影响作用及其规律；⑤研究如何将心理学知识和技术应用于治病、防病和养生保健之目的。

从医学心理学的角度看，一个健康人的生理心理活动与外界环境须保持和谐、统一；各种心理活动过程及应对行为之间应保持协调、平衡；其人格特征在全部行为中要能表现得恰当和连贯。在医疗实际中，医学心理学强调心理与生理互相作用的观点，吸取现代科学的研究成果，指导并改善诊断、治疗、护理、预防、保健等环节，指导和改进医学教育、医疗管理等工作。医学心理学的研究内容相当广泛。它涉及个体成长的全过程，即从新生命的形成孕育，至婴幼儿的早期培养训练以及少年与青年时期的身心教育与行为指导，从各个年龄阶段的身心保健直到老年期的康乐长寿等等。它还涉及健康与疾病的相互转化过程，从病因分析、疾病诊断、治疗护理到康复、预防保健、咨询等等。

医学心理学主要探讨心理因素引起躯体疾病的中介机制；脑组织损伤、内分泌失调或躯体疾患造成心理变异的分析和心理诊断；人格特征在罹患各种疾病以及康复过程中的作用；心理疗法的合理安排和疗效界定；各年龄阶段上的心理卫生的推广和探讨；心理护理和心理咨询的实施；医学心理学与其他学科的协调和合作。

第九节　社区心理学知识

一、社区心理学的概念及基本理论观点

世界卫生组织将社区定义为一固定的地理区域范围内的社会团体，其成员有着共同的兴趣，彼此认识且互相来往，行使社会功能，创造社会规范，形成特有的价值体系和社会福利事业。每个成员均经由家庭、近邻、社区而融入更大的社区，具有地域要素、人口要素、组织结构要素和文化要素等四个要素。社区心理学是在个体、团体、组织和社会的水平上研究社会与环境对行为的影响，属于心理学分支学科。社区心理学关注社区中的人，关注社区，也关注两者的交互作用。通过激起人和社区的正向力量和主动性，计划和促进两者的交互作用，来提高人、社区的生活质量，进而提升整个社会的生活状态。

社区心理学认为一个人身处的每一社会系统都是个体的整个生态大系统（包括家庭、学校、邻里、社区等）中的子系统，个人与他所处的环境之间是一种相互作用、互相促进的关系。社区心理学家提出社区服务和心理干预的重心是增进个人和社区现有的心理防御力，以预防和早期干预作为社区心理工作的重点，

可大大减少个体心理治疗的需求及药物使用量。

二、研究对象及内容

社区心理学关注的是个体与社区、社会的关系，对各种会影响团体、组织和个人的社会问题、社会制度和环境进行研究。通过在与社区成员以及其他相关学科的合作中的创新的、多样的干预来实现社区和个人的最大价值。社区心理学强调预防重于治疗，由于许多心理障碍错过治疗的关键点，不但效果不佳，且花费昂贵，所以在心理援助体系的初级阶段要对可能发生的心理问题进行初步预防。强调环境与个体协调的重要性，调整环境，让一个人的能力可以发挥到最大，并且需要在早期的时候就加强环境适应的能力。讲究生态学观点的重要性，由于人和环境是互动的，所以需要调整个人，也需要调整环境。尊重社区每一个人和团体的差异性，每一个人有权利和其他人表现不同，表现不同不代表异常或是较为次等。促进一个人能够更主动地掌控自己的生活是社区心理学研究内容之一。

三、社区心理学的核心价值

1. 个体和家庭健康　为促进个人及家庭健康，社区心理学研究并发展社区干预。个人的健康不能等同于家庭的健康，个体健康与家庭、社区健康相互交织，密不可分，稳定的家庭有利于促进个人健康，而社区健康应遵循整体性原则。

2. 社区感　社区感是指社区成员相互依赖，相互照顾，并在此基础上形成的一种社区归属感，成员感到自己是可靠的、稳定的社区中的一员。目前心理学研究过分强调个体，由此可能会滋生出自私及对社区中其他成员的漠不关心，实际上个体生活质量与社区的生活质量是相互交织的，社区感把个体与社区集体联结起来，有助于个体健康，平衡与补充个体价值。

3. 社会公正　普瑞林顿思凯将社会公正定义为公平、平等地分配资源、机会、责任。社会心理学家将此核心价值融入到对影响个体健康的社会的和经济的因素的研究中，在实际工作中倡导为社区以及社会所有的成员谋求幸福、健康。

4. 公民参与　公民参与指在社区成员的参与下，在互相尊重、相互合作、平等的基础上共同参与，决定社区未来的能力及过程，社区成员应该参与问题解决，并且决定问题如何解决。公民参与有助于促进自由辩论，找到解决冲突的办法。

5. 合作和团体力量　社区心理学家在研究和行动当中越来越强调合作和团体力量的价值。社区心理学家寻求和社区成员之间建立起一种属于社区的共享的关系，共同决定社区计划的目标，确定完成这些目标的方法。还包括识别和珍视生活经验、智慧、社会网络、组织、文化传统和其他资源，形成解决问题最好的途径。社区心理学家和社区成员，合作和团体力量这种核心价值与社区感也紧密相关。

6. 尊重人类多样性　没有一种文化或群体代表着标准，即每一个人、每一种文化或每一个群体都有其特征，应从其相应的范围内去理解。理解人类的多样性就是要在多元文化背景中持一种多元的态度来理解社区中的个体，尊重人的多样性。

四、历史发展

1. 西方社区心理学　第二次世界大战结束后美国精神疾病患者增多，随之出现了更多的社会和心理问题。由于精神疾病患者所处的环境恶劣及心理治疗呈现出无力状态，且住院治疗昂贵、低效，所以探寻更为易得且有效的社区心理服务模式成为医疗卫生研究的一个新课题，同时精神心理疾病的预防问题日益受到重视，在此背景下，美国的社区心理卫生运动应运而生。1963 年，美国首先通过了《社区心理健康中心法案》，该法案的通过标志着社区心理健康服务正式诞生。第二次世界大战后美国黑人反对种族隔离与歧视的民权运动及女权运动使人们看到可以通过合法的群众运动获得民主权利的可能，许多心理学家看到公民参与在社区生活中的价值，这些民权运动对社会公正的关注对社区心理学产生深远的影响。

1965 年，斯维姆斯哥特会议提出一个新的研究领域，该领域被命名为“社区心理学”，视为社区心理学正式诞生的标志。1974 年，S. B. Sarason 提出社区心理学应放弃心理卫生服务的个体化传统，将研究重点转到社区感并以此来构建社区心理学的学科体系。Sarason 的观点为社区心理学真正走向学科独立和特色化发展提供了理论上的指引。1975 年,奥斯汀会议上对社区心理学未来发展问题进行讨论,提出健康不仅局限在个体心理健康与相应的服务系统,还包括微观系统、组织的和社区的努力,进一步促进了社区心理学同社区心理卫生领域的分离。1975 年,波多黎各大学心理学系最早开设名为“社区心理学”的课程。1987 年,美国心理学会把社区心理学分会的名称改为“社区研究与行动学会”,使美国的社区心理学走向多学科合作并更加重视行动研究的新阶段。从 20 世纪 70 年代社区心理学开始成为一门学科领域后,社区心理学在拉丁美洲开始关注于社会实际问题的解决。

英国于 1976 年和 1986 年相继出版了 Bender 的《社区心理学》和 Koch 主编的《社区临床心理学》两部著作,并且在 1991 年创办了《社区和应用社会心理学报》。在澳大利亚、新西兰等国,社区问题的心理学研究与干预工作开始受到越来越多的学者关注。

2. 我国社区心理学　在中国,社区心理学的研究还刚刚开始起步。尤其是在内地,人们对社区心理学的认识相当模糊。20 世纪 90 年代以来,社区心理学领域才出现了一些有关社区心理的理论和实证研究。我国社区心理学研究主要集中在社区与青少年发展、社区老年人研究、社区特殊人群研究等方面。

社区心理学研究仍存在社区心理服务理念亟待提高,社区心理专业人才建设、政府投入与支持不足等问题。亟须对社区心理学领域进行更深层次的探索,社区心理学具有广阔的发展空间和应用前景。

本章编写负责人:刘义林　彭　娟　许多斌

本章参与编写校对人员:刘义林　彭　娟　许多斌　周　云　卢文静　陈　芳　李　康　秦钰燕　张绪峰　乔　露　吴道林　阮焕怡　万安娣　赵　伟　刘　超　蔡鑫杰　蒋玲丽　刘　璇　李玉娇　杨键秋　向海燕　张　娟　喻成兰　漆江鸿　杨沁言　胡　建　李婉娇　宋　宁　黄家豪　朱星星　沈　樾　徐卓琳　皮佳鑫　曹秀丽　代洪颖　郭　倩　吴　静　陈旭华　王富立　代　军　杨　洋　吕　桔　王恩德　韦纯伟　张　聪　熊　英　文思纬　代忱灵　熊安安　王瑞雪　刘胜珊　余秋龙　刘艳秋　肖　航

第三章　社区心理援助师的条件资格、考核标准和成长体系

随着我国经济社会的急剧转型，在社会形态发生巨变的同时，对人们的心态也不同程度地带来冲击。大多数人经过心理援助，很快跟上了时代的变化，而有少数人面对利益的博弈、竞争的压力、收益的落差而心理产生“裂变”，或性格暴躁，或脾气乖戾，或心态失衡，或情绪压抑，或神情忧郁，给社会带来了“不安定”因素。“构建和谐社会”是中央十六届六中全会提出的，也是当今社会建设和社会管理的重要课题，而公民的心理健康可以说是其中绕不开的关键问题。迫切需要加强心理援助的社区网络建设和社区心理援助的志愿队伍建设，以有效的心理疏导和积极的心理指导工作，避免许多因心理问题给社会带来的负面影响。为了保障社区心理援助师提供专业有效的社区心理援助服务，必须加强社区心理援助师的自身队伍建设，必须形成规范的条件资格、考核标准和成长体系。

第一节　社区心理援助师的基本条件

社区心理援助师是指系统学习过《社区心理援助师》的专业知识、接受过系统的社区心理援助专业技能培训和实践督导，正在从事社区心理援助工作，且达到《社区心理援助师条例》关于社区心理援助师的有关注册条件要求，在全国社区心理援助中心有效注册的社区心理援助师。社区心理援助督导师是指正在从事社区心理援助相关教学、培训、督导等社区心理援助师的培养工作，且达到《社区心理援助师条例》关于社区心理援助督导师的有关注册条件要求，在全国社区心理援助中心注册的资深社区心理援助师。

一、社区心理援助师的从业要求

社区心理援助的指导思想和工作任务，是社区心理援助师进入社区，就被援助对象的心理困惑、心理障碍或相关问题，运用心理学原理、技术与方法，与被援助对象一起进行分析、研究和讨论，帮助被援助对象自己发现引起这些问题和困惑的原因，找出问题的症结，探索解决的可能条件和途径从而摆脱困境的对策，最终使被援助对象增强信心，克服障碍，维护心理健康，保持良好的心态，促进被援助对象的自我完善与成长的一系列过程。要成为一名合格的社区心理援助师，应该具备社区心理援助师的以下从业要求：

(1)有爱心、有奉献精神和敬业精神，有一定的组织活动能力，有一定的创新能力。

(2)医学或心理学及其相近专业大专毕业，取得国家心理咨询师职业资格证书或社区心理援助师证书。

(3)社区心理援助师应定期接受督导，注重自我心态调整和自我成长，保持自我身心健康。

(4)社区心理援助师应注重自我素质的不断提高，定期接受业务培训和继续教育，不断拓展知识面和增强专业技能。

(5)社区心理援助师应通过定期的工作考核、鉴定后方能继续从业。

(6)参与社区心理援助中心网络交流服务的成员还须具有相关的计算机操作能力。

二、社区心理援助师应具备的专业能力、素质

1. *心理学知识的掌握运用能力*　社区心理援助师要想深入基层社区，为广大人民群众提供心理援助，心理学知识的有效掌握与实践运用能力是必不可少的。首先，通过了国家心理咨询师资质考试成为合格的心理咨询师的人，这是拥有专业知识能力肯定的人才，可投入到相关的心理咨询及援助工作中去。其次，存在没有获得心理咨询师资格的相关心理学人才，可以通过一定时间的专业培训，再以志愿者的形式加入到社区心理援助的队伍中去。

2. *心理诊断能力*　心理学专业学者心理诊断能力的培养，不论对其个人发展还是对社会需要来说，都有着重要意义。通常都是结合课堂教学和社会实践这两大途径来不断培养学者扎实的心理诊断能力。对

于一位心理援助师，就更应该具备较好的心理咨询能力，这样才能在对他人进行心理援助时，通过与他人的交流了解他们心理上存在的问题，并作出相应的判断，给予有效地帮助。

3. 自身综合素质能力　自身综合素质主要从以下3个方面体现出来：

(1)自身拥有强大的心理：这样在面对被援助者时才能冷静的、有条理地为他人解决问题，而且在环境比较恶劣的情况下，强大的心理可以使自己不被外界环境所影响。

(2)拥有良好的身体素质与适应能力：在任何环境下都可以很快地适应，并很快地投入到工作中去。

(3)较好的沟通能力与表达能力：使被援助的人可以对你畅言自己的心理相关问题，并在你这里获得有效地帮助。

4. 社区心理援助师评审注册应该始终坚持的原则

(1)非营利性原则：本条例是一个非营利性质的专业资格注册体系。

(2)质量控制原则：本条例是一个针对社区心理援助师的专业培养方案，是相关机构、培训项目和专业人员的质量控制体系。

(3)非强制性原则：达到本条例要求的个人可以自愿提出注册申请。

三、社区心理援助的过程

社区心理援助活动不同于一般的咨询活动，其过程应遵从以下四个阶段。

1. 建立关系阶段　包括6个层次：

(1)援助与被援助双方的相互熟悉。

(2)心理援助师了解并核实被援助对象的具体问题。

(3)心理援助师与被援助对象建立良好的援助关系。

(4)心理援助师帮助被援助对象建立求助动机。

(5)心理援助师帮助被援助对象树立克服困难的信心。

(6)心理援助师与被援助对象共同协商援助方式和内容。

2. 分析与认识问题阶段　为了达到援助目标，收集广泛可靠的信息，分析、比较，找出关键问题的过程，是必须经历的阶段。其间应当注意问题或障碍可能有波动反复，被援助对象可能会出现心理阻抗与移情问题。

3. 建议或重建阶段　是社区心理援助的决定性阶段。包括4个层次：

(1)明确被援助对象的问题症结。

(2)制定具体的援助计划和目标。

(3)选择援助手段、技术、方法和策略。

(4)达到矫正行为、重构认知等心理援助目标。

4. 结束与巩固阶段　对于取得的心理援助效果应继续巩固，包括3个层次：

(1)心理援助取得阶段性效果应继续制定被援助对象的辅导与援助目标，布置适当的任务或家庭作业，鼓励被援助对象不断实践习得的经验、方法或应对技术。

(2)对于取得心理援助目标效果的，经双方认可后可告一段落，中止援助，但应对心理援助效果适当评估，对被援助对象今后的生活、学习、工作进行适当指导与帮助。

(3)如果发现心理援助方案不当，应果断放弃，每次结束时应将被援助对象的谈话概述和反馈。

5. 把握社区心理援助总体进程　短期3~5次，中期5~7次，规范化标准程序为12次，一般每次50~60分钟，每周一次，特殊对象可视情况调整。

6. 做好社区心理援助的记录、资料管理工作是十分重要的　不仅是工作本身需要，也是对被援助对象认真负责。应及时填写社区心理援助记录表，预约登记表(每月应填报社区心理援助情况汇总表)。注意保密，妥善保管，杜绝泄露。社区心理援助记录应主次分明，重点突出，简明扼要，一目了然。

四、社区心理援助师的工作职责

1. 社区心理援助师应做到热爱心理援助工作，熟悉并认真遵守国家《未成年人保护法》《妇女儿童权益保护法》《精神卫生法》等有关法律、法规,遵守社区心理援助师职业道德和伦理守则。

2.社区心理援助师应严格按科学态度和专业要求工作,必须接受规范的专业培训,努力提高自己的专业能力,探索工作规律,有效地开展工作。

3.社区心理援助师在工作中需要使用心理测验时,必须遵守中国心理学会心理测量专业委员会颁布的《心理测验工作者道德准则》,按心理测验的规范进行,不滥用心理测验,科学、客观地使用测验结果。

4.社区心理援助师在帮助未成年人的过程中,应努力动员与争取教师或家长的配合与支持,必要时要对他们做耐心细致的工作,努力建立有利于未成年人发展的理性社会支持系统;在向教师和家长提供资料、建议及分析情况时,要注意保护未成年人的隐私。

五、社区心理援助的工作原则

1.保密原则　对被援助对象所有心理援助内容均应保密,不得泄露。发生心理危机事件如自杀等情况,经准确判断后,及时恰当处理,通报被援助对象的家人或相关部门,寻求被援助对象生活环境的支持。若需要案例分析和进一步讨论,更好地帮助被援助对象,应对其资料作保密处理,省去真实姓名、地址,避免给被援助对象造成伤害。

2.真诚原则　以真挚诚恳的态度接受被援助对象的求助,对不属于社区心理援助范围内的问题或无能为力的问题,应坦诚地告诉被援助对象,请求谅解。

3.尊重原则　尊重被援助对象的需求和选择权利,允许被援助对象选择继续或中止援助。对于因社区心理援助而需要了解的情况,应尽量坦诚、客观地说明原因,寻求理解与合作,不得以社区心理援助师的主观想法或推断强求被援助对象接受援助。

4.中立原则　社区心理援助师应对被援助对象谈话中涉及的道德问题保持中立,不作评判。对被援助对象的生活言行也不宜批评和指责。

5.理解原则　通过沟通交流、互相了解,达到理解和共识是十分必要的。援助本身是一个互动共进的过程,增强对被援助对象的社会文化背景及个人生活经历的理解,有助于推进心理援助的成效。

6.信任原则　良好的援助关系应建立在信任的基础上,只有相互信任,才能更好沟通,这也是达到互相理解、实现援助目标与意图所必需的。

7.支持原则　社区心理援助过程中,提供心理支持是普遍需要的。对被援助对象的心理问题予以关注,使被援助对象感受并获得心理帮助,是取得心理援助成效的基础。

8.非指导性原则　社区心理援助不同于一般的心理咨询,不需要对心理问题予以更多的具体的、直接的指导,应予以间接的、非指导性的启发、引导、帮助与辅导,使被援助对象自己领悟,思索寻找解决办法。

9.平等原则　对所有的被援助对象应一视同仁,不应主观偏颇,并依先后顺序,予以接待。但对问题情况较重如发生紧急的心理危机,在对当前被援助对象予以解释后,可以优先接待。

10.合适原则　社区心理援助师应选择适合自己专业能力的被援助对象,制定合适的援助方案,对不当的方案应果断放弃。

六、全国社区心理援助中心章程

第一章　总　则

第一条　本中心的名称:全国社区心理援助中心(以下简称“本中心”),是由国务院国资委中专业人才库全国心理学考评管理中心批准组建的公益性全国社区心理援助团队。本中心办公室在北京市海淀区北京大学资源东楼 1306 室,联系电话:010 - 62768960。

第二条　本中心的性质:由心理学工作者、社会工作者、心理学助人志愿者和相关机构为主体自愿结成的运用心理学方法助人的专业性的非营利性的团队,是发展和推动心理学、促进人民群众心理健康、创建和谐社区和幸福家庭的社会力量。本中心在开展各项活动中遵守国家宪法、法律、法规和国家政策。

第三条　本中心的宗旨:团结心理学工作者、社会工作者、心理学助人志愿者和心理学临床和研究等机构,积极开展公益性社区心理援助和相关活动,以促进我国心理科学的繁荣和发展,促进社区心理健康知识的宣传和普及，用心理学来解读社会主义核心价值观，为提高人民群众的身心健康水平做出贡献。

第四条 本中心的理念：用心理健康的理念为社区居民愉快高效地工作和生活提供心理援助服务；用真诚的、专业的服务为社区居民子女的教育与发展提供心理援助；为社区精神病人的康复和回归社会、为刑满获释人员回归社会、为慢性病人提高心理健康水平、为社区稳定和社会和谐提供相关的心理援助。

第五条 本中心的活动范围

（一）开展社区心理援助技术的教学、交流与培训；

（二）与相关组织合作改进和推广社区心理援助技术；

（三）开展以公益为主导的多种形式的社区心理援助活动；

（四）组织出版社区心理援助刊物、图书和音像资料；开通全国社区心理援助中心网站和热线，提供互动的机会和24小时在线服务；

（五）组织全体或部分成员进行心理学领域的课题科研工作；

（六）承办政府及有关部门组织或委托的社区心理援助相关任务；

（七）向大众积极宣传和普及心理健康知识，提高人们的生活质量，促进社会和谐。

第二章 组织机构

第六条 本中心聘请首席顾问一名、总顾问一名、顾问若干名、首席专家一名、专家若干名。本中心设主任一名、秘书长一名、副秘书长若干名、常务副主任一名、副主任若干名。本中心设办公室、秘书处、宣传部、联络部、网络部、法律服务部。本中心设专业技术资格评审委员会、职业道德与伦理监督委员会、学术研讨与国际交流委员会。本中心可根据需要聘请其他专业人员，设立相应的部门或机构，在各省市县设立社区心理援助中心。

第七条 本中心实行委员制，委员大会的职权是：

（一）制定和修改章程；

（二）选举和罢免委员；

（三）审议常委会的工作报告和财务报告；

（四）决定终止事宜；

（五）决定其他重大事宜。

第八条 委员大会原则上必须有1/2以上的委员代表出席方能召开，其决议须经到会委员代表半数以上表决通过方能生效。

第九条 全国委员代表大会每年召开一次。因特殊情况需提前或延期换届，须由常委会议通过，但延期换届最长不超过一年。

第十条 常委会议是全国委员代表大会的执行机构，在闭会期间领导本中心开展日常工作，对全国委员代表大会负责。

第十一条 常委会的职权是：

（一）执行全国委员代表大会的决议；

（二）选举和罢免主任、副主任、秘书长；

（三）筹备召开全国委员代表大会；

（四）向全国委员代表大会报告工作和财务状况；

（五）决定支持团体的吸收或除名；

（六）决定设立办事机构、分支机构、代表机构和实体机构；

（七）决定副秘书长、各机构主要负责人的聘任；

（八）领导本中心各机构开展工作；

（九）制定内部管理制度；

（十）审批年度管理计划；

（十一）决定其重大事项；

(十二)举办学术报告活动,进行奖励和表彰活动。

第十二条 本中心主任、副主任、秘书长必须具备下列条件:

(一) 促进及坚持本中心的宗旨和理念;

(二) 在本中心业务领域内有较大的影响;

(三) 身体健康,能坚持正常工作;

(四) 未曾遭受刑事处罚;

(五) 具有完全民事行为能力。

第十三条 本中心主任、副主任行使下列职权:

(一) 召集和主持全国委员代表大会以及常委会议;

(二) 检查全国委员代表大会或常委会议决议的落实情况;

(三) 代表本中心签署有关对外重要文件。

第十四条 本中心秘书长行使下列职权:

(一) 主持办事机构开展日常工作,组织实施年度工作计划;

(二) 协调各分支机构、代表机构、实体机构开展工作;

(三) 提名副秘书长以及各办事机构、分支机构、代表机构和实体机构主要负责人,报常委会决定;

(四) 决定办事机构、代表机构、实体机构专职工作人员的聘用;

(五) 处理其他日常事务。

第三章 委 员

第十五条 委员

(一)委员必须要求是心理咨询方面的工作者、专业心理辅导师、教育工作者、社会工作者或具有相关资历的人士。各地市的第一届负责人,可由中心主任直接任命。本中心的第一届主任为临床心理学博士刘义林教授。

(二)委员必须热心于公益事业,在本中心的任何活动中不得以盈利为目的,不得从事违背本中心章程的活动,不得损害团队声誉和他人利益,不得以本中心名义从事其他非法活动。

(三)委员任期四年,可以连任。第一届委员,可由专家团队推荐或由本中心主任直接任命。

第四章 社区心理援助的对象和范围

第十六条 本中心在全国各省市县社区为各种特定群体的社区居民提供心理援助。主要的援助对象为以下人员:

(一)家庭婚姻问题,希望积极改善者;

(二)学习压力大、厌学、有情绪问题或行为问题的学生;

(三)工作压力大、下岗失业、退休心里苦闷,自我调节困难者;

(四)经受挫折后,精神萎靡不振者;

(五)有慢性疾病或身体残疾,心理压力大者;

(六)人生经历重大变故或意外事件、自然灾害出现的社会应激性障碍者;

(七)符合法律规范和心理援助职业道德的其他需要提供援助的人员。

第十七条 社区心理援助的范围包括:

(一)定期开展心理健康宣传活动,开办心理健康专栏,普及心理健康知识,增强社区居民的心理健康意识。

(二)定期开展心理健康讲座,邀请专家、专业人士主讲,透视心理健康前沿,剖析心理热点案例,解答居民提出的心理现象和问题。

(三)提供心理咨询,帮助解决心理问题,为居民提供心理咨询服务,切实改善居民的心理健康状况。

(四)为社区居民学习心理健康知识提供有利平台,解决学习难题,积极引导,坚持理论联系实际。

（五）为社区精神病患者出院后的回归社会和康复提供心理援助，为其家人提供心理援助的相关知识和技术服务，配合专业人员做好预后和复发预防。

（六）在专家指导下为社区慢性病患者提供心理援助和相关知识，帮助其认识和了解接纳症状，积极主动配合医生的专业治疗以促进其早日康复。

（七）在专家指导下为各种成瘾问题（包括但不仅限于毒瘾、赌瘾、酒瘾、网瘾、烟瘾等成瘾）的社区居民提供相关专业的心理援助。

第四章　经费来源、资产管理和使用原则

第十八条　本中心经费来源：

（一）社会人士、企业的捐赠和赞助；

（二）在章程规定的业务范围内开展活动或服务（如各种培训）的收入；

（三）政府资助；

（四）利息；

（五）其他合法收入。

第十九条　本中心经费必须用于本章程规定的业务范围和事业发展，不得在工作人员中进行分配。本中心聘请专业的会计机构做账务管理。

第二十条　本中心的资产，任何单位、个人不得侵占、私分和挪用。本中心专职工作人员的工资和保险、福利待遇，由常委会决定。

第五章　清算程序及清算后的财产处理

第二十一条　本中心完成宗旨或自行解散或由于合并等原因需要解散的，由常委会提出解散或清算动议。

第二十二条　本中心解散或清算动议须经常委会表决通过方可生效。

第二十三条　本中心解散或清算前，须在有关专业机构指导下成立清算组织，清理债权、债务、处理善后事宜。清算期间，不开展清算以外的活动。

第二十四条　当本中心清算或解散时，如清偿一切债项后，尚有财产剩余，该等财产必须赠与或移交跟本中心有相似宗旨的其他机构，此等机构将由本中心常委会在解散时或之前选定。

第二十五条　常委会须按有关条规定委托会计师，以审核本中心的账目。

第六章　附　则

第二十六条　本章程的解释权属本中心常委会。

第二十七条　本章程自本中心第一届常委会通过之日起生效。

第二节　获得社区心理援助师的执业资格流程

管理学（公共管理类相关专业）、教育学（教育学、教育技术学、学前教育、特殊教育、社会教育等）、心理学（心理学、应用心理学）学科的相关专业人员，学校的少先队辅导员、团干部、心理健康辅导老师及班主任、任课教师或校外辅导员，青少年社会福利机构、未成年犯管教系统的工作人员，面向社会从事心理咨询、心理疾病治疗的心理工作者，已经参加过心理咨询师培训、希望在青少年心理辅导方面进一步参加专项培训的人员，师范院校的在校学生，国家民政、妇联、司法等从事关系协调的等有志从事心理援助职业工作的有志愿为社区公民服务的社会各界人士，均可加入到心理援助的志愿者队伍中。

一、社区心理援助师锻造之路

社区心理援助的具体工作流程是社区心理援助师进入社区，就被援助对象的心理困惑、心理障碍或相关问题，运用心理学的原理、技术与方法，与被援助对象一起进行分析、研究和讨论，帮助被援助对象自己发现引起这些问题和困惑的原因，找出问题的症结，探索解决的可能条件和途径从而摆脱困境的对策，最终使被援助对象增强信心，克服障碍，维护心理健康，保持良好的心态，促进被援助对象的自我完善与成长。

无论从事任何行业，要致力于社区心理援助工作，其工作者本身还需要进行自我完善和满足达到一个合格社区心理援助师的职业要求。

1. 必须参加社区心理援助师培训，达到规定的统一学时后，按社区心理援助师职业标准要求，通过理论知识考试与技能操作考核合格的，由中国专业人才库全国心理学考评管理中心颁发社区心理援助师证书，全国通用。

2. 在获得岗位技能培训结业证书之后，可以向培训机构提出参加统一考试的报考申请，如能顺利通过鉴定考试，将可获得全国通用的心理援助师执业资格证书，开始助人助己的从业之路。

3. 在招募志愿者扩大心理援助的志愿者队伍的同时，加入志愿者队伍中，为社区公民提供专业的心理援助服务。

4. 社区心理援助师是一个需要不断积累经验和不断接受督促不断成长的职业，因此见习实习是社区心理援助师成长的必经之路。

5. 社区心理援助师必须随时提升理论知识水平，所以要定期参加相关培训或阅读相关经典名著，以提升自己的能力水平。

国内现在的社区心理援助师认证，主要由全国社区心理援助中心指定的各省市社区心理援助中心进行。而在任何一个国家的心理咨询师（心理专家）都是一项全国行业协会级认证或专业组织认证，而非由相关的行政职能部门来颁发证书，关于这一点，国务院已经下达了明文规定，今后国家行政职能部门将逐步退出职业资格认证和发证。

二、获取职业资格的流程

社区心理援助师是参照心理咨询师国家职业资格鉴定全国统一考试标准来进行认证和考核的。为科学、公平、准确、规范地鉴定考生是否具备社区心理援助师执业必需的理论素质和操作技能能力，根据《心理咨询师国家职业标准（试行）》（简称《标准》）和《关于开展国家职业资格心理咨询师职业全国统一鉴定试点工作的通知》（简称《通知》），以及《心理咨询师国家职业资格培训教程》（简称《教程》）内容的规定，社区心理援助师考核认证内容包括理论知识和操作技能两部分，理论知识考试采取综合性书面考试方式，操作技能部分采取面试考核与综合考试相结合的方式，理论知识部分和操作技能部分均采取统一命题的方式进行，面试不合格者不得参加综合考试。社区心理援助师需要通过相关培训和考核方可获得执业资格，在进行社区心理援助的从业过程中，必须遵守《全国社区心理援助中心章程》《全国社区心理援助条例》《社区心理援助师的职业道德和伦理守则》《社区心理援助师注册条例》和《精神卫生法》及相关的法律法规。社区心理援助师获得执业资格后，必须定期接受每年不少于30个小时的专业技能提升的继续教育和考核，否则不得办理执业资格的年审或评审注册有效期的延期手续。社区心理援助师获得执业资格后，必须定期接受每年不少于10个小时的专业技能和自我成长督导，该督导须由社区心理援助师或在全国社区心理援助中心注册的心理督导师进行。

1. 评价标准

（1）理论知识考试的评价标准：考生能达到及格或及格以上水平，以鉴定考生是否具备心理援助师执业必需的心理学基本理论素质。

（2）操作技能考试的评价标准：考生能达到及格或及格以上水平，以鉴定考生是否具备心理援助师执业必需的心理诊断、心理测验、心理援助技能。

（3）面试考试的评价标准：考生能达到及格或及格以上水平，以鉴定考生是否具备初诊接待与基本心理援助面谈技巧和基本职业素质。

2. 总成绩计算办法

（1）各部分成绩计算理论知识总成绩 = 综合考试理论知识成绩。

（2）理论知识和操作技能的成绩均采用百分制，60分为合格。

三、社区心理援助师的教学、培训和督导

社区心理援助师应努力发展有意义的和值得尊重的专业关系，对教学、培训和督导持真诚、认真、负责

的态度。

1. 社区心理援助师从事教学、培训和援助工作的目的是促进学生、被培训者或被援助对象的个人及专业的成长和发展，以增进其福祉。

2. 从事教学、培训和援助工作的社区心理援助师应熟悉本专业的伦理规范，并提醒学生及被援助对象注意自己应负的责任。

3. 负责教学及培训的社区心理援助师应在课程设置和计划上采取适当的措施，确保教学及培训能够提供适当的知识和实践训练，满足教学目标的要求或颁发合格证书等的要求。

4. 担任督导师的社区心理援助师应向被督导者说明督导的目的、过程、评估方式及标准。告知督导过程中出现紧急情况、中断、终止督导关系等情况的处理方法。注意在督导过程中给予被督导者定期的反馈，避免因督导疏忽而出现被督导者伤害被援助者的情况。

5. 担任培训师、督导师的社区心理援助师对其培训的学生、被督导者进行专业能力评估时，应采取实事求是的态度，诚实、公平而公正地给出评估意见。

6. 担任培训师、督导师的社区心理援助师应清楚地界定与自己的学生及被督导者的专业及伦理关系，不得与学生或被督导者卷入心理援助或治疗关系，不得与其发生亲密关系或性关系。不得与有亲属关系或亲密关系的专业人员建立督导关系或心理援助及治疗关系。

7. 担任培训师、督导师的社区心理援助师应对自己与被督导对象（或学生）的关系中存在的优势有清楚的认识，不得以工作之便利用对方为自己或第三方谋取私利。

四、全国社区心理援助条例

第一章　总　则

第一条　为了规范社区心理援助活动，维护社区被援助对象和社区心理援助师的合法权益，发展和推动心理学、促进社区居民心理健康、创建和谐社区和幸福家庭，特制定本条例。

第二条　社区心理援助的指导思想和工作任务，是社区心理援助师进入社区，就被援助对象的心理困惑、心理障碍或相关问题，运用心理学原理、技术与方法，与被援助对象一起进行分析、研究和讨论，帮助被援助对象自己发现引起这些问题和困惑的原因，找出问题的症结，探索解决的可能条件和途径从而摆脱困境的对策，最终使被援助对象增强信心，克服障碍，维护心理健康，保持良好的心态，促进被援助对象的自我完善与成长。

第二章　社区心理援助师的从业要求和工作职责

第三条　社区心理援助师的从业要求

1. 有爱心、有奉献精神和敬业精神，有一定的组织活动能力，有一定的创新能力。

2. 医学或心理学及其相近专业大专毕业，取得国家心理咨询师职业资格证书或社区心理援助师证书。

3. 社区心理援助师应定期接受督导，注重自我心态调整和自我成长，保持自我身心健康。

4. 社区心理援助师应注重自我素质的不断提高，定期接受业务培训和继续教育，不断拓展知识面和增强专业技能。

5. 社区心理援助师应通过定期的工作考核、鉴定后方能继续从业。

6. 参与社区心理援助中心网络交流服务的成员还须具有相关的计算机操作能力。

第四条　社区心理援助师的工作职责

1. 社区心理援助师应做到热爱心理援助工作，熟悉并认真遵守国家《未成年人保护法》《妇女儿童权益保护法》《精神卫生法》等有关法律、法规，遵守社区心理援助师职业道德和伦理守则。

2. 社区心理援助师应严格按科学态度和专业要求工作，必须接受规范的专业培训，努力提高自己的专业能力，探索工作规律，有效地开展工作。

3. 社区心理援助师在工作中需要使用心理测验时，必须遵守中国心理学会心理测量专业委员会颁布的《心理测验工作者道德准则》，按心理测验的规范进行，不滥用心理测验，科学、客观地使用测验结果。

4. 社区心理援助师在帮助未成年人的过程中，应努力动员与争取教师或家长的配合与支持，必要时要对他们做耐心细致的工作，努力建立有利于未成年人发展的理性社会支持系统；在向教师和家长提供资料、建议及分析其情况时，要注意保护未成年人的隐私。

第三章 社区心理援助的过程与原则

第五条 社区心理援助活动不同于一般的咨询和活动，其过程应遵从以下四个阶段：

1. 建立关系阶段 包括6个层次：①援助与被援助双方的相互熟悉；②心理援助师了解并核实被援助对象的具体问题；③心理援助师与被援助对象建立良好的援助关系；④心理援助师帮助被援助对象建立求助动机；⑤心理援助师帮助被援助对象树立克服困难的信心；⑥心理援助师与被援助对象共同协商援助方式和内容。

2. 分析与认识问题阶段 为了达到援助目标，收集广泛可靠的信息，分析比较找出关键问题的过程，是必须经历的阶段。其间应当注意问题或障碍可能有波动反复，被援助对象可能会出现心理阻抗与移情问题。

3. 建议或重建阶段 本阶段是社区心理援助的决定性阶段。包括4个层次：①明确被援助对象的问题症结；②制定具体的援助计划和目标；③选择援助手段、技术、方法和策略；④达到矫正行为、重构认知等心理援助目标。应注意认知、情绪、行为的改变，必须由被援助对象自己决定，不得替代；同时，社区心理援助师应通过简明扼要、时机恰当、内容具体的心理援助解释和建议，引导被援助对象领悟问题真正来源，了解克服障碍的方法，重建健康心理。

4. 结束与巩固阶段 对于取得的心理援助效果应继续巩固，包括3个层次：①心理援助取得阶段性效果应继续制定被援助对象的辅导与援助目标，布置适当的任务或家庭作业，鼓励被援助对象不断实践习得的经验、方法或应对技术；②对于取得心理援助目标效果，经双方认可后可告一段落，中止援助，但应对心理援助效果适当评估，对被援助对象今后的生活、学习、工作进行适当指导与帮助；③如果发现心理援助方案不当，应果断放弃，每次结束时应将被援助对象的谈话概述和反馈。

第六条 社区心理援助的工作原则

1. 保密原则 对被援助对象所有心理援助内容均应保密，不得泄露。发生心理危机事件如自杀等情况，经准确判断后，及时恰当处理，通报被援助对象的家人或相关部门，寻求被援助对象生活环境的支持。若需要案例分析和进一步讨论，更好地帮助被援助对象，应对其资料作保密处理，省去真实姓名地址，避免给被援助对象造成伤害。

2. 真诚原则 以真挚诚恳的态度接受被援助对象的求助，对不属于社区心理援助范围内的问题或无能为力的问题，应坦诚地告诉被援助对象，请求谅解。

3. 尊重原则 尊重被援助对象的需求和选择权利，允许被援助对象选择继续或中止援助。对于因社区心理援助而需要了解的情况，应尽量坦诚、客观地说明原因，寻求理解与合作，不得以社区心理援助师的主观想法或推断强求被援助对象接受援助。

4. 中立原则 社区心理援助师应对被援助对象谈话中涉及的道德问题保持中立，不作评判。对被援助对象的生活言行也不宜批评和指责。

5. 理解原则 通过沟通交流、互相了解，达到理解和共识是十分必要的。援助本身是一个互动共进的过程，增强对被援助对象的社会文化背景及个人生活经历的理解，有助于推进心理援助的成效。

6. 信任原则 良好的援助关系应建立在信任的基础上，只有相互信任，才能更好沟通，这也是达到互相理解、实现援助目标与意图所必须的。

7. 支持原则 社区心理援助过程中，提供心理支持是普遍需要的。对被援助对象的心理问题予以关注，使被援助对象感受并获得心理帮助，是取得心理援助成效的基础。

8. 非指导性原则 社区心理援助不同于一般的心理咨询，不需要对心理问题予以更多的具体的直接的指导，应予以间接的非指导性的启发、引导、帮助与辅导，使被援助对象自己领悟，思索寻找解决办法。

9. 平等原则 对所有的被援助对象应一视同仁，不应主观偏颇，并依先后秩序，予以接待。但对问题情况较重如发生紧急的心理危机,在对当前被援助对象予以解释后,可以优先接待。

10. 合适原则　社区心理援助师应选择适合自己专业能力的被援助对象,制定合适的援助方案,对不当的方案应果断放弃。

第七条　把握社区心理援助总体进程。短期 3～5 次,中期 5～7 次,规范化标准程序为 12 次,一般每次 50～60 分钟,每周一次,特殊对象可视情况调整。

第八条　做好社区心理援助的记录、资料管理工作是十分重要的。不仅是工作本身需要,也是对被援助对象认真负责。应及时填写社区心理援助记录表,预约登记表(每月应填报社区心理援助情况汇总表)。注重保密,妥善保管,杜绝泄露。社区心理援助记录应主次分明,重点突出,简明扼要,一目了然。

第六章　社区心理援助的注意事项

第九条　社区心理援助师在每次社区心理援助活动开始前,应做到心中有数,情绪稳定,回顾以前的社区心理援助案例,思考当前的心理援助方案,做好充分的心理准备。一旦开始援助,应集中精力,进入援助状态,避免随意中断援助。

第十条　在社区心理援助过程中,社区心理援助师要把握援助进程,不能随心所欲,必须保持清醒的头脑,时刻提醒自己什么能做,什么不能做。对援助的内容,也应考虑怎样做出适当的反应,应尽量做到以下 12 个避免:①避免发出吃惊的感叹;②避免表现出过分的关心;③避免做出道德性质的判断;④避免指责与批评;⑤避免做出不当的许诺;⑥避免表现出不耐烦;⑦避免与被援助对象争论;⑧避免取笑或藐视被援助对象;⑨避免挑剔被援助对象的失误;⑩避免拒绝被援助对象;⑪避免做出不成熟、不适当的解释;⑫避免硬性扭转被援助对象的爱好或兴趣。

第十一条　在社区心理援助阶段性结束时应注意以下 4 个问题:①预约下次援助时间地点,准时应约,避免失约;②每个援助时段中,被援助人次应适当,避免过多过紧;③每次心理援助结束后应认真思考问题,寻找原因,积极探索解决的有效途径,善于向他人学习,广泛查证,与同行探讨,避免贻误问题,错失救助良机;④终止援助后,应注意对援助效果评估和适当的生活、工作、学习指导并告知今后的联系方式,避免问题的反复和加重。

第十二条　在社区心理援助过程中,应保持良好的援助关系,避免产生心理援助外的关系和与援助无关的“约会”,不得违背社区心理援助师职业道德和伦理守则。

第七章　特殊被援助对象的处置

第十三条　对于特殊的被援助对象,应该根据其具体情况,采取特殊的处置方法,要避免处置不当而造成贻误被援助对象的最佳治疗或处理期。

第十四条　对于某些特殊的被援助对象,特别是对于各种严重的心理障碍、精神疾病或需要就诊接受心理治疗的被援助对象,要提供及时的转介服务。

第十五条　对于危险度很高的被援助对象,要立即采取措施,努力让他获取精神心理卫生机构的专业帮助。要鼓励被援助对象寻求更多专业人士的帮助和支持。

第八章　社区心理援助师的培训与督导

第十六条　社区心理援助师需要通过相关培训和考核方可获得执业资格,在进行社区心理援助的从业过程中,必须遵守本条例和《精神卫生法》及相关的法律法规。

第十七条　社区心理援助师获得执业资格后,必须定期接受每年不少于 30 个小时的专业技能提升的继续教育和考核,否则不得办理执业资格的年审或有效期的延期手续。

第十八条　社区心理援助师得执业资格后,必须定期接受每年不少于 10 个小时的专业技能和自我成长督导,该督导须由社区心理援助师师资或在全国社区心理援助中心注册的心理督导师进行。

第九章　附　则

第十九条　本条例自公布日起执行。

第二十条　本条例的解释权归全国社区心理援助中心所有。

第三节　社区心理援助师的考核评定标准

社区心理援助师首先要立足于社区，结合心理援助志愿服务的特殊要求，建立具有一定规模的专业心理援助志愿者队伍。社区心理援助师是指运用心理学以及相关学科的专业知识，遵循心理学原则，通过心理援助的技术与方法，帮助被援助对象解除心理问题的专业人员。倡导奉献、友爱、互助、进步，在社区心理援助服务中逐步扩大志愿者队伍。心理援助志愿者的心理必须是健康的，积极参与社区心理援助志愿者服务，普及心理学知识，提高人民健康水平，开展科学的心理咨询，增进人民心理健康。通过有组织的系统化的职业培训和资格鉴定，为社会提供具有丰富专业知识经验和良好职业道德的社区心理援助师职业化队伍，以统一的人员专业质量水平和规范的职业化管理模式，以规范化的社区心理援助师服务体系，为全社会提供心理援助服务，满足社会大众的心理健康需求。

一、社区心理援助师考核评定标准的适用对象

从事或准备从事本职业的人员或者志愿者，管理学（公共管理类相关专业）、教育学（教育学、教育技术学、学前教育、特殊教育、社会教育等）、心理学（心理学、应用心理学）学科的相关专业人员；学校的少先队辅导员、团干部、心理健康辅导老师及班主任、任课教师或校外辅导员；青少年社会福利机构、未成年犯管教系统的工作人员，面向社会从事心理咨询、心理疾病治疗的心理工作者，已经参加过心理咨询师培训、希望在青少年心理辅导方面进一步参加专项培训的人员，师范院校的在校学生，国家民政、妇联、司法等从事关系协调的等有志从事心理咨询职业工作的有志愿为社区公民服务的社会各界人士，均可加入到心理援助的志愿者队伍中。

二、社区心理援助师的申报条件

社区心理援助师新的报考标准条件。

(1)心理咨询师三级（具备以下条件之一者），可直接申报社区心理援助师。①具有心理学、教育学、医学专业本科及以上学历；②具有心理学、教育学、医学专业大专学历，经心理咨询师三级正规培训达规定标准学时数，并取得结业证书；③具有其他专业本科以上学历，经心理咨询师三级正规培训达规定标准学时数，并取得结业证书。上海地区对助理心理咨询师（三级）的要求只需要大专学历者即可，不限专业。

(2)心理咨询师二级（具备以下条件之一者），从业 2 年以上者可申报社区心理援助督导师。① 具有心理学、教育学、医学专业博士学位；②具有心理学、教育学、医学专业硕士学位，经心理咨询师二级正规培训达规定标准学时数，并取得结业证书；③取得心理咨询师三级职业资格证书，连续从事心理咨询工作满 2 年，经心理咨询师二级正规培训达规定标准学时数，并取得结业证书者；④具有心理学、教育学、医学中级及以上专业技术职业任职资格，经心理咨询师二级正规培训达规定标准学时数，并取得结业证书，连续从事心理咨询工作满 2 年。

(3)心理咨询师一级（具备以下条件之一者，尚未开放）。①具有心理学、教育学、医学专业博士学位，经心理咨询师一级正规培训达规定标准学时数，并取得结业证书，且连续从事心理咨询工作满 2 年；②具有硕士学位，取得心理咨询师二级职业资格证书，连续从事心理咨询工作满 2 年，经心理咨询师一级正规培训达规定标准学时数，并取得结业证书；③具有心理学、教育学、医学副高级及以上专业技术职业任职资格，经心理咨询师一级正规培训达规定标准学时数，并取得结业证书，且连续从事心理咨询工作满 2 年。

三、社区心理援助师考试科目

1. 远程培训内容　基础知识、操作技能。

2. 基础知识包括　基础心理学、社会心理学、发展心理学、变态心理学与健康心理学、心理测量学、咨询心理学等。

3. 操作技能包括　心理诊断技能、心理测验技能、心理咨询技能。

(1)社区心理咨询师：普通心理学、社区心理学、发展心理学、教育心理学、家庭心理学、心理测评技能、变态心理学、心理咨询基本功技术、心理援助职业道德与伦理守则、面接实习等课程（不少于200学时，其中

面接实习不少于 30 学时)。

(2)社区心理援助督导师:人格心理学、异常心理学、性心理学、职业心理学、团体心理咨询、自杀危机干预、心理咨询理论和实践、心理治疗、心理测验与常用量表、心理援助职业道德与伦理守则、面接实习等课程(不少于 300 学时,其中面接实习不少于 60 学时)。

四、社区心理援助师的鉴定方式

1. 本职业各级别的鉴定都包括理论知识综合考试和专业能力考核两项内容,采用闭卷笔试,考试题目从题库中随机提取,按标准答案评分。考试成绩采用百分制,达 60 分以上者为合格,心理援助督导师还需进行综合评审。

2. 单项成绩合格者,成绩可以保留 1 年。

3. 已具有心理学、教育学、医学专业正高级专业技术职务,正在从事心理咨询临床和教学工作的人员可不参加理论知识综合考试,由单位推荐并直接向专家委员会提交个人业绩资料申报心理援助督导师资格,由专家委员会进行综合评审。

五、社区心理援助师的技能要求

1. 能按心理援助原则完成对被援助对象者的初次接待工作。

2. 能进行摄入性谈话。

3. 能通过谈话进行疏导。

4. 能深入了解被援助者的心理。

5. 能鉴别一般心理问题和神经症问题。

六、社区心理援助师的晋级

社区心理援助师通过社区心理援助督导师考试合格之后,就可以晋级成为社区心理援助督导师了。需要注意的是,社区心理援助师资格证是社区心理援助师开展心理援助的资格证明,社区心理援助师也需要不断完善自己的技能。人力资源和社会保障部就业培训技术指导中心副主任宋建表示:就目前来看,社会的发展与变革使得心理咨询师职业对从业者的要求已超越原有标准,存在着职业标准与实际职业要求间有差异、鉴定的内容与职业实际操作的要求还不对应等问题,单一的鉴定方式已经不能适应心理咨询师人才队伍建设的需要。

社区心理援助师实务技能等级培训,采用网络远程教学配合面授体验性工作坊、远程及落地见习实习、在线督导等先进的培训方式,将进一步提高我国社区心理援助师和心理咨询师的执业能力水平,促进心理学行业的健康有序发展。双证上岗也逐渐成为心理咨询行业的新标准,三级心理咨询师需要通过资格考试以及实务技能方面的考核,逐渐成为一名成熟的社区心理援助师。

七、社区心理援助师的证书

根据《中华人民共和国劳动法》的有关规定,为了进一步完善国家职业标准体系,为职业教育、职业培训和职业技能鉴定提供科学、规范的依据,人力资源和社会保障部委托中国心理卫生协会组织有关专家,制定了《心理咨询师国家职业标准》(2005 年版)。根据构建和谐社区的需要,参照国内外社区心理援助的相关规定和办法,全国社区心理援助中心组织国内有关专家学者,根据我国社区和心理学行业的现状及具体情况,制定了《全国社区心理援助条例》和《社区心理援助师注册条例》,为行业的规范化、科学化管理提出了指导性方法。

八、社区心理援助师的研究和发表

1. 提倡社区心理援助师进行专业研究以便对专业学科领域有所贡献,并促进对专业领域中相关现象的了解和改善。社区心理援助师在实施研究时应尊重参与者的尊严,并且关注参与者的福祉。遵守以人类为研究对象的科学研究规范和伦理准则。

2. 社区心理援助师在从事研究工作时若以人作为研究对象,应尊重人的基本权益。遵守伦理、法律、服务机构的相关规定以及人类科学研究的标准。应对研究对象的安全负责，特别注意防范研究对象的权益受到损害。

3. 社区心理援助师在从事研究工作时，应事先告知或征求研究对象的知情同意。应向研究对象（或其监护人）说明研究的性质、目的、过程、方法与技术的运用、可能遇到的困扰、保密原则及限制，以及研究者和研究对象双方的权利和义务等。

4. 研究对象有拒绝或退出研究的权利，社区心理援助师不得以任何方式强制对方参与研究。只有当确信研究对参与者无害而又必须进行该项研究时，才能使用非自愿参与者。

5. 社区心理援助师不得用隐瞒或欺骗手段对待研究对象，除非这种方法对预期的研究结果是必要的，且无其他方法可以代替，但事后必须向研究对象做出适当的说明。

6. 当心理援助研究或实验研究需要控制组或对照组时，在研究结束后，应对控制组或对照组成员给予适当的处理。

7. 社区心理援助师在撰写研究报告时，应将研究设计、研究过程、研究结果及研究的局限性等做客观和准确的说明和讨论，不得采用虚假不实的信息或资料，不得隐瞒与自己研究预期或理论观点不一致的结果，对研究结果的讨论应避免偏见或成见。

8. 社区心理援助师在撰写研究报告时，应注意为研究对象的身份保密（除非得到研究对象的书面授权），同时注意对相关研究资料予以保密并妥善保管。

9. 社区心理援助师在发表论文或著作时不能剽窃他人的成果。社区心理援助师在发表论文或著作中引用其他研究者或作者的言论或资料时，应注明原著者及资料的来源。

10. 当研究工作由社区心理援助师与其他同事或同行一起完成时，发表论文或著作应以适当的方式注明其他作者，不得以自己个人的名义发表或出版。对所发表的研究论文或著作有特殊贡献者，应以适当的方式给予郑重而明确的声明。若所发表的文章或著作的主要内容来自于学生的研究报告或论文，该学生应列为主要作者之一。

第四节　社区心理援助师的成长体系

建立社区心理援助网络，其中一个核心问题就是心理援助的志愿者队伍建设。中国目前大约有60多万名心理咨询师，据不完全统计，其中实际从事心理咨询工作的不到10%，那么也就是说，有太多的心理咨询师不具备专业背景和实战经验。而从事社区心理援助的就少之又少，可是社区心理援助工作恰恰是一种专业性工作，如果不具备专业背景和实战经验，但是又希望从事此类工作，就需要经过专业系统的培训，从扎实的理论基础到纯熟的技能，再到督导经验，最后能够独立经营和操作，都需要得到完善而成熟的培训来帮助社区心理援助师在各方面尽快成长起来，缺一不可。2008年汶川大地震后，国家及时发现了重大创伤性事件心理救助和干预方面专业人员的巨大缺口，适时放松了国家心理咨询师资质考试准入门槛。这几年，相关的培训机构如雨后春笋一般出现，学习、报考并取得心理咨询师资质的人数呈几何级数增长。但即便如此，一方面心理咨询师与现实需要仍旧存在着巨大的缺口；另一方面，已取得心理咨询师资质的相关人员却服务无门，大量有志于志愿服务的人找不到相应的机构发挥作用。

一、职业行业认识和分析

社区心理援助师和心理咨询师是一个需要不断成长的终身职业。在心理咨询师成长过程中，各个发达国家都有一套完整的培养体系，认证之后的继续教育、见习实习、督导都有相应的学分学时要求。而我国现有的心理咨询师培养体系不完整，着重认证，后续环节多有缺失。使许多已经拿到证书的心理咨询师没有个人成长的坐标，继续前行的方向不明、动力不足是现今存在的主要问题。虽然社区心理援助师和心理咨询行业在中国还处在起步阶段，但从人类社会的发展看，未来社会的发展使社区心理援助行业具有巨大的发展潜能和空间。每一个社区心理援助师可以在历史的潮流中，抓住机遇，在有限的生命里体现个人更大的价值。

1. *从业期待* 期待被援助者能够给予信任，肯定社区心理援助师的工作价值。期待自己成为一名优秀、资深的社区心理援助师，所有通过社区心理援助师帮助过的被援助对象能够有健康的生活。期待可以成立一个社区心理援助中心，中心内部心理援助体系健全。

2. *从业的影响因素*

(1)人格特征的影响：社区心理援助师自身的人格特征如果还不完善，敏感、情绪化、感性的个性特征有时会在援助工作中产生不良的影响，如援助中的移情、反移情的处理、带有个人倾向性的诊断等。

(2)职业习惯的影响：长期从事管理工作，更习惯于以统治者的眼光和口气说服教育，也许会在今后的援助过程中无意识地体现出来，影响援助效果。

(3)内涵发展的影响：未来的社区心理援助工作可能会遇到专业的学者、阅历丰富的老者等，而社区心理援助师目前个人知识的广度、深度及生活的阅历都需要今后不断地学习，内涵发展，才能更好地助人。

心理援助既是科学，也是艺术。科学的道理不难理解，而将援助的技术个性化地应用于每一个被援助对象，则不是一件容易的事。要想真正学好心理援助，特别是要想很好地掌握心理援助的技能，创造性地展开工作，没有什么捷径可走，只有在实践中边学习，边领悟，逐步提高与完善。而真正决定心理援助进程的，不仅是理论、技巧和方法，更需要社区心理援助师本身健康稳定的人格。我们要清醒地认识到，自己离合格的社区心理援助师的要求，还有很大的差距。我们期待各位专业人士能不断给予我们真诚的指导。

二、建立以社区为主体的面向市民的心理援助网络

可参照社区法律援助的成功模式，以逐步推进的方式，建立起以社区为主体的面向市民的心理援助网络，并规范其援助的专业性，规范以专业人员为主来从事相关援助工作。

1. *建立分级援助机制* 针对社区人群中的一般心理问题、严重心理问题、严重精神疾患的人员，建立分级援助机制，可由社区心理援助师、社区心理援助督导师、相关专家分别对待处理。这需要在市、区层面上做统一协调。

2. *建立转诊机制* 在分级援助机制的基础上，建立有效的转诊机制，对超出心理援助范围，如发现精神分裂症等严重精神疾患的人员，及时转诊，送往精神疾病专科医院。这对有暴力倾向的严重精神疾患人员尤为重要。

3. *以政府购买服务的形式对心理援助网络进行强有力的支持* 政府所购的心理援助相关服务可置于社区卫生服务中心、社区文化活动中心、公安派出所等机构。这在全市心理援助网络构建初期显得尤为重要和关键。

4. *拓宽包括网络在内的各种心理援助信息发布渠道* 与法律援助信息相比，目前网络上几乎搜索不到社区心理援助信息，亟待拓宽援助信息发布渠道，街道、卫生、公安等机构要在信息服务方面发挥指导功能，并把对辖区市民的心理援助纳入日常工作。

三、建立以志愿者为主体的具有专业资质的心理援助队伍

结合心理援助志愿服务的特殊要求，立足社区，建立具有一定规模的专业心理援助志愿者队伍。

1. *在全国建立社区心理援助师统一档案* 各地市、街道社区在此范围内，定期招募志愿者，倡导奉献、友爱、互助、进步，在社区心理援助服务中逐步扩大志愿者队伍。

2. *鼓励相关心理咨询服务机构进入社区公益服务领域* 目前市场上的心理咨询服务机构亟待规范，但从实际需求角度而言，相关机构不是太多太乱，而是太少且急需在规范的基础上大力发展和扶持，并积极鼓励他们参与社区心理援助志愿者服务。

3. *应下大力气建立不同层次心理援助人员的免费培训机制* 可在各高校建立培训基地，为有志参与心理援助志愿服务的对象提供专业资质培训；可在老年大学、社区学院等建立培训基地，为离退休人群提供专业培训等，最大范围拓展公益服务人员的基数。

4. *建立督导机制* 为社区心理援助志愿者建立相应的督导机制。督导机制对于具体案例指导交流有相当大的优势，一方面有利于相关心理援助工作的进一步深入展开，一方面亦有利于心理援助志愿者的心理健康。

四、公益服务

社区心理援助工作是比较特殊的工作，它既是职业，也是社会服务事业，从事心理学工作的人，心里也都有一颗期待为社会做出贡献、服务大众的种子，可是因为无从下手或自身能力有限等原因，一直无法投入其中。全国社区心理援助中心帮助社区心理援助师和心理咨询师们突破个人局限，在满足社区心理援助师和心理咨询师职业规划与成长要求的同时，将心理学在社会的应用方法传播给更多需要的人，尽可能多地投入到社区公益服务事业中去，化社区心理援助师和心理咨询师服务社会的热情为实践。

五、成长与发展

社区心理援助师和心理咨询师是国家的新兴职业，从 2002 年 12 月开始实行国家职业资格鉴定以来，直到2007 年以后才逐渐被社会大部分人士认可。特别是 2008 年汶川地震以后，对心理知识的培训空前高涨，对于想要从事或更好地从事心理咨询和社区心理援助的人士来说，应该首先从自身的心理健康着手，进一步的成长和发展并对社会和社区贡献自己的一份热量。

1. *身心健康*　病由心生，身体的僵硬源于心理僵硬，一个心理不健康的人早晚会反映在身体某些疾病上。比如：一个心事很重的人易患胃溃疡，长期忧郁的女士易患乳腺癌，对童年经历耿耿于怀的人易患腮腺炎，腰酸背痛关节炎等统统与心理问题相关，一个身心和谐的人会身体柔软、敏感、通透、健康、快乐。

2. *处理关系*　心理学研究一个人是否幸福与金钱、地位、荣誉没有关系，而是与其他人的关系密切相关，家庭关系、同事关系、夫妻关系、亲子关系、朋友关系等。比如这个世界里最重要的关系是夫妻关系，最紧密的关系是亲子关系。这份关系存在于每一个人内心的最深处，没有任何东西可以改变或代替它。人生是一系列的研修课，直到你完成那心智成熟探索之旅，才能开启崭新、宁静而又和谐的生活。

3. *潜能开发*　社会上有很多机构借潜能开发之名，造精神分裂之实，其实人有七情六欲，每一种情绪都是能量，比如：愤怒是守护的力量，悲伤是结束的力量，恐惧是保命的力量……善于察觉和利用一切自身的能量，你将无所不能！

4. *心理疗法*　“一个好的心理咨询师，可能就是其他人的终身良师益友，离不开。”据介绍，在美国，有30% 的人定期去看心理医生，80% 的人会不定期去心理诊所；许多家庭都有自己的私人心理医生；心理治疗还被纳入医保体系，费用可以报销。在我国，心理咨询师也是拥有广阔前景的职业，特别在教育、医疗、社区、机关、企业、司法系统等领域将有很大需求。

六、依照社区心理援助师注册条例参加评审注册

社区心理援助师注册条例

第一条　《社区心理援助师注册条例》（以下简称“本条例”）是由全国社区心理援助中心专家委员会（以下简称“专家委员会”）在广泛征集有关专业人士的意见后制定的行业规范化条例。

第二条　本条例中关于社区心理援助师和社区心理援助督导师的定义为：社区心理援助师是指系统学习过《社区心理援助师》的专业知识、接受过系统的社区心理援助专业技能培训和实践督导，正在从事社区心理援助工作，且达到本条例关于社区心理援助师的有关注册条件要求，在全国社区心理援助中心有效注册的社区心理援助师。社区心理援助督导师是指正在从事社区心理援助相关教学、培训、督导等社区心理援助师的培养工作，且达到本条例关于社区心理援助督导师的有关注册条件要求，在全国社区心理援助中心注册的资深社区心理援助师。

第三条　制定本条例的目的在于进一步完善社区心理援助师的管理体制、规范社区心理援助专业人员的职业行为、促进培养合格的社区心理援助专业人员，促进社区心理援助事业的健康发展，以满足社会对心理援助专业服务的需求，与国家社会的和谐发展状况相适应；同时也为了加强国内外社区心理援助专业机构之间的合作、推动社区心理援助专业人员之间的交流，保障社区心理援助师及其服务对象的合法权益。

第四条　非营利性原则：本条例是一个非营利性质的专业资格注册体系。

第五条　质量控制原则：本条例是一个针对社区心理援助师的专业培养方案，是相关机构、培训项目和专业人员的质量控制体系。

第六条　非强制性原则：达到本条例要求的个人可以自愿提出注册申请。

第七条　第一届专家委员会委员由全国社区心理援助中心各省区中心主任提名，报经全国社区心理援助中心审核批准，任期4年。

第八条　专家委员会推荐21位专家组成第一届“全国社区心理援助师评审注册工作委员会”（以下简称“评审注册工作委员会”），任期4年。四年后评审注册工作委员会增选10人与第一届的21位成员组成第二届评审注册工作委员会，增选的10人由有效注册的社区心理援助督导师选举产生。从第二届评审注册工作委员会开始，每届任期4年。从第三届评审注册工作委员会开始，评审注册工作委员会成员由有效注册的社区心理督导师选举产生。评审注册工作委员会成员不得连续担任2届以上。评审注册工作委员会对个人评审注册申请进行审核，批准认可后可授予相关评审注册标志和证明，并在指定网站（www. xinliyuanzhu. com. cn）上发布，未经评审注册工作委员会批准认可的个人不得使用相关评审注册名称和标志。

第九条　专家委员会任命9位专家组成第一届“社区心理援助师专业伦理工作委员会”（以下简称“伦理工作委员会”），任期4年；四年后伦理工作委员会增选10人与第一届中的9位成员组成第二届伦理工作委员会，增选的10人由有效注册的社区心理援助督导师选举产生。从第二届伦理工作委员会开始，每届任期4年；从第三届注册工作委员会开始，伦理工作委员会成员由有效注册的社区心理援助督导师选举产生。伦理工作委员会成员不得连续担任2届以上。从第三届评审注册工作委员会开始，伦理工作委员会成员不能同时担任评审注册工作委员会成员，评审注册工作委员会成员也不能同时担任伦理工作委员会成员。伦理工作委员会的职责是依照《社区心理援助师职业道德和伦理守则》，负责对本体系内的评审注册人员进行专业伦理的审核和监控，并为评审注册专业人员提供伦理问题的培训和相关问题的咨询和建议，接受伦理问题的申诉，负责处理违反专业伦理守则的案例。

第十条　本条例包括社区心理援助师注册条例和社区心理援助督导师注册条例。

第十一条　社区心理援助师的注册有效期为4年，社区心理援助督导师的注册有效期为4年。

第十二条　申请评审注册者需遵守本条例和《社区心理援助师职业道德和伦理守则》，且无违法犯罪记录。有爱心、有奉献精神和敬业精神，有一定的组织活动能力，有一定的创新能力。

第十三条　医学或心理学及其相近专业大专毕业，取得国家心理咨询师职业资格证书或社区心理援助师证书，可以直接申请评审注册。

第十四条　社区心理援助师应定期接受督导，注重自我心态调整和自我成长，保持自我身心健康。

第十五条　社区心理援助师应注重自我素质的不断提高，定期接受业务培训和继续教育，不断拓展知识面和增强专业技能。

第十六条　社区心理援助师应通过定期的工作考核、鉴定后方能继续从业。

第十七条　参与社区心理援助中心网络交流服务的成员还须具有相关的计算机操作能力。

第十八条　中国境外的心理学、医学、教育学等专业人员，若要向评审注册工作委员会申请社区心理援助师注册资格，须提供必要文件（包括1名有效注册的社区心理援助师推荐信、学位证书复印件、实习督导证明）。

第十九条　申请注册者需承诺遵守全国社区心理援助中心颁布的《社区心理援助师职业道德和伦理守则》中规定的专业伦理规范，且无违法犯罪记录。

第二十条　申请评审注册者需在获得社区心理援助师评审注册资格后4年间，从事社区心理援助实践小时数累计不少于100小时，并提供有关证明，方可继续注册。

第二十一条　申请评审注册者从事社区心理援助实习时间不得少于50小时，且社区心理援助实习工作被在本条例有效注册的社区心理援助督导师训练或督导的时间不少于20小时，并提供有关证明。

第二十二条　本条例评审注册起始时间为2015年9月1日，评审注册公示期为90天。在此之前的有关专业人员的评审注册由评审注册工作委员会进行统一上报个别评审注册。

第二十三条 本条例由评审注册工作委员会或专家委员会提议，经评审注册工作委员会民主决议程序通过后方可修改。

第二十四条 本条例经评审注册工作委员会审核通过，上报全国社区心理援助中心批准后执行。

第二十五条 本条例有关条文的解释权归全国社区心理援助中心专家委员会。

第五节 社区心理援助师的职业道德和伦理守则

一、职业道德

社区心理援助师要热爱本职工作，坚定为社会做奉献的信念，刻苦钻研专业知识，增强技能，提高自身素质，遵守国家法律法规，与求助者建立平等友好的咨询关系。社区心理援助就是引导普通人群正确调适心理状态，勇于追求快乐与幸福，普及心理知识，提供咨询服务，对抑郁症、焦虑症、双向情感障碍、适应不良、应激创伤、婚姻问题、家庭关系、人格矫正、戒除不良习惯等心理障碍提供咨询，作为心理援助的专业人员，对社区心理援助师必须要有一定的伦理和职业道德要求。

(1)社区心理援助师是一项助人的工作，从事这项工作需要付出时间和精力，需要有对被援助对象的理解、同情、关怀及耐心。只有乐于助人的人才能在咨询关系中给被援助对象以温暖，才能创造一个安全、自由的气氛，才能接受求助者各种正面和负面的情绪体验，才能进入被援助对象的内心世界。

(2)社区心理援助师必须具有较强的责任心，能诚恳坦率地和被援助对象谈心，使他们愿意暴露内心的隐私和秘密，值得他们信任。

(3)援助人员必须要保护被援助对象的切身利益，尊重他们的人格和意愿，尊重隐私、保守秘密是保护被援助对象利益的重要内容。绝不能把被援助对象所谈的隐私与援助关系以外的人随意议论取乐，这是作为社区心理援助师的最起码道德准则。

(4)在帮助被援助对象克服心理障碍的时候，应以良好的伦理道德观念来加以引导被援助对象。这对帮助被援助对象品德和人格的健全发展有重要意义。

(5)社区心理援助师在帮助被援助对象解除心理困惑的同时，要引导他们以积极的态度面对人生。指导他们正确处理在生活中遇到的各种问题，解决好理想与现实、兴趣与专业、个人与集体、个人与他人关系中所遇到的矛盾。使被援助对象在解除心理障碍的同时，思想境界和道德品质也得到升华。

(6)社区心理援助师不得因被援助对象的年龄、性别、种族、性取向、宗教和政治信仰、文化、身体状况、社会经济状况等任何方面的因素歧视被援助者。

(7)社区心理援助师在援助关系成立之前，必须让被援助对象知晓心理援助工作的性质、特点，这一工作可能的局限以及被援助对象自身的权利和义务。

(8)社区心理援助师在对被援助对象进行援助时，应与被援助对象就工作的重点进行谈判并达成一致意见，需要时(如采用某些方法和技术)应与被援助对象达成书面协议。

(9)社区心理援助师与被援助对象之间不得发生和成立援助以外的任何关系。尽量避免双重关系(尽量不与熟人、亲友、同事成立咨询关系)，更不得利用被援助对象对社区心理援助师的信赖谋取私利，尤其不得对异性有非礼的言行。

(10)当社区心理援助师认为自己不适合对某个被援助对象进行援助时，应向被援助对象作出明晰的声明，而且应本着对被援助对象负责的立场将其介绍给另一位合适的社区心理援助师、心理咨询师或医师。

(11)社区心理援助师始终严格遵守保密原则，具体措施如下：①社区心理援助师有责任向被援助对象说明心理援助工作者的保密原则，以及应用这一原则时的限度。②在心理援助工作中，一旦发现被援助对象有危害自身或他人的情况，必须采取必要的措施，防止意外事件发生(必要时应通知有关部门或家属)。或与其他社区心理援助师进行磋商，但应将有关保密的信息暴露限制在最低范围之内。③心理援助工作中的有关信息，包括个案记录、测验资料、信件、录音、录像和其他资料，均属专业信息，应在严格保密的情况下进行保存，不得列入其他资料之中。④社区心理援助师只有在被援助对象同意的情况下才能对援助过程进行录音、录像。在因专业需要进行案例讨论，或采用案例进行教学、科研、写作等工作时，应隐去那些可能会据以辨认出被援助对象的有关信息。

二、伦理守则

社区心理援助师应本着善行、责任、诚信和公正的原则对被援助者提供援助。社区心理援助师工作目的是使寻求专业服务的被援助对象从其提供的专业服务中获益。社区心理援助师应保障寻求专业服务的被援助对象的权利，努力使其得到适当的服务并避免伤害。社区心理援助师在工作中应保持其专业服务的最高水准，对自己的行为承担责任，认清自己专业的、伦理及法律的责任，维护专业信誉。在临床实践活动、研究和教学工作中，应努力保持其行为的诚实性和真实性，应公平、公正地对待自己的专业工作及其他人员。社区心理援助师应采取谨慎的态度防止自己潜在的偏见、能力局限、技术的限制等导致的不适当行为。应尊重每一个人，尊重个人的隐私权、保密性和自我决定的权利。其核心的伦理原则应时刻体现在社区心理援助师援助被援助对象的每一个过程中，其具体细则体现在以下内容当中。

1. 社区心理援助师应努力解决伦理困境，和相关人员进行直接而开放的沟通，在必要时向同行及督导寻求建议或帮助。社区心理援助师应将伦理守则整合到他们的日常专业工作之中。

2. 社区心理援助师可以从全国社区心理援助中心、有关认证或评审注册机构获得本伦理守则，缺乏相关知识或对伦理条款有误解都不能成为违反伦理守则的辩解理由。

3. 社区心理援助师一旦觉察到自己在工作中有失职行为或对职责存在着误解，应采取合理的措施加以改正。

4. 如果全国社区心理援助中心的专业伦理守则与法律法规之间存在冲突，社区心理援助师必须让他人了解自己的行为是符合专业伦理的，并努力解决冲突。如果这种冲突无法解决，社区心理援助师应该以法律和法规作为其行动指南。

5. 如果社区心理援助师所在机构的要求与全国社区心理援助中心的伦理守则有矛盾之处，社区心理援助师需要澄清矛盾的实质，表明自己具有按照专业伦理守则行事的责任。应在坚持伦理守则的前提下，合理地解决伦理守则与机构要求的冲突。

6. 社区心理援助师若发现同行或同事违反了伦理守则，应予以规劝。若规劝无效，应通过适当渠道反映其问题。如果对方违反伦理守则的行为非常明显，而且已经造成严重危害，或违反伦理的行为无合适的非正式的途径解决，或根本无法解决，社区心理援助师应当向全国心理援助中心的伦理工作委员会或其他适合的权威机构举报，以维护行业声誉，保护被援助对象的权益。如果社区心理援助师不能确定某种特定情形或特定的行为是否违反伦理守则，可向全国社区心理援助中心的伦理工作委员会或其他合适的权威机构寻求建议。

7. 社区心理援助师有责任配合全国社区心理援助中心的伦理工作委员会对可能违反伦理守则的行为进行调查和采取行动。社区心理援助师应熟悉对违反伦理守则的处理进行申诉的相关程序和规定。

8. 全国社区心理援助中心的伦理守则反对以不公正的态度或报复的方式提出有关伦理问题的申诉。

9. 全国社区心理援助中心设有伦理工作委员会，以贯彻执行伦理守则，接受伦理问题的申诉，提供与本伦理守则有关的解释，并处理违反专业伦理守则的案例。

三、社区心理援助的注意事项

1. 社区心理援助师在每次社区心理援助活动开始前，应做到心中有数，情绪稳定，回顾以前的社区心理援助案例，思考当前的心理援助方案，做好充分的心理准备。一旦开始援助，应集中精力，进入援助状态，避免随意中断援助。

2. 在社区心理援助过程中，社区心理援助师要把握援助进程，不能随心所欲，必须保持清醒的头脑，时刻提醒自己什么能做，什么不能做。对援助的内容，也应考虑怎样做出适当的反应，应尽量做到以下12个避免：①避免发出吃惊的感叹；②避免表现出过分的关心；③避免做出道德性质的判断；④避免指责与批评；⑤避免做出不当的许诺；⑥避免表现出不耐烦；⑦避免与被援助对象争论；⑧避免取笑或藐视被援助对象；

⑨避免挑剔被援助对象的失误；⑩避免拒绝被援助对象；⑪ 避免做出不成熟、不适当的解释；⑫避免硬性扭转被援助对象的爱好或兴趣。

3. 在社区心理援助阶段性结束时应注意以下 4 个问题：①预约下次援助时间地点，准时应约，避免失约；②每个援助时段中，被援助人次应适当，避免过多过紧；③每次心理援助结束后应认真思考问题，寻找原因，积极探索解决的有效途径，善于向他人学习，广泛查证，与同行探讨，避免贻误问题，错失救助良机；④终止援助后，应注意对援助效果评估和适当的生活、工作、学习指导并告知今后的联系方式，避免问题的反复和加重。

4. 在社区心理援助过程中，应保持良好的援助关系，避免产生心理援助外的关系和与援助无关的“约会”，不得违背社区心理援助师职业道德和伦理守则。

四、社区心理援助师的职业道德和伦理守则

第一章　总　则

第一条　社区心理援助师的工作目的是使被援助对象从其提供的专业援助中获益。社区心理援助师应保障被援助者的权利，努力使其得到适当的援助并避免受到伤害。

第二条　社区心理援助师在工作中应保持其专业援助的最高水准，对自己的行为承担责任。认清自己专业的、伦理及法律的责任，维护专业信誉。

第三条　社区心理援助师在社区心理援助活动中，应努力保持其行为的诚实性、真实性、专业性。

第四条　社区心理援助师应公平、公正地对待自己的专业工作及其他人员。社区心理援助师应采取谨慎的态度防止自己潜在的偏见、能力局限、技术的限制等导致的不适当行为。

第五条　社区心理援助师应尊重每一个人，尊重个人的隐私权、保密性和自我决定的权利，遵守国家和政府的相关法律法规。

第二章　社区心理援助活动中援助者与被援助者的关系

第六条　社区心理援助师应尊重被援助者，按照专业的伦理规范与被援助者建立良好的援助关系，这种援助关系应以促进寻求援助者的成长和发展，从而增进其自身的利益和福祉为目的。

第七条　社区心理援助师不得因被援助者的年龄、性别、种族、性取向、宗教和政治信仰、文化、身体状况、社会经济状况等任何方面的因素歧视被援助者。

第八条　社区心理援助师应尊重被援助者的知情同意权。在援助工作开始时和援助过程中，社区心理援助师应首先让对方了解援助工作的目的、援助关系、相关技术、援助过程、援助工作可能的局限性、援助中可能涉及的第三方的权益、隐私权、可能的危害以及援助可能带来的利益等相关信息。

第九条　社区心理援助师在从事社区心理援助活动的时候不得收取任何费用。

第十条　社区心理援助师要明了自己对被援助者的影响力，尽可能防止损害信任和引起依赖的情况发生。

第十一条　社区心理援助师应尊重被援助对象的价值观，不代替对方做出重要决定，或强制被援助对象接受自己的价值观。

第十二条　社区心理援助师应清楚地认识自身所处位置对被援助对象的潜在影响，不得利用对方对自己的信任或依赖利用对方，或者借此为自己或第三方谋取利益。

第十三条　社区心理援助师要清楚地了解双重关系（例如与被援助对象发展家庭的、社交的、经济的、商业的或者亲密的个人关系）对专业判断力的不利影响及其伤害被援助对象的潜在危险性，避免与被援助对象发生双重关系。在双重关系不可避免时，应采取一些专业上的预防措施，例如签署正式的知情同意书、寻求专业督导、做好相关文件的记录，以确保双重关系不会损害自己的判断并且不会对被援助对象造成危害。

第十四条　社区心理援助师不得与当前被援助对象发生任何形式的性和亲密关系，也不得给有过性和亲密关系的人做心理援助。一旦业已建立的专业关系超越了专业界限（例如发展了性关系或恋爱关系），应立即终止专业关系并采取适当措施（例如寻求督导或同行的建议）。

第十五条 社区心理援助师在与某个被援助对象结束心理援助关系后,至少3年内不得与该被援助对象发生任何亲密或性关系。在3年后如果发生此类关系,要仔细考察关系的性质,确保此关系不存在任何剥削的可能性,同时要有合法的书面记录备案。

第十六条 社区心理援助师在进行心理援助活动中不得随意中断援助。在社区心理援助师出差、休假或临时离开工作地点外出时,要对已经开始的心理援助活动进行适当的安排。

第十七条 社区心理援助师认为自己已经不适合对某个被援助对象进行心理援助时,应向对方明确说明,并本着为对方负责的态度将其转介给另一位合适的社区心理援助师或相关专业人员。

第十八条 在社区心理援助活动中,社区心理援助师应相互了解和相互尊重,应与同行建立一种积极合作的工作关系,以提高对被援助对象的援助水平。

第三章 社区心理援助隐私权与保密性

第十九条 社区心理援助师有责任保护被援助对象的隐私权,同时认识到隐私权在内容和范围上应受到国家法律和专业伦理规范的保护和约束。

第二十条 社区心理援助师在心理援助活动中,有责任向被援助对象说明援助的保密原则,以及这一原则应用的限度。在家庭援助、团体援助时,应首先在援助团体中确立保密原则。

第二十一条 社区心理援助师应清楚地了解保密原则的应用有其限度,下列情况为保密原则的例外:①社区心理援助师发现被援助对象有伤害自身或伤害他人的严重危险时;②被援助对象有致命的传染性疾病等且可能危及他人时;③未成年人在受到性侵犯或虐待时;④法律规定需要披露时。

第二十二条 在遇到第二章第二十一条中的1、2和3的情况时,社区心理援助师有向对方合法监护人或可确认的第三者预警的责任;在遇到第二章第二十一条中4的情况时,社区心理援助师有遵循法律规定的义务,但须要求法庭及相关人员出示合法的书面要求,并要求法庭及相关人员确保此种披露不会对社区心理援助对象带来直接损害或潜在危害。

第二十三条 社区心理援助师只有在得到被援助对象书面同意的情况下,才能对心理援助过程进行录音、录像或演示。

第二十四条 社区心理援助师专业援助工作的有关信息包括个案记录、测验资料、信件、录音、录像和其他资料,均属于专业信息,应在严格保密的情况下进行保存,仅经过授权的社区心理援助师可以接触这类资料。

第二十五条 社区心理援助师因专业工作需要对心理援助的案例进行讨论,或采用案例进行教学、写作等工作时,应隐去那些可能会据此辨认出被援助对象的有关信息(得到被援助对象书面许可的情况例外)。

第二十六条 社区心理援助师在演示被援助对象的录音或录像、或发表其完整的案例前,需得到对方的书面同意。

第四章 社区心理援助师的责任

第二十七条 社区心理援助师应遵守国家的法律法规,遵守专业伦理规范。同时努力以开放、诚实和准确的沟通方式进行工作。社区心理援助师所从事的专业工作应基于科学的研究和发现,在专业界限和个人能力范围之内,以负责任的态度进行工作。社区心理援助师应不断更新并发展专业知识、积极参与自我成长活动,促进个人在生理上、心理上和社会适应上的健康,以更好地满足专业责任的需要。

第二十八条 社区心理援助师应在自己专业能力范围内,根据自己所接受的教育、培训和督导的经历和工作经验,为不同人群提供适宜而有效的专业援助。

第二十九条 社区心理援助师应充分认识到继续教育的意义,在专业工作领域内保持对当前学科和专业信息的了解,保持对所用技能的掌握和对新知识的开放态度。

第三十条 社区心理援助师应保持对于自身职业能力的关注,在必要时采取适当步骤寻求专业督导的帮助。在缺乏专业督导时,应尽量寻求同行的专业帮助。

第三十一条 社区心理援助师应关注自我保健,当意识到个人的生理或心理问题可能会对被援助对象造成伤害时，应寻求督导或其他专业人员的帮助。社区心理援助师应警惕自己的问题对援助对象造成伤害的可能性，必要时应限制、中断或终止援助。

第三十二条 社区心理援助师在工作中需要介绍自己情况时，应实事求是地说明自己的专业资历、学位、专业资格证书等情况，在需要进行广告宣传或描述其援助内容时，应以确切的方式表述其专业资格。社区心理援助师不得贬低其他专业人员，不得以虚假、误导、欺瞒的方式对自己或自己的工作部门进行宣传，更不能进行诈骗。

第三十三条 社区心理援助师不得利用专业地位获取私利，如个人或所属家庭成员的利益、性利益、不平等交易财物和援助等。也不得利用心理援助、教学、培训、督导的关系为自己获取合理报酬之外的私利。

第三十四条 当社区心理援助师需要向第三方（例如法庭、保险公司等）报告自己的专业工作时，应采取诚实、客观的态度准确地描述自己的工作。

第三十五条 当社区心理援助师通过公众媒体（如讲座、演示，电台、电视、报纸、印刷物品、网络等）从事援助活动，或以专业身份提供劝导和评论时，应注意自己的言论要基于恰当的援助文献和实践，尊重事实，注意自己的言行应遵循专业伦理规范。

第五章 社区心理援助的心理测量与评估

第三十六条 社区心理援助师应正确理解心理测量与评估手段在援助工作中的意义和作用，并恰当使用。社区心理援助师在使用心理测量与评估过程中应考虑被援助者的个人和文化背景。社区心理援助师应通过发展和使用恰当的教育、心理和职业测量工具来促进被援助者的福祉。

第三十七条 心理测量与评估的目的在于促进被援助者的福祉，社区心理援助师不得滥用测量或评估手段以牟利。

第三十八条 社区心理援助师应在接受过心理测量的相关培训，对某特定测量和评估方法有适当的专业知识和技能之后，方可实施该测量或评估工作。

第三十九条 社区心理援助师应尊重被援助对象对测量与评估结果进行了解和获得解释的权利，在实施测量或评估之后，应对测量或评估结果给予准确、客观、可以被对方理解的解释，努力避免其对测量或评估结果的误解。

第四十条 社区心理援助师在利用某测验或使用测量工具进行记分、解释时，或使用评估技术、访谈或其他测量工具时，须采用已经建立并证实了信度、效度的测量工具，如果没有可靠的信、效度数据，需要对测验结果及解释的说服力和局限性做出说明。社区心理援助师不能仅仅依据心理测量的结果做出主观判断。

第四十一条 社区心理援助师有责任维护心理测验材料（指测验手册、测量工具、协议和测验项目）和其他测量工具的完整性和安全性，不得向非专业人员泄漏相关测验的内容。

第四十二条 社区心理援助师应运用科学程序与专业知识进行测验的编制、标准化、信度和效度检验，力求避免偏差，并提供完善的使用说明。

第六章 社区心理援助师的教学、培训和督导

第四十三条 社区心理援助师应努力发展有意义的和值得尊重的专业关系，对教学、培训和督导持真诚、认真、负责的态度。

第四十四条 社区心理援助师从事教学、培训和督导工作的目的是：促进学生、被培训者或被督导者的个人及专业的成长和发展，以增进其福祉。

第四十五条 从事教学、培训和督导工作的社区心理援助师应熟悉本专业的伦理规范，并提醒学生及被督导者注意自己应负的专业伦理责任。

第四十六条 负责教学及培训的社区心理援助师应在课程设置和计划上采取适当的措施，确保教学及培训能够提供适当的知识和实践训练，满足教学目标的要求或颁发合格证书等的要求。

第四十七条 担任督导师的社区心理援助师应向被督导者说明督导的目的、过程、评估方式及标准。告知督导过程中出现紧急情况、中断、终止督导关系等情况的处理方法。注意在督导过程中给予被督导者

定期的反馈，避免因督导疏忽而出现被督导者伤害被援助者的情况。

第四十八条 担任培训师、督导师的社区心理援助师对其培训的学生、被督导者进行专业能力评估时，应采取实事求是的态度，诚实、公平而公正地给出评估意见。

第四十九条 担任培训师、督导师的社区心理援助师应清楚地界定与自己的学生及被督导者的专业及伦理关系，不得与学生或被督导者卷入心理咨询或治疗关系，不得与其发生亲密关系或性关系。不得与有亲属关系或亲密关系的专业人员建立督导关系或心理咨询及治疗关系。

第五十条 担任培训师、督导师的社区心理援助师应对自己与被督导对象（或学生）的关系中存在的优势有清楚的认识，不得以工作之便利用对方为自己或第三方谋取私利。

第七章 社区心理援助师的研究和发表

第五十一条 提倡社区心理援助师进行专业研究以便对专业学科领域有所贡献，并促进对专业领域中相关现象的了解和改善。社区心理援助师在实施研究时应尊重参与者的尊严，并且关注参与者的福祉。遵守以人类为研究对象的科学研究规范和伦理准则。

第五十二条 社区心理援助师在从事研究工作时若以人作为研究对象，应尊重人的基本权益。遵守伦理、法律、服务机构的相关规定以及人类科学研究的标准。应对研究对象的安全负责，特别注意防范研究对象的权益受到损害。

第五十三条 社区心理援助师在从事研究工作时，应事先告知或征求研究对象的知情同意。应向研究对象（或其监护人）说明研究的性质、目的、过程、方法与技术的运用、可能遇到的困扰、保密原则及限制，以及研究者和研究对象双方的权利和义务等。

第五十四条 研究对象有拒绝或退出研究的权利，社区心理援助师不得以任何方式强制对方参与研究。只有当确信研究对参与者无害而又必须进行该项研究时，才能使用非自愿参与者。

第五十五条 社区心理援助师不得用隐瞒或欺骗手段对待研究对象，除非这种方法对预期的研究结果是必要的，且无其他方法可以代替，但事后必须向研究对象做出适当的说明。

第五十六条 当心理援助研究或实验研究需要控制组或对照组时，在研究结束后，应对控制组或对照组成员给予适当的处理。

第五十七条 社区心理援助师在撰写研究报告时，应将研究设计、研究过程、研究结果及研究的局限性等做客观和准确的说明和讨论，不得采用虚假不实的信息或资料，不得隐瞒与自己研究预期或理论观点不一致的结果，对研究结果的讨论应避免偏见或成见。

第五十八条 社区心理援助师在撰写研究报告时，应注意为研究对象的身份保密（除非得到研究对象的书面授权），同时注意对相关研究资料予以保密并妥善保管。

第五十九条 社区心理援助师在发表论文或著作时不能剽窃他人的成果。社区心理援助师在发表论文或著作中引用其他研究者或作者的言论或资料时，应注明原著者及资料的来源。

第六十条 当研究工作由社区心理援助师与其他同事或同行一起完成时，发表论文或著作应以适当的方式注明其他作者，不得以自己个人的名义发表或出版。对所发表的研究论文或著作有特殊贡献者，应以适当的方式给予郑重而明确的声明。若所发表的文章或著作的主要内容来自于学生的研究报告或论文，该学生应列为主要作者之一。

第八章 社区心理援助师的伦理问题处理

第六十一条 社区心理援助师在援助工作中应遵守有关法律和伦理守则。社区心理援助师应努力解决伦理困境，和相关人员进行直接而开放的沟通，在必要时向同行及督导寻求建议或帮助。社区心理援助师应将伦理守则整合到他们的日常专业工作之中。

第六十二条 社区心理援助师可以从全国社区心理援助中心、有关认证或注册机构获得本伦理守则，缺乏相关知识或对伦理条款有误解都不能成为违反伦理守则的辩解理由。

第六十三条 社区心理援助师一旦觉察到自己在工作中有失职行为或对职责存在着误解，应采取合理的措施加以改正。

第六十四条 如果全国社区心理援助中心的专业伦理守则与法律法规之间存在冲突，社区心理援助师必须让他人了解自己的行为是符合专业伦理的，并努力解决冲突。如果这种冲突无法解决，社区心理援助师应该以法律和法规作为其行动指南。

第六十五条 如果社区心理援助师所在机构的要求与本伦理守则有矛盾之处，社区心理援助师需要澄清矛盾的实质，表明自己具有按照专业伦理守则行事的责任。应在坚持伦理守则的前提下，合理地解决伦理守则与机构要求的冲突。

第六十六条 社区心理援助师若发现同行或同事违反了伦理守则，应予以规劝。若规劝无效，应通过适当渠道反映其问题。如果对方违反伦理守则的行为非常明显，而且已经造成严重危害，或违反伦理的行为无合适的非正式的途径解决，或根本无法解决，社区心理援助师应当向全国心理援助中心的伦理工作委员会或其他适合的权威机构举报，以维护行业声誉，保护被援助对象的权益。如果社区心理援助师不能确定某种特定情形或特定的行为是否违反伦理守则，可向全国社区心理援助中心的伦理工作委员会或其他合适的权威机构寻求建议。

第六十七条 社区心理援助师有责任配合全国社区心理援助中心的伦理工作委员会对可能违反伦理守则的行为进行调查和采取行动。社区心理援助师应熟悉对违反伦理守则的处理进行申诉的相关程序和规定。

第六十八条 本伦理守则反对以不公正的态度或报复的方式提出有关伦理问题的申诉。

第六十九条 全国社区心理援助中心设有伦理工作委员会，以贯彻执行伦理守则，接受伦理问题的申诉，提供与本伦理守则有关的解释，并处理违反专业伦理守则的案例。

本章编写负责人：刘义林　许多斌　倪翠坤

本章参与编写校对人员：刘义林　许多斌　倪翠坤　符龙花　卫春娟　周贵香　路丽玲

第四章　社区心理援助师的实操技术

第一节　各种援助对象的心理援助方法和技术

一、社区援助对象

(一)社区心理援助对象的内容

1. 社区心理援助工作者不应只关注不良的环境和个人,而是要更重视人与环境之间的适应关系,这种适应可能是好的也可能是不好的。

2. 社区心理援助工作者应该通过发现、挖掘人的能力和社区资源去寻找其他的替代方法,这样做的结果将目标指向人与环境的潜力而不是他们的缺陷。

3. 社区心理援助工作者应更可能相信不同个人、不同社区之间的区别是符合实际需要的,所以,社会资源不应只根据一种标准来划分。

因此,社区心理援助的任何对象、任何形式,它都不是强调单一疾病或单一模式的科学领域。它的重点在于预防而不是治疗,并且鼓励个体和社区组织控制和掌握他们各自的问题(通过赋能),这样,传统的职业干预将不再是必需。

(二)社区心理援助对象的原则

心理健康水平分为三个等级:①一般常态心理者,他们表现为心情愉快、适应能力较强、善于和别人相处,能够比较好地完成同龄人所应当完成的任务,或者说,他们可以圆满地适应,这类人虽然也会因为困难而产生忧愁与苦闷,在特定的场合也会兴奋过度,或者表现出不具有同龄人倾向等,但是不会持续很久。②病态心理者,他们表现为不具有同龄人所应有的愉快,和人相处吃力,生活自理有些困难,不过通过他们自身努力能够正常处理、恢复常态,不至于有长期的心理病态。③较严重的变态心理者,他们表现为心理状态严重的失调,无法维持正常的生活,从现在的表现可以看出他们迟早要在适应上发生问题。如果不及时治疗,就有可能继续发展,成为精神状态全面崩溃的精神病患者。

上述,社区心理援助对象要满足以下几个原则:

1. *主动求诊者*　有较为清晰的自我意识、明确的心理健康需要。①人际关系、情绪困扰,个体社会交往引发的各种情绪冲突的不快反应,如失恋、社交困难、恐惧、自卑、敌对、嫉妒等。②遭遇应激,各种突发事件、天灾人祸,如丧亲、交通事故、突患重病等。③家庭、婚姻矛盾,亲子冲突、亲情纠葛、夫妻反目等。④职业、择业冲突,职务升迁、降级、失业、“跳槽”等。

2. *精神疾患、心理障碍*　多为亲友家属求助。

精神分裂症、躁狂、抑郁症、儿童发展相关障碍、注意缺陷、多动障碍、老龄相关障碍、老年痴呆等。

3. *社会弱势群体*　政治经济救助结合心理健康辅导和援助。①经济贫困群体,经济贫困性必然导致弱势;②老弱病残群体,生理病残缺陷导致的弱势;③妇女群体,性别导致的政治、经济弱势;④少数族裔,与主流社会有差异的文化、语言等导致的弱势。

4. *社会越轨、边缘群体*　既需要法规法纪的约束,又需要心理干预矫治。①社会边缘群体,吸毒者、卖淫者、无家可归者、流浪者;②轻微违法犯罪者,青少年不良团伙;③刑满释放重归社会者;④反社会型人格障碍者。

二、社区心理援助的预防思想

预防思想早已成为美国公共卫生计划中最核心的指导原则。这一原则的基本思想是:从长远看,预防疾病要比疾病或问题发生后再进行个体治疗效率更高、效果更佳。其分类为:

1. 一级预防　这类预防代表着从根本上区别处理精神卫生问题的传统方法。一级预防思想本质体现于“把有害环境消除在有机会产生疾病之前”。属于一级预防的例子有:减少工作歧视、优化学习课程、改善住房条件、传授为人父母的技巧以及为单亲家庭子女提供帮助等。同样还归在这个名下的还有:遗传咨询、婚育指导、产前护理、残车服务、学校午餐计划等。

2. 二级预防　二级预防计划包括促进精神卫生的早期发现以及督促早期治疗,防止精神障碍继续发展。二级预防的基本思想是在问题还可以控制、尚未变得难治之前即着手解决。

这一方法常常意味着我们要对大量的人群进行筛查。这些人并没有来主动寻求帮助,他们可能也没暴露出任何危险因素,因此,筛查任务可以由各类社区服务人员来承担,如社区医生、教师、警察、法官、社会工作者以及其他人员。

3. 三级预防　三级预防的目的在于减少精神疾病发生后的病程和负面效应。因此,三级预防与一级预防和二级预防都不同,其目的不是在于减少精神障碍新病例的发生率,而是在于减少自精神障碍确诊后所带来的各种负面效应。多数三级预防计划的重点之一是康复,涉及范围包括从提高就业能力到增强患者的自我概念。采用的方法有咨询、工作培训以及其他类似的方法。

4. 社会预防　社会干预策略固有的一种信念是如果个体获得了必要的资源和手段,那么他们就能够自己解决自己的问题。另一固有信念就是人是有能力与力量的,当环境发生变化或者允许个体运用权力作决定时,这种力量和能力就会表现出来。这种关于能力和缺陷的思想指导着社区心理学工作者去创造一个人与环境协调的氛围,而不是去改变这些受影响的个体,使得他们能够适应主流价值观所控制的现实环境。

区分传统的临床心理学和社区心理学的方法之一即是把重点放在干预策略上。根据 Heller, Price, Reinharz, Riger 和 Wandersman 等人的观点,这些策略在两个维度上存在差异:①理论方面(能力对缺陷)。②生态学方面(个体、组织或社区)。在这两个维度上采取的干预方法见表 4-1。

表 4-1　干预方法

理论取向	分析水平		
	个体性	集体性	社区性
缺陷	以躯体治疗纠正生化或生理失衡	以集体心理治疗或有效地训练纠正人际关系问题	为残疾人或情绪障碍者建立机构或特殊设施
能力	各种形式的行为治疗特别是技能训练	通过训练或咨询提高组织中各成员的工作能力	创造新的环境或替代计划
	针对高危人群的预防计划	通过预防计划减少组织刺激及增强应对能力	通过全社区范围内的预防计划来减少环境刺激,提高市民能力

三、长期照顾与照顾者关怀

长期照顾是指对身心功能障碍者,在一段长时间内,提供一套包括长期性的医疗、护理、个人与社会支持的照顾,其目的在于促进或维持身体功能,增进独立自主的正常生活能力,主要包括机构式服务、日间照顾、居家照顾、临终照顾、短期临托。

依老人身体功能损伤的程度,将面向老人服务的类型分为九大类(表 4-2)。

此外,认为机构式服务是最多限制,而居家式服务是最少限制,而具连结功能的服务项目有信息和转介、交通接送服务及教育方案等。

(一)长期照顾服务的目标

“就地老化”列为总目标,四个子目标为:减少机构式服务的使用,尤其是减少过早或不适当的使用;支持在家中就地老化者必要的支持；发展新型住宅，使居住者具有获得服务的近便性；保证体衰老人住宅与照护服务的获得。

表4－2　面向老人的服务类型

服务提供地点 老人功能损伤的程度	小区式服务 （community－based）	居家式服务 （home－based）	聚合式住宿与机构式服务 （congregate residential and institutional－based）
轻度	•成人教育 •老人中心 •志愿服务组织 •集体用餐方案 •个人及家庭信息、转介、辅导及咨询	•住宅修缮服务 •住宅净值转换 •居家分租或分住 •电话关怀 •交通服务	•退休老人小区 •老人公寓 •提供膳食的聚合式住宅
中度	•多目标老人中心 •小区心理卫生中心 •门诊健康服务 •个案管理系统（社会/健康维护组织等）	•寄养家庭照顾 •居家服务 •送餐到家 •个案管理	•团体之家 •庇护式住宿设施 •住宿和照顾（设施） •喘息照顾
重度	•医疗型日间照护机构 •精神病患日间照护 •阿尔茨海默病患者家庭团体	•居家健康服务 •保护服务 •居家医疗照护	•急性医院 •精神病医院 •中度护理机构 •技术性护理机构 •安宁照护机构

长期照顾体系多元服务的必要性依据“全人的观点”，长期照顾服务的对象主要是身心功能障碍的民众。当我们提供服务给身心功能障碍者时，不应聚焦在“身心功能障碍”的部分而忽略身心障碍者也是“人”，作为人就有其生理、心理、社会的需求，故服务输送体系不仅是提供身体照顾（或医疗照顾），还须顾及老人心理层面需求之满足。

1.照顾知识不足　照顾知识不足是家属照顾者的一大困难。在缺乏足够照顾知识和技巧的情况下，一方面对照顾者的职责一无所知，既没有指引和可获他人指导，另一方面很多事情又不能预计和控制，在面对被照顾者的情绪反应时，每感到焦虑、害怕或挫折感，家属照顾者那份与日俱增的无助感可想而知。

处理方法：通过不同途径（如参加工作坊、短期课程、分享会、支持小组等）学习：①接纳及体谅自己能力的限制；②给时间适应角色的转变及要求；③有关照顾者的职责及照顾技巧。

2.照顾角色的转变　以往是父母照顾子女或是妻子照顾丈夫的关系，但现在可能是成年子女照顾年长父母，或丈夫照顾妻子，对于角色上如此重大的转变，彼此均较难接受和不习惯，在相处上往往构成很大的压力。

处理方法：明白转变的必然性，努力学习新角色、自我接纳及互相体谅。

3.生活作息受限制　由于家属照顾者经常同时扮演多重角色，使得他们较少时间参与家庭以外的社交活动或留时间给自己进行自己想做的事。长期下去，很容易诱发家属照顾者怨恨或内疚的情绪，或被照顾者失落或抑郁的情绪。

处理方法：家人之间保持开放及有效的沟通，以便其他家庭成员能在适当时候提出协助。

4.健康状况　当被照顾者或家属照顾者的健康状况转坏时，家属照顾者便要面临抉择，考虑照顾应继续在家中进行或是需要安排被照顾者入住院舍。若留在家，是否能提供足够的支持服务。在考虑的过程中，这些问题可能会引起家属照顾者的不安或内疚；同时也会引起被照顾者有被遗弃的误解，因而产生新的家庭冲突。

处理方法:①让家属照顾者有适当的休息时间;②家人与被照顾者坦诚地商讨日后的照顾计划,遇困难时,主动向专业社工和医护人员谋求协助。

5. 缺乏社会支持　由于种种原因,家属照顾者不但独力承担所有照顾工作,还得担心照顾不佳而被多方面的责骂,在亲友支持与关怀不足时,易使家属照顾者感到孤独及无助。

处理方法:①坦诚地与被照顾者商量及参与决策;②尽量与各家人或朋友一同商讨照顾计划。

6. 经济困难　在照顾过程中,家属照顾者为了照顾被照顾者可能无法工作或被迫辞掉工作,加上生活费用或持续的医疗开销,均会使家庭陷入长期的经济危机。

处理方法:①与家庭成员坦诚商量,并分担各项照顾所需的财政开支;②向服务机构了解小区上可申请的财政援助资源;③寻找小区内能提供实务的支持(如:器材借用、暂替服务等)的服务机构。

7. 情绪的发泄　在长期的照顾过程中,被照顾者与家属照顾者均有情绪不稳定的情形,基于彼此关系密切,往往有意无意地以对方作为发泄的对象,但基于被照顾者患者的角色,或家属照顾者为唯一愿意提供照顾的人,纵有身体或精神上被虐待的情况,多采取包容和忍耐的态度。长此下去,会助长家庭暴力情况的发生,对彼此自身的安危均构成很大的威胁。

处理方法:①家属照顾者应保持与朋友联系,以便遇到需要或压力时有宣泄的途径;②参加照顾者团体和其他照顾者交换信息、讨论问题、舒缓压力、互相勉励。

8. 关系的疏离　由于要照顾家中的被照顾者,家属照顾者多会减少不必要的社交活动,经常地离群独处,易被亲友疏远,而感到孤立。加上长期照顾的压力,不但易与被照顾者有紧张或冲突的关系,而且也易于忽略对其他家庭成员的照顾。许多夫妻因而引来吵架、婚外情、分居或离婚等情况,年青的家庭成员或会因不理解或妒忌,而采取逃避的态度或以反叛的行为来宣泄其不满情绪。

处理方法:①与其他家人开放地讨论所引起的矛盾和压力、有效的时间分配、恒常地分享彼此的情绪;②遇困难时,主动向专业社工、医护人员及其他家人商讨其难处及解决办法。

第二节　各种主要流派的心理援助方法和技术

一、精神分析疗法

(一)精神分析疗法概要

1. 经典精神分析　精神分析疗法创始人弗洛伊德认为人格是由潜意识、前意识、意识构成的。潜意识是人与生俱来的本能欲望构成,是人在觉醒状态下不可觉察的;意识是社会化伦理道德的结果,构成一个人动力的评判准则;前意识是人们和外界沟通的桥梁。他有一个冰山理论这样描述这三者的作用与关系,意识是在海平面之上的山尖,前意识是海平面,无意识是海平面之下藏在深海里的冰山底部。山尖(意识)到海平面(前意识)的高度决定了冰山的高度,潜意识是在海底中托着冰山的决定了整座冰山的存在时间。也就是说,我们更多的行为是由无意识控制的。潜意识是个大院子,意识是大院子里的小房子,前意识是连接大院子与小房子的大门或是门口的指挥官,任何行为动能都是由潜意识形成,到达小房子,我们才可以觉察。当行为动力与门口指挥官冲突太大,就会被指挥官赶进大院子,只有突破了门口的指挥部才能变成行为。当前意识不够强大,潜意识就把很多行为动能转化为行为,可能表现出与社会道德相违或为法律所不能接受的。

当自我不能平衡这个矛盾时,这个人就出了问题。那么人的本能愿望是什么?是什么给了我们活着的动力,弗洛伊德说是现在达尔文进化论的基础上从生物本能的角度是性驱力,我们为性而活,追求快乐。这个理论如果形容动物是完全说得通的,动物活着就是为了繁殖。可是动物要繁殖,就必须活着,想活着,就必须要抵御外侵。这个行为,对内来说,叫作防御与保护,对外来说叫作攻击。他认为追求性的满足是第一驱力,攻击、保护自己是第二驱力。

弗洛伊德时代用精神分析做治疗真的时间很漫长,长达半年,一两年甚至一生。精神分析的发展大致上是弗洛伊德是第一代人，荣格、阿德勒是第二代人，安娜·弗洛伊德、霍妮、弗洛姆、沙利文是第三代人，克莱茵为代表的是第四代人，科胡特为代表的是第五代人。

2. 现代精神分析及客体关系　克莱茵是精神分析划时代的人物，我们把克莱茵之前的那群人叫做经典精神分析，把克莱茵之后的叫做现代精神分析，把以克莱茵为代表的叫做客体关系理论学派，科胡特代表的叫做自体心理学派。作为儿童发展心理学家的克莱茵，在继承弗洛伊德理论的基础之上提出了人的第三个本能愿望——追求关系。克莱茵观察很多刚出生 14 天左右的婴儿，当母亲对他们微笑的时候，他们会对母亲微笑。作为刚刚出生才几天的婴儿，他们的微笑肯定不是社会性微笑，他们这个动作叫镜映。克莱茵觉得是人的第三个本能愿望在起作用，这种本能就是追求亲密关系的需求。

精神分析在弗洛伊德的时代被称作是三个人的心理学，是研究爸爸、妈妈和孩子三个人之间关系是如何链接、如何发展的。弗洛伊德认为这三个人的链接出了问题都会导致后天出现神经症或人格障碍或是精神分裂症或者犯罪狂。到了克莱茵那里，被称作是两个人的心理学。他认为，天下没有一个婴儿可以单独存在，有一个婴儿，必然伴随着一个妈妈，他把这种关系叫做母婴关系。母婴关系的质量决定了这个孩子的健康程度，爸爸则变得不重要，变成了母性关系的背景，也就是说一个孩子如果离开了爸爸，不会出现太大的问题，但是，如果母婴关系出了问题，那么这个人出现严重的人格分裂障碍或者精神分裂症的可能性加大。

客体关系有一个迷倒所有心理学家的理论叫做分离个体化，是所有心理问题的源头，它认为弗洛伊德的问题都是本能愿望和环境下的认知。打架的过程的原发动力也是分离个体化阶段产生的。弗洛伊德认为 6 岁之后没有新鲜事。6 岁之前大脑中枢神经发展成熟。6 岁之前的孩子不能吃皮蛋，对大脑影响很大。克莱茵客体关系学派认为是 2 岁或者 18 个月，克莱茵本人认为核心人格从出生第 4 到第 6 周就已形成。我们完全可以通过观察婴儿来理解人性。分离个体化有 4 个阶段，分别是母性分裂、想象分裂、自体分裂和认同分裂。

什么叫“好”？什么叫“坏”？“好的”感觉和“坏的”感觉源自哪里？这个过程开始于婴儿的原始分裂，即将世界分成令人满意的和令人不满意的感觉：充足是好的，空乏是坏的；温暖是好的，冷淡是坏的；被抱着是好的，不被触碰是坏的。在生命的最初几个星期里，婴儿还不能与他人产生互动，只是与他人的部分——一只手、一束头发或客体关系所指的任何“部分客体”产生互动。例如乳房，当奶汁通畅时就是好的，不通畅时就是坏的。将部分客体分成好与坏的这种早期区分，是与整体客体及人的关系的前身物。随着儿童的生长，出现了日益增强的意识，即无论外界存在的是什么，都不仅仅是乳房而是人。每一个儿童的狂热愿望都是希望给予他满足感的主要客体，即母亲会满足他的所有要求。

但这永远只能是一个梦想而已。因为母亲也是人，她也会疲劳。儿童期的一个清醒认识就是母亲并不是完美的，但这并不会阻止儿童继续坚持完美的幻想，这就是分裂的基础。出生本是痛苦的，脐带被剪断了，和胎儿相比，少了好多东西，还好有个妈妈，在新生儿最需要的时候通过哭来告诉妈妈，而妈妈则给他极大的满足，可是胎儿不认识妈妈，他只知道，我需要的时候只有一哭就有了，会有一个心理体验，叫做无所不能感，新生儿认为就是我行啊，我要什么我一哭就搞定了，这就是自恋的源头，也是自我效能感的源头（自我效能感：个体对未知事物自我完成的预测）。到了三个月，婴儿认识妈妈了，他知道他很弱小，是妈妈在无条件满足他，这时候无所不能感变成了弱小无能感，他太需要妈妈了。可是妈妈也是人啊，也会累啊，这时候就是人生的第一个打击，叫做母性分裂。

第二个阶段是想象分裂，在生命最初的几个月中，母子互动的起伏涨落是以一系列的小事行为为显著特征的。这些短暂的消失会引起巨大的惊慌失措。甚至当儿童开始蹒跚地迈开独立的第一步时，他仍会不时地寻找母亲在哪里。儿童努力地应对由抛弃引起的沮丧感，这可以在儿童与母亲之间进行很多游戏中看到。例如，躲猫猫游戏就是最早应对抛弃感的手段之一。通过将母亲的消失转变成游戏，儿童获得了对母亲可能会消失的恐惧感的控制力。当母亲离开时，内部映像担当着替代物的作用，减轻了在没有替代物存在的情况下，母亲的离开可能会导致的惊慌失措之感。年幼的儿童很自然地寻找一些方式来补偿母亲缺席带来的威胁生命的影响。这些寻找得到了回报，即我们所寻找的“过渡性客体”。过渡性客体是什么呢？它们是一些充当母亲替代物的特殊玩具和玩物。它们必须具备这些特征“提供温暖，或可以移动、或具有结构、或可以做一些看上去能显示它们本身具有生命力和真实感的事情”。它们可以替代母亲，可以提供给儿童温暖和安全感。

3. 心理动力学　精神分析疗法是研究人的行为动力的，又叫心理动力学。精神分析是人格鉴赏学，它告诉我们为什么有些人会这样，有些人会那样；精神分析是育儿学，它告诉我们长大成人后的一切都是幼儿时期的复制；精神分析是关系学，它告诉我们当下的不快都是由于早年的关系雏形造成的。精神分析学派与其他学派相比，第一个特点是决定论的哲学观点，精神分析也是因果论，小时候的经历与现在的种种因果联系，一个是移情，另一个是强迫性重复；第二个特点，把意识分成不同的层面，研究潜意识层面的东西。意识、前意识、潜意识，反省是能觉察到的。精神分析谈到更多的是潜意识内容。潜意识决定现在的和谐。任何行为都是经过大脑的，没有意识到的一些行为，即超出意识觉察的部分就是潜意识。我们通常所说的“不自觉”，就是潜意识。潜意识由早年的关系决定，阿伦贝克的经验系统潜意识是要通过悟得出，而不是逻辑思维推理。意识、前意识、潜意识没有明显的分割，是连续的整体。学东西学到最好的地步是学到潜意识的水平，学到潜意识水平是不需要回忆和思考就可以完成的，譬如我们在童年时候学会了骑自行车，有好几年不骑，也会骑，而刚刚学会的孩童则一段时间不练习就会生疏。潜意识水平不需要动脑筋，到达潜意识的时候，一辈子都不会忘记。怎么样活着，怎么样与他人打交道，更多是由潜意识决定的。

所以精神分析是这样的一个学科：研究一个人在早年跟父母的关系中如何形成其自身人格，以及在成年后的影响（移情）；两个人的关系中，一个人对另一个的态度部分是由另一个人教会的，人际交往的模式（反移情）。我们学会了很多自我保护的机制（防御），冷暖不定的周围环境，时刻存在的大自然的敌意，我们现在依然能够存活下去，说明我们在过去都使用了有效的保护机制。

（二）精神分析治疗技术

1. 移情　精神分析治疗的原则是：童年的经验造成核心人格的发展停滞，创伤产生强迫性重复，这是心理动力学的病因学解释。治疗原则是处理移情与阻抗。在某些病例中，明显的创伤经验，例如乱伦或身体虐待，造成了成人人格上的障碍；然而更常见的情形是，长期反复出现在家庭中的互动模式，反而是更重要的致病因素。精神动力的观点也注意到以下事实：婴儿和孩童是通过高度主观的筛选方式来感知周遭环境，有可能因此而扭曲了周围人物的真实面貌（狼外婆）。另外，有些精神疾病之所以会发生，有可能跟孩子和养育者的气质之间是否“匹配”有关。一个极度躁动的小孩如果有位冷静沉着的母亲，则可能会变得相当不错，但若遇上一位过度紧张的母亲，则可能会表现得很糟。移情是关系的转移。孩童时期的心理组成模式会一直持续到成人生活中，这就暗示说，往昔会不断重演。在移情作用下，患者会把治疗师视为自己过往经验中的某个重要人物，患者无意识地重演了过去的人际关系，却不记得曾有过这样的关系。移情的一部分可能是源自于童年早期的依恋关系，但它也会受到治疗师实际行为表现的影响。因此，临床情境下的每一段关系，都是真实关系与移情现象这两者的混合体。精神分析取向的心理治疗中医患关系的独到之处，并非是移情作用的存在，而是体会到移情代表一种需要被进一步了解的治疗题材。而同时，分析师成了帮助患者呈现观察内容的一个人，分析师“好像是一个相框，患者把他熟悉的相片框在上面，而这个相片大部分是他自己家人的。”从神经科学的观点来看，移情是关乎内在客体表征被治疗师的真实特质所引发。表征就如同神经元网络一般地存在着，可以一个接一个地被启动，当治疗师的某个特征使患者忆起留存在他的神经网络中与某人相似的特征时，这些表征就好像是诱发电位一样地被触发了。

2. 反移情　反移情是关系的逆转移。所有精神分析取向的治疗师共同认可的一项中心要旨是：基本上，我们和患者的相似之处远比相异之处要大得多；病态的心理机制，其实不过是正常发展功能所援引的相同原则再加以延伸罢了。医患双方都是凡人，治疗师也有反移情。因为每一个眼下的关系，都是过往关系的新近增添物。所以，治疗师的反移情和患者的移情基本上是完全相同的历程（两者都是无意识地将他人视为昔日的某人）。狭义的反移情：是治疗师对患者的移情，指治疗师无意识中尚未消解的内在冲突浮现了出来。广义的反移情：是指治疗师面对患者时，有自觉的，且适宜的情绪反应。此时，反移情成为一种重要的诊断与治疗工具，可以把许多有关患者内在世界的事透露给治疗师。大多数理论观点都视反移情为一种发生在治疗师身上,医患双方共同创造出来的反应,一部分是治疗师过往经验的作用,另外一部分是被患者行为诱发的感受。

3. 共情与反移情　关于共情有一大堆概念,譬如一致性反移情、神入、共情 。这一堆概念统一叫作共情,是指高度的反移情。当客体关系理论为主导的精神分析、自体心理学进入中国之后,由于之前以来访者为中心疗法在中国的影响,它们之间的几个概念值得被关注及澄清。这几个概念就是一致性反移情(或称一致性认同的反移情,拉克尔)、神入(科胡特式的)、共情(罗杰斯式的)、包容(比昂)。拉克尔指出:"一致性认同类似共鸣(虽然不是共鸣),当我们看见一个无父无母的孤儿时,我们可能感到悲伤。这种悲伤是和那个孩子的自体相符合或类似的。那个小孩这时候也感到悲伤。由于看到那个小孩的人认同和感受到那个小孩的悲伤,这在彼此的自体感受上是一致或类似的,那就是一致性反移情。"共情,似乎是罗杰斯的专利,他曾这么定义,所谓的共情是指站在别人的角度考虑问题,它包含着几个方面的情况。它意味着促进人际关系的和谐的要素是"同情心"与"了解",就是说,治疗师必须具有一种特殊的感应能力,很准确地感受到当事人的个人经验,并能体会到当事人所表达的内容,只要进行得顺利,治疗师不但能够进入当事人的内心世界,去了解他所要澄清的各项意义,甚至他在下意识里对情况一目了然。对于"共情"的强调还包括自体心理学创始人科胡特的观点。科胡特与罗杰斯对共情定义的不同有时间再讨论。

在德国和瑞士精神分析教师的回答中,他们认为一致性反移情和共情的内涵是相同的,虽然不同的学者使用了不同的表达方法,一致性反移情更加属于理性的表达方式,而共情则是从感性上所作的阐述。

但这里需要补充的是,似乎一致性反移情是被动引起的,而共情似乎是更多主动性体验的。而实际情况中,一致性反移情在一些来访者的负面移情中可能有被来访者的情绪同步调的感受所控制住的情况,而未必对此有觉察。例如来访者的焦虑引起了治疗师的焦虑感,这可以说是一致性的反移情,但还没有到达共情的阶段,而治疗师未必能够觉察这一焦虑来自来访者的自体而非共情。但共情在咨询过程中似乎能够扮演一更主动和建设性地去体验来访者的角色,心理治疗师似乎能够直接去理解来访者的处境以进入来访者的自我,到达对来访者的感动并促进其生命力的复活。

4. 阻抗　阻抗是患者的人格中的反防御。精神分析取向的心理治疗的最后一项重要原则是患者期望保持现状,并会和治疗师努力想要给予患者的洞见与促使其改变的意图相对抗。与移情一样,对治疗的阻抗是无所不在的,而且可用多种方式来表现,包括迟到、不肯服药、忘了治疗师的建议或诠释、沉默、在会谈中只谈无关紧要的小事,或者忘记付费等。阻抗可以是有意识的、前意识的或无意识的。所有阻抗的共同之处,是试图避开不愉快的感受,不论这种感受是愤怒、罪咎、痛恨、爱(对一个不能去爱的对象)、嫉妒、羞愧、哀痛、焦虑等。阻抗捍卫着患者的疾病。阻抗也可以定义为,在精神动力治疗中,患者所展现出来的防卫机制。防卫与阻抗的强度与潜藏冲动的强度呈正比。精神分析取向的治疗师会预料到患者对治疗的阻抗,使治疗师特别好奇的是:患者的阻抗是在保护着什么?患者是在上演哪一个过往的脚本?

5. 精神分析治疗技术　当然,这是精神分析治疗的纲要,每一个心理问题严重的需要接受心理治疗的人,都不会轻易被反移情所治疗,因为成长的痛苦已内化成他(她)人格的组成部分,形成了他(她)的生活模式。对他(她)起着保护作用。在精神分析看来,一个人成年后的问题都是在婴儿时期形成的,精神分析打出"天下没有犯错误的孩子,只有犯错误的父母或妈妈;孩子在后天犯的任何错误都是早年父母培养的结果;孩子后天能力的缺失都是早年父母打压的结果"等一系列口号。特别是那些后天出现精神分裂症或人格障碍的,或是犯罪的,更是和这个人的原生家庭有很大的关系。

精神分析治疗的第一步是要患者回到童年,找到童年出问题的地方,然后重新改写,所谓的回到童年这个过程叫做退行,退行的实施是患者在安全的环境呈现早年成长的过程,所以共情与安全的环境是患者退行的基础,一般伴随着患者对咨询师的信任会暴露出越来越多的隐私,直到潜意识也感觉这个地方很安全,暴露出潜意识的成分和有创伤的成分。患者暴露出童年潜意识的创伤叫做——潜意识意识化。

精神分析过程中的技术包括:移情、反移情、防御机制、释梦、催眠、共情、解释(是使潜意识的意义、资源、经历、模式和特定心理事件的原因变为意识)、领悟(潜意识意识化)、修通(指获得新的机能方式以及学会抑制旧习惯,更坚定的建立新习惯的过程)等。

精神分析的第一步，共情，给患者提供一个安全的有利于退行的环境，方便患者退行，找问题。第二步，潜意识意识化，让来访者知道自己问题的内部驱力是什么，具体方法是把症状变成阻抗。第三步，发现阻抗，处理阻抗，具体方法是把阻抗变成移情。第四步，处理移情。最后问题是解决现实问题。经典精神分析仅仅是发现无意识的作用，不去改变，基本靠患者"自悟"，所以时间很漫长，后期精神分析这五个交叉相互使用，不是靠患者悟，而是在咨询关系中形成新的体验和解决现实问题。

精神分析学派常见的基本阻抗包括：①原始防御：分裂、投射认同、投射、否认、解离、理想化、动作化、身体化、退行、分裂幻想。②高阶精神官能性防御：内射、认同、置换、理智化、隔离、合理化、性欲化、反向作用、潜抑、抵消。

成熟的防御：幽默、压抑、禁欲主义、利他主义、预期、升华投射性认同、否认潜抑。

常见发觉潜意识的途径：自由联想、释梦、催眠。

二、行为疗法

（一）行为疗法概要

行为主义阵营眼里的人格是行为模式的集合，而行为由经验和特定的情景共同特定。华生依靠巴甫洛夫条件反射的实验基础之上，在《行为主义眼光看心理学》一书提到：①心理学的研究主题是个体的行为而不是意识；②心理学研究的对象是客观观察与测量而不是主观内省；③心理学的研究的目的是预测与控制行为；④环境是影响行为的主要因素，控制环境因素即可以改变人的行为；⑤由研究动物行为所获得的原理、原则可解释人的行为。

华生认为恐惧、愤怒、爱是人的基本情绪，而这三种情绪仍然是条件反射的结果。恐惧是突然失去支持引起的，愤怒是行为受到阻碍引起的，爱是抚摸和振动引起的。思维是行为的表现，语言是内隐的语言运动，而这种语言的运动是肌肉习惯性的表达。人格是习惯的总和。我们的行为习惯是刺激强化的产物。

巴甫洛夫的狗，说明了经典条件反射的存在。而斯金纳更是用老鼠做实验，证实了操作条件反射的存在。在人格上，斯金纳选择从个体所处的环境的强化程度来考察人格的发展与改变，主张从学习的角度研究行为与控制。多拉德与米勒人格理论的提出是划分机械行为主义与科学行为主义的线，也是行为主义的强化理论到学习理论的转变。多拉德与米勒人格理论提出习得性内驱力（指一个人去行动，具有足够强度的刺激，可以形成人格能量的单位）、线索（环境的信号）、反应（信号下的行为）、奖赏（有效的正强化）可以形成习惯性的行为模式，稳定的部分称之为人格。

班杜拉的社会学习理论则呈现了个体整个学习的过程。他强调我们观察行为要在自然环境下而不是在实验室。强调模仿的作用，提出了学习新行为的过程是联结、模仿与强化。并且提出观察学习的过程包括注意过程、记忆过程、产生过程动机过程。其理论的作用如下：

1. *强调观察学习在人的行为获得中的作用* 认为人的多数行为是通过观察别人的行为和行为的结果而学得的，依靠观察学习可以迅速掌握大量的行为模式。

2. *重视榜样的作用* 人的行为可以通过观察学习过程获得，但是获得什么样的行为以及行为的表现如何，则有赖于榜样的作用；榜样是否具有魅力、是否拥有奖赏、榜样行为的复杂程度、榜样行为的结果和榜样与观察者的人际关系都将影响观察者的行为表现。

3. *强调自我调节的作用* 人的行为不仅受外界行为结果的影响，而且更重要的是受自我引发的行为结果的影响，即自我调节的影响；自我调节主要是通过设立目标、自我评价，从而引发动机功能来调节行为的。

4. *主张奖励较高的自信心* 一个人对自己应付各种情境能力的自信程度，在人的能动作用中起着重要作用，它将决定一个人是否愿意面临困难的情境，应付困难的程度以及个人面临困难情境的持久性。如果一个人对自己的能力有较高的预期，在面临困难时往往会勇往直前，愿意付出较大的努力，坚持较久的时间；如果一个人对自己的能力缺乏自信，往往会产生焦虑、不安和逃避行为。因此，改变人的回避行为，建立较高的自信心是十分必要的。

后来的心理学家在社会学理论的指导下，研究了攻击性行为与习得性无助，取得了很高的成就。让行为主义由理论变成了可以运用的行为疗法。

(二)行为主义治疗技术

1. 放松疗法　又称松弛疗法、放松训练,它是一种通过训练有意识地控制自身的心理生理活动,降低唤醒水平,改善机体紊乱功能的心理治疗方法。实践表明,心理生理的放松,均有利于身心健康,起到治病的作用。肌肉放松可分为全部放松和渐进放松两种程序,又可分为放松全身肌肉群和逐个放松身上肌肉群两种形式。同时,按诱导方式又可分为直接放松和间接放松。放松训练发展了五大类型:①渐进性肌肉放松。②自生训练。③自我催眠。④静默。⑤生物反馈辅助下的放松。

适应性、渐进性的放松训练是对抗焦虑的一种常用方法,和系统脱敏疗法相结合,可治疗各种焦虑性神经症、恐怖症,且对各系统的身心疾病都有较好的疗效。放松技术现在除了肌肉性放松之外,还有意象性放松技术等,也比较有效。肌肉性放松虽然广泛使用,不过美国较新的研究现在表明:肌肉性放松不要使用在心脏病和高血压的来访者人群,因为其之前的肌肉先紧张有可能使其心血管系统方面承受压力。对于这类来访者,使用意象性放松技术比较合适。

2. 强化　在建立新的行为时,"强化"是一般人常用的,尤其是用连续的"即时强化"、接着用"间隔强化",对于行为的快速建立效果不错。强化除了前面所举的两种方式外,还有其他不同的方式,包括一般的"固定比率强化"——像做完几个仰卧起坐,就可以休息 5 分钟;"不固定比率强化"——像妈妈规定写完 5 行字就可以看电视,有时是要先写 10 行才可以有看电视的特权;"定期强化"——像发工资;"不定期强化"——像赌博中奖;"部分强化"——像小孩发脾气要糖吃,父母本来想严守原则不给,后来看孩子可怜就软化了,结果让孩子以为发脾气到最后父母会妥协,这也许是现代父母管教子女的痛。

强化物分"初级强化物"——像食物、水或糖果;"次级强化物"——像金钱、礼物或代币;可以替代或换取初级强化物的,也可以是指所谓的"社会性强化物"——就是人与人互动中的一些温暖关心的举止,也许是夸奖、一个温暖鼓励的眼神、拍肩、拥抱等,可以让人觉得自己受到关爱与重视;当然,教育或管教的最后,都希望孩子能够不藉外力或外物酬赏的肯定,而能自己促动自己、自动肯定自己,就是所谓的"自我强化",像许多人会主动帮助他人、从事自己喜爱的嗜好,是因为自己想做,而且也在活动中觉得"自我酬赏"。

3. 系统脱敏疗法　系统脱敏疗法可用于治疗求助者对特定事件、人、物体或泛化对象的恐惧和焦虑。第一步,教求助者掌握放松技巧;第二步把引起焦虑的情境划分等级;第三步,让求助者想象引起焦虑的情境,同时做放松练习。最后经过在实景中的重复练习,使求助者逐渐从过去引起焦虑的情境中脱敏。

系统脱敏疗法是由美国学者沃尔帕创立和发展的。沃尔帕认为,人和动物的肌肉放松状态与焦虑情绪状态,是一种对抗过程,一种状态的出现必然会对另一种状态起抑制作用。例如,在全身肌肉放松状态下的肌体,各种生理生化反应指标,如呼吸、心率、血压、肌电、皮电等生理反应指标,都会表现出同焦虑状态下完全相反的变化。这就是交互抑制作用。而且,能够与焦虑状态有交互抑制作用的反应不仅是肌肉放松,即使进食活动也能抑制焦虑反应。采用系统脱敏疗法进行治疗应包括三个步骤:①建立恐怖或焦虑的等级层次,这是进行系统脱敏疗法的依据和主攻方向;②进行放松训练;③要求求治者在放松的情况下,按某一恐怖或焦虑的等级层次进行脱敏治疗。

4. 塑造　塑造是对于达成目标行为的"逐渐形成"的一连串动作的设计。举例来说,初进小学一年级的小朋友,可能不太懂得教室常规,要他们乖乖坐下来听课,对于老师来说是一项挑战。老师们常使用的方法是:小朋友在教室内跑累了,靠近自己座位时,就给予奖励,小朋友可能慢慢学会多"靠近"自己座位几次,然后再把标准提高,等小朋友坐下来时才给予奖励,接着就要小朋友坐在位子上的时间慢慢加长,最后目标是坐下来专心听课。这一连串的动作,就是所谓的塑造。

5. 行为改变技术　行为改变技术是结合了"强化"的运用,在具体明确的行为目标之下,研拟适当可行的改变行为的策略(强化次数、强化物、可能的阻碍、可用资源的考虑等),然后一步步执行。特别要注意的是,强化物的设计与使用要符合当事人的"动机"与"喜爱"(不是吸引当事人的强化物,根本不能引起行动的动力,而同一强化物用久了,可能也让当事人失去兴趣),并要小心强化物不要成了下一个需要改变的行为目标(例如使用喜爱的香鸡排作强化物,改变了自己做作业拖沓的习惯,却发现后来体重增加太多,要减肥了)。行为改变技术的另一形态是可以和当事人拟定一契约,由当事人自己去执行、评价,也作记录,然后由咨询师与当事人一起讨论进行的情形、遭遇的困难与思考解决的方式，这也叫做“自我管理”方案。

6. 模仿与预演　观察、模仿可以说是最简单的学习方式，咨询师的示范、或是典范人物的演出，甚至是利用录像带呈现的方式，让当事人可观察、依循，并可以慢慢学会一些渴望的行为。而“预演”则是咨询师在当事人将在咨询情境中所学的技巧知识运用于实际的生活之前，可以让当事人与咨询师在治疗时间先做一些练习，使当事人熟悉即将使用的技巧，预防可能出现的问题与解决之道，以减少当事人在接触实际世界及真正行动时的失败。

模仿法，又称示范法，是向求助者呈现某种行为榜样，让其观察示范者如何行为以及他们的行为得到了什么样的后果，以引起求助者从事相似行为的治疗方法。它是利用人类通过模仿学习获得新的行为反应的倾向，来帮助有某些不良行为的人，以适当的反应取代其不适当的反应，或帮助某些缺乏某种行为的人学习那种行为。根据求助者的具体情况，有针对性地设计一个或一组示范行为。示范的情景尽可能真实。如示范者与猎狗接触最好是真正的猎狗，而不是狗的录像、狗的模型。同时，示范事件的顺序应该是从易到难，由简到繁，循序渐进。

示范疗法是以这条行为主义的基本原理为基础的：人的各种行为，无论是适应性行为还是不良行为，都是通过后天的学习获得的。因此，通过同样的方式也可以改变不良行为，或重新学习适应性行为。我们在生活中所学到的许多东西，从行为到态度，都是通过观察并模仿他人而习得的。童年期的学习尤其具有这种特点。如果一个母亲在孩子面前表现出特别害怕小动物的话，她的儿女对此也会感到恐惧；如果一个儿童在一个小气吝啬的环境中长大，他也会形成一种斤斤计较的性格。示范疗法正是基于上述实验及其理论而产生的一种行为治疗方法。班杜拉认为，一切直接经验的学习，都是由于看到别人的所作所为，看到了这些行为的结果，因共鸣而产生的。由此推论，如果给那些有行为问题的人提供机会，让他们观看别人的切合时宜的行动，他们就能够放弃自己的不适应行为，建立良好的适应行为，从而达到治疗的目的。

7. 代币制　“代币制”是学校系统很喜欢运用的行为主义的技巧之一，像“乖宝宝”贴纸，同学们集满多少张可以获得一个“特权”或“礼物”，是一种象征性的东西。现在许多商店为了鼓励顾客光临，也用“盖章”或“集点”的方式，可以在盖满或集满之后换得折扣或赠品。我们的生活中也有许多代币制的延伸，像发奖状、奖学金、休假等制度的运用。此疗法根据操作性条件反射的原理，用奖励的方法强化所期望的行为，常应用于智残儿童、行为障碍儿童、呈现严重行为衰退的慢性精神分裂症患者来塑造新的行为。

“代币”可为一种内部流通的、印有一定价值的“货币”、代用券或筹码，也可为用红旗或红星式样的印章符号。例如在一所收容各种智残儿童的医院里，根据智残程度分为若干班级，每一班的儿童对其日常生活和学习活动有一定的规章要求。如对一中等智残儿童的班级，在老师或教养员的带引指导下，要求每个儿童早晨按时起床，起床后要自己叠被子，要自己穿好衣服、裤子、袜子和鞋子，自己刷牙、洗脸，将洗漱用具放在规定的地方，在院内做早操，早餐时要坐在指定的位置上，所发的食物必须吃完，不能将食物遗留在桌上……等等，将儿童从早晨起床到晚上入睡一日生活中所进行的每项活动包括在课堂学习和游戏活动中，根据难度的不同，规定每完成一项活动就给予 0.1 元至 1 元的奖励（或给予若干“红星”）。每一病室都设有小卖部，陈设各种糖果、点心等食品，小人书、图画书、练习本、铅笔、橡皮等学习用品，洋娃娃、小熊猫等玩具以及其他日用品，每一种物品都标明价钱（或需要若干“红星”）。智残儿童就用他自己每日得到或积存的“货币”购买他所喜爱的物品。除了这些物质奖励外，还有精神奖励，需要积存多少“货币”或“红星”可以傍晚看电视或电影，假日去公园游玩。在每周探视日时，需要积存多少“货币”或“红星”就可以让父母或亲人带出院外去游玩或团聚半日。对这些精神上的奖励也是多数儿童所渴望的，为此大多数儿童在每日各项活动中都能按规范要求做，以期获得所需要的“货币”。通过标记奖励也使儿童学会了计数和计算。

对于那些出现毁物、伤害他人和自己身体等有严重行为障碍的儿童，对他们日常生活的要求则另有规范，使患儿明确他受奖的目标行为。例如不撕毁自己衣服或吃饭时不用手抓食物则给予较多的“货币”或“红星”，而这些“货币”使他们能立即获得其所期望的东西。在精神病院里，对那些行为衰退的慢性精神分裂症或器质性精神病患者，也可用此疗法训练他们塑造新的行为，例如起床后能完成洗脸刷牙动作，早餐时则可获得购买一个熟鸡蛋的权力等。

8. 肯定训练法　肯定性训练，又称自信训练，侧重改善人们在社会性交往方面的不适应行为以及伴随的焦虑。肯定性训练没有一个非常一致的固定模式程式，包括情境分析、实际练习和迁移巩固几个环节。情境分析是对需要求助者表现出肯定性行为而他又不能表现出这些行为的情境进行甄别、筛选，并确定在该情境中适宜的反应是什么。实际练习是借助言语描述或想象重现问题情境，求助者在咨询师的指导下通过角色扮演、模仿等方式练习新的反应。咨询师除指导外，还提供反馈和强化以促进这一学习。迁移巩固包括处理学习进程中出现的某些问题，在其他场合运用学到的经验自主产生适宜反应等。肯定训练如果与一定程度的认知矫正相结合，效果会更好。

9. 自我管理　自我管理，体现了行为疗法一种倾向上的转变。在自我管理这一治疗模式中，来访者在行为改变的各个环节扮演积极、主动的角色，其对改变负责任。

行为主义认为自我控制无效的真正原因在于行为的即时后效与延迟后效之间的矛盾。马丁和皮尔斯指出了这一矛盾的四种矛盾：①轻微的即时强化与延迟惩罚相对立；②轻微的即时强化与更重的延迟强化相对立；③即时惩罚与延迟强化相对立；④轻微的即时惩罚与更严厉的延迟惩罚相对立。从这四种情况看，人们自我控制失败乃是由于追求长远目标的意愿不敌直接后果对行为的影响，行为的自我管理的关键就在于改变这种情况。

威廉斯和洛恩提出了一个自我管理行为模型，是众多自我管理模型之一，它把自我管理技术分成五个操作步骤，即选择目标、监测靶行为、改变情境因素、获取有效的结果和巩固收获。

三、认知疗法

（一）认知疗法概要

正当三大心理学派正面交锋的时候，随着生物学、医学、计算机科学的发展，20 世纪 50 年代中期在西方兴起的一种心理学思潮。它与西方传统哲学也有一定联系，其主要特点是强调知识的作用，认为知识是决定人类行为的主要因素。认知学派旨在研究记忆、注意、感知、知识表征、推理、创造力及问题解决的运作。认知学派都是研究意识，但是和精神分析学派不同的是，精神分析学派主张研究潜意识与童年的创伤对人格的作用，而认知学派主张研究当下意识的内容，一件事物经过大脑这个黑匣子，黑匣子是如何运作的，同一个事物，不同人在思考时有什么不同。

认知学派是 70 年代开始成为西方心理学的一个主要研究方向。与行为主义心理学家相反，认知学派研究那些不能观察的内部机制和过程，如记忆的加工、存储、提取和记忆力的改变。以信息加工观点研究认知过程是现代认知学派的主流，可以说认知学派相当于信息加工心理学。它把人看作是一个信息加工的系统，认为认知就是信息加工，包括感觉输入的编码、储存和提取的全过程。按照这一观点，认知可以分解为一系列阶段，每个阶段是一个对输入的信息进行某些特定操作的单元，而反应则是这一系列阶段和操作的产物。信息加工系统的各个组成部分之间都以某种方式相互联系着。而随着认知学派的发展，这种序列加工观越来越受到平行加工理论和认知神经心理学的相关理论的挑战。

认知学派更多关心的是作为人类行为基础的心理机制，其核心是输入和输出之间发生的内部心理过程。但是人们不能直接观察内部心理过程，只能通过观察输入和输出的东西加以推测。所以，认知学派家所用的方法就是从可观察到的现象来推测观察不到的心理过程。有人把这种方法称为会聚性证明法，即把不同性质的数据会聚到一起，而得出结论。而认知学派研究通常要实验、认知神经科学、认知神经心理学和计算机模拟等多方面的证据的共同支持，而这种多方位的研究也越来越受到青睐。认知学派的学者们通过研究脑本身，想来揭示认知活动的本质过程，而非仅仅推测其过程。最常用的就是研究脑损伤患者的认知与正常人的区别来证明认知加工过程的存在及具体模式。

广义上的认知学派包括以皮亚杰为代表的构造主义认知学派、心理主义心理学和信息加工心理学；狭义上就是信息加工心理学，它用信息加工的观点等研究人的接受、储存和运用信息的认知过程，包括对知觉、注意、记忆、心象（即表象）、思维和语言的研究。主要的研究方法有实验法、观察法和计算机模拟法。

认知学派的主要代表人物有美国心理学家和计算机科学家纽厄尔和美国科学家、人工智能开创者之一的西蒙等。他们的主要理论观点有以下几点。

1. 把人脑看作类似于计算机的信息加工系统　他们认为人脑的信息加工系统是由感受器、反应器、记忆和处理器（或控制系统）四部分组成。首先，环境向感觉系统即感受器输入信息，感受器对信息进行转换；转换后的信息在进入长时记忆之前，要经过控制系统进行符号重构、辨别和比较；记忆系统储存着可供提取的符号结构；最后，反应器对外界做出反应。

2. 强调人头脑中已有的知识和知识结构对人的行为和当前的认识活动的决定作用　认知理论认为，知觉是确定人们所接受到的刺激物的意义的过程，这个过程依赖于来自环境和来自知觉者自身的信息，也就是知识。完整的认知过程是定向——抽取特征——与记忆中的知识相比较等的一系列循环过程。知识是通过图式来起作用的。所谓图示是一种心理结构，用于表示我们对于外部世界的已经内化了的知识单元。当图示接受到适合于它的外部信息就被激活。被激活的图示使人产生内部知觉期望，用来指导感觉器官有目的地搜索特殊形式的信息。

3. 强调认知过程的整体性　现代认知学派认为，人的认知活动是认知要素相互联系、相互作用的统一整体，任何一种认知活动都是在与其相联系的其他认知活动配合下完成的。另一方面，在人的认知过程中，前后关系很重要。它不仅包括人们接触到的语言材料的上下文关系，客观事物的上下、左右、先后等关系，还包括人脑中原有知识之间、原有知识和当前认知对象之间的关系。

4. 产生式系统　产生式系统的概念来源于数学和计算机科学，1970 年开始广泛应用于心理学。它说明了人们解决问题时的程序。在一个产生式系统中，一个事件系列产生一个活动系列，即条件——活动（C—A）。其中的条件是概括性的，同一个条件可以产生同一类的活动；其次，条件也会涉及某些内部目的和内部知识。可以说，产生式的条件不仅包括外部刺激还包括记忆中储存的信息，反映出现代认知学派的概括性和内在性。

（二）认知学派治疗技术

1. 情绪 ABC 理论的含义　情绪 ABC 理论是认知学派中影响力最大、最常用的疗法，是由美国心理学家埃利斯创建的。他认为激发事件 A 只是引发情绪和行为后果 C 的间接原因，而引起 C 的直接原因则是个体对激发事件 A 的认知和评价而产生的信念 B，即人的消极情绪和行为障碍结果（C），不是由于某一激发事件（A）直接引发的，而是由于经受这一事件的个体对它不正确的认知和评价所产生的错误信念所直接引起。错误信念也称为非理性信念。A 指事情的前因，C 指事情的后果，有前因必有后果，但是有同样的前因 A，产生了不一样的后果 C_1 和 C_2（图 4－1）。这是因为从前因到后果之间，一定会透过一座桥梁 B，这座桥梁就是信念和我们对情境的评价与解释。又因为，同一情境之下（A），不同的人的理念以及评价与解释不同（B_1 和 B_2），所以会得到不同结果（C_1 和 C_2）。因此，事情发生的一切根源缘于我们的信念（信念是指人们对事件的想法、解释和评价等）。

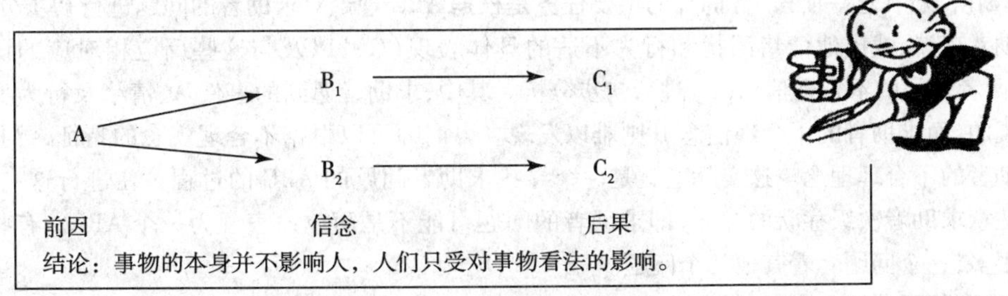

图 4－1　情绪 ABC 理论

情绪 ABC 理论的创立者埃利斯认为，正是由于我们常有的一些不合理的信念才使我们产生情绪困扰。如果这些不合理的信念存在，久而久之会引起情绪障碍。情绪 ABC 理论中，A 表示诱发性事件，B 表示个体针对此诱发性事件产生的一些信念，即对这件事的一些看法、解释，C 表示自己产生的情绪和行为的结果。依据情绪 ABC 理论，分析日常生活中的一些具体情况，我们不难发现人的不合理观念常常具有以下三个特征。

(1)绝对化的要求:是指人们常常以自己的意愿为出发点,认为某事物必定发生或不发生的想法。它常常表现为将“希望”“想要”等绝对化为“必须”“应该”或“一定要”等。例如,“我必须成功”“别人必须对我好”等。这种绝对化的要求之所以不合理,是因为每一客观事物都有其自身的发展规律,不可能依个人的意志为转移。对于某个人来说,他不可能在每一件事上都获成功,他周围的人或事物的表现及发展也不会依他的意愿来改变。因此,当某些事物的发展与其对事物的绝对化要求相悖时,他就会感到难以接受和适应,从而极易陷入情绪困扰之中。

(2)过分概括的评价:这是一种以偏概全的不合理思维方式的表现,它常常把“有时”“某些”过分概括化为“总是”“所有”等。用埃利斯的话来说,这就好像仅凭一本书的封面来判定它的好坏一样。它具体体现在人们对自己或他人的不合理评价上,典型特征是以某一件或某几件事来评价自身或他人的整体价值。例如,有些人遭受一些失败后,就会认为自己“一无是处、毫无价值”,这种片面的自我否定往往导致自卑自弃、自罪自责等不良情绪。而这种评价一旦指向他人,就会一味地指责别人,产生怨愤、敌意等消极情绪。我们应该认识到,“金无足赤,人无完人”,每个人都有犯错误的可能性。

(3)糟糕至极的结果:这种观念认为如果一件不好的事情发生,那将是非常可怕和糟糕。例如,“我没考上大学,一切都完了”“我没当上处长,不会有前途了。”这种想法是非理性的,因为对任何一件事情来说,都会有比之更坏的情况发生,所以没有一件事情可被定义为糟糕至极。但如果一个人坚持这种“糟糕”观点时,那么当他遇到他所谓的百分之百糟糕的事时,就会陷入不良的情绪体验之中而一蹶不振。

因此,在日常生活和工作中,当遭遇各种失败和挫折时,要想避免情绪失调,就应多检查一下自己的思维是否存在一些“绝对化要求”“过分概括化”和“糟糕至极”等不合理想法,如有,就要有意识地用合理观念取而代之。合理情绪疗法是20世纪50年代由埃利斯在美国创立,它是认知疗法的一种,因此采用了行为治疗的一些方法,故又被称之为认知行为疗法。合理情绪疗法的基本理论主要是ABC理论,这一理论又是建立在埃利斯对人的基本看法之上的。埃利斯对人的本性的看法可归纳为以下几点:

(1)人既可以是有理性的、合理的,也可以是无理性的、不合理的。当人们按照理性去思维、去行动时,他们就会很愉快、富有竞争精神及行动有成效。

(2)情绪是伴随人们的思维而产生的,情绪上或心理上的困扰是由于不合理、不合逻辑的思维所造成。

(3)人具有一种生物学和社会学的倾向性,倾向于其在有理性的合理思维和无理性的不合理思维之间。即任何人都不可避免地具有或多或少的不合理思维与信念。

(4)人是有语言的动物,思维借助于语言而进行,不断地用内化语言重复某种不合理的信念,这将导致无法排解的情绪困扰。

2.合理情绪疗法治疗步骤

(1)诊断阶段:在这一阶段,咨询师的主要任务是根据ABC理论对求助者的问题进行初步分析和诊断,通过与求助者交谈,找出他情绪困扰和行为不适的具体表现(C),以及与这些反应相对应的诱发性事件(A),并对两者之间的不合理信念(B)进行初步分析。其中,求助者遇到的事件A、情绪及行为反应C是比较容易发现的,而求助者的不合理信念B则难以发现。咨询师可以根据不合理观念的特征,寻找、发现、准确把握求助者的不合理理念。这实际上就是一个寻找求助者问题的ABC的过程。在进行这一步工作时,咨询师应注意求助者次级症状的存在,即求助者的问题可能不是简单地表现为一个ABC。有些求助者的问题可能很多,一个问题套着其他几个问题。

因此,咨询师要分清主次,找出求助者最希望解决的问题。在此基础上,还要和求助者共同协商制定咨询目标。这种目标一般包括了情绪和行为两方面的内容,通常是要通过咨询使情绪困扰和行为障碍得以减轻或消除。最后,咨询师还应向求助者解说合理情绪疗法关于情绪的ABC理论,使求助者能够接受这种理论及其对自己问题的解释。咨询师要使求助者认识到A、B、C之间的关系,并使他能结合自己的问题予以初步分析。虽然这一工作并不一定涉及求助者具体的不合理信念,但它却是以后几个咨询阶段的基础。如果求助者不相信自己问题的根源在于他对事物的看法和信念,那么以后的咨询都将难以进行。在这一阶段,咨询师应注意把咨询重心放在求助者目前的问题,如果过于关注求助者的过去经历,那就可能阻碍合理情绪疗法的进行。

(2)领悟阶段:主要任务是帮助求助者领悟合理情绪疗法的原理,使求助者真正理解并认识到:①引起其情绪困扰的并不是外界发生的事件,而是他对事件的态度、看法、评价等认知内容,是信念引起了情绪及行为后果,而不是诱发事件本身。②要改变情绪困扰不是致力于改变外界事件,而是应该改变认知,通过改变认知,进而改变情绪。只有改变了不合理信念,才能减轻或消除他们目前存在的各种症状。③求助者可能认为情绪困扰的原因与自己无关,咨询师应该帮助求助者理解领悟,引起情绪困扰的认知恰恰是求助者自己的认知,因此情绪困扰的原因与求助者自己有关,因此他们应对自己的情绪和行为反应负有责任。

咨询师的任务和前一阶段没有严格区别,只是在寻找和确认求助者不合理信念上更加深入;而且通过对理论的进一步解说和证明,使求助者在更深的层次上领悟到他的情绪问题不是由于早年生活经历的影响,而是由于他现在所持有的不合理信念造成的,因此他应该对自己的问题负责。这一阶段的工作可分为以下两个方面:

一方面,咨询师要进一步明确求助者的不合理信念。这并不是一项简单的工作,因为不合理信念并不是独立存在的,它们常常和合理的信念混在一起而不易被察觉。例如被人嘲笑或指责是一件不愉快的事情,谁也不希望它产生,这是一种合理的想法,由此产生的不愉快情绪也是适当的。但同时另外一些信念如"每个人都应该喜欢我,同意我所做的一切,否则我就受不了"也可能混于其中,这是不合理的观念,它会导致不适应的负性情绪反应。因此咨询师要对求助者合理与不合理的信念加以区分。此外,在确认不合理信念时,咨询师应注意把它同求助者对问题的表面看法区分开来。例如一位母亲,常因儿子不爱学习、调皮等行为而生气。有人可能认为"儿子不听我的话"是导致她生气、愤怒的信念。但实际上,这只是停留于表面的想法。真正不合理的信念可能是"儿子就应该好好学习,必须听我的话"等绝对化的要求。因此,在寻找求助者的不合理信念时,一定要抓住典型特征,即绝对化的要求、过分概括和糟糕至极,并把它们与求助者负性的情绪和行为反应联系起来。

另一方面,是使求助者进一步对自己的问题以及所存在的问题与自身不合理信念关系的领悟。仅凭空洞的理论性解说难以使求助者实现真正的领悟,咨询师应结合具体案例,从具体到一般、从感性到理性,反复向求助者说明,使其实现真正的领悟。在进行这一步工作时,咨询师不能急于求成。有时求助者表面上接受了 ABC 理论,也好像达到了一种领悟,但这很可能是一种假象。因为这可能是求助者希望自己的问题得到及时解决,于是他们或多或少地存在讨好咨询师的心理,希望尽快得到一副"灵丹妙药"。这表明他们仍没有认识到自己应对问题负责任,仍希望依靠外部力量解决问题。要检验求助者是否真正达到领悟,咨询师可以引导求助者分析他自己的问题,让他举一些例子来说明问题的根源。

上面所说的求助者对自己的问题难以领悟的情况,实际上是在合理情绪疗法中经常会遇到的阻抗。这种阻抗还可能表现在其他方面,从而使咨询师感到咨询停滞不前,陷入僵化的局面。造成这一类阻抗的原因可能来自咨询师和求助者两个方面。一方面,对于咨询师来说,如果他对求助者的问题假定得太多,没有抓住核心问题,或者自己讲得太多,使求助者限于被动,这都会造成咨询中的阻抗;另一方面,求助者过分关注自己的情绪或诱发事件,没有意识到他现在能做些什么或觉得自己没有能力改变现状,这也是使咨询受阻的主要原因。因此,咨询师应特别注意这些阻碍咨询进程的因素,对其自身的问题努力加以克服;对求助者加以引导,使其从情绪困扰和过去经历的体验中摆脱出来,正视造成这些问题的不合理信念。

(3)修通阶段:这一阶段的工作是合理情绪疗法中最主要的部分。咨询师的主要任务是运用多种技术,使求助者修正或放弃原有的非理性观念,并代之以合理的信念,从而使症状得以减轻或消除。所谓修通,也就是指工作透入的过程。这一术语与精神分析疗法中的名称相同,但却有不同的涵义。在合理情绪疗法中,修通并不是通过情绪宣泄、对梦和躯体症状所做的精神分析治疗的常用技术来实现的。合理情绪疗法不鼓励情绪宣泄,认为这会强化求助者的问题,使其陷入自己的情绪困扰中而不能正视自己的问题。而且合理情绪疗法也把和求助者过去经验的联系限制在一定范围,不去追究这些经验对他目前的影响。

如果说前两个阶段的工作是解说性和分析性的,那么这一阶段的工作则就是技术性和方法性的了。咨询师要应用各种方法与技术,以修正、改变求助者不合理信念为中心进行工作。这是整个合理情绪疗法的核心内容。

3. 合理情绪疗法的常用技术

(1)与不合理信念辩论:这是合理情绪疗法最常用最具特色的方法,它来源于古希腊哲学家苏格拉底的辩证法,即所谓"产婆术"的辩论技术。苏格拉底的方法是让你说出你的观点,然后依照你的观点进一步推理,最后引出谬误,从而使你认识到自己先前思想中不合理的地方,并主动加以矫正。这种辩论的方法是指从科学、理性的角度对求助者持有的关于他们自己、他人及周围世界的不合理信念和假设进行挑战和质疑,以动摇他们的这些信念。

一般来讲,求助者并不会简单地放弃自己的信念,他们会寻找各种理由为它们辩解。这就需要咨询师时刻保持清醒、客观、理智的头脑,根据求助者的回答一环扣一环,紧紧抓住求助者回答中的非理性内容,通过不断重复的辩论,使对方感到为自己信念的辩护变得理屈词穷。但是,咨询师还不能满足于此,因为他的角色不仅是个辩论者,也是一个权威的信息提供者和合理生活的指导者。这就是说,通过辩论,不仅要使求助者认识到他的信念是不合理的,也要使他分清什么是合理信念,什么是不合理信念,并帮助他学会以合理的信念代替那些不合理的信念。当求助者对这些信念有了一定认识后,咨询师要及时给予肯定和鼓励,使他认识到即使某些不希望发生的事真的发生了,他们也能以合理的信念来面对这些现实。

应当注意的是,各种阻力也会在辩论中产生,使辩论显得难以进展或没有效果。出现阻力的原因也在于咨询师和求助者两个方面。首先,如果咨询师在辩论时没有结合对方的具体问题,或没有抓住问题的核心,甚至是为博得求助者的好感而不直接提出他的非理性之处,或提的问题过于婉转和含蓄,那么就会使辩论停留于表面形式。因此,咨询师对要辩论的问题一定要有明确的目标,并做到有的放矢;同时,他一定要保持绝对客观化的地位,对求助者的不合理信念应针锋相对,不留情面,而不要因害怕遭到对方拒绝而姑息迁就。阻力产生的另一方面的原因在求助者本身,主要表现为他对咨询师的辩论和质疑会存有"如果我改变了那么多,那么我就不是我了"或"如果我改变了那些必须、应该的要求,我就会变得平庸,也就没有了前进的动力了。"针对这种情况,咨询师应向求助者指出:改变他的不合理观念并不是消除他的动机。每个人都有获得成功的愿望,但如果要求自己必须或应该成功,这就是一个不容易实现的目标,而合理的想法则会使目标更易实现。

(2)产婆术式的辩论:从求助者的信念出发进行推论,在推论过程中会因不合理信念而出现谬论,求助者必然要进行修改,经过多次修改,求助者持有的将是合理的信念,而合理的信念不使人产生负性情绪,求助者将摆脱情绪困扰。产婆术式的辩论有其基本形式,一般从"按你所说……",推论"因此……",再推论到"因此……",即所谓的三段式推论,直至产生谬误,形成矛盾。咨询师利用矛盾进行面质,使求助者不得不承认其中的矛盾,迫使求助者改变不合理信念,最终建立合理信念。

(3)合理情绪想象技术:求助者的情绪困扰,有时就是他自己向自己头脑传播的烦恼,他经常给自己传播不合理信念,在头脑中夸张地想象各种失败的情境,从而产生不适当的情绪和行为反应。

合理情绪想象技术就是帮助求助者停止这种传播的方法,其具体步骤可以分为以下三步:①使求助者在想象中进入产生过不适当的情绪反应或自感最受不了的情境之中,让他体验在这种情境下的强烈情绪反应。②帮助求助者改变这种不适当的情绪体验,并使他能体验到适度的情绪反应。这常常是通过改变求助者对自己情绪体验的不正确认识来进行的。③停止想象。让求助者讲述他是怎样想的,自己的情绪有哪些变化,是如何变化的,改变了哪些观念,学到了哪些观念。

上面的过程是通过想象一个不希望发生的情境来进行的。除此之外,还有另一种更积极的方法,即让求助者想象一个情境,在这一情境之下,求助者可以按自己所希望的去感觉和行动。通过这种方法,可以帮助他有一个积极的情绪和目标。

(4)家庭作业:认知性的家庭作业也是合理情绪疗法常用的方法。它实际上是咨询师与求助者之间的辩论在一次治疗结束后的延伸,即让求助者自己与自己的不合理信念进行辩论,主要有以下两种形式:RET自助表和合理自我分析报告(RSA)。

①RET 自助表。先让求助者写出事件 A 和结果 C;然后从表中列出的十几种常见不合理信念中找出符

合自己情况的B,或写出表中未列出的其他不合理信念;要求求助者对B逐一进行分析,并找出可以代替那些B的合理信念,填在相应的栏目中;最后一项,求助者要填写出他所得到的新的情绪和行为。完成RET自助表实际上就是一个求助者自己进行ABCDE工作的过程。

②RSA。和RET自助表基本上类似,RSA也是要求求助者以报告的形式写出ABCDE各项,只不过它不像RET自助表那样有严格规范的步骤,但报告的重点要以D即与不合理信念的辩论为主。

除情绪的方法外,合理情绪疗法也接受了许多社会学习的理论观点,并在治疗中应用一些行为技术,但这些技术并不是仅仅针对求助者表面症状,其目的是为了进一步根除不合理信念,建立以合理的观念和情绪稳定性为主的行为。常用的方法有自我管理程序,这是根据操作条件反射的原理,要求求助者运用自我奖励和自我惩罚的方法来改变其不适应的行为方式。另一种方法被称为“停留于此”,即鼓励求助者处于某个不希望的情境中,以对抗逃避行为和糟糕至极的想法。

这些方法都可以以家庭作业的方式进行,目的是让求助者有机会冒险做新的尝试,并根据行为学习原理来改善不良的行为习惯,从而彻底改变求助者的不合理观念。除上面的方法,合理情绪疗法中的行为技术还包括放松训练、系统脱敏等。

四、其他方法和技术

精神分析疗法、行为疗法、认知疗法是公认的有效心理疗法,是社区心理援助师需要学习的三种基本疗法,除此之外,综合积极情绪疗法(请参阅第五章)使用的其他几种疗法,也是社区心理援助师需要掌握的方法和技术。

1. *人际关系疗法* 它是通过人与人进行语言与非语言的积极交流,形成良好的情绪状态,以提高心理激活水平的心理治疗方法。人际关系是通过直接的、对称的、双向的、易于反馈的信息交流和情感交流而实现的,积极的人际关系具有信息沟通功能、情绪移入功能和心理保健功能。在人际关系中,彼此之间的情绪是相互感染的,相互感染的情绪是积极的,这就会形成个人良好的心理环境,这对解决各种心理问题都是有利的。

2. *饮食疗法* 又称食疗,即利用食物来影响机体各方面的功能,使其获得健康或愈疾防病的一种方法。饮食疗法属于灵魂医学范畴,俗话说,民以食为天,医食同源。饮食疗法不仅供给人体生理所必需的营养素,而且还能够调整机体内身心平衡,纠正人体内身心的病理状态。通常认为,食物是为人体提供生长发育和健康生存所需的各种营养素的可食性物质。也就是说,食物最主要的是营养作用。其实不然,中医很早就认识到食物不仅能营养,而且还能疗疾祛病。如近代医家张锡纯在《医学衷中参西录》中曾指出:食物,病人服之,不但疗病,并可充饥;不但充饥,更可适口;用之对症,病自渐愈,即不对症,亦无他患。可见,食物本身就具有养和疗两方面的作用。而中医则更重视食物在养和治方面的特性。

3. *幽默疗法* 幽默由英文单词“humor”音译而来的。英文的这个词来源于拉丁文,本义是体液。古希腊有一位名叫希波克拉底的医生认为,人的体液有血液、黏液、黑胆汁、黄胆汁等,称抑郁是由于体内黑胆汁过盛所致,解决方法是开怀大笑。根据弗洛伊德的理论,幽默可以用社会许可的方式表达被压抑的思想。在他的《笑话和它们同潜意识的关系》一书中,他指出通过幽默,个人可以不需要恐惧自我或超我的反击,自由表达他的攻击(实用的笑话)或性欲,在说笑话时,通过使用反精神宣泄的能量不再需要了,这种能量在笑声中得到释放。笑话像梦一样,通常很快就忘记了,因为他们也用来对付危险的东西。实际上,笑话为了能逗人笑,它必须包含着激发焦虑的东西。根据弗洛伊德的观点,我们只能嘲笑一些令人烦恼的事情。

4. *阅读疗法* 它是一种通过阅读练习或接触其他文字信息材料,帮助来访者舒缓负面情绪困扰,进而达到身心平衡之状态。阅读疗法在国外有读书疗法、书目疗法、图书医疗法、图书治疗法、文献疗法、信息疗法等多种名称。阅读疗法是一种辅助性的心理疗法。它并不直接教导读者如何做才能解决他们目前所遭遇的情绪问题,而是让读者在接触适合的图书信息资源(例如:书本、影片、音乐等)后,对其内容产生认同、净化、领悟,并在经历这些过程后,能对他们目前所遭遇的困难有新的认知与体会,进而解决自身遭遇的问题。

5. *音乐疗法* 是通过生理和心理两个方面的途径来治疗疾病。一方面,音乐声波的频率和声压会引起生理上的反应。音乐的频率、节奏和有规律的声波振动，是一种物理能量，而适度的物理能量会引起人体组织细胞发生和谐共振现象，能使颅腔、胸腔或某一个组织产生共振，这种声波引起的共振现象，会直接影响人的脑电波、心率、呼吸节奏等。科学家认为，当人处在优美悦耳的音乐环境之中，可以改善神经系统、心血管系统、内分泌系统和消化系统的功能，促使人体分泌一种有利于身体健康的活性物质，可以调节体内血管的流量和神经传导。另一方面，音乐声波的频率和声压会引起心理上的反应。良性的音乐能提高大脑皮层的兴奋性，可以改善人们的情绪，激发人们的感情，振奋人们的精神。同时有助于消除心理、社会因素所造成的紧张、焦虑、忧郁、恐怖等不良心理状态，提高应激能力。

6. *运动疗法*　是指利用器械、徒手或来访者自身力量，通过某些运动方式（主动或被动运动等），使来访者获得全身或局部运动功能、感觉功能恢复的训练方法。康复医学所要解决的最常见问题是运动功能障碍，运动疗法是康复治疗的核心手段，是心理治疗的辅助手段。运动疗法主要采用运动这一机械性的物理因子对来访者进行治疗，着重进行躯干、四肢的运动、感觉、平衡等功能的训练，包括关节功能训练、肌力训练、有氧训练、平衡训练、易化训练、移乘训练、步行训练。

7. *芳香疗法*　起源于古埃及等古文明，近代盛行于欧洲，是使用精油来达到舒缓精神压力与增进身体的健康。芳香疗法总体上属于保健的范畴，芳香疗法的物质产品以精油为基础，精油萃取于多种具有草药性能的植物，其作用于人体，又具有杀菌、消炎、调节内分泌、改善机体代谢水平与免疫能力等作用，同时还有局部理疗、治疗的作用。精油含酮、酯等化学成分，这些成分决定它的治疗特性，可透过直接吸入、沐浴、按摩等方式来使用，改善焦虑、疼痛、疲倦、伤口愈合及调整心情。精油主要通过嗅觉神经影响脑的边缘系统和通过皮肤渗透进入体内，也可能造成皮肤过敏，建议在专业人士指导下使用。

第三节　自然催眠疗法在社区心理援助中的应用

一、自然催眠的缘起

任何技术创新都是建立在吸收借鉴前人已有的技术成果的基础之上的，我们并不是“发明创造”了自然催眠，只是在继承前人的催眠技术成果（特别是艾瑞克森催眠和经络催眠）的基础上，从中华传统文化中吸收融合了丰富的哲学思想、心理学思想和人文关怀的精神营养，发展了催眠学的理论假说和操作技术，在实践中自然总结形成了自然催眠这一本土化催眠学体系。

自然催眠体系的诞生过程，其实主要是从 1995 年开始在这 20 年来的不断学习、实践、创新、总结、提炼中逐渐自然发生和发展起来的。我们把催眠和其他心理学技术方法进行操作层面的整合，大量运用于心理咨询、企业培训、学校教育、婚姻情感、家庭关系、养生保健、个人心灵成长、美容美体健身、部队心理服务等众多实践工作领域，探索研发了许多原创性的操作技术方法，总结了初步自成体系的理论架构，形成了一个理论技术体系。在 2007—2008 年我们把这个理论技术体系命名为“自然催眠疗法”，2012 年后改称为“自然催眠体系”，简称“自然催眠”。

二、自然催眠体系中的“自然”的含义

“自然”，既表明自然催眠技术的具体操作过程可以做到非常自然顺畅，完全跟随和贴近来访者，更重要的在于，自然催眠体系的很多理念和操作方法渊源于中华传统文化，带有非常明显的中国本土化心理学的基因。其中道家思想、道家哲学在自然催眠体系中有着独特突出的影响，比如“自然”“无为”“阴阳和合”等等。“自然”既能富有代表性地体现中华传统文化的特色，又能呈现自然催眠技术在操作层面自然流畅的技术特点，所以我们就用“自然催眠”来命名这一理论技术体系。其中自然的基本含义可以归纳为以下四个方面：①天人合一，道法自然的天人观和人性观；②自然，意味着充分尊重和运用人的自然属性的一面；③在操作层面顺应求助者内心背景和当下自然状态，选择相应的方式和时机；④自然，意味着跟随、陪伴和引导，跟随是基础。

三、自然催眠体系和一般的其他催眠不同（自然催眠的三大特点）

1. *自然催眠的本土化发展道路*　自 1995 年把催眠技术结合运用于专业心理咨询的实践过程中，我们

越来越深刻地相信和体会到：一方面，中国人的文化传统、生活方式、经济形态、家庭结构、社会环境等各个方面都有着自己独特的地方，所以必然在心理特征、心理变动过程和行为方式等方面也有自己的特点；另一方面，我们也认为，心理学发展水平的高低，从宏观尺度上看，不仅是看其心理学的实验成果或者技术方法的诞生，更取决于其本民族传统文化的积淀深度和丰富程度，德国心理学界大师辈出就是明证之一。中华民族有源远流长、极其丰富的传统文化的宝藏，当然也应该而且能够从中吸取哲学思想、心理学思想和人文关怀的精神营养，融合于当代心理咨询和催眠学的发展实践中，在继承的基础上创新，走真正本土化的发展道路。正因为自然催眠体系根植于中华传统文化的土壤，从而具有强大的生命力和广阔的发展空间，是适合中国人学习和运用的本土化催眠学理论技术体系（图4－2）。

图4－2　自然催眠理论技术体系和培训教学体系

2. 自然催眠是强调实用实效性的催眠学体系　自然催眠是"从实践中来，到实践中去"的学问，是在长期的实践运用中总结形成的，是为了解决人的身心健康的问题，实现心灵成长、自我充分发展和人的精神自由的学问，所以从技术层面而言，实用性和实效性是自然催眠存在和发展的根基之一。

从实用性来说，自然催眠已经大量地运用在心理咨询、企业培训、学校教育、婚姻情感、家庭关系、养生保健、个人心灵成长、美容美体健身、部队心理服务等众多实践工作领域，自然催眠不只是心理学专业人士或者催眠师才可以学习和运用的，所有追求身心健康和心灵成长和家庭幸福的人士都可以通过学习和运用自然催眠的方法来帮助自己和他人过得更好、更幸福。

从实效性来说，自然催眠体系的学员们多年来的实践经验表明，运用自然催眠的技术方法，能在心理助人方面起到"快速改变，持久有效"的工作效果。比如，对各种身心压力状态和情绪问题的调整，1～2次即能呈现作用；对于入睡困难问题，多数人通过系统地催眠调节能在20～30分钟自然顺利地入睡；对于成长经历中的心理创伤的处理，对于婚姻家庭关系方面的各种问题，通常3～5次就会出现较为明显地改善；甚至曾经有强迫症的咨询两次就基本处理好并且没有再复发的例子。

同时，自然催眠又不仅仅是各种技术技巧的堆积和集合，而是一个自成系统的理论技术体系（图4－3），这也是自然催眠作为一个催眠学体系区别于其他一般催眠术或者催眠培训课程的地方。

古人云：文以载道。在自然催眠中，我们是"术以载道，道以德承"。

3. 自然催眠的开放、兼容、吸收、整合　催眠本身不是一个改变性的治疗技术，而只是一种引发意识状态和身心状态产生变动的操作程序，引导人的身心进入到潜意识（催眠）状态中。因为在潜意识（催眠）状态下人的身心状态和功能具有更大的弹性（也可以称为"可塑性""灵活性"），所以我们可以运用催眠状态帮助自己和他人更有效地实现心理和行为正向积极的改变。基于这样的基本观点，所以自然催眠体系的

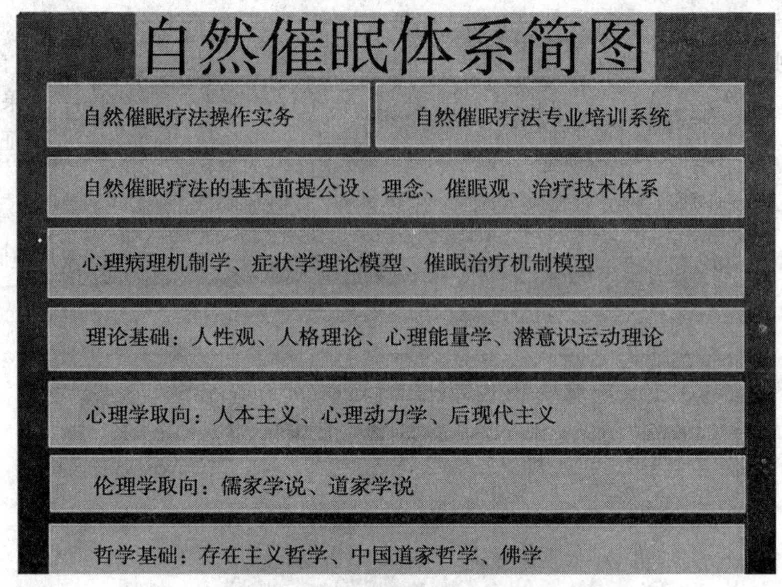

图4－3　自然催眠体系的基本框架

特点之一就是开放、兼容、吸收、整合。

四、自然催眠技术的基本工作模式与操作流程

催眠引导是改变人的意识状态从而进入潜意识心理过程的行之有效的技术工具，催眠引导是手段，在催眠状态下解决心理问题和行为问题，帮助来访者实现他（她）所希望和需要的正面积极的改变目标，这才是催眠技术应用的重点和关键点。

1. 把催眠技术整合运用于心理咨询过程的基本工作模式和操作流程　自然催眠技术的操作过程是可以和专业心理助人工作高度紧密结合的，在社区心理援助工作中，无论是一对一的心理咨询服务，还是在社区开展的团体心理辅导活动，都可以运用自然催眠技术。在一对一心理咨询中运用自然催眠技术的基本工作模式有两种：

（1）工作模式A：在心理咨询过程中整合使用催眠的技术手法。

在A模式下，社区心理援助师在和来访者进行咨询会谈过程中，对于发现的某些心理问题，直接采用相应的催眠治疗技术去进行有效处理。

（2）工作模式B：是以催眠治疗的形式为主，进行系统、长程的催眠治疗的常见操作模式。

工作模式B的基本操作流程是：催眠前会谈——催眠感受性测试——催眠引导——催眠加深——催眠治疗（心理问题的解决和改变）——催眠唤醒（解除催眠）——催眠后会谈。

2. 自然催眠放松引导过程的基本步骤　自然催眠技术的放松引导过程包括以下环节：开场技巧——催眠引导——体验放松——催眠唤醒（解除催眠）。

下面对各环节常用的引导语进行示范。

（1）自然催眠技术在催眠引导阶段常用的开场技巧："嗯，好的。当你觉得准备开始的时候，就可以选择一个你觉得舒服的地方和姿势坐（躺）好，然后把眼睛闭起来。眼睛一闭上，人就容易放松下来。你还可以调整一下你的姿势，让自己更放松一些。做5次深呼吸，每一次呼吸都会让你更加放松。接下来……"（然后过渡连接到主要的引导过程）。

（2）自然催眠技术常用的催眠引导技巧

①倒数放松法。"接下来，我将会从20慢慢地倒数到1，每数一个数字，你都会越来越放松，越来越深沉。当我数到1，你就会进入一种非常棒的催眠状态。准备开始进入的时候，你点点头我就知道了。（点头后）好，注意听我数数。1，能听到我的声音；2，呼吸越来越平缓；3，身体越来越放松；4，注意力越来越集中；

5,越来越放松;6,越来越深沉;7,越来越放松了;8,越来越深沉了……,完全放松,完全深沉,非常好。在不知不觉中,你就已经进入到放松并且深沉的催眠状态中了。"

②呼吸放松法。注意,事先应与个案沟通,以往放松习惯是从头到脚,还是从脚到头,来确定放松顺序,但一旦确定就要依次进行,不可跳跃不定。

(以下催眠引导语以从头到脚为例)

如果心中浮现任何感觉或感受,让它们像蓝天中的浮云一样飘过。

想象在打哈欠或假装自己在打哈欠,感觉嘴周围的肌肉、鼻子放松,眼部、额头放松了……整个头部也放松了。

舌头轻轻地接触上腭,吸气使肺部充满,闭气,再慢慢从鼻子吐气,同时察觉舌头也放松下来……

吸气使肺部充满,闭气,再慢慢从鼻子吐气,察觉颈部肌肉也放松下来……

吸气使肺部充满,闭气,再慢慢从鼻子吐气,同时察觉手臂正在放松……

察觉手肘、手腕、手背、手心、手指头都在放松……

吸气使肺部充满,闭气,再慢慢从鼻子吐气,同时察觉肩膀正在放松……

吸气使肺部充满,闭气,再慢慢从鼻子吐气,同时察觉胸部正在放松……

吸气使肺部充满,闭气,再慢慢从鼻子吐气,同时察觉腹部正在放松……

吸气使肺部充满,闭气,再慢慢从鼻子吐气,同时察觉上背部正在放松……

吸气使肺部充满,闭气,再慢慢从鼻子吐气,同时察觉下背部正在放松……

吸气使肺部充满,闭气,再慢慢从鼻子吐气,同时察觉腰部正在放松……

吸气使肺部充满,闭气,再慢慢从鼻子吐气,同时察觉臀部正在放松……

吸气使肺部充满,闭气,再慢慢从鼻子吐气,同时察觉大腿正在放松……

吸气使肺部充满,闭气,再慢慢从鼻子吐气,同时察觉小腿正在放松……

吸气使肺部充满,闭气,再慢慢从鼻子吐气,同时察觉足部正在放松……

察觉脚底、脚趾、脚背、脚踝放松……完全放松,完全深沉,非常好。在不知不觉中,你就已经进入到放松并且深沉的催眠状态中了。

③体验放松。在简单放松引导中,社区心理援助师可以做如下暗示语的反复暗示:"嗯,非常好,就这样一边放松,一边注意体验你的身体随着呼吸起伏变化的感觉。每一次呼吸都会让你更加放松,精力更充沛,身体更健康。"

(3)自然催眠疗法在催眠唤醒阶段常用的唤醒技巧:"嗯,很好,就这样放松休息,每一次呼吸都会让你更加放松,精力更充沛,身体更健康。待会,我将会从1数到10,每数一个数字,你都会越来越清醒,同时精力越来越充沛。当我数到10,你再睁开眼睛,当你睁开眼睛,你会感觉自己身心轻松,精力充沛,感觉非常好!注意,我开始数数了。1,能听到我的声音;2,越来越清醒;3,我的声音越来越清楚了;4,越来越清醒了;5,身心轻松,精力充沛,感觉很好;6,越来越清醒了;7,感觉越来越好;8,身心轻松了,精力更加充沛了;9,活动你双手的手指,双脚的脚趾,活动你的颈部、肩部、背部和腰部,然后做一次很深的深呼吸,深深吸气到极点后屏住呼吸,双手用力握拳,全身肌肉绷紧,体验这全新的充满力量的感觉;10,带着微笑睁开眼睛,看看,感觉会很好,是不是。"

五、自然催眠技术在社区心理援助中个案工作的应用

对于实现人的心理和行为改变来说,催眠技术是一个可操作性强的、行之有效的用途广泛地工具和方法。因为人的心理和行为改变的心理因素,都普遍而直接地受到人的潜意识心理过程和心理内容的影响,而催眠恰恰是与自己或者他人的潜意识直接沟通的有效方法,可以通过催眠进入潜意识系统,从而修正和塑造心理与行为。所以,催眠技术可以广泛地应用于很多方面(图4-4)。

自然催眠技术在社区心理援助工作中的应用非常广泛而有效,但同时,自然催眠技术的操作也有非常严谨的专业要求,并且使用催眠技术的社区心理援助师一定要经过自然催眠体系的专业训练,才能确保在实际应用中的安全性和有效性。这既是对我们的工作对象负责,也是对社区心理援助师和社区心理援助

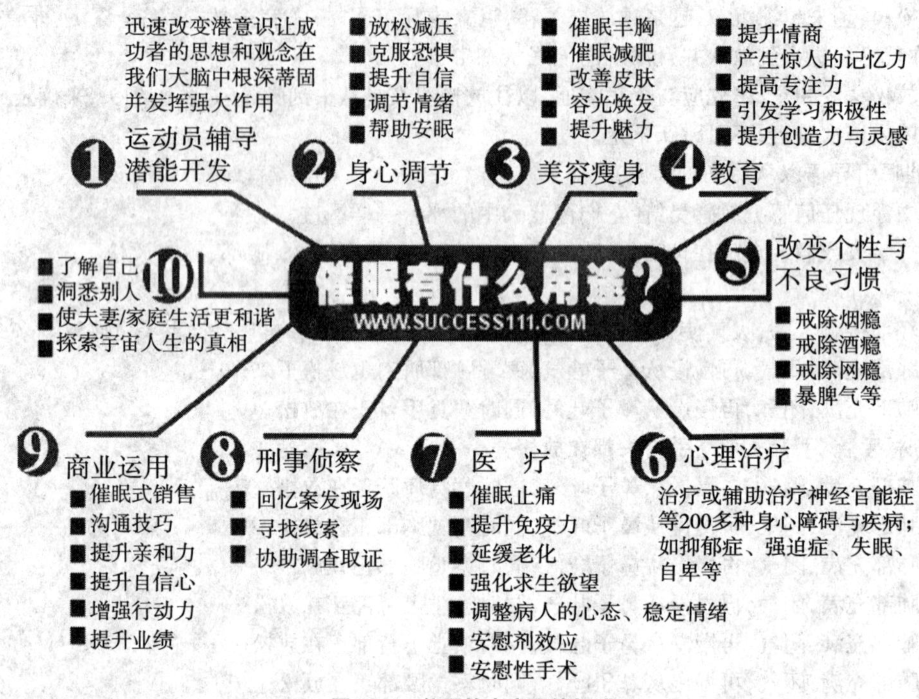

图4-4 催眠技术应用的领域

工作负责。

社区心理援助师在社区心理援助工作中运用自然催眠技术的三个基本要求:①实事求是的科学态度;②必要的专业催眠技术训练;③根据实践工作的目标和要求运用催眠技术解决具体问题。

六、运用自然催眠技术处理常见睡眠问题的操作方案

在社区居民的身心健康状况中,睡眠问题是最普遍、最常见的问题之一,而在各种睡眠问题中,又以入睡困难最为突出。所以,以下介绍自然催眠技术模拟睡眠情境的暗示治疗的催眠引导语范例。

范例:自然地开场技巧——催眠引导的过程——好的,非常好,就这样,体验自己现在完全放松,完全深沉的状态,很舒服的感觉。你可以一边体验自己现在的感觉,一边还记得你的目标,你是要体验在平时睡觉的时候能够身心放松,自然、顺利入睡的感觉,对吧。我要请你再次确定自己的目标,确定了,点点头我就知道了。(点头以后)非常好,确定了,你就可以带着这个目标,来开始接下来的治疗。接下来,因为你是要体验在平时自然、顺利入睡的感觉,所以我将会从1数到3,当我数到3的时候,请你在脑海中想象看到你平时睡觉的那个场景、那个房间。看到了(想象到了),点点头让我知道。你也可以注意看看房间里的光线如何,以及你准备躺上去休息的那张床所在的位置。接下来,请你以你自己的方式,做好在上床休息睡觉前的所有准备。准备好了么,好的,当你准备好了的同时,也在不知不觉中走到了你休息的床边,并且以你习惯的方式躺到床上。当你躺下的时候,一边能够体验到你的背部、腰部和腿部与床面接触舒服的感觉,一边能体验到你的头部和颈部枕在枕头上,轻松舒适的感觉,同时,你也能看到周围的一切。当你这样闭着眼睛的时候,也能体验到眼皮这样自然地覆盖在眼球上,轻松舒适的感觉。一边享受这样的感觉,一边体验你的身体正随着呼吸自然地起伏变化,每一次呼吸都让你有更放松、更深沉的感觉(后面就按5-4-3-2-1引导法的套路进行)。就这样一边能够体验到你的背部、腰部和腿部与床面接触舒服的感觉,一边能体验到你的头部和颈部枕在枕头上,轻松舒适的感觉。而当你这样闭着眼睛的时候,也能体验到眼皮这样自然地覆盖在眼球上,轻松舒适的感觉。一边享受这样的感觉,一边体验你的身体正随着呼吸自然地起伏变化,每一次呼吸都让你有更放松、更深沉的感觉;就这样体验到你的背部、腰部和腿部与床面接触舒服的感觉,一边享受这样的感觉,一边体验你的身体正随着呼吸自然地起伏变化,每一次呼吸都让你更放松、更深沉的感觉,并且大脑也越来越宁静下来了;就这样体验你的身体正随着呼吸自然地起伏变化,每一次呼吸都让你

更放松，更深沉的感觉，并且大脑也越来越宁静下来了，整个人觉得轻松、舒服；就这样在不知不觉中，你已经完全放松和深沉了，大脑也宁静下来了，同时整个人觉得轻松、舒服，并且从头到脚，从身体到心灵都完全放松深沉了。在这样的状态里，你随时都可以去享受自然放松、顺利入睡的感觉。甚至在这个过程中，你的大脑和身体已经有一段时间入睡过了，享受到自然放松、顺利入睡的感觉了。同时你也能体验到，当你的身体和心灵像这样足够放松的时候，你就会自然顺利地入睡了。——最后，当来访者充分体验到自然放松、自然入睡的感觉以后，再过渡到催眠唤醒过程。

七、运用自然催眠技术处理身心压力问题的操作方案

身心压力问题也是当代都市人普遍感受到困扰的问题之一，社区居民中因为身心压力而导致影响自己身心健康以及家庭关系、邻里关系的情况很多。所以，以下介绍自然催眠技术处理身心压力问题的工作步骤和主要催眠引导语范例。

(1)沟通关于日常身心压力的状态和感觉，明确目标。

(2)催眠放松引导。

(3)再次以视觉化的方式呈现身心压力的画面，同时在身体的某个部位体验到压力感。“因为你也愿意帮助自己化解压力，让身心都轻松舒服，所以我邀请你在脑海中呈现那个让你过去在平时感觉到压力的场景或者画面，同时以你自己的方式体验到那份压力给你的身体和心理带来的感觉。当那份压力的感觉在你身体的某个部位被你所感受到的时候，你点点头让我知道。”

(4)化解压力感。“嗯，好的，你能用你自己的方式感受到那份压力的感觉，同时，请你用自己的方式把压力的感觉传递到你的双手。当在不知不觉中把压力传递到你的双手了，你再点头示意让我知道。(点头后)接下来请你注意，我要请你完全集中注意力，集中你内在的能量来帮助自己，帮助自己化解现在已经到你手上去了的那份压力的感觉。当我从 1 数到 3，你就开始做深呼吸。当你吸气到极点的时候，请你屏住呼吸，双手用力握拳，想象把压力的感觉用力挤出你的手掌。然后在某个你准备好了的时刻，你用力长长地吐气，呼——的一声，想象把一股黑气从你的胸部经过你的口腔呼出你的身体，同时双手十个指头用力张开顺势一甩，去体验把手上那些压力的感觉完全扔出去，并且整个人感觉到更加轻松、舒服。准备好了么？注意，1、2、3，开始，自己去做。”

这个过程可以反复多做几次，每一次呼气释放压力后都给对方半分钟到 1 分钟的时间，去体验和感受自己的身体和心灵更轻松、舒服的感觉，同时可以暗示“非常好，就这样去体验自己身心放松的感觉，每一次呼吸都会让你越来越轻松，越来越舒服。感觉非常好，体验到更轻松了，点点头让我知道。”

(5)解除催眠后唤醒即可。

八、运用自然催眠技术进行自我催眠调节的操作方案

1. 自我催眠的基本流程　确定目标和方案——设置醒复信号——自我催眠诱导——自我加深(此环节可以不做)——视觉化处理(治疗)过程——输入正面信念(正面的积极自我暗示)——自我补充心理能量——解除自我催眠。

2. 确定目标和方案　实施自我催眠的目标和方案：也就是为何要进行自我催眠，是解除心理困扰，还是改善睡眠，或者是开发潜能呢？一定要目标明确具体后再拟订实施方案。比如：对于癌症的辅助治疗或消除癌症带来的紧张恐惧心理，可先通过视觉化想象的方法，想象并体验癌细胞消亡的过程，然后给自己输入自己的身体逐渐恢复健康的正面信念。

3. 自我催眠时间和醒复信号　自我催眠时间一般 30 分钟左右，少数情况下可短或较长，如为消除疲劳则需时可短些，对一些复杂的问题可延长时间，甚至持续一小时之久。醒复的信号可根据催眠时间限定而自行醒来，要知道潜意识中的生物钟到你规定的时间内会准时唤醒你，不必担心。无论在自我催眠前或自我催眠状态中自己唤醒自己时一定要暗示自己醒来后很轻松、愉悦。

4. 自我催眠引导方法　当催眠目标、方案等准备就绪后，根据个人习惯选择适合的自我催眠引导方法。可以把前面所学习的关于催眠引导的方法用于自己给自己实施，也是自我催眠引导的有效方法。

5. 视觉化处理　发挥视觉想象能力，在脑海中观想当自我调整的目标实现以后，自己所拥有的全新的外在形象、内在感觉和身心状态。实现目标后的状态越是想象得生动具体，越是栩栩如生，所起到的身心改变的效果就越好。

6. 输入正面信念　也就是在充分体验上述第5步视觉观想的画面场景后，进行正向积极的自我心理暗示。正向积极的自我心理暗示语要符合以下6点要求：

(1)使用肯定的语气。

(2)使用简单的句子形式。

(3)暗示内容是自己相信的。

(4)暗示内容的结果是可衡量的。

(5)使用现在时的表达方式。

(6)达到暗示的目标可获得相应的好处。

自然催眠技术还可以运用在社区心理援助工作和其他很多方面，比如：处理婚姻家庭问题、青少年教育问题、情绪管理问题、人际关系问题、社区团体心理援助工作等。关于处理这些方面的问题的催眠技术操作方法，我们会在面授课程中根据大纲要求和学员需求进行现场示范和互动体验练习相结合的教学。

第四节　社区家庭的婚恋、亲子、家暴问题的援助

一、社区家庭的婚姻问题援助

所谓婚姻，是为社会所认可的，特别涉及男女双方制度化的匹配安排。现代婚姻是以爱情为基础，又是家庭产生的前提，家庭是“以婚姻关系为基础，并由血缘关系或收养关系组成的共同生活的社会组织。家庭关系则既包括夫妻关系，也包括亲子关系，从广义上理解，还包括了各种血亲和姻亲关系。”婚姻和家庭表达了特定的文化内容，包括性观念、生育观念、婚姻观、家庭观、特定民族或地区的特定婚俗，以及特定的家庭生活方式等。

随着城市化进程的不断推进，过去的稳定婚姻家庭出现了一些新的发展势头。离婚率上升，违法婚姻不断增多，且呈蔓延趋势。这种情况的存在，对一夫一妻的婚姻制度形成严峻挑战。

(一)大龄未婚和独身浪潮

所谓大龄未婚人口，是指那些过了社会上通行的结婚年龄即“婚姻适龄期”而尚未婚配的28～49岁的男女，不包括离婚、丧偶。大龄未婚人口有两个显著特点：

1. 无论从未婚人口总数来看，还是从各个年龄段来看，未婚男性人数都远远多于未婚女性人数。

2. 年龄愈大，大龄未婚男女人数相差愈多。另外，男女在文化水平上有很大的差异，未婚男性的文化水平普遍较低，且主要集中在农村或穷乡僻壤，而未婚女性的文化水平相对较高，主要集中在城市尤其是大城市，所以这两个群体的婚姻难问题很突出。

当代又出现了另一现象，即很多白领男女自愿晚婚或不婚，即所谓的“单身贵族”。他们有较高的经济收入和社会地位，为了有更多的时间和精力工作、学习和享受生活，不愿轻易走入婚姻，为家庭所累。现在，这一生活方式已经得到白领阶层的广泛认同，并形成了一种时尚。

(二)家庭暴力

目前，家庭暴力问题正呈显著的上升趋势。由于社会经济、历史、文化的原因，以及妇女自身的特点，家庭暴力主要表现为夫对妻的暴力。施暴手段也多种多样，日趋残忍。家庭暴力不仅严重伤害了妇女的身心健康，也影响到社会的安定。据有关部门调查，中国女性犯罪率一直是偏低的，如今女性犯罪率有所增加，与她们在家庭中遭受暴力和虐待有着直接关系。一些妇女“以暴制暴”的报复行为大多是在被逼无奈和无助的情况下采取的。

1. 男权文化和夫权思想的影响　它使得男人对女人的暴力合理化，不仅男人认为打妻子很正常，而且受害的妻子也这样认为。男女在家庭和社会中客观存在着不平等地位，大多数家庭中男人有经济基础，有

政治权力,丈夫统治妻子。女性由于在经济上的依赖性削弱了她们的权力,使她们不得不服从男人。她们不仅易受暴力伤害,而且也不能挑战和抵抗暴力。

2. 社会宽容的助长　家庭暴力长期以来被视为家庭私事,邻居不劝、居委会不问、单位不管、不出人命执法机关不理,从而成为"四不管"的真空地带。这种"不管"实际上是默许丈夫对妻子的暴力行为。不愿介入,惩治过轻实际上是对施暴者的姑息纵容。

3. 社会整体的文化素质偏低　北京婚姻家庭研究会举办的大型婚姻家庭质量调查显示,丈夫是否打过妻子这一点与年龄、教育程度、职业有关。年轻的、教育程度低的以及除干部、知识分子以外的人有更大的概率打过妻子。另有资料显示,施暴者呈现"四多"的特点,即丈夫虐妻多、30~40岁年龄段多、初中以下文化程度多、工人多。

(三)离婚问题

离婚意味着婚姻解体,家庭解组。"离婚自由"的口号由资产阶级在18世纪率先提出,它是对封建制度的一种反抗。1792年法国在人权宣言中确认了离婚自由的个人权利。从那以后,离婚的人数缓慢增加,但是最近几十年来,离婚率呈现陡涨的趋势,离婚问题已经成为最突出的婚姻家庭问题。它不仅具有世界性,而且还带来了一系列后续问题,如单亲家庭、再婚家庭、独身者增多等。

1. 离婚原因　从家庭的微观角度讲,离婚的原因各家各异。概括起来大概有以下几种:兴趣不同、家务矛盾、草率结婚、生活作风问题、性生活不和谐、家庭暴力、一方病残、一方犯罪以及其他一些原因,如两地分居,不良生活习惯(赌博、酗酒)等。从社会学的宏观角度分析离婚原因,国内外学者已经做了很多工作,形成的观点主要有以下几点:

(1)当代婚姻脆弱的主要原因来自社会的变迁:社会主义市场经济带动了整个社会流动,而这种社会流动所形成的大面积的社会交往,势必冲击婚姻家庭;过去离家不易,与他人"老死不相往来",现代科技的发展,便利的交通、通讯等,使得家庭的活动天地大大扩展,人们的交往频率、交往范围都增大了;在这种情形下,婚姻就不那么牢固了,见一个不一定思迁,见千万个就不能保证不思迁了。

(2)婚姻的脆弱很大程度上反映了转型期社会关系的脆弱;旧的观念、旧的道德规范被打破了,但新的观念、新的道德规范尚未确立,在这种新旧观念交替过程中,离婚率必然偏高。

(3)婚姻脆弱、离婚率高:这是工业化国家中普遍存在的问题,是跨文化现象;婚姻的脆弱与婚姻基础有关;有些人认为婚姻只要有爱情就足够了,忽视了婚姻的世俗性,其实婚姻上的完美主义只能使人步入误区。

从总体上说,离婚率的高低是受社会经济、政治、文化、道德、民族传统、社会习俗等诸因素共同制约的。中国正处于一个社会大变革时期,社会生活的方方面面都在发生快速的变化,很多影响婚姻家庭稳定的因素发生了变化。从社会宏观角度讲,道德和法律是相辅相成的两大武器。社会应倡导新的婚姻家庭伦理,既不同于传统落后的"三纲五常"等,也不同于西方的极端个人主义、性自由等,应该是肯定人性的,也是庄重严肃的。

2. 消极影响　离婚者自身要面对生活水准的降低,责任压力的加大,感情的创伤和孤独,不良舆论的困扰等。单亲父母由于生活的压力,可能对孩子的生活起居照料不周。但更为严重的是,离异家庭子女的心理发育受到影响。通常父母离异已经给孩子造成巨大的心灵创伤,他们比普通家庭的孩子更敏感,更缺乏安全感,如果没有加倍的家庭温暖来补偿,他们会觉得自己受到了忽视,很不幸,于是自暴自弃。在多次社会调查中发现,离异家庭的孩子学习成绩可能受到影响,他们在同龄人中的犯罪率较高。

3. 积极功能　对孩子而言,如果生活在父母婚姻关系已经名存实亡,经常发生矛盾冲突的家庭,会感受到父母之间的敌视,也很可能成为父母的出气筒,这些会使孩子过早地对人与人之间的关系感到失望,从而对其生理和心理健康及性格的形成产生消极影响。如果父母离婚,孩子就能摆脱冷漠、敌视和怨恨的家庭氛围。这对孩子的健康成长无疑是一件好事。对夫妇本人而言,离婚消除了紧张的根源,使他们得以平静轻松地生活。

防止离婚就要尽量保持婚姻的稳定,一方面,婚前的恋爱阶段应尽量做到深入了解对方,如对方的兴趣爱好、人品学识、健康状况、家庭背景、生活习惯等。同时对待结婚要慎重,不能草率决定,应尽量考虑周全。另一方面,婚后则应该尽可能以宽容的心态来对待对象。俗语说,婚前要睁大眼睛,婚后要半闭眼睛。

二、社区的家庭亲子问题援助

一个人从出生到死亡无时无刻不受到家庭的影响,尤其是儿童家庭的教育方式和方法对孩子的影响可能会伴随其一生的发展。很多心理学家提出了关于家庭教育的思想,家庭是孩子出生后接触到的第一个社会团体,家长是孩子的第一任老师,家长的观念态度、行为模式会在潜移默化中成为孩子的性格倾向,这个倾向是在学龄前期形成的。一般情况下,人的性格会沿着这个倾向发展下去。那么家长的一言一行、一举一动都印在孩子纯真无邪的眼里、心上,在孩子懵懂无知的时候,她只是模仿和接受。所以父母在家里的言谈举止对孩子的影响是不可忽视的。

(一)援助计划提出的背景

1. *学生学习与生活中因心理原因而导致的问题已经成为大多数家庭的头等大事* 家庭教育应注重孩子学习兴趣的培养和学习习惯的养成。在学习方面,家庭教育的主要任务是指导和监控,要着力培养孩子的学习兴趣和习惯。“兴趣是最好的老师”,有了兴趣,必然乐学、会学、学得好。父母要发现孩子对啥感兴趣,只要是正当的,家长都应支持、鼓励、培养,但要防止走偏。家长要指导和监督孩子的课外阅读,课外阅读的内容要健康,符合孩子的年龄特点及鉴赏能力。对孩子的学习制订合理的目标,提出适当的要求,通过赏识、表扬、激励,培养他们的学习兴趣,增强学习内驱力,引导他们把远大理想和现实生活、学习结合起来,端正学习态度,改进学习方法,主动地学习、进取,养成良好的学习习惯,为终生学习、终身创造打好基础。

2. *因教育价值取向走入误区而导致的家庭教育问题* 当今一些青少年身上,不尊重父母、不热爱劳动、不珍惜劳动成果,说谎、自私、任性甚至虚伪、凶残等不良品质时有呈现,令人担忧。这一问题的解决,还有赖于学校、家庭、社会密切配合。一个好的家长胜过一百个好老师,此乃形象逼真地说出了家庭教育的重要性。要通过提出要求、督促落实、熏陶感染、潜移默化,加强对子女关心他人、尊老爱幼、诚实守信、热爱劳动、艰苦奋斗等基础道德的教育,培养子女应有的思想感情和责任感,养成良好的学习习惯和行为习惯,促进其良好道德素养的形成。

3. *由于孩子学习问题而导致父母与孩子关系紧张* 每每考试完后,不管是孩子,还是家长都应该是短暂放松一下,但是很多家庭却因为孩子的成绩不理想而阴云密布,闹得不亦乐乎。家长抱怨是因为孩子的成绩太气人了,是孩子的成绩导致我们的关系紧张,却没有想过亲子关系对孩子成绩的影响。

4. *由于学习方法不对头,很多学生学习效率很低* 一部分学生没有养成课前预习、课后复习的习惯,仍满足于“喂一口吃一口”的学习方法。知识掌握只重视结论,生搬硬套,思维定势强,有疑问也不及时弄清楚,学习抓不住重点。投入了时间,却没有得到好的效果。有些学生心理素质差,自尊心强,经不起老师、同学、家长等方面的冷落和刺激。因此要根据他们的心理特点,给予充分的尊重、理解和信任,保护他们的自尊心,捕捉到孩子的闪光点,及时给予肯定和表扬,使学生形成积极的情感体验,增强学生的学习自信心、进取心。

5. *家长面对孩子的教育问题,感到茫然* 《2014 中国城乡家庭教育现状白皮书》显示,近四成家长不懂教育方法,家长教育观念亟需进步。家长在孩子教育上存在很多问题,其中不知道教育方法的占37.82%,没时间教育孩子的占26.19%,家庭成员意见不一的占15.93%;仅有27.61%的家长对孩子的学习成绩表示满意;33.36%的家庭结构模式是三世同堂,两代人如何共同教育好孩子,以及隔代教育的问题是困扰很多家庭的问题。这些数据反映了中国家庭教育的现状、需求,也让人直接看到存在的问题——家长教育观念的进步与实际行为存在明显差异;家长获取家庭教育知识的途径比较单一;家长的教育还经常使用打骂、处罚和唠叨等错误手段来进行;家长更多地重视孩子学习,价值观教育不足,意志力和抗挫力的培养也较少。

近年来,家庭教育被赋予了越来越高的要求,家长责任与能力之间的不匹配要靠什么来抹平,家长无证上岗的局面如何改变,如何帮助中国当代家长掌握新时期家庭教育的新理念、新方法,建立科学的家庭教育体系,进而为广大青少年健康快乐智慧地成长创造宽松和谐的家庭环境,是各方人们共同关心的话题。针对家长的教育困惑,社区心理援助旨在帮助家长问诊家庭教育,兼具指导性、服务性、互动性和普惠性等四个特点,家长有机会、有能力参与到学习中来,在与专家零距离的交流中走出家庭教育误区,建立全新的家庭教育体系。

6. 升学压力给学生带来的心理问题亟须帮助解决 初三、高三都是学生学习生涯的转折点,面对中考和高考,学生心里都会或多或少存在压力。以高三学生为例,高三“起航”了,高压随之款款而来。很多人提起压力,总带着一种“谈虎色变”的语气和神态。家长们在焦虑的同时也把自己的情绪传染给了孩子,不但不能帮助孩子缓解压力和焦虑,还增加了心理负担,所以如何正确面对学生的心理问题,是家长急需解决的。

7. 考试压力是很多学生挥之不去的心病,亟须解决 比起初中生的中考,高中生承受着更大的压力。初中考高中时,分数不够可以花钱择校,而高考必须达到一定的分数线,这条分数线,在高中生的心里形成了一道屏障。有的高中生被沉重的学习负担压得喘不过气来。加之家长望子成龙心切,把高中阶段当作孩子走向成功的关键,把孩子人生的前途定格在高考上,不停地在孩子身上加码。每天给孩子施加压力,整天逼你说你的成绩要达到什么地步,有些甚至是家里几代人同时给孩子施加压力。有个学生的父亲这样对孩子说过:没考上“一本”就直接给我跳黄河。有些中学生更是形容高中是人生最痛苦的时光。在绝大部分高中生眼里,学习并不是他们自己的选择,也不是他们的任务;学习是父母强加给他们的,甚至觉得他们是在为父母学习。在这种情况下,学习就会成为一种负担,学习就成为一种应付,没有兴趣,没有意义,只有承担重负,身心憔悴。在学习中处于完全消极被动的地位,甚至用一种无可无不可的态度来对待人生。

而有些青少年承受不了这些心理压力,有时会表现出异乎寻常的反抗情绪,形成家庭暴力,有部分导致抑郁症及精神分裂症状,有极个别甚至消极自杀。据专家估计,我国目前初中生心理不健康的约为15%,高中生约为19%。对于不少青少年而言,唯一的任务就是读书。中学生学习负担过重,常给他们带来沉重的心理压力,因为学习压力而陷入痛苦的青少年屡见不鲜。这其中不乏重点学校成绩优秀的学生。为了能更好地学习,为了能更健康地成长,给孩子减压的任务迫在眉睫!

8. 很多家长面对青少年成长中的问题亟须援助 在孩子的成长过程中,难免会出现各种各样的问题,这让很多的家长们焦虑万分。其实,随着物质的丰富,现在的孩子普遍生理发育提早,但心理发育相对滞后。由于当今社会信息源丰富、教育环境好,现在的孩子比他们的父辈懂得早、懂得多,所以他们开放、新潮,会积极主动地发展自己、推销自己,这是好的一面,可以说是一种进步。但与此同时,这样的孩子独立性很强,所以也就造成了他们以自我为中心,对社会、老师、家长的要求都很高。应该了解自己孩子的年龄特点,有针对性地进行教育。尊重、民主、平等、和谐应该是家长处理和自己孩子关系的准则。

9. 学校如何进行素质教育亟须指导 素质教育,这个词早就出现在国人面前,但是至今很多中小学校对于实现真正意义上的素质教育是很不乐观的。有些家长或老师认为活动多一点的学校就是在进行素质教育,其实也不然。多搞活动只能说明参与的孩子比较擅长某一方面的技能,参加的孩子经过一段时间辛辛苦苦地排练终于能够拿到众人面前展示罢了,而且并不是所有的孩子都能参加,这样的教育不能叫素质教育,应该叫技能展示。当代受教育者最缺乏的就是能力和主动性这两方面,能力的拥有和主动性的发展这两方面可以说能决定一个人一生的价值和追求。这里的能力不仅仅指学习能力,更应该包括生活能力、做事能力、解决一些实际问题等各方面的能力。那么如何让受教育者拥有各方面的能力呢?中小学受教育者大部分时间在学校度过,学校固然是学习知识的地方,但是仅仅掌握课本知识是远远不能实现实际需求价值的,理论知识应该与实践知识密切地结合起来,这样才能全面培养一个人,每个学校的理论知识应该说开展得都非常好,但是实践能力是非常弱的。

(二)援助计划的必要性

1. 社会变化带来各种问题 21 世纪中国人的生存环境发生着巨大变化,一是竞争程度加剧;二是工作、生活的节奏不断加速;三是一些传统观念受到冲击;四是人际关系发生变化。简单来说这些变化直接形成家庭教育的压力、青少年升学的压力、青年人未来就业的潜在压力,这些压力产生很多学生个人学习问题、家庭教育问题、学校教育问题以及各种社会问题。

2. 学生学习指导和家庭教育不可掉以轻心　上述问题普遍存在于千家万户，由于很多问题不能很好地解决，经常要变成家庭冲突或者青少年不能得到健康地发展，给家庭和社会带来很大的损失。

3. 家庭教育是家长的最大压力　很多家长在工作中也承受着很大的压力，但是经常有人讲最大的压力还是孩子学习指导和家庭教育，有时他们又不知道如何去解决这些问题，感到非常渺茫和无助。

4. 总的结论　解决学生学习和家庭教育问题的关键是解决学生和家长的心理问题。

5. 解决对策　由心理学专家运用心理学知识帮助学生和家长认识自己、认识社会及社会变化，了解人性和各种心理特征，把握自己和家人的心理健康情况，学会用心理学理论去解决学生学习和家庭教育中出现的各种问题，及早解决各种心理问题。

三、援助计划三部曲

1. 上门宣传　走入学校、社区和各种家长学校进行相关的心理学知识普及，宣传正确的学习方法和家庭教育方法，让学生和家长了解什么是不正常的心理问题。

2. 专题讲座　针对家长和学生特别需要解决的问题，由心理学专家给学生和家长开办相关的心理学专题讲座。

3. 心理援助计划实施　由心理学专家单独给需要帮助的学生和家长提供面对面的心理援助服务。

四、援助计划的主要内容

（一）教育中的心理问题专题讲座与培训

1. 学生学习心理问题专题讲座　向家长和学生介绍学习心理学的相关知识。

2. 家庭教育的有关心理研究专题讲座　向家长介绍家庭教育心理学的相关知识。

3. 与学生学习成绩有关的心理问题研究专题讲座　向家长介绍与学习相关的心理学知识。

4. 素质教育相关的心理问题研究专题讲座　向家长介绍素质教育心理学的相关知识。

5. 学生心理健康问题的专题讲座　向家长介绍学生心理健康问题。

6. 学生自我认知专题讲座　讲解如何认识自我和完善自我。

7. 学生情绪调节与管理的讲座　学习掌握青少年情绪自我控制能力。

8. 青少年意志力与性格培养问题的讲座　培养应对挫折的能力等问题。

9. 青少年沟通和人际交往问题的讲座　帮助青少年学会人际沟通。

10. 生命意义的讲座　讲解生命意义与生活压力的释放等问题。

11. 记忆与心理的专题讲座　有关记忆的心理学知识。

12. 思维问题的专题讲座　介绍与思维有关的心理学问题。

（二）家庭教育心理援助服务内容

1. 青少年厌学问题　对青少年不良学习与行为习惯提供咨询与治疗服务。

2. 上网成瘾问题　对上网成瘾而导致的一系列问题提供咨询与治疗服务。

3. 交友问题　对青少年因交友而导致的与家人情感不和、学业荒废等问题提供咨询与治疗服务。

4. 亲子关系冲突　对家庭价值观或情感冲突提供咨询与治疗服务。

5. 青年夫妻家庭冲突　对青年夫妻家庭冲突提供家庭结构咨询与治疗服务。

6. 学生学习压力问题　帮助解决高、中、小学生的学习压力问题。

7. 学习型亲子冲突　帮助解决家庭中因为孩子学习问题引发的亲子冲突问题。

五、培训和心理援助对象

1. 家长。

2. 小学、初中、高中的学生。

3. 三口之家。

4. 教师。

六、结构式家庭治疗介绍

1. 服务对象　服务对象主要是家庭教育出现问题的家庭。

随着心理治疗的深入，人们逐渐认识到：某个人的心理问题和精神障碍往往不是孤立的，而是与其家庭成员有密切关系，也就是说，是家庭成员之间相互作用的结果。整个家庭才是真正的“患者”，而“被认定病患”不过是家庭这个患者的一个“症状”而已。

2. 结构式家庭治疗的目的　家庭是一个平等和谐的实体，稳定的家庭结构和系统有助于个体的心理健康。家庭应以其特有的交流方式与过程来保证个体的独立性与发展。封建的中国家庭倾向于牺牲个人而维护家庭，家庭治疗不能这样做。家庭结构治疗的目标是打破家庭教育中某种不适当的、使症状维持下去的动态平衡环路，建立适当的、良好的反馈系统，以使症状消除；或是完善家庭结构系统或是从根本上重新建立家庭结构系统，消除回避矛盾的惯常机制，引入良好的应对方式，改善代际关系与成员间的相互交流。其主要的目标，就是要引起家庭系统的变化，创造新的“内稳态”和新的相互作用方式，以此提高家庭系统解决问题、应对挑战的能力。

通过家庭治疗这种形式，能够给“问题”家庭提供新的思路、新的选择，发掘和扩展家庭的内在资源。这种资源使家庭成员能有效地对复杂的现实生活做出适宜的反应。

3. 结构式家庭治疗概述　家庭治疗就是由治疗者和家庭中的所有成员定期会谈，以促进家庭在缺失功能状态时做出某些适应性改变，重建能适应新变化的模式，同时使家庭中患病成员的症状减轻或消失。这种治疗模式一反过去直线性因果关系的论点，而改以循环性因果关系观点来探讨个人的症状、问题行为和人际冲突，认为个人问题只是家庭系统缺失功能的一种表征，故此治疗重点应放在改变整个家庭内成员之间的互动关系上。

4. 结构式家庭治疗形式　治疗性会谈也称定期访谈，指的是治疗师每隔一段时间，与来诊家庭中的成员一起座谈，最好是全家人都来。一般历时 1 小时左右，中途有休息和讨论。两次座谈中间间隔时间开始较短，一般 4～6 天，以后可逐步延长至一月或数月。总访谈次数一般在 6～12 次。家庭治疗的时间长度一般为 3～8 个月。仅仅以解决症状为主，治疗需时较短，而希望重新塑造家庭系统，则往往是经年累月的事了。

家庭治疗的适应性较广，它较多地用于青少年的行为问题，如学习问题、交友问题以及因学习问题引发的家庭问题和神经症性等问题。

总之，家庭治疗主要用于核心家庭中，即父母与子女一起住的家庭。父母不能应对孩子的“问题”行为（问题常常与交流障碍有关），家庭针对某一个问题存在“替罪羊”时，家庭治疗十分有效。整个过程只使用纸笔记录，以绝对保密的方式开展服务。

三、社区家暴问题的援助

家庭暴力是指家庭内部的暴力行为，尤其是指针对妇女的暴力行为。家庭暴力是破坏婚姻家庭和谐、侵犯妇女儿童合法权益、影响社会安定团结的严重问题。这个问题在世界范围内普遍存在，是各国政府所关注的热点问题之一。家庭是社会的细胞，家庭和谐是社会和谐的重要基础和条件。妇女在家庭建设和促进家庭和谐中具有特殊的地位和作用。关注家庭、婚姻、妇女、老人和儿童是社会可持续发展的必要条件。然而当今社会与家庭和谐对立的家庭暴力问题日益突出。江苏省徐州市家庭暴力庇护所的工作人员和中国矿业大学社会工作专业师生的社会调查及对寻求庇护人员的个案访谈显示，家庭暴力存在于社会的各阶层中，而非存在于一类或几类特殊的人群。受教育程度、社会成就、社会地位的差异或许会使家庭暴力的表现方式不一。施暴的严重性、复杂程度有所不同，但并不能阻止家庭暴力在受教育程度较高和经济状况较好的家庭中发生。随着社会经济的发展，家庭暴力呈现“冷暴力”“精神虐待”“高知识阶层”等新的趋势和特点。

家庭暴力之所以如此广泛地存在，有着十分深厚的社会心理根源。家庭暴力是与婚姻关系中的文化观念和权利分配不公平息息相关的。当婚姻关系以权利不对称为特征时，当两性关系还是持续不平等时，妇女在家庭暴力面前会显得特别脆弱。虽然公众对该问题的关注可以部分减少家庭暴力带来的巨大危害,但是只要性别不平等存在,家庭暴力的问题就不可能完全消失。家庭暴力中的女性受虐既有社会的原因也有个人的因素。从社会方面来看,中国由于受到几千年封建传统意识的影响,“大男子主义”“男尊女卑”在中国家庭中仍然较为盛行。许多妇女在她还是女孩的时候就被教育成依赖、顺从、无我、忍受、没有主见、低自我期望、不求进取、没有目标、文化水平低下,这在传统的家庭、农民家庭、没有文化的家庭尤为明显。

由此,我们就可以理解中国的女性受虐者所表现出来的普遍的社会心理问题。第一,女性受虐者的承受力、耐虐性极强。受虐妇女大都有长期受虐史,有的长达几十年。是什么力量支撑着她们忍受身心摧残,而仍然固守家园?是维持家庭完整的责任。维持家庭的完整本来是夫妻双方的共同责任。但是社会文化、社会价值观的长期影响,使这种共同责任变成了妇女单方面承担的责任,为了孩子、为了整个家女性就得委曲求全。第二,是受虐妇女在家庭中一般没有经济优势或者根本就没有经济能力,因此即使妇女对自己受虐这一现实很不满意,但是她们担心一旦受虐关系中止了,会造成生活的窘迫,更不用说怎样抚养孩子了。第三,是受虐者与施暴者存在相互依存关系。有的施暴者因心灵扭曲使得他们选择愚昧暴力的方式来维护自己的家园,他们害怕失去家庭、妻子,再加上性格孤僻、自卑,没有社会交往,不善沟通。因此一旦他们认为家庭安全受到影响,往往就采用谩骂、贬低、羞辱等办法摧毁妻子的自尊心,从而达到完全控制妻子的目的;而受虐者也相信对方还深爱着自己,如此使得受虐者一再陷入家庭暴力的泥沼中不能自拔。受虐妇女对施暴者存在感情上的依恋,抱有幻想,即认为自身有能力改变丈夫,丈夫会回心转意的。实际上这就纵容了暴力的频发。第四,是习得性无助感形成的。暴力的反复出现最终会磨灭受害女性的斗志,习惯了暴力,习惯了受虐。妇女长期处在孤立无援的情境,也会因心力交瘁而无力反抗。部分人甚至会听从命运的安排,处在自我迷失状态。这样就促成了施暴者对受虐者精神上的控制,女性也就更加逆来顺受了。例如有的受暴妇女在回答家庭暴力的原因时会说,“是我的原因”“是我影响了他的进一步发展”“我也不好,老惹他生气”。这种反思的结果就更加将被虐性质“定位”在一个“有错”而应该被打的夫妻关系位置上,使得施暴和受虐都具有了合理性,直接导致了受虐女性接纳暴力的连续发生。

受虐女性的社会心理特点具有相当的普遍性。国外调查研究表明,易受暴力攻击的女性的特点是:个体自尊水平一般较低;缺乏自信心,出现较高的焦虑和忧郁感;多数人成长于有暴力虐待史的家庭;自身有酗酒、吸毒等不良嗜好;与丈夫关系平淡或存在情感隔阂;遇事毫无主见;事事需要丈夫认同或需要丈夫帮助。总之,易受虐待的女性多具有受教育程度低、无职业或固定收入、经济处境较困难等特点。由于没有受过良好的教育,这类女性很难进入劳动力市场。经济上的非独立性导致他们对男性的依赖,而这种依附又极大地降低了他们在家庭中的地位。家庭暴力一旦发生,受害者不是马上寻求解决之道,避免暴力受虐的过程反复发生,而选择接受现实,很少寻求正规渠道取得外界援助。

当然,受虐女性的社会心理并非家庭暴力成因的核心,公众对家庭暴力性质的定位不当及由此而产生的普遍社会心理则是家庭暴力长期得不到有效制止的主要根源。以下以个案说明问题。江苏徐州市某县一李姓农民,小学文化,脾气暴躁、性格孤僻,喜欢贪图便宜,小偷小摸不断;妻子王某,高中文化,长得瘦弱、性格温顺、也比较漂亮。结婚不久因为家庭的一些琐事就开始吵架,每次吵架邻居都要去劝架,这是农村人朴实的为人处世的民风。然而,后来的事情越来越升级。李某偷窃行为被妻子斥责后,恼羞成怒对妻子大打出手,邻居再次闻讯而至。李某的怒火转向了前来劝架的好心人,开始指桑骂槐说妻子被人教唆、受人指使,后来甚至说有人对自己的妻子不怀好意,向邻居挥舞棍棒试图驱散大家。再后来,劝架的人就少多了,以至于没有人劝架。李某打妻子没有人劝架了,他也许是自己打得不耐烦了,竟然高声大骂大家没人性、不去帮忙劝架。很长一段时间整个村庄的村民天天生活在不安的情绪中,直到有一天,李某和一邻居发生争吵,生性暴躁的他用菜刀砍伤了邻居,公安机关将其拘留教育,并会同相关部门解决了长期的家庭暴力问题。妻子王某解脱了,那个村庄重新获得了安宁平静。

也许要问,大家能容忍李某打妻子是因为那是人家的家务事,清官难断家务事!那为什么可以容忍李某对整个村民的情绪控制呢?走访中发现有这样的理由:敢怒不敢言,怕引火烧身;不知道这样的事政府管不管;找村官来管了,但李某会变本加厉地找"告密"人的麻烦;长期在农村派出所的民警碍于面子即使认识到该管,也只是轻描淡写地说教两句完事,有的甚至接了李者的一颗香烟便一笑了之。之所以如此,是因为警察在干预家庭暴力的认识上普遍存在误区。有相当比例的人认为家庭暴力是家务事、个人隐私。因此,在对女性报案的服务、对待针对妇女的各种虐待行为的态度上,不像对待其他犯罪行为那样认真负责。民心民意如此,家庭暴力怎能不长期延续?!家庭暴力的社会影响不容忽视。家庭暴力已经是离婚的最主要原因之一,据统计,每年因家庭暴力而解体的家庭大约有 10 万个。占离婚总数的 30% 左右。近年来家庭暴力的危害更加凸显,特别是使许多长期遭受暴力的妇女丧失了自信和自尊,表现为敏感、脆弱、孤僻和自我封闭。更多的妇女因为不堪忍受家庭暴力而离婚,甚至以暴治暴走上犯罪道路,因家庭暴力而转化为刑事案件的达数千起。由于家庭暴力的存在,离婚案件增多,单亲家庭的大量出现,未成年子女犯罪案件增多,卖淫、嫖娼、赌博、酗酒等社会丑陋现象也随之增多,社会治安秩序日益严重。

家庭暴力的受害者不仅仅是妇女,往往会殃及未成年人。我们在青少年心理咨询和青少年社会工作中发现:问题儿童、青少年犯罪都与不良的家庭环境密切关联,家庭暴力让他们从小身心备受煎熬,甚至是摧残。在个案工作中有一个 12 岁的小女孩,曾经两次自杀,原因就是不想活。花季少年不想活的理由恐怕她自己也说不清,但她的父母是绝对可以说清楚的。伴随着孩子 12 年生命历程的,几乎都是父母的争吵、打骂。母亲一脸无奈地说,自己被丈夫打急了也就失去理智了,就拿孩子当出气筒,每次自己挨打,女儿也就必然遭受谩骂、毒打。有关研究表明,在暴力家庭中长大的男孩,成年后虐待女性的可能性比在非暴力家庭中长大的孩子要大,也比在正常环境中成长的人更容易犯罪。幸运的是,家庭暴力问题已经引起了政府和社会各界的关注。1995 年第四次世界妇女大会以来,家庭暴力越来越广泛地引起社会关注,宣传力度加大,立法研究工作增强,社会干预手段增多。《中华人民共和国婚姻法》(简称《婚姻法》)(2001 年修正)通过,修正后的《婚姻法》在总则中明确规定"禁止家庭暴力"。将实施家庭暴力作为法院应准予离婚的法定情形之一,专门规定了对家庭暴力受害人的救助措施和施暴人的法律责任。《中华人民共和国妇女权益保障法》(简称《妇女权益保障法》)(2005 年修正)第一次在保护妇女权益的基本法中明确禁止对妇女的家庭暴力,并规定了相关部门预防和制止家庭暴力的职责。各级政府部门、司法机关、妇联,联合成立妇女权益协调机构,"110"家庭暴力报警中心、家庭暴力伤残鉴定中心、庇护所等。一些地方先后颁布了预防和制止家庭暴力的地方性法规。湖南长沙市在 1996 年颁布《关于预防和制止家庭暴力的若干规定》,是第一部关于家庭暴力问题的地方性法规。辽宁、浙江、陕西等地还在"110"报警网络中增加家庭暴力投诉的内容,建立了覆盖全省的家庭暴力报警服务点。在家庭暴力的社会干预手段上,全国已有 21 个省份建立了家庭暴力伤情鉴定中心,有 13 个省份建立了妇女儿童庇护中心。对于家庭暴力受害者"以暴制暴"的行为,各地也尝试进行从轻发落。

当然,要根本解决家庭暴力问题,需要加强和完善反家庭暴力的立法工作。在我国,禁止家庭暴力虽然已经写进了《婚姻法》,也写进了新修正的《妇女权益保障法》,但在现行刑法的框架下,对家庭暴力受害者的保护还有诸多不便。目前我国还没有建立有效地针对家庭暴力的刑事司法干预机制,刑事法律及其解释也没有将家庭暴力行为列为禁止的对象,家庭暴力案件公诉制度也尚未建立。专家认为,目前涉及到反家庭暴力的立法框架在实施机制上无法适应实际需要。刑法中没有将家庭暴力确定为一种单独的罪,如果要指控家庭暴力行为,就要以虐待罪的名义提出。由于公诉机关只对造成严重伤害的行为提出指控,因此很多家庭暴力案件只能由妇女提出自诉。有关专家指出:"在运用刑事司法手段遏制家庭暴力方面,司法机关的作为仍呈明显的滞后性。"

同时,刑法有关举证的规定也没有考虑到家庭暴力的特殊性。家庭暴力的发生大多在家里或一个房间里、两个人的战争,一般没有目击证人,证据很难收集。施暴者绝对不会配合取证、受暴者单方面大多是言语表述,但有些伤害是无法用语言表达的,尤其是越来越多的精神暴力,即使是身体的伤害也不是都可以用医学标准进行衡量的。据中华全国妇女联合会(简称"妇联")的调查显示,家庭暴力举证难,是司法难以惩治施暴者的重要原因。而受害者在受到侵害时也缺乏收集保留证据的意识。还有的施暴者专打女性的隐私部位,往往让女性难以启齿,这些都给举证带来很大的困难。根据刑法有关规定,被害人必须证明虐待是持续性的、一贯的、情节恶劣的。而90%的案例表明受暴者根本无法满足这些高标准。她们都长期受到轻微伤害,比如用烟头烫、用脚踢,这些都构不成重伤害,法律管不着。举证难也是阻碍执法者执法的重要因素。

为加强和完善反家庭暴力的立法,我们可以借鉴国际上已有的成功做法。在美国对于家庭暴力的定性以及受害妇女的法律保护相对比较完善,他们认为,家庭暴力不仅是犯罪行为,而且也是侵犯人权的行为。《美国宪法》的第13条修正案,也规定禁止非自愿奴役的存在。美国法院发现家庭暴力的最主要途径是通过民事保护令。通过该程序,受到家庭迫害的妇女可以得到保护。施暴者除了违反民事保护令可能被起诉外,他们也可能因为其攻击行为和施暴行为而直接受到逮捕和起诉,这也是美国数次法制改革导致的结果。一些州以一般的伤害罪起诉施暴者,而有些州却发布独立的法条,规定与家庭暴力有关的犯罪和刑罚。有的州甚至颁布独立的法律,把家庭暴力专门作为一种新罪来界定。一些家庭暴力的受害妇女以民事侵权为由对施暴者提起民事诉讼,以寻求经济上的赔偿。很多州的法律规定,这种赔偿应当不仅包括身体伤害的赔偿,而且也包括精神损害的赔偿(侵权行为对受害妇女造成的内心折磨和心理压抑)。在涉及家庭暴力的案件中,很多法院喜欢用调解方法替代诉讼。与法院相比,逐渐减少争议的调解制度可以为受害妇女争取更多的权利。

反家庭暴力不仅要有完备的法律为依托,也要社区心理援助和专业的机构为受害者提供直接地帮助。目前全国有10多个城市依托救助管理站设立了反家庭暴力妇女救助保护中心,尝试为遭受家庭暴力造成无家可归或有家难归的受害妇女提供救助保护。国内的受暴妇女庇护所在全国许多城市已经建立。为适应徐州市反家庭暴力工作的需要,探索符合中国国情的反家庭暴力工作模式,2003年6月12日,徐州市妇联和市民政局联合成立了徐州市家庭暴力庇护中心(以下简称“庇护中心”),徐州市救助管理站具体承担了庇护工作。几年来中心进行了有益的工作尝试和探索,其中与驻徐高校的社会工作专业的合作共建就是最具创新性的工作。

首先,庇护中心给予了社会工作学生进行社会实践的平台,学生在中心通过观摩和亲自参与受到家庭暴力伤害的人员的善后工作,既锻炼了社会实践能力,又加深了对社会问题的理解。其次,是整合研究力量,积极开展家庭暴力的社会学、心理学的理论研究,踊跃参加各种学术活动及社会公益活动。2003年11月,庇护中心派员参加中国法学会反家庭暴力年会并在会上做经验介绍,受到各界的高度重视,中国法学会反家庭暴力网络、中国社会科学院法学研究所、北京大学妇女法律研究与服务中心等多家研究机构同庇护中心建立了项目合作关系,为庇护工作提供了强大的智力和法律支持。第三,利用高校的学术力量进行业务培训工作。对现有工作人员进行社会工作的专业培训,提高业务工作水平,对受害人员进行心理素质、就业等培训,提高其自救意识、经济自立能力。第四,对施暴者进行必要的心理咨询和治疗,使施暴者认识到暴力是最低级的解决家庭问题的手段,使施暴者知道暴力不仅不能解决问题,而且还可能导致其犯罪。通过咨询和治疗帮助施暴者学会人际沟通的技巧、科学的情绪宣泄方式方法,目的是寻求家庭暴力的根本治理经验。第五,是依托社区进行家庭和谐相处的系列培训活动,比如举办家庭教育、人际交往等讲座,相亲相爱家庭活动比赛、亲子游戏秀活动、模范丈夫或妻子才艺大比拼等,以期在社会上形成浓厚的反家庭暴力舆论氛围。家庭暴力成了很多地区的热点话题。公众的反家庭暴力意识得到了一定的提高。

第五节　社区矫正对象和刑满释放人员心理援助

一、什么是社区矫正对象和刑满释放人员

1. 社区矫正定义　是指与监禁矫正相对的行刑方式,是指将符合社区矫正条件的罪犯置于社区内,由专门的国家机关,在相关社会团体和民间组织以及社会志愿者的协助下,在判决、裁定或决定确定的期限内,矫正其犯罪心理和行为恶习,并促进其顺利回归社会的非监禁刑罚执行活动。从本质上讲,社区矫正是一种非监禁的刑罚执行活动,是与监禁矫正相对的刑罚矫正。监禁矫正和非监禁矫正,都是对罪犯的矫正,都是刑罚的执行。监禁矫正是在监狱中进行矫正,它将(服刑)对象与社会隔离;社区矫正则是将矫正对象

放在社区中进行矫正。

2. 适用社区矫正范围的五种对象　被判处管制的；被宣告缓刑的；被暂予监外执行的，具体包括：①有严重疾病需要保外就医的。②怀孕或者正在哺乳自己婴儿的妇女。③生活不能自理，适用暂予监外执行不致危害社会的；被裁定假释的；被剥夺政治权利，并在社会上服刑的。在符合上述条件的情况下，对于罪行轻微、主观恶性不大的未成年犯、老病残犯，以及罪行较轻的初犯、过失犯等，应作为重点对象，适用上述非监禁措施，实施社区矫正。

3. 刑满释放后恢复人身自由人员　是指违反刑法被依法判处剥夺一定期限自由的刑罚，经过在监狱刑罚执行期满后被依法释放恢复人身自由的人员。

二、刑满释放人员的政策

《中华人民共和国监狱法》第三章第五节对释放和安置做了以下规定：第三十五条 罪犯服刑期满，监狱应当按期释放并发给释放证明书；第三十六条 罪犯释放后，公安机关凭释放证明书办理户籍登记；第三十七条 对刑满释放人员，当地人民政府帮助其安置生活，刑满释放人员丧失劳动能力又无法定赡养人、扶养人和基本生活来源的，由当地人民政府予以救济；第三十八条 刑满释放人员依法享有与其他公民平等的权利。

三、社区矫正对象和刑满释放后恢复人身自由人员的普遍心理特征

矫正对象心理特征有以下几方面：

1. 矫正初期的心理特征

(1)感恩的心理。

(2)对判决不满和悲观失望的心理。

(3)希望从新再来的心理。

(4)对社区环境和人际不适应的心理。

(5)自卑与自尊纠结的心理(特别是过去条件好，有社会地位的人员)。

(6)焦虑和抑郁的心理。

(7)心理冲突不平衡的心理。

(8)对前途的向往和忧虑的心理。

(9)重操旧业的心理(特别是假释人员)。

(10)服刑意识差的心理。

2. 矫正中期的心理特征

(1)易怒心理。

(2)自卑心理。

(3)空虚心理。

(4)敌对心理。

(5)自我封闭心理。

3. 矫正后期的心理特征

(1)如释重负心理。

(2)强烈的归属感。

(3)报复心理。

四、刑释人员回归社会的心理特征

(1)社会环境和人际不适应心理。

(2)渴望融入社会的心理。

(3)希望被社会、他人和自我接纳认同的心理。

(4)感恩社会和家人的心理。

(5)对前途和未来迷惘和忧虑的心理。

(6)后悔的心理。

(7)自卑的心理。

(8)不满的心理。

(9)报复社会的心理。

(10)重操旧业的心理。

五、针对社区矫正对象和刑释后恢复人身自由人员的心理问题社区心理援助师的处理方法

社区矫正是做人的工作,矫正对象同样具有普通人的情感和物质、精神需要,刑释人员也同样如此。社会相应机构和援助者要从尊重人、感化人、塑造人的理念出发,为援助对象的正当需求的满足创造条件,帮助他们解决生活困难和心理困惑。

(一)满足基本需要

1. *生存的需要* 据调查统计,社区矫正对象和刑释人员大多属于社会弱势群体,生活中遇到的困难要比常人多,如就业、医疗、基本生活保障、住房、落户等。许多矫正对象和刑释人员在初入社区和回归社会初期,都有过到处碰壁,告借无门,生活无着落的地步,一度丧失生活的信心,产生怨恨社会、报复社会、重操旧业的心理。假释和刑释人员回归社会后的第一到第三年时间,是适应社会的危险期。因此社区矫正机构和社会相应机构、社区心理援助师,应努力为他们推荐就业岗位,帮助办理劳动资格手续,尽量免费提供技能培训,办理重大疾病专项保险,发放困难补助,协助做好对象人员的亲属工作,为他们提供社会事务性咨询和心理咨询,就他们遇到的民事纠纷和劳动纠纷提供法律援助。

2. *尊重的需要* 闯过生活关后,大多数社区矫正对象和刑释人员都面临重新适应社会的心理难点,他们会发现自己过的不同于社区普通人的生活,要报到,要写思想汇报,要受到政府的监督,不准随意外出,要被约谈话,要参加社区的劳动和定期学习、教育;刑释人员会受到来自周围人们异样的目光,遭遇歧视,他们必须要经过很努力和很长久的时间才能扭转人们固有的看法,长期处于这种生存状态,会阻碍他们自信心的成长,生活积极性降低,甚至自暴自弃。这一阶段,社区心理援助师应该提供心理服务,帮助他们达到心理平衡,掌握人际交往技能,提高自信,获得尊重。

3. *发展的需要* 在社区矫正的对象当中,很多人犯罪是"一念之差",他们和刑释人员一样都有重新再来、好好过日子的心理,自尊心和上进心都未完全泯灭,给他们改过的机会,创造机会,依据其自身的条件、特长与技能去发展,对他们无疑是最好的援助。

(二)适时的心理辅导

社区矫正对象和刑释人员随着人生境遇的变化,打破了原来的心理平衡,同时还衍生出许多新的心理问题和困惑,被周围环境的排斥、抛弃和否定,产生出许多消极的情绪,导致心理出了问题,这样心理咨询和心理援助就有迫切需要的重要意义。在不同阶段,心理问题的不同,心理咨询和心理援助的内容和方式就不同。一般心理问题应开展一般性心理咨询,严重心理问题就应进行危机干预和心理治疗。

(三)开展心理矫治

广义的心理矫治包括心理辅导。但心理辅导仅仅是心理矫治的外围、浅层。在解决了生存和一般心理问题等之后,矫正工作者要通过自己的专业技能和专业知识,启发他们了解和剖析自己的犯罪心理和原因,进一步深刻了解自己的犯罪机理、犯罪心理结构,了解自己的弱点尤其是性格和社会态度方面的缺陷,对之引起警觉,注意克服和加以改观,并内化为自身的需要和生活的态度,带动心理面貌发生本质的变化。从而适应社会,不再重新犯罪,成为社会真正的一员。

六、国外出狱人社会保护制度

出狱人保护,是指帮助出狱人重新适应社会生活,预防其重新再犯罪。出狱人保护的对象是刑满释放人员。出狱人保护与监狱工作密切相关,是监狱制度的重要组成部分。

出狱人保护有三个要素构成:出狱人保护机构、出狱人保护对象、出狱人保护行为。出狱人保护主要包

括以下几个方面:住房帮助、就业帮助、物质帮助、资讯帮助。

一般认为出狱人保护工作源于美国。继美国之后,英国、法国、德国也开展了现代意义上的出狱人保护工作。非政府组织(NGO)发挥着重要作用。例如,在加拿大,不仅有"犯罪人援助和释放后关心协会"对出狱人进行救助工作,而且诸如"救世军""加拿大霍华德协会"等组织也向出狱人提供寻找工作服务,住居服务。在英国诸如"罪犯关心协会与重新定居全国协会"这样的非政府组织在出狱人保护工作中发挥重要作用。各国出狱人保护组织形式不尽相同。美国有中途训练所、居住中心、提前释放中心、过渡中心、社区工作中心、社区治疗中心、临时避难所。英国还有非常关心出狱人居住的"全国关心与罪犯再安置协会",关心就业的"新桥",旨在帮助找工作的"安配克斯基金"等,日本有"更生保护"。

第六节　社区心理援助师的积极心态、奉献精神与服务意识

一、社区心理援助师的积极心态与自身素质

(一)积极心态

积极心态,主要是指积极的心理态度或状态,是个体对待自身、他人或事物的积极、正向、稳定的心理倾向,它是一种良性的、建设性的心理准备状态,在学校文化素质教育、心理教育、心理咨询与治疗操作层面上,主要指人们各种正向、主动、积极的心理品质的培养和训练。心理援助师应该具备的积极心态主要有以下几点:认真、执着、高效率、守承诺、有目标、乐观、积极、自信、爱与奉献精神。罗杰斯认为,心理咨询师无条件地积极关注、表里如一与恰当共情的表达构成了积极地个人成长与治愈的充分必要因素。

作为一名社区心理援助师首先要有认识自己、悦纳自己的能力,正确认识自己,对自己的动机、目的有明确的了解,对自己的能力有适当地评价,选择适当的助人目标,寻求良好的方法,不随意退却,不做自不量力之事,创造理想的自我来更好地帮助他人。目前我们发现有个普遍存在的现象,即社区居民对心理疾病与障碍的认识度、重视度、接受度偏低,对生理上出现疾病时的重视程度和寻求治疗的主动性远远超过心理疾病,甚至对心理疾病产生误解与抵触。由此,心理咨询师走进社区,通过一系列专业的访谈帮助他们走出心理困境是一项艰巨而长远的工作。

社区心理援助师主要通过在社区服务工作中,运用心理学的理论和原则保护与促进人们的心理健康,培养人们的健康心理,从而达到防治身心疾病的目的,促进人的正常发展,培养人的健全人格 ,预防各种心理障碍 ,消除引起心理压力和各种不良心理的因素,解决一些尚处在萌芽状态的心理卫生与社会问题。避免这些问题可能带来的不良后果 ,解决居民日常生活中的一些心理难题。注重生理、心理和社会功能三方面的良好状态以维护社会与社区和谐稳定。有效帮助他人的前提是作为咨询师的这些人必须具备一定的专业素质和理论水平,自身有积极应对生活困境和处理日常烦恼的黄金心态。

(二)社区心理援助师的自身素质

1. 社区心理援助师的自身人格完善

(1)社区心理援助师应该是一个心理相对健康的人,其健康水平至少要高于他(她)的来访者。一个合格的社区心理援助师应当是一个愉快的、热爱生活的、有良好适应能力的人,能妥善地处理好自己的心理冲突,排除日常干扰,从而保证帮助别人的工作顺利进行。

(2)社区心理援助师应当是一个乐于助人的人。只有乐于助人的人才能在咨询关系中给来访者以温暖,才能创造一个安全自由的氛围,才能接受求助人群各种正性和负性情绪,才能进入他们的内心世界。

(3)社区心理援助师应当是一个认真负责的人。能耐心地倾听求助者的叙述,精力集中不分心,使求助者感到社区心理援助师对他们的困难表示关心,能诚恳坦率地和求助者谈心,使他们愿意暴露内心的隐私和隐密,值得他们信任。

2. 具备一定的知识条件　做好社区心理援助工作要有必要的理论知识。社区心理援助不是仅靠良好的愿望、热情和一般常识来安慰、劝说那些处于困境的求助者或鼓励心理病人向疾病斗争。社区心理援助和心理咨询是科学工作,要用科学的助人知识来帮助来访者,使他们认识困扰他们的真正原因,改正或放

弃不良的行为,使心理成熟起来。

3. *必须具备的技巧条件* 社区心理援助师要有熟练的助人技巧,其包括怎样能在最短时间内收集来访者的有关情况,如使他困扰的处境或事件,症状出现的时间及其发展变化,怎样适时地、机敏地提出问题?怎样发现来访者不自觉的掩饰和阻抗?怎样引导他们逐步认识内心深处的症结,怎样设计一些相应的方法来矫正某些不良行为,尤其对儿童神经症患者,怎样适时地向来访者进行某些解释,解释什么等等。如果一个社区心理援助师不具备助人的人格条件,他的知识和技术就不会有效地发挥作用,而且可能有害。其次,一名合格的社区心理援助师不单单具有广博的理论知识和咨询技巧,如果缺乏同情人、关心人的品格,不能坦诚待人,不能赢得信任,缺乏对人际关系的敏感性,同样不能成为一名合格的社区心理援助师,他就只能是一个技术工匠。

4. *拥有良好的心理健康指标* 美国心理学家马斯洛和米特乐曼提出10条心理健康标准。

(1)有足够的自我安全感。

(2)能充分地了解自己,并能对自己的能力做出适度的评价。

(3)生活理想切合实际。

(4)不脱离周围现实环境。

(5)能保持人格的完整与和谐。

(6)善于从经验中学习。

(7)能保持良好的人际关系。

(8)能适度地发泄情绪和控制情绪。

(9)在符合集体要求的前提下,能有限度地发挥个性。

(10) 在不违背社会规范的前提下,能恰当地满足个人基本需求。

5. *良好的自我认知和评估水平*

(1)自我认识的能力:正确认识自我,分析自我,调整自我,这是要作为一个合格心理援助师的必修课。生活中我们每一个人都有盲点,心理援助师也是一样,但一个合格的心理援助师在自我分析能力上面应该是有能力的。在说到我们是一个心理援助师之前,首先知道自己也是一个人,我们一样会有一些挫折、压抑等负面情绪,这个时候自我调整是非常重要的,这是大家应该都有的相同的观点。

(2)丰富的社会知识:做社区心理援助工作不是到市场买菜,你想捡什么样的都可以,由你说了算。在社区心理援助中我们会遇到不同文化、环境、经历背景的人来找我们求助。许多人的问题是有他的独特性的,背后都和他的种种背景因素有关。我们知道要形成诊断远远比找到针对性的方法而解决掉问题容易得多,为什么?因为这有许多因素组成,社区心理援助师要和来访者一起分析,共同面对。

(3)积极向上的人生观:心理健康的人在精神上是积极向上的。胜任工作的社区心理援助师在咨访关系以外的工作和生活中是奋进、乐观和充满生机的。这种人能把他们热爱生活的乐观心态带进社区心理援助工作,他们在进行助人工作时,一方面能使心灰意懒的人重新唤起生活的勇气;而另一方面又不耗尽自己的能量。他们不会把社区心理援助工作看作是一种负担,因而能给社区心理援助工作带来热情和活力。社区心理援助师不仅要以高超的技术治愈人们的心灵创伤,还要以自己高尚健全的人格力量给来访者以积极的感染和影响。

(4)开放的心态:作为一名社区心理援助师,在人际互动中要有一颗主动与人交往的心,和不同背景职业的人建立良好的人际关系。在自我成长路上用开放的心态接纳他人,使个人在专业水平的完善上走得更快、更远。当你想了解他人、走近他人,了解世界的前提首先是开放自己的心门,开放的心态是专业的社区心理援助师应该具备的。

(5)敏锐的观察力 :敏锐的头脑可以使社区心理援助师在心理援助过程中,通过被援助对象的言语和表情洞察他们的内心世界,从细微的表现中发现一般人不易发现或容易忽略的东西。有的来访者对心理援助的性质、原则等问题了解不多,所以开始阶段很容易兜圈子,谈些枝节的问题,而对自己的真正问题有所掩饰。敏锐的社区心理援助师能及时发现问题,将谈话引向深入。

二、社区心理援助师的奉献精神与服务意识

(一)社区心理援助师的自我成长

成为一名合格的社区心理援助师是需要终身不断学习的。从业的生涯也是学习的生涯,我们应该本着服务大众的意识从以下几方面来督促自己的成长。

1. 系统的学习　心理援助作为心理学临床应用的主要部分,相对来说对我们从事这个职业的人的要求是很高的,没有系统的学习和掌握心理学和相关学科的理论,我们在实际的工作中将会感觉困难。要做一个合格的社区心理援助师,系统的学习是有必要的。比如参加专业的培训课程,一个月规定看几本书,在这个过程中多写自己的心得体会,对学到的知识继续强化。定期参加同学会或者同行业的交流沙龙,多交流,互相促进,进步会快许多。

2. 系统的训练　既然是应用科学,对社区心理援助师实际操作能力的要求是可想而知的,不能熟练、灵活地运用技术是达不到效果的。所以我们需要针对性的系统训练,比如成立一个专业学习小组,一个星期开展一天的模拟训练。这样可以在心理援助的一些技术上增加熟练程度。或者是参加有针对性的技术训练培训班,这样都可以在技术应用上提高很快。

3. 有效正确的定位　一个合格的社区心理援助师是有自己方向的,不知道自己该往哪里走的社区心理援助师应该还不是一个合格的社区心理援助师。这个方向,我们可以说是心理援助理论和技能的学习和运用方向,也是选择不同群体作为心理援助对象的方向。你是想做一个优秀的社区心理援助师,还是一个社区心理援助师的营销人,方向的选择到了一定的阶段,都应该是我们要解决的问题,要不然就会因此而困惑。

4. 定期心理督导机制　要看一个社区心理援助师是不是合格,其中有一个标准就是看这个社区心理援助师有没有督导机制。心理援助不是临床医学,我们遇到的案例基本都是要经过和别的社区心理援助师探讨的,即便是临床医学也要针对疑难案例进行会诊。我们可以想象一下,如果一个人长时间地一个人做心理援助,没有交流和督导机制,他将走到哪里?我们发现这会很危险。所以有必要建立一个督导机制,定期接受督导并与督导师进行交流。

5. 个案督导机制　社区心理援助师首先是一个人,然后才是一个社区心理援助师。社区心理援助师会因为自己的经验问题在心理援助过程中影响到自己,也会遇到自己不能确定该怎样应对的个案,当这些到来的时候应该怎样做?这就要去找督导老师了,针对个案或者个人的问题,请督导老师进行督导。总之,作为一名合格的社区心理援助师,在开始为来访者进行心理援助前,首要任务是能够完成自我修通和成长,同时在不断地学习和成长过程中,有效地领悟专业理论知识和技术,实现有效的心理援助。

(二)社区心理援助师的奉献精神与服务意识

1. 平静自己与倾听求助者　作为一名社区心理援助师首先需要具有使自己情绪稳定的能力,需要平息自己希望提供帮助的冲动、自己的焦虑,去耐心地倾听求助者要说什么。在大多数情况下必须努力以最不具有引导性的态度来听,以免过分影响来访者所说的话。最好的开始是社区心理援助师帮助求助者顺着自己的思路,求助者自己去发现,去探索自己的思想、情感和行为,去鼓励他们进行自我表达。很多求助者来寻求帮助或心理援助,是因为他们在对自己生活做出所希望的变化时遇到了困难。当社区心理援助师的行为传达出一种对来访者表达自己能力的信任感时,求助者会感到舒适、自信。大多数来找社区心理援助师的人是为了一点儿“调整”,而不是“大修”。我们只需要传递给求助者“在整理一些问题时需要一点帮助”的信息,平静地去对待他所提出的问题,给予支持和接纳就好。

2. 培养积极的援助关系　在社区心理援助师和求助者合作过程中,社区心理援助师要去体验求助者的情感,这一过程包括主动倾听、共情反应与积极情感协调的建立与维持。我们在实施助人的过程中,清楚自己究竟做什么是对求助者有帮助和有意义的。我们首先要关注如何更好地和求助者在一起,建立良好的助人关系,然后才能促进下一步工作关系的发展。

3. 学习诊断和评估技巧　作为一名社区心理援助师,在学会使自己情绪平静地与求助者建立良好的助人关系后,应该有一定的诊断与评估的技巧和程序。尽管在社区工作中评估和诊断的必要性还有些争议,

但没有基本评估的问题对实施帮助也是有限和不确定的，显示出不专业和缺乏科学性；若是草率或盲目提供帮助和指导或许还有一定的风险性。当一名社区心理援助师在满足了三种条件以后再开始实施心理援助工作，才是可靠和有利的。一是社区心理援助师在自己平静地倾听了求助者表述的问题内容后；二是社区心理援助师和社区求助者建立了良好信任的积极关系；三是社区心理援助师在清晰了解了求助者的个人需要和求助目标时。

社区心理援助师在助人的过程中是要保持中立的，实际上真正的社区心理援助师在心理援助的过程中要完全中立是不可能的，社区心理援助师自身的价值观会不经意地流露出来影响到来访者。在尽量保持中立的同时，多展现积极的一面，这样对心理援助会有利。可是要做到这样不是说起来这样容易，要真正做到这个就需要内在的东西了，我们把它理解为积极向上的生命观，只有有了这个作为前提你才可能表现得更出色，我们很难想象一个对自己都不自信的人能帮到别人。社区心理援助师本人也是人，也有许多欲望，如希望得到爱，希望被接受、被承认、被肯定，希望有安全感。但他有能力在心理援助关系以外来求得这些欲望的满足，以保证有效地完成社区心理援助师这一社会角色的任务，不致引起角色紧张。社区心理援助师也生活在和他的大多数来访者相同的社会环境里，也会有各种生活难题，也会出现心理矛盾和冲突，但他可以保持相对地心理平衡，而且能在心理援助关系以外来解决他的心理矛盾和冲突，不至于因为个人的问题干扰心理援助工作。

长期以来有关部门缺乏对社区心理健康教育与服务在整个社会公共卫生事业中的重要地位和作用的认识，没有把社区心理健康教育与服务正放到整个社会公共卫生事业应有的重要地位，忽视或轻视社区心理健康教育与服务正成为社区居民的普遍需求，开展社区心理健康教育与服务是与国际接轨的社区工作模式，便于居民心理疾病的及早干预和治疗。社区心理援助师走进社区可以根据人的生理、心理特点，运用有关的心理教育方法和手段，对社区内的居民提供以保障和促进人群心理健康为主要内容的心理健康教育与服务，是以提高社区成员的心理健康水平，培养社区成员良好的心理素质，促进社区成员身心全面和谐发展及整体素质优化和全面提高为目的的一种教育活动，从而减少心理疾病和行为问题的发生。

第七节　相关从业人员参与社区心理援助的方法和流程

一、相关从业人员如何参与社区心理援助

考取心理咨询师、社区心理援助师相关证书。社区心理援助师在社区心理援助所提供的全新环境下，可以帮助人们认识自己与社会，处理各种关系，逐渐改变与外界互动不合理的思维、情感和反应方式，并学会与外界相适应的方法，不仅能够帮助援助者解决问题、排除困扰、还能掌握自我调节的方法，从而可以提高生活质量，提高工作效率，有益于教育子女，处理好家庭关系。社区心理援助师需取得全国社区心理援助中心颁发的执业资格证书并加入社区心理援助师评审注册系统，方可向全国社区心理援助中心申请开展和承办地方社区心理援助活动，并得到政府民政部门和其他各部门的帮助。

二、相关从业人员参与社区心理援助的方法和流程

(一)社区心理援助工作面临的三个问题

1. 政府部门　教育、卫生、社会三个单位各自启动部分资源开展工作。三个单位的对象都是需要心理援助的民众，却无明确分工与整合。负责人并不一定具备心理援助专业技能，负责执行或左右决策的人，可能又是另一个不具有专业技能的基层干部。因此联结的专业人才或施行计划，就变成偏离专业而影响了心理援助的成效。

2. 社会团体　各专业团体自行进入社区寻找服务对象，少部分被整合至各部门的体系中，少部分团体去了找不到介入点又折返，缺乏整合服务绩效。最严重的是介入的人是否具备灾难心理援助的专业技能？介入的策略、方案与技术是否正确？缺乏统一管制的系统。开办一场创伤后压力症候群的研习，也只是转介精神科用药的前奏。需要心理援助的民众可能仍无法获得专业的心理援助。

3. 需要心理援助的民众　需要心理援助的民众，初期和后期被各学校或社团之研究单位重复访视、填表、协谈，造成不堪其扰之民怨。以致在灾后援助中有"防火、防盗、防心理咨询师"之说。需要心理援助的民众的心理创伤未获得完整的评鉴，心理援助作业因缺乏个案管理系统，而无法在专业分派的前提下，获得长期的心理援助协助。短期、临时或中断治疗，让初期的努力毫无意义。有部分需要心理援助的民众是明星，物资丰富、领导勤访，有部分需要心理援助的民众却乏人问津、资源短缺。

（二）设立"社区心理援助中心"

需要心理援助的民众工作，由社区心理援助中心统筹卫生与教育部门协调开展。区分为两个分中心，结合社区与外地专业、半专业团体或人才执行业务（要求各机构或个人，欲进入社区提供本类协助，都必须向中心申报，由中心统筹分配工作对象与工作内容）。卫生系统的分中心，应于社区医疗站设立精神科与临床心理科，直接提供精神药物与心理援助作业。教育系统的分中心直接从归户建文件资料，筛检创伤事件分类后，统计各类学童人数，再派遣专业人员进行面谈式的创伤心理筛检作业。最后再依创伤心理类别的学童人数，进行个案管理作业。确保各个学童与家庭，都得到专业人员长期的特殊心理援助、家族治疗与团体心理援助。

（三）社区心理援助工作流程

1. 初诊接待　社区心理援助师需要先了解被援助者的问题，确定被援助者的问题是否符合心理援助的范围，以及自己能否协助被援助者解决问题。如果不属于心理援助范围，或者不是自己的心理援助领域，心理援助师应建议被援助者到相应机构或者医师那里寻求咨询或治疗。这个阶段一般是被援助者在社区心理援助中心预约。

2. 援助诊断　预约后，在预约时间内，被援助者到社区心理援助中心进行咨询。此时工作人员需要对被援助者的问题和相关方面情况有一个全面的了解，对被援助者的问题、类型和严重程度有一个诊断，需要对造成被援助者问题的原因进行分析和判断。进行被援助者的谈话、与被援助者密切关系人员的谈话、通过心理援助师的观察、通过心理测评等方式进行。援助诊断阶段所需要的时间往往取决于被援助者问题的严重程度和生活经历复杂程度，援助诊断谈话一般在60分钟左右。

3. 确定援助方案　在社区心理援助中心心理援助师会对被援助者的问题类型和严重程度，对造成问题的原因诊断以后，再与被援助者协商解决心理援助问题的先后顺序，首先解决哪个问题，然后再解决哪个问题，向被援助者介绍将要采用的心理援助技术和方法，协商心理援助的时间、周期、费用等问题，与被援助者达成一致。如果能够达成一致，就进入心理援助阶段，如果不能达成一致，心理援助活动就另行协商或者终止。确定心理援助方案一般需要15～30分钟。

4. 心理援助　在社区心理援助中心，社区心理援助师与被援助者就心理援助问题和使用方案取得一致的情况下，社区心理援助师对被援助者的问题进行援助性谈话，可使用的技术有认知矫正、行为疗法、心理分析等方法。根据使用方法的不同，社区心理援助师会给被援助者布置家庭作业，或者对被援助者进行训练等。本阶段所需要的时间，往往和被援助者问题的类型、问题的程度、援助技术以及被援助者的配合情况有关。如果被援助者的问题是长期形成的、如果采用心理分析技术、如果被援助者未能按照社区心理援助师的要求完成家庭作业，这些情况下心理援助所需要的次数可能就多些。

5. 援助结束　在援助目标达成，或者被援助者不愿意继续接受援助时，援助即告结束。在结束的时候，社区心理援助师和被援助者一起对援助效果进行评估。在援助结束后一段时间里，社区心理援助师还会与被援助者联系，了解被援助者的改善情况。

本章编写负责人：刘义林　徐毅强　李谢之

本章参与编写校对人员：刘义林　徐毅强　李谢之　王志恒　刘　薇　王龙云　单红妍　仇建国　邓绍强　张夏琴　何　玲　林丽琴　徐明立　路丽玲

第五章　综合积极情绪疗法在社区心理援助中的应用

第一节　综合积极情绪疗法快速入门

一、综合积极情绪疗法的理论构建

"综合积极情绪疗法"(CPET)一词,最早见于全国社区心理援助中心主任刘义林的博士论文《神经症的心理咨询与干预》。刘义林博士于2014年1月获得美国普林斯顿大学临床心理学博士学位,这是他结合多年的临床经验,汲取中西方心理学界的理论精髓,创新与总结出来的一套适合中国国情和文化背景的有效心理干预方法,最初叫做"刘氏积极情绪疗法",之后听取王极盛教授的建议,在博士生导师张伯源教授和张吉连教授的同意之下,于2013年8月2日更名为"综合积极情绪疗法"。

刘义林博士在临床实践中主张从三个角度来参考精神障碍的诊断标准,即站在与国际化接轨的角度,使用《国际疾病分类标准》(第十版)(ICD－10);站在临床角度,使用《美国精神障碍诊断统计手册》(第四版)(DSM－IV);站在本土化的角度,主张以《中国精神障碍分类与诊断标准》(第三版)(CCMD－3)为主要诊断标准。他建议,这三种诊断标准各有特点、各有主张,可以互为参照,取长补短,不宜划分对错。

依托严谨的诊断标准,其临床统计数据显示,在2011年3月至2013年3月接待的2178人的心理咨询与干预案例中,其中神经症为1634人,占75%;有改善、好转或显著好转者1271人,有效率为77.8%;婚姻情感问题283人,占13%;其他问题261人,占12%。可见,神经症在心理咨询与干预的临床反应中所占的比例是相当高的,也是相当普遍和有代表性的。而使用"综合积极情绪疗法"干预后有改善(改善指标前后对比提高30%)、有明显好转(改善指标前后对比提高50%)或显著好转者(改善指标前后对比提高70%)所占比例也是较高的。

综合积极情绪疗法的理论框架扎根于中国本土的传统文化和中医理论中,集萃了心理学界综合使用比较成熟的、公众易于接受的、有科学依据和体系的12种心理疗法(精神分析疗法、认知疗法、行为疗法、合理情绪疗法、人际关系疗法、饮食疗法、幽默疗法、阅读疗法、音乐疗法、运动疗法、芳香疗法、催眠疗法)以及20种常用工具,它将咨询干预的过程拟定为一个疗程(即一个阶段)12次,并将具体的操作做到规范化、数据化、可视化和可操作化。

当然,此疗法运用范围较广,临床上对其他心理问题皆适用,张伯源教授和张吉连教授曾数次亲临三亚进行督导,认为许多案例都很有代表性,有的个案咨询时长超过了120个小时,有些个案可写成一本成功的案例书。

早在20世纪50年代中期,当时我国涌现的心理学专家,如丁瓒、李心天、钟友彬等人,就曾经使用"综合快速疗法"治疗神经症和身心疾病,为中国的心理咨询事业创造了一个良好的开端。同样,"综合积极情绪疗法"挖掘古今中外心理学界理论精髓,提炼出积极的因素,独立形成一种创新体系,虽受益于博采众长,却巧妙于改良创新,实用于简便高效。中科院心理研究所的资深专家王极盛教授就曾对其评价:"综合本身就是一种创新"。

二、综合积极情绪疗法的现实意义

随着信息化、经济全球化、城乡一体化的逐步深入,社会竞争日益激烈,生活在现实中的人们深感工作节奏越来越快、工作压力越来越大,另外随着社会关系的复杂多变性,人们的各种心理健康问题也渐渐凸显出来。有报告显示,近年来,情绪情感、婚姻家庭、人际交往问题正在呈快速上升趋势。与之前相比较,人们的心理保健意识有所增强,主动寻求心理咨询的人数也呈增多趋势。综合积极情绪疗法扎根本土,在此种情形之下普及有着现实意义:①"综合积极情绪疗法"的理论综合优化,无门户偏见,不排斥不同意见,营造了和谐的理论氛围,为理论研究的方向提供了参考。②做到规范化、数据化、可视化、可操作化,它本身体系的严谨性,将对行业的规范化、专业化、科学化也起到一定的促进作用。③简单、易学,不仅能满足不同层次的心理咨询师以及心理学爱好者掌握知识的要求,而且也能为多层次群众选择咨询方式、缓解心理问题提供便利与可能性。④最终的宗旨是帮助来访者缓解症状、减轻痛苦、解决问题,它以来访者为中心展开工作,强化了心理咨询师行业的职业规范。⑤以本土来访者为主要对象,努力寻求在1~2个阶段,在每个阶段12次的心理咨询与干预过程中,有效地缓解或消除轻中度神经症状,贴近了中国来访者短程、快速的要求。

三、综合积极情绪疗法快速入门的要领

(一)综合积极情绪疗法的常用工具

通过多年的临床实践,综合积极情绪疗法总结归纳出一套实用的、规范的、可重复使用的20种工具,包括心理咨询记录表、心理咨询协议书、来访者承诺书、咨询会谈连接作业表、生活史调查表、一周生活时间记录表、简明精神问题量表、贝克抑郁量表、伯恩斯抑郁量表、改善人际关系作业表、五步脱困法掌控自己的情绪作业、够你用一辈子的话、思维过程中常见的错误、情绪强度记录表、简单算数思维练习表、情绪思维感受心理状态记录表、积极情绪与消极情绪自我评估、积极情绪与消极情绪评估月报表、来访者满意度调查和情商测试表。这些工具,不仅适用于神经症、抑郁症的心理咨询与干预,也适用于其他心理问题、心理障碍、心理疾病的心理咨询与干预。

1. *心理咨询记录表(PCS)* 没有记录的咨询,是不负责任的咨询。不管从规范、严谨、科学、负责任、自我保护的任何一方面来讲,咨询记录都是重要的、必需的。若来访者提出质疑或担心隐私泄露,心理咨询师要事先讲明保密原则,可让来访者使用化名,或者避免填写来访者认为敏感的或不便填写的其他信息。

初次来访需要注意:澄清来访者的问题,排除躯体病变,了解既往病史和有无家族精神病史;要提示来访者用关键词陈诉需要帮助的主要问题;要注意收集数据信息,尽量用数字描述抽象的语言,如用1~10的数字来表述,1~3为轻度,可以忽略;4~6为中度,需要关注;7~10为重度,需要重视。

在第一次收集相关数据的时候,一般还要让来访者用1~99评估自己综合的稳定性、自信心、希望、情绪,评估对心理咨询师的信任度、自己对咨询的配合度。60分及格,90分优秀。信任和配合度越高,咨询效果越好。如果信任度和配合度都低于60分,咨询效果会受到影响,甚至难于达到预期效果。为了客观了解来访者的性格特征和问题所在,也建议同时收集来访者的卡特尔16种人格因素问卷(16PF)和明尼苏达多相人格问卷(MMPI)的相关数据。

此后的心理咨询记录,一般在第一栏注明日期,在栏外注明第几次咨询即可。

2. *心理咨询协议书(PCP)* 心理咨询协议书的签订,明确了来访者和心理咨询师的权利义务,如咨询时间、咨询次数、咨询费用、保密责任等重要事宜和约定事项,避免可能会产生的误会与纠纷,是心理咨询规范化、标准化的重要体现。来访者也可以使用化名签订咨询协议,咨询协议书的签订也是一种认同、一种约束、一种共同努力协同解决问题的象征。如果心理咨询师或来访者认为该心理咨询协议需要修改或补充,可以在咨询协议书中替换或加入其他条款。

3. *来访者承诺书(VLC)* 签署来访者承诺书,也是给来访者的一种强化和暗示,对于巩固咨询关系有促进作用。其中的"我保证积极努力配合心理咨询和心理辅导,提供真实的相关情况和症状线索,绝不将来访期间接触到或见到的相关技术、工具、其他来访者的情况以及他人隐私等敏感事宜泄露给任何第三人;如果由于我的不努力配合或者我本人症状的恶化加重而无法达到心理咨询和心理辅导效果,我绝不对您迁怒、指责、诋毁、攻击或散布有损您声誉的言行。"以及"我保证信守承诺,决不食言,决不半途而废。"这对保障咨询效果是有益的,对咨询师的权益保护也是显而易见的。

4. *咨询会谈连接作业表(CTCW)* 一般要求来访者在每次来访前,填写好咨询会谈连接作业表,这是来访者与咨询师互动的一个重要工具。如果来访者有很多问题,可以让来访者写在背面或另文表述。依据多次咨询会谈连接作业表的比较分析,可以看出来访者改善的轨迹和心理咨询效果的体现过程,以及心理咨询师使用的技术和心理咨询的方法、技巧、特点。来访者的配合度、作业完成度、来访者对心理咨询师的

要求或不满亦可以在这里体现出来。

5. 生活史调查表(LHQ) 该表来源于《心理诊断和治疗手册》,修改后共有11组问题,包括了家族病史、遗传基因、家庭背景、个人主要成长经历、问题或症状的严重程度等信息,目的是为了全面了解来访者的生活经历和背景,并在一定程度上找出来访者的问题和症状因素。

心理咨询师要请来访者配合,尽可能完整和准确地回答这些问题,这将有利于制定一个适合来访者特定需求的心理咨询方案,在来访者填写完之后尽快收回此表,此表和咨询档案同样需要高度保密,未经来访者同意,不得对外泄露来访者填写的任何信息。

6. 一周生活时间记录表(WLTS) 该表适用于学生,成人可以把学习栏改为工作栏,今日一句话感想要求全部使用积极的、表扬的、赞美的、好的短句子,而避免使用消极的、批评的、攻击的、坏的简短词句。一般对比数据要求连续收集8周或以上。

7. 简明精神问题量表(BPRS) 该量表来源于中国心理卫生杂志社出版的《心理卫生评定量表手册》,原名叫“简明精神病量表”,是精神科应用最广泛的他评量表之一,具有良好的信度和效度。为了避免来访者产生恐慌、畏惧、误会,所以将其淡化改名为“简明精神问题量表”。临界值为35分,小于35分为正常,大于35分为异常,总分为20~140分,总分越高问题越严重。得分超过70分者可以每周评定一次。心理咨询前后总分值的变化可以反映心理咨询效果的好坏,差值越大效果越好。如果采用来访者真实客观的自评,可以达到改善认知偏差的效果。

8. 贝克抑郁量表(BDI) BDI和伯恩斯抑郁量表(BDC)可以同时使用,可以简易快速地得出来访者的抑郁数据,判断出其抑郁的严重程度。一般情况下,BDC对轻度症状表现为不敏感,对重度症状的效度是比较一致的。对比观察使用,作者认为BDI较好。

BDI问卷有21组陈述,四选一。要求来访者仔细阅读每一组陈述,然后根据来访者近一周(包括今天)的感觉,从每一组选一条最适合来访者情况的项目,将旁边的数字圈起来,所圈的数字是几就记几分。0~4分为无抑郁,5~7分为轻度,8~15分为中度,16分以上为重度。

9. 伯恩斯抑郁量表(BDC) BDC问卷有15组陈述,四选一。要求来访者仔细阅读每一组陈述,然后根据来访者近一周(包括今天)的感觉,从每一组选一条最适合来访者情况的项目,在相应的栏里打钩,打钩的数字是几就记几分。0~4分为轻度或没有抑郁,5~10分为正常但不快乐,11~20分为接近中等抑郁,21~30分为中等抑郁,31~45分为严重抑郁。

10. 改善人际关系作业表(IRW) 该作业表是用来改善来访者与父母、恋人伴侣、同事朋友、师生、上司下属等人际关系的,建议每周一次,连续做12次。每次做作业前,都要求认真阅读后面的良好沟通方式和有效沟通技巧。为了来访者能从这个作业的分析对比中受益,建议来访者在每次提交本作业前将填写的内容复制或抄写下来。

11. 五步脱困法掌控自己的情绪作业(FCEW) 当我们说自己做不到某一件事时,可以运用五步脱困法技巧,将问题分解改写为以下的五句。

(1)困境:我做不到什么。

(2)改写:到现在为止,我尚未能做到什么。

(3)因果:因为过去我不懂什么,所以到现在为止,尚未能做到什么。

(4)假设:当我学懂什么,我便能做到什么。

(5)未来:我要去学什么,我将会做到什么。这五个步骤,可以让我们放下包袱,坦然面对,勇往直前。

这是认知结合行为的综合练习。需注意的是,第三步因果中的因,必须是某些本人能控制或有所行动的事。很多时候,是需要我们运用教练技术中的发问技巧去挖掘和梳理的。我做不到实际上是在描述一件过去的事实:尽管在当时我们会说我没有这个能力,或者我不想去做,但是在未来的岁月里,我们内心其实是总想保留做得到,或者想去做的权利。发生了的事无法改变,然而往事对我们未来的影响却可以改变,因此我做不到不应该成为一个包袱,阻碍我们向前走。

12. 够你用一辈子的话(RPW) 这篇612字的阅读练习,目的是:①提高口头表达能力、口才、演讲水平;②增强自信心,找到良好的自我感觉;③增强毅力和诚信,让自己对练习能够持之以恒。

够你用一辈子的话(阅读练习)

做一个人生的观光客吧,说到底只要与人为善,以德服人,离是非远点,靠家人近点,便有了心安,有了惬意。乐观的心态来自宽容,来自大度,来自善解人意,来自与世无争。

遇事不要急于下结论,即便有了答案也要等等,也许有更好的解决方式,站在不同的角度就有不同的答案,要学会换位思维,特别是在遇到麻烦时。

这世道没有无缘无故地爱,也没有无缘无故地恨,不要参与评论任何人,做到心中有数就可以了。谁也没有理论依据来界定好人与坏人,其实就是利益关系的问题。

要学会大事化小、小事化了,把复杂的事情尽量简单处理,千万不要把简单的事情给复杂化。做事情一定要事先设置道德底线,凡事万万不可做绝,其实,给别人让出退路就等于给自己扩大空间。

对待爱你的人一定要尊重,爱你是有原因的,不要问为什么,接受的同时要用加倍的关爱回报,爱是你用钱买不来的财富。记住:轻视人家付出的情感就等于蔑视自己,用心爱人是一种美德。

那些背后夸奖你的人,当你知道后,要珍藏心里,因为这里面很少有水分。对于那种当众夸奖你的人,你可以一笑而过,就当什么也没有发生。

所谓的缘分无非只有善、恶两种,珍惜善的,也不要绝对排斥恶的。相信擦肩而过也是缘吧,世界上那么多人,你能遇到谁也不容易,所以遇到恶缘,也试着宽容,给对方一次机会,不要一上来就全盘否定。

不要让事业上的不顺影响家人,更不要让家庭的纠纷影响事业。那样做很不划算,家人和事业都受影响,甚至是损失。善于处理好各种关系,你的人生就成功了一大半。

要点:注意语气、语态、语感,要有感染力,要声情并茂,要争取读出味道来。评估值1~99分,60分为及格,90分为优秀,定期评估,不断提高,争取早日达到90分以上。该练习既属于阅读疗法,又属于认知疗法和行为疗法,来访者可以通过对文字内容的领悟消化,达到表达能力的提高。为了早日达到优秀的水平,可以设定目标和期限,或使用录音或找人监督陪练。

13. 思维过程中常见的错误(TCM) 这个作业可以在认知、反省、调适过程中多次使用,一共有12项思维过程中常见的错误,每一项都可以用1~10的数字来评估,1~3为轻度,可以忽略;4~6为中度,需要关注;7~10为重度,需要重视。

如果来访者的自我评估值在7或7以上,心理咨询师可以引导来访者为自己设立近期目标,让来访者说出自己的愿望,希望在多长的时间里下降到几,从而鼓励和帮助来访者逐步地实现这个目标。

14. 情绪强度记录表(EIS) 让来访者把自己的情绪强度表达出来,指导来访者先做0(情绪在基本上没有焦虑的愉悦状态下)、100%(情绪在十分焦虑的痛苦状态下)、50%(介于既不是很愉悦,又不是很难过的中间状态),然后再分别填写上面4格和下面4格。该记录表可以暴露来访者的情绪特征,让心理咨询师更好地了解来访者的情绪调控能力。

15. 简单算数思维练习表(SATW) 练习要求来访者把自己的第一感觉答案写下来,然后开始计算。计算完毕后,正确答案肯定会与自己的第一感觉答案悬殊很大。通过这个练习,来访者自己会受到很多启发,会明白自己的第一感觉往往会出错误,自己在实践过程中可以纠正自己的错误认知,从而得到正确的答案。这个练习也可以告诉来访者遇事不要急于下结论,有时候自己的想当然感觉往往是不对的,甚至是离谱的。这个练习的缺陷是不可重复使用。

16. 情绪思维感受心理状态记录表(ETFPS) 来访者通过填写这个记录表,可以让心理咨询师和自己了解分析对比自己的情绪状态和产生这个情绪状态的原因或事件,也可为精神分析疗法、认知疗法、行为疗法提供数据,同时也是一个较好的观察记录。另外,来访者做好记录的同时,可以从时间、难受程度的数字、自己的一句话感想获得有益于症状改善的积极因素。

17. 积极情绪与消极情绪自我评估(PNSA) 让来访者用1~10的不同数字表示在过去的一天24小时内,能体验到的以下两组情绪(积极情绪与消极情绪各10个问题)的最大值,然后分别相加得出每一组情绪的总分并加以对比。1~39分为低,40~69为中,70~100为高。各组情绪超过80分或低于

20分都需要予以关注和调适。该表通过积极情绪与消极情绪的评估对比，找到来访者情绪的平衡点，帮助来访者从具体的情绪状态找到突破口，充分利用来访者的积极情绪，使其症状得到好的转变。

18. 积极情绪与消极情绪评估月报表（PNMR） 这个工具可以和PNSA配套使用，让来访者把每天的PNSA值，填写到PNMR里面，积极情绪使用蓝色，消极情绪使用红色。当月报表完成的时候，来访者本月的情绪曲线图就一目了然了。该报表特别适用于慢性症状和情绪不稳定而自己不察觉或不承认的来访者。

19. 来访者满意度调查（VSS） 该调查表源自《心理诊断和治疗手册》，修改后主要内容包括来访者寻求解决的问题、情感或者状况得到何种程度的解决；来访者是否充分地理解问题所在并能在将来应对这些问题；心理咨询师是否对来访者有帮助；如果来访者将来需要帮助是否会预约这个心理咨询师；来访者是否将向需要帮助的其他人推荐这个心理咨询师；在帮助来访者解决问题的过程中心理咨询师表现出的兴趣是否令来访者满意；来访者上次来访到现在有多长时间；中止该心理咨询师的咨询是因为什么原因；当来访者向这位心理咨询师咨询后，来访者或者家庭的任何人是否在别处就此相同的问题进行过心理咨询以及附加意见这10个问题，前9个问题是选择题，最后一个问题是自由描述题。

通过来访者满意度调查，可以说明来访者对心理咨询师是否满意，来访者的问题是否得到了解决，对心理咨询师反省和总结自己的心理咨询工作是很有帮助的，一般是在心理咨询结束的时候进行。

20. 情商（EQ）测试表 情商涉及更多的是非理性因素，体现了人们认识、控制和调节自身情感的能力，其往往比智商对人的成功影响更重要。

通过此量表的测试可以反映出来访者对他人情感调节的能力，以及他在人际关系互动中的模式，从而找到出现问题的症结。

（二）综合积极情绪疗法的效果分析与比较

综合积极情绪疗法的效果分析，更多需要配合案例和数据分析来体现，而改善的过程就是效果，一定要记录在案。

根据日常详细的临床实践记录，对于轻度神经症来访者，使用综合积极情绪疗法一个阶段12次，每次1小时，每周一次，在3个月左右的时间里，来访者的神经症症状有了显著地改善和好转。而中度神经症来访者，大概要2个阶段24次有显著地改善和好转。对于重度的神经症患者或反复发作患者，应首选药物和住院治疗。

另外来访者对心理咨询师的信任度、来访者的配合度、来访者的作业完成度这三个维度的得分越高，预后效果越好，反之则较差。急性症状第一个阶段每周2~3次效果较好。咨询关系稳定持续者效果较好，半途而废、迟到早退、隔三差五无故取消咨询者效果较差。

（三）综合积极情绪疗法的数据分析

数据的采集、分析、对比，是一个很重要的环节。咨询的过程要避免模糊表述，避免主观臆断，问题的陈述要有时间节点和程度概念，要尽量用数字说话。测试结果的数据与来访者的描述如果吻合或接近，表明该测试数据具有较好的有效性和可信性，见表5-1~表5-5。

表5-1 案例数据1

项目	稳定	忧虑	紧张	焦虑	敏感	恐惧	抑郁	强迫	自信	希望	信任	配合
第一次测评	5	9	7	9.5	8	8.5	6.1	8.5	7	8	9	9
三个月后测评	8	3	3	2	2	0	0	3.7	8.5	9	9	9

表5-2 案例数据2

项目	稳定	忧虑	紧张	焦虑	敏感	恐惧	抑郁	强迫	自信	希望	信任	配合
第一次测评	5	7	7	8	6	8.5	6.1	6.5	7	5	8	8
三个月后测评	7.5	3	3	0	3	0	0	3.7	8.5	9	9	8.5

表 5－3　案例数据 3

项目	稳定	忧虑	紧张	焦虑	敏感	恐惧	抑郁	强迫	自信	希望	信任	配合
第一次测评	5	7	7	8	6	8.5	6.1	6.5	7	5	8	8
三个月后测评	7.5	3	3	0	3	0	0	3.7	8.5	9	9	8.5

表 5－4　案例数据 4

项目	稳定	忧虑	紧张	焦虑	敏感	恐惧	抑郁	强迫	自信	希望	信任	配合
第一次测评	1	9	7	8.9	8	8.5	7.1	7.3	6	9	9	9.8
三个月后测评	7	3	3	1	2	2	1	3	8.5	9.5	9	9.5

2013 年 1 月 4 日至 2013 年 3 月 30 日一例神经症 12 次心理咨询的数据对照：

表 5－5　案例数据 5

项目	第 1 次	第 2 次	第 3 次	第 4 次	第 5 次	第 6 次	第 7 次	第 8 次	第 9 次	第 10 次	第 11 次	第 12 次
BDI	17	16	20	9	5	6	5	4	3	2	3	2
BCI	18	16	20	12	9	10	9	10	11	9	7	5
BPRS	78		53		50		45		36		31	

数据的采集，可以采用他评、自评或测评，通常使用 1～10 或 1～99 这两组数字来表述。

一般情况来说，1～3 为轻度，可以忽略；4～6 为中度，需要关注；7～10 为重度，需要重视。还可以精准到使用小数点，比如，恐惧程度 7.8 分，抑郁程度 3.5 分。

综合积极情绪疗法中采集信任度（来访者对咨询师的信任度）、配合度（来访者参与咨询的配合度）、作业完成度（咨询师给来访者布置的家庭作业），可以使用 1～99 评分，其中 60 分以上为及格，90 分以上为优秀。这三个维度得分越高，预后效果越好，得分越差，效果越差。

另外该疗法中定期收集数据的评估内容主要有：稳定性、自信心、希望值、情绪值、信任度、配合度、作业完成度、改善度、BDI、BPRS、PNSA 等。

四、综合积极情绪疗法中临床常用的 12 种心理疗法

综合积极情绪疗法中临床常用的 12 种心理疗法如下：

1. *精神分析疗法*　精神分析疗法适用于配合度高、愿意做自我分析、有一定文化程度、乐于把精神分析疗法作为一项家庭作业或者一门感兴趣的学科来学习的来访者，反之者最好避免使用。

精神分析疗法最初的适应证是心因性神经症，不适合儿童或精神错乱症状的各种精神疾病的来访者。精神分析疗法由于耗时长、效率低、费用开支大，目前在心理咨询中很少有人单独使用。

综合积极情绪疗法重视精神分析，它通过生活史调查表收集来访者童年及家庭背景信息，帮助咨询师更多地了解来访者精神层面的问题。在具体操作过程中，可以通过布置梦境整理、痛苦经历及事件的回忆、沙盘游戏、自我催眠、空椅子、照镜子、意象对话等练习来充实精神分析的内容，同时配合音乐疗法、阅读疗法、芳香疗法，进行放松、领悟、调整情绪，达到增加预期效果的目的。

2. *认知疗法*　综合积极情绪疗法认为，许多心理问题、心理障碍、心理疾病的成因，都与认知偏差有着很大程度地关联，比如对人的偏见、自卑、对事情抱有错误或消极的态度等，而改善的过程是认知→反省→调适地交替循环，其中包括了调整认知偏差或重构认知。有时，改善和调整认知偏差也是一种行为，被称为认知行为疗法；有时候认知也需要精神分析疗法给予帮助，就好比不知者不为怪。你都不知道或者无法认知自己的问题，那你还怎么去分析、怎么去解决问题呢？

在临床上，认知疗法适应于各种神经症，可以用来治疗抑郁症，尤其是单相抑郁症（内因性抑郁症）的成年患者，也可作为神经性厌食、性功能障碍和酒精中毒等患者的治疗方法，还适用于治疗焦虑障碍、社交

恐怖、偏头痛、考试前紧张焦虑、情绪激怒和慢性疼痛患者。一般来说,来访者的主要问题若跟非功能性的认知有关,则是根据异常认知而形成的,如对人的偏见、自卑、对事情抱有错误或消极的态度等,均适合运用认知疗法进行心理治疗。

卡特尔16种人格因素测验(16PF)、明尼苏达多相人格测验(MMPI)、症状自评量表(SCL-90)、生活史调查表、思维过程中常见的错误、简单算数思维练习表、积极情绪与消极情绪自我评估等测评工具得出的数据,都可以有效地帮助咨询师对来访者的认知状态做出快捷、准确地判断。

3. *行为疗法*　行为疗法在小学生心理咨询中经常使用。恰当地使用行为疗法矫治小学生的不良行为习惯,帮助其养成良好的学习和生活习惯,对儿童的成长有着很大地帮助。

综合积极情绪疗法整合行为疗法的长处,在矫正行为的同时,促使来访者配合产生新的行为,培养出新的思维和行为模式,养成和习得有益的技能技巧,获得自信,产生更多的积极情绪,达到改善和调整认知的目的,实现解决问题和早日康复的目的。

综合积极情绪疗法认为,布置家庭作业,如填写会谈连接作业表、一周生活时间记录表、积极情绪与消极情绪自我评估及月报表、阅读够你用一辈子的话、做深呼吸练习、做马步冲拳练习、做自我催眠暗示和放松练习、使用芳香精油等,这些行为方式,也可以整合在一起纳入行为疗法。

另外,认知疗法、精神分析疗法、行为疗法这三种主流的心理疗法,是综合积极情绪疗法的核心技术,是每一个心理咨询师都必须具备的基础知识。如果没有基础,其他疗法也难以独当一面,就会孤掌难鸣或者变成空中楼阁。

4. *合理情绪疗法*　综合积极情绪疗法认为,将合理情绪改变为积极情绪至关重要。不同的心理问题,会有不同的情绪特征。喜、怒、哀、乐、惊、恐、悲七情导致的情志病,都可以通过积极情绪来加以调适。

另外,情绪的合理与否,还存在着文化的差异、信念的差异、认知的偏差。常见的不合理思维有黑白观念、灾难化、贴标签、以偏概全、度人之心、精神过滤等。各种疗法的整合使用,最终目的都是要唤起来访者的积极情绪和正能量,通过认知、反省、调试的循环过程来达到心理问题、心理障碍、心理疾病的减轻、缓解、好转、消除、治愈。

5. *人际关系疗法*　人际关系疗法是人与人间通过语言与非语言的积极交流,形成良好的情绪状态,以提高心理激活水平的心理治疗方法。人际关系是直接的、对称的、双向的、易于反馈的信息交流和情感交流,积极的人际关系具有信息沟通功能、情绪移入功能和心理保健功能。大多数心理问题、心理障碍、心理疾病的根源,都是人际关系紊乱或者出现严重问题的产物。养成健康的人格,是人际关系的重要保障。

综合积极情绪疗法认为,人际关系疗法既可以借助格式塔疗法(完形疗法)的具体技术,如对话演习、空椅子、责任心训练、梦的分析等来体验内在的冲突,实现自我觉察,发现真实的自我,重新整合自己,使个体与环境达成良好地接触。也可以借助认知疗法、以人为本疗法、家庭系统排列疗法、NLP人际关系技术,加速人际关系的良好互动,产生大量的积极情绪,改善糟糕的人际关系。具体操作中还常使用改善人际关系作业表、五步脱困法掌控自己的情绪作业、积极情绪与消极情绪自我评估等重复练习作业,结合有效的沟通技巧,实现良好的人际关系。

6. *饮食疗法*　饮食疗法又称食疗,属于灵魂医学范畴,指的是利用食物来影响机体各方面的功能,使其获得健康或愈疾防病的一种方法。

俗话说"民以食为天""医食同源"。饮食疗法不仅供给人体生理所必需的营养素,而且还能纠正人体内在的病理状态,达到机体内平衡。近代医家张锡纯在《医学衷中参西录》中曾指出:"食物,病人服之,不但疗病,并可充饥;不但充饥,更可适口;用之对症,病自渐愈,即不对症,亦无他患。"可见,食物本身就具有养和疗两方面的作用,而中医则更重视食物在养和治方面的特性。

综合积极情绪疗法认为,药膳学是在中医理论指导下,用食物养生治病的保健方法。它同中医一样有一套完整的科学理论体系,所以在使用饮食疗法的时候,最好先了解一些传统的中医养生保健知识,要了解虚实寒热和五行相生相克的原理及配伍禁忌。

饮食疗法又是一种保健之道,中医历来强调药疗不如食疗,况且食物皆为日常可见之物,价格低廉、安全可靠。食物也常可以调节情志,如当人处于饥饿状态的时候,生存的本能暂时替代了积极情绪,使工作、学习效率迅速下降;而当酒足饭饱之后,则心情愉悦,工作学习效率提升。

7. *幽默疗法*　弗洛伊德的理论曾提到,幽默可以用社会许可的方式表达被压抑的思想。在他的《笑话和它们同潜意识的关系》一书中指出:通过幽默,个人可以不需要恐惧自我或超我的反击,可以自由表达他的攻击(实用的笑话)或性欲。笑话像梦一样,通常很快会被忘记,因为他们是用来对付危险的东西。实际上,笑话为了能逗人笑,他必须包含着激发焦虑的东西。一次对美国幽默的测验表明,性、消灭和死亡是公众最喜欢的题材。根据弗洛伊德的观点,如果你希望了解一个人潜意识中被压抑了哪些东西,只要检测这个人喜欢什么样的幽默便可了然。从心理学角度剖析,幽默是一种绝妙的防御机制,它不仅可以使当事人从尴尬中解脱,化烦恼为欢唱,变痛苦为欢愉,而且还可以化干戈为玉帛,使当事人平息激动,回归理智。

综合积极情绪疗法认为,幽默疗法可以唤起和激发积极情绪,压抑和缓解消极情绪。中国古代的笑疗,就是典型的幽默疗法。幽默疗法可以通过文化、艺术、生活等多种形式来改善来访者的不良情绪,从而达到调整心态、促进心理问题达致解决的效果。幽默的好处还有,譬如减压、缓解人际关系、战胜恐惧、舒适放松、提升免疫系统、乐观、传播幸福等。

给来访者布置作业可以选择如坚持100天发送幽默短信、与宠物进行幽默式对话、看喜剧片和相声小品等,这对抑郁症、神经症以及各种心理问题的调适都起到积极的作用。

8. *阅读疗法*　阅读疗法是一种通过阅读练习或接触其他文字信息材料,帮助来访者舒缓负面情绪困扰,进而达到身心平衡之状态。

阅读疗法是一种辅助性的心理疗法,在国外有读书疗愈、书目疗法、图书医疗法、图书治疗法、文献疗法、信息疗法等多种名称。它并不直接教导读者如何做才能解决他们目前所遭遇的情绪问题,而是让来访者接触适合的图书信息资源,例如书本、影片、音乐等,对其内容产生认同、净化、领悟,促进来访者对其目前所遭遇的困难有新的认知与体会,进而解决自身遭遇的问题。

在国外,以读书作为辅助治疗的方法也有悠久的历史。据文献记载,中世纪开罗的曼苏尔医院在为患者治病时,一方面由医生用药物或手术治疗,另一方面由阿訇为患者诵读《古兰经》。19世纪,图书辅助治疗逐渐推广,英、法、德等国家的内科医生在为患者开的处方中常包括阅读图书的书目。1810年,美国内科医生本杰明·拉什呼吁精神病院不仅应提供医疗设备,还应提供有益精神健康的读物,通过阅读减轻患者的压力,矫正病理性情绪状态。1848年,高尔特在美国精神病学年会上宣读论文《论精神病患者的阅读、娱乐和消遣》,提出了阅读疗法的功能,并提出除宗教类书外,应增加历史、传记、旅游、小说等类书籍。

我国汉代文学家刘向认为:"书犹药也,善读之可以医愚。"其实,除了塑造个性和医愚外,读书还的确具有治病的作用,尤其是针对心理社会因素引起的疾病,如抑郁、焦虑、恐慌、烦恼等。中国自古以来就不缺乏这样的例子。三国时期曹操读陈琳檄文而治愈头疼。明代戏曲作家和养生学家高濂在专著《遵生八笺》中明确指出:"读书得法,能收到祛疾养生的奇效。"

关于阅读疗法的治疗机制,学者们较多地是从弗洛伊德学派认同、净化、领悟的角度加以阐述,认为患者在阅读过程中可以有意或无意地获得情感上的支持、认同,并通过体验作者设定情境中的恐惧悲伤,使内心的焦虑得以释放,使情感净化。同时,阅读过程还有助于读者通过心理活动和作品内容之间的整合产生领悟。作为一门新兴的交叉学科,有关阅读疗法的基础研究仍较薄弱,尚缺乏高质量的实验数据和具体的应用研究。但是,阅读疗法与音乐疗法、工娱疗法等作为辅助疗法,具有其特定的疗效,这正得到越来越多学者的共识。

综合积极情绪疗法认为,阅读疗法可以有效地改善来访者的自信、诚信、毅力,阅读练习既有认知疗法的功效,也有行为疗法的功效。推荐使用612字的精选短文《够你用一辈子的话》,目的是:①提高口头表达能力、口才、演讲水平。②增强自信心,找到良好的自我感觉。③强毅力和诚信,让自己对练习能够持之以恒。要点是:注意语速、语气、语态、语感,要有感染力,要声情并茂,要争取读出味道来。评估值1~99分,60分为及格,90分为优秀,定期评估,不断提高,争取早日达到90分以上。

9. *音乐疗法*　音乐疗法是通过生理和心理两个方面的途径来治疗疾病。一方面,音乐声波的频率和声压会引起生理上的反应。音乐的频率、节奏和有规律的声波振动，是一种物理能量，而适度的物理能量会引起人体组织细胞发生和谐共振现象，能使颅腔、胸腔或某一个组织产生共振，这种声波引起的共振现象，会直接影响人的脑电波、心率、呼吸节奏等。

科学家认为，当人处在优美悦耳的音乐环境之中，可以改善神经系统、心血管系统、内分泌系统和消化系统的功能，促使人体分泌一种有利于身体健康的活性物质，可以调节体内血管的流量和神经传导。另一方面，音乐声波的频率和声压会引起心理上的反应。良性的音乐能提高大脑皮层的兴奋性，可以改善人们的情绪，激发人们的感情，振奋人们的精神。同时有助于消除心理、社会因素所造成的紧张、焦虑、忧郁、恐怖等不良心理状态，提高应激能力。

音乐与人的心理、生理有着密切的联系。早在两千多年前的中国医学巨著《黄帝内经》中就记载着：肝属木，在音为角，在志为怒；心属火，在音为徵，在志为喜；脾属土，在音为宫，在志为思；肺属金，在音为商，在志为忧；肾属水，在音为羽，在志为恐。角、徵、宫、商、羽五音称之为天五行。气功、瑜伽也通常配以音乐，在清静整洁的环境中，或端坐或静卧，令身体松静自然，呼吸均匀畅达，宁神静气，聚精会神于音乐旋律之中，体味相应脏器的感觉，令二者的波动谐振起来，可鼓荡体内气机，疏通经络，平衡阴阳而强身健体。

音乐疗法可以降低梦多、失眠、早醒、惊醒等状况的出现频率，大大提高使用者的睡眠质量。音乐疗法可以恢复自尊、自信，保持良好心情。比如，可以促进抑郁症患者不同程度地恢复自信和自尊，不再妄自菲薄、自暴自弃；也可以使来访者尽早融入社会，加强与人交流。音乐疗法还可以改变认知或行为。

音乐选择应根据来访者状况的不同，因人而异。例如：

(1)忧郁来访者宜听忧郁感的音乐，不管是悲痛的圆舞曲还是其他有忧郁成分的乐曲，都是具有美感的。当来访者的心灵接受了这些乐曲的美感的沐浴之后，很自然会慢慢消去心中的忧郁。这是最科学、也是最易见效的方法。

(2)性情急躁的来访者宜听节奏慢、让人思考的乐曲，这可以调整心绪，克服急躁情绪，如一些古典交响乐曲中的慢板部分。

(3)悲观、消极的来访者宜多听宏伟、粗犷和令人振奋的音乐，这些乐曲对缺乏自信的患者是有帮助的。乐曲中充满坚定、无坚不摧的力量，会随着飞溢的旋律洒向来访者软弱的灵魂，久而久之，会使来访者树立起信心，振奋起精神，认真考虑和对待自己的人生道路。

(4)记忆力衰退的来访者最好常听熟悉的音乐。熟悉的音乐往往与过去难忘的生活片段紧密缠绕在一起，这有助于恢复来访者的记忆。

(5)原发性高血压的来访者最适宜听抒情音乐。有人做过实验，听一首抒情味很浓的小提琴协奏曲后，血压即可下降1.3~2.7 kPa。原发性高血压的来访者需要的是平静，最忌讳的是那些有可能使他们听后激动的热情太甚的音乐和快节奏的迪斯科音乐。

(6)产妇宜多听带有诗情画意、轻松优雅和抒情性强的古典音乐和轻音乐，这样的乐曲可帮助产妇消除紧张情绪，而心情松弛、充满信心，有利于生产、减少疼痛感，注意不宜听节奏强烈、音色单调的音乐。

在音乐疗法及静心冥想音乐的领域中，著名音乐治疗大师杜特(Deuter)是一位先驱，他钻研不同文化的传统音乐，发展出被全世界认同的独特音乐风格。他的作品完美地把放松、冥想技巧，融合在音乐的艺术性里。因此，Deuter的音乐成了咨询师的最爱，在医疗及心理治疗的临床实验中更是备受欢迎。综合积极情绪疗法特别推荐使用杜特大师的《阳光精灵》(Sun Spirit)专辑。

10. *运动疗法*　运动疗法是指利用器械、徒手或来访者自身的力量，采用某些运动方式(主动或被动运动等)，使来访者获得全身或局部运动功能、感觉功能恢复的训练方法。

康复医学所要解决的最常见问题是运动功能障碍，运动疗法是康复治疗的核心手段，是心理治疗的辅助手段。它着重进行躯干、四肢的运动、感觉、平衡等功能的训练，包括关节功能训练、肌力训练、有氧训练、平衡训练、易化训练、移乘训练、步行训练。

有氧训练是以增加人体吸入、输送和使用氧气能力为目的的耐力性训练，也是提高机体有氧代谢能力的健身方法，简便、易行，对技巧的要求也不高。运动方式有步行、健身操、游泳、自行车、原地跑、登楼梯、跳绳等。

中国传统的运动疗法有武术、气功、推拿、行走、跑步、保健体操、五禽戏,太极拳、八段锦、钓鱼、爬竿等许多方法,应用器械健身的有拔河、跳绳、踢毽球、秋千、划龙舟,以及武术中使用的刀、枪、剑、棍、棒等。

综合积极情绪疗法主张采用中等强度的运动量,但最适合的运动强度应通过运动试验决定,并参考运动时的心率、吸氧量与最大吸氧量等,一般以每次运动后局部有轻微酸胀感及不出现疼痛为适宜。运动持续时间,一般为 15～30 分钟,耐力性运动 15～60 分钟。运动时间的长短,还应考虑到运动强度,如运动强度较大,则运动持续时间可以适当减少。运动频度即运动的间隔时日,一般每日 1～2 次,循序渐进,贵在坚持,间隔不要超过 4 日,间隔时间太长,运动效应会消失,影响效果。

综合积极情绪疗法推荐使用八段锦马步冲拳,具体方法可以百度学习或优酷视频学习,从 50 拳击开始练,每 50 拳为一个进阶,最后练到可以做 500 拳击。跑步、跳绳以一甩头汗水珠可以掉到地上为止。适当的运动量,可以让来访者产生积极的情绪和正面的能量,对抑郁症、神经症的心理治疗能够起到很好的辅助作用。其他如注意力不集中、自卑、走神、胡思乱想、胆小、失眠、社交恐惧、网瘾等心理问题,也可以使用运动疗法。

11. *芳香疗法*　芳香疗法起源于古埃及等古文明国家,近代开始在欧洲盛行。芳香疗法总体上属于保健范畴,也有些西方国家将它列入常规医疗行列,它是使用精油来达到舒缓精神压力与增进身体健康的方法。

芳疗的物质产品以精油为基础,精油萃取于多种具有草药性能的植物的花朵、树叶、果实、枝干当中,含酮、酯等化学成分,主要是通过嗅觉神经影响脑的边缘系统或通过皮肤渗透(如直接吸入、沐浴、按摩等方式)进入体内,具有杀菌、消炎、调节内分泌、改善机体代谢水平与免疫能力等作用,还可改善焦虑、疼痛、疲倦、伤口愈合以及调整心情。

芳香疗法长久以来被广泛运用在沐浴、护肤、按摩的美容文化中,由于现代人承受种种来自环境、情绪、身体、精神的压力,导致各种心理问题的产生,专家研究发现,采用植物精油作为日常保健,可有效且无副作用地改善人们的压力水平及促进健康。精油的芳香分子非常细微,能透过皮肤、经络输送到神经系统、激素系统、血液系统、免疫系统,达到促进身体健康、心理愉悦的功能。精油含有 100 多种以上的成分,精油的化学组成特性决定它的治疗效果,也可能造成皮肤过敏,建议在专业咨询师指导下使用。

综合积极情绪疗法将芳香疗法作为一种辅助的心理疗法,主要在于它的愉悦效果。芳香疗法运用交互抑制的原理,当消极情绪出现的时候,使用以下配方调配的植物精油,可以迅速地产生疗效,改善中枢神经的反射和抑制作用,产生令人愉悦的情绪,达到安神舒畅、兴奋振作、舒适安逸、怡情轻快的感觉效果。

综合积极情绪疗法使用的精油配方是:70% 芦荟精油作为基础油,配以檀香精油 5%、薰衣草精油 10%、柠檬精油 15%。

(1)芦荟精油:具有消炎、保湿、护肤等功能,被广泛应用于个人护理与保健中。芦荟精油含有人体所需的多种活性成分,对治疗雀斑、青春痘和防止脱发、去头屑、消炎、愈合伤口、免疫、抗肿瘤都有极好的疗效,是调配精油首选的基础油。

(2)檀香精油:适合老化、干燥及缺水皮肤,可淡化疤痕、细纹、滋润肌肤、预防皱纹,具镇静特质,能安抚神经的紧张和焦虑,使人放松,具有催情特性,高效补肾,松弛神经,改善性冷淡。

檀香精油的心理疗效有放松、镇静的效果,解除精神紧张,带来祥和的气氛,令人增加充实感,特别适合在瑜伽、冥想时熏香,能使人快速进入放松状态。

(3)薰衣草精油:可以清热解毒、清洁皮肤、控制油分、祛斑祛皱、祛除眼袋黑眼圈、嫩肤美白,还可祛痘、促进受损组织再生恢复等护肤功能。它还是最好的止痛精油之一,具有改善肌肉痉挛,缓解扭伤、肌肉使用过度以及风湿痛等作用。

薰衣草精油能净化、安抚心灵,释放压力,减轻愤怒和精疲力竭的感觉,使人可以心平气和地面对生活。它还对心脏有镇静效果,可降低高血压、安抚心悸、安神助眠。

(4)柠檬精油:富含丰富的维生素 C,特别有益于美白、收敛、平衡油脂分泌、治疗青春痘等油性皮肤症状。柠檬精油是循环系统的绝佳补药，使血液畅通，减轻静脉曲张部位的压力，可恢复红细胞的活力，减轻贫血现象，同时刺激白细胞，帮助身体抵抗传染性的疾病，能调顺整个消化系统，对胃病、胃溃疡等有一定疗效，也适用于各类刀伤或创伤，可止血，帮助伤口愈合。柠檬精油清新的香气，在感觉烦躁不安时，可以帮助提神、缓解烦躁、集中注意力、理清思绪、带来清新愉悦的感受，对于皮肤及身体也有很多积极的调理作用。柠檬精油的能量可以强化思维，对于需要用脑的工作非常有帮助，能让你将混乱的事物化繁为简，保持高度的觉察力与判断力，可以松弛神经、消除疲劳，让身体充满活力与朝气。

12. 催眠疗法　综合积极情绪疗法认为催眠疗法的主要目的是通过暗示与放松，激活来访者的潜意识，唤起来访者的积极情绪。操作时要做到尽量科学化、规范化、专业化，避免玄学化、神秘化、万能化、单一化，并且不要在问题未经明确地诊断评估就开始使用催眠疗法。

催眠过程中的灯光环境、催眠音乐、导入情景的选定，要根据来访者的具体情况灵活调整。如果来访者愿意学习掌握自我催眠，那么放松效果和受暗示度就会更好。催眠或自我催眠后，运用精神分析疗法，对催眠或自我催眠过程的分析回顾，是很有益的，值得去尝试。

除了单纯睡眠障碍之外，要避免深度催眠。对第一次尝试催眠的来访者，可以先做10分钟的体验催眠，在来访者感觉安全、轻松、有效、可以接受的情况下，再约定下一次的催眠。但注意，受暗示度低、配合度低、对催眠师信任度低的来访者，建议使用其他疗法。

第二节　综合积极情绪疗法的操作流程和步骤

根据2013年5月1日实施的《中华人民共和国精神卫生法》规定："心理咨询师应当提高业务素质，遵守执业规范，为社会公众提供专业化的心理咨询服务，心理咨询师不得从事心理治疗。"这是我国第一次从法律的角度，清晰地对心理咨询师职业化作了详细的界定。鉴于心理咨询师从事心理治疗属违法行为，故建议措辞使用上用"心理干预"来置换"心理治疗"，用"阶段"来置换"疗程"。

治疗的本身，重在使用药物和手术等医疗手段达到治愈和康复的目的。心理治疗，是以药物治疗为主，以重度心理障碍和心理疾病的患者为主要对象，必须在医疗机构由精神科医生或有处方权的心理医生做出诊断开具处方，同时并不排除配合使用各种非药物疗法和心理咨询与干预技术。

咨询的本身，重在使用语言和沟通交流的手段达到询问和商议的目的。心理咨询，是以语言沟通为主，以正常人为主要对象，运用心理学的原理和方法，帮助来访者发现自身的问题和根源，从而挖掘来访者本身潜在的能力，改变原有的认知偏差和行为模式，以提高对生活的适应性和调节周围环境的能力。

综合积极情绪疗法的具体操作，可分为以下四步。

一、了解情况，建立关系，澄清问题，诊断评估，协商收费标准，签订咨询协议书

这个环节的关键在于关系的建立，关系建立失败，就等于咨询失败。作为一名专业的心理咨询师，最重要的不是你懂得多少心理学流派和技术、你有什么头衔或证书、你出过什么书或发表过什么文章，而是你的人际关系协调能力、你对来访者的观察力和影响力、你自身的人格魅力和你丰富自信的人生阅历。在这里要特别说明的是专业的心理咨询师一般不提供长期免费服务，不提供上门服务。

二、进一步收集相关数据，多轴诊断，确定解决问题、减缓症状的突破口

建立关系以后，通过中国心理网心理测试平台做一组心理测评，一般做SCL－90、16PF、MMPI－399这三个量表。根据来访者的具体情况选用收集相关数据的工具，了解来访者的既往病史和家族精神病史，排除躯体症状。生活史调查表，对心理咨询师快速有效地了解来访者的基本情况和症状倾向有很大帮助。如果来访者有过心理咨询经历或相关病历，要详细了解其心理咨询或治疗经过。当心理咨询师发现来访者的问题超出自己能力范围之外时，要以对来访者负责的态度及时转介，并向来访者说明情况。

主动收集和建立数据，用1～99的数字，让来访者对自己的稳定性、自信心、希望值、情绪值、配合度（来访者本人的）、信任度（来访者对心理咨询师的）定期做评估，同时提示来访者，配合度和信任度越高，效果越好；配合度和信任度越低，效果越差。

让来访者列出自己的问题清单，问题的严重程度用 1～10 来表示，其中 1～3 为轻度，4～6 为中度，7～10 为重度。针对比较严重的问题，向来访者推荐适合其症状、值得尝试的方法，确立一个比较合理的方向和目标，鼓励来访者达成和实现这个目标。

这个环节的关键，在于对来访者自身潜意识能量的激活，如何让来访者对自己的症状改善有信心，需要心理咨询师利用“解决灾难化思维的三分法练习”作为杠杆原理，发现并找到突破口，不断地减少和降低来访者的消极情绪，提高和增加来访者的积极情绪。

三、适当布置家庭作业，加强互动，让来访者积极参与，提高信任度、配合度

配合度和作业完成度，是效果的基本保障，配合度和作业完成度越低，效果越差。适当布置作业，让来访者积极参与，记录饮水量，填写一周生活时间记录表，多做积极情绪与消极情绪自我评估，多做深呼吸放松练习，多做阅读练习，领悟“够你用一辈子的话”，让来访者多一些积极的自我暗示。

这一环节的关键，在于优先调整认知偏差，避免灾难化思维，要通过数据对比和配合度、作业完成度的提高，让来访者看到自己的进步，看到希望，对心理咨询师更加有信心。

无论你使用什么疗法，你都要把这个疗法里面的积极因素利用起来，让来访者的积极情绪得到逐渐产生，积极情绪与消极情绪的比例越合理，症状的缓解或消除就会越明显。

四、发现亮点、发现希望，共同做好咨询记录和数据对比，分阶段总结和评估，巩固咨询效果，避免复发反弹

数据化、可视化、可操作化，是综合积极情绪疗法的亮点。神经症的主诉感觉往往比较模糊，而让来访者学会使用数字来表述，就容易界定问题的程度，就容易引导来访者找到“我要在多少天的时间里让这个问题的程度下降到多少”这样一个比较具体的期待和目标。如果没有来访者的努力，心理咨询师单方面的努力只会导致咨询失败。一名好的心理咨询师，必须善于发现亮点、发现希望，通过有效的咨询记录和数据对比，客观体现出来访者的进步和症状的改善情况。

良好的互动，有利于巩固咨询效果。来访者配合记录谈话重点和关键词，认真完成心理咨询师布置的作业，多写心情日记和自我分析，不断提高生活质量，改善不良的生活习惯和饮食起居规律，努力地做自我反省，通过改善人际关系作业表(IRW)提高社会环境适应能力，做好阶段性总结和评估，从而达到预期的心理咨询目标和效果。

这一环节的关键，在于用数字说话。一个阶段下来，咨询记录和数据对比告诉我们一些什么令人感到高兴愉悦的信息呢？接下来我们应该怎么办？是结束咨询、保持关系、提供跟踪服务，还是有必要继续进行下一阶段的合作，这就需要通过各种数据来做合理判断。

第三节 综合积极情绪疗法案例参考

临床实践证明，使用综合积极情绪疗法干预神经症是有效的。综合积极情绪疗法无不良反应，针对并不限于神经症的心理咨询与干预，在临床应用中疗效显著，值得推广应用。

一、综合积极情绪疗法的效果

在临床实践中综合积极情绪疗法的使用，对于轻度神经症和中度神经症来访者的咨询和干预很有效果。对于轻度神经症来访者，一个阶段 12 次，每周 1 次，每次 1 小时，在 3 个月左右的时间里，来访者的神经症症状会有显著地改善和好转；对于中度神经症来访者，二个阶段 24 次，每周 1 次，每次 1 小时，在6 个月左右的时间里，来访者的神经症症状会有显著地改善和好转。急性症状第一个阶段每周 2～3 次效果较好。

综合积极情绪疗法干预神经症的效果良好与否，主要取决于心理咨询师与来访者关系建立的良好与否。唤醒或激活来访者的求助愿望很重要，很多时候来访者表现的改善意愿十分强烈，实际配合过程中不是一回事。来访者对心理咨询师的信任度、来访者的配合度、来访者的作业完成度这三个维度的得分越高，干预后效果越好，反之则较差。对于咨询关系稳定持续者效果较好，半途而废、迟到早退、隔三差五无故取消咨询者效果较差。同时，家庭、社会环境因素对来访者神经症的改善有很大的影响，如果有条件，家人的

积极努力配合也是很有必要的。

来访者的决心是取得良好咨询效果的重要环节。没有人是十全十美的，也没有人是一无是处的，发现来访者的亮点，找到来访者过往优秀的、值得骄傲的、难以忘怀的愉悦事件，以寻求来访者的利益最大化为出发点，引导来访者选择自己最容易接受的方法和技术来面对自己存在的问题。先把问题澄清、量化、细化，然后提出合理的时间节点，设立目标，最后让来访者自己下决心：我要努力配合，我要争取在多少天之内达到什么样的效果。

咨询记录是取得良好咨询效果的重要手段。改善的过程就是效果体现过程，一定要在咨询记录里体现出来，所以，没有记录的咨询是不负责任的咨询。

对于重度的神经症患者或反复发作者，应首选药物和住院治疗，"综合积极情绪疗法"尚不能单独应对重度神经症患者。

二、综合积极情绪疗法的案例

综合积极情绪疗法在7年多来的临床实践中不断探索和补充、修改、完善、成型，下面通过2个刘义林老师"一个阶段12次完整的案例"分享，阐述该疗法在实践中的运用。每一次咨询过程中，都会有具体的方法体现，都会有各种数字的采集和记录，切实体现综合积极情绪疗法"规范化、数据化、可视化、可操作化"的特点。案例部分和理论阐述不同，强调实践性和实操性，操作中会以大量实际对话为主，如过于理论化论述方式会失真于实操过程。因此，为了让读者学习本章后能够学会做现场的、简明的咨询记录，能够切实运用该疗法在本人的咨询中使用，本章案例记录均采用真实、口语化的语言，用关键词记录，尽量采用咨询过程的真实顺序，以达到情景再现的目的，而不采用过多书面化、粉饰后的语言。

1. 综合积极情绪疗法一个阶段12次咨询的案例分享

来访者基本情况：男，40岁，本科，公务员，结婚14年夫妻感情很好，女儿13岁，儿子8岁。

主诉：心情烦躁、焦虑、难以入睡，封闭空间恐惧，近几年来多方求医未果。

(1)第一次咨询：测试16PF、MMPI－399、BDI 12/中、BDC 9、BPRS 47 > 35。同意接受一个阶段心理疏导，签订咨询协议书、承诺书。每天饮水量3000毫升以上，努力做到大小便正常排泄，每天吃一斤香蕉。胃痛，去找医生治胃病。每天看一部喜剧片，每天给刘老师发送一条幽默短信，每天出一次汗（每天都跑步2～3千米或散步4千米）。培养自己的好心情，给自己每天设定N次开心一刻。心情不好时，右手紧握拳头，用力大声说："我快乐！我阳光！"强化积极的自我暗示，学会用1～10来评估自己的焦虑度。回忆最严重时的焦虑度为8，现在的焦虑度为2，每天记录一次，我愿意积极努力地配合刘老师，我一定能做到，我说话算话，我要对自己负责任。每次来之前填写会谈连接作业表。填写生活史调查表，每天听30分钟治疗音乐。

案例体会：因为是第一次咨询，主要了解来访者的情况，签订咨询协议书、承诺书，采用综合积极情绪疗法中的饮食疗法、幽默疗法、运动疗法、音乐疗法等方法，积极记录下一点一滴的改变，改善来访者的情绪。

(2)第二次咨询：提交会谈连接作业表、生活史调查表。刘老师表扬我两件事：一是会谈连接作业表填写认真；二是每天坚持给刘老师发幽默短信。刘老师发现我的书面表达能力比口头表达能力强一些。建议每天写一小段心情日记，尽量写开心的、积极的、感恩的，培养正面积极的情绪，避免负面消极的情绪。稳定性5，自信心7，希望5，情绪6，信任度8，配合度8，焦虑2，抑郁1，恐惧0。阅读练习，目的有3个：①提高口头表达能力、口才、演讲水平。②找到良好的自我感觉，增强自信心。③培养毅力，保持诚信，学会对自己负责任。612字的短文《够你用一辈子的话》，反复练习，第一次阅读50分，17处错漏，注意语气、语态、语感，速度要慢，要有表情，抑扬顿挫起伏，要读出味道来，声情并茂，达到90分以后坚持一个月就可以不再练习了。刘老师给的放松音乐听了以后睡觉好了一些。做深呼吸练习，要点：长吸气、慢吸气、憋气两秒；长吐气、慢吐气，憋气两秒；反复10次至60次。肠胃功能弱，是治疗不当引起的。尿道堵塞，尿道结石，免疫力降低。现在饮水量达到了2000毫升。建议服用复方氨维胶囊、螺旋藻，提高免疫力，试服用2～3个月，有效果再续用。下次来做一次催眠体验。把常做的梦的片段整理出来，发给刘老师。

作业：制定2～3个5年规划，写一个愿望清单和问题清单。愿望分近期、中期、远期，要有难易度评估，问题清单要有强弱评估。我愿意在一个月内让自信达到9分,一个月让希望达到9分。回去整理谈话记录,多一点户外活动,多晒太阳。提高性生活质量。

案例体会:第二次咨询对来访者有了更多地了解,发现来访者的书面表达能力比口头表达能力强一些,继续表扬来访者,使之产生更多的积极情绪。运用阅读疗法,目的在于:①提高口头表达能力、口才、演讲水平;②找到良好的自我感觉,增强自信心;③培养毅力,保持诚信,学会对自己负责任。

(3)第三次咨询:提交问题清单、愿望清单,从会谈连接作业表可以看出积极情绪有增加。积极情绪增加越多,消极情绪就会越少,作业很认真,体会很真切,分析很对路、深刻、明了。这周在外开会多,阅读练习做了2~3次,第二次阅读58分,11处漏错。学会在乎自己的感受,一个爱自己的人才会爱别人。不必太敏感,太害怕,和自己的问题对话,做角色扮演。学习扮演角色,刘老师扮演休闲空间,我扮演自己,对话。

作业:把刚才的对话回忆整理下来,强化自己的力量和决心、勇气、愿望。顺其自然,欲速则不达。恐惧度最严重的是今年9月中旬,程度8.5分,第一次辅导时程度5,现在没有恐惧的感觉。今天早上坐车来三亚,也没有恐惧的感觉。夜间容易产生恐惧。音乐常听,一边听一边会联想,注意力不集中。如果让愉快充满空间,郁闷就失去了生存的空间,反之亦然。用资产负债表的平衡原理来解释生活现象。建议读《菜根谭》,买《增广贤文》《三言二拍》《官场现形记》各一本,每天最好有1~2小时的读书时间,让心静下来,吸收书里的能量,看看毕淑敏的《语言的表达艺术》。建议随时使用记录本,随时把自己的灵感记录下来,学会分析自己的问题并找到解决的方法。了解一下森田疗法,中心思想是顺其自然,为所当为,不问症状。正负能量的较量,你如何战胜它?美食,享受生活,活在当下,用智慧来解决问题,不要把简单的问题复杂化。学会三分法,遇到问题先找到最坏的点和最好的点,然后折中找个中间点,以中间点为起点,往好的方向努力,结果是可以接受的。尝试用五步脱困法解决恐惧。作业:做计划思考,具体如何执行,让阅读练习达到90分,这32分很重要。可以多次和恐惧对话,可以让爱人参与扮演角色,买一张瑜伽光盘看看,领悟呼吸放松。

案例体会:随着综合积极情绪疗法的进行,来访者的积极情绪增加越多,消极情绪就会减少,作业很认真,体会很真切,分析很对路、深刻、明了。学会在乎自己的感受,一个爱自己的人才会爱别人。不必太敏感,太害怕,和自己的问题对话,做角色扮演。

(4)第四次咨询:比较准时的恐惧是晚上12点到凌晨1点之间,有烦躁的感觉,持续有30多天,比起开始来时有所减轻,如果开始是8,现在是5。认知偏差的调整,能减轻或消除恐惧,常见错误思维4项,做过6年检查工作,期间没有安全感,半夜听到电话"要出检"就紧张不舒服。放慢一点生活节奏,学会享受生活,适当安排美食、旅游、娱乐。每天晚上都能保持散步1小时,这很好。抄下常见错误思维,回头查阅了解学习、改善。①使不合理打折;②精神过滤;③应该或必须陈述;④管状视力。学会真诚地赞美他人,学会感恩,多栽花,少栽刺。加强运动和体能训练,在床上做腹式仰卧,腹肌练习,使躯体疲劳、出汗。记录运动量、出汗、饮水量,比较效果。争取11点入睡,早睡早起,让脂肪多多燃烧,生命力才会更旺盛,有机会就大声喊叫,找个没人的地方发泄一通(武的);照镜子与自己对话做心灵沟通(文的)。饮食调整,安神补脑,多吃果仁类食物,睡前1小时食用甜品或八宝粥、枸杞、银耳、莲子、百合、冰糖等做宵夜。建议练习书法、太极拳。

案例体会:随着咨询关系的逐步建立,来访者开始暴露更多的问题,夜间的恐惧,烦躁的感觉,没有安全感等,与工作和身体健康有关,所以,建议一方面锻炼身体,适当多运动,作饮食调整,具体包括练习书法、太极拳;另一方面放慢生活节奏,照镜子沟通,为自己减压。

(5)第五次咨询:体会是积极的,作业是认真的,进步是有的,接纳自我,超越自我,提高生活质量,享受生活。人为什么要活着?不同的人有不同的答案。基本一致的是欲望需求。如果没有,如何拥有?把消极的态度转变为积极的态度,这样的例子在生活中处处都有。如何面对挫折?如何战胜困境?

作业:回忆一下青少年时代的哪些事件与封闭空间恐惧有关,整理出来,下周提交。消极是问题,如果变得积极起来了,问题就一定会得到改善。把自己所有的消极情绪,写下来,搞一个仪式,把它烧掉。在观念上形成我强大、消极情绪是幽灵、战胜不过我的意识。如果有比这更好的办法,试一试,然后告诉刘老师。我愿意尝试一下。把经过和感受写下来。我把消极情绪写下来烧掉,放到厕所里冲掉,这样很简单,我今天回去就做。一叶障目,不见泰山。鸡蛋里面挑骨头,是为什么呢?接纳、宽容、存在的合理。什么事情都不是绝对的,可以学点哲学。儒家、道教、佛教这三大教的宗旨都有积极的一面,都离不开大爱。我们尽量避免不和谐出现。用可不可以……,是否可以……,来替换应该……,必须……。怎样避免不愉快地表述。学会真诚地赞美他人,没有人是一无是处的。感受他人的好处,感受生活的美,感受自己的求知欲望,打开视野。今天谈论4个常见错误思维有收获,更大的收获是自己的课后体会、体验。整理梦境,精神上淘金。

案例体会:来访者的体会是积极的,作业是认真的,有了很大的进步,开始逐步接纳自我、超越自我,逐步替换不合理的信念和想法,感受生活的美好,用烧掉、冲走等方式,消除消极情绪,消极情绪降低了,积极情绪就更多了。

(6)第六次咨询:这周有两个晚上通宵未眠,胡思乱想。停不下来,无法入眠。躯体的疲劳可以增进睡眠。做10分钟的催眠体验。学会自我催眠。催眠体验说明我放松有些不容易。睡前准备作业很重要。晚饭后,睡觉前的时间安排下次提交。受暗示度6。红色牡丹花、水塘鸭子、小亭父亲。记录对话,分析。第一次体验催眠,放松了,既安全又愉快,少了些胡思乱想。自我催眠不难,我基本上会了。11月26日晚8点,在老家,把胡思乱想和恐惧的事列清单,烧掉、冲掉了。我给自己暗示,它被烧掉、冲掉了,再也不会回来了。如果再产生,就再烧、再冲,让它没有存活的机会,刘老师表扬我了。从作业看出我的积极情绪和正面能量提高了不少。信念很重要,要坚定信心。父亲的影响很大,设法用父亲的影响力来消除恐惧。试一试,把梦境整理下来。

案例体会:针对失眠,胡思乱想,无法入眠,给予放松催眠的方法,让来访者身心放松下来,只有放松下来,才有利于入眠,消除紧张的情绪,根据受暗示度,来访者是适合做催眠的。然后将消极和恐惧的清单列出来并销毁,代表着给消极情绪说“再见”。对梦境的整理是对潜意识的探索和思绪的整理。

(7)第七次咨询:这周心境好,我每天除认真工作外,还积极做了一些有益于增进心情愉快的事情。做自我催眠的最大感受是放松,积极的自我暗示很重要。练习,假设一张足够大的报纸对折54次,厚度多少?假设一张报纸厚度是0.2毫米,我的第一答案是1厘米。实际计算一下,答案却是117万千米。这个作业让我有什么感悟?

作业:现阶段的愿望和问题列清单。每晚睡前做了自我催眠。稳定性60,自信心70,希望70,情绪70,信任度80,配合度70,敏感度50,善良度80,诚信度80,宽容度80,友好度80,忠诚度80,工作能力60,情感处理能力70,学习能力70,人际关系80,自我控制能力60,第一次见刘老师时的状态,对封闭空间的恐惧8,现在是0,前几天有2~3次达到6。4~6的程度要关注做记录,最好提交记录。给自己一个目标计划,使恐惧感得到减轻。尝试照镜子技术,面对镜子里的我做对话和心灵沟通。记录对话,分析对话,改善认知。体验很重要,自己引导自己,寻求改善方法。最近气短、胸闷的现象没有了,要巩固,尝试多体验几次封闭空间,学习脱敏疗法。建议系统地复习一下,认真看看记录,给自己装一个程序按钮,设定自己当按下按钮之后就要去做什么。行动力提高。

案例体会:心境逐渐转好,催眠的方法很有用,可以身心放松,为了提高行动力,鼓励来访者行动起来,讲解了一张纸对折54次的厚度。针对封闭空间的问题,采用系统脱敏的方法,其实针对封闭空间的问题采用的方法很多,比如暴露疗法(采用此疗法时应注意,防止来访者过度呼吸综合征以及血压和心脏的问题),精神分析(疗程相对长,需要针对创伤进行治疗),系统脱敏(行为疗法的一种,逐步脱敏,最终达到完全脱敏的效果)等。针对来访者的特点,商量最后确定用系统脱敏的方法。

(8)第八次咨询:提交愿望和问题清单。主要问题聚焦在认知偏差上,通过做思维记录调整认知偏差。所有的认知偏差,都可以用三分法调整,前面已介绍。在努力尝试的过程中逐渐增加自己的正面能量和自信。再用三分法分类自己要做的,不要做的,可做可不做的事情。

作业:开放式的提问,封闭式的提问各写100句;愿望何时实现?时间节奏很重要。一个对自己都不信任的人,很难信任别人。寻找共同点,负面情绪越少越好。6个问题:①焦虑恐惧感6分;②胡思乱想6分;③肠胃不适5分;④自信心进取心不强5分;⑤综合素养不高6分;⑥性格内向7分。用五步脱困法改变内向的性格,学会倾诉,学会交流,学会提问,学习语言表达的艺术。我想改变内向。心动不如行动。每天和爱人交流30分钟,爱人多听少说,自己尽量倾诉。交流的内容占20%,交流的方式占80%。身体语言的学习是行为艺术,多一点笑容,多吃一点亏,多做一点好事、善事。每周做几件善事,给自己制定实施计划,做记录并提交。不求回报,奉献爱心,乐于施舍。每天说N次“我快乐!我阳光!”多一些积极的自我暗示。性格内向由现在的7改变到3才满意。我愿意用一周的时间来达到目标。能实现,注意反弹,一个月之内稳定下来,每天给自己一个评估。

案例体会:先让来访者进行理性地认识,然后配合综合积极情绪疗法中的五步脱困法,逐步脱困,来访者希望改变性格中内向的一面,那么就应该行动起来,行动的时候多给自己一些积极的心理暗示,这也是综合积极情绪疗法的理念,积极的心理暗示,积极的行动力。

(9)第九次咨询:最近情况还可以,这两周过得很充实,焦虑、恐惧感较少,充实很重要。刘老师表扬我了,说我的作业体会非常好,有很大进步,这种真实的感受,表明我的问题好转到了80%,这是可喜的。回去庆祝一下,让家人分享。这是一个里程碑,要继续巩固下去,但要防止反弹。用自己有把握的对策和正面能量,驾驭住焦虑和恐惧,避免复发。尽量把复杂的问题简单化。记录自己的善行,多做善事。莫以善小而不为,莫以恶小而为之。为人不做亏心事,夜半敲门心不惊,心安理得过日子。写个总结,内容要有方法、技术、可操作性、转变、感受、进步、愿望。下次提交。约定这个阶段结束后进入第二个阶段。第二个阶段前6次为2周1次,后6次为1个月1次。用半年时间巩固疗效,彻底康复。我愿意做到!我有决心,我有毅力,我可以预期康复后的美好生活。阅读练习坚持做,有2周没读了,60分。我愿意用2周时间达到90分,客观评估。用什么方法,如何达到,我要尽快有答案。达到90分后,保持30天后才算完成作业。复述一下今天的内容。我同意刘老师在不暴露我个人隐私的情况下用我的案例做学术交流。我觉得有必要,我要继续努力配合。有壮志凌云,豪迈气魄,有胆识,敢于说不。可以自谦,不可以自卑。爱自己,尊重自己。注意作业的质量,练习的效果。下次用浅度催眠来调整一下不适感,自己多用深呼吸和音乐来调整。

案例体会:来访者的行动力还是很好的,所谓天助自助者,如果来访者没有行动力,咨询师就难以帮助来访者了。由于综合积极情绪疗法对来访者疗效显著,与来访者商榷是否可以作为案例,会隐去来访者的姓名,也会对来访者情况稍加改动,来访者欣然接受,非常配合。

(10)第十次咨询:总结还没有写,下次再交。最近出差比较多,回老家,这期间大约有三次遇到封闭空间。有一次坐小车不舒服、闷,难受度6分,另外两次难受度3分。7分以上的难受度的体会大约在开始接受心理疏导一个月后就没有了,最近这两个月都没有了。我用转移注意力、与人说话、积极的自我暗示,大约10分钟,就把恐惧赶走了。以往恐惧的持续时间可达到2~3小时。目前的改善状态我是比较满意的。今天从家里到三亚,大约坐车一个半小时,比较闷,但我没有恐惧感觉。我头两次来刘老师这里,坐同样的车,同样的时间,有过8分的恐惧。也就是说,两个半月的前后感觉形成了鲜明地对照。所以,我对刘老师有信心,我对自己有信心。我在总结里写到:信任度很重要。刘老师表扬我了,说我的信任度和配合度一直都在90分以上。我们的第一个阶段的目标基本上到达了。接下来是巩固复习。我愿意接受第二个阶段的心理疏导。第二个阶段前6次每2周1次,后6次每月1次,努力做到今后不再复发。到目前为止,学习方法中,哪些你觉得对你适合、有效呢?①脱敏疗法最有效;②认知疗法;③积极情绪疗法;④宣泄疗法;⑤自我暗示方法;⑥催眠疗法;⑦深呼吸放松;⑧运动疗法,加强体能;⑨家庭的支持和理解关爱;⑩内心平静放松;⑪给自己营造好的氛围减压;⑫放慢工作生活节奏,充实而快乐。稳定性80,自信心70,希望99,情绪90,信任度90,配合度80(有些作业没有按时完成)。我今年40岁,还有20年可工作,我愿意制定4个5年计划,让我这20年过得充实、快乐、富有、有价值。我愿用1周时间完成初稿。建议每个5年规划分三个层次,第一层,五年总体评估;第二层,一年大体评估;第三层,每月预定安排。可以适当修改调整,重大方向不变。我的人生我做主。我的改善过程是一个学习的过程,不要排斥学习,我父亲的情况和我差不多,有遗传基因的可能,我学习相关知识,也要用来教育引导孩子。咨询记录长期保存,即便痊愈也要保存10年。注意培养孩子的胆识和抗挫折能力、人际交往能力。第二个阶段可以安排孩子加入。饮水量保持每天3000毫升。下次来做测试。刘老师为我的进步感到高兴。

案例体会:对于封闭空间的恐惧分数的降低,说明之前使用的综合积极情绪疗法是很有效果的,来访者的行动力也很好，很配合。与来访者一起总结了使用的比较有效果的疗法，一起收集总结点滴的进步，并继续鼓励来访者继续之前的调整。

(11)第十一次咨询：这周的心情总体是好的。有过2次封闭空间的焦虑恐惧感，程度是5分。以前很难受的时候有到9分的程度，我们尽量用关键词，一针见血地表述问题，用数字说话。到目前为止，正好有3个月了，我们把两个测试数据对照比较一下，一个是16PF，一个是MMPI－399，BDI 7/轻，BDC 12，BPRS 44＞35，分析测试结果。好的转变是情绪更加稳定了，敏感降低了，忧虑、抑郁、烦恼降低了，紧张、困扰降低了，冲动降低了。通过3个月的努力，自身往好的方向转变了，总结得93分。我同意刘老师用我的成功案例做学术交流(公开的时候用化名)。第一个阶段的目标基本上达到了，我们双方都是满意的。为5年计划写了3个提纲，还没有细化，争取下次提交。感觉到自我控制能力有所提高，对自己发发脾气，郁闷心情可以自我调整了。稳定性75，自信心85，情绪85，信任度90，配合度85，作业完成度85，焦虑0，抑郁0，恐惧0。坚持就是胜利，春节期间不要间断太长时间，多复习，总结多看几遍。强化正面的积极情绪。

案例体会：通过10次的咨询，来访者对于封闭空间的焦虑和恐惧逐渐降低，接近健康的程度。本阶段的咨询也接近尾声，对来访者进行了16PF，MMPI－399等测试，对比之前的测试结果，来访者的进步很大。

(12)第十二次咨询：活在当下，珍惜今天。不纠结昨天，纠结也没用。谁也改变不了过去，期待明天可以，得把今天过完以后，才可以去过明天。3个五年计划的提纲完不成没有关系，我可以先完成第一个。我有90%的把握，我是优秀的，细化的时候会烦躁。多用“if…then…”的句型。积极情绪与消极情绪自我评估与月报表，今天积极情绪72，消极情绪18。

作业：如何增加或提高积极情绪，如何降低或减少消极情绪。体会是，现在我的不适感明显得到改善70%，还未彻底痊愈30%，坚持就是胜利。偶尔一次，2月25日晚11点，不知何故，忽有心情郁闷、恐惧、闭塞，7分，持续1小时。从上次上课至今，只有一次，计算一下，35(天)×24(小时)＝840小时，1小时难受，比例显得微不足道，千分之二不到。人生的事十有八九不如意，人世间酸甜苦辣我都有必要尝尝。甜只有25%，酸苦辣占75%，酸苦辣并不一定就是坏东西，有时我们还需要它。学习一下交互抑制法，用自我催眠的状态反复进入设定场景，用系统脱敏疗法和冲击疗法来改善症状。自我训练，循序渐进。方法是死的，人是活的。阅读练习自评50～60分，实际阅读60分，离优秀差距30分，我愿意用3个月时间来达到90分，每个月我一定要进步10分，妻子阅读自评60分，丈夫评50分。夫妻共练，共同提高，家人的鼓励。夫妻共同把家里布置得温柔一点，阳光一点。下次进入第二个阶段。我提交的总结可以用化名与大家分享。

案例体会：对于本阶段咨询的总结，用综合积极情绪疗法继续来指导今后的生活，与妻子家人一起分享这个疗法，共同努力，一起进步。

2. 综合积极情绪疗法一个阶段12次咨询的案例分享

来访者基本情况：女，45岁，初中文化，打工族，儿子22岁，大二学生，女儿12岁，小学五年级，夫妻感情很好。

主诉：抑郁、焦虑、胡思乱想、情绪低落，已经在家休养一年多了，无法正常出去工作，2年前住院治疗几次，中医西医都看过，断续地服镇静催眠药和抗抑郁药。

(1)第一次咨询：症状持续4年多了，一直在吃镇静和抗抑郁药，曾在某医院神经内科就诊，医生诊断为抑郁和焦虑症。躯体无其他病变，无家族精神病史，无歇斯底里状态，不摔东西不骂人。情绪持续低落自卑，2年前几次短期住院，之后就不能正常工作，干上1～2个月就干不了，精神状态很差，主要是胡思乱想，不知所措。同意接受一个阶段的心理辅导，签订咨询协议书，按阶段付费，希望现在就开始进行辅导。BDI问卷做到第9题时开始哭泣。喜欢看书，小说、生活故事类。不交朋友，偶尔与丈夫散步。无受惊吓或打击史。夫妻关系良好，性生活协调，孩子听话，学习成长正常。BPRS 65＞35。学会用1～10来表示问题的严重程度，1～3为轻度，可以忽略，4～6为中度，需要关注，7～10为重度，需要重视。抑郁6，精神不集中3，内心活动复杂7，紧张8，多虑4，多疑2，缺乏安全感(哭泣)5，恐惧5。哭的原因不知道，就是想哭。担心家里的房产被人占有。分析后明白这是自寻烦恼。敏感10。从现在开始，尽量把复杂的问题简单化。BDI 11/中。下次来访前，填好会谈链接作业。哭泣原因不明。和刘老师交流是愉快的，刘老师对我是友好的，真诚的。

(2)第二次咨询:这一周和上周比,心情好了一些,我体会到我要尽量让他把复杂的问题简单化。我烦躁的时候,都用这句话提醒自己。我用了几个小时把家里的旧东西整理后扔掉了,感觉轻松了。这说明我如果有积极的自我暗示,就容易好起来。我很长时间没有工作了(三个月),我想尽快恢复精神状况,能顺利适应工作。尝试芳香疗法,基础精油是芦荟;柠檬精油,清新、愉悦;檀香精油,镇静、安神。每次3~5滴,吸入深呼吸,早晚用。有一点难过时用,很难过时不用。今天的气色比上次好多了。悄悄地鼓励自己,右手紧握拳头,用力大声说:"我快乐! 我阳光!"连续3次。每天至少3次,连续1个月,我保证做到。近期早、午、晚各冲一次凉,勤换衣服,色彩清淡好看的,不要深色的。学习化淡妆,以前没化过妆,可以学习。学会臭美,丈夫要支持。好美是人的天性。学会享受生活。心情好,精神状态就容易好起来。人生的事,十有八九不如意,三分天注定,七分靠打拼,爱拼才会赢。提交了会谈连接作业表,简单总结一下今天的学习内容。丈夫监督并一起做。今天刘老师表扬我,说我配合得很好,有进步。写一下学习心得和体会,每天写一篇就可以。今天的交谈是愉快的,是有收获的。

(3)第三次咨询:今天见面给刘老师的印象是有精神、有活力、心情比较阳光。和第一次来见刘老师时的垂头丧气甚至哭泣的状态形成鲜明地对比。我对目前的改善状况是满意的。刘老师表扬了我,说我配合得很好。我坚持写心情日记,不断寻求改善和进步。我准备用5周的时间在刘老师和家人的帮助下,清除心中不良情绪。到9月份女儿开学时去找工作。关于头晕,请找医生诊断一下,查一查,排除躯体病变。本月初体检无异常,医生说没事,可能是焦虑产生的头痛。这几天不焦虑了,也不头痛了。冲凉、使用精油,感觉效果比较好,乐于去做。多练习深呼吸、放松、入静。学习了潜意识,知道了我自己存在巨大能量,需要我去发现、去激活。我领悟了,我要认真去做,坚持就是胜利。从7月24日开始,每天都写一小段心情日记,内容很好。总体说来,这一周心情较好。刘老师认为他对我的信心是我给他的。先巩固疗效,把目标明确之后细化,把蛋糕切小了再吃就容易了。问题产生源于敏感,重点设法消除或减轻敏感。过去最严重时10,现在状态6,目标状态3(9月份做工时),差距是3分。已经改善了4分。我应该可以做到,我一定要努力争取去做到! 用勇气和决心,再加上我的强烈愿望和毅力。尝试化淡妆了,感受良好,以前从来没有化过妆,化妆可以让我更有自信。今天涂了淡淡的口红,气色显得比较好。尝试使用照镜子对话技术和空椅子对话技术,做记录对照分析,悦纳自我,超越自我,战胜自我。概括一下今天的学习内容。建议心情日记坚持至少3个月。下次提交心情日记。学会了使用1~10的数字表示评估问题。请家人配合认同鼓励,和家人互相传递能量。

(4)第四次咨询:今天的衣着打扮让人感觉有精神,喜气阳光,气色也很好。作业完成得比较好,心情比较平稳。体会到我有很大地进步。我现在不感到紧张,现在的紧张度只有2,7月15日的紧张度是8,下降了6分。由重度下降为轻度。这个数字变化说明,我的心理调整是有效的。BDI 1/无,BPRS 33 < 35,下降为32。今天是第4次来访,不到一个月,我的情况各方面都有了明显地好转。刘老师为我感到高兴,我自己也感觉很好。7月15日以前,情况糟透了,现在明显好转。现在的我,有希望,有信心了。这全靠我自己的努力配合与学习。说起来都有点奇怪,我来刘老师这里上课,每次1小时,加起来4小时,却有了意想不到的效果,这让我更加相信心理学是科学的。刘老师对我使用的方法是有效的。我没有抵触或不接受。接下来还是那句话,坚持就是胜利。我们约定的是12次。还剩下8次,眼下的数据和我的感觉表现,已经证明我好得差不多了,我完全相信,12次以后,我一定可以走出困境。今天学习运动疗法,我喜欢。运动项目是跑步、公园器械运动,每天都去公园散步,每天争取出一次汗,练习马步冲拳,站桩扎马步,练体能、练耐力、练毅力。方法是每秒一下,上半身垂直,不前后倾,膝盖与大腿呈45°,双脚呈11字,试一试,第一次能做多少下。先看看刘老师的示范。第一次练习做了40下。不到1分钟,腿累酸痛感,小憩一会就没事了。每天早、午、晚至少练3次,做记录。第一目标3分钟,180下。可以每次突破10下,递增,根据具体情况,练得次数越多,越容易进步。最终目标是10分钟600下。如果实现了,出去工作就没问题了。我想出去工作,想开心愉快地工作和生活,所以我要坚持训练,实现目标。我相信我一定能做到。体能好了就能抵抗疲劳和烦恼,这个道理我是明白的。概括一下今天的学习内容,今天的学习是愉快的。回去复习一下学习内容。

(5)第五次咨询:今天戴了珍珠项链,显得很精神。这条项链是2年前朋友帮买的,售价3000多元,卖我300多元,很漂亮,一直不想戴,主要是观念保守。今天早上,我想让自己精神一点去见刘老师,就找出来戴上了。今后,只要不是上班,平时休闲外出应酬交往都可以戴。这是一个进步,是观念的转变。这一周过得很满意,比以往心境舒畅。每一天,在每一方面我都越来越好。自信会使一切不可能成为可能,使可能最终成为现实。我相信我自己能走出困境。刘老师表扬我了,说我的会谈连接作业表做得很认真。昨天马步冲拳最多做了240下,与上周的40下相比有明显进步,表明我的体能有明显地增强。坚持下去,不达目标誓不罢休。我要坚持,不要后退。今天进行阅读练习,读短文《够你用一辈子的话》,目的有三:①提高口头表达能力、口才、演讲水平。②找到良好的自我感觉,增强自信。③增强毅力,保持诚信。要点是注意语气、语速、语感、语态,要声音洪亮、声情并茂,要读出味道来。评估1~99分,60分及格,90分优秀,达到优秀后,坚持一个月,作业完成。第一次阅读用时3分5秒,3处漏错,自评30分。先抄写3~5遍,争取慢慢背下来,认真领悟。离及格差30分,我希望自己用2周时间达到目标。离优秀差60分,第1方案是4周,保守一点相信8周能达到优秀。我决不半途而废。多给自己一些积极的自我暗示。心情日记每天都写了,大多是愉悦的体会。照镜子对话练习和马步冲拳都做了记录。有记录、有数据、有对比、有依据、有进步、有改善、有信心、有效果。再复习前面的全部学习内容,温故知新,消化吸收,变成自己的能量。不要急于求成,欲速则不达。放松、入静、顺其自然、乐观、大度。

(6)第六次咨询:昨天打来预约电话,刘老师听到我的声音感觉我的声音明亮,语气阳光、快乐。今天穿了一件连衣裙,邻居看见就问:"去上班了吗?"说我显得很精神。这件衣服是8年前买的,很少穿。今天的阅读练习用时2分40秒,自评40分,三处漏错,背下了三分之一。马步冲拳今天早晨做了300下,现在做了376下。和两周前的40下相比,进步是很大的。坚持这样下去,目标一定能实现。对人际关系感到紧张,感到累,所以找工作我愿意找单独或尽量少牵扯到人际关系的。这样对改善症状并不一定好,尝试多接触人、脱敏,消除敏感和烦恼,学会接纳、学会谅解、学会包容,让自己大度、宽容豁达。这一周要回家乡看大伯、伯母,我心里会紧张。还没有发生的事情,我已经把不安的设想和暗示贴上标签了。改变这种模式,改写一下,用积极的态度和情绪。方法:①(现状)以前我见到亲戚会紧张。②(原因)因为我无法为他们的是非说个明白。③(假设、学习)当我学会如何对应是非话,我就可能会不再紧张。④(改写)我学会了应对是非话,我就变得不紧张了。⑤(行动)我马上学习如何应对是非话。学习语言表达的艺术,说好话,说好听的话,真诚地赞美别人。我担心状况还不够好,九月份工作有困难,想等十月份再去工作。刘老师建议可以一边工作,一边调整。我同意。这样效果更好。总之一句话:多一些积极的自我暗示。学会安排情景,主动改变情景,使情景有利于自己。这一周的心情日记内容比以往丰富了,家庭氛围也活跃多了,老公和女儿也被我带动了,是好事。老公也感受到我有了明显地好转。刘老师鼓励我放心去找工作。三多一少:多看、多听、多做、少说。认真完成作业,坚持。

(7)第七次咨询:这周情绪有些起伏不定。前天阅读到对待爱你的人要尊重时就哭了,一天哭了5次。3个月没来月经,去年初就断断续续地不正常,检查过没妇科疾病。今年45岁,应该是更年期反应。认真观察记录,不必恐慌,善待自己,悦纳自我。感觉需要和女儿改善关系多沟通,女儿面临青春期,需要多疏导,讲一些性知识。少想一点,多做一点,让生活充实愉快一些。昨天马步冲拳做到520下,进步很大,接下来是控制进度和标准化,在提高质量的前提下求数量。阅读练习用时2分55秒,可以评60分。加油练习,目标是90分。思考如何避免情绪波动。不怕吃亏,不怕吃苦,吃亏是福;种瓜得瓜,种豆得豆。播种仇恨,收获仇恨;播种善良,收获善良。承受苦难和折磨,添加勇气和智慧,多学习一些知识,更好地与女儿共同成长,坚持诚信原则、换位思考原则、非命令式原则。建立良好的生活方式和作息时间,学习沟通的技巧。可以放心地去找工作,没有必要担心什么,顺其自然吧。系统地复习一下以往的学习内容,准备写个总结。不必纠结过去,活在当下,未来是美好的。今天的作业,每天给刘老师发送一条幽默短信,我不懂发短信,女儿懂,我跟女儿学,我让女儿尽快教给我。提高幽默度,看卓别林的喜剧电影,有空就看,多笑、开心地笑。笑能治病,多一些微笑。多喝水,今天的交谈是愉快的。学习分析女儿的问题。

(8)第八次咨询:基本上学会发短信了,多发幽默短信。练习幽默和微笑,与人交往表达善意。懂你的人不必解释,不懂你的人,解释也没用。一切不满意和误会,时间长了,都会淡忘,不必太在意。心胸宽阔一点,做人潇洒一点,做事认真一点,心安理得,不能做亏心事,心情自然好。今天下午要去一家幼儿园面试后勤的工作。这是一个好工作,幼儿园的孩子能让自己更有爱心,争取获得这个工作,争取做好。刘老师表扬我了,说我的作业完成得很好,进步很大。昨天写了总结,85 分。现在紧张 3,敏感 3,抑郁 2,没有痛苦的感觉了。下次争取让丈夫同来。阅读练习录音用时 3 分 16 秒,70 分。多一些积极的自我暗示。今天的交流很愉快。

学习总结:近一个半月时间,拜访刘老师七次,对我做心理治疗。先让我学会用 1~10 表示问题严重程度。7 月 16 日我的紧张 8,敏感 10,抑郁是重度。当时我内心痛苦,大脑一片空白,不能顺畅交流。刘老师教我学:①尝试芳香深呼吸疗法。②每天冲凉三次,穿浅色衣服。③悄悄鼓励自己"我快乐,我阳光"。④学习"潜意识"。⑤运动疗法:练站桩,马步冲拳。⑥阅读"够你用一辈子的话"。⑦人际关系处理,尝试接触人,脱敏,学会接纳,学会谅解,学会包容,让自己大度、宽容、豁达,学习语言表达艺术,真诚赞美,多看、多听、多做、少说。⑧与镜子中的我对话,学化妆。⑨善待自己,悦纳自己。⑩笑能治病,幽默的力量,学发短信。最为重要的是,刘老师每次鼓励,善意提醒,巧妙的批评,用有效的方法。西方谚语:"批评是防止跌倒的拐杖",真诚的态度,家里人的支持和孩子的认同,还有周围人的帮助,我也尽量按刘老师所教的去做。现在感觉开心、快乐!珍惜身边的人和物,享受阳光、空气、水,这些都是大自然给予人类的礼物。惜缘、感恩!相信善意,未来会好的!

(9)第九次咨询:去幼儿园工作了两天,工作时不能静下来,思维混乱,心境有些反复无常,不停地否定自己。给自己锻炼的机会,我现在做不到……(现状),是因为还没有……(原因),如果我……(假设),那么我就能够……(推理),我必须……(行动)。遇到任何困境,都可以套用这五步。你说你行你就行,你不行也行;你说你不行你就不行,你行也不行。我行!我能行!我一定能行!要坚定信念。学习三分法,任何问题不管是肯定还是否定,有一个最坏的结果,相反也有一个最好的结果。然后找出中间点,就是不好不坏的结果。以中间点为起点,往最好的方向努力,那么结果就是再坏也坏不到哪里去。我的人生我做主。天下事有难易乎?为之则易,不为之则难。人生不如意之事,十有八九。乐趣带来希望,失败是成功之母。不要怕失败,没有必要把失败看得那么严重,接受挫折,让自己成长、强大。

(10)第十次咨询:这几天心神不宁,不停地担心,总是想一些不好的事情,严重程度 7~8 分。现在我担心丈夫也抑郁了。丈夫自觉抑郁度为 1~2 分,主要表现为灾难化思维,敏感脆弱、情绪化、易哭。BPRS 73 > 35,BDI 17/重。数据表明,症状有复发,原因是工作两天后产生焦虑。同时功课也没有好好做,作业练习也停下来了。今天也没交会谈连接作业表,配合度降低。刚进刘老师家里时,表现和初次来访时接近。丈夫认同。经过 30 分钟的疏导交谈,现在的心情是平和的。初次来访的头一天去看过原来的医生,开了药,是抗抑郁药,但没服。复习一至十次的内容,消化吸收。建议去看看医生复诊一下,说明近况。如果需要服药,那就配合。调整好了,有信心了再去找工作。昨天学了一会开电动车,掌握不了平衡。可以先学自行车。一会儿就去看医生。

(11)第十一次咨询:BPRS 30 < 35,BDI 3/无。住院 11 天,头晕,没有其他病,给的药是治疗神经衰弱的。前天出院,这两天状态比较好。现在反省,上次复发的原因是没有坚持认真做作业,去幼儿园工作 2 天,感到困惑和不知如何处理焦虑。一直想自主创业,开个小店。这个想法可以,要尽快去行动准备。好好商议计划一下。变被动为主动,变消极为积极,回到三年前那样的乐观状态。写心情日记,多记好的、有意义的、积极的、感动的事情。这次住院时间长,主要是因为有医疗保险的报销问题。其间的积极的自我暗示,常常用这句话提醒自己。路是自己走出来的。多听欢快的音乐。最严重的 8 个问题回顾:①抑郁当初是 6~9,现在是 2。②精力不集中,当初是 3,现在是 1。③内心活动复杂,当初是 7,现在是 3。④紧张,当初是 8,现在是 2。⑤多虑,当初是 4,现在是 3。⑥多疑,当初是 2,现在是 1。⑦缺乏安全感,当初是 5,现在是 1。⑧恐惧,当初是 5,现状是 2,整体上有明显地好转。敏感当初是 10,现在是 2。7、8、10 变成了 3、2、2。3 及其以下都是轻度,可以忽略。不必担心,行动、再行动。活在当下,说干什么就去干什么。对得起自己就行了,不要太在乎别人说什么。我的人生我做主。生活是美好的,是等自己去开创的。坚持就是胜利。

(12)第十二次咨询:租了一些幽默的书来看,心情好,积极情绪比以前多了。今天想讨论自主创业和改善与女儿关系的问题。丈夫说可以先找个轻松点的工作干着。女儿今年12岁,上6年级,她跟爸爸有很多话,跟我则很少;以前很开朗,去年变得内向。我讲什么她都不听,和我对着来。她今年3月开始来月经,全家开了一次家庭会,评估一下家庭存在的问题,需要如何改善。三个人都做记录,都发表意见,建议可长不可短,90分钟左右。民主、平等、友好地交流沟通。做什么不是问题,怎么去做,什么时候开始做,是行动力的问题。遇到困难、挫折不要怕,跌倒了就爬起来。有空时看上几本名人传记。前天有个人看见我就说我变化可大了!比原来漂亮了,气色、气质都好多了。保持现状,稳步前进,坚持就是胜利。和邻居的关系也有改善,相处没有那么紧张了,笑容多了,善于发现身边人的优点了。也多发现一下自己的优点,取长补短,学习一下人的需求层次,了解自己更高级别的需求,让欲望战胜胆怯。活到老学到老,不排斥学习,知识可以改变命运,多与女儿一起学习新知识。阅读练习用时3分20秒,得80分,声音洪亮多了,但发音还需纠正,多关注听众眼神沟通。我的生活是有意义的。

后续三次来访简要记录:

(1)2015.01.08:与丈夫同来,工作一个半月,昨天领到上个月的工资3000元,外加红包1000元(以前做的工作是1500元/月),喜悦、感激,精神面貌好,笑容、声音,自信多了。专程前来表达谢意。

(2)2015.02.15:工作很满意,状态良好,心情愉快,丈夫也发现妻子变化很大,变好了。现在思想上比以前有进步、比以前放得开了、变漂亮了,形象素质提高了,家庭氛围也好了很多。工资加奖金4000元,比以前的工资多了,很满意、太满意了。所以今天来看刘老师,提前拜个年。我同意刘老师把我的成功案例用于教学,帮助更多的人。用化名阿芳。诊断为重度抑郁症、社交恐惧症,治疗后疗效显著。

(3)2015.03.08:一家三口来访。女儿第一次来,愿意和刘老师成为朋友。女儿感觉妈妈的变化有两点:①不像以前那样啰嗦唠叨了。②不再什么事儿都管我了。大家都认同妈妈比以前打扮漂亮多了,脸色、气色好多了,眼泪少了,笑容多了,妈妈第一次来刘老师这里,像个黄脸婆,哭得很伤心。没有工作,在家待业大约半年。到刘老师这里来之后,出去找到了工作,很满意,工资也比以前高了。单位和邻居对妈妈的印象也比以前好。妈妈和爸爸春节前还专门买了礼物来看望刘老师。妈妈愿和家人愉快地沟通交流,爸爸和女儿对妈妈的改变感到很好、满意。

咨询结束后的短信沟通:

2014.10.19:刘老师好!我最近在积极找工作,暂时没找着,我最近挺好!我每天都有一点进步,从改善家庭关系开始,每天都会想念老师,老师您对我的帮助是"快乐一个人,幸福一大家!"

2014.10.22:刘老师下午好!您给我的最宝贵礼物是——真诚的友情。

2014.10.25:刘老师上午好!感谢您一直给的鼓励,让我变得自信勇敢,让亲人看到我的心态变得积极,认真对待生活的每一天。我观察女儿,发现女儿漂亮、写字好、作业认真、自我管理较好,自己洗衣服,成绩在班里居前五名,每学期得奖,是学校的护旗手,参加唱歌、演讲、作文比赛。女儿优秀,我用欣赏眼光看待她、鼓励她,女儿很优秀!

回复:你最好的品质是善良,只要你学会爱她,宽容大度一些,不纠结过去,活在当下,你今后的日子就会越来越好。好孩子都不是打出来、骂出来的,都是夸出来的。

来信:我记心里,老师您教导我,就是教导我一家人。母亲决定一个家庭,我经常都会想刘老师的言行,深入人心。心理学太神奇了!我的灵魂是您净化的,我的天空是您支撑的,老师我一定要给您一片蓝天。祝您幸福健康!望您在工作的同时一定要珍惜自己的身体,您的身体健康是国家的财富,能帮助到尤其需要帮助的人!我观察对自己积极的自我暗示,发现老公优秀,他待人真诚、宽容大度、性格沉稳、工作吃苦耐劳、全身心爱护家人。他四岁失去父亲,十三岁失去母亲,十二年前失去姐姐,他非常珍惜亲人亲情。我很幸运,我拥有爱。当我父亲、母亲、姐姐、弟弟他们听到我的笑声时,老师,我在心里无数次谢谢您!您关注的目光,给予了我无尽的信心和勇气!您是我永远的老师!我继续找工作,我好心情、好身体,肯定能找到令自己满意的工作。老师您也天天好心情哦!刘老师您是最优秀的咨询师,情场失意找刘老师、职场失意找刘老师!所以我什么都不怕了!快乐!

2014.12.07:刘老师您好！明天我去试用一份保洁工作，在某某大厦一家大公司的办公室，工资3000元，工作是负责做中午饭。

回复:很好！希望你能够成功！坚持就是胜利！

来信:刘老师一直以来您给我一种信念，珍惜善缘，怀一颗感恩的心！

2014.12.12:刘老师早上好！我试了几天，各方面还能适应，早上九点上班，下午五点半下班，星期天休息，今天正式入职。天气转凉，刘老师保重身体，祝您开心！

2014.12.23:刘老师您好！我工作两周了，我状况很好！谢谢您的开导！

回复:好的，加油，珍惜机会，珍惜缘分。

来信:嗯！随缘，我尽心尽力做好事情，善待自己！善待他人！我现在下班了，是老师您给了我信心，我在较好的环境下也不紧张了！多谢！

2015.2.15:(当天与丈夫同来拜谢)今天回来的路上我老公可开心了！说刘老师帮助了我们一家人，今天说话很暖心！谢谢老师！

回复:都是你的努力呢！继续坚持，保持联系！

来信:好的，我现在在公司，主任交代我常来公司看看。我能有现在的状态，是老师的恩德！我带着善良、感恩、真诚的心，快乐地生活。祝老师身体健康！合家欢乐！

来信:老师您百忙之中愿见我们，我很开心！我很幸运！

2015.3.7:老师，我还没上班，我女儿说，刘老师好聪明，人又好，爸爸也应去刘老师那里上课，心态才会阳光。我女儿很喜欢刘老师，现在努力配合我。春节时大伯家出现变故，我从悲伤中走出来，因为您的心理治疗我没有复发。

2015.3.8:刘老师，今天女儿回来，主动帮提菜，与卖水果阿姨打招呼道谢，叫两次妈妈，让我很满意，谢谢你对我们一家人的帮助，真佩服老师语言的力量。我这两天学会骑自行车了，还去爬山，心情像小鸟一样欢快！原来快乐就这么简单！对您说声感恩！天天想念您，我从家乡回来时再去看您，可以吗？

回复:可以的。

该案例的两组数据对比。

BDI:7.15,11/中;7.31,2/无;8.7,1/无;9.11,17/重;9.24,3/无。

BPRS:7.15,65 > 35;8.7,33 < 35;9.11,73 > 35;9.24,30 < 35。

3. 综合积极情绪疗法的其他案例

(1) 邹国鸿(化名)案例(强迫症)

来访者基本情况:男,17岁,高二学生,近年来因强迫思维导致学习成绩下降,独生子,学习压力大,性格多虑、胆怯、谨慎、细心、易感情用事、追求完美、缺乏自信、内向、不擅长与人交流。主诉:恐惧、焦虑、疑病、胡思乱想,感觉活着太累,有点想死,担心自己有自杀的念头,并为有此想法而感到恐惧,快2年时间了。

第一次来访时 BDI 11/中,BPRS 72 > 35 异常,恐惧 8、敏感 10、抑郁 9、紧张 9、焦虑 7.3。第六次来访时自评好转度为 50%~60%,BDI 7/轻,BPRS 60 > 35,恐惧 8、敏感 6、抑郁 7、紧张 7、焦虑 5.1。

第十二次来访时自评好转度为 88%,BDI 3/正常,BPRS 27 < 35 正常,恐惧 2、敏感 5、抑郁 5、紧张 6、焦虑 4.3。

主要方法:综合积极情绪疗法、认知疗法、行为疗法、积极的自我暗示。接受辅导前成绩排名为年级第157名,接受辅导后成绩排名提高为年级第3名,考上了一本重点。

(2) 李水秋(化名)案例(恐惧症)

来访者基本情况:女,16岁,高一学生。主诉:三年前开始无故胸痛,在当地一家三甲医院检查不出任何问题;两年前发作在当地另一家三甲医院检查也没有问题,然后去北京解放军总医院住院半月也没有查出问题;去年发作又在当地一家三甲医院检查,被诊断为神经性胸痛。服用过倍他洛克、富马酸比索洛尔片等药均无效。发作时在家休息一段时间就会好转,在学校症状就会加重。

每次胸痛发作,都由父亲陪同前往医院检查医治,一直被当作躯体病变查不出问题。通过一对一的心理疏导，发现胸痛的原因最初是由于初一数学考试不及格被老师叫到讲台上，当着全班同学的面被打了六个耳光，心里开始难受出现胸痛现象；初二发展到一上数学课就会感到胸痛；初三发展到一想到学校就会感到胸痛。

主要方法：综合积极情绪疗法、认知疗法、行为疗法、催眠疗法。重构认知，分析现状，进行潜意识对话。心理辅导一周后停止药物治疗。鼓励父母参与心理辅导，了解所谓神经性胸痛的起因，是源于老师的错误教育方式和父母对成绩十分在意的态度所导致的学校恐惧症。学习环境的变化和父母对学习态度的积极改变，在来访者认知得到改善的情况下，恐惧心理得到了明显的缓解。

来访者积极努力配合，认真完成作业，认真归纳总结自己的优缺点，“人生金字塔”作业获得优秀评价，会谈链接作业表和一周生活时间记录表体会深刻受益很大，改善愿望强烈，潜意识积极情绪的能量充分得到激活与发挥。家人对改善效果很认同。

后续回访预后效果良好，胸痛不再复发，高考成绩良好。

(3) 章迎葡（化名）案例（抑郁症）

来访者基本情况：女，13 岁，独生女，初三学生。主诉：休学在家半年，去年被一家三甲医院诊断为抑郁症住院 40 天，一年前在北京一家心理医院治疗过 3 次，服用 2 种抗抑郁药，小学二年级和初二曾经想自杀，同学好友也想自杀，经常研究讨论如何自杀，曾经在网上找到一种痛苦最小的自杀药物，只是没有买到。对每周的两节体育课感到很痛苦，寒假前每天盼望自己生病，厌学。小学开始咬指甲并且很严重，有时候睡觉也无意识地啃妈妈的脚趾头。

第一次心理辅导时测试 BDI 25/重，BDC 22，BPRS 89 > 35 异常。体验催眠后觉得很舒服，希望今后每次会谈都用催眠方式进行。BDI 选项以往全选“我想自杀”，第八次开始选“我有自杀的想法，但我不会去做”。

主要方法：认知疗法、行为疗法、音乐疗法、兴趣疗法、饮食疗法、宠物疗法、芳香疗法、催眠疗法、幽默疗法。心理辅导 2 周后停药，4 周后同意请家教补习，第十次心理辅导后决定回家上学。

第十二次心理辅导时测试 BDI 2/正常，BDC 2，BPRS 29 < 35 正常。后续回访，回家后直接上高中，不再服用抗抑郁药，抑郁不再复发，学习状态良好。

(4) 黎如泳（化名）案例（强迫症）

来访者基本情况：男，25 岁，现役军人。主诉：不乐观、爱幻想、看到楼就想有关跳楼的情节、易生气发火、不能够集中精力、胡思乱想、工作努力了得不到认可、别人嫉妒我。十年前受过惊吓，服用过 2 个疗程的精神类药物。

第一次来访时测试，忧虑 10、敏感 7、焦虑 8.2、偏执 7.8、BPRS 102 > 35 异常、积极情绪 64.6、消极情绪 73.3。“综合积极情绪疗法”使用 4 周后开始有明显好转，忧虑 6、敏感 4、焦虑 5.3、偏执 4、BPRS 72 > 35 异常、积极情绪 71.2、消极情绪 47.8。

第十二次来访时测试，忧虑 3、敏感 2、焦虑 2、偏执 3、BPRS 37 > 35 接近正常、积极情绪 76、消极情绪 28。积极配合写心情日记，练习深呼吸放松，练习阅读，练习换位思考。自己给自己写了警句：积德、行善、惜缘，好的习惯就有好的性格，好的性格就有好的人生！

会谈链接作业表每次都认真填写，自始至终信任度、配合度、作业完成度都在 90 分以上。预后效果良好。

(5) 骆孝冰（化名）案例（强迫伴抑郁）

来访者基本情况：女，17 岁，高二学生。主诉：近两年来自卑、敏感、多疑、抑郁、注意力无法集中、强迫思维严重扰乱生活、学习压力大、想退学、不愿意与同学交流、狐臭、脚臭、爱流汗、一上课就想我很臭同学们都讨厌我、敌对情绪强烈、总是一个人独自坐在教室最后面的角落里。

主要方法：“综合积极情绪疗法”配合认知疗法、行为疗法、芳香疗法、幽默疗法、阅读疗法。狐臭、脚臭不是心理问题，但会诱发认知偏差等心理问题，通过简便易行的方法首先设法去除狐臭、脚臭问题，再通过早、中、晚冲凉换衣服、调制使用适合的精油保持身体无异味，快速地消除了躯体问题产生的心理困扰。

狐臭、脚臭问题得到改善后,认知偏差开始同步得到改善;音乐疗法、幽默疗法逐步开始感受到在与同学的交往中自己是受欢迎的;改善人际关系作业让自己学会了自我反省,通过换位思考调整减少了与家人、老师、同学的矛盾冲突,感觉到自己开始比以前变得优秀了起来,自尊和自信得到了提高。

第十二次来访时,在班上学习已经可以按照正常轮换座位上课了。母亲的陪伴咨询和家人的积极配合,避免了过去对来访者讽刺、打压、唠叨、注重成绩的家庭教育方式。来访者的忧虑、焦虑、敏感、恐惧、抑郁、强迫指数得到了明显降低。

第一次来访时的难受程度为9,第十二次来访时难受程度感觉降低到3以下,来访者和家人对改善效果感到满意。后续回访强迫和抑郁都没有再复发,学习成绩良好,高考奋斗中。

结合案例来了解综合积极情绪疗法是很好的方法,通过比较咨询开始和结束的测试分数,量化了疗法的成效,也是对咨询师和来访者的肯定。希望通过学习本小节的内容,可以帮您对综合积极情绪疗法有更具体化的理解。

第四节　综合积极情绪疗法的特点与可操作化的体现

综合积极情绪疗法以语言沟通为主,帮助来访者发现正向的、积极的情绪,从而挖掘出来访者本身潜在的正能量,改变原有的认知偏差,塑造积极的行为模式,综合积极情绪疗法是一种创新,它运用12种心理咨询的疗法,把来访者的消极情绪置换成积极情绪,通过综合积极情绪疗法的基本理念和简要明了的操作程序,找到适合来访者问题解决的途径和方法。

一、综合积极情绪疗法的特点

(一)综合积极情绪疗法是一种创新

主要特点有以下几点。

1. 使用各种有效技术中的积极因素,把来访者的消极情绪置换成积极情绪。首先它帮助来访者看清楚自己的问题,唤起来访者的求助愿望,再通过基本理念和简要明了的操作程序,找到适合来访者问题解决的途径和方法,与来访者快速建立友好、信任、稳定的咨询关系。

2. 综合积极情绪疗法易学、简快、实用,无论你是哪个派别或取向的心理咨询师,都可以按照综合积极情绪疗法的操作流程,达到设定的心理咨询与干预效果。经过对2178人次的心理咨询与干预案例和多年的临床实践检验证明,该疗法治愈率高,效果显著,没有任何不良反应。

3. 综合积极情绪疗法规范化、数据化、可视化、可操作化、程序化。其操作规程固定,循序渐进一环紧扣一环,有多个"If…then…"的程序化设定。心理咨询师和来访者通过对该疗法的学习,都可以比较容易地掌握这个程序,让来访者在认知→反省→调适的交替循环过程中得到快速康复。

4. 综合积极情绪疗法整合优化了12种经典的、有效的、科学的心理疗法,它吸取众家之长,无论是传统的还是流行的,无论是本土的还是外国的,只要是有效的、无害的,均加以积极利用和尝试。

(二)综合积极情绪疗法的规范化、数据化、可视化、可操作化的具体体现

1. 规范化　该特点贯穿于整个咨询过程中,正是它的规范化,才显现了它的其他特点。当来访者同意确立咨询关系后,要尽快签订心理咨询协议书(PCP)和来访者承诺书(VLC),让来访者了解心理咨询与干预技术的方案和今后需要采用的方法,按心理咨询协议书约定的时间和次数进行心理咨询与干预。

(1)操作步骤的规范化:参考第三节所述,分为四个步骤,具体见本节"4. 可操作化"一小节。

(2)咨询流程的规范化:一个阶段12次,每次1小时,每周1次,不可以半途而废。从第一次开始就必须有完整的咨询记录和配套工具的使用,一般在第一次建立咨询关系时签订心理咨询协议书。来访者配合做重点方法或关键词记录,把改善的过程当做一个学习的过程,在认知－反省－调适的循环过程中不断提高自己的心理健康水平。

(3)工具技术的规范化:第一次至第三次之间填写生活史调查表、做SCL－90、16PF、MMPI－399测试并分析结果,20个常用工具和12种经典疗法的综合使用,并不排除吸纳新的技术和方法,比如森田疗法、

家庭排列疗法、NLP 疗法、意象对话疗法、元认知疗法等。

2. 数据化　数据是科学有效的心理咨询参考的依据。通过中国心理网为三亚刘义林心理咨询保健所提供的心理测试平台(http://www.psy.com.cn/school/index.asp? school=4232),使用症状自评量表 SCL-90、卡特尔 16 种人格测验 16PF、明尼苏达多项人格测验 MMPI 等测评量表收集测评数据,通过让来访者填写生活史调查表、咨询会谈连接作业表等常用工具收集与来访者问题、症状相关的数据,通过询问和了解,掌握客观的、详细的、非模糊的数据,这些数据是准确地诊断评估问题、有效地选用疗法、客观地体现心理咨询与干预效果的必要保障。

让来访者用 1~10 的数字表述问题的程度,1~3 为轻度可以忽略,4~6 为中度需要关注,7~10 为重度需要重视。必要时可以使用 1~99 的数字,不用 0 和 100,60 为及格,90 为优秀。在来访者思维清晰、自我认知及配合度较高的情况下,自评效果优于他评效果。定期收集数据的评估内容主要有:稳定性、自信心、希望值、情绪值、信任度、配合度、作业完成度、改善度、贝克抑郁量表(BDI)、简明精神问题量表(BPRS)、积极情绪与消极情绪自我评估(PNSA)等。

来访者提交的作业和填写的问卷资料,需要及时建档归档,进行整理、对比、分析,要使来访者的主要问题、症状尽可能一目了然,症状或问题的改善效果也要尽量用数字对比来说明,心理咨询与干预的目标和方向要明确,数字来源要有依据,要清晰明了,准确可靠。

3. 可视化　通过大量案例的数据分析,得到如下结果:在 2011 年 3 月至 2013 年 3 月接待的 2178 人的心理咨询与干预案例中,神经症患者为 1634 人,占 75%。使用综合积极情绪疗法后有改善者(改善指数前后对比提高 30%)233 人,占 18.3%;有好转者(改善指数前后对比提高 50%)273 人,占 21.5%;有显著好转者(改善指数前后对比提高 70%)765 人,占 60.2%。总有效人数为 1271 人,总有效率为77.8%。可以看出,神经症在心理咨询与干预的临床反应中所占的比例是相当高的、相当普遍的、相当有代表性的。

临床实践证明,对于轻度神经症来访者,使用综合积极情绪疗法 1 个阶段 12 次,每次 1 小时,每周1 次,在 3 个月左右的时间里,来访者的神经症症状有了显著的改善和好转。对于中度神经症来访者,使用"综合积极情绪疗法"2 个阶段 24 次,每次 1 小时,每周 1 次,在 6 个月左右的时间里,来访者的神经症症状有了显著的改善和好转。其中来访者对心理咨询师的信任度、来访者的配合度、来访者的作业完成度这三个维度的得分越高,预后效果越好,反之则较差。急性症状第一个阶段每周 2~3 次效果较好。咨询关系稳定持续者效果较好,半途而废、迟到早退、隔三差五无故取消咨询者效果较差。

临床实践证明,使用"综合积极情绪疗法"干预神经症是有效的。"综合积极情绪疗法"无不良反应,针对并不限于神经症的心理咨询与干预,在临床应用中疗效显著,值得推广应用。

4. 可操作化　综合积极情绪疗法干预神经症的具体操作,可分为以下四个步骤。

(1)了解情况,建立关系,澄清问题,诊断评估,协商收费标准,签订咨询协议书。

(2)进一步收集相关数据,多轴诊断,确定解决问题、减缓症状的突破口。

(3)适当布置家庭作业,加强互动,让来访者积极参与,提高信任度、配合度。

(4)发现亮点、发现希望,共同做好咨询记录和数据对比,分阶段总结和评估,巩固咨询效果,避免复发反弹。

二、综合积极情绪疗法的发现、创新、完善

综合积极情绪疗法以敞开的方式融合各种积极的因素,具有简单易学、实用高效的特点;亮点是规范化、数据化、可视化、可操作化;重点在于汇集了 12 种经典疗法之精华;热点则是易于推广、易于本土化。同时也保持着发展的眼光,通过理论研讨、课程开设、案例分享来吐故纳新,做到进一步改进与完善。

综合积极情绪疗法吸取众家之长,无论是传统的还是流行的,无论是本土的还是进口的,只要是有效的、无害的,就加以积极地利用和尝试。

第五节　综合积极情绪疗法的推广与应用

一、综合积极情绪疗法——感受积极情绪的疗法

综合积极情绪疗法对神经症的心理咨询与干预有比较明显的效果。该疗法的提出、设计、构思、论证、

参考文献选定、数据统计分析、反复修改校阅，是刘义林博士、教授在博士生导师张伯源教授、王极盛教授、张吉连教授的指导下完成的。“综合积极情绪疗法”源于“刘氏积极情绪疗法”，经过王极盛教授倡议，张伯源教授和张吉连教授一致同意，于2013年8月2日更名为“综合积极情绪疗法”。

刘义林博士虽然年近花甲，仍怀“老骥伏枥，志在千里”之念，愿为心理学的本土化和我国心理学事业的发展贡献余生余热。作为中国心理干预协会心理咨询师分会的常务副会长兼秘书长，刘义林博士表示一定不辜负老一辈心理学家的关爱与期待，必将努力以发扬团队精神和弘扬中华文化之精要为己任，在今后的工作与研究学习中，与全国心理咨询行业的同仁一道，任劳任怨、不辞劳苦的和大家一起去争取打造出一个全国心理行业最优秀的专业团队。

二、综合积极情绪疗法的应用领域

综合积极情绪疗法是一种本土化的、中外结合的、综合型的非药物疗法，主要技术来源于精神分析疗法、认知疗法、行为疗法、合理情绪疗法、人际关系疗法、饮食疗法、幽默疗法、阅读疗法、音乐疗法、运动疗法、芳香疗法、催眠疗法这12种比较成熟的疗法。综合积极情绪疗法受益于博览众家之长，巧妙于改良借鉴创新，实用于简便高效可操作性强。经过多年的临床心理咨询与干预的实践与运用检验，其配套使用的方法和工具的信度、效度是较高的，为高治愈率提供了有力的保障。

综合积极情绪疗法对于轻度神经症的来访者，按照阶段规律性的治疗，来访者的神经症症状有明显改善和好转。对于中度神经症来访者，2个阶段的时间里其症状有了明显改善和好转。其中来访者对心理咨询师的信任度、来访者的配合度、来访者的作业完成度这三个维度的得分越高，预后效果越好，反之则较差。急性症状第一个阶段每周2~3次效果较好。

没有人是十全十美的，也没有人是一无是处的。发现来访者的亮点、找到来访者以往生活中优秀的、值得骄傲的、难以忘怀的愉悦事件，以寻求来访者关注积极情绪的生活视角，引导来访者选择自己最舒服的状态来面对自己存在的问题。先把问题澄清、量化、细化，然后寻求积极的视角，设立目标，让来访者自己下决心：我是很优秀的，很棒的，我要努力配合，争取在多少天内达到什么样的效果。

在对2178人的心理咨询与干预的案例中，总有效人数为1271人，总有效率为77.8%。可以看出，神经症在心理咨询与干预的临床反应中所占的比例是相当高的、相当普遍的、相当有代表性的。使用“综合积极情绪疗法”后有改善者（改善指数前后对比提高30%）、有好转者（改善指数前后对比提高50%）、有显著好转者（改善指数前后对比提高70%）的比例是较高的，治愈率较高，效果较显著。

三、综合积极情绪疗法开启家庭、社区幸福生活的密码

家庭是社会的细胞，和谐的社会离不开和谐的家庭。我们每个人都生活在一个相对固定的区域，那里有一定数量的人口，居民具有共同的区域身份、某些共同的看法、相关的利益和比较密切的交往，这就形成了社区。

社区作为城市的基本细胞，是人们工作之余的生活空间。现代社会，是一个竞争激烈、多元化、快节奏的时代。人们通常面临高频率的变化和短周期的发展，容易给人带来很大压力，精神上难以得到舒缓，容易引发很多心理问题及其他社区问题。

有一项调查研究显示：家庭发生变故后，家长心理失衡（忧郁、消沉、自卑沮丧、烦躁易怒）的占61.43%；子女的情绪与情感不正常（孤独、烦躁、冷漠自卑、叛逆心理）的占73.55%；子女的学习情况中，成绩低下的占76.93%；子女品德行为表现中，差评的占74.99%，等等。可见，家庭关系的不和谐，不仅直接造成成人的心理问题，导致他们生活的愉悦感和工作的效能的降低，甚至悲观的人生观、价值观。更可悲的是给孩子的身心带来更大的伤害，严重的会造成孩子情感的缺失或性格的变异。更为严重的是离异家庭，父母离异的单亲家庭中，受伤害最大的是孩子，耳闻目睹父母无休止的争吵、婚姻的破裂，给孩子的心灵造成了巨大的创伤，打破了他们情绪上和感情上的平衡，从而表现为他们行为上的偏差。

在社区中由于人口聚集，不可避免地会出现邻里之间的矛盾、人际关系的冲突等等，这些都是使社区居民形成的心理问题的潜在因素。由于人们对心理问题认识不足，以及专业机构的缺乏，使得很多人的心

理问题没有得到及时解决，因而直接影响到他们的精神和生活质量。

因此，社区心理咨询援助正在成为一个方便、快捷解决人们心理问题的绿色通道。在西方发达国家，成熟的社区都配备有专业的保健医师、社区工作者和心理健康咨询师，并且有相对成熟的社区心理干预模式。而这项工作在我国尚处于起步阶段，所以，社区引进心理咨询援助，意义显得更为重大。

在2013年的"两会"上，各地代表提出的很多关于心理健康议题中，无论是对中小学生心理健康教育、社区空巢老人心理健康的关注，还是对企业员工、政府公务员、教师队伍、外来务工人员、残疾弱势群体等心理健康的提案，都把目光集中到广大人民的心理健康发展上。从2012年底，教育部印发了《中小学心理健康教育指导纲要(2012年修订)》，再到2013年全国"两会"对心理健康的关注，心理行业受到了空前的重视。为便于社区心理咨询师、社会工作者及社区志愿者响应"两会"关于心理健康的议题，将心理技术的研究应用与普及推广，更好地应用于实践，服务社区，特将刘义林博士、教授创编的"综合积极情绪疗法"，做一详细的介绍和推广。

四、综合积极情绪疗法的特点和优势

综合积极情绪疗法是一种简单、易学、实用的心理疗法。取众家之所长，无论是经典的还是流行的，无论是本土的还是国外的各种流派，用各种有效技术中的积极因素，把来访者的消极情绪置换成积极情绪，首先帮助来访者看清楚自己的问题，唤起或激活来访者的求助愿望，通过"综合积极情绪疗法"的基本理念和简要明了的操作程序，找到适合来访者问题解决的途径和方法，与来访者快速建立友好、信任、稳定的咨询关系。

在操作过程中没有门户派别的争议歧视，无论是哪种流派或取向的心理咨询师，都可以按照综合积极情绪疗法的操作流程达到设定的心理咨询与干预效果。

结论是，综合积极情绪疗法简单、易学、无不良反应，经多年临床验证，不仅适用于神经症的心理咨询与干预，而且也适用于其他心理问题、心理障碍、心理疾病的心理咨询与干预，对行业的规范化、专业化、科学化也会起到一定的促进作用，值得推广应用。综合积极情绪疗法的特点是规范化、数据化、可视化、可操作化。12种经典的、有效的、科学的心理干预技术综合优化使用，没有门户偏见，不排斥不同意见，没有你我之分，有的只是一个宗旨，即帮助来访者缓解症状、减轻痛苦、解决问题。

本章编写负责人：刘义林　焦伟珍　许多斌

本章参与编写人员：刘义林　焦伟珍　许多斌　胡鑫超　李毅红　赵春霞　孙　伟　王　洪　赵　霞　张宝英　郭金梅　杨文玲　何　玲　王新静

第六章 社区心理援助常见问题的识别、评估与处理

第一节 社区老人常见心理问题的识别、评估与处理

全国第五次人口普查显示，我国于2001年跨入老龄化社会。据相关部门预测，至2015年中国老年人口约4.15亿，是世界上老年人人口最多的国家。关注、关心、关爱老年人身心健康对社会、家庭和个人都具有特别重要的意义。老年人心理干预的目的是让老年人有更好的社会适应能力、更佳的生活质量和生命质量。

一、老年人及老年期的特点

老年期常被划分为不同的阶段，我国一般将老年群体中60～69岁的人划为低龄老人，70～79岁的为中龄老人，80岁以上的为高龄老人。不同年龄段的老年人在身体健康状况、生活自理能力、参与社会活动、婚姻状况、家庭关系、心理需求等方面都有很不一样的特点。划分老年期不但有助于我们综合评估老年人的共性需要和差异性需要，而且有助于甄别其中适合进行心理咨询的服务对象。

（一）老年期生理特点

老化给人体八大系统带来变化，见表6－1。

表6－1 与老化有关的八大人体变化

系统	与年老有关的变化
皮肤系统（皮肤、毛发、指甲）	皮肤出现皱纹、头发稀疏并可能变白、手脚的指甲变厚；老人可能较容易出现低热或高热，受伤痊愈的时间可能延长50%
神经系统（脑、神经系统）	对刺激做出反应的时间延长，睡眠质量不高，老年人更容易患心脑血管疾病，易患卒中
心血管系统	如果有动脉硬化或动脉粥样硬化，心脏可能难以有效地发挥功能，更容易患高血压
肌肉骨骼系统	老年人可能会变矮，失去肌肉力量和肌肉块，较容易出现关节炎；妇女可能会出现骨质疏松，导致骨折、驼背或脊椎侧凸
呼吸系统	肺功能减弱，老年人在用力的时候更容易呼吸困难，可能更容易患肺炎
泌尿道系统	肾脏不能有效地过滤毒素和恢复血液中离子的平衡；膀胱丧失了紧张性，更容易出现没有任何症状的感染，有些老人会出现尿失禁
内分泌系统与生殖系统	有些老人葡萄糖代谢不良，可能会发展成老年糖尿病；绝经后雌性激素的丧失可能会加重骨质疏松
感觉系统	①触觉：老年人可能会有较高的痛觉阈限，更可能发生低热或高热；身体平衡问题会加重。 ②视觉：通常会有老花眼，眼睛需要较多的光才能聚焦，并且对强光反应敏感；老年人分辨颜色的能力可能会下降；有些老人会出现白内障、青光眼或黄斑变性，一种渐进性的丧失中央视觉 ③听觉：听觉的灵敏度可能会减少50%，难以分辨不同的声音。 ④味觉/嗅觉：嗅觉可能会严重受损；味觉会受缺乏嗅觉的影响，老年人可能闻不出天然气、烟雾或变质的饭菜的气味

(二)老年期心理特点

1.智力　年老的时候认知和智力功能的减退并非在所难免,实际上,老年人的晶体智力比年轻人还要好,然而,个人处理复杂问题的速度的确会随着年老而有所下降,这是由于脑部的神经传输介质的效率有所改变造成的。在没有诸如阿尔茨海默病、抑郁症或营养不良导致的器质性脑损伤的情况下,老年人会保持学习新技能的能力,并仍然可以在智力上保持活跃状态,让大脑能一直得到刺激并投入运转,对于保持认知能力至关重要。

2.人格　按照心理学家埃里克森的观点,老年是人生的最后一个阶段,它要解决的核心问题是获得自我完整感,避免陷入自我绝望。在这一阶段,个人必须学会接受生活中所发生的一切,并得出对自己生命意义的理解。有时这一过程包括处理不了的事宜,挽回尚能改变的东西;而有时则意味着要放弃无可挽回的东西。在其中任何一种情况下,如果个人无法对自己的生命感到安心,就不可避免地会导致绝望和一种无法抵挡的生命无意义感。

3.记忆力　知觉速度下降,让老年人在相同时间内难以像自己年轻时那样处理信息。老年人是比较挑剔的学习者,个人动机是老年人是否能够学会知识或技能的非常重要的因素。有两个重要因素可提升老年人的学习能力,一是学习的东西与个人的生活有关,二是有演练新行为的机会。

二、老年人常见心理问题的识别

(一)老年人心理问题的几大类别

在现代社会,由于生理与心理、个人与社会的老龄化,老年人容易在以下几个方面遇到问题。

1.疾病与健康需求带来的心理问题　老年人尤其是高龄老人,往往受到慢性病的折磨,生活质量受到损害,与之相关的医疗费用带来的经济压力、对康复保健和亲人关怀需求成为老年人普遍的心理负担或需求。

2.代际隔阂带来的心理问题　当今全球化、信息化和知识激增时代,知识更新迅速,老年人积累的知识和经验多已过时,而学习机会和资源的减少,使其难以掌握现代知识和信息,因此与年轻人的沟通常会出现信息不对称的情况,容易造成代际隔阂。代际隔阂则会阻碍老年人与子孙辈的沟通和交流,加重孤独感、无用感和被抛弃感。

3.社会隔阂带来的心理问题　老年人退出工作岗位或失去劳动能力后社会交往圈子常会大大缩小,晚年生活往往与孤独、寂寞相伴,社会隔离严重,如不加以改善将造成恶性循环。

4.家庭结构变化带来的心理问题　老年阶段,子女离家、亲人离世等变故不可避免会发生,空巢、丧偶、再婚等问题易对老人形成心理压力。

(二)老年人心理问题的常见症状

1.衰老无用(自卑)感　老年人随着年龄、生活的变化,身体多病和功能减退,对退休后的无所事事不能适应,认为自己成了家庭和社会的累赘,失去存在价值,对自己评价过低,产生无用、消沉、悲观感,生活抑郁,寡言少语,整日闷闷不乐。衰老无用感一经产生,就意味着一个人精神已经老化,失去了生活的意愿和积极性。

2.失落感　部分老人离开工作岗位之后,常常无所适从,总认为自己老了,不中用了,单位和家庭不再需要自己了;特别是一些领导干部,突然失去了手中的权力,出门少了车接车送,也没了前呼后拥,心中更是感到失落,生活空虚,情绪不稳定,整天心事重重、沉默寡言、足不出户。

3.孤独感　由于丧偶、独居、离退休、人际交往减少,社会及家庭地位改变,生活中身体心理及其他原因导致的行动交往不便,老年人会感到空虚寂寞,特别是子女常因工作、家庭等原因不能经常回家,对老人关心不够,老年人的孤独感就更加明显。

4.固执易怒　主要表现在对待一些问题的看法比较固执,坚持自己的观点,即使观点明显不符合实际,对他人的分析和意见往往也听不进去,认为自己的意见就是权威,特别是在家中的表现更为突出。当自己的意见被否定后,就表现得很不耐烦,整天唠叨不停,不开心等。老年人自我控制能力减弱,情绪变得不稳定、急躁、易冲动、变化快、喜怒无常,如同儿童一样变化多端,易因琐事而大发脾气,重者伤人毁物不计后果,有时无任何原因也表现出烦躁不安,突然发怒。

5. 还童幼稚　老年人会不同程度变得像“老小孩”,情绪变化反复无常;这种“老小孩”的现象,女性和文化素质偏低者较为多见。这种现象,可说是一种心理上的自卫,以较年幼的心情来看复杂的现实,也可说是一种理性境界的表现,看透了繁华的外界,只欣赏纯洁且单纯的境界。

6. 怀旧心理　喜欢和人们谈论过去的事,特别是当谈到自己的亲身经历时,非常激动,虽然老人对自己讲过的东西很容易忘记,却又要一遍一遍地反复讲述,从而给人留下“树老根多,人老话多”的印象。

7. 抑郁心理　抑郁心理是老人常呈现的心理反应,抑郁老年人占老年人口的7%~10%。其表现一是食欲缺乏、疲乏无力、失眠头痛、腰背痛、体重减轻;二是情绪低沉、坐立不安、情感淡漠、兴趣减少、待人冷漠、灰心丧气、自寻烦恼、度日如年、自责自卑;三是自杀言行,平时有活在世上是“累赘”,活着不如死了的言论,其自杀行为无明显外露,往往被家人忽视,易出现自杀行为。

8. 焦虑心理　心烦意乱、情绪易激怒,怀疑自己的能力、紧张、恐惧,因此导致头晕、头痛、失眠等精神、躯体和自主神经功能紊乱等症状。

9. 恐惧心理　老年人的恐惧感主要来源于疾病和死亡的威胁,而有些老人的这种恐惧并不完全是怕死,主要是对疾病的担心,担心患病后给子女带来负担、被人讨厌和冷落,得不到应有的照顾;也有一些老人对死亡抱有惧怕、无奈、拒绝甚至“逃避”的态度;他们或者觉得自己的人生目标尚未实现,或者认为家里还有大问题没有解决,或者担忧自己哪一天会突然去世,而无法在临终前交代好后事。

10. 疑病　疑病是老年人常见的心理障碍。顾名思义,疑病就是怀疑或是断定自己患了某种严重躯体疾病(如癌症、心脏病等),从而忧心忡忡、苦恼焦虑。过度关注自己的身体是疑病者的共同特征。60岁以上的老年人,有半数可出现疑病症状,这是由于老年人的心理特点已从对外界事物的关心转向自己的身体所致,加上这些关心可因某些主观感觉而加强。个性顽固、执拗的人,更容易出现疑病症状,常常出现头部不适、耳鸣、胃肠道功能紊乱以及失眠等症状。有时会过分注意报刊书籍上的一些医学常识并对照自己的不适感,常为此心神不定,惶惶不安,甚至多次求医就诊。

11. 幻觉、妄想状态　幻觉属于心理知觉障碍,妄想属于心理思维障碍,二者是老年人较易出现的心理障碍疾病,以女性多见,这与老年人体内器官功能退化和生理心理变化有关。幻觉本是虚构的知觉,客观环境中并没有相应的刺激,但患者却感觉到它的存在,以幻听、幻视多见,患者听到或看到其他人听不见的声音或看不到的人、动物等。在幻听幻视支配下可做出危险动作,或产生兴奋、恐惧感等。妄想是根本没有客观事实,而患者认为是实在的事,坚信不疑。妄想的内容荒唐可笑,十分离奇,其中多见的为被害妄想、猜疑妄想、嫉妒妄想等,如怀疑别人要暗害他,怀疑爱人有外遇等。发生妄想的人往往有性格缺陷,如主观、敏感多疑、自尊心强,这与童年缺乏母爱,受过某种刺激,缺乏与人建立良好的人际关系的能力有关。

12. 痴呆　痴呆是脑的老化、萎缩、大脑皮质高级功能广泛损害而引起的以痴呆为表现的智能障碍。一般男多于女。痴呆有两类:一是原发性痴呆,大脑皮质受累、退化、变性或萎缩的结果。早期表现记忆力和定向障碍,生活能自理,中期出现对时间、地点、定向力受累,计算力下降,生活需人照顾,晚期智能完全丧失,不能判别最简单的吃、穿等日常活动,无自主能力,生活不能自理;二是血管性痴呆,由缺血性、出血性或栓塞性脑血管疾病引起,多突然发病,分段渐进性的智能衰退。

13. 离退休综合征　离退休的老同志由于适应不了所处环境和生活习性的突然改变,往往出现情绪消沉和偏离常态的行为,甚至由此引发其他疾病,严重影响了健康,这就是所谓离退休综合征。退休后的老年人有了大量的闲暇时间,往往这段时间会占到人生的三分之一或四分之一,这段时间将如何更有意义地度过,是每一个老年人在退休前将面临的新问题。老年人除了担心经济收入和健康状况外,更害怕晚年精神生活的单调寂寞,怕成为社会上没用的人。

14. 老年空巢综合征　所谓“空巢家庭”,是指子女长大成人后从父母家庭中相继分离出来,只剩下老年人独自生活的家庭。近年来城镇住房条件的改善为“空巢家庭”创造了契机。当子女离家之后,父母原来的生活规律被打乱,他们无法很快适应,进而出现烦躁不安、消沉、抑郁等情绪,而这种情绪又会令他们的社会交往更少、更加闭塞。而中国人一直以多子多福为乐,特别是老年人,一旦面对“空巢”,他们会觉得在感情上和心理上失去了支撑和依靠,觉得自己的存在对子女不再有价值,因而陷入无趣、无欲、无助的“老年空巢综合征”状态,甚至出现自杀的想法和做法。

15. *老年人丧偶后心理*　虽然人们都懂得老夫老妻不可能同日走的道理,但经历过了几十年的沟沟坎坎和磕磕绊绊后,两个人正相携安度晚年之时,倘若一方“先走一步”,必定会给另一方在精神上造成巨大的创伤。有的老人仿佛失去了精神支柱,悲哀、彷徨、失落、孤独等情绪交织心中,丧失了继续生活下去的信心与勇气。心理专家分析,丧偶老人的精神世界,往往要经历一个剧烈悲痛的过程。这个过程大致有3个阶段。①自责阶段,与老伴洒泪告别之后,总觉得对不起逝者:为什么过去常常对他(她)发脾气?为什么没有坚持让他(她)去医院检查?甚至认为对方的死自己负有主要责任。于是生者精神恍惚,心理负担沉重,吃不下饭,睡不好觉,在言行上还会出现一系列反常现象。②怀念阶段,生者在剧烈的情感波涛稍稍平息之后,会进入一个深沉的回忆和思念阶段,在头脑中经常出现老伴的身影,时常感到自己是多么的凄凉和孤寂。③恢复阶段,在亲朋好友的关怀和帮助下,终于领悟了“生老病死乃无法抗拒的自然规律”这个道理。于是,理智战胜了感情,身心渐渐恢复了常态,从而以坚强的毅力面对现实,又开始了全新的生活。

16. *老年人再婚心理*　老人再婚考虑的问题,和年轻人的婚姻不同,种种疑虑笼罩在心头,一怕儿女不同意;二怕别人的鄙视;三怕财产会出纠纷;四怕老伴不如意。

三、老年人心理问题评估

(一)评估的内容

有效识别老年人的心理问题是开展心理援助的前提,需要评估的方面有:①心理状态评估;②相关的生理、社会环境评估。具体如下。

1. *身体健康方面*　评估工具一般包括疾病诊断、治疗和用药情况筛查表,老年人常见病、慢性病也是关注的重点。

2. *心理情绪方面*　评估的重点是认知功能和情绪状况,认知功能包括近期记忆、程序记忆、定向能力、判断能力等。常用福尔斯斯坦简易精神状态检查(MMSE)作为筛查老年痴呆的初步工具。情绪状况的评估包括抑郁症状、焦虑症状和自杀意念等。有关老年抑郁已有专门的评估工具,常用的甄别抑郁症初步症状的检测工具是老年抑郁量表(GDS)。

3. *日常生活能力方面*　评估的重点是独立生活能力,包括日常生活自理能力和生活中使用工具等基本技能。

4. *社会功能方面*　①要确定老人参与了哪些社会活动或者想参与哪些社会活动。②要确定老人是否有自认为能够调动的社会支持资源,可以使用社会支持评定量表。

(二)评估常用的方法

除常用测评工具外,在咨询中还需要通过观察的方法,对来访的老人进行综合状态评估。

1. *观察法*

(1)通过与心理活动有关的体态的观察:①生命体征:体温过高或骤降,心动过速或过缓,呼吸急促、过慢或暂停,血压升高或低下,均会使老年患者流露出紧张、焦虑、恐惧等心理。②面容表情:注意观察老年人的情绪改变所引起的面容和表情的变化,如快乐、紧张、焦虑、痛苦、憔悴、愤怒、惧怕等面容。③情绪情感:注意观察老年人内在的情感反应,如自责、内疚、自尊、自豪、骄傲、悔恨、自愧、抑郁、失望、愤怒、激动、恐惧和悲伤等。④姿势步态:注意观察老年人是否因情绪和情感活动所引起的身体姿势与步态的变化。如激动愤怒时是否出现手足发抖或步态不稳;忧郁失望时是否眼神迷茫;自豪、悔恨、自愧、恐惧、悲伤时是否出现不经意的手势、坐势等身体姿势的变化。⑤精神睡眠:注意观察老年人的精神面貌与睡眠情况,有无精神萎靡、不愿见人、兴致索然、唉声叹气、消极厌世、情绪低落、入睡困难、夜间失眠等。⑥动作行为:注意观察老年人的行为与动作,有无举止不端,衣衫褴褛,不爱清洁,不修边幅;在言语表情方面是否主动或语言过少,语调低沉或高昂;在动作方面是否动作不灵活,动作不协调,动作缓慢或笨拙等。

(2)通过与心理活动有关能力的观察:①观察力:通过播放日常生活中的某些情景录像,让老年人仔细观察,并说出所得结果进行判断。②思维力:将某些日常生活常识、某些概念,让老年人进行思维、逻辑推理、应答,观察其综合分析能力如何。③语言力:通过和老年人的交流,了解他们的语言是否恰当、诚恳、自然,富有表达性。④想象力:给老年人出一些与之有关的题目,并根据题意的要求,设想出符合现实生活中的梦境。⑤判断力:请老人回答一些较简单的有关政治、历史、地理、社会知识等问题,观察其概括和判断能力如何。⑥记忆力:可在与老年人的谈话过程中,了解他们对过去和最近一些情况的记忆程度。⑦计算力:根据老年人原来从事某项工作的特长,有针对性地进行复杂与简单的数字计算。⑧特殊能力的观察:特殊能力是指从事某种特殊活动或专业活动所必需的能力,是一般能力在活动中的具体化和专门化,包括动作能力、机械能力、核对能力、美术能力、音乐能力、数学能力、写作能力和体育能力等。可通过实际测试来进行上述各种能力的观察,其目的是了解老人对文化、体育的兴趣爱好是否广泛,兴趣是否易变,对日常生活与社会环境的适应能力,能否自主独立生活,是否具有精神生活的支柱,能否像过去一样顺利地完成某种复杂的活动。

2. 会谈法

(1)会谈的方式:①结构式会谈:是根据临床要求,以比较固定的方式和次序,编制会谈提纲或问题表,向患者提出问题,患者按要求回答。此方式的优点是重点突出、方法固定、比较节省时间;其不足是比较刻板,常常只能得到“是”或“否”的简单回答,无法取得全面而深入的详细资料。②自由式会谈:是比较灵活的、不拘泥于固定的问题格式和顺序,可与患者自由交谈,患者毫无戒心地倾吐出自己的思想和感情,容易掌握患者的真实心理体验。此方式需要的时间比较多,且容易产生顾此失彼的弊病。③半标准化会谈:是把上述两种会谈方式结合应用,即按照预先准备的问题进行,又不可拘泥于固定的顺序,并且还根据患者的具体情况进行会谈。

(2)会谈的内容:①感知觉障碍:在谈话过程中了解老人有无幻觉、感知综合障碍。②思维障碍:老人的说话和语言常能反映他们的思维和联想,评价其有无联想障碍等。③智力:在会谈过程中可以通过交谈来观察老年人是否有明显的智力低下或障碍。④定向:检查老年人是否存在时间和空间的定向障碍。⑤注意和记忆:老年人在会谈过程中的注意情况,远、近记忆有否障碍。⑥情绪表现:检查老年人当前的优势情感,一段时间来的心境,情绪反应的强度、适当性和自控能力。⑦行为方式和仪表:会谈期间可以观察老年人的行为和仪表。⑧自知力:会谈期间应对老年人的自知力(即对自己的问题或疾病的自我判断能力)进行评估。

3. 心理测验　评估可以借助一些测评工具,除选用适合老年人的常用的心理测评工具外,也可以参考民政部2013年颁布了《老年人能力评估》行业标准。

症状自评量表(SCL-90)的用法如下:

(1)症状自评量表:该量表适用于有躯体疾病的患者的心理健康研究,是目前心理咨询和心理治疗中应用最多的一种自评量表。

(2)使用方法:在开始评定时,由工作人员先把总的评分方法和要求向被测者讲清楚,待他(她)完全明白后,做出独立的、不受任何人影响的自我评定;对于文化程度低的自评者或其他特殊情况者,可由工作人员协助阅读理解,并且以中性的不带任何暗示和偏向的方式把问题的本意告诉被测者。测评时间,可以是一个特定的时间,通常是评定近一周的时间。

(3)评定方法:采取5级评分制(1~5级),“1”无,“2”轻度,“3”中度,“4”相当重,“5”严重。凡是自评者认为是“无”的均给1分,无反相评分项目。

(4)分析评定指标:SCL-90的分析统计指标主要为两项,即总分与因子分,利用SCL-90与相关影响因素的量表[包括自制调查问卷、状态-特质焦虑问卷、生活事件评定量表问卷、家庭亲密度和适应性量表(中文版)、社会支持评定量表]对社区常住人口中60岁及以上的老年人进行问卷调查,并分析调查结果。

四、老年人常见心理问题的处理

(一)个案处理的方法

老年人心理问题个案处理的方法,是以个别化的方式帮助其个人和家庭减轻压力,调动家庭和社会资源,促进调适社会关系、恢复社会功能,推动老年人参与社会生活,提高其生活质量。从过程上可分为接案、预估、计划、介入、评估、结案等几个步骤,与传统的个案工作差异不大。但在具体操作中,要注意针对老年人的特点做好几个环节。

1. 充分尊重老年人的自主权　由老年人自己来识别问题,耐心倾听老年人对其需求的诉说,放慢节奏,放弃对咨询过程和结果的控制,相信老人有解决问题的潜能。

2. 客观对待老年人所处的环境　一是联系家庭背景和社会环境;二是帮助老人以更开阔的视野来看待所面临的问题。

3. 咨询中常用的技巧　怀旧和生命回顾是常用的两个方法,怀旧是指让老年人回顾过往生活中最重要、最难忘的事件和时刻,重新体验快乐、成就、尊严等多种有利身心健康的情绪;生命回顾则是通过生动地缅怀过去一生成功或失败的经历,让老年人重建完整的自我的一种手法。

(二)小组活动的方法

小组活动对帮助老年人有特别重要的意义,尤其是一些因为种种原因不便于进行个案咨询的老人,不同形式的小组活动可以帮助他们参与社会生活、获得归属感、得到社会网络支持等。常见的小组模式有教育型、支持型、治疗型等。小组活动形式丰富多样,除了讨论性活动、缅怀性活动、教育性活动,还可以有身体锻炼活动、表演性活动、季节性活动或游戏性活动。老年小组活动要注意的事项:

1. 符合老年人的生理特征　关照老年人身体上的不便,设置相应的辅助工具。还要特别注意身体虚弱者的特殊需求。

2. 带领者可能始终要比较积极以适应老年人的被动情况　在成员沟通中要实时控制一些主观、敌意或攻击性信息,加强对沟通的把握;沟通的重点尽可能多的集中在促进老人潜能发挥、正面的经历和有效增强适应力方面。

3. 循序渐进及时激励　老年人节奏比较慢,注意其点滴进步很重要,不要为迟迟看不到显著成效而气馁。

(三)社区参与的方法

社区是老年人熟悉的、主要的生活场所,以社区为载体,充分利用社区资源,改善老人与社区的关系,促进老人的社区参与,培育老人的社区归属感,可有效地解决社会隔离,树立老年人自助、互助和自决精神,从更宽广的层面上为老年人提供有益的帮助。咨询师除了鼓励老年人积极参与社区活动、融入社区生活,必要时还可以通过转介,让来访者获得社区工作人员、社工、志愿者的主动帮助。

除了上述专业手段,在实际生活中,咨询师、老年人子女或看护人在处理老年人心理问题时,还可以参照以下技巧。

1. 让老人确立生存意义,正确对待身体的变化　应该让他们客观地意识到岁月不饶人,正确地对待身体的变化,并指导其家人陪同定期体检,发现疾病及早治疗;不要抱侥幸心理,麻痹大意,延误治疗;也不要被疾病吓倒,要坦然面对死亡,要认真地过好每一天,不仅应老有所养,还要老有所乐,老有所学,老有所为。

2. 保持与外界环境的接触　即与自然、社会和人的接触。这既可以丰富自己的精神生活,愉悦心情,又可以及时调整自己的行为,以便更好地适应环境。退休后多参加一些力所能及的社会公益活动,发挥余热。多培养一些兴趣爱好,使生活丰富多彩。

3. 生活规律,适度脑体劳动　让老年人学会安排规律的生活与合理的作息时间,根据自己的兴趣、爱好、体质状况有选择、有规律地进行运动,包括跑步、打球、爬山、练太极拳等体力运动,下棋、打牌等脑力运动,不仅能增强体质,还能延缓大脑功能的衰退。

4. 家庭和睦是老年人身心健康的基础　老年人常会感到孤独,希望得到家人的关心、爱护和照顾,因此子女应经常与老人沟通,遇事与老人商量,使老人得到应有的尊重;丧偶的老人独自生活,会感到寂寞,因此子女应理解老年人求偶需求,支持老年人的求偶行为,满足老年人的再婚愿望。

5. 适当地多与老人进行肢体接触　如捶捶背、揉揉肩、拥抱抚摸等,会让老人感觉到自己受人欢迎,不被人讨厌。

6. 适当加大说话声音,但是声调要柔和,语气要轻柔　让老人能听清楚,就不会觉得别人都在窃窃私语。

7. 消除老人的寿命疑虑 可以多找些老寿星、百岁老人的话题去跟老人聊，改变老人时日不多的想法，让他觉得来日方长。

8. 风险防范的护理 个别老人因各种原因，固执己见，情绪及思想非常偏激，可能会做出一些极端的事情，如自杀、伤人或自伤等，在护理中要善于发现一些危险信号，及时进行开导和劝解，化解老人的危险意念，防患于未然。

9. 陪伴老人 最重要的一点就是陪伴老人，不要打断、否认、或者缩短他正在说的话；如果他和你说话，静静地听完他的话后再发言；如果他不说话，不见得是他不想说话，可能是他累了，你可以看情况和他说说话，说一些他感兴趣的话；如果他睡着了，不要轻易叫醒他；如果他问你在干什么，来了什么客人，客人是做什么的，陪伴者都要耐心回答，不要说“别管了，养好身体就行”这样的话，也可以请教他的专业，请教他一些常识问题；如果无事，可以坐他身边，捧着他的手抚摸；如果累了，可以在他身边躺下休息。有事能够及时醒来，无事也令他感觉安全；赞叹他的勇气，时时刻刻鼓励他，让他感觉到他的一生不是无意义的；用他能接受的方式，和他谈论即将面临的死亡，最后告诉他，你从陪伴他中获得了最珍贵的东西，从陪伴他中，得到了爱，并懂得怎么更好地爱人，了解更广大的生命，对必然来临的死亡有所准备，没有恐惧，并感谢他给予的机会。

第二节 社区青少年常见心理问题识别、评估与处理

在竞争激烈的当今知识化、信息化社会，我国正处于前所未有的历史转折期，社会结构在整合和变动中不可避免地撞击出很多问题，社区青少年儿童问题就是其中之一。社区青少年儿童作为一个游离于学校和工作单位之外、处于社会控制边缘的特殊群体，他们的身心健康问题不容忽视，其危险性也更高。这不仅成为困扰他们成长的重要问题，也成为人们普遍关注的社会问题。因此，通过社区援助的方式早预防、早发现、早干预，是我国社区心理援助师的一项义不容辞的责任和任务。

一、社区青少年的界定及特征

社区青少年儿童指区域内年龄在5、6岁至25岁之间的一个群体，其中社区问题青少年儿童则是这个年龄段因失学、失业、失去家庭的正常管理而不同程度地闲散于社会和处于不良成长状态的青少年。“社区青少年”一词的界定所体现出来的是对一个特殊青少年群体生存的客观描述。具体来讲，社区问题青少年的描述含义可分为两个方面来理解。

（一）社区问题青少年是一个相对独立的特殊群体

他们的主要活动区域是社区，是一群处于“三失”状态的青少年。社区是一个区域性生活共同体，它更多地强调居住在同一区域中居民之间的人际关系和交往模式，并不是一个正式的社会组织。尽管社区中存在着一些正式的社会组织，比如街道办事处和居委会，但是，在目前社会管理体制下，社区中的正式社会组织缺乏强制管理和约束社区成员行为的手段和措施。

（二）社区青少年的年龄应该处于5、6岁到25岁

将社区青少年的年龄下限界定在5、6岁，主要基于两种考虑：①按照目前义务教育法的相关规定，5、6岁至16岁的青少年应该在学校依法接受义务教育；②按照目前劳动法规的相关规定，16岁以下的青少年不具备就业的资格，所以也就不存在失业的问题。将年龄的上限界定在25周岁，则是根据我国理论界的界定和我国政府官方文件的惯例。处于“三失”状态的社区问题青少年群体在整个社会结构中处于较低的地位，是一个社会弱势群体。其较低的社会地位具体表现在：①受教育程度较低，小学、初中、高中或中专学历；②学习意愿较低，主动性不强；③没有稳定的工作和经济来源，生活状况较差、社会支持状况不良等。因此，全面地理解和把握社区青少年的含义是开展好社区青少年工作、进行社区问题青少年儿童心理健康援助的前提条件之一。

二、社区青少年心理健康状况及成因分析

目前，总体上看，社区青少年的心理健康状况很不理想，其中社区问题青少年的心理健康状况主要表

现在以下几个方面。

1. 自我评价较低　主要体现在有相当一部分社区青少年缺乏自信，存在着胆怯、自卑等心理，甚至出现自暴自弃、自轻自贱等情况。

2. 独立意识较差　主要体现在部分社区青少年的独立性及其对父母的依赖性程度，调查表明，这部分社区青少年在面临就业以及其他方面的困难时对父母有较强的依赖性。

3. 对他人持有功利和实用的态度　主要体现在有的社区青少年渴望别人的支持和帮助，但又不愿向别人伸出援助之手的矛盾自私心理，以及交友时更为依赖的心理特征。

4. 社会态度比较消极　主要体现在部分社区青少年生活较被动，对挫折的归因多为运气不好，对社会的消极评价更多及社会心理适应能力较弱等方面。此外，有相当一部分社区青少年中存在着比较严重的一些心理问题，如焦虑、恐惧、敏感、敌意和抑郁等。

这部分社区青少年之所以会出现上述心理健康问题，与他们的自身状况、所面临的或所经历过的失业、失学的坎坷与挫折以及他们缺乏从家庭、社会中所获得的支持与帮助有关。这些因素直接影响着他们自我意识的形成，容易导致这部分社区青少年对他人和社会产生敌对和防备等心理，甚至会引发偏激行为和反社会人格。

因此，社区青少年的身心健康状况是近几年进行实证研究较多的一个领域，也是社区心理服务或援助中主要的弱势群体。徐静平等人进行抽样调查发现，社区青少年心理健康水平显著低于全国常模，在敌意因子上程度显著高于大学生，这说明社区青少年的健康状况不容乐观。这项研究为社区心理援助工作提供了一个很好的切入点。

在家庭因素方面，郭云霞调查指出，家庭软环境（家庭关系和家教方式）是影响社区青少年心理健康状况的主要因素，而与家庭的经济状况、家庭结构、父母的文化程度及父母的职业等家庭硬环境并没有必然的联系。同时她认为，家庭硬环境反映的是客观的家庭情况，具有相对的稳定性，而家庭软环境主要体现了家庭成员间的沟通与互动，更多地体现了一种人格的力量。所以，就社区青少年儿童心理健康状况而言，人格的力量显然要比客观家庭情况的影响更为直接。

在就业与失业方面，大部分社区青少年的情况不容乐观。造成社区青少年就业与失业状况的原因很多，大体上有两个方面的原因：一是社区青少年的主观原因，包括社区青少年的工作意愿和态度等，调查显示，这部分社区青少年的工作意愿比较理想化，自己对工作的期望值很高，对曾经从事过的工作不是很满意；另一原因是客观原因，包括工作单位的变动以及这部分社区青少年素质和社会要求之间的差距等。工作单位的要求越来越高也是造成社区青少年目前状况的重要原因之一，感到他们工作难找的原因是"学历低"或没有工作经验。此外，由于部分社区青少年的失学和失业状态已经持续了一段时间，他们在适应社会上存在着一定的难度。

社区青少年常见的心理行为问题主要表现有：人际关系不适、情绪问题（抑郁或焦虑）、性心理问题、网络成瘾、暴力伤害、精神活性物质滥用、自伤或自杀等，由此往往导致社区青少年多种危险行为的发生。综上分析，家庭、社会和政府应该为社区青少年身心健康建立重要的防护网。

二、社区青少年常见心理行为问题的识别

当青少年出现心理问题或心理危机时，最常表现出的状态有：情绪低落、人际关系差、精神萎靡、心神不宁、嗜睡、伤心、后悔、紧张、害怕或恐惧、冲动、自卑、气愤、激动、头痛头晕、动作缓慢等。这些描述可以分为以下四类。

（1）认知上：主要表现为做事情注意力不集中、对自己的能力产生怀疑、对未来失去希望、讨厌周围的人甚至讨厌自己。

（2）情绪上：主要表现为情绪低落、悲观失望、惊慌失措、紧张焦虑、害怕无助、孤僻自闭、过分敏感、乱发脾气、烦躁不安。

（3）行为上：主要表现为行为冲动、人际关系差、网络成瘾、离家出走、行动缓慢、常无故与他人争吵、对周围事物失去兴趣，甚至厌世尝试自杀。

(4)生理上:主要表现为神情疲惫、脸色憔悴、表情呆滞、眼神游离、神色麻木。

社区青少年生理问题也会出现严重的心理偏差:感情脆弱、自暴自弃、焦虑自闭、缺乏自信、悲观消极,自卑心理加剧,自我封闭,为人处世孤僻不合群,与父母的疏离隔膜感增强;存在性格缺陷,相当一部分社区儿童自私任性、霸道蛮横、以自我为中心,脾气暴躁,逆反心理重;有的出现暴力倾向,甚至产生憎恨、仇视的畸形心态;稍不顺心便大发脾气,叛逆、怨恨;还有就是学习困难与注意缺陷问题,社区儿童因为缺乏父母必要的监督和关爱,学习主动性低,普遍对学习兴趣不大,导致学习自信心较低,易辍学。再就是耐挫力差,在面临自身不适或者困难时,往往无所适从,不知所措,表现为行动迟缓,意志力不强。在受到挫折时,有的孩子感觉生活没意思,甚至有的人产生过自杀念头或自杀。

(二)社区青少年心理行为问题的特点

社区青少年年龄特点及生活环境决定了其自身特质的心理行为问题,主要表现如下。

1. 习惯于简易思维　大多数社区青少年是职校、技校甚至初小学历,他们对较深的理论学习不感兴趣,对事物不愿做更多一点的思考,但希望自己能有一技之长。在择业或交流或与人相处时,普遍反映出习惯于简而易行的思维方式,表现出回答简单、不愿思考、知难就退、心理承受度差等特质。

2. 生理、心理发展异步　有些社区青少年尽管从外表看像成年人,但他们的言谈举止却显得十分稚嫩,其心理发展滞后,遇事总依赖父母,缺乏自主决策、判断能力。

3. 心理"狂飙期"的延续　社区青少年在成长阶段往往有着自己独特的价值标准、行为规范、思维方式和人格倾向,其特质就是"挑战权威",具有明显的"反叛性"。此时父母的命令式教育往往适得其反,容易引起其反感甚至产生抵触情绪。

4. 缺乏正确的自我认识　有些社区青少年盲目自信,认为世上没有自己办不成的事,有些则严重自卑,认为自己什么都不行。

5. 缺乏明确的生活工作目标　在一部分社区青少年的个人成长空间里,有益社会资源网的欠缺无形中给他们带来一些负面影响。比如,由于舆论导向偏重于高收入、高学历才是个人成功的标志,使得这部分社区青少年不能坦然面对现状而选择逃避,不愿去想今后工作、生活的目标。

6. 综合能力较差　社区青少年也希望实现自我价值,但是一部分社区青少年在人际交往、语言表达、情感表达、动手能力等方面发展不够协调,家庭环境、学习环境等诸多客观因素也导致了他们继续社会化的进展缓慢。每个人都有被社会认可的权利,所有的社区青少年同样也有实现自我价值的需求,在他们的内心深处渴望得到社会的认可和支持。

(三)社区青少年问题的识别

1. 人际关系不适　良好的人际交往对青少年的身心发展十分重要。青少年期归属的需要、交往的需要、友谊和爱的需要特别强烈,他们乐于与同龄人交往,希望得到他人的尊重、理解和接纳。友谊能提供心理安全感、自我支持和自我认同,满足归属感和发展青少年的社会能力,而缺乏人际交往会使人无法满足依恋感,内心苦闷无法宣泄,对人的心理健康是有害的。对于社区问题青少年来说,他们在人际交往中存在着以下特点:与人交往时没有情感卷入,至少情感是肤浅的,有自卑、不安全感、内疚感等,使得他们尽量避免与人交往,即使交往也不敢或不愿袒露自己的内心世界,他们经常提心吊胆或心存戒备,怕上当受骗、好猜忌,不能与人建立休戚与共的情感关系,个人便是孤独的和易受伤害的,甚至会感到随时都处于威胁和危险之中。

2. 情绪情感问题　通常把青少年的神经症称为情绪障碍,包括离别焦虑症、社交敏感障碍、恐怖障碍、抑郁障碍等。当社区青少年处于不良应激状态下会产生各种负面的情绪,如焦虑、抑郁、愤怒、恐惧、怀疑、不信任、悲伤、易怒、绝望、麻木、否认、孤独、烦躁、自责、过分敏感或警觉、无法放松、持续担忧、害怕即将死去等等不良情绪反应。

焦虑、恐惧、抑郁是部分社区青少年最常出现的几种负性情绪。焦虑情绪一般指向于未来,有不确定感,是人预期将要发生危险或不良后果的事物时所表现的紧张、恐惧和担心等情绪状态。焦虑过度或不适当,则使个体应对环境变化的能力下降,且这种焦虑有泛化的危险,可能影响个体在面临环境变化时的有效应对。恐惧则是极度的焦虑反应，此时个体的意识、认知和行为均会发生改变，同时伴随着强烈的植物神经功能紊乱，行为的有效性几乎丧失。抑郁常常是个体面临无法应对的困境和严重后果的情绪反应，抑郁的情绪常常使人产生无助和无望感，进一步影响个体对环境和自身的认知评价，消极的评价可反过来加重抑郁。

3. 性心理问题　在进入青春期后，伴随着性生理的发育成熟，性意识也开始觉醒。其性意识活动通常表现为被异性吸引、渴望了解性的知识、常想到性问题、性幻想及性梦等。青少年常表现出“性幻想”“性梦”等这些性意识活动，许多青少年都能够给予恰当的应对，对自己的心理行为活动没有构成不良的影响，这是属于正常的情况。但是，对于一些缺乏监管引导的社区青少年来说，因为不能较好地认识和对待自己的性意识活动，而出现性意识困扰。这些性意识困扰会引起他们不同程度的心理冲突，使他们出现焦虑、烦躁、厌恶及内心不安、恐惧、自责等不良情绪表现。少部分性意识困扰者，还会出现失眠、注意力不集中、情绪忧郁、不愿与他人（尤其是异性）交往等症状，而有的社区青少年因好奇通过其他途径获取不科学的性知识，有的甚至导致严重的心理障碍或走上了违法犯罪道路。

4. 网络成瘾　网络成瘾是指个体反复过度使用网络导致的一种精神行为障碍，表现为对网络的再度使用产生强烈欲望，停止或减少网络使用时出现戒断反应，同时可伴有精神及躯体症状。

（1）网络游戏成瘾诊断标准：在 DSM－5 中的网络游戏成瘾一共 9 条诊断标准，全部来自陶然教授制定的临床诊断标准中的 8 条症状标准加 1 条严重程度标准。这 9 条诊断标准包括：①渴求症状（对网络使用有强烈的渴求或冲动感）；②戒断症状（易怒、焦虑和悲伤等）；③耐受性（为达到满足感而不断增加使用网络的时间和投入的程度）；④难以停止上网；⑤因游戏而减少了其他兴趣；⑥即使知道后果仍过度游戏；⑦向他人撒谎玩游戏的时间和费用；⑧用游戏来回避现实或缓解负性情绪；⑨玩游戏危害到或失去了友谊、工作、教育或就业机会。

将网络游戏成瘾纳入 DSM－5，可以为更多的青少年尽早提供科学的诊断和治疗。

（2）症状诊断标准：长期反复使用网络，使用网络的目的不是为了学习和工作，或不利于自己的学习和工作，且符合如下症状：①对网络的使用有强烈的渴望或冲动感；②减少或停止上网时会出现全身不适、烦躁、易激惹、注意力不集中、睡眠障碍等戒断反应；③下述 5 条内至少符合 1 条。

a. 为达到满足感而不断增加使用网络的时间和投入的程度。

b. 使用网络的开始、结束及持续时间难以控制，经多次努力后均未成功。

c. 固执地使用网络而不顾其明显的危害性后果，即使知道网络使用的危害仍难以停止。

d. 因使用网络而减少或放弃了其他兴趣、娱乐或社交活动。

e. 将使用网络作为一种逃避问题或缓解不良情绪的途径。

（3）严重程度标准：日常生活和社会功能受损（如社交、学习或工作能力方面）。

（4）病程标准：平均每日连续使用网络时间达到或超过 8 小时，且符合症状标准已达到或超过 3 个月。专家表示，网络成瘾与精神医学中的药物依赖和病理性赌博等成瘾性行为比较相似，因此其诊断标准也比较类似，以上这些诊断标准具体、明确，容易操作，可以作为自测或他人评定工具。

当部分社区青少年遇到问题或困难时，他们只能有两种选择，要么靠自己克服困难、解决问题，要么就是逃避问题或困难。单靠自身能力无法解决所遇到的困难和问题时，他们就会选择逃避，并进而去寻求其他形式的精神依赖和情感寄托。很多遇到问题或困难的青少年把对现实生活的失望转化为对虚拟网络的依赖，沉迷于网络之中，甚至出现网络成瘾，影响到其人际交往状况。

5. 精神活性物质滥用　精神活性物质是主要作用于中枢神经系统，从而影响认知、情绪、意识等心理过程的化学物质。因为绝大多数精神活性物质具有不同程度的成瘾性，所以有时也称为“成瘾物质”。这类物质存在于自然界的许多植物中，如古柯树叶中的可卡因、咖啡豆中的咖啡因、烟草中的尼古丁、大麻中的大麻素等，也可通过发酵和人工合成获得，如酒精、迷药、吗啡等。其特征是：①尽管认识到对身体有害仍使用；②已造成社交、职业、心理，或躯体方面的问题或使问题恶化，仍继续使用；③诊断之前一般应优先考虑成瘾的诊断，通过观察、会谈、躯体和精神检查等方法收集病人有关的健康资料给予评估。

部分社区青少年的精神活性物质滥用是产生于一个复杂的社会文化环境中的,社会因素在部分社区青少年精神活性物质滥用的过程中具有重要影响。在现代社会中,大众传媒包括电影、电视、录像、小说、网络中,包含大量促使青少年滥用精神活性物质,特别是合法精神活性物质如香烟、酒精的信息,使得他们自觉或不自觉地模仿滥用而致使有些社区青少年上瘾或中毒。大量研究表明,同伴的影响在社区青少年精神活性物质滥用行为的形成中也起着重要的作用。社区青少年滥用这类精神活性物质,给他们的身心造成或轻或重的伤害。

6. 暴力伤害　由于部分社区青少年受教育程度较低、生存状况较差,其自我发展的能力较低,同时,他们面临的问题更多更复杂。他们缺少自我控制和自我约束的能力,也缺乏适度的监管,受社会环境尤其是暴力传媒的影响刺激非常大。现时代的社区青少年是伴随着媒体的成长而成长的,在铺天盖地的宣扬色情、暴力的录像、书刊、电影、电视、网络、网络游戏的狂轰滥炸下,他们或多或少会滋生暴力意识和暴力情绪,甚至刻意模仿传媒暴力。在曾对家长施暴的青少年中,认为自己经常通过电影、电视、网络接触暴力的比率则高达95%,认为暴力是解决矛盾的好办法的比率高达81.8%。89.1%的青少年表示,自己对家长施暴是一种潜意识的对传媒暴力的模仿。这些缺乏正确引导或者存在着一些对社区青少年负面影响的因素时,他们就有可能选择非法的解决问题的途径与方式,走上违法犯罪的道路。

7. 自伤或自杀　自杀是一种主体蓄意或自愿采取各种手段进行自我伤害或自我毁灭的行为,其结果可以是死亡、致残或被救治。现代国际通用的自杀分类方法,是1970年美国精神卫生研究院自杀预防研究中心提出的三种类型。

(1) 自杀已遂:指由自我故意、自我伤害导致的各种死亡。

(2) 自杀未遂:包括可能威胁生命的各种行为,或者实际上已实施了这种故意的行为,但由于一些偶然因素致使自杀不成功的行为。

(3) 自杀意念:包括个体通过直接或间接的方式表达自我终止生命的意思。

有学者认为,有以下行为表现者应作为自杀的高危人群,应引起老师、家长和社会的密切关注:①面临严重的发展危机或负性应激源,如学业失败、经济拮据、失恋、家庭不幸、人际关系破裂、上网成瘾、被强暴、严重的躯体疾病等。②有明显的心理障碍或人格缺陷,情绪长期抑郁低落,有强烈的罪恶感和无用感,性格极端孤僻内向,与周围人缺乏正常的情感交流,拒绝社会交往。③缺乏明确的生活目标,对现实冷漠不满,对未来沮丧绝望,思维偏激,行为冲动,易走极端。④直接或间接谈论与暗示自杀,有个人或家族自杀史。

心理学家 Hawton 认为,青少年自杀表示有 13 种:①向他人寻求帮助。②希望从挫折环境中逃离。③将可怕的想法表达出来。④试图影响他人或使他人改变主意。⑤忽然表达对别人的爱。⑥针对过去做错的事向某人道歉。⑦为他人做些好事。⑧害怕重复他人走过的路。⑨希望别人理解自己内心的感受。⑩询问别人是否真爱自己。⑪现实不能容忍以致他必须做些事情改变却不知如何改变。⑫生活失去控制却不知道如何使其回到原来的轨道。⑬想死。

自杀是全世界最大的公共健康问题之一,每年约100万人因此而丧生。而自杀未遂者至少是自杀者的10倍。据有关数据表明,我国平均每年有28.7万名青少年死于自杀,200万人自杀未遂,相当于每2分钟就有1人自杀身亡。青少年自杀人数不仅在上升,而且成为青少年死亡首要原因。社区问题青少年儿童的“自杀预警信号”:性情发生巨大改变,外向人突然变得内向,内向人突然变得外向,少语的人突然变得多语,反之亦然;行为发生巨大改变,不按规律习惯作息,该干什么不干什么,不该干什么却去干什么;语言发生巨大改变,日常说话的内容发生改变,尤其开始涉及生命意义、活着没劲、死了拉倒、自杀方式等时,语言征兆非常容易辨识;身体发生巨大改变,生理的伤痛可能会直接引发自杀行为,如突然遭遇变故或伤残,陷入深度焦虑、忧郁失眠、恐惧恐慌中等。

三、社区青少年常见心理问题评估

心理评估是科学运用多种手段从各个方面获得信息,对某一心理现象进行全面、系统和深入的客观描述,用于进行能力鉴定,单独或协同对心理障碍或心身疾病做出诊断,或帮助正常人及时发现心理问题,以便及时调整和矫正等。社区心理援助则是在确诊基础上,采用一系列适合社区问题青少年的心理治疗方法对其心理问题及行为进行矫正或治疗。

社区青少年心理问题评估，第一个重点一般从认知、情感和行为三个功能入手。比如，了解社区青少年对心理问题的认识、解释，把握其某些不合理或模糊的想法；了解社区青少年是否表现出过度的情绪化表达和情绪性失控，或严重的退缩和孤立，情绪反应与危机环境是否协调一致，是否出现情感否认或情感回避的现象等；同时要更多地注意社区青少年的所作所为，了解其所采取的行动步骤、行为或其他任何精神活动，把握其某些被动依赖性以及消极应对等特点。

评估的第二个重点是检查社区青少年目前的情绪状态。要了解社区青少年情绪危机是一次性的，还是复发性的，以及其情绪承受或应付能力。对于一次性的急性或境遇性危机，通过直接的干预，社区问题青少年能较快恢复到危机前的平衡状态，通常能够应用正常的应对机制和利用有效资源，并独立地处理问题。对于那些复发性、慢性心理危机的求助者，则往往需要较长时间的干预，重新确立应对策略，以摆脱目前的心理危机。评估情绪状态还要了解社区青少年情绪承受和应付能力，如果具有严重无助感和绝望感，则说明这些社区青少年心理承受能力处于较低水平，需要引起特别的重视，并采取相应策略和加大干预力度。

第三个重点内容是对社区青少年应付资源及自杀危险性的评估。因为每一个处于心理危机中的社区青少年都有自杀的可能性，所以对于从事危机干预的社区心理援助师来说，要经常性地了解这种可能性。绝大多数社区青少年在准备结束自己生命的时候，往往都会表现出确定的自杀线索，并迫切地寻求帮助。针对社区青少年心理问题的评估，同样也可以采用调查法、观察法、会谈法、分析法、心理量表测验等评估方法。

(一)调查法

调查法包括历史调查和现状调查两个方面。历史调查主要包括档案、文献资料和向了解被评估者过去经历的人调查等内容。现状调查主要围绕与当前问题有关的内容进行。调查对象包括被评估者本人及其周围的知情人，如同学、同事、父母、亲友、老师、领导、兄弟姐妹等。调查方式除一般询问外，还可采用调查表(问卷)的形式进行。调查法的优点是可以结合纵向和横向两个方面的内容，广泛而全面，不足之处是调查常常是间接性的评估，材料真实性容易受被调查者主观因素的影响。

(二)观察法

这里所指的观察法是通过对被评估者行为表现直接或间接(通过摄影录像设备)的观察或观测而进行心理评估的一种方法。观察法可分为自然观察法与控制观察法两种形式。前者指在自然情境(如家庭、学校、幼儿园或工作环境)中，被评估者的行为不受观察者干扰，按照其本来方式和目标进行观察。后者指在经过预先设置的情境中所进行的观察。观察法的优点是材料比较真实和客观，对儿童的心理评估以及对一些精神障碍者的评估而言，观察法显得尤为重要。不足之处是，观察法得到的只是外显行为，不易重复，观察结果的有效性还取决于观察者的洞察能力、分析综合能力等。

(三)会谈法

会谈法又称作“交谈法”“晤谈法”等，是评估过程的一个重要方法，是评估青少年心理状态时最常使用的获取信息的方法。访谈是对获取信息、欣赏青少年独特的观点以及建立和谐关系的必要程序。其基本形式是面对面的语言交流，包括自由式会谈和结构式会谈两种。前者的谈话是开放式的，气氛比较轻松，被评估者较少受到约束，可以自由地表现自己。后者根据特定目的预先设定好一定的结构和程序，谈话内容有所限定，效率较高。在这个过程中，评估者掌握和正确使用会谈技巧是十分重要的。会谈技巧包括言语沟通和非言语沟通(如微表情、肢体语言等)两个方面。在言语沟通中，包括听与说。在非言语沟通中，可以通过微笑、点头、注视、身体前倾等表情和姿势表达对被评估者的接受、肯定、关注、鼓励等思想感情，从而促进被评估者的合作，启发和引导他(她)，将问题引向深入。

(四)作品分析法

作品分析法也称产品分析法。所谓作品指被评估者所做的日记、书信、图画、工艺等文化性的创作，也包括了他(她)生活和劳动过程中所做的事和东西。通过分析这些作品(产品)可以有效地评估其心理水平和心理状态,作为一个客观依据留存。

(五)心理测验法

在心理评估中,心理测验占有十分重要的地位。心理测验可以对心理现象的某些特定方面进行系统评定,并且测验一般采用标准化、数量化的原则,所得到的结果可以参照常模进行比较,避免了一些主观因素的影响。心理测验的应用范围很广,种类也十分繁多。在医学领域内所涉及的心理测验内容主要包括器质性和功能性疾病的诊断中与心理学有关的各方面问题,如智力、人格、特殊能力、症状评定等。

以上所列几种评估方法可以单一使用,也可以综合使用,以达到预期的效果为目的。

四、社区青少年常见心理问题的预防与干预处理

(一)社区青少年心理问题的预防策略

为加强社区青少年的教育、管理和服务,可以从源头上预防社区青少年常见心理问题的发生,促进社区青少年健康成长。利用丰富的社会资源,完善的社区发展基础,招募更多志愿者加入到社区工作中。其中可以让更多的社区心理援助师和志愿者参加社区青少年的心理矫治工作,参加针对性强的社区青少年矫治项目,包括依据青少年特点设立专门的社区青少年辅导中心、咨询室、训练中心等机构,辅导人员必须具有社区心理援助师或二、三级心理咨询师资格和丰富的专业经历。举办丰富多彩的团体活动,包括集体观摩富有趣味性和教育意义的影片,或听专业讲座、角色扮演活动、团体训练等。

(二)社区青少年心理问题干预的技能、方法和策略

1.社区青少年心理干预的技能　主要包括关注、倾听、评估等几个环节。

(1)关注:对社区问题青少年进行心理干预时,首先要让对方感受到你对他们十分关注,从三个层次表达关注,即微观层次、躯体语言层次和人际情感层次。具体来说,通过诸如目光接触、上身前倾、正面相对等基本的微观技能,可以表达出社区心理援助师与对方同在,对其表示接纳与理解的状态;在躯体语言层次,要求社区心理援助师善于察觉自己的非言语交流方式,尽量以恰切的躯体语言表现出自然自如、轻松自在的会谈方式,让这些青少年充分放松,畅所欲言;最后要在情感层次做到真诚关注他们,让他们明确无误地感觉到,社区心理援助师的确是在全心全力、设身处地地帮助他。

(2)倾听:倾听在心理干预中必不可少,倾听不仅仅用耳朵听,更需要用心去听,设身处地去感受,倾听技能应包括观察求助者的非言语行为,如姿势、表情、举动、语调等;理解求助者言语所传达的信息;注意叙述的前后连接;与其生活的社会环境相关联等。心理危机干预人员可以通过澄清、释义、情感反映和归纳总结这四项倾听技术,进一步对求助者了解与认识。"澄清"是求助者发出模棱两可的信息后,心理援助师就有关信息向求助者提问,以鼓励求助者更详细地叙述,检查内容的准确性。"释义"是将求助者信息中与情境、事件、人物和想法有关的内容进行重新编排,实际上是对求助者信息内容的再解释,以帮助求助者注意到自己表达信息的内容,甚至可以促使问题的实质显现出来。"情感反映"是对求助者的感受或求助者表达信息中的情感内容重新组织、编排,以鼓励求助者更多地倾诉其内心感受,帮助求助者支配、认识和管理自己的情绪;"归纳总结"是"释义"和"情感反映"两个过程的进一步延伸,将信息的不同内容或多个不同信息加以连接,并重新编排,以帮助求助者连接多个元素、确定共同的主题、回顾整个过程。

(3)评估:在从心理问题爆发到缓解或解决的整个过程中,评估是心理危机干预工作的重中之重,主要可以从心理伤害严重程度、情绪状态和自杀性评估等几个方面来考虑。心理援助师首先需要评估求助者心理伤害的严重程度,并且要在十分紧急和有限的资料条件下迅速完成。

2.社区青少年心理问题干预的方法　心理危机干预人员一般以心理危机干预六步法来进行干预,我们也可将这种方法应用到青春期心理问题干预中进行干预。这六步分别为:①确定问题;②保证求助者安全;③给予支持,主要是倾听而非采取行动;④提出并验证可变通的应对方式;⑤制订计划;⑥得到承诺,采用积极的应对方式。

(1)确定问题:从求助者的角度,确定和理解求助者本人所认识的问题。在整个心理问题干预过程中,社区心理援助师应该围绕所确定的问题来把握倾听和应用有关技术。为了帮助确定心理问题,在干预开始时可使用核心倾听技术:同情、理解、真诚、接纳以及尊重。

(2)保证求助者安全:在心理问题干预过程中,社区心理援助师将保证求助者安全作为首要目标,这是非常必要的。

(3)给予支持:这一步是强调与求助者沟通与交流,使求助者知道干预人员是能够给予其关心帮助的人。就是说,社区心理援助师必须无条件地以积极的方式接纳所有的求助者,不在乎报答,能够在危机中真正给予求助者以支持,能够接纳和肯定那些没有人愿意接纳的人,表扬那些没有人表扬的人。

(4)提出并验证可变通的应对方式:这一步社区心理援助师的工作能帮助求助者认识到,有许多可变通的应对方式可供选择,其中有些选择比别的选择更为适宜。应该从多种不同途径思考变通的方式:①环境支持,这是提供帮助的最佳资源,求助者知道有哪些人现在或过去能关心自己。②应付机制,即求助者可以用来战胜目前危机的行动、行为或资源。③积极的、建设性的思维方式,可用来改变自己对问题的看法并减轻应激与焦虑水平。如果能从以上三方面客观地评价各种可变通的应对方式,社区心理援助师就能够给感到绝望和走投无路的求助者以极大的支持。

(5)制订计划:这一步是从(4)逻辑地、直接地发展而来的。比较好的计划是:①确定有个人或组织团体和有关机构能够提供及时的支持。②提供应付机制——求助者现在能够采用的、积极的应付机制,确定求助者能够理解和把握的行动步骤。根据求助者的应付能力,计划应切实可行,并系统地帮助求助者解决问题,可以包括求助者和心理援助师的共同配合,如使用放松技术。计划的制订应与求助者合作,让其感到这是他自己的计划,这一点很重要,在于让求助者感到没有剥夺他们的权利、独立性和自尊,而是给予他们足够的尊重。

(6)得到承诺:心理援助师要明确,在实际计划时是否达成同意合作的协议,在检查、核实求助者的过程中用理解、同情和支持的方式来进行询问,核心的倾听技术在这一步骤中也很重要,与确定问题或其他步骤一样。

3. 干预的策略

(1)认识求助者个体差异:社区心理援助师要认识到每个求助者、每一个危机境遇都是独特的,任何一种心理危机方式倘若采用刻板、先入为主和欲解决全部问题的方式,肯定是错误的。

(2)评价你自己:任何时候社区心理援助师都必须全面、实际地认识到自己的价值观、不足、情绪状态,确保客观地面对求助者和处理其心理危机,要不断地检查和弄清是否已超出自己的能力;如果你发现自己难以处理危机或帮助求助者,则必须考虑立即予以转诊。

(3)保证求助者的安全:社区心理援助师所采取的方式、做出的选择和应用的策略必须反映出时时都考虑到求助者、自己和相关的其他人的身心安全;首要标准或基本原则是“一旦怀疑求助者不安全,立即予以帮助”;安全性的考虑有时意味着转诊,其中包括立即住院。

(4)给求助者提供帮助:在求助者危机阶段,社区心理援助师作为支持者要对非常孤独和缺乏支持的求助者采用关怀、体贴、同情和树立信心的咨询策略。

(5)明确问题:许多求助者的问题可能是复杂且多个问题同时存在;要从解决问题的角度出发,明确界定每一个问题;向求助者指出其自身问题与事件和环境的关系,并围绕求助者的核心问题,同时将各方面的问题澄清,明确迫切需要解决的首要问题是什么;对有严重问题,同时又高度情绪化或高度抵御的求助者,社区心理援助师要避开离题太远的问题。

(6)考虑可替代的应对策略:在多数情况下,可替代的应对方法是多种多样的,但可能求助者或社区心理援助师看不到还有许多可能的选择。用开放式提问,启发求助者找出多种选择,然后将可能的应对方式加到求助者的选择之中。最好的变通方法是求助者自己找到合适的方法。

(7)制定行动步骤:在心理问题干预中,要协助求助者制定帮助其克服目前的心理危机的短期计划,以及能适用于长期的应对方法。计划应该包括求助者自身的应付机制和周围环境能够提供帮助的资源。应对机制一般是具体、积极和实用的,可以重新唤起求助者对学习、生活的自信。开始的干预行动宜采用生理或身体的活动,根据求助者目前的情绪状态和环境支持,制订切实可行的计划。在心理危机干预中不要忽视求助者自身的长处和应对机制,这一点很重要。如果能重新确定、解释和找出这些机制,可有助于恢复求助者的心理平衡和树立学习、生活的信心。

(8)关注求助者的迫切需要:要让求助者感觉到,对他们的迫切需要,社区心理援助师能够理解和帮助;如果求助者感到孤独,要尽量安排人陪伴左右,可以是亲戚、朋友、同学等;有一些社区心理援助师只需要简单的倾听,疏泄有关丧失、失望或一个特殊的伤害性事件的感觉。

(9)转诊及建立、使用工作关系网:心理危机干预的一个重要方面是转诊,列出有关机构的名称、电话号码和人名是必要的。有些求助者需要尽早地转诊,以获得帮助,如社会福利部门和法律的支持,较长期的个别心理治疗、家庭治疗等等。

以上的心理危机干预方法与策略,可在社区青少年常见心理问题干预中加以合理运用,当然在实践应用中还需要根据社区青少年发展特点和不同个体的特点改进和补充。

总之,我国社区心理援助工作起步较晚,在社区青少年心理问题的预防与干预方面还有待加强,尤其是要加强社区青少年心理健康的队伍建设,各类人员都要以人为中心,以社区服务为主,以心理保健和预防为先,注重和搞好社区青少年的心理健康工作,构建具有中国特色的和谐社区。

第三节　社区妇女常见心理问题的识别、评估与处理

由于近些年我国正处于转型期,社会经济的飞速发展,社会分化的激烈,生活节奏的加快,考学、就业、失业、还有离婚率的上升等等给人们的心理带来了很大的压力,心理问题困扰着很多家庭。而妇女由于自身的生理特点与特殊的社会环境的压力,心理障碍、心理疾病显著高于男性。

一、社区妇女常见心理问题分析

妇女常见的心理问题大致由以下几个方面引发。

1. *事业与家庭的冲突引发的心理问题*　中年职业女性徘徊在工作和家庭之间,处于承上启下的角色。她们承受着各种压力,诸多的社会心理因素,常常使她们处于莫名的紧张状态,女人在外面忙事业往往不容易被老公理解和支持,甚至导致冲突,引起夫妻不和。在这两难境地极易引发心理问题。

2. *离异家庭妇女的心理困扰*　近些年离婚率逐年攀升,离异妇女不仅感情受伤,还要承受人们异样的眼光,她们怕人议论、怕受欺辱、怕惹麻烦,不愿与人多接触,常常采取消极遁世的态度,孤独无助,陷入不能自拔的心理困扰。

3. *更年期的心理变化*　更年期是人体从生殖功能旺盛时期走向衰老的过渡时期,伴随着卵巢功能逐渐衰退,更年期妇女心理上也会出现相应的变化,尤其是性心理变化较为突出。

4. *生理疾病对心理造成的影响*　最典型的就是因乳腺癌失去乳房的妇女,不能很好地面对现实,觉得对不起丈夫,又怕别人嘲笑,自卑感促发心理问题。

5. *失业带来的不适及诸多待解决的问题引发的心理问题*　随着社会主义市场经济的建立和逐步完善,我国的劳动就业制度正在发生深刻的变化,下岗失业人员增多以及下岗失业人员再就业困难成为不可回避和忽视的社会问题。突然降临的下岗或失业,使一个人稳定的工作状态和心理平衡被打破,当前的既得利益被剥夺或失去,由此直接影响到个人和家庭的生存质量。由于下岗失业,不能通过正常的经济收入来支持家庭的开支,所以下岗失业往往会引发个人强烈的自责和内疚。他们会觉得对不起家里人,觉得自己无能等,因此而导致焦虑或抑郁等心理问题。

6. *家庭长期不和,造成心理问题的出现*　不和谐的家庭中,婆媳关系不和占很高的比例,其次就是和孩子关系不和谐,这些不和谐因素一旦长期困扰着家庭主妇,极有可能导致其心理问题的出现。

7. *急性境遇适应问题*　由于突如其来的社会生活事件,如车祸、被强暴、丢失大量钱财、查出恶性病等,一时承受不住重大压力而产生的暂时精神崩溃。如果原来心理素质较差,就有可能引发神经症或其他心理问题。

二、社区妇女常见心理问题的识别

“心理健康是一种和谐,是人与自然的和谐,人与人的和谐,人与自身的和谐。”从心理角度看,凡是不

能与周围环境取得良好适应的心理和行为，都是心理疾病的征兆。常见的妇女心理疾病，主要有以下几种。

1. 神经衰弱　神经衰弱是因长期过度紧张，思想负担重等负性情绪以及极度疲劳引起的大脑高级神经系统失调的一种疾病。神经衰弱的异常心理表现是：经常头痛、头晕、烦躁，既易兴奋又易疲劳，夜间难以入睡，精神萎靡，注意力难以集中，记忆减退，情绪激动等。

2. 抑郁症　此病是因长期压抑，忧虑而引起的神经症反应，主要有以下几个特点：①身体及生理上的不良反应，如食欲缺乏，失眠，易疲倦，有的外表略有驼背姿势。②认知与动机方面的消极反应，如自我评价低，否定自己或自我歪曲，总认为生活无希望，缺乏进取心。③情绪的消极反应，如心情沮丧、情感淡漠、爱哭，多忧伤。④有妄想、自杀的意念，总觉得自己的存在没有价值。

3. 焦虑症　焦虑症是在家庭生活或工作中受挫折，亲人病故，人际关系冲突等较强的心理因素刺激下发病。患者异常的心理表现是：心情沉重，缺乏安全感，总觉得别人在危害自己，常常预感到最坏的事情将要发生，出现莫名其妙的大祸临头感，且经常心烦意乱，坐立不安。同时，伴有自主神经功能紊乱等躯体症状。如手指麻木、四肢发凉、胸部有压迫感、食欲缺乏、胃部烧灼感等。

4. 疑病症　又称疑病先占观念。患者坚持认为自己患有一种或者几种严重的躯体疾病。患者围绕自己所担心或相信自己所患的疾病，过分关注自己的躯体感受，但并未达到荒谬、妄想的程度。

5. 强迫症　是一组以强迫思维和强迫行为为主要临床表现的神经精神疾病，其特点为有意识的强迫和反强迫并存，一些毫无意义甚至违背自己意愿的想法或冲动反反复复侵入患者的日常生活。患者虽体验到这些想法或冲动是来源于自身，极力抵抗，但始终无法控制，两者强烈的冲突使其感到巨大的焦虑和痛苦，影响学习、工作、人际交往甚至生活起居。

6. 癔症　癔症也称歇斯底里，大多由强烈的精神刺激，心理受到伤害导致大脑失调，呈现出心理变态。患有癔症的妇女表现出意识模糊，阵发哭笑，胡言乱语。反应强烈时，抓自己的头发、撕咬衣物、说唱谩骂、打滚、撞墙，无所顾忌。患者还不同程度地出现运动障碍、感觉障碍，如突然四肢抽动或全身挺直、失明、耳聋、失语等。此病患者大多数是中壮年妇女，尤以农村妇女居多。

7. 更年期综合征　女性的更年期又称绝经期，指绝经前后出现性激素波动或减少所致的一系列以自主神经系统功能紊乱为主伴有神经心理症状的一组症候群。人的一生要经历两次性激素的波动，第一次波动是性激素的“涨潮”，它使人从稚童进入了青春期；第二次波动是性激素的“退潮”，它使人从壮年转入更年期。

性激素的“退潮”女性为45~55岁，男性55~60岁。这段时期，男性的更年期病态反应一般不明显。女性则不同，更年期开始后，卵巢逐渐衰退萎缩、雌性激素分泌减少，性腺功能下降，直至排卵停止，月经断绝。在这个过程中，由于内分泌激素的一时紊乱，影响中枢自主神经的功能，使神经系统活动的平衡失调，对外界适应力降低，导致交感神经应激性增加。这就是妇女性激素减退时可激起心理波动的原因。

妇女更年期综合征的症状，从心理方面看，有精神紧张、烦躁激动、情绪不稳、忧虑多疑、易怒等；从生理方面看，感觉忽冷忽热，眩晕头痛，失眠耳鸣，心慌手抖，四肢发麻，神疲乏力等。医学心理学的研究证明，精神因素是更年期综合征的重要发病条件。此外，更年期综合征患者病前多有性格上的缺陷。北京医学院曾统计41例患者，有44%的人性格特点为心胸狭窄、敏感拘谨、沉默寡言、爱生闷气等。因此，要避免或减少更年期的不适症状，注意自身的心理调节，十分重要。

三、社区妇女常见心理问题的评估

要想对有心理困扰并要求接受帮助的妇女进行干预处理，首先必须要对她们的心理问题进行评估，以便对来访者有一个整体全面的了解。评估一般从以下五个方面进行。

1. 自我功能的评估　根据来访者提供的信息对来访者的人格结构、行为方式、情绪状态、思维模式做出评估。评估一个人的自我功能即评估其自我发展的状况，通常可以从以下10个方面来体现自我功能的健全程度。

(1)能善待自己和善待别人，对他人具有爱心，能和别人建立稳定持久的良好人际关系。

(2)能敏锐地感受自己喜怒哀乐的情绪状态并能贴切地表达这些感受。

(3)能认识和维护自己合理权益。

(4)能确定自己持续努力的目标,在达到目标后能获得一定的满足感。

(5)能做到在工作中持之以恒,克服困难,努力学习,不断进取,尽心尽力。

(6)能合理安排时间,做到有张有弛,劳逸结合。

(7)能适应不同的环境,同时又有在一定范围内改变不良环境的想法和行动。

(8)能做到自我控制,对己既不放纵也不过于苛刻。

(9)能独立对事物做出判断和决定,并能对所做决定的结果承担责任。

(10)能合情合理评价环境、自己及未来。

2. 境遇问题评估　此评估的目的是了解来访者所遇到的社会生活事件,出现的问题及如何构成心理压力和困扰。当面对相同的事件每个人做出的反应是不同的,有人可以看得轻描淡写,有的人却认为是大难临头。所以只有对于来访者本人及境遇有整体的了解,才能产生同感,构成有深度的评估。

如果没有附加条件,来访者初次接触咨询师时的信任程度并不是都很充分,只有到来访者确认对方十分可靠以后才会流露真情,才开始谈论到一些涉及到个人隐私的实际问题,所以此时才能发现某些导致来访者心理困扰或障碍的核心问题:①引起来访者心理困扰的引发因素或事件。②产生心理问题的程度。③在各种压力下来访者自我功能损害的程度。

只有对以上这些问题有全面的了解和审视,才能有的放矢地考虑来访者的实际困难,才能有针对性地寻求来访者内在的资源和动力。

3. 来访动机评估　这是对来访者求助愿望的强烈程度、对领悟自我问题的能力以及能否与社区心理援助师建立良好咨访关系的可能性进行评估。

对于那些有不同程度心理困扰和心理障碍而找社区心理援助师帮助的来访者,他们会有各自的动机。有的有强烈的求助动机,能与咨询师建立良好的咨访关系,也能摆正求助者的角色,有共同努力解决问题的愿望和行动。这正是说明他们的动机明确,是能接纳他们给予支持和帮助的适宜对象。有的来访者其主要目的是希望改变引起自己心理问题的客观因素,对于如何改变自己的动机却十分微弱,即使是面对这样的来访者,咨询师也不能当即时排斥,应给予他们支持和帮助的机会,多观察和交谈几次,以确定是否是因心理防御机制过强而表现出的一时假象。此外,如果有的来访者是被亲朋好友硬逼着来,很勉强地作为给家人面子而来"完成任务",那说明本人缺乏求助的动机。咨询师应仔细考虑来访者动机不强的各种主客观因素,同时也应观察来访者是否真正具有自知力,而不要轻易地接纳为自己的工作对象。

4. 紧急状况和危机评估　紧急情况和危机是两个不同的概念,所以,咨询师只有确切地理解这两个概念才能对于两种情况做到恰如其分的评估。紧急情况是指一种突如其来的、出人意料的情境和事件,并需要立即对此做出应对。危机在临床心理学中则是指来访者在自己的生活中面临重大转变或挫折,失去心理平衡的状态,急需得到强有力的心理支持和帮助。对于紧急情况的共识似乎无可非议,但对有些情况是否属于真正的紧急情况需要进行客观的评估。有时来访者自认为"危及生命"的紧急情况实际上并非真正的紧急,而仅仅是惊恐发作的临床表现,只需适当处理即能很快缓解。由此可见在判断紧急情况时需要明确了解来访者受困扰的内容,发生的时间,情境的经过,以往类似的经历,该人应对的方法,处理后的效果等信息。由此判断来访者所处的境遇是否属于紧急情况。另外,来访者的理性思考能力,应变的态度和勇气,对于心理危机的判断一般比较明确,只要来访者遭受重大挫折,心理创伤严重,急需心理支持,应考虑他们如果被转介可能出现的情绪反应,同时也应使自己保持沉着和冷静,客观地进行评价,避免因个人的情绪化而影响评估的准确性和可靠性。

5. 处理方法评估　能否给来访者作心理咨询,是否能让来访者接受某些短程心理治疗,还是转介到综合性医院或专科医院接受诊疗,通常的处理方法有以下几种。

(1)做相应的心理测验:通过心理测验可以从中获得许多信息和定量的指标,因此咨询师可以运用一些易操作的常用量表对来访者做一些相关的症状评定。对于焦虑可用焦虑自评量表(SAS)、贝克焦虑量表(BAI)、汉密顿焦虑表(HAMA)等。对于抑郁可用抑郁自评量表(SDS)、贝克抑郁量表(BDI)、汉密顿抑郁量表(HRSD)等。

(2)做医学方面的有关检查:对于来访者诉说的某些症状,如头痛、头晕、心悸、胸痛、恶心、腹痛、腰痛、乏力、咽部梗死感、尿频、大便次数增多、颤抖、食欲缺乏、明显消瘦等等,在判断是由于心理因素或心理压力所构成的躯体化症状之前,必须让他们去医院进行全面的体格检查,排除存在各种器质性疾病的可能。

(3)转介给心理医师或精神科医师做进一步评估及心理治疗:当咨询师认为自己对于来访者难以做出确切的评估或认为该来访者已存在心理障碍需要接受系统的心理治疗,同时来访者也有接受心理治疗的要求,可将来访者向有关专业心理医师或精神科医师转介。对于转介的问题,此外除了考虑转介的必要性和可能性之外,还必须对来访者在转介的过程中可能出现的心理反应要有所估计,也要给予关心。即使来访者对于所转介的心理医师不满意或不适应,也应让他们给予反馈,以便再次考虑新的选择和转介方案。

(4)环境方面的调整:如果来访者的心理问题与所处的客观环境有密切的联系,受环境的影响特别严重,如果环境的调整能够有效地缓解来访者的心理反应和应激反应,咨询师可以帮助来访者从环境的调整方面作一些努力,以求解除环境的压力。

(5)自己实施心理咨询:有的来访者有强烈的动机要求接受心理咨询,同时对咨询师十分信任,有安全感,相信咨询师能直接有效地帮助他;如果咨询师对自己所掌握的心理咨询或心理治疗的理论和技术有一定的把握,同时认为来访者有接受自己心理咨询的条件,在这种情况下可以与来访者讨论如何进行心理干预的实施意向和计划。

4. 社区妇女常见心理问题的干预处理　“妇女心理问题社区干预”,与妇联积极沟通,知妇女之所需,解妇女之所忧,并适时举办各种心理讲座,普及心理健康知识,提高女性心理健康水平,为妇女提供心理咨询服务。将心理咨询服务推进到社区,关注弱势妇女群体的心理需要,开展多种服务,帮助她们调适心理,缓解压力,提高生活质量。唤起妇女的主体意识,挖掘妇女的潜力,促进妇女的成长,提高妇女的自信。心理咨询社区化是大势所趋,干预妇女心理问题从社区做起,防未病,治已病。

第四节　社区残疾人常见心理问题的识别、评估与处理

一、社区残疾人常见心理问题的识别

心理学认为,病损、躯体残疾及心理行为三者之间有一定的联系,这三者之间的联系不是简单的因果关系,而是相互作用、相互影响的交叉因果关系。很多心理行为问题,也可以是一些病损或伤残的原因,在这里前者是因,后者是果。然而,病损或伤残也常常可能给个体造成各种各样的心理行为问题,这时因果关系就发生了变化。例如:情绪波动、精神刺激、不良行为方式诱发高血压患者发生脑血管意外,这样一个大脑病损的患者既可以出现肢体运动功能障碍,又可以引起恐惧、抑郁、焦虑等心理行为方面的问题。心理行为因素可以导致病损的发生,而病损和躯体残疾又可以直接影响患者的情绪,使得某些心理问题继续存在或出现新的心理问题,这些心理问题又可以在一定程度上影响患者全面康复,甚至中断康复或引起新的病损。如社区里一个长期卧床的残疾人会出现一系列的疾病行为反应,表现为呻吟和痛苦表情、忧郁、淡漠、活动减少,缺乏康复的主动性和积极性的因素,会导致康复的延迟,可能造成关节挛缩性畸形,肌肉废用性萎缩等。伤残改变了患者的生理、心理及社会状况,其心理问题表现是复杂而多样的。在躯体功能出现残疾时,患者常常由于伤残的突然发生而毫无心理准备,更不可能立即适应,一般经过一定时间,患者可以逐渐接受残疾的现实,并考虑从生理上、心理上等方面去适应。

1. 残疾后的心理过程及问题呈现

(1)心理休克:是一种心理防御反应,突然发生的伤残使得患者来不及应对,表现为麻木、惊呆,出乎意料的镇静与冷淡,表情淡漠,答语简短。对伤残疾干预反应平淡,甚至无动于衷。有时思维混乱、意识可处于朦胧状态。有时也可能出现某种负性情绪并固着,而后发展为适应不良行为。

(2)否认:患者的意识恢复后,往往陷入严重的恐惧和焦虑状态,他们无法面对这个残酷的现实,认为“这不会是我”“这不可能”。在预后上确信“只要自己好好接受干预,就能恢复到以前一样”。这个时期

里，患者毫无针对残疾进行康复的愿望和动力，即使能够被动接受康复干预，在长期的康复训练中也容易出现阻抗。

(3)愤怒：当患者意识到残疾已经不可能避免或将其病残看作不公正的人祸时，便会产生愤怒情绪。可表现为焦虑烦躁，对自己或他人产生无名怨恨情绪，对亲友和医护人员冷漠、敌视，严重者不能控制自己的情绪，发生毁物、打人或自伤、自残行为。

(4)抑郁：凡躯体病残者均存在抑郁，其程度从轻度悲观至自杀。抑郁的程度往往不由病残的性质和程度决定，而决定于病残者的个性和残疾对个体的特殊意义；可表现为不愉快、自我贬低，对周围环境缺乏兴趣；严重者则长时间、持久地闷闷不乐，自信心丧失，悲观失望，对生活失去兴趣，甚至出现自杀行为。

(5)自卑和自责：残疾人可能由于社会角色的改变，生活、家庭、事业等方面的损失，病损的长期折磨，以及各种生理功能障碍等因素的影响，产生自卑心理；同时他们感到自己给亲人和家庭带来了不幸和累赘而自责，因而敏感、多疑，对生活失去热情。

(6)退化：心理危机冲击过后，有的患者可在心理行为上出现退化反应，这也是正常的适应性防御反应；成人表现为自我中心、要求多、不配合干预、嗜睡；而在儿童则表现为类似婴儿的行为，不合作、遗尿等。

(7)适应：大部分残疾人经过一系列的心理变化和抗争，最终可以接受残疾的现实，在认知、情感和行为上逐渐适应。他们会重新评价自我，挖掘自己的潜能，寻找并抓住康复的机会，积极主动地配合干预。

2. 影响社区残疾人心理状态的主要因素　社区残疾人的心理状态除了与他们的个性密切相关外，还受多种因素的影响。了解这些影响因素可以使社区心理援助师更好地掌握患者的心理状况，及时、有效地解决问题。

(1)生物因素

①残疾的类型与程度：社区残疾人的心理状况受所患疾病的类型、躯体残疾的程度影响很大。若属于急性事件致残，常突然发生、出乎预料，患者缺乏思想准备，较难接受和适应现实，而久病后的残疾状态一般就较容易适应。当然，残疾对躯体功能、工作能力及社会功能影响的程度不同，也会引起不同的心理反应。病损的预后对心理状况的影响更加需要重视，功能无法恢复的残障、癌症等“不治之症”的患者，常常长期地被负性情绪所控制。某些特殊功能的损伤，如性功能的损伤或性器官的切除等对心理状况的影响也不可忽视。

②社区残疾者的年龄

a. 社区残疾儿童因发生残疾的时间较早，受社会环境和教育的影响，其个性、认知、情感及智能方面的发展都受到不同程度的阻碍。

b. 社区青年是人生最有特色、发展最为迅速、问题最为复杂、心态最为矛盾、行为最为混乱的阶段；社区中年人是社会的中坚，他们同时扮演多种社会角色。因此青中年患者一旦发生残疾，他们的恋爱、婚姻、职业等都将受到较大的影响，而因此其心理变化也最为多样、复杂。

c. 社区老年患者因其生理功能明显衰退、社会地位的变化以及各种生活事件的影响等特点，其心理问题也有其独特的一面。

(2)心理因素

①个性：内向的人对残疾的现实会默默忍受；外向的人可能会因此而烦躁不安，或愤怒怨恨；有人乐于以患者的身份自居，以有病来博得别人的同情；有些人有病却不告诉别人，尽量隐瞒，有人一有病痛就立即四处求医，吃药打针；有人却讳疾忌医，得过且过。残疾是慢性疾病，或是某些疾病的后遗症、并发症，患者的个性不同，对待残疾的态度也会不同。

②人生观与价值观：人的人生观与价值观不同，对各种事物的看法和态度就不同，对自身的残疾也不例外；有人可因有残疾而心理崩溃，一蹶不振，只在自己的小圈子里打转，变得自私自利或自暴自弃；而有人却不被残疾或困难所压倒，变得更加坚强，干出一番事业，对社会做出贡献。

③个人文化修养：个人文化修养不同，对待残疾的态度也会不同。一般来说，文化程度较高的，对残疾较能理解，能正确对待；而文化程度较低的则容易责怪他人。当然，也有文化程度较高的患者对残疾一知半

解，会向社区心理援助师提出不恰当的要求；有些文化程度较低者却认为只能如此，无所要求。

(3)社会因素

①家庭成员对残疾者的态度：残疾者的父母、配偶是他最亲近的人，他们的态度对残疾者有举足轻重的影响，对残疾者康复起决定性作用。患者患病后，工作和生活能力都会受到影响，严重的还会丧失工作、生活能力。其自尊心、自信心受挫，常常会感到焦虑、抑郁、孤独、悲观、依赖感增强等。这时残疾者最需要社会支持，需要亲人的关怀和帮助。如果残疾者的家人对患者缺乏同情、关心、爱护、体贴和帮助，对患者感到厌烦，视患者为累赘，对患者的康复失去信心、耐心，对患者缺乏应有的照料、关心和经济上的支持，甚至把家庭的一切不幸都怪罪于患者或残疾者，会给患者的干预和生活带来很大的困难。这样的家庭态度容易使患者产生伤心、抑郁、悲观、绝望的情绪，对干预和康复失去信心和耐心。患者往往不能以积极乐观的态度配合干预，对康复极为不利。

②工作单位对残疾者的态度：若残疾者的单位对患者缺乏同情、关心，视残疾者为累赘、负担，对残疾者因患病而造成的各种困难，尤其是经济上的困难不予解决，会给残疾者的生活和康复干预造成许多困难，使残疾者难以顺利康复。

③社会对残疾人的态度：若社会对社区的残疾人采取不闻不问的态度，甚至厌恶、嫌弃、嘲弄、侮辱残疾者，这会使残疾者感到愤怒、屈辱、自怜、悲观、抑郁、恐惧等，不利于残疾者的康复。

④社会支持系统和社会保障系统：社区残疾人的生活、就业能力差，非常需要社会向他们提供生活必需品和基本的医疗条件以维持生存。如果没有基本的社会保障，会使残疾人处于十分艰难的境地，感到悲观、抑郁，对前途失去信心，失去生活的勇气。应建立和健全社会支持系统和社会保障系统，保障残疾人的基本生活条件和医疗条件。建立社会保险、福利和康复医疗机构，培养大量的、训练有素的社区康复医师、康复心理学家、社会工作者以及为残疾人服务的志愿人员，对残疾人进行康复训练和职业训练，鼓励残疾者干一些力所能及的事，增强残疾者的谋生能力，动员全社会的人给残疾人以有力的支援。

⑤医源性因素：干预过程中各种医源性因素必然会对患者的心理产生各种各样的影响。

(三)错误的认知对社区残疾人心理健康的影响

认知心理学认为，发生在刺激和反应之间的认知过程在决定人的行为情绪方面起着非常重要的作用，它决定着人的情绪、动机和行为。残疾人的经历、适应能力、文化背景不同，对残疾的认识也不同。对躯体残疾的错误认知将阻碍康复的进程。康复过程中常见的错误认知如下。

1. 否认　是一种常见的心理防御反应，但是过度否认导致个体不能准确地了解和接受现实。这时，患者对残疾的反应可表现为轻度抑郁或心境较为平缓，甚至有使人难以理解的欣快，虽然可进行康复训练，但进展往往不大。最终否认无效时，则出现明显的情绪紊乱现象，可导致急性抑郁或严重焦虑，不得不暂时终止康复过程。

2. 认同延迟　残疾突然发生后，残疾者不但立即失去了过去的工作和地位，同时也失去了许多能带给他(她)愉快的行为能力，而且还要立刻开始接受不良刺激，如疼痛后躯体不适、感觉缺失和功能丧失，短期内很难适应。另外，有时康复干预同样也带来痛苦，社区残疾者很可能把残疾和随后与其有关的康复干预都看成是不良刺激，认为是惩罚的各种活动，而不愿参加康复干预，这种现象叫做认同延迟。认同延迟的残疾者往往采取逃避的方式，可能拒绝干预或总迟到，也可能由于愤怒和反抗行为而仓促结束干预。

一般情况下，面临严重残疾的患者的逃避行为经过一段时间会逐渐减少，这时应当及时开始社区康复训练，社区心理援助师应将社区康复任务按计划分段布置，循序渐进地增加训练内容并找出积极的强化刺激，以减少康复训练中残疾者的负性情绪，提高其积极性。遇有不良情绪和行为时，应给予积极的疏导，并动员和帮助其亲属参加或了解康复计划，以便对康复过程起积极的推动作用。

3. 失能评价　躯体残疾会使残疾者丧失机体的某些功能，如丧失行走能力、不能从事某些自己感兴趣的活动或丧失某些功能(如性功能或女性第二性征)等，有些残疾者甚至终生需要他人照顾。因此在躯体病残的急性期过后，残疾者几乎无一例外地会产生失能评价，从而导致抑郁、失望，甚至自杀，临床上可表现为拒食、拒医、攻击行为等。对于躯体病残后机体功能的丧失程度，大多数残疾者及其家属并不完全了解，也不具备这方面的医学知识，因此，他们的失能评价往往是不正确的，存在过分夸大或曲解失能程度的现象，由此将严重影响到对残疾的适应以及对康复计划的执行。

对于失能评价的处理对策有：①社区心理援助师应肯定躯体病残后的部分失能，以免残疾者产生“残疾只是暂时的”这种不现实的幻想或否认躯体病残。②可以与患者公开探讨病残的失能程度和可以恢复的程度，以明确康复的目标，激发患者康复的主动性。③行为疗法如示范法、条件操作法等可充分展示康复成功的案例，以纠正其不良认知。将科学、客观、正确的康复知识介绍给残疾者，促进其不良认知的改变。④严重情绪紊乱者转介到医院采取抗抑郁、抗焦虑等药物干预。

4. 其他不合理信念　残疾者还可由于社会文化背景的差异而导致对某些躯体病残的不合理信念，如某些截瘫患者也许从未想到过性功能的康复。不合理信念会导致不良情绪和不适应行为，继之影响康复过程，同时也严重影响残疾者的生活质量。在许多不合理信念中，病残者的性功能障碍或丧失常常是导致严重焦虑和抑郁的原因。从医学上讲，运动和感觉同时受损者与仅有运动缺失而保留感觉的截瘫患者其性欲感受是不同的，其康复的目标也应有区别。女性生殖器官的手术也可能只是部分影响到性要求和性生活。另外，在我国受传统观念的影响，肾病或肾移植手术后的患者或被迫或自动放弃性生活，严重影响了夫妻感情和生活质量。另据报道，大多数并无解剖和生理功能缺陷的病残者也往往有性功能障碍，其原因也是心理问题，如虚荣心、自尊和自卑心理。

对于不合理信念的处理措施包括：①告诉患者人类的性行为取决于生物和心理两种因素，性生活除了是一种生物现象外，还是一种微妙的情绪体验，生物学方面的损伤，往往可以通过情绪体验去补偿，只要在正确的知识指导下，通过夫妻双方的努力，性生活还是能够达到一定质量的；②消除性问题所致的羞愧、焦虑情绪，告诉患者对性功能的康复要求同感觉、运动的康复一样，是正常的、正当的；③根据患者及其伴侣情况，必要时提供医学介入的转介服务，完善其性功能。

4. 不良情绪对康复的阻碍与纠正　残疾最终可能导致残疾者外观上的改变及家庭经济情况、社会角色的改变，如不能从事某些活动或终生需要他人照顾，所有这一切都将损害残疾者原有的自尊，最终导致不良情绪。不良情绪将影响康复的进程。康复过程中常见的不良情绪及纠正措施如下。

(1)焦虑：可以肯定地说，每个躯体病残者都存在焦虑，残疾者可因垂体－肾上腺轴和交感神经功能亢进，出现如心悸、超热、多汗、憋气、便秘等症状，也可由于网状上行激素系统激活而出现警觉性升高、敏感、多疑、失眠，还可因锥体束活化而有紧张性姿势，肩痛、背痛、手足不停或语言形成中断、僵化或抑制，进而影响康复。当焦虑不能忍受时，残疾者会采用各种防御机制以减轻痛苦，如出现强迫性观念和行为、癔症症状，这些将导致康复计划不能实施。

对有焦虑情绪的残疾者采取的对策是：①帮助残疾者正确认识伤残程度及经康复干预后可能的恢复程度，使其积极配合干预。为残疾者提供感情支持，争取家庭成员和社会的帮助，消除各种疑虑，创造良好的环境，消除孤独感。②积极暗示，让已经过康复干预恢复良好的残疾者现身示教，解除其焦虑。③运用放松训练、生物反馈疗法等使残疾者消除紧张情绪。④必要时转介到医院采用抗焦虑药物干预。

(2)愤怒：当残疾者意识到残疾已经不可避免，或将自身的病残看作不公平的人祸时，便会产生愤怒情绪。可表现为焦虑烦躁，对亲友和医护人员冷漠、敌视、易激惹，严重者不能控制自己的情绪，出现毁物、打人或自伤、自残行为；当残疾者的愤怒情绪以敌意和攻击形式出现时，可使干预更为费时和困难；有的残疾者还可能把康复过程中不可避免的疼痛看做是惩罚，从而对医护人员进行报复，使康复计划难以实施；也有的残疾者对一般性护理和自我照料等措施漠然视之。

对有愤怒情绪的残疾者采取的对策是：①精神分析疗法，可以给残疾者提供发泄愤怒和敌意的机会，从而使残疾者恢复自如，变得现实与合作；②认知疗法，可帮助残疾者纠正错误认知和错误的思维方法而面对现实，并给予支持和理解，改善他们的社会交往和生活障碍，使他们对残疾采取积极的态度配合康复；③人本主义疗法，心理援助师要心胸宽阔、善以待人，并结合实际，帮助残疾者发挥潜力、自我实现，从而使康复按计划循序渐进地实施；④个别残疾者的愤怒情绪和敌意与病前性格特征有关，则需心理干预和有关的镇静药干预。

(3)抑郁:凡躯体病残者均存在抑郁,其程度从轻度抑郁、悲观至自杀;抑郁的程度往往不决定于病残的性质和程度,而决定于病残者的个性和对个体的特殊意义;可表现为不愉快、自我贬低,对周围环境缺乏兴趣;严重者则长时间、持久地闷闷不乐,自信心丧失,悲观失望,对生活失去兴趣,甚至出现自杀行为;个别残疾者可假装愉快、洋洋自得,常使人误解,应注意区别。

对有抑郁情绪的残疾者采取的处理对策如下。①认知干预,有些残疾者的抑郁来自特殊的观念和错误的信念,应给予纠正。②支持疗法,用安慰、鼓励、保证、积极暗示的语言,分析消除其抑郁的原因,早期发现有自杀企图的抑郁患者,对有自杀观念者,应请精神科会诊。出现下列情况应引起社区心理援助师高度重视:a. 精神病性质的抑郁;b. 本人以往有自杀企图或严重抑郁史者;c. 持久性自杀威胁;d. 体重显著下降、失眠、淡漠,全身动作迟缓不能用疾病和残疾解释的;e. 突然整理衣物、物品或书写告别信件。③转介到医院由全科医生适当采取响应治疗措施。

(4)过分依赖:在正常和健康情况下,人们在成长过程中要抛弃孩童时期的许多依赖性,逐渐走向成熟和独立,而躯体性病残往往能剥夺人的许多成熟的技能,使人处于依赖状态,人的依赖性通常指躯体性依赖、社会性依赖和情绪性依赖。残疾者在康复过程中除了躯体病残造成的依赖外,往往存在较严重的情绪依赖倾向,表现为过分无助和脆弱,对许多事情都须要询问心理援助师或周围的人,要求他们给予很多的关心,并指使他们做这做那,反复不断地诉说其症状,对社区心理援助师或家属的照顾深感不满。由于无限制的要求导致他人失去耐心时,残疾者可能出现不良情绪。康复目标直接与这些依赖相矛盾,过分依赖导致对康复计划无动机,因此,处理不当会导致康复过程缓慢,影响康复的成效。也有一些残疾者表面上似乎有很强的愿望参加训练计划,但在真正训练时却拒绝帮助或长时间停滞于某一康复阶段中。

对情绪依赖的残疾者的处理方法为:①支持疗法,如给予残疾者以同情,满足其需要,安慰、鼓励等。②人本主义疗法,使残疾者认识其各种潜能、需要,调动其积极性,使其自我实现以逐步消除其依赖性。若残疾者为依赖性人格,则处理时需多注意,应避免因处理不当使其永远不能满足或由于拒绝其要求而使其产生不满和敌意。

5. 不良行为对社区残疾人康复的影响和纠正　在影响康复的心理问题中不良行为是较为重要的一方面,对康复的阻碍也是不言而喻的。不但有损于健康,还会阻碍康复的顺利进行。适应不良性行为有以下几种。

(1)神经系统病理变化或生化代谢紊乱而引起的症状,这些行为常由生物功能变化所致。

(2)由于错误的学习所形成,如吸烟、酗酒、药物依赖等。

(3)一些神经症(焦虑症、恐怖症、强迫症等)、人格障碍的适应不良性行为,不良行为方式(C 型行为、A 型行为)、精神分裂症等患者获得性适应不良行为及精神发育迟滞、心身疾病造成的不良行为。

(4)其他获得性适应不良性习惯如口吃、拔毛、拔甲、夜尿等,还有饮食行为异常(如暴饮暴食或厌食等)、肥胖等。

这些不良行为对社区残疾人身心健康的阻碍作用是多方面的,如吸烟这种不良行为,除了烟草中的有害毒物直接作用于人体易造成冠心病、肺癌及其他疾病外,还直接影响康复过程。很多社区残疾对象遇到挫折和困难时常通过吸烟缓解压力,而不是积极寻求其他帮助。再如酗酒也可直接损害机体多个器官,造成酒精依赖等精神疾病,同时也阻碍残疾人康复过程的顺利进行。

人类行为中既有本能行为如饮食行为、性行为、母性行为等,又有社会行为如社会认知、人际吸引、人际交往等行为。这些行为的产生是多方面的,而影响这些行为的因素也是多方面的,如动机、需要、情绪等社会心理的、生物的因素均可影响行为。而在心理康复中,各种不良行为的阻碍作用又各不相同,应视具体情况具体分析。

行为疗法被认为是应用比较多的,对于不良行为的矫正如系统性脱敏疗法、交互抑制疗法、厌恶疗法、快速暴露法或满灌法、操作性行为改造、标记奖励疗法等均为常用,如在改变吸烟、酗酒的不良行为中就有不少用厌恶疗法的报道,有些效果还是比较显著的。

6. 不健全人格对康复的阻碍与处理对策　个体对疾病的认识及相应采取的态度,都会对康复过程产生很大的影响，而不同人格类型的人，对同一疾病可能会产生不同的认识，进而采取不同的应对方式。人格不健全的人，由于其在人格的发展和结构上已经明显偏离正常，对正常的生活已经出现适应困难，因此，当其患病会面临残疾时更易产生不正确的认识，相应地采取不正确的态度对待疾病，同时会出现不良的情绪及行为方式，从而影响康复。

国内外对身心疾病患者的个性特征进行过许多研究，发现不同的疾病患者具有不同的个性特征，这种差异可能是疾病本身的病因、发生和发展所引起的，也可能是罹患某种疾病承受不同程度的精神刺激所引起的，但无论起因如何，这种个性的差异对残疾者的康复有着必然的联系，因此，各种不同的不健全人格，会对疾病产生不同的影响。

人格不健全的残疾人的特征与处理对策如下。

(1)偏执型人格：该类人有敏感、多疑、固执、心胸狭窄、自傲等特点，在遇到挫折、患病或伤残时容易责怪别人，在康复过程中常会视别人的好意为动机不良，甚至会怀疑心理援助师的干预，从而严重地阻碍了康复的进程；因此，心理援助师应该在充分地了解患者人格特点的基础上，耐心细致地做好科学的解释工作，消除患者的多疑心理，正确对待自己的疾病。

(2)情感型人格：患者表现为情感高涨型、情感低落型和两者交替的循环型，在情感高涨时表现情绪乐观，精神振奋，好交往；而情感低落时表现为心情抑郁，精力不支，做事感到困难重重和无能为力，过分担心。对于此类残疾者，心理援助师要充分利用残疾者的情绪高涨期，肯定、稳定和改善残疾者的情绪。

(3)分裂样人格：患残疾者观念及行为奇特、人际关系有缺陷，并且情感冷淡，此类残疾者性格内向、行为孤独，很少与人交往，对周围环境不感兴趣；一方面对自己的疾病不很关心，对康复的态度不积极，不与心理援助师配合；另一方面，在其内心深处又极度担心自己的疾病发展与康复。对此类残疾者应该主动、真心地关心，了解残疾者的心理变化，调动其战胜疾病的积极性。

(4)强迫性人格：对自己要求过分严格，小心谨慎，力求完美，常表现出焦虑和紧张，对别人的要求过于苛刻，对别人的工作吹毛求疵。因此，该类型的残疾者常对自己的病情过分担心，对心理援助师过分挑剔，甚至不近人情。对此类残疾者，心理援助师应该细心地对待，认真耐心地回答他们所关心的问题，科学而详细地解释其疾病及身体恢复的情况，缓解残疾者的焦虑和紧张。

(5)癔症型人格：此类残疾者情感不稳定，行为过分夸张，富于幻想，常以自我为中心，并具高度暗示性，心理援助师应该充分利用残疾者的暗示性高这一特点，通过良性暗示，并加以科学的解释，常会取得事半功倍的效果。

(6)冲动型人格：行为和情绪具有明显的冲动性，在情绪激动时常不能控制自己的情绪，但其间歇期是正常的。应该尽量减少对这类残疾者的刺激，以保持其情绪的稳定，避免因其情绪冲动而出现不利于身体的逆转。

(7)其他类型人格障碍：其他如反社会型人格障碍的人、病理性赌博的人，都具有各自的心理特点，在帮助的过程中心理援助师应该针对残疾者的心理特点，给予有针对性的心理干预及护理，以使残疾者尽早尽快地恢复健康。

二、社区残疾人的心理问题测评及干预技术

(一)心理测评

心理评估是依据心理学的理论和方法对残疾对象的心理品质及水平做出鉴定。心理测验在心理评估中占有十分重要的地位。在社区康复心理学中，心理测评就是对残疾者的各种心理障碍(包括认知障碍、情感障碍、人格障碍、社交障碍等)用各种心理测验(包括智力测验、人格测验、神经心理测验以及精神症状评定)进行测评，以评定残疾者心理障碍的性质和程度，为制定心理康复计划提供科学依据，同时还可以观察心理干预的效果，判断心理康复的疗效。

(二)心理干预技术

是运用各种心理学技术和方法使社区残疾对象的心理功能得到不同程度的补偿，减轻或消除症状，改善情绪，调整心理状态，以达到全面康复的目标。心理干预的种类和方法有很多，在心理康复中常见的有以

下几种。

1. 支持性心理干预　所有的心理干预都给社区残疾者以某种形式和某种程度上的精神支持，支持心理疗法通过给残疾者解释、鼓励、保证、指导以及促进环境的改善五个阶段的干预，了解残疾者心理问题的症结所在，及时对问题做出透彻的分析和适当的解释，帮助残疾者克服残疾后的负性情绪，缓解心理危机，充分发挥残疾者的潜能，顺利完成康复计划。

2. 认知疗法　以改变适应不良性认知从而促使残疾者心理障碍好转为目标。在社区康复心理学中，认知干预用于消除残疾对象的自觉症状和慢性疼痛，改善他们的社会交往和生活障碍，使他们采取积极的态度配合康复。

心理干预基本过程为：①建立咨询关系，心理援助师与残疾对象要形成密切合作的关系，并努力使这种关系贯穿于整个干预过程；②确立干预目标，其根本的目标就是帮助残疾对象发现并纠正错误观念及其赖以形成的认知过程，使之改变到正确的认知方式上来；③客观化，让残疾对象通过学习，调整自己的认识以及挖掘自己的潜能来解决问题，并要求他们采取一种客观的态度对待自己和外部世界。

3. 行为疗法　根据心理学的理论和心理学实验的原则，对个体反复训练，以矫正适应不良性行为。在康复心理学中系统性脱敏疗法、交互抑制疗法、厌恶疗法、快速暴露法或满灌法、操作性行为改造、标记奖励法及放松训练均为常用。

4. 生物反馈疗法　作为一种非药物干预手段，可以使残疾对象积极主动地学习矫治自己的疾病。利用生物反馈干预仪可帮助残疾者认识到各种心理因素与躯体变化的关系，客观地了解身心变化与环境因素如紧张或松弛的关系，提高他们自己对应激反应的认识，增强随意控制和调节生理变化的能力。

5. 人本主义疗法　设身处地地理解残疾者独特的世界观，鼓励残疾者完全地自我接纳和自信，使残疾者认识其自身的各种潜能和需要，调动其积极性。

6. 集体心理工作　社区心理干预者运用各种技术并利用集体成员间的相互影响，给残疾对象提供帮助别人、与人交流的机会，使他们敞开心扉、倾吐苦恼，有助于克服孤独感和隔离感，共同鼓励，增强康复的信心。同时还可以改善人际关系，培养社会生活能力，达到消除症状并改善其人格与行为的目的。

7. 家庭心理干预　其目的是调整残疾患者的家庭成员面对家庭突然出现了残疾人所带来的心理问题，取得家庭成员在残疾人康复过程中的协同作用。

三、社区残疾人常见的心理障碍及处理对策

1. 智力障碍　智力残疾是指智力明显低于一般人水平，并伴有适应行为障碍，同时各种心理能力也不成熟，甚至无法适应正常的社会生活，智力残疾者大部分生活在社区，性格孤僻、嫉妒心强、常有挫折感和逆反心理。

2. 行为和人格障碍　部分残疾者由于残损的客观存在，受到后天不良社会文化环境因素影响，容易造成顽固的行为或人格发展的偏离或不协调，在行为方式和情绪反应上出现异常，产生焦虑、抑郁、悲观、敏感、多疑等情绪，难以参与正常的社会交往；其间有的残疾者通过调整自我表现，逐渐适应目前状况；有的心理不健康状态持续终生甚至严重丧失社会交往能力。

3. 精神障碍　精神残疾是指由于各类精神疾病无法康复到正常，出现难以逆转的损害。精神残疾康复的重点在社区，大部分急性发病的精神残疾者经过医疗机构治疗控制精神症状后转至社区继续康复。

（二）社区残疾人心理康复的主要手段

1. 对残疾者进行心理评估，经过系统培训的社区心理援助师，运用心理学的理论和方法，对残疾者的心理品质和水平做出初步鉴定，通过观察、会谈及心理测验等对残疾者心理现象作全面、系统、深入的客观评定。

2. 为残疾者开展心理辅导，在社区中常用的有认知辅导和心理辅导。认知辅导是指社区心理援助师能够给予残疾者帮助，准确分析了解其内心感受和需求，并让残疾者与亲友共同分担情感反应。对生活不能自理、情绪低落、悲观厌世的残疾者给予宣泄情绪的机会。心理辅导的重点，是社区心理援助师通过表现自己的真诚、关切、尊重、善解人意等，创造出所需要的良好关系，让残疾者无所顾忌或恐惧，在不需要防卫的

气氛中畅所欲言。

3. 对残疾者亲友的心理辅导，社区心理援助师不仅要重视残疾者的心理，也要注意其亲友的心理变化，并有针对性地进行心理疏导，让残疾者亲属理解残疾者的心理，积极配合病患康复，从而为残疾者的康复创造一种良好的心理氛围。

4. 营造和谐的社区心理环境，当残疾人回到家庭与社会后，长期生活在社区大家庭中，因此社区心理环境对残疾人的支持非常重要。社区心理援助师要做好社区康复知识的普及工作，在社区中创造良好的扶残助残的氛围，开展各项有针对性的干预和预防工作，防止残疾者病情恶化或残疾增加，帮助残疾者走出家门，积极参与社会交往，提高生活质量。

5. 广泛宣传人道主义，使全社会都来关心、尊重、理解和帮助残疾人；大力发展福利事业，帮助残疾人就业。

6. 发展残疾人教育事业，不断提高特殊教育水平，提高残疾人的文化素质和就业技能。积极开展适于残疾人参与的各种健身、医疗、文娱、体育活动。

7. 广泛动员社会各界力量为残疾人办实事，解决住房、婚姻、乘车以及生活等方面的实际问题，并普及无障碍设施。

8. 大力开展残疾人的心理咨询与心理干预工作，家庭、社会要了解残疾人的心理特点，有的放矢地开展心理咨询与心理干预工作，提高残疾人的心理素质和心理健康水平。

9. 鼓励残疾人参加力所能及的各项社会活动，消除其孤独感和自卑感提高自我社会价值。鼓励残疾人自强自立，调动残疾人自身的积极因素。教育残疾孩子正视现实，正确对待自己的残疾，自强不息，自己的命运自己掌握。

10. 残疾孩子的家人应首先调正自己的心态，面对现实，不要被“倒霉”“命苦”“不幸”占据头脑。现实虽然不能改变，但未来之路是可以选择的，不要顾影自怜，孩子需要你，你的所作所为是对孩子最有力的激励，残疾孩子的命运也掌握在父母手里。

11. 健全人应经常与残疾人平等地相处与沟通，不要把残疾人看做是另类，而要把他们看作最需要帮助的朋友，最可信的同事。残疾人的心理问题，应该引起全社会的重视，残疾人的心理健康应引起全社会的关注。

对残疾人进行全面康复，使其丧失或受损的身心功能得到最大程度的恢复、重建或代偿，而心理干预对其起着尤为重要的作用。本节内容虽对社区心理援助师进行心理干预时有一定的帮助，但在今后使用的过程中需要不断总结和完善，才能发挥更好的指导作用。

第五节　社区特殊家庭心理问题的识别、评估和处理

何谓特殊家庭？严格说起来，每一个家庭都有它自己的问题，所谓“家家有本难念的经”，只是有些家庭的问题比较特殊、比较严重，故名为“特殊家庭”。大部分人都希望给孩子一个“正常的”家庭，有健康的生长环境。但是难免有一些情况，例如离婚、配偶死亡、不育等，使家庭的结构和功能必须调整，才能继续发挥其功能。

在特殊家庭里成长的孩子，不一定就会成为问题孩子。但是由于家庭结构不完整，容易出一些问题，所以研究特殊家庭正是为了针对一些具体问题采用具体措施，避免因为忽视问题而使问题恶化。

（一）单亲家庭

单亲家庭，顾名思义，是由离异、丧偶、分居或者构成家庭成员不齐的家庭。由母亲或父亲单个抚养的孩子即为单亲子女。因为缺少一个家长，所以处理家庭内必须做的事，如维持生活、养育子女和料理家务就会显得特别困难。

1. 单亲家庭的分类　单亲母亲或单亲父亲。

2. 社会对单亲家庭的态度　有些婚姻和家庭问题专家认为，与其让子女生活在一个父母不和的家庭，不如让他学着适应父母的离婚。有研究发现离婚家庭的孩子（尤其是青少年），生活适应的能力比不快乐

的完整家庭还好。

3. 单亲家庭子女性格改变的因素　①离婚事件本身不会造成子女性格改变,而是与此有关的其他因素导致了单亲家庭子女性格的改变。离婚或丧失配偶无论怎么说都是人生的一种不幸,尤其是离婚常被父母视为自己人生道路上的一次失败,会影响到父母的心情,进而影响到孩子,使孩子承受过多压力。②在同学间容易受歧视,以致善妒、易怒、缺乏安全感、性格偏激。③父母的补偿心理或期望过高,使孩子感到惶恐。④缺乏对性别角色的认同与学习。⑤父母婚姻不幸,使子女对交友、恋爱、结婚成家,持不信任态度,甚至不敢尝试。

4. 单亲家庭的处理　大致说来,不管是什么原因造成的单亲家庭,不一定都会产生问题孩子,单亲父母若能以乐观积极的态度去面对家庭变故,反而使孩子也学会面对人生不如意的事,培养在困境中乐观自处的人生观。

(二)重组家庭

随着单亲家庭的增加,重组家庭也会不断增加,因此继父母的角色开始受到重视。单亲家长再婚面临着“我的孩子”“你的孩子”“我们的孩子”的问题。

1. 重组家庭的任务

(1)必须将不同的家庭生活形态、方式、标准等融和:例如,原先是独生子女,重组后多出了兄弟姊妹,有些方面必须共用、分享;本来单亲父亲(母亲)允许做的事,继母(继父)可能不允许;原先的生活习惯因必须配合新的家人而不得不改变等等。

(2)在新家庭中建立向心力及归属感:那种“一家人”的感觉需要时间去培养。

(3)时间、精力、物质、财务、情爱等的分配原则:家庭的公平分配原则和领导权等是重组家庭应该特别注意处理好的问题。

2. 重组家庭的问题

(1)孩子原本在单亲的情况下,与父亲或母亲已建立亲密的相互依赖关系,如今有“外人”加入,心理上须要适应新的亲子关系。

(2)在许多小说、故事、戏剧中,常把继父或继母描述成阴险恶毒的角色,形成刻板印象,使得孩子在尚无机会了解继父母之前,就有了抗拒心理。因此现实生活里的一些稀松平常的摩擦,很容易就被夸张、扩大、扭曲,使得问题恶化,不可收拾。

(3)旁人不适当的同情心,不合理地袒护孩子,使得继父母即使想正正当当地管教孩子,也会感到左右都不是,使得孩子缺乏管教,不懂事、不明理。

(4)继父母本身要理智,不必急于要孩子接受自己,过度付出,过度对孩子好;更不要急于取代孩子的生父母的地位,否则会欲速则不达,反而灰心失望,最后落个“虚伪、装模作样”的罪名。

3. 重组家庭的家庭教育　重组家庭的父母和继父母如果能保持理智的态度,维持一般正常家庭的功能,使每个人都能得到尊重和满足,那么重组家庭对孩子不见得不好,甚至让孩子会以更广阔的心胸,接纳别人,关爱别人。

4. 重组家庭的处理

(1)角色压力减轻,经济状况好转。

(2)注意孩子的感受,尊重原来的配偶。

(3)重组夫妻的承诺与决心,美满的婚姻首先要看双方对重组家庭的诚意,若决心要它成功,就不会对对方期望太高、要求太多,导致过分的挑剔和不满,如果重组夫妻能够互相理解和包容,不互相挑剔,那么重组婚姻就能美满,就能克服前次婚姻留下的阴影,或是治愈丧偶的创伤。孩子在这种和睦的氛围中也能健康成长。

(三)收养家庭

1. 收养家庭的问题　收养家庭的问题大致有以下几种。

(1)夫妇至少有一方不能生育。

(2)晚婚,不愿冒高龄产妇的危险。

(3)夫妇只生一个孩子,再收养孩子来做伴。

(4)出于善心和爱心,收养孤儿或残障儿等。

2. 影响收养家庭的因素

(1)收养孩子的年龄。

(2)生父母的特点。

(3)社会对收养家庭的态度。

文艺作品或大众传播媒介常常过分强调生育之情,而忽视养育之恩,孩子一旦对养父母不满,就想去找亲生父母。养育之恩大于(至少不小于)生育之情。

3. 收养家庭的教育　如果在收养时,孩子还小,如在2岁以前,并且亲生父母不与收养家庭联系、周围邻居不知道的话,那么这种收养家庭就跟正常家庭是一样的。

养父母且不可因为孩子不是自己亲生而有什么顾虑,既然养了这个小不点,他就是自己的孩子。养父母以爱心对待,鼓励发展孩子的自主性,确立明确的行为规范,该惩罚惩罚,该鼓励鼓励,跟一般家庭没什么两样。

如果孩子知道自己是收养家庭收养的成员,养父母要注意两个原则:①不要一开始就急于建立亲子一样的亲密关系,而要像对朋友一样,理智地关心对方、尊重对方。②强调生育之恩,言语和行为上尊重生父母。

(四)常见的一种家庭现象:家庭暴力

一般家庭的确很难维持完全的和睦相处,虽然基本上家人都愿彼此关爱,互相扶持,但是大部分家庭都难免有问题、有争吵,某些家庭甚至有暴力事件,只是在过去,人们觉得“清官难断家务事”,除非闹出了人命,否则不管是夫妻或是亲子之间的暴力事件,总是不张扬,也认为别人家的家务事,外人不便干涉,“子为父隐,父为子隐”,因此要研究中国的家庭暴力问题相当困难。在美国,家庭暴力的研究也是20世纪70年代才逐渐开始,Gellies(1980)认为从70年代开始,文化及社会因素促使家庭研究者对家庭暴力的问题产生兴趣。首先是行为学家和社会大众注意到,20世纪60年代的越南战争、政府官员被暗杀、示威暴动、大都市的凶杀案件增加等等暴力现象,人们探索这些暴力现象的根源时,家庭暴力自然进入人们的视野。另外,女权运动的兴起促使大众注意到妇女被虐待的情形,尤其是殴妻事件。由于这些社会、文化原因,家庭暴力事件逐渐得到人们的重视。

1. 虐待儿童　家庭暴力的对象可能是成人,也可能是小孩,针对孩子的暴力通常称为儿童虐待。虽然说“虎毒不食子”,但是虐待儿童的事件在我们的社会里仍时有所闻,并且很多还是恶性刑事案件。虐待儿童的方式有许多种,归纳为以下八类。

(1)身体虐待:任何造成肉体痛苦的伤害,如烧伤、咬伤、割伤、打伤等。

(2)性虐待:强迫儿童与大人发生性行为。

(3)身体疏忽:未能给孩子形成日常生活之基本需要和环境。

(4)医药疏忽:当孩子身体需要某种医疗时,未能提供医药或治疗。

(5)情绪虐待:以语言或动作破坏孩子的情绪健康及自尊,妨碍孩子的人格及社会发展。

(6)情绪疏忽:不关心孩子及其活动情形。

(7)遗弃:未能持续地养育、督导孩子。

(8)多重虐待:以上部分的综合。

通常虐待儿童的父母本身都有很严重的问题,感情不成熟是这类父母的通病,他们的特征如下:①童年的经验十分不愉快。②自己小时候也是被虐待的孩子。③自己的父母未能提供好的亲子榜样。④与家人、朋友、邻居不太往来,很少与外界接触。⑤自尊心很低,自认差劲、没有人爱、无能、无价值。⑥不成熟,并依赖他人的供养 。⑦生活中几乎没有欢笑和乐趣。⑧对孩子有一种扭曲的概念和不实际的期望,很反对宠孩子,认为体罚才对孩子好,很少疼孩子,只知打骂。⑨对自己的孩子缺乏同理心,也无法了解别人的感受。

2. 被虐待儿童的特点　至于被虐待的孩子，他们大多都表现出下列行为问题和心理问题。

(1)他们可能完全在人群中退缩，不信任别人。

(2)自尊心和自我概念都很低。

(3)对权威有不合理的反叛行为。

(4)对别人的攻击性很强。

(5)很怕犯错。

(6)对于赞赏和奖励不敏感或者无反应。

(7)与父母的沟通很差，亲子关系恶劣。

3. 家庭暴力问题的处理　现代法律对家庭暴力规定了相应的条款，从全社会的角度，对保护孩子和妇女的权益有一定的作用。但是从个体或单亲家庭来看，法律解决的行为只是一种事后的惩罚，不能达到事先的避免。所以，要对可能出现和已经出现家庭暴力的家庭提供帮助。家庭暴力通常是社会或心理因素作用的结果，因此，心理的帮助或治疗能够起到一定的作用。

事实上，暴力是无能的人最后的办法，也就是说，如果父母学会管教子女的方法，能有效地管理孩子，他们就会减少暴力。

4. 心理援助帮助家暴的措施

(1) 帮助父母学习欣赏孩子的行为或特点。

(2) 帮助父母认清孩子是一个独立的个体。

(3) 帮助父母对孩子有合理的期望。

(4) 帮助父母学着尽量忍受孩子的负向行为。

(5) 帮助父母学着表达对孩子的正面感受。

(6) 帮助孩子减少容易引起父母失去耐心的行为和言语。

(7) 鼓励父母扩大社交生活和兴趣。

第六节　社区一般常见心理问题的识别、评估与处理

社区心理健康教育工作以完善社区心理健康教育的组织机构和工作机制为保障，以提高全社区心理健康水平、促进未成年人健全人格发展为目标，紧密结合党中央创建和谐社会的指导精神，不断加强心理健康教育工作，努力提高全社区居民心理健康教育的质量和水平。

(一)搞好社区心理健康与服务的必要性和紧迫性

社区心理健康教育与服务是以社区为单位，对社区内的居民提供以保障和促进人群心理健康为主要内容的心理健康教育与服务，以提高个体的整体素质，当然也包括心理素质和社会适应能力，从而减少心理和行为问题的发生。随着我国社会转型的不断深入，社会矛盾增多，各种竞争压力加大，人口和家庭结构变化明显，经济的发展、人口的迁移和外来文化的影响，心理疾病的患病率呈逐年上升趋势。心理健康问题已经成为我国的重大公共卫生问题和社会问题，社区居民中心理疾病的发病率在逐年增加，而传统的心理卫生服务主要依靠专科医院的服务来进行，目前单纯依靠专科医院的资源已经不能满足我国居民对心理健康服务的需求，因而开展社区心理健康教育与服务，建立以社区心理健康教育与服务组织为平台的心理健康教育与服务体系，不但对满足我国社区居民的心理健康教育与服务的需求，提高我国人民的群体健康水平显得极为重要和必要，也对我国加强社会主义精神文明建设，构建和谐社会具有十分重要的现实意义。

现代医学模式已由单纯的生物医学模式转变为生物－心理－社会医学模式。人们在实践中已逐渐认识到心理社会因素在疾病的发生和发展过程中的重要作用。人们对健康有了新的认识和新的追求。世界卫生组织(WHO)很早就指出，完整的健康应包括生理、心理和社会功能三方面的良好和完美状态。社区心理健康教育是指根据人的生理、心理特点，运用有关的心理教育方法和手段，提高社区成员的心理健康水平，培养社区成员良好的心理素质，促进社区成员身心全面和谐发展及整体素质优化和全面提高的一种

教育活动;而社区心理健康服务则主要是指在社区服务工作中,运用心理科学的理论和原则保持与促进人们的心理健康,即通过讲究心理卫生,培养人们的健康心理,从而达到防治身心疾病的目的。两者的宗旨都是促进人的正常发展,培养人的健全人格,预防各种心理障碍,消除引起心理压力和各种不良心理的因素,解决一些尚处在萌芽状态的心理卫生问题,避免这些问题有可能带来的不良后果,解决居民日常生活中的一些心理难题。因此,探讨在以社区为中心的医疗保健服务中,注重心理健康教育与服务的研究和实施是非常必要的。开展社区心理健康教育与服务是与国际接轨的社区工作模式,便于居民心理疾病及早干预和治疗。社区心理健康教育与服务为社区居民的普遍需求。我国是人口大国,社区心理健康教育与服务与发达国家相比还很滞后,目前的心理健康教育与服务还基本上是单一的、医院为主的心理咨询方式和社会心理咨询的初始发展,远远不能满足社会需要。一方面是心理疾病患者在不断增加,另一方面是心理咨询师的人均拥有数量和质量远低于发达国家。为提高社区居民心理健康水平,促进社会安定团结及物质文明与精神文明建设,提高社区居民心理健康的意识,创建中国式的社区心理健康教育与服务模式已成为社会发展的迫切需要。

(二)社区心理健康教育与服务的现状及存在的主要问题

长期以来我国有关职能部门缺乏对社区心理健康教育与服务在整个社会公共卫生事业中重要地位和作用的认识,没有把社区心理健康教育与服务放到整个社会公共卫生事业应有的重要地位,而更多地致力于社区公民的生理保健工作,忽视或轻视社区心理健康教育与服务。近年来,我国较发达地区开展了一些心理健康教育与服务工作,开办各类心理咨询培训班,普及心理健康知识等,但缺乏实效性和系统性,而且从规模、层次、效果上远远不能满足需要。同时社区居民对心理疾病与障碍的认识度、重视度、接受度偏低,对生理上出现疾病的重视程度和寻求治疗的主动性远远超过心理疾病,甚至对心理疾病产生偏颇的认识,对心理疾病与障碍采取隐瞒或回避态度。

过去我国也建立有社区卫生保健系统,但不完整。我国的社区卫生服务主要是在预防、医疗、保健、康复、计划生育技术服务等方面,缺少心理健康教育与服务工作的内容和任务,只是单纯的生理保健体系。在2000年12月,我国卫生部(现卫生和计划生育委员会)制定了《城市社区卫生服务中心设置指导标准》,其中第一部分第九款即提出应"提供精神卫生服务和心理卫生咨询服务"。这为加强社区心理卫生咨询服务工作提供了依据,也表明我国开展社区心理健康教育与服务工作起步较晚,具体到社区心理健康教育与服务方面没有做到机构落实、经费落实、任务落实和考核目标落实。

我国是一个人口大国,随着经济文化、科技信息、价值观念的发展和变化,产生的社会心理矛盾增多,这些矛盾往往是导致心理疾病发生的因素,使心理疾病患病率骤升,每年还有更多的学生择业、就业压力、婚姻家庭、子女教育、老年保健、疾病康复以及一些自然和社会的重大变故发生,各种破坏性和攻击性事件在社区频频发生,而社区心理健康教育与服务网络、危机干预网络均存在缺失。就目前来讲,我国大部分社区心理健康教育与服务主要依赖,一是初级行政组织居委会传统的工作方式,二是群众自发的心理调节团体,但这两种形式都不是专业的支持系统,使有关的心理疾病得不到及时和有效地解决。

社区卫生工作目前多由医学专业人员从事,他们对医治人们生理疾病具有较系统和专业的知识,但对调理和医治心理方面的疾病缺乏系统和专业的知识。其次是社区其他工作人员的工作重点是管理和协调一般事务性的工作,对心理健康方面的知识欠缺,难以应对社区居民出现的心理问题。另外近几年我国有些机构和部门开展了有关心理咨询和健康教育方面的培训班,培养了一批社会心理工作者,但从数量和质量上均有限,并且与社区心理健康教育与服务不能有机地结合。目前我国不同省市和地区从事心理健康教育与服务的工作队伍力量和素质方面也存在较大悬殊,经济发达省市和地区起步快,专业队伍较强,经济较落后省市和地区起步相对慢,专业队伍欠缺。

(三)开展社区心理健康教育和服务的建议

有关职能部门应将关注全民心理健康尽快纳入社区日常工作议事日程,出台并制定出普及心理健康知识、传播心理健康观念、提高社区居民的心理健康水平和精神生活质量的社区心理健康教育计划,并将关注全民心理健康的绩效作为社区工作评价的重要指标。应加大社区的组织领导、资金投入、业务用房、人力支持等。同时要加强社区政府各相关部门的分工协作，建立部门协调工作制度，根据本地区实际，提出社区心理健康教育与服务的工作目标，统筹规划，采取措施，抓好落实。社区管理部门和医院管理者达成共识，对社区心理健康与服务的发展提供有力的动力支持。

社区心理健康教育与服务系统由专职人员、兼职人员和社区志愿者组成。社区心理健康教育与服务的机构应具有咨询疏导、危机干预、治疗救助和教育培训相结合的综合功能。其心理健康教育与服务的模式应是立体的、互动的和多层次的综合模式，形成"三级防治体系"。实现"三级防治体系"的具体内容，首先，尽可能地消除产生心理障碍的环境因素，使社区居民心理不健康现象或精神疾病的发生率降低；其次，对社区居民定期进行心理健康状况的普查，对居民心理健康障碍和精神疾病实施早期介入、早期治疗和援助，使已经具有不适应症状的人缩短患病的时间，或防止症状的慢性化发展；再次，要对社区生活中有心理障碍、精神症状的人进行有效治疗，并且为他们创造康复的生活环境；最后，应建构日常心理援助与突发性危机急救相结合的服务机制，使其具备突发性心理危机急救和干预能力。

加强心理健康教育，利用各种方式开展心理健康知识普及和宣传工作，以宣传、普及心理健康知识，传播心理健康观念，满足社区居民的心理健康需求为服务宗旨，给生活在社区的居民提供随时随地的心理咨询、倾诉、疏导、交流和帮助，并且覆盖社区所有家庭、学校、单位和人群。制定一系列形式多样、丰富多彩的活动计划，如组织开展以社区青少年为主要对象的心理成长训练。针对特殊人群的心理健康教育和心理康复计划，设立社区心理健康咨询信箱，开通热线电话，邀请心理专家解答社区居民在实际生活和工作中碰到的心理难题，帮助社区居民走出心理困境等。

加强培训，建立有效的心理健康教育与服务的工作队伍，应通过培训组建一支"专兼"结合的心理健康教育与服务队伍。首先，建立心理医生培训。鉴于普通人群心理问题的增加，以及社区卫生服务公平性、可及性、连续性服务的原则，为及时地解决居民的心理问题，实现预防为主的方针，在我国加大全科医生的培训和心理医生的培养显得尤为必要和迫切。其次，培训社区干部，提高社区干部对心理健康服务工作重要性和迫切性的认识；帮助他们掌握基本的心理健康知识、心理健康服务原则和心理健康辅导原理等，这些是开展社区心理健康教育与咨询服务工作的重要方面。最后，要配备一定数量的心理咨询志愿者，他们与本辖区的居民沟通性更强，更值得居民信赖，他们可以在社区的统一组织下，开展现身说教活动，其切身经历比空洞的说教更具说服力和可借鉴性，从而有效地为社区居民化解各类纠纷和矛盾，减少心理和行为问题的发生。

（四）社区心理健康教育工作的思路

面向全社区居民特别是未成年人，立足于未成年人发展性、预防性的心理健康教育，做到预防、疏导为主，干预、治疗为辅；发挥社区心理援助师的作用，有效地开展工作；认真细致地做好个别咨询辅导工作，力求在个案上有所突破。

总之，找出适合我国城市居民心理健康与服务的模式和方法，更好地改善我国社区的生存状态，提高其生活质量，提高居民心理健康水平，创建有中国特色的社区心理咨询服务模式，让每一名社区居民都拥有灿烂的笑容，享受灿烂的生活，是我国社会发展的迫切需要。

一、社区一般心理问题的识别与特性

（一）一般心理问题的识别

1. 正常心理　社区心理学家非常关注个体和家庭的心理健康，并且促进心理健康的手段和干预方案也有其独特的视角。

结合当今积极心理学、发展心理学和病理学的研究成果，高翔等认为，一个心理健康的人应该没有严重的情绪困扰，适应良好，具有与其年龄特征相符的发展特点，具有面对挫折与失败能自我复原的潜能。心理健康是指在环境许可的范围内，个体通过与环境的不断互动，从而到达内心和谐的一种状态。

从静态角度看，健康心理是一种心理状态，它在某一时段内展现着自身的正常功能。从动态的角度看，健康心理是在常规条件下，个体为应对千变万化的内、外环境，围绕某一群体的心理健康常模，在一定（两个标准差）范围内不断上下波动的相对平衡过程。上述就是心理健康的内涵，它涵盖着一切有利于个体生存发展和稳定生活质量的心理活动。

根据以上含义,我们可以从动态角度把“健康心理活动”定义为:健康心理活动是一种处于动态平衡的心理过程。很显然,这种动态平衡过程在常规条件下,是在主体与内外环境的相互作用中实现的。然而,人类及其个体不是静止的,无论他们的自身状态,还是他们的生存环境,都处在变化之中。倘若主体自身或内、外环境发生了大的变化,那么,这种动态平衡过程可能就被打破,心理活动就可能远远偏离群体心理的健康常模。这时,心理活动就可能变为另一种相对失衡的状态和过程。

假如,在常规条件下,当心理活动变得相对失衡,而且对个体生存发展和稳定生活质量起着负面的作用,那么,这时的心理活动便成为“不健康心理状态”。“不健康心理状态”涵盖着一切偏离常模而丧失常规功能的心理活动。据此,我们给不健康心理活动的定义是:不健康的心理活动是一种处于动态失衡的心理过程。

2. 心理异常　心理异常是相对于心理健康而言的。虽然心理异常与心理健康之间并没有绝对的分界线,但通常认为凡是人的心理活动和行为不能与客观环境保持一致而使人难以理解,各种心理活动和行为之间不能保持协调、统一与完整而失去良好的社会功能,在长期生活经历过程中形成的独特人格不能保持相对的稳定性而使人难以捉摸,则被视为心理异常。因而心理异常不仅是指各种心理障碍(认知障碍、情感障碍、意志和行为障碍、人格障碍、性心理障碍)、心理疾病(神经症、功能性和脑器质性精神病等)以及身心障碍与身心疾病(失眠、精神性厌食症、偏头痛、哮喘等),而且也包括“一般心理问题”。

一般心理问题是心理失衡的具体表现,在各个年龄阶段的群体中普遍存在。实际上,人们通常认为的所谓“心理障碍”(这里指的“心理障碍”是广义的,与“心理异常”同义)以及心理辅导和心理咨询中常见的心理异常,大量的还是指一般心理问题。

3. 心理正常与异常的心理学区分原则　郭念锋认为,区分心理的正常与异常,应从心理学角度切入。根据心理学对心理活动的定义“心理是脑对客观事物的主观反映”,提出三条原则。

(1)主观世界与客观世界的统一性原则:因为心理是客观现实的反映,所以,任何正常心理活动和行为,在形式和内容上,必须与客观环境保持一致。

(2)心理活动的内在协调性原则:虽然人类的精神活动可以被分为知、情、意等部分,但是它自身是一个完整的统一体。各种心理过程之间具有协调一致的关系,以保证人在反映客观世界过程中的高度准确和有效。

(3)人格的相对稳定性原则:在长期生活的道路上,每个人都会形成自己独特的人格心理特征,一旦形成,便有相对稳定性,在没有重大外界变革的情况下,一般不易改变。

那么怎样识别心理健康还是出现了一些问题呢?可以参照下列标准。

1. 心理健康人的状况

(1)本人不觉得痛苦:即在一个时间段中(如一周、一月、一季或一年)快乐的感觉大于痛苦的感觉。

(2)他人不感觉到异常:即心理活动与周围环境相协调,没有与周围环境格格不入的表现。

(3)社会功能良好:即能胜任社会角色,做好自己分内该做的事情。

2. 心理有问题者的状况

(1)失眠、头痛、易疲劳,注意力不集中,学习和工作缺乏热情,情绪不稳,愁眉苦脸。

(2)怕脏,怕患病,怕说错话,怕别人看自己,或毫无原因的恐惧,或刻板仪式动作。

(3)对人冷淡,躲避亲人,并怀敌意,或寡言少语,好独自呆坐,或无目的漫游,生活懒散,不守纪律;性格反常,无故发脾气,敏感多疑,自语自笑。

(4)总感觉自己的形体变样了,过度照镜子,好打扮;怀疑自己不健康,反复看医生。

(5)出现幻听、幻视等幻觉和妄想。

还有的标准是以社会都有某些被大多数人所接受的行为标准为前提,认为符合公认的社会行为规范为健康,反之,则被视为异常。应该承认,以对社会规范的适应程度作为判定心理健康的标准是必要的,但社会规范本身存在着地域性、历史性的局限,因为各个社会的政治制度、文化背景、风俗习惯不同,衡量一个人的行为是否符合社会标准也就随之有异;另外,社会规范也会随着社会的进步而发生变化和改革,现在一度被看成是不符合社会规范的行为,将来也许正是社会所推崇的。因此,心理健康的评价可以分别从适应、困扰与复原力三个不同层次进行,这三个层次既弥补了以往心理测量的不足,也顺应了适应性、发展性的积极理念。

(二)社区一般心理问题的特性

1. 社区一般心理问题具有特定性　社区一般心理问题作为心理异常的一种表现,即一般心理问题仅由特定的情景所诱发,在其他情景中则不会出现。如学生考试情景中的过度紧张反应(心悸、手颤抖、冒冷汗等)只对考试情景"情有独钟",在其他情景即使是在第一次出现的情景中也不会产生如此强烈的心理反应,而且即使特定情景屡屡出现,如考试情景反复出现,具有对考试存在过度紧张反应的学生,也不会由于逐渐适应而有所缓解,甚至有的学生还会愈演愈烈,出现恶心、呕吐、眩晕甚至昏厥等使人难以理解的剧烈反应。

2. 社区一般心理问题具有偶发性和暂时性　一般心理问题并不是经常出现也不是持续出现的,只有在为数不多的特定情景的刺激下才会发生,而在其他情景中则不会出现类似心理问题,即具有某种一般心理问题的人,在大多数非特定情景的时间里,并不表现出心理异常问题。如对考试具有过度紧张反应的学生,在其他非考试情景的大多数时间里都表现正常,是一个心理健康的人。同时,一般心理问题也不稳定,大部分一般心理问题都会自行缓解甚至自行矫正,有的一般心理问题也会累积、迁延、演变而发展成其他更为严重的心理异常。如对考试情景的过度紧张反应就会或者因心理自我调整而逐渐缓解、消失,或者久而久之演变为考试恐惧症。

3. 社区一般心理问题不存在心理状态的病理性变化　社区一般心理问题是轻微的心理异常,是正常心理活动中的局部异常状态,不存在因精神活动损害而伴随的诸如自知力和定向力缺损、智力低下、情感淡漠、病态幻觉、妄想以及各种程度的意识水平降低和丧失等病理现象。也就是说,社区一般心理问题不存在心理活动和心理状态的病理性症状,不存在与常人比较有明显不同的各种病理性精神症状。这是区别其他类型心理异常的最显著的标志之一。

二、社区一般心理问题的评估

(一)心理不健康状态的分类

心理不健康状态一般可分为以下三类:一般心理问题、严重心理问题和神经症性心理问题(可疑神经症)。

1. 一般心理问题——诊断标准(评估)　诊断为一般心理问题,必须满足如下四个条件。

(1)由于现实生活、工作压力、处事失误等因素而产生的内心冲突,冲突是常形的,并因此而体验到不良情绪(如:厌烦、后悔、懊丧、自责等)。

(2)不良情绪不间断地持续 1 个月,或不良情绪间断地持续 2 个月仍不能自行化解。

(3)不良情绪反应仍在相当程度的理智控制下,始终能保持行为不失常态,基本维持正常生活、学习、社会交往,但效率有所下降。

(4)不良情绪的激发因素自始至终仅限于最初事件,即使是与最初事件有联系的其他事件,也不引起此类不良情绪。

综合描述,可以给出如下定义:一般心理问题是由现实因素激发、持续时间较短、情绪反应能在理智控制之下、不严重破坏社会功能,情绪反应尚未泛化的心理不健康状态。

2. 严重心理问题——诊断标准(评估)　诊断为严重心理问题,必须满足如下四个条件。

(1)引起严重心理问题的原因是较为强烈的、对个体威胁较大的现实刺激。内心冲突是常形的。在不同的刺激作用下,求助者体验到不同的痛苦情绪(如:悔恨、冤屈、失落、恼怒、悲哀等)。

(2)从产生痛苦情绪开始,痛苦情绪间断或不间断地持续 2 个月以上,半年以下。

(3)遭受的刺激强度越大,反应越强烈、大多数情况下,会短暂地失去理性控制;在后来的持续时间里,痛苦可逐渐减弱,但是,单纯地依靠"自然发展"或"非专业性的干预",却难以解脱;对生活、工作和社会交往有一定程度的影响。

(4)痛苦情绪不但能被最初的刺激引起,而且与最初的刺激相类似、相关联,也可以引起类似的痛苦,即反应对象被泛化。

综合描述,可以给出如下定义:"严重心理问题"是由相对强烈的现实刺激激发初始情绪反应强烈、持续时间较长、内容充分泛化的心理不健康状态。“严重心理问题”有时伴有某一方面的人格缺陷。

在临床心理咨询中,对“严重心理问题”诊断并不困难,但关键问题是,与神经症进行鉴别。

鉴别要点是“内心冲突性质”和“病程”(许又新)。

严重心理问题的心理冲突是常形的,时间在半年以内。临床上,社会功能破坏的程度,也可以作为参考因素予以考虑。如果在出现“严重心理问题”后的1年之内,求助者在社会功能方面出现严重缺损,那么,我们必须提高警惕,应作为可疑神经症或其他精神障碍对待。

3. 社区可疑神经症　社区可疑神经症的评估

内心冲突是变形的,但是根据许又新教授的神经症简易评定法还不能诊断为神经症,它已经接近神经症,或者它本身就是神经症的早期阶段。

(二)一般心理问题的评估

评估包括三个方面。

1. 病程　不到3个月为短程,评1分;3个月到1年为中程,评2分;1年以上为长程,评3分。

2. 精神痛苦程度　轻度者患者自己可以主动设法摆脱,评1分;中度者患者自己摆脱不了,需借助别人的帮助或处境的改变才能摆脱,评2分;重度患者几乎完全无法摆脱,即使别人安慰开导他或陪他娱乐或异地休养也无济于事,评3分。

3. 社会功能　能照常工作,学习以及人际交往只有轻微妨碍者,评1分;中度社会功能受损害者工作学习或人际交往效率明显下降,不得不减轻工作或改变工作,或只能部分工作,或某些社交场合不得不避免,评2分;重度社会功能受损害者完全不能工作和学习,不得不休病假或退学,或某些必要的社会交往完全回避,评3分。

如果总分为3分,还不能诊断为神经症,如果总分不小于6分,神经症的诊断是可以成立的。4~5分为可疑病例,需进一步观察确诊,需要补充说明的是,对精神痛苦和社会交往功能的评定,至少需要考虑近3个月的情况才行,评定涉及的时间太短是不可靠的。

三、社区一般心理问题的处理

预防胜于治疗是社区心理学的核心概念之一。使个体、家庭和社区保持心理健康,在最终治疗之前我们能够做的工作是:预防风险和促进保护。预防风险因素的发生和促进保护因素的形成,是同样重要的预防手段。反过来,强调预防的概念,也让社区心理学变得更加吸引人。社区心理学是行动的科学,它让人们感觉到心理学是有用的。通常,社区心理学会以项目的形式来证明这一点。社区心理学家所设计的预防与促进项目,主要是从微观系统层面、中观系统层面和宏观系统层面来进行的。

1. 实施相应的心理测验　通过心理测验可以从中获得许多信息和定量的指标,因此社区心理援助师可以运用一些容易操作的常用量表对来访者做一些相关的症状评定。

2. 做医学方面的有关检查　对于来访者诉说的某些症状,如头痛、头晕、心悸、胸痛、恶心、腹痛、腰痛、乏力、咽部梗死感、尿频、大便次数增多、颤抖、食欲缺乏、明显消瘦等在判断是由于心理因素或心理压力所构成的躯体化症状之前必须对他们进行全面的身体检查排除患有各种器质性疾病的可能。

3. 环境方面的调整　如果来访者的心理问题与所处的客观环境有密切联系,受环境的影响特别严重,如果环境的调整能够有效地缓解来访者的心理反应和应激反应,社区心理援助师可以帮助来访者从环境的调整方面做一些努力,以求解除环境的压力。

4. 自己实施心理咨询或短程心理治疗　有的来访者有强烈的动机要求接受心理咨询或心理治疗,同时对社区心理援助师十分信任,有安全感,相信社区心理援助师能直接有效地帮助他。如果社区心理援助师对自己所掌握的心理咨询或心理治疗的理论和技术有一定的把握,同时认为来访者有接受自己心理咨询或短程心理治疗的适应证,在这种情况下可以与来访者讨论如何进行心理干预的实施意向和计划。

四、社区慢性疾病的心理援助

(一)高血压患者的心理问题

原发性高血压患者可以没有主观症状,没有主观症状,患者就可能认为自己没有问题,这是导致不坚持治疗的一个最常见原因。

高血压患者的心理援助:高血压病一般不直接引起精神方面的症状。研究发现,高血压患者的认知功能可能受损害。这种损害可能与脑血管疾病有关联。对患者的要求是,遵照医师的嘱咐治疗,改变不良的生活习惯,不要过度紧张,充分活在当下,享受美好生活。心理紧张对高血压是不利因素。

(二)糖尿病患者的心理问题

糖尿病的问题与高血压情况有类似之处。糖尿病也可以没有主观症状,患者也可能因此掉以轻心,或者迷信食疗,完全不遵循糖尿病治疗的基本方法。

糖尿病患者的心理援助:糖尿病患者一般不直接引起精神方面的症状。研究发现,糖尿病患者的认知功能可能受损害。这种损害可能与脑血管疾病有关联。对患者的要求是,相信科学,遵照医师的嘱咐治疗,养成良好的生活习惯,不要过度紧张,从容地面对生活。心理紧张对糖尿病是不利因素。

(三)冠心病患者的心理问题

冠心病是一种可能直接导致死亡的疾病,对冠心病的恐惧心理是可以理解的。

最常见的心理行为问题:①对冠心病过于恐惧;②不遵守医嘱、不改变不良生活习惯。

冠心病的心理援助:冠心病的心理干预问题十分复杂,由于疾病可能导致死亡,完全消除患者的恐惧心理是不现实的。对患者的要求是,遵照医师的嘱咐治疗和调整生活习惯,不要过度紧张。心理紧张对冠心病是不利因素。

(四)脑血管病患者的心理问题

脑血管病患者的心理问题表现为两个方面:①脑血管病对脑组织的直接损害,引起的精神症状;②患者对脑血管病认识不当导致的心理问题。

脑血管病患者的心理援助:脑血管病的心理干预问题十分复杂,由于疾病可能导致死亡,完全消除患者的恐惧心理是不现实的。对患者的要求是,遵照医师的嘱咐治疗和适当锻炼,不要过度紧张。过分依赖药物而不参加运动对脑血管病是不利因素。

总之保持愉快的心境是非常困难的事情。人生活在环境中,会受到来自自身和外界各方面的压力。聪明的人类找到了许多应对压力的策略。

五、社区人员的压力与应对

(一)压力的来源与影响

人的压力来源于各个方面。从个体的行为反应来看,一切压力来源都可以归结为挫折、冲突和强制三大类型。除此之外,还可以分为个体因素和情境因素、远端因素和近端因素等等。

萨拉森(1980)将压力定义为:"当一个人意识到自己的能力已缺乏所需的资源,且需要产生行动的状态"。人类自身和情境带给个体保护,也带给个体风险。保护因素和风险因素会影响个体对压力情境的顺应。如果个体比较自信,有一定的解决问题能力,对事物能够积极认知,并且有良好的社会支持系统,则这些因素可以带给个体保护作用,使个体能从压力中较快复原。相反,遇事悲观,家庭和朋友无法提供物质上和精神上的有力支持,则这些因素本身就可以带给个体压力,并且当个体处于其他压力情境时,也难以及时复原到正常状态。

(二)应对策略

如果不能及时调节、缓解压力,将会导致个体严重紧张、代谢失调甚至生病。所以,对压力的应对策略是非常重要的,它能够在造成严重后果之前,及时消除压力,避免压力对身体和心理产生的不良影响。

不同的应对过程,由于个体自身条件不同,所处环境各异,对压力的应对方式也千差万别。一般而言,应对方式分为以问题为中心的应对、以情感为中心的应对、以意义为中心的应对三种。

1. 应对方式

(1)以问题为中心:以问题为中心的应对关注直接解决问题情境,针对问题情境,制订计划,执行计划,并最终解决问题,例如:数学题不会做,会给学生带来压力,那么最好的方式就是找到方法,将数学题做出来。

(2)以情感为中心:以情感为中心的应对解决的是问题发生后的情感反应。这种应对方式不针对问题本身。例如正在为与丈夫争吵而难过的妻子,为了缓解内心压力,将这件事情向母亲哭诉,以寻求情感慰藉。这个过程不能直接消除与丈夫争吵的原因。

(3)以意义为中心:以意义为中心的应对,指的是通过重新评估压力源,发现压力源的内在意义,尤其是这种压力源可能会使个体成长,或者可以让个体从失败中吸取经验教训。对于父母的期望,高考考生会倍感压力,但重新进行评估发现,这也是父母希望自己以后能够成功;另外,设定了奋斗目标,也利于制定具体的学习计划。

2. 应对模式　除了上述三种方式之外,还有另外的应对压力的模式。

(1)激怒型应对模式:这种模式可以分为个体自由表达和自行制止情绪表达两类,遇到他人的激惹,个体难免表现出愤怒的情绪状态,有些人会将这种愤怒表达出来,不吐不快,这是愤怒向外的表现;而有些人会将愤怒压制下来,表面不动声色,内心波涛汹涌,这是愤怒向内的表现。

考察愤怒与高血压的关系,发现愤怒向内的人易患高血压,而愤怒向外的人患高血压的较少。也就是说,将情绪宣泄出来是较好的应对压力的方式。

(2)转换与退行:当面临压力情境时,个体会启动自我防御机制。转换型的个体在遇到某种紧张状态时,会将其转换成对个人成长有益,被社会许可的形式;退行型个体会采取否认,回避、倒退等行为逃离压力情境。

转换型应对方式较为积极,退行型应对方式较为消极,例如考试成绩不够理想,转换型个体会以"失败是成功之母"激励自己,认为一次考试失利并不代表什么,重新评估自己和考试,争取下次成功;而退行型个体会觉得自己无能,悲观失望,精神不振,甚至会制造事端。

(3)主动与回避:面对压力情境,主动型个体会从有利方面看待压力,主动寻求解决方案,并做有益于事态发展的事;回避型个体会做最坏的准备,封闭情感,自我忍受,并用其他行为缓解紧张。

主动与回避对于情绪调节而言,都有其可取之处。同样面对考试成绩不够理想的情境,主动型个体会积极寻找失利的原因,向老师和同学寻求帮助,查缺补漏。回避型个体会避免回忆与此次考试有关的情境,甚至假设考试失利的最坏后果,不主动寻求他人的帮助,自己消化压力。

(4)成熟与不成熟:成熟应对模式就是以心理发展成熟的反应来对待压力情境,包括对内心不喜欢的人也温和地对待。怒气迸发时保持冷静,以分散注意力或退却的方法躲避压力情境等。不成熟应对模式以行为表现,如以愤怒对待制造挫折的人,沉迷于幻想和白日梦之中,产生被动攻击行为等。

3. 个体自身的准备　我们知道,个体自身的一些特质对于缓解压力是有用的。这些特质可以是遗传得来的,也可以是后天习得的。上述不同应对过程取决于个体不同的特质。这些特质更多的来自于个体概念形成的心理状态,不易改变。下面是有助于缓解压力的方式,需要个体付出努力。

(1)自信:自信是个体最重要、最有效的缓解压力、提升心理健康水平的方式,能够让个体从压力和紧张的情境下迅速复原。中小学阶段,心理健康教育最核心的任务就是增强学生的自信心。社区的心理健康教育同样肩负着这样的责任。

自信虽然是个体的特质,但环境的影响作用巨大,正向激励、工作得到承认、和睦家庭环境等都是个体自信的来源。

(2)问题解决模式:以问题为中心的应对方式强调解决问题,但不同个体有不同的问题解决模式。戴明在研究日本企业质量管理的方法时,提出了 PDCA 问题解决模式,以提高生产质量。PDCA 即计划、实施、检查、处理四个步骤,PDCA 不仅广泛应用于企业,同时给个体解决问题也提供了一个参考方法。

解决问题的能力和有效性决定了个体缓解压力的程度。赖斯(D. Reiss 1981)发现,有良好解决问题能力的家庭,能够成功地处理问题,并因此避免发生危机。

(3)积极认知方式:积极认知也是个体缓解压力的有效手段。社区心理学强调积极、正向的心理品质,强调个体的优势和能力,这就需要个体有积极的认知,善于从积极的角度看问题。

积极认知可以习得。当个体觉得有控制感和影响力,觉得被信赖和被尊重,工作满意感较高,个体的生活态度会变得更加积极。

(4)运动与休闲:运动与休闲能缓解压力。运动能够重新激发身体的活力,从而有足够的精力来抵抗压力。休闲使个体产生更多放松的感觉,不必理会工作中那些烦心事,从而让压力的来源减少,也让个体有得以喘息的时间。

社区中可以设计许多运动和休闲的器材和活动,例如居民小区中的健身器材,休闲旅游的活动等,这些让参与的人们有放松的机会,并缓解工作和生活中的压力。

第七节　社区一般常见心理障碍的识别、评估与处理

一、心理障碍概述

(一)心理障碍的定义

心理障碍又称精神障碍,是指由各种不良刺激引起的心理功能失调现象,主要反映为一个人在发展和适应上的困难,包括多种适应不良的心理与行为表现。患有心理障碍的人经常心情忧郁、情绪不稳、缺乏自制、行为失调,难于形成良好的人际关系,不能很好地适应社会。一个人的心理障碍程度可以根据其行为上的偏差程度来判断:行为表现偏离社会生活的程度越厉害,其障碍程度也就越深。根据症状和严重程度的不同,心理障碍主要分为适应障碍、人格障碍、神经官能症和精神病等几种类型。

美国精神病学会制定的《诊断与统计手册:精神障碍》(第四版)中有一段详尽精辟的描述,即"精神障碍是指个体发生的具有诊断意义的行为或心理症状类型,伴有当前的痛苦烦恼或功能不良,或较多伴有明显的发生死亡、痛苦、功能不良或丧失自由的风险。而且,这种症状群或症状类型不是对某事件的可期望、文化背景所认可的心理反应,例如对所爱者死亡的心理反应。不论其原因如何,当前所表现的必然是一个人的行为、心理或生物学的功能不良,但是,无论是偏离正常的行为,还是个人有与社会之间的矛盾冲突,都不能称为精神障碍,除非这种偏离或冲突正如前述那样的一种个人功能不良的症状。"

(二)几个概念的区分

(1)神经病——神经病学范畴。神经系统出现障碍时个体表现为神经系统的疾病(脑血栓、脑卒中后遗症、面部神经麻痹)。

(2)精神病——精神病学范畴。狭义:患者心理功能严重受限,自知力缺失(对自我状态正常与否的觉察),不能应付日常生活要求并保持与现实接触。

(3)神经症——精神病学及心理学范畴。

(4)心理障碍——精神病学及心理学范畴(精神障碍)。狭义:由心理原因所致,是一种干扰人的正常生活、削弱人的适应能力的中等严重程度的心理障碍。

(三)心理障碍产生原因分析

人为什么会产生心理障碍呢? 原因非常复杂,包括生物因素、心理因素和社会因素等多种,并且互相影响,互为因果。

1. 生物因素　包括人体疾病、遗传素质、生化改变和药物影响等。

大量科学证据表明,脑病变与神经生理过程失调可引起精神障碍,发生变态行为。感染、中毒、代谢障碍能导致脑代谢障碍,也是心理异常发生的重要原因。例如甲状腺功能亢进伴随的兴奋、易激惹和恐惧感,甲状腺功能减退和垂体前叶功能减退伴发的抑郁等,都是临床事实。

心理障碍具有一定的遗传性。例如,先天愚型为遗传因素所决定;在躁狂抑郁症患者家族中有较多的同类患者;在焦虑症与强迫症患者中,其近亲发病率也较一般人群高等。但通常认为,遗传因素只是形成了易患素质(常以某种人格特征的形成表现出来),只是扣动了社会应激的这个"扳机",心理障碍才发作出来。体内生化改变也可以引发心理和行为的变化。研究显示,情感性障碍者的单胺类神经递质(5-羟色胺、去甲肾上腺素、多巴胺等)有代谢障碍。另外,碳酸锂能够治疗躁狂、三环类抗抑郁药能够改善抑郁,本身就表明生化变化可导致情绪变化。

2. 心理因素　心理障碍者通常有某种隐蔽的心理冲突或精神创伤,在催眠的状态下可再现痛苦的根

源。这说明心理因素是心理障碍的成因之一。这些心理因素包括：各种消极的动机冲突造成的心理矛盾；持久过度的紧张状态造成的神经系统功能失调；不良的性格特征如自私、自卑、消极、任性、固执、孤独、抑郁等造成整个性格类型的病态等。

3. 社会因素　包括政治、经济、文化教育、伦理道德、风俗习惯、宗教、生态环境、家庭、人际关系等诸多方面。

社会的迅速发展，物质文明和科学技术的不断进步，人们的欲求不断增加，人际关系日益广泛和复杂，对人们的社会适应能力也提出了更高的要求。在科学发达、工业发展、人口密集的大都市里，生活节奏快、环境污染严重、交通拥塞、竞争激烈、住房困难、人际关系矛盾增多……这一切均容易使人产生焦虑、紧张情绪，进而引发心理障碍。

4. 性别　如女性的更年期心理障碍较男性为多，这里既有生理因素又有社会影响的作用（图6－1）。

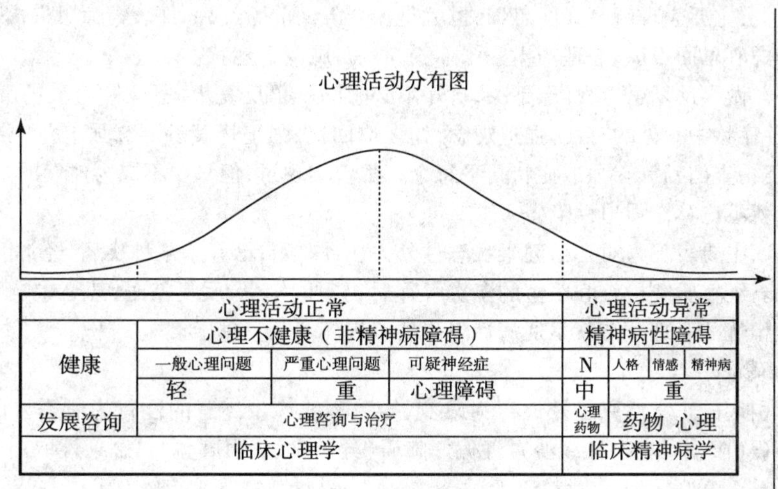

图6－1　心理活动分布

二、常见心理障碍的识别

（一）适应性障碍

适应性障碍是人群中常见的一种障碍，一般是因环境改变、职务变迁或生活中某些不愉快的事件，加上具有易感个性而出现的以情绪障碍为主、伴有适应不良的行为或生理功能障碍。适应性障碍影响患者的社会适应能力，其学习、工作、生活及人际交往等均受到一定程度的损害。

适应性障碍患者，一般成人以情绪障碍多见，而青少年则以品行障碍多见。在儿童可表现为退化现象，如尿床、幼稚言语或吸吮拇指等形式。症状通常出现在应急事件或生活改变后一个月之内。患者一般有个性缺陷，心理障碍持续时间在半年以内。

适应性障碍的主要临床表现如下。

1. 情绪障碍　多见于抑郁者，表现为情绪低落、沮丧、失望、对一切失去兴趣、紧张不安、心烦意乱、心悸及呼吸不畅等。

2. 品性障碍　多见于青少年，表现为违反社会道德或侵犯他人权益的行为。如逃学、斗殴、说谎、酗酒、吸毒、药物滥用、离家出走、破坏公物及过早发生性行为等。

3. 躯体不适　疼痛（头、腰背或其他部位）、胃肠道不适（恶心、呕吐、便秘、腹泻）或其他不适，而临床检查又往往发现不了什么躯体疾病。

4. 工作、学习能力　工作、学习能力下降，以致出现困难。

5. 社会退缩　不愿参加社交活动、不愿上学或上班、常闭门在家，但没有抑郁或焦虑情绪。

(二)神经症性的心理障碍

1. 焦虑性障碍　焦虑是一种不明原因的害怕,是不能达到目标和不能克服障碍时表现出的紧张不安,心烦意乱,忧心忡忡。经常怨天尤人,自忧自怜,毫无缘由地悲叹不已,碰上一点小事,往往坐立不安,遇到一点紧张的心理压力,便会慌张地不知所措,注意力难以集中,难以完成工作任务,并伴有身体不适感,如出汗、口干、心悸、嗓子有堵塞感、失眠等。

2. 抑郁性障碍　主要表现是情绪持续低落,郁郁寡欢,悲观厌世,心理功能下降,自我评价降低,不愿与人交往,情绪呆板,总以“灰色”的心情看待一切,对什么都不感兴趣,自罪自责,内心体验多不幸、苦闷、无助、无望,总感到活着没有意思。

3. 恐怖性障碍　患有恐怖性障碍的人,所害怕的对象在一般人看来并没有什么可怕的,但仍出现强制性的回避意愿和紧张、焦虑、眩晕等心理反应。如恐高症、利器恐怖、动物恐怖、广场恐怖及社交恐怖等,其中社交恐怖较为常见,主要表现就是赤面恐怖,也就是在众人面前脸红,面部表情惊恐失措,不敢正视对方,害怕别人看透自己的心思而难堪,心理产生紧张不安、心慌、胸闷等症状。

4. 强迫性障碍　做事反复思考,犹豫不决,自知不必想的事仍反复想,不该做的事仍反复做,因而感到紧张、痛苦。强迫性症状中常见的有:①强迫观念,如强迫回忆、强迫怀疑等。②强迫意向或强迫冲动等。③强迫动作,如反复检查门锁等。强迫症状几乎每个人都曾出现过,但只要不成为他们的精神负担,不妨碍正常的工作、生活,就不应算作强迫性障碍。

5. 疑病性障碍　主要表现为对自己健康状态过分关注,深信自己患了某种疾病,经常诉述不适,顽固地怀疑、担心自己有病,经实验室检查和医生的多次解释后仍不能接受,反复就医,甚至影响其社会功能。这种对自身健康过度担忧的心理倾向就是疑病性障碍的表现。

(三)性心理障碍

由于心理因素引起的正常性兴趣及性行为改变,导致不能产生满意的性行为所需要的心理反应及快感。包括性功能障碍(阳痿、早泄、性冷淡)、性偏好障碍(异装癖、窥阴癖、露阴癖)、性取向障碍(同性恋、双性恋)等。

(四)人格障碍

所谓人格障碍,是指人格在发展和结构上明显偏离正常轨道。人格障碍者是在先天缺陷的基础上,加之外在不良因素的影响,促使人格偏向发展,自童年起就开始逐步形成。患者不存在智力障碍,但持久而特殊的行为模式导致社会适应不良。

1. 反社会人格障碍　以行为不符合社会规范,经常违法乱纪,对人冷酷无情为特点,男性多于女性。这种人无论是在需要、动机、兴趣、理想等个性倾向性以及自我价值观念等方面均与正常人不同,他们往往缺乏正常的人间友爱、骨肉亲情,缺乏焦虑和罪恶感,常有冲动性行为,且不吸取教训。

2. 偏执型人格障碍　亦称妄想型人格。这类人格障碍以猜疑和偏执为特点,始于成年早期,男性多于女性,临床表现为:①对周围的人或事物敏感、多疑、心胸狭窄、容易害羞,自尊心过强,对他人对自己的“忽视”深感羞辱,满怀怨恨,人际关系往往反应过度,有时产生牵连观念。②经常无端怀疑别人要伤害、欺骗、利用自己,或认为有针对自己的阴谋,对别人善意的举动作歪曲的理解,总认为他人不怀好意,怀疑他人的真诚,警视四周。③遇到挫折或失败时易于埋怨,怪罪他人,推诿客观,将自己的失败归咎于他人,不从自身寻找主观原因。④容易与他人发生争辩、对抗,尤多意见,常有抗议,单位领导常觉得这类人员难以安排。⑤常有病理性嫉妒观念,怀疑配偶或情侣的忠诚,限制对方和异性的交往或表现出极大的不快。⑥易于记恨,对自认为受到轻视、不公平的待遇等耿耿于怀,引起强烈的敌意和报复心。⑦易感委屈。⑧自负,自我评价过高,对他人的过错不能宽容,给人以得理不饶人的感觉,固执地追求不合理的利益或权利。⑨忽视或不相信与其想法不符的客观证据,因而很难以说服或用事实来改变其想法或观念。

3. 分裂型人格障碍　是比较常见的人格障碍。以观念、行为和外貌装饰的奇特、情感冷漠及人际关系明显缺陷为特点。男性略多于女性,表现为:①性格明显内向(孤独、被动、退缩)回避社交,离群独处,我行我素而自得其乐。②缺乏热情和温柔体贴,缺乏幽默感,对人冷漠,缺乏情感体验,对于批评与表扬及别人对他的看法等漠不关心。③常不修边幅,服饰奇特,行为怪异,其行为不合时宜,不符合当时当地风俗习惯或目的不明确。④言语结构松散、离题,用词不当,表达意思不清楚,但并非智能障碍或文化程度受限所致。⑤爱幻想或有奇异信念,有时思考一些在旁人看来毫无意义的事情,如太阳为什么从东方升起、人为什么没有尾巴等,有些人在从事抽象思维的领域可有成就。⑥可有牵连、猜疑、偏执观念,或奇异感知体验,如一过性错觉或幻觉等知觉体验。

4. 依赖型人格障碍　是以一种特有的方式将本人的需要依附于别人为主要特征的一类人格障碍,以妇女多见,这类人的特征是缺乏自信,不能独立活动,常常是在没有别人反复劝告或保证下便不能做出日常决定,一般难以自己主动确定计划,情愿把自己置于从属的地位,一切悉听他人决定,如同儿童或少年,衣食住行和空闲时间安排都要由父母做主;由于不能独立生活,许可他人对其生活的主要方面承担责任,妇女从事何种职业得由配偶决定,他们为了获得别人的帮助,随时需要有人在身旁,每当独处时便感到极大地不适,当与亲密的人中断联系或孤独时,即感到无助或焦虑不安,感到自己孤独无助和笨拙。

5. 强迫型人格障碍　强迫型人格障碍的人容易发生强迫性神经症,而强迫性神经症患者病前为强迫人格者为72%,更年期抑郁症患者病前人格多为强迫型,抑郁症的病前人格为强迫型者易于伴发强迫症状,正常人可有一些强迫现象,不应与强迫型人格混淆,后者的职业或社交能力受到严重损害可资区别。

6. 表演型人格　亦常涉及司法精神病学鉴定,这是由于这类人与反社会型人格有一定重叠,易于发生违犯社会法纪的行为,过分情感性即自我戏剧化,即过分夸张的情绪表达,情感肤浅、易变、极不稳定,往往由一种情绪状态转变为另外一种情绪,暗示性高,感情上的好恶决定了暗示性,如感情是正性的即易于接受这样的暗示,负性的就难于接受暗示。把注意力集中于自己,需要自己成为被注意的中心,如不能成为别人注意的中心即感到很不痛快。

7. 自恋型人格障碍　自恋型人格障碍,是一种较为特殊的人格障碍,不能接受批评。喜欢指使他人,要他人为自己服务。过分自高自大。对自己的才能夸大其词,希望受人特别关注。过分自信。坚信自己关注的问题是世界上独有的,不能被某些特殊人物了解。想入非非。对无限的成功、权利、荣誉、美丽或理想爱情有非分幻想,唯我独尊。认为自己应享有他人没有的特权。虚荣、渴望长久的关注与赞美。

(五)精神分裂症

精神分裂症是最严重的心理障碍,有突发性和慢性之分,包括积极症状(幻觉、错觉、联想散漫)和消极症状(情感贫乏、社会技能差)。主要表现是:患者心理活动脱离现实,在知觉、情感、思维及意志行为之间互不协调及互相影响,导致学习、工作、生活、社交等适应能力降低、因此常不能维持原来的学习工作能力,原来的生活习惯方式也变为异常。

大多数精神分裂症患者在年富力强的青年时期起病,以25岁左右为最多,也有不少在15~40岁之间的少年和壮年时期起病;大多数起病缓慢,少数呈急性或亚急性,多数冗长,从数月至数十年不等。如不及时治疗常会反复发作。发作高峰期,患者精神活动有分裂现象,工作、学习、生活、社会交往等均受到严重影响。但患者对自身疾病毫无认知,往往说"我没病",拒绝就医,即使家人勉强将其带至医院,大多数也不愿意接近医生、诉说自身的感觉。如果家人迁就,往往会是疾病拖延治疗,致使反复发作或逐步发展为慢性,晚期逐渐变为精神衰退,整日无所事事、对任何东西漫不关心、不与亲人来往、学习工作上毫无要求,甚至连吃饭、喝水、个人卫生等基本自理能力都消失。

三、常用精神障碍分类系统

(一)《疾病及有关健康问题的国际分类》(ICD)

目前采用ICD-10,包括各科疾病,第五章是关于精神障碍的分类,为欧亚多数国家采用。ICD-10第五章分类类别如下:F00-F009器质性(包括症状性)精神障碍;F10-F19使用精神活性物质所致的精神及行为障碍;F20-F29精神分裂症、分裂型及妄想性障碍;F30-F39心境(情感性)障碍;F40-F49神经病、应激性及躯体形式障碍;F50-F59伴有生理障碍及躯体因素的行为综合征;F60-F69成人的人格与行为障碍;F70-F79精神发育迟缓;F80-F89心理发育障碍;F90-F98通常发生于儿童及少年期的行为及精神障碍;F99待分类的精神障碍。

（二）美国精神障碍分类系统

美国的精神障碍分类系统称为《精神障碍诊断与统计手册》（DSM）。

（三）中国精神疾病分类及诊断标准（CCMD）

CCMD－3系统将精神障碍分为10大类：0器质性精神障碍；1精神活性物质所致精神障碍或非成瘾物质所致精神障碍；2精神分裂症（分裂症）和其他精神病性障碍；3心境障碍；4癔症、严重应激障碍和适应障碍、神经症；5心理因素相关生理障碍；6人格障碍、习惯与冲突控制障碍和性心理障碍；7精神发育迟滞与童年和少年期心理发育障碍；8童年和少年期的多动障碍、品行障碍和情绪障碍；9其他精神障碍和心理卫生障碍。

四、心理障碍的评估

（一）精神障碍的诊断标准

1.医学标准　该标准将精神障碍当作躯体疾病。如果一个人身上表现的某种异常心理现象或行为可找到病理解剖或病理生理变化的依据，则认定此人有精神疾病。

2.个人经验标准　个人经验指两方面：①患者的主观体验，即患者自觉焦虑、抑郁或无明显原因的不适感，或不能适当地把控其行为，而欲寻求他人支持和帮助；②观察者的判断，即观察者据已有经验做出心理正常或异常的判断。

3.社会适应标准　正常的情绪变化通常是短期性的，人们通常通过自我调适，重新保持心理平稳。而病理性症状常持续存在，甚至不经治疗难以自行缓解，症状还会逐渐加重恶化。

4.心理测验标准　普通人群中，人们心理特征的测量结果常显正态分布，居中的多数人属于心理正常，远离中间的两端被视为异常。判断一个人的心理正常或异常，即以其心理特征偏离平均值的程度决定。偏离平均值的程度越大，则越偏离正常。

心理障碍的最终确定需要经过周密的临床检查和科学评估，这是由临床医师和心理学家共同合作来完成。在我国实际情况中，精神科医师偏重临床检查和实验室检查，心理咨询师偏重于门诊会谈，而心理援助师则偏重观察、会谈和心理测量等技术的运用，这些不同的工作方法，都是为了一个最终目的，即更为准确地帮助来访者确定主要心理问题，以便有针对性地采取相应措施。

（二）常用评估方法

对社区居民的心理障碍进行全面的鉴定，将有助于确定治疗方案。心理援助师要常常采用一系列评估方法。最常用的有观察法、会谈法、调查法和心理测量等。

1.观察法　它是信息来源最真实可靠的方法，社区心理援助师最好直接观察被援助者的表现，系统观察个体的想法、感受和行为及非言语行为。主要包括五个方面：外表和行为、思维和感知觉、情绪和心境、智力状况、意识状况。关注被援助者的外部表现与内心体验及社会适应状况。对被援助者的问题进行评定。

2.会谈法　是心理障碍检查和治疗的一种基本技术，是援助师与被援助者建立良好的关系桥梁，会谈时要取得被援助者与陪同者的信任，使他们没有顾忌地诉说和较好地配合，会谈过程中要与被援助者有情感交流，避免诱导或暗示性的提问，让其尽量反映实情，尤其关注病因和早期症状的发展。访谈帮助心理援助工作者收集个体在行为、态度和情绪方面的信息，以及有关个体的总体生活状况和当前问题的资料史。通过临床访谈，被援助者可确定障碍发生的时间，并确认与障碍同时出现的其他事件（如生活压力、创伤、躯体疾病）。收集个体的基本生活信息，了解其精神状况，当前问题的资料史，理解其人格发展历程，了解其问题的根源，为进一步评估和诊断做准备。

3.调查法　调查法是做好被援助者的客观记录，被援助者和监护人反映的信息可能很杂乱，要注意记录有价值的内容，最好采用他们陈述的原话，或者直接调查被援助者的亲属或好友。对他人提供的信息要认真分析，因为他人对被援助者的态度与情感不同，且与被援助者接触的时间地点方式也有不同，因此，反映的问题程度差异很大，要尽量避免掺杂信息提供者的个人情感成分，让来访者自己叙述病情，或收集被援助者的日记、图画、信件作为参考内容。采集的信息要经过整理归纳，使之条理清楚，简明扼要。为了使记录的信息更客观全面，可以按以下项目做极简单的记录。

一般资料：姓名、性别、职业、收入、婚姻、住址、出生地和日期、文化程度和主要调查内容。主要调查内容如下：

(1)求助的主要原因。

(2)个人成长、发展中的问题(经受的挫折或不良行为)。

(3)现实生活状况、婚姻家庭状况。

(4)对性的认识与要求、性生活质量。

(5)人际关系、沟通状态和社会活动、兴趣等问题。

(6)自我评价：优缺点、能力、价值观、理想。

(7)身体方面的主观感觉(主观症状)。

(8)情绪体验、生活态度。

4. 常用的心理测量

(1)智力测验：①比奈－西蒙量表；②斯坦福－比奈量表；③韦克斯勒学前和初小、儿童、成人三套智力量表。

(2)人格测验：①明尼苏达多相人格调查表(MMPI)；②艾森克人格问卷(EPQ)；③卡特尔16种人格因素问卷(16PF)；④主题统觉测验(TAT)；⑤罗夏墨迹测验。

(3)评定量表：①症状自评量表(SCL－90)；②生活事件量表(LES)；③焦虑自评量表(SAS)；④Beck焦虑量表(BAI)；⑤抑郁自评量表(SDS)；⑥Beck抑郁量表(BDI)。

(三)心理障碍评估的内容

有人从认知心理学角度，将临床评估过程分成四个阶段：一是准备阶段，了解来访者问题，与之商定评估手段和步骤；二是信息输入阶段，即通过调查观察会谈或量表评定收集有关信息；三是信息加工，对收集的信息进行处理分析和解释；四是信息输出，提出帮助来访者解决问题的建议和措施。社区心理援助师对任何一个求助者进行评估基本都包含这四个阶段。评估的有效性取决于收集信息的可靠性，而收集信息的过程是有一定要求的。

(1)个体心理活动，特别是疾病发展过程中的心理活动：包括自我概念、认知、情绪、情感等方面现在的或潜在的健康问题。

(2)个体的个性心理特征，尤其是性格：可以使评估者对被评估对象的心理特征形成印象。

(3)个体与周围环境的相互作用：包括个体对周围环境的评价，个体一般的交往方式，个体与他人发生矛盾时的处理方式、理解方式、应对方式等。

在心理援助工作中，首先是要确定援助者的心理活动是否正常，如知、情、意、行等心理过程是否统一，个性特征是否相对稳定，根据援助者的环境适应能力，心理活动的强度、节律性、耐受力、自控力、自信心、意识水平、社交状况和康复能力等对其心理健康水平做出评估。社区心理援助师必须具备广博的专业知识和良好的心理品质，不断学习进取，对多项测定进行综合分析，提高评估技巧。区分被援助者是正常人，还是有心理问题、心理障碍或心理疾病。

被援助者病因可分为生物、心理和社会等因素，根据这种思路，可以大体把握被援助者的主要心理问题和原因，并能为咨询和治疗提供有价值的信息。如果，被援助者是由生物、心理和社会等因素导致的心理障碍、精神疾病患者，就不是心理援助师的对象，应转医院治疗。而由社会因素产生的一般心理困惑不需采用药物治疗，心理援助师可望获得好的疗效。

五、常见心理障碍的处理

1. 常见心理障碍的处理方式　对于适应性障碍的治疗主要有以下两个方面：

(1)心理治疗：支持性心理治疗、行为治疗、认知疗法、合理宣泄等，必要时做定期心理咨询。

(2)药物治疗：对抑郁、焦虑明显者可酌情使用抗抑郁药或抗焦虑药，如多塞平、阿米替林等；有明显暴力行为者也可使用氟哌啶醇。

2. 对于偏执型人格在早期进行调节　调节的方法主要有以下几种：

(1)自觉地创造一个良好的人际环境:在这种良好的人际环境中,患者通过良好地沟通与交往,容易理解他人、信任他人、减少敏感多疑。父母、教师对青少年患者不要轻易地责备、侮辱,彼此间要互相理解、互相关心、互相帮助。要经常进行沟通和交往,减少或避免不良刺激。患者也要尽量克制自己。

(2)学会自我暗示调解法,逐渐消除异常人格特征:最好每天默念一次类似"一个人固执多疑,不利于人际交往。一定要改掉固执多疑的缺点,要谦和,要心平气和地表达自己的观点,要积极地理解、听取他人的意见,不要总认为自己比别人能干,天外有天、人外有人,千万不要高傲自大,不要整天去怀疑有人在搞鬼,否则会给自己带来无穷的烦恼……"的话语。最好能在大脑皮层兴奋性低的早晨、午休或就寝前进行默念。坚持一段时间,偏执型人格障碍的许多人格特征就会得到缓解,甚至会有明显地改善。

(3)学会自我分析法:分析自己的一些非理性观念,逐步消除异常人格特征。例如,每当出现对他人怀疑或有敌意的观念时,就要自我分析一下是不是卷入了"信任危机"或"敌对心理"的漩涡之中。通过自我分析法,可以阻止患者的偏执行为。有时患者不知不觉地表现了偏执行为,事后应抓紧分析当时的想法,找出当时的非理性观念,防止再犯。

(4)若上述方法不能奏效,应及时求助医生,辅以药物治疗:抗精神药有一定疗效,但必须听从医师的吩咐,最好同时结合上述心理调节方法。

3. 对于分裂型人格障碍也要多种方式进行调节　分裂型人格障碍的形成一般与人的早期心理发展有很大关系。儿童在成长过程中,如果终日不断被父母责骂、批评,得不到父母的爱,他就会觉得自己毫无价值;如果父母对子女不公正,就会使儿童是非观念不稳定,产生心理上的焦虑和敌对情绪,有些儿童因此而分离、独立,逃避与父母身体和情感的接触,进而逃避与他人和事物的接触,这样就极易形成分裂型人格障碍。具体治疗方法有以下两种:

(1)社交训练法,有助于纠正不合群性。首先要提高认知能力,懂得孤独不合群、严重内向的危害,自觉投入心理训练。其次,制定社交训练评分表,自我评分、每天小结、每周总结。以奖励表扬为主,对每一点滴的进步都要加以肯定,并给予强化,以鼓励其自信心,这一点很重要。切忌批评责备,以免造成患者产生心理反感和对自己丧失信心。训练内容从简到繁,从易到难。

(2)兴趣培养法:兴趣培养有助于克服兴趣索然、情感淡漠的人格。首先,提高认知。懂得有意识地分析自己,确定积极人生的理想追求目标。其次,多参加社会实践。要创造条件,有意识地接触社会实际生活,扩大接受的社会信息量,促使兴趣多样化。最后,多参加兴趣小组活动,如绘画、歌咏、舞蹈、艺术、体育锻炼、科技活动等小组。这是培养兴趣的较好形式。

4. 对于自恋型人格障碍一般采用的治疗方法

(1)解除自我中心观:自恋型人格障碍的最主要特征是自我中心,而人生中最为自我中心的阶段是婴儿时期。因此,必须了解那些婴儿化的行为。可以把自己认为讨人厌烦的人格特征和对你的批评罗列下来,看看有多少婴儿期的成分。要时常告诫自己:必须努力工作,取得成绩来吸引别人的赞美;许多事都要自己动手去做;要争取应得到的,但不嫉妒别人应得的。

(2)学会爱别人:生活中最简单的爱的行为便是关心别人,尤其是别人需要你帮助的时候。只要你在生活中多一份对他人的爱心,你的自恋症便会自然减轻。

5. 对于表演型人格障碍一般采用的方法

(1)提高认知法:帮助患者正视自己,了解自己的人格及其危害,才能扬其长避其短,适应社会环境。

(2)情绪自我调整法:表演型人格障碍患者情绪表达夸张,旁人常无法接受。对别人讨厌的情绪表达要坚决予以改进,对别人喜欢的则适中保留。还可请好友在关键时刻提醒一下,或在事后请好友对自己的表现做一评价,然后从中体会自己情绪表达过火之处,以便在以后的情绪表达上适当控制,达到自然、适度的效果。

(3)升华法:让表演型人格障碍者把兴趣转移到表演艺术中去,使原有的表演能量得到升华。投身于表演艺术是表演型人格障碍者的一条很有效的自我完善之路。

6. 对于强迫型人格障碍可采用的方法

(1)听其自然法:强迫型人格障碍的纠正主要是减轻和放松精神压力,最有效的方式是任何事顺其自然,该怎么办就怎么办,做了以后就不再去想它,也不要对做过的事情进行评价。经过一段时间的训练和自己的努力,症状会缓解。

(2)当头棒喝法:当一个人过分执着于经典与规矩时,他对活生生的多变现实就会感到无所适从。强迫型人格障碍者习惯于按教条办事,总是按"应该如何,必须如何"的准则去做,像个机器人。要改变这种状况,就要砸开锁链、打开牢笼,让曾经被囚禁的自由思想主宰自己的行为。当头棒喝便是打开牢笼的。应努力寻找生活中的独特事件,让这些独特事件带来新的观念和解决问题的新思路、新方法,以起到"当头棒喝"的作用,改变墨守成规的习惯。

7. 对于依赖型人格障碍的处理方式

(1)习惯纠正法:依赖型人格障碍者的依赖行为是一种习惯,必须首先破除不良习惯,才能进一步实施有效治疗。清查一下自己的行为,每天做记录,记满一个星期,以后遇到同类情况应坚持自己做。对自主意识中等的事件,应提出改进的方法,并在以后的行动中逐步实施。对自主意识较差的事件,可以找一个自己最依赖的监督者,防止依赖复发。

(2)重建自信法:首先要消除童年时父母、长辈、朋友对自己说过的具有不良影响的话,把这些话语仔细整理出来,然后一条一条加以认知重构,并将这些话语转告给你的朋友、亲人,让他们在试着干一些事情时,不要用这些话语来指责你,而要热情地鼓励、帮助你;其次要重建勇气。选做一些冒风险的事,每周做一项,可以增加你的勇气,改变你事事依赖他人的弱点。

8. 对于反社会型人格的人员的防范处理　反社会型人格障碍在各种类型人格障碍中,是心理学家和精神病学家最为重视的。由于反社会型人格障碍的病因相当复杂,目前尚缺乏十分有效的方法。使用镇静药和抗精神类药治疗,治标不治本;心理治疗,对存在中枢神经系统功能障碍的反社会型人格障碍患者毫无作用。认知领悟疗法对那些由于环境影响形成的、程度较轻的患者有一定疗效。少数家庭关系极为恶劣而与社会相处尚可的患者,可以在学校或机关住集体宿舍或到亲友家寄养,以减少家庭环境的负面影响,同时培养其独立生活的能力。当患者出现反社会行为时,给予强制性的惩罚(电击、禁闭),使其产生痛苦的体验,实施多次以后,反社会行为会减少。

9. 对于回避型人格障碍可以从以下几方面着手

(1)消除自卑感:要正确认识自己,提高自我评价。只有提高自我评价,才能提高自信心,克服自卑感。要正确认识自卑感的利与弊,提高克服自卑感的自信心。要进行积极地自我暗示,自我激励,相信事在人为。

(2)克服人际交往障碍:必须给自己定一个交朋友的计划;起始的级别比较低,任务比较简单,以后逐步加深难度;最好找一个监督人,让他来评定执行情况,并督促坚持下去;在开始进行梯级任务时,可能会觉得很困难、毫无趣味,但要尽量设法克服,以取得良好的治疗效果。

10. 对于神经症性的心理障碍患者采取的办法　神经症性心理障碍患者不仅家人感到身心俱疲,连他本人也十分苦恼。患者到处求医问药,要求使用各种滋补强壮中西药物。不少患者,尤其是病程短、发病急、常因几天睡眠差而服补气、壮阳药的患者,不仅不能改善病情,反而火上加油,使病情更加复杂化。

(1)心理治疗:要关心患者,做好思想工作,帮助解除顾虑,增强治愈信心。

(2)可用药物减轻症状:在医师指导下,可适量服用镇静药、阻滞药、谷维素、安神补心丸等。

(3)不必卧床休息,可适度减轻或调整工作:合理安排生活,适度参加体力活动及锻炼。

(4)治疗见效后,不要立即停止治疗:否则可能复发,一般应维持2~3月的治疗时间,然后逐渐停药。

11. 精神分裂症的治疗方式

(1)精神分裂症,除了患者本人健康受到很大损失外,家属及同事也背上了精神、经济及心理上的负担,所以,精神分裂症一旦发现应及时治疗。

(2)精神分裂症治疗以综合治疗为原则,精神药物治疗为关键性治疗;支持性心理治疗及改善社会心理环境，改善患者的心境也具有重要意义，一般是在患者病情好转时与药物治疗相结合进行。病情缓解期或慢性阶段，除适量药物治疗外，环境、心理治疗和社会支持十分必要，特别是对患者的社会康复，预防患者的衰退，以及提高患者适应社会的能力起着重要作用。

（3）急性阶段的安全护理及慢性阶段或康复期的家庭监护也很必要。

①积极治疗。对急慢性病例要采取积极治疗措施。通过积极治疗可缓解患者症状、改善接触，促进精神康复，同时也可防止精神衰退。

②康复治疗。在药物及各种治疗的同时配合以康复治疗，包括音乐疗法、运动疗法等。

③心理治疗。在疾病的不同阶段配合以不同的心理治疗，在疾病缓解期和恢复期尤为重要。发挥患者在治疗中的主观能动性，增强其战胜疾病的信心，帮助患者提高对疾病的认识，巩固疗效，对有精神缺损和衰退的患者要训练他们的劳动及生活能力，使之将来能重返社会。

④院外治疗。对临床治愈或出现基本缓解的患者要加强院外治疗及管理，医师要定期复查或家庭随访，可以减少精神分裂的复发和再住院。

⑤护理。急性期主要是做好患者的安全护理。精神分裂症患者的自杀或伤人最难预防。据统计，50%的精神分裂症患者有自杀企图，其中10%自杀身亡。因此，无论对住院患者或门诊患者均应提高预防患者自杀与伤人的警惕性。慢性期主要是做好患者的心理护理工作及家庭康复护理工作，要为患者安排丰富的疗养生活，如读报、下棋、扑克、音乐、美术等文体活动及工娱活动，督促患者参加集体活动，可根据患者的兴趣爱好规定每人每天完成一定项目，使患者生活规律，同时提高患者兴趣，有利于精神活动的康复。

总之，对于任何心理障碍的患者首先要量化等级，然后对症给药，强调助人自助。

第八节　社区一般常见心理疾病的识别、评估与处理

心理疾病是各种原因引起的心理异常的总称，是临床心理分类诊断和精神医学分类诊断的一种结合。关于心理疾病的分类，在国际上使用的是“精神和行为障碍”的分类系统。其中有两大分类系统，一个是世界卫生组织制定的《国际疾病分类》（第10版）（ICD－10，1990），另一个是美国的《精神障碍诊断统计手册》（第4版）（DSM－Ⅳ，1994）。我国经过多年的使用和修订，出版了《中国精神疾病分类方案与诊断标准》（CCMD－3，2000）。根据我国的精神疾病分类方案与诊断标准，心理疾病可以分为两大范围。

精神病性障碍，临床中表现为严重精神疾病的症状，如有妄想、幻觉，情感淡漠或不协调，意志障碍和行为严重反常，没有自知力等。主要的疾病有精神分裂症、脑器质性精神障碍、躯体疾病所致的精神障碍、偏执性精神病、情感性精神障碍等。精神病是一类严重的心理疾病，需精神科专科医师给予治疗。包括精神分裂症、躁狂、抑郁性精神病。

非精神病性精神障碍，起病与心理社会因素有关，患者能了解和认识自己的患病情况，有求医的愿望。主要表现为不具备精神病性症状，而是出现焦虑、紧张、恐惧、抑郁、强迫、疑病等症状或有人格方面的改变。主要疾病有神经症、饮食障碍、睡眠与觉醒障碍、心因性性功能障碍、人格障碍等。

社区中除以上常见心理疾病外，老年性痴呆、儿童多动症、酒精或毒品依赖等也容易引发心理疾病。

一、社区中一般常见精神病性障碍的识别、评估与处理

1．精神分裂症症状的识别、评估与处理　精神分裂症是所有精神疾病中最复杂的一种，是脑的严重、慢性、致残性疾病，曾被认为是心理疾病，现划为大脑疾病。

根据国际精神分裂症试点调查（IPSS）资料，一般人群中精神分裂症年新发病率在0.2%～0.6%。而随着生活节奏加快和社会竞争的不断加剧，中国的精神卫生问题也日益凸显，我国精神分裂症的患病率已高达6.55%，精神分裂症患者高达780万人。

由于精神病患者自知力受到不同程度的损害，所以精神病性症状的评定方法主要是他评法，通过专业人员的观察和访谈进行评价。目前精神卫生医院和社区心理咨询师一般常用“简明精神病评定量表（BPRS）”评定精神病性症状的严重程度，尤其是精神分裂症患者。BPRS总分反映精神病性疾病的严重程

度，总分越高，病情越重。在一般研究中确定患者入组中、重度标准分 > 35 分。因子分反映精神病性症状的临床特点，单项症状的评分及出现频率反映不同精神性症状的分布特点。还有阳性和阴性症状综合征量表（PANSS）、阳性症状评定量表（SAPS）、阴性症状评定量表（SANS）和缺陷综合征表（SDS）及神经精神病学临床评定表（SCAN）等。

（1）精神分裂症的症状：精神分裂症最突出的特征是精神症状的突然出现。精神分裂症最常见的症状包括：对现实的歪曲知觉、意识混乱、多疑、错觉、幻觉、思维紊乱、情绪失控、感情平淡（情感表达）、工作和学习困难、缺乏密切的人际关系（社交退缩）、夸大自身价值和（或）不现实自我评价过高。

（2）精神分裂症的病因：目前所知精神分裂症不是单一病因引起，可能有许多因素，如遗传、行为和环境等在发病中均起作用。

（3）精神分裂症青春型：临床常见的是将青春型精神分裂症误诊为躁狂症，相反的情况也时有发生，这是因为精神分裂症也可有循环病程，临床表现也可有运动性兴奋，但精神分裂症经过几次发病后，循环病程渐不明显，而呈慢性进行性病程，临床相虽有兴奋躁动，但情感不是轻松、愉快，而是喜怒无常，行为也多具冲动性，临床上确有一些躁狂抑郁症患者具有与心境不协调的精神病性特征，但历时短暂，随病程而长。

（4）精神分裂症的处理：精神分裂症是常见的精神疾病，由于患者思维紊乱、感知障碍、情绪异常，伴有意志行为障碍，又无自知力，所以作为咨询师在其发病期间应即时转介到精神病医院，运用药物进行治疗。在精神分裂症的缓解期，在有充分适应证的情况下接受系统的心理治疗。

2. 躁狂、抑郁性精神病症症状的识别、评估与处理　躁狂抑郁性精神病简称躁郁症，是一组以情感活动过度高涨或低落为基本症状的精神病。临床特征为躁狂或抑郁反复发作，或交替发作。

躁狂、抑郁性精神病症症状的识别与评估：躁狂、抑郁性精神病症分为躁狂和抑郁两组症状。

①躁狂。典型的临床表现具有三个方面：a. 情绪高涨，即患者终日洋洋得意，笑逐颜开，洋溢着欢乐的神态，易激惹、多怒；b. 思维奔逸，联想过程明显加速，思维内容丰富多变，自觉大脑比平时聪明，记忆力比平日好，注意力不能集中，随境转移，意念飘忽不定；c. 语言动作增多，滔滔不绝，口若悬河，过高评价自己，夸大自己的才华、财产、地位，常因平时说话太多而变得声音嘶哑。

②抑郁。典型的临床症状也表现在三个方面：a. 情绪低落，终日愁眉苦脸，唉声叹气，兴趣索然，对家庭、亲人丧失信心；b. 思维活动减慢，自觉大脑迟钝，思路闭塞，记忆力大减，处理事情无所适从；c. 语言动作减少，话少声低，甚至缄默不语，常有消极观念，终日卧床不动，不愿接待他人。躁狂抑郁症，在医学上又称为情感性精神病，是一组以情感活动过度高涨或低落为基本特征的疾病。本病为躁狂或抑郁反复发作，或交替发作，早期症状可能出现在青壮年时代，由于迁延若干年，经久不愈而成为慢性，因此在老年人中比较常见。

3. 躁狂症症状的识别　躁狂症的精神病性症状的评定方法主要也是他评法，通过专业人员的观察和访谈来进行评价，精神卫生医院和社区咨询师一般常用"倍克 - 拉范森躁狂量表"（BRMS）来评定躁狂状态的严重程度，主要来评定情感性精神病和分裂情感性精神病躁狂发作的成年患者。

躁狂症以情绪高涨或易激惹为主要特征，且症状持续至少一周，在心境高扬期，至少有下述症状中的三项：①言语比平时显著增多；②联想加快，或观念飘忽，或自感言语跟不上思维活动的速度；③注意力不集中，或者随境转移；④自我评价过高，可达妄想程度；⑤自我感觉良好，如感头脑特别灵活，或身体特别健康或精力特别充沛；⑥睡眠的需要减少，且不感疲乏；⑦活动增多，或精神运动性兴奋；⑧行为轻率或追求享乐，不顾后果，或具有冒险性；⑨性欲明显亢进。

（1）躁狂症状特征：躁狂状态的主要临床症状是心境高涨，思维奔逸和精神运动性兴奋。

①心境高涨。患者表现轻松、愉快、兴高采烈、洋洋自得、喜形于色的神态，好像人间从无烦恼事，心境高涨往往生动、鲜明，与内心体验和周围环境相协调，具有感染力，患者常自称是"乐天派""高兴极了""生活充满阳光，绚丽多彩"，情绪反应可能不稳定，易激惹，可因细小琐事或意见遭驳斥，要求未满足就暴跳如雷，可出现破坏或攻击行为，有些病人躁狂期也可出现短暂心境不佳。

②思维奔逸。联想过程明显加快，概念接踵而至，说话声大量多，滔滔不绝，因注意力分散，话题常随境

转移,可出现观念飘忽、音联意联现象,患者常有“脑子开了窍”“变聪明了”“舌头与思想赛跑”的体验。

③自我评价过高:在心境高涨背景上,自我感觉良好,感到身体从未如此健康,精力从未如此充沛,才思敏捷,一目十行,往往过高评价自己的才智、地位,自命不凡,可出现夸大观念。

④精神运动性兴奋:躁狂症患者兴趣广,喜热闹,交往多,主动与人亲近,与不相识的人也一见如故,与人逗乐,爱管闲事,打抱不平,凡事缺乏深思熟虑,兴之所致狂购乱买,每月工资几天一扫而光,患者虽终日多说、多动,甚至声嘶力竭,却毫无倦意,精力显得异常旺盛。

⑤食欲、性欲增强:食欲、性欲一般是增强的,睡眠需求减少。

(2)严重程度标准,至少有下述情况之一:①工作、学习和家务劳动能力受损;②社交能力受损;③给别人造成危险或不良后果。

(3)躁狂症排除标准:①不符合脑器质性精神障碍、躯体疾病与精神活性物质和非依赖性物质所致精神障碍;②可存在某些分裂性症状,但不符合精神分裂症的诊断标准。

4. 抑郁性精神病症状的识别　抑郁症是躁狂抑郁症的一种发作形式,以情感低落、思维迟缓以及言语动作减少、迟缓为典型症状。抑郁症严重困扰患者的生活和工作,给家庭和社会带来沉重的负担,约15%的抑郁症患者死于自杀。世界卫生组织、世界银行和美国哈佛大学的一项联合研究表明,抑郁症已经成为中国疾病负担的第二大病。

抑郁性精神病症状的评定方法主要也是他评法,通过专业人员的观察和访谈来进行评价,精神卫生医院和社区咨询师常用“汉密顿抑郁量表”(HAMD)评定抑郁症所涉及的多种状态,此量表适应于有抑郁症状的成年患者,可用于抑郁、双向障碍、神经症等多种疾病的抑郁症状之评定,尤其适用于抑郁症。

(1)抑郁症患者的表现

抑郁症是一种常见的精神疾病,主要表现为情绪低落、兴趣减低、悲观、思维迟缓、缺乏主动性、自责自罪、饮食、睡眠差,担心自己患有各种疾病,感到全身多处不适,严重者可出现自杀念头和行为。常表现为极少说话,存在妄想或幻觉、自杀观念或企图、体重严重减轻。患者可能会感到一些不真实的事情。尽管它是以抑郁这种情绪问题出现的,但已经演变成了精神病性类型。

①心境低落。主要表现为显著而持久的情感低落,抑郁悲观。轻者闷闷不乐、无愉快感、兴趣减退,重者痛不欲生、悲观绝望、度日如年、生不如死。典型患者的抑郁心境有晨重夜轻的节律变化,在心境低落的基础上,患者会出现自我评价降低,产生无用感、无望感、无助感和无价值感,常伴有自责自罪,严重者出现罪恶妄想和疑病妄想,部分患者可出现幻觉。

②思维迟缓。患者思维联想速度缓慢、反应迟钝、思路闭塞,自觉“脑子好像是生了锈的机器”“脑子像涂了一层糨糊一样”,临床上可见主动言语减少,语速明显减慢,声音低沉,对答困难,严重者交流无法顺利进行。

③意志活动减退。患者意志活动呈显著持久地抑制,临床表现行为缓慢,生活被动、疏懒,不想做事,不愿和周围人接触交往,常独坐一旁,或整日卧床,闭门独居、疏远亲友、回避社交;严重时连吃喝等生理需要和个人卫生都不顾,蓬头垢面、不修边幅,甚至发展为不语、不动、不食,称为“抑郁性木僵”,但仔细进行精神检查,患者仍流露痛苦抑郁情绪;伴有焦虑的患者,可有坐立不安、手指抓握、搓手顿足或踱来踱去等症状;严重的患者常伴有消极自杀的观念或行为。消极悲观的思想及自责自罪、缺乏自信心可萌发绝望的念头,认为“结束自己的生命是一种解脱”“自己活在世上是多余的人”,并会使自杀企图发展成自杀行为。这是抑郁症最危险的症状,应提高警惕。

④认知功能损害。研究认为抑郁症患者存在认知功能损害。主要表现为近事记忆力下降、注意力障碍、反应时间延长、警觉性增高、抽象思维能力差、学习困难、语言流畅性差、空间知觉、眼手协调及思维灵活性等能力减退。认知功能损害导致患者社会功能障碍,而且影响患者远期预后。

⑤躯体症状。主要有睡眠障碍、乏力、食欲缺乏、体重下降、便秘、身体任何部位的疼痛、性欲减退、阳痿、闭经等;躯体不适可涉及各脏器,如恶心、呕吐、心慌、胸闷、出汗等;自主神经功能失调的症状也较常见;病前躯体疾病的主诉通常加重。睡眠障碍主要表现为早醒,一般比平时早醒2~3小时,醒后不能再入睡,

这对抑郁发作具有特征性意义;有的表现为入睡困难,睡眠不深;少数患者表现为睡眠过多;体重减轻与食欲缺乏不一定成比例,少数患者可出现食欲增强、体重增加。

(2)抑郁性精神病排除标准

①不符合脑器质性精神障碍、躯体疾病与精神活性物质和非依赖性物质所致精神障碍。

②可存在某些分裂性症状,但不符合精神分裂症的诊断标准。若同时符合精神分裂症的症状诊断标准,鉴别诊断可参考分裂情感性精神病的诊断标准。

5.心情抑郁和病理性抑郁的区别

(1)鉴别

①正常人的抑郁情绪是基于一定客观事物为背景的,而病理性情绪忧郁障碍通常无缘无故地产生,或者虽有不良因素,但是“小题大做”,不足以真正解释病理性忧郁征象。

②正常的情绪变化通常是短期性的,人们通常通过自我调适,重新保持心理平稳,而病理性忧郁症状常持续存在,甚至不经治疗难以自行缓解,症状还会逐渐加重恶化。如果超过一个月,甚至数月或半年以上,则肯定是病理性抑郁。

③前者忧郁程度较轻,后者程度严重,并且影响患者的工作、学习和生活,无法适应社会,影响其社会功能的发挥。

④抑郁症可以反复发作,每次发作的基本症状大致相似。

⑤典型抑郁症有节律性症状特征,表现为晨重夜轻的变化规律。许多患者常说,每天清晨时心境特别恶劣,痛苦不堪,因而不少患者在此时时常有自杀身亡的念头。至下午3~4时以后,患者的心境逐渐好转,到了傍晚,似乎感到没有毛病了。

⑥持续性顽固失眠、生理功能低下,体重、食欲和性欲下降,全身多处出现难以定位、定性的功能性不适和整体性的症状关系,检查又无异常,这些均是抑郁症的常见征象。

⑦抑郁症的家族中常有精神病史或类似的情感障碍的发作史。

(2)躁狂、抑郁性精神病病因:关于本病的具体发病原因并不十分清楚,根据资料归纳,可概括为以下内容。

①遗传因素。一般有遗传病史,性格内向、孤僻、敏感,环境适应能力差,以及受到过精神刺激的人容易患上躁郁症。

国内外有关研究资料提示,本病的家族遗传倾向较为明显:国内资料表明,本病患者有精神病家族史者可高达30%~41.8%;国外群体调查资料,一级亲属成员中本病的患病率,同胞为12.3%,父母为7.4%,子女为9.4%,比一般居民高30倍左右。不过,有关遗传方式尚无定论。

②性格基础。大部分躁郁症患者的病前性格具有好交际、富于同情心、多行动而好幻想、兴趣广泛、情绪不稳、容易过于喜悦或忧郁等特点,称之为环性性格或外向性格。也较易变得忧虑多愁。

③精神因素和躯体因素。躁狂抑郁症在首次发病前或再次发作前约有半数以上有精神因素,少数患者在躯体因素如感冒、传染病等影响下诱发起病;甲状腺功能亢进可出现轻躁狂状态,但情感并非真正高涨,而以焦虑、情绪不稳为主,伴有原发躯体病症状和体征;某些药物中毒可引起躁狂状态,根据用药史、用药时间、剂量与发病关系、停药或减药后渐趋好转可资鉴别,中毒性精神病往往伴有不同程度的意识障碍。

④脑器质性精神病。如麻痹性痴呆、老年性精神病可出现躁狂状态,但往往有智力障碍,情感并非高涨,而是以欣快为主。

(3)躁狂抑郁性精神病症的处理:

通常的处理方法有以下几种:①做相应的心理测验。通过心理测验可以从中获得许多信息和定量的指标,因此全科医师可以运用一些易操作的常用量表对来访者做一些相关的症状评定。对于焦虑可用焦虑自评量表(SAS)、贝克焦虑量表(BAI)、汉密顿焦虑量表(HAMA)等。

②做医学方面的有关检查。对于来访者诉说的某些症状,如头痛、头晕、心悸、胸痛、恶心、腹痛、腰痛、乏力、咽部梗塞感、尿频、大便次数增多、颤抖、食欲缺乏、明显消瘦等躯体化症状,必须建议他们进行全面的

体格检查,排除存在各种器质性疾病的可能。

③转介给心理医师或精神科医师做进一步评估及心理治疗。当社区心理援助师认为自己对于来访者难以做出确切地评估或认为该来访者已存在心理障碍须要接受系统的心理治疗,同时来访者也有接受心理治疗的要求,可将来访者向有关专业心理医师或精神科医师转介。

④环境方面的调整。如果来访者的心理问题与所处的客观环境有密切的联系,受环境的影响特别严重,如果环境的调整能够有效地缓解来访者的心理反应和应激反应,作为社区工作者可以帮助来访者从环境的调整方面作一些努力,以求解除环境的压力。

⑤社区心理援助师实施心理咨询或短程心理治疗。有的来访者有强烈的动机要求接受心理咨询或心理治疗,同时对社区心理援助师十分信任,有安全感,相信社区心理援助师能直接有效地帮助他。如果社区心理援助师对自己所掌握的心理咨询或心理治疗的理论和技术有一定的把握,同时认为来访者有接受自己心理咨询或短程心理治疗的适应证,在这种情况下可以与来访者讨论如何进行心理干预的实施意向和计划。

二、社区中一般常见非精神病性精神障碍识别、评估与处理

1. 神经症概述　神经症是公认的心理因素引起的疾病,是心理治疗的主要对象,神经症在人群中的发病情况很普遍。患者的最大特征是自我结构是健全的。意识一般都清楚,表现条理分明、有责任感,举止合宜,与外界能保持接触,有要求诊治的主观愿望。神经症的起病与个性和心理社会因素有关,可有精神及躯体症状的体验却无明显的器质性病变的阳性指标。神经症包括抑郁症、焦虑症、恐怖症、强迫症、疑病症、癔症等。尽管各类型存在各自不同的病因、发病机制、临床表现、治疗反应及病程与预后。但多年的研究发现,神经症性障碍仍有不少共同之处, 包括以下 4 点:

(1)一般没有明显或持续的精神病性症状:神经症性障碍主要表现为焦虑、抑郁、恐惧、强迫、疑病症状,这些症状可以单独存在,但大多是混合存在,尤其是焦虑症状,很少有明显或持续的精神病性症状。

(2)缺乏明确的器质性病变基础:感染、中毒、物质依赖、代谢或内分泌障碍及脑器质性疾病等多种器质性疾病可能出现各种神经症的症状表现,但不能诊断为神经症,诊断神经症性障碍须排除器质性疾病。

(3)患者往往对疾病存在痛苦体验:多数神经症性障碍患者在疾病发作期均保持较好的自知力,他们的现实检验能力通常不受损害,他们不仅能识别他们的精神状态是否正常,也能判断自身体验中哪些属于病态。由于患者对神经症性障碍的体验常常十分痛苦,症状常常与现实处境不相称,患者常能深切地体验到这一点并加重其痛苦,故常有强烈的求治欲望,而找不到明确的病因的诊疗历程可能加重患者的痛苦体验,并对患者的社会功能产生一定影响,他们的工作、学习效率和适应能力均有不同程度地减退。疾病的加重和病程的慢性化也可能使少数患者丧失自知力。

(4)心理社会因素、病前性格在神经症性障碍的发生发展中起一定作用:心理社会应激因素与神经症性障碍的发病有关。

2. 常见神经症的心理测验量表　社区心理援助师可以运用一些易操作的常用量表对来访者做一些相关的症状评定,通过心理测验可以从中获得许多信息和定量的指标。对于焦虑可用焦虑自评量表(SAS)、贝克焦虑量表(BAI)、汉密顿焦虑量表(HAMA)等;对于抑郁可用抑郁自评量表(SDS)、贝克抑郁量表(BDI)、汉密顿抑郁量表(HRSD)、贝克焦虑量表(BAI)、汉密顿焦虑量表(HAMA)等;对于抑郁可用抑郁自评量表(SDS)、贝克抑郁量表(BDI)、汉密顿抑郁量表(HRSD)等;但对于一些来访者的人格问题常用 Minnesota 多相人格调查表等。

3. 抑郁症的识别、评估与处理　抑郁症是一种常见的心境障碍,往往是多种原因综合作用造成,以显著而持久的心境低落为主要临床特征,且心境低落与其处境不相称,严重者可出现自杀念头和行为。多数病例有反复发作的倾向,每次发作大多数可以缓解,部分可有残留症状或转为慢性。常见的表现为持续地高兴不起来,兴趣明显减退,感觉生活没有意义,乏力、记忆力减退、反应迟钝、自卑、失眠早醒、食欲缺乏、体重明显减轻、消极言行等。目前国内外业界公认的抑郁症治疗策略为系统的抗抑郁药治疗加心理治疗,目前抑郁症在系统科学地治疗下多数患者能治愈,治疗不充分或不科学是导致抑郁症反复发作的重要原因。

(1)抑郁性神经症的病理病因:①遗传因素(10%)。大样本人群遗传流行病学调查显示,与患病者血缘关系愈近,患病概率越高。一级亲属患病的概率远高于其他亲属,这与遗传疾病的一般规律相符;②心理－社会因素(25%)。各种重大生活事件突然发生,或长期持续存在会引起强烈和(或)持久的不愉快的情感体验,导致抑郁症的产生。迄今为止,抑郁症病因与发病机制还不明确,也无明显的体征和实验室指标异常,概括地说是生物、心理、社会(文化)因素相互作用的结果。

(2)抑郁性神经症的识别、评估:有一定的心理社会因素作诱因,慢性起病,肯定而不太严重的抑郁伴有神经症症状,工作、交际、生活能力受影响较轻,有求治欲望,人格完整,病程持续2年以上,是诊断抑郁性神经症的主要依据,以下10项内容可作为评估诊断抑郁性神经症的参考:①病前有抑郁性格;②有精神因素诱发;③精神运动性抑制不明显;④有体重减轻、厌食等生物学症状;⑤心境抑郁为主要症状;⑥伴有焦虑症状;⑦有严重的自责;⑧无妄想、幻觉等精神病性症状;⑨有主动治疗要求;⑩以往没有发作间歇。

(3)抑郁性神经症的排除标准:①不符合脑器质性精神障碍,躯体疾病与精神活性物质和非依赖性物质所致精神障碍;②可存在某些分裂性症状,但不符合精神分裂症的诊断标准,若同时符合精神分裂症的症状诊断标准,鉴别诊断可参考分裂情感性精神病的诊断标准。

(4)抑郁性神经症主要跟以下几种疾病鉴别:①内源性抑郁症。包括单相抑郁症,双相情感障碍(既有抑郁发作,又有躁狂发作),以及与精神分裂症有关的抑郁症;②体因性抑郁症。各种身体和神经疾病所致,也包括药物和各种有害物质所致者;③心因性和反应性抑郁症。心因性抑郁症照例一生只发作一次,如果发作两次,应该视为偏离常态的人格之反应,或者根本就是内源性抑郁症。

(5)抑郁性神经症的并发症:①性欲明显减退;②思维迟缓,活动减少,即记忆力减退,大脑反应慢,常个人独处等;③多有疲乏、心悸、胸闷、胃肠不适、便秘等躯体症状;④伴有焦虑,内疚感(担心给家庭增加负担);⑤睡眠障碍,以早醒为其典型表现;⑦自暴自弃、厌世或自杀心理。

(6)抑郁性神经症的处理

①社区援助人员应根据医师的建议进行帮助处理,尊重患者对治疗的意见和选择。当社区心理援助师认为自己对于来访者难以做出确切的评估或认为该来访者已存在心理障碍须要接受系统的心理治疗,同时来访者也有接受心理治疗的要求,可将来访者向有关专业心理医师或精神科医师转介。

②环境方面的调整。如果来访者的心理问题与所处的客观环境有密切的联系,受环境的影响特别严重,如果环境的调整能够有效地缓解来访者的心理反应和应激反应,社区工作者可以帮助来访者从环境的调整方面做一些努力,以求解除环境的压力。

③作为社区工作者的心理援助师可以根据自己的情况和患者的要求实施心理咨询或短程心理治疗。

4.惊恐症的识别、评估与处理　惊恐症是一种急性焦虑发作障碍,主要表现为突然出现的紧张、害怕、恐慌、心慌、气短、出汗、全身发抖、头昏等明显的自主神经系统症状,发作突然,迅速达到高峰,一般持续几分钟到数小时后自行缓解,发作时头脑清楚,缓解后一切如常。由于惊恐症发作时的表现和冠心病发作相似,患者往往会拨打120急救电话或紧急到急诊诊治,但往往检查后结果正常。惊恐症往往会多次反复发作,给患者的生活造成严重影响,不及时合理诊治,常常导致惊恐频繁发作,并呈现慢性化趋势。惊恐症的重要治疗手段是药物治疗,并需要长期接受心理辅导,经过系统的治疗大多数患者能够获得令人满意的疗效。

(1)病因:本病的病因尚未明确,遗传、体内的生化变化,人脑某些部位功能紊乱,脑电、生理和心理机制均可能与惊恐发作的产生有关,但迄今对于本症的病因尚无统一、明确和公认的观点。

(2)症状:①惊恐发作。往往是突然发生,事先并无先兆,一般也与生活事件或精神刺激无明显关系。典型的表现是患者正在进行日常活动如看书、写作、进食、开会、散步、走路、正在工作或操持家务时突然发生。当时患者往往突然感到严重的心悸,似乎心脏要从口腔中溢出;胸痛,憋闷,胸前明显的压迫感;呼吸困难,喉头堵塞,有窒息或濒死感;也可以表现为过度换气等。同时出现严重的恐惧感,似乎即将死去或即将丧失理智;患者感到十分紧张,难以忍受而惊叫、呼救;有的患者还可以伴有非真实感,人体解体的体验;出现这些躯体症状的同时,往往伴有自主神经系统功能过度兴奋的症状,如头晕、多汗、面部潮红或苍白、手脚麻木、胃肠道不适等,这种发作历时很短,一般为5~20分钟,很少有超过1小时者,随即自行缓解;或以打哈欠、排尿、入睡而结束发作。②预期性焦虑。发作间歇期可以完全正常,但大多数患者常常会担心再次发作而表现为焦虑不安,也可以出现一些自主神经活动亢进的症状。③回避性行为。由于惊恐发作给患者带来极度的恐惧,因此在发作间歇期有60%的患者由于担心发作时无法得到帮助,而主动回避一些场合,如不愿意单独出门,不愿意去人多的地方或乘车外出等。

(3)惊恐症的处理:①本症发作有两个高峰期,一是少年晚期或成年早期。而35~40岁是另一个发病高峰。近年发现儿童期也可发生本病。药物治疗和心理治疗相结合是本症的主要治疗方法,如发生惊恐症,到专科医院正规治疗是可以治愈的。②在处理初次的惊恐发作时,社区工作人员要向患者说明由焦虑导致的躯体症状貌似可怕,其实是无害的,并解释患者"担心失去自我控制或死去"的想法是焦虑导致的认知障碍,会使焦虑进入恶性循环,从而防止惊恐障碍的进一步形成。患者应被告知回避行为的重要性,回避产生惊恐障碍的场所会导致广场恐惧。由于本病容易复发,各种治疗时期一般不宜短于半年;有的病例需维持用药3~5年,才能充分缓解。③心理疗法。用药物治疗控制惊恐发作之后,常须配合心理治疗,才能消除预期焦虑和恐怖性回避。④支持性心理疗法。社区工作人员要注意向患者说明疾病的性质,以减轻患者的精神负担,鼓励患者坚持治疗计划。组织同类患者参加小组治疗,互相帮助,能起到更好的效果。⑤认知行为疗法。认知疗法是由临床心理医师或精神科医师进行的专业治疗。

还可选择以下方式进行。①在发作间歇期有慢性过度换气,而在自发或诱发的惊恐发作时出现急性过度换气的患者,可导致低碳酸血症和碱中毒,从而降低脑血流量,引起头晕、意识模糊和人格解体等症状,宜采用抗惊恐药物控制惊恐发作,或通过呼吸的行为训练,教患者调节呼吸频率不要过度换气,可使惊恐发作显著减少。②暴露疗法。让患者通过默想,暴露于惊恐发作时的躯体感受,以消除患者对各种自主神经反应的恐惧;对有恐怖性回避行为或继发广场恐怖的患者,宜采取现场暴露,使患者能逐步适应害怕的情境。③放松训练。可按照从上到下的顺序依次收缩和放松头面部、上肢、胸腹部、下肢各组肌肉,达到减轻焦虑的目的。也可让患者学会保健气功,放松全身肌肉、调节呼吸、意守丹田,消除杂念。④认知重建。对患者发病时的躯体感觉和情感体验给予合理的解释,让患者意识到这类感觉和体验是良性的,对健康不会导致严重损害。

5. *社交恐惧症的识别、评估与处理*　社交恐惧症又称社交焦虑症,是一种对社交或公开场合感到强烈恐惧或紧张的焦虑障碍。患者对与人交往或在可能被别人仔细观察的社交或表演场合,有一种显著且持久的恐惧,害怕自己的行为或紧张的表现会引起羞辱或难堪。有些患者对参加聚会、打电话、到商店购物、或询问权威人士都感到困难。由于对社交的恐惧导致患者的大量的回避行为,导致患者生活严重受限。社交恐惧症越早治疗效果越好,药物治疗和心理治疗是社交恐惧症的主要治疗手段,系统的治疗可以获得良好的疗效。

(1)社交恐惧症的识别、评估:社交恐惧症是恐惧症的一种亚型,恐惧症原称恐怖性神经症,是神经症的一种。以过分和不合理惧怕外界某种客观事物或情境为主要表现,患者明知这种恐惧反应是过分的或不合理的,但仍反复出现,难以控制。恐惧发作时常常伴有明显的焦虑和自主神经症状,患者极力回避导致恐惧的客观事物或情境,或是带着畏惧忍受,因而影响其正常活动。常见的恐惧症亚型包括广场恐惧、社交恐惧和特殊恐惧症三种。

社交恐惧症因目前认为与以下因素有关:①遗传因素。恐惧症具有家族遗传倾向,尤其影响到女性亲属。双生子研究结果同样提示广场恐惧症可能与遗传有关,且与惊恐障碍存在一定联系。某些特定的恐惧症具有明显的遗传倾向,如血液和注射恐惧,先证者中约2/3的生物源亲属患有相同疾病,这类患者对恐怖刺激所产生的反应也与一般的恐惧症患者不同,他们表现为心动过缓而不是心动过速,易发生晕厥。②神经生化研究。有研究发现社交恐惧症患者出现恐惧症状时血浆去甲肾上腺素水平升高,甲状腺素释放激素升压试验阳性,可乐定激发实验引起的生长激素反应迟钝。③心理社会因素。19世纪初,美国心理学家用条件反射理论来解释恐惧症的发生机制,认为恐惧症状的扩展和持续是由于症状的反复出现使焦虑情绪条件化,而回避行为则阻碍了条件化的消退。

(2)社交恐惧症的表现:社交恐惧症,多在17~30岁期间发病,男女发病率几乎相同;常无明显诱因突然起病,中心症状围绕着害怕在小团体中被人审视,一旦发现别人注意自己就不自然,不敢抬头、不敢与人对视,甚至觉得无地自容,不敢在公共场合演讲,集会不敢坐在前面,故回避社交,在极端情形下可导致社会隔离。常见的恐惧对象是异性、严厉的上司和未婚夫(妻)的父母亲等,或是熟人。可伴有自我评价低和害怕批评,可有脸红、手抖、恶心或尿急等症状,症状可发展到惊恐发作的程度。临床表现可孤立限于如公共场合进食、公开讲话或遇到异性,也可泛化到涉及家庭以外的几乎所有情景。部分患者常可能伴有突出的广场恐惧与抑郁障碍,一部分患者可能通过物质滥用来缓解焦虑而最终导致物质依赖,特别是酒依赖。

(3)社交恐惧症评估要点:①符合神经症性障碍的共同特点。②以恐惧为主,同时符合以下4种症状:a. 对某些客体或处境有强烈的恐惧,恐惧的程度与实际危险不相称;b. 发作时有焦虑和自主神经紊乱的症状;c. 出现反复或持续的回避行为;d. 明知恐惧是过分的、不合理的、不必要的,但仍无法控制。③对恐惧的情景和事物的回避行为必须是或曾经是突出症状。④病程持续1月以上。⑤导致个人痛苦及社会功能损害。⑥排除广泛性焦虑障碍、疑病症、抑郁障碍、精神分裂症。排除躯体疾病如内分泌疾病。

(4)鉴别诊断:①正常人的恐惧。正常人对社交活动场合也会有一定的紧张、焦虑心理,关键是看这种恐惧的合理性、发生的频率、恐惧的程度、是否伴有自主神经症状、是否明显影响社会功能,是否有回避行为等综合考虑。②与其他神经症性障碍鉴别。恐惧症和焦虑症都以焦虑为核心的症状,但社交恐惧症的焦虑是由特定的对象或处境引起的,呈境遇性和发作性,而焦虑症的焦虑常没有明确的对象,且持续存在。强迫症的强迫性恐惧源于自己内心的某些思想或观念,怕的是失去自我控制,并非对外界事物恐惧。疑病症患者由于对自身状况的过分关注而可能表现出对疾病的恐惧,这类患者认为他们的怀疑和担忧是合理的。③抑郁障碍。某些抑郁障碍伴有短暂的恐惧,某些社交恐惧症患者也伴有抑郁心境,恐惧症与抑郁并存可加重恐惧。诊断则根据当时每一个障碍是否达到诊断标准。若恐惧症状出现之前已经符合抑郁障碍的标准,抑郁障碍的诊断应优先考虑。④颞叶癫痫。可表现为阵发性恐惧,但其恐惧并无具体对象,发作时的意识障碍、脑电图改变及神经系统体征可资鉴别。

(5)社交恐惧症的处理:通常的处理方法有以下几种:

①转介给其他心理医师或精神科医师。当社区心理援助师认为自己对于来访者难以做出确切的评估或认为该来访者已存在心理障碍须要接受系统的心理治疗,同时来访者也有接受心理治疗的要求时,转介给其他心理医师或精神科医师作进一步评估及心理治疗。

②在配合精神科医师药物治疗的同时,可以用其他疗法,如松弛疗法、冥想、气功等,这些对患者也有帮助。

③社区心理援助师实施心理咨询或短程心理治疗。有的患者有强烈的动机要求接受心理援助或心理治疗,同时对社区心理援助师十分信任,有安全感,相信社区心理援助师能直接有效地帮助他。如果社区心理援助师对自己所掌握的心理咨询或心理治疗的理论和技术有一定的把握,同时认为来访者有接受自己心理咨询或短程心理治疗的适应性,在这种情况下可以与来访者讨论如何进行心理干预的实施意向和计划。

本章编写负责人:刘义林　许多斌　林丽琴

本章参与编写校对人员:许多斌　林丽琴　孙凌傲　任明霞　李谢之　曹　虹　王卫红
李红卫　窦　玮　杨文玲　林　玲　徐明立　姬　红　吕文丽
戎孝慧　张　蔚　林　玲　贾丽云　戎孝慧　佟　林　郭向红

第七章　社区心理援助的普及模式、内容和方法

第一节　社会心理援助的需求与分析

社区是社会的细胞和缩影。在社区中存在大量需要心理援助的人群:社区中的独居老人、精神病患者及家属,社区药物维持治疗的吸毒人员、老年人,婴幼儿的服务、失独家庭心理援助。处于繁华商业区的社区,还承担商业精英心理问题的疏导工作。随着城市发展,还包括拆迁居民新社区融合过程中的心理援助工作。

随着我国社会老年化进程的加剧,对老年人晚年的精神关爱已成为一个社会问题。目前,我国绝大部分老年人的物质生活基本得以满足,而老年人的精神生活却得不到应有的关怀。实际上老年人更渴望得到精神关怀。一项调查表明,目前我国老年疾病患者中50%~80%是源自于老年人的心理疾病,而约70%的心理疾病是由于老年人缺少精神关怀而引起的。老年人的晚年失爱已成为诱发老年人心理疾病的一大病因。因此,在丰富退休老年人的业余生活的同时,社会和子女应加强对老年人的精神关怀,加强对老年人心理健康的关注刻不容缓。

在社区中另外一个群体是孕产期妈妈和婴幼儿。孕期妈妈因为怀孕,身体上的不适,家庭成员的变化,引起焦虑、抑郁情绪。这些情绪得不到缓解,多会引发产后抑郁。在孕期对怀孕的女性进行孕期心理指导,有助于缓解孕期不良心理情绪,创建和谐的家庭氛围。研究表明,早期婴幼儿教育对婴儿的智商发育起到促进作用。针对这个群体提供心理帮助,对婴幼儿进行感统训练。

社区工作中另外一个群体是药物维持治疗的吸毒人员。这些人员多存在心理问题,不会合理控制情绪,家庭关系紧张。在戒毒过程中得不到家人的理解和支持,很容易重新吸毒。通过疏导其紧张情绪,有助于他们增强戒毒的信心,增进和家人的感情,进一步融入社会。

社区中残疾人,特别是精神类疾病患者,由于身体方面的缺陷,在生活中会遇到更多的实际困难,心理上须要承受更大的压力,更需要社区心理援助。还有对于精神病肇事家属的心理援助,由于精神病患者的家人对于精神病患者给他人造成的伤害,不但要承担经济上的赔偿责任,心理上也容易产生问题。这类人群更需要社区心理援助的帮扶。

贫困群体也需要心理援助。因为生活贫困造成心理压力过大而诱发心理疾病的,主要为下岗职工。由于下岗,尤其是夫妻双下岗,生活成本增大,其心理压力是巨大的。如果一时找不到合适的工作,极有可能导致心理问题,所以在物质帮扶的基础上更要加强心理援助。

在身处繁华商务区的社区还有需要心理援助的精英群体。在生意场上,现代人容易犯急功近利的毛病,为追求事业上的成功,往往是拼命地工作,不断自我加压,尽管超过了自身能力所及,仍是苛求自己,从而造成心有余而力不足,不能自我满足,导致心理失衡。经常失败或事业大起大落者,其心理因失败的打击长期处于一种失衡状态,如果不能自我调适,极有可能诱发精神障碍、抑郁症、自闭症等心理疾病。

学生的学习一直是家长和学校关注的重点。在这种教育背景下,学生压力巨大。此类人群主要是考生。繁重的学习任务、家长老师的殷切期盼、一举成名的梦想,使广大考生承受着巨大的压力,极易诱发心理问题和疾病。主要表现有反应迟钝、过激、焦虑不安、恐怖症、强迫症等。

现代人离婚率越来越高,而离婚后的受损方,尤其是女性,往往经不起离婚的打击,造成身心的极大伤害。如得不到及时调适,极有可能因心理负荷过重而诱发心理疾病。一项调查表明,目前我国离婚人群中,因种种原因心理压力过大的约占70%,这类人需要寻找倾诉对象并应得到心理帮助。

还有一个特殊群体是失去亲人的家庭,特别是失独家庭。育儿养老是我国的传统观念。然而有这么一群人,他们的年龄大都50岁开外,一直和唯一的子女快乐地生活,一场意外却夺走了孩子年轻的生命,而自己也很难再生养孩子。被称为“失独者”的他们,除了情感的煎熬外,还要面临养老的窘迫,亟待社会更多

关爱。一些出现亲人自杀情况的家庭,自杀者的亲人内心受到巨大地创伤,需要专业人士陪伴告别哀伤。

随着社会的发展,不少社区面临拆迁,重新安置。新社区、新居民融合服务也是社区心理援助面临的一个问题。拆迁居民离开原来熟悉的邻里,来到新的社区,会产生不适应等心理问题和重新就业等实际问题,需要社区的心理援助和帮扶。

第二节 社区心理援助的普及模式

一、社区心理援助普及是社会发展的必然

随着经济的发展和社会的转型,人们的心理健康也在不同程度地受到冲击。以利益上的冲突和心理上的不平衡为主的心理矛盾增多,这些心理矛盾是导致产生心理疾病的主要因素。心理疾病患病率逐年升高,各种破坏性和攻击性事件在社区频频发生。心理卫生是公共卫生的重要组成部分,是政府落实和谐社会建设、履行社会管理和公共卫生职能的一项重要内容。社会转型期,对人的管理从以单位为主转向以街道社区居委会为主,人们的心理健康维护更多地依赖于社区,心理疾病防治也必须立足于社区。充分利用社区资源建立和完善社区心理健康服务体系,为社区居民提供连续性、综合性、协调性的心理卫生服务。全面提高社区居民的心理卫生水平,对保障个人、家庭及社会的健康,促进经济社会发展,构建社会主义和谐社会,具有积极而深远的意义。

二、我国目前社区心理健康问题的现状

1. 宏观方面

(1)社区是个小社会,社区里面的人员参差不齐,文化背景、家庭背景各异。社区居民对心理疾病与障碍的认识度、重视度和接受度偏低。对生理上出现疾病的重视程度和寻求治疗的主动性远远超过心理疾病,甚至对心理疾病产生误解与抵触。

(2)长期以来,我国有关职能部门缺乏对社区心理健康教育与服务在整个社会公共卫生事业中重要地位和作用的认识。没有把社区心理健康教育与服务放到整个社会公共卫生事业应有的重要地位,忽略或轻视社区心理健康教育与服务。目前,我国大部分社区心理健康教育与服务主要依赖传统的居委会工作方式和社区群众自发的心理调节,这两种形式都不能适应经济和社会快速发展的要求,使得有关心理疾病得不到有效的解决。社区居民对社会心理健康教育与服务的需求和落后的社区心理服务的矛盾日益突出。

(3)在经济相对发达地区,一些社区开始意识到对社区居民进行心理干预是非常重要的,开始与专业的心理咨询机构合作,但大多数心理咨询机构的规模较小,急功近利,无法系统地推进社区心理建设工作。还有些经济发达地区开展了一些社区心理健康教育与服务工作,开办各类心理咨询培训班,普及心理健康知识等,但缺乏实效性和系统性,而且从规模、层次、效果上远远不能满足需要。

(4)社区心理援助是社区居民的普遍需求。开展社区心理健康教育与服务是与国际接轨的社区工作模式,便于居民心理疾病及早干预和治疗。我国社区心理援助还远远不能满足社会需要,一方面是心理疾病患者在不断增加,另一方面是心理援助师的人均拥有数量和质量远低于发达国家。

由此可见,为了提高社区居民心理健康水平,促进社会和谐及物质文明与精神文明建设,提高社区居民心理健康的意识,创建中国式的社区心理健康教育与服务模式已成为社会发展的迫切需要。

2. 微观方面

(1)普遍的“亚健康”问题:世界卫生组织(WHO)对健康和亚健康的定义为:健康已不仅仅是没有疾病或不虚弱,而是要有完善的生理、心理状态和良好的社会适应能力。将机体无器质性病变,但是有一些功能改变的状态称为“第三状态”,我国称为“亚健康状态”。通俗来讲,亚健康即是指人在身体、心理和社会环境等方面表现出的不适应,介乎健康与疾病之间的临界状态,往往是感觉难受却检查不出什么问题。

亚健康可分为躯体亚健康,如营养过剩和不良、体质虚弱等;心理亚健康,如青少年逆反心理、自卑心理、厌学情绪等;情感亚健康,如冷漠、自闭、多疑、恐婚症等;思想亚健康如脆弱、不坚定、见异思迁等;行为亚健康如呆板、做事机械、程式化等。而心理亚健康在亚健康人群中占绝对数量,心理亚健康若得不到及时

地疏导和缓解，则会导致其他方面的亚健康，是导致疾病的最重要的因素。

心理亚健康在日常生活中主要表现为精神不振、情绪低沉、反应迟钝、失眠多梦、白天困倦、注意力不集中、记忆力减退、烦躁、易激惹、焦虑、紧张、易受惊吓等症状。在躯体生理上则表现为疲劳、乏力、活动时气短、出汗、腰酸腿疼、心悸、心律不齐或心律失常等。伴随着生活节奏的加快和社会竞争的加剧，亚健康人群的规模正在不断增长，亚健康是目前人类生命的头号大敌。WHO在2009年公布的一项预测性调查表明，全世界亚健康人口总的比例已占到75%，真正健康的只有5%，因心理亚健康导致的抑郁症在全球每年约有2亿~4亿人。中华医学会在2009年对我国33个城市的33万各阶层人士的随机调查结论显示，我国亚健康人数约占全国人口的70%，这些人全都集散在不同的社区中。

(2)日益突显的精神疾病问题：精神卫生问题既是重大的公共卫生问题，又是突出的社会问题。中国疾病预防控制中心精神卫生中心2009年初提供的数据显示，我国各类精神障碍患者基数大、就诊率低。精神障碍在我国疾病总负担中已排名首位，约占中国疾病总负担的20%，预计到2020年，这个比率将上升至1/4。长期以来精神障碍患者比其他患者面临更多的躯体、心理、社会、经济压力，给患者家庭和社会带来了沉重的经济负担和安全隐患。如何有效地治疗和预防精神疾病已成为当前医学界和社会普遍关注的问题。

从20世纪60年代，卫生部门就开始了精神疾病社区康复管理工作的探索，将精神疾病社区管理、心理健康指导工作纳入社区卫生服务机构、农村医疗卫生机构的公共卫生服务内容，加强精神疾病和心理行为问题的社区预防、医疗康复和管理工作。社区精神卫生服务能够弥补专科医院的不足，使患者就近得到康复，有利于精神病患者的心理社会康复，大幅减少社区精神病患者及其家属的经济负担和精神负担，改善精神病患者的社会地位，减少对精神病患者忽视和侵犯人权的可能性，促进社会和谐。但是，目前社区精神卫生工作中还存在预防和识别处理精神疾病与心理行为问题的力度不够、地区差异明显、防治机构和人员队伍缺乏、尚未建立有效的机构间工作衔接机制、精神疾病社区管理和社区心理援助薄弱等问题，很多没有得到及时医治的精神疾病患者成为社会所歧视的对象，街头流浪的精神疾病患者甚至成为社会灾难的制造者，对公共安全造成隐患。

(3)青少年心理健康问题：青少年时期又是青少年自我社会化发展的时期，是由家庭走向社会的过渡期，不论是生理还是心理都发生了巨大变化，他们追求独立，不会任凭父母和老师的意见做事，他们渴望证实自己已经长大，表现欲、自尊心和虚荣心很强，许多家长和老师未能及时了解到孩子这一阶段的发展特点，错误的教育和引导方式加剧了双方的排斥。这一时期孩子的学习压力大，适应能力差，承受能力差，心理情绪波动大，自控能力差，加上社会不良风气的影响，使他们迷茫、无所适从，导致了部分青少年心理畸形发展，出现厌学 、自卑、逆反、孤独、自我封闭、嫉妒、恐惧、网瘾、颓废、吸烟、酗酒、吸毒、自杀等不良心理 ，还有生理上的成熟，使他们产生了羞涩和性困惑等。这些心理问题蓄积到一定程度，对社会和青少年自身都会产生不可估计的威胁。

(4)老年及妇女心理健康问题：我国是世界上唯一一个老年人口超过1亿的国家。有研究预测，我国的人口老龄化进程问题将伴随21世纪始终。随着我国人口老龄化的推进，老年人普遍感到心里孤独，社会活动减少，缺乏与年轻人的交流，文娱活动减少和单调，加上大多数子女都忙于各自的生活，使他们缺乏归属感。人到老年，伴随着机体功能逐渐减退，心理方面也在发生着改变，主要表现在情绪、性格、习惯等方面，有些老人变得多疑善感、容易激动；有的变得郁郁寡欢、苦闷压抑、情绪低落；或显得淡漠无情、凡事无动于衷；记忆逐渐减退，丢三落四、缓慢迟钝，容易出错。性格也在改变，有的老人显得啰唆，说话多重复，有些变得不修边幅、生活懒散、不注意个人卫生，也有的变得幼稚，喜与孩子们在一起，贪吃零食，或变得自私、贪婪，好占小便宜。

还有各种心理矛盾的出现，比如角色转变与社会适应的矛盾。特别是离退休干部，在离退休之前，有较高的社会地位和广泛的社会联系，其生活的重心是机关和事业，退休、离休以后，生活的重心变成了家庭琐事，广泛的社会联系骤然减少，这使他们感到很不习惯、很不适应。老有所为与身心衰老的矛盾，使得这些老年人在志向与衰老之间形成了矛盾；老有所养与经济保障不充分的矛盾；安度晚年与意外刺激的矛盾；老有所依与子女不能在一起生活的矛盾；使得部分老年人容易产生自卑心理。他们的性情也比较郁闷，处事小心，易于伤感。如果受到子女的歧视或抱怨，性格倔强的老年人，常常会滋生一死了之的念头。目前，自杀已经成为我国老年人死亡的第十位原因。据北京回龙观医院北京心理危机研究与干预中心近几年与其他单位的研究,中国自杀率最高的人群是老年人,每年至少有10万55岁以上的老年人自杀死亡,占每年自杀人数的36%。也就是说,每3个自杀的人中就有1个是老年人。而在自杀死亡的老年人中,95%都有不同程度的心理障碍,其中40%~75%有明显的精神抑郁。老年抑郁症不仅给患者带来极大的精神痛苦,还带来了极其沉重的经济负担,如直接的药费负担,间接的家属照料、误工、住院以及增加的其他躯体疾病,药物不良反应等各种负担,这些间接的负担有时远远超过直接的药费的负担。这些问题既是社会矛盾,也是社会心理矛盾。因此,积极防治老年人的心理疾病,及时解除老年人的心理障碍,已成为我国当前亟待研究和解决的一个重要问题。

女性是社区中的特殊人群,职业女性因竞争压力不断加剧,他们忙碌于单位和家庭之间,常使他们感到时间紧迫、压力重重、身心疲惫,比非职业女性更容易产生心理疾病,有心理健康调查表明,职业女性群体28%处于抑郁、压抑状态,24.4%经常处在焦虑、烦躁状态,42.8%处在身心疲劳状态,18.5%出现神经质或紧张情绪。非职业女性受社会活动的局限,生活条件和经济压力,求知欲和渴望实现自己价值,渴望在经济上和人格上的独立,以及处理家庭琐事的劳累,使他们容易产生烦躁、焦虑、心理不平衡等,加上婆媳关系、夫妻关系、婚外恋等普遍问题,容易使她们产生焦虑、自卑、缺乏安全感、抱怨等心理问题。

更年期妇女和离异女性也是社区中心理问题比较集中的人群,李英坤等的调查发现更年期妇女存在严重的心理问题,如对疾病的恐惧和疑病、遇事烦躁不安和冲动、敌对情绪较强等。离异女性,他们经历了夫妻感情破裂和家庭解体,带着旧有的心理冲突面对新的生活问题,而当前的社会现状也是离婚率居高不下,这部分人普遍存在自卑、焦虑、抑郁、孤独、仇恨、报复等负面心理状态。

(5)社区危机心理问题:社区居民的危机心理主要表现为:①社会道德的普遍下滑,使人们特别害怕上当受骗,对商业信用、公共物品信誉、人际关系、道德价值等的信任危机。②自然环境的污染和社会法制建设的相对落后,人们对生产生活、人身以及财产的安全危机。③对各种自然、社会灾难以及恐怖事件的灾难危机。比如环境污染、地震、山体滑坡、洪水、海啸、通货膨胀、暴力袭击事件等,引发这些危机心理的事件,有被抢、被打、被绑架、遭遇过有人员伤亡的交通事故(本人不一定受伤)、在家庭中受到过家庭其他成员身体上的伤害、患有严重疾病(如SARS、肿瘤、艾滋病等)、矿难、海难、空难以及公共卫生事件如三聚氰胺奶粉事件等。

三、我国城市社区心理健康问题的原因

1.社会的急剧转型与社会治理的危机 经济社会的快速发展为中国人提供了越来越开放的社会发展空间和相对丰富、畅通的社会流动途径,造就了今天中国人在总体上积极向上的人生态度。但随着各类生活风险(事故、污染、健康威胁)、经济危机(下岗、失业)、分配差距、政策不当(乱摊派、乱罚款、违法拆迁)、阶层歧视(妇女歧视、老年人歧视、农民工歧视)以及贪污腐败等社会问题的不断出现,转型期的社会、经济乃至个人的不确定性因素与"焦躁"的社会心理相结合,必然引发我国城市社区居民的各种心理问题。

2.社会文化价值体系的失范与弱化 首先是社会信用体系的缺失。社会各个领域信用失范现象十分突出,作为修身立国之本的诚信原则受到漠视,假、冒、伪、劣充斥市场,合同违约,商业欺诈日益泛滥,三角债、拖欠款和银行不良债务反复出现。当人们对未来没有良好预期、感到无法把握自己的未来时,便开始更多地着眼于眼前利益,非理性行为的冲动性增加。其次是社会价值体系的缺失。在多元文化存在的现实中,由于主流文化、主导价值建设乏力,因而人们的思想受到诸多负面影响,特别是不少青少年热衷"韩流""哈日"以及类似"大话西游""蜡笔小新"的话语与形式,崇尚"美女作家""玩酷""玩飘"、蹦迪、追星、网络游戏人生的刺激与享受,这些思想空虚与享乐主义的倾向,严重影响了他们的健康成长。

3.社区建设内容的狭隘以及机制的落后 这些问题具体表现为如下:

(1)重视社区的硬件建设,忽视了社区的软件以及社区居民心理和归属感的建设。

(2)社区建设的组织机构不健全,无论是街道社区或者居委会社区,通常没有专门人员负责社区的心理健康工作。

(3)缺乏专业的工作人员和工作方法,使一些社区心理健康教育活动存在形式化、简单化以及随意化的现象。

(4)没有形成社区共驻共建的区位优势,不能充分发挥社区原有的政府、学校、心理咨询所以及民间公

益机构的力量。

(5)社区建设考核评估体系不完善,没有明确的指标对社区心理健康工作进行考核。

4. 各类社会化组织的功能缺失　首先就是家庭的急剧变迁,越来越多的单亲、离异、夫妻不和、家庭暴力等问题的出现导致个体特别是孩子心理和行为的偏差。其次是学校教育脱离社会生活,忽视了人之所以成为人的社会化训练,过分看重学习成绩,缺乏对学生素质、兴趣以及心理健康的关注。再次是不良的社区环境和社区氛围对青少年的成长起着潜移默化的不良影响。社会学研究表明,在青少年犯罪率较高的社区,往往文化欠佳,次文化和亚文化盛行。

5. 社区心理健康工作体系的缺失　健康教育是社区心理健康工作的重要环节。健康教育包括心理健康、服务需求的咨询、个人卫生行为的培养与自我保健能力的提高等各个方面。目前健康教育也存在诸多问题,包括:①组织管理系统不健全,缺乏健康教育管理制度;②健康教育意识不强,认识不够;③健康教育知识缺乏;④不了解患者的心理状态及健康需求;⑤缺乏沟通技巧,工作关系不融洽;⑥健康教育工作人员缺乏等。

四、我国社区心理健康援助的普及模式

社区心理援助为社区居民的普遍需求,开展社区心理健康教育与服务是与国际接轨的社区工作模式,便于居民心理疾病及早得到干预和治疗。而我国社区心理援助还远远不能满足社会需要。一方面是心理疾病患者在不断增加,另一方面是社区心理援助师的人均拥有数量和质量远远低于发达国家。

为提高社区居民的心理健康水平,促进社会安定团结及物质文明与精神文明建设,提高社区居民心理健康的意识,创建中国式的社区心理健康教育与服务模式已成为社会发展的迫切需要。

(一)将全民心理健康工作纳入政府工作范畴

政府要将关注全民心理健康尽快纳入社区日常工作议事日程,出台并制定出普及心理卫生知识、传播心理健康观念、提高社区居民的心理健康水平和精神生活质量的社区心理健康教育计划,并将关注全民心理健康的绩效作为社区工作评价的重要指标。社区心理健康教育作为社区教育的重要组成部分,是涉及面广大的工程,政府部门参与可以更好地调动各方面的力量,收到更好的效果。

(二)对社区干部进行心理健康咨询培训

认识是行为的先导,观念是实践的指南。培育社区干部的心理健康新观念,提高社区工作者对心理健康服务工作重要性和迫切性的认识,帮助他们掌握基本的心理健康知识、心理健康服务原则和心理健康辅导原理等,是开展社区心理健康教育与咨询服务工作的前提。只有这样,他们才能自觉地在日常社区管理实践中贯彻心理健康教育思想,运用心理健康辅导的原理和方法帮助居民解决在日常生活和工作中遇到的实际心理问题。社区干部扮演好协调者与主动助人者的角色,促进社区成员从社区生活中重新获得活力。

(三)发挥社区心理咨询和辅导中心的作用

对社区居民心理健康状况普查、建档;覆盖社区所有家庭、学校、单位和人群,制定一系列形式多样、丰富多彩的活动计划,如组织开展以社区青少年为主要对象的心理成长训练;针对特殊人群的心理健康教育和心理康复计划等。

(四)举办心理健康教育与咨询专题讲座

定期或不定期地面向社区居民开办心理健康教育与咨询专题讲座,通俗易懂地介绍心理健康基础知识和常用自我心理保健方法;举办社区居民心理健康知识竞赛,解答居民共同关心和存在的心理问题,使社区心理健康教育工作落到实处。尤其在社区心理健康教育和咨询服务的起步阶段,举办专题讲座、普及心理健康知识和宣传心理健康咨询服务是开展社区心理健康教育与咨询服务的主要工作之一,具有重要的现实意义。深化社区居民对心理健康教育与咨询的印象,进一步强化心理健康教育专题讲座内容,使居民正确对待自己的心理健康问题,尽快接受心理健康咨询服务。

(五)开辟心理健康教育与咨询宣传专栏

就形式与时间及效益的关系而言,专题讲座直接与听众见面,易于理解和接受,但即时性强,受益对象面狭窄;而宣传专栏不受时间限制,具有持久性,各类居民在工作之余或闲暇之时均可自由浏览,受益对象面广。因此,为加深社区居民对心理健康教育与咨询的印象,进一步强化心理健康教育专题讲座内容,使居

民正确对待自己的心理健康问题，尽快接受心理健康咨询服务，应设计心理健康教育与咨询宣传教育专栏，利用社区的橱窗或公告板，以文字为主、图片为辅，图文并茂的生动形式，科学地介绍和宣传健康心理学的科普知识和自我心理保健方法，方便社区居民随时阅读，满足居民的兴趣和实际需要，提高居民对心理健康的认知率。有条件的社区还可以建立社区心理健康教育网站，以宣传、普及心理卫生知识，传播心理健康观念，满足社区居民的心理健康需求为服务宗旨，给生活在社区的人们提供随时随地的心理咨询、倾诉、疏导、交流和帮助。

（六）在社区设立心理咨询门诊，营造心理服务环境

目前，社区服务机构的建设基本能够满足人们的物质生活服务需求，文化、体育、娱乐等设施不断完善，人们的精神生活服务需求也有了一定保证，但是专门从事心理健康服务的社区机构的建设基本上还是一片空白，还没有让人们进行“心理休闲”的场所，人们在日常生活中遇到的心理问题得不到及时、有效的解决和反馈，致使一些人的心理问题越积越严重，成为社区不稳定的潜在因素。建立社区心理健康咨询门诊室，开办社区心理咨询服务，给生活在社区的人们提供随时随地的心理咨询、倾诉、疏导、交流和帮助。设立社区心理健康咨询信箱，开通热线电话，邀请心理专家解答社区居民在实际生活和工作中碰到的心理难题，帮助社区居民走出心理困境，是开展社区心理健康教育与咨询服务的核心工作之一。

（七）积极鼓励有一定心理学基础、心理素质高、责任心强的居民参与到咨询活动中

社区干部要深入调查，调动一切可调动的因素，配备一定数量的心理咨询志愿者，他们与本辖区的居民沟通性更强，更值得居民信赖，他们可以在社区的统一组织下，开展现身说教活动，其切身经历比空洞的说教更具说服力和可借鉴性，从而有效地为社区居民化解各类纠纷和矛盾，减少心理和行为问题的发生。

（八）创造良好的社区环境，加强社区文化建设

通过社区文化建设和辖区共建文明活动的开展，建立良好的社会沟通制度，加强社区综合治理，塑造美好的社区环境；维护社区秩序，改善社区治安；开放辖区文化活动场所，配备必要的设施，努力满足各类人群的学习需求，精心组织群众喜闻乐见的文体活动。使居民心理上产生舒适愉悦感，创造健康、心理平衡的环境氛围，营造出温馨、健康、文明祥和、和谐的社区氛围，从而使社区成为人际情感交流、邻里互助、疾病帮扶、富有人情味的社会共同体。

总之，找出适合我国城市居民心理卫生服务的模式和方法，更好地改善我国居民的生存状态，提高其生活质量，提高居民心理健康水平，创建有中国特色的社区心理咨询服务模式，让每一位社区居民都拥有灿烂的笑容，享受灿烂的生活，是我国社会发展的迫切需要。

第三节　社区心理援助的具体内容

随着生活节奏的日益加快，社会竞争压力的日益加大，诸如婚姻、家庭、教育、就业等给人们的心理带来了直接的压力。一些人因心理承受力较弱或者长期的心理困扰得不到疏导化解，便极易产生心理障碍、心理失控甚至心理危机。据有关资料表明，目前我国每年有 25 万人自杀，约有 3000 万青少年存在不同程度的心理问题，遭受抑郁、焦虑、失眠困扰的人数以亿计，因社会竞争和现实压力导致的心理躁狂行为频频发生。“十七大”报告里第一次出现“人文关怀”和“心理疏导”的字眼。在社会生活中确立关心人、爱护人、尊重人的人文精神，是以人为本的一种内在要求。这种由全民健身到健身与健心的并重，既表明了党和政府高度重视民生，也是对个体和谐、社会和谐、国家和谐的认识进一步深化和落实。

社区是人们聚集和生活的特定区域，社区心理疏导工作特别重要。不同于在企事业单位学习和工作的人员，相对而言，社区人员结构复杂，年龄差距大，老年人和儿童多。此外，社区还有不少没有固定的工作单位或单位无法提供有效社会支持的人员，有不少家人及亲朋好友均为弱势群体的人员。容易产生心理问题的重点人群基本上都在社区。因此，社区是心理问题的高发区，开展心理疏导十分紧迫。随着经济社会的不断发展，特别是随着人口、工作流动性不断加大的发展趋势，社区作为我国社会的基本单元在社会管理中的作用越来越突出。特别是现在许多社会矛盾与心理问题相互结合，互为因果，社会矛盾导致心理问题，而心理问题又激化社会矛盾。这种情况，在心理问题高发的社区中表现得更为突出。社区心理疏导工作做好了，就能够有效地把矛盾化解在基层。

一、心理援助的范围

1. 帮助社会弱势或特殊人群，老龄群体、残障康复、单亲家庭、失业职工、外来务工人员及其子女、重大应激事件经历者等。

2. 帮助因为经济或其他原因不愿求助专业机构，但又确实属于心理咨询帮助范围（非精神障碍）的人。

3. 应激性心理突发事件当事人的紧急援助。

二、心理援助的方法

1. 对于普通人群进行心理辅导　只需要开展心理危机管理，通过个案工作、心理健康讲座、团体心理辅导、发放心理健康科普资料等方法，使受助群体和个人缓解或消除心理痛苦，发展出解决自身问题的新思维，进而形成良好的生活态度和积极的行为方式，实现人与社会的良性循环发展。

2. 对于有心理问题的人员进行必要的心理干预　运用心理咨询的专业倾听技术，即以同情、真诚、理解、中立和关心的态度进行倾听、观察、理解和做出反应进行心理干预。步骤包括：①确定问题；②给予支持；③寻找积极点，帮助当事人树立信心；④帮助当事人规划自己；⑤跟踪巩固。

三、社区心理援助的内容

社区心理援助的主要内容集中在帮助当事人对心理矛盾、心理创伤有更深刻地理解，帮助其建立良好的社会支持系统，提高自我调节能力，顺利开展生活重建与心灵重建。然而，不同的年龄层、不同的矛盾、不同的文化程度、不同的理解力，当事人的心理会发生不同的变化。因此，社区援助人员在进行社区心理援助的时候要根据不同人群的不同需要，有目的、有针对性地提供帮助。

（一）疏导情绪，组织放松娱乐活动

社区心理援助要帮助并引导当事人宣泄或舒缓情绪，缓解由创伤和损失所带来的痛苦。人们在处理愤怒、孤独、悲伤情绪时，在其他人的帮助下能够更顺利地处理好这样的情绪。因此，帮助和教会他们如何面对悲伤情绪和痛苦很重要。

（1）要做好陪伴和认真的聆听。

（2）在社区中为这些需要情绪宣泄的当事人提供固定的情感分享地点，让他们能获得一定的安全感，也可以帮助其宣泄或疏导情绪。另外，调动社区成员对外部世界的兴趣，把他们的注意力从受到的伤害转移到他们感兴趣的事情上，并帮助他们通过参与各种活动丰富自己的生活，他们就会逐渐地从痛苦中走出来。

（3）社区心理援助者可以充分利用各类宣传平台，如广播、电视和报刊等主流媒体，板报、墙报和宣传标语、标牌和各种团体组织，采取群众喜闻乐见的形式，开展丰富多彩的文体娱乐活动和多种体裁的创作活动，茶余饭后，说身边事儿，夸身边人，这些参与创作和演唱都能够起到倾诉的作用和情绪宣泄的作用，能够让心理学知识深入人心，随时能用，让他们能感觉到快乐。

（二）建立社会支持体系，加强交流，增加信心

来自家庭成员、亲戚朋友以及单位同事的帮助与关心，对个人的安全感和舒适感至关重要，对于个体心理健康的恢复与保持很有必要，而其中家庭成员之间的情感支持是重要支持源。社区心理援助的重要工作是帮助他们创造机会，与周围共同生活的人保持联络，彼此接受，互相支持。社区心理援助可以成为被援助者一个有力的、可靠的社会支持的来源。

另外，社区心理援助也可以通过组织一些大规模的集体活动展开，如露天电影、座谈会、体育比赛、赛歌会等，增强社区群众的联系。通过社会支持系统的建立与恢复，通过情感的沟通与交流，会激发当事人重建的信心和勇气，建设更加美好的家园。

（三）对于不同的人群进行相应的援助

1. 青少年犯罪的社区预防与矫正　片面的升学竞争扭曲了教育，使竞争的压力过早地传导给了少年儿童。加上有的家庭父母长期在外工作，很少顾及孩子，而有的家庭又过于溺爱孩子，使亲情被扭曲，造成了不少孩子的心理障碍，影响到家庭和谐和孩子的健康成长。

研究表明，青少年的社区环境、交际圈都会对其心理产生影响。

随着信息化社会的到来和经济的发展，青少年心理健康问题也越来越明显，青少年网络心理问题日益突出。青少年学生自身的某些因素，如外貌、能力、习惯等对其心理健康也会产生重要的影响。

青少年犯罪往往与家庭、学校、社区环境密不可分。近年来，随着经济和社会生活的发展，我国城市化水平和程度不断提高，社区日益成为城市基层管理和社会生活的平台。在保护青少年和预防青少年违法犯罪方面，社区的作用和地位越来越突出。从犯罪心理学的角度来看，青少年犯罪嫌疑人绝大多数有明显的心理问题，因此在社区开展心理健康教育已经刻不容缓，在传授专业知识的同时，需针对青少年的心理特点，展开诸如挫折教育、人际关系处理、自我疏导、倾诉和排遣，使青少年学会调节自己的情绪，有意识地培养其健全的人格。

在青少年犯罪的社区矫正方面，越来越多的相关部门，如法院、劳教所等，都在积极尝试社区心理矫正。调查发现，具有抑郁感和焦虑感的人所占比例较大，其中，自认失败的人占22%；认为前途一片凄惨的占11%；为所做过的事情感到后悔的占44%。这说明社区矫正人员面对生活方式的改变，不但要承受种种外部的压力，更要面对自己内心的困惑，极需要社会方方面面的关怀和帮助。通过组织开展心理讲座、组织社区矫正青少年开展心理健康教育、建立心理咨询中心等活动，可帮很多矫正人员走出人生阴影。

2. 社区老年人的心理干预　进入老年之后，随着生理功能逐步退化，疾病多发，老年人的精神状况也会发生消极的变化。特别是由于我国在整体发展水平比较低的情况下进入老年社会，未富先老使我国社会养老设施不足，对老年人的关注、关心和关怀不够。加上独生子女、人口流动等因素，“空巢”家庭日益增多，老年人在生活中普遍感到孤独，自我评价低，心理健康状况不容乐观，老年痴呆患者的比例大大超过美国等发达国家在同等GDP增长阶段的水平。

我国心理工作者主要围绕社区老年人心理健康这一领域开展了诸多研究，包括生活质量、社会支持、集体效能等相关因素的研究。同时，在社区老年人的心理干预方面也取得了显著的成效。综观我国近年来开展的针对社区老年人的干预措施，主要有以下几种：家庭访视服务、康复训练（身心松弛训练）、心理健康和老年保健知识讲座、心理剧治疗、支持性心理咨询、心理护理等。

就干预效果来讲，在实施社区护理干预后发现，老年病患者的生活质量得到了明显的提高，生活自理能力明显比干预前有所加强。于琪等研究表明，在实施社区心理干预后，老年人的一般心理问题及中重度心理障碍发生率均明显下降，各种身心症状及焦虑、抑郁均比干预前明显减轻。蒋伯钧等在评价社区综合干预中发现，知识讲座、心理咨询和心理剧都有很好的干预效果。

这些都表明，社区干预对改善老年人身心健康、调整心理障碍有一定的作用，在一定程度上增强了老年人的心理调适能力。同时通过适当的干预，起到了向老年人传授心理健康知识、提供心理松弛的治疗方法的作用，有利于促进老年人的自我心理调控，对提高老年人的身心健康水平具有重要意义。

3. 其他社区人群的研究　我国还有一部分社区心理学研究，关注到了社区中的一些特殊人群，比如离异女性、更年期女性、社区劳务工、亚健康人群、残疾人群等。虽然数量不多，但显示出我国心理学工作者所研究的范围已日益开阔，社区心理学在我国不但生根发芽，而且呈飞速向前发展的态势。

（1）特殊女性：更年期妇女存在明显的心理障碍，如对疾病的恐惧和疑病、遇事烦躁不安和冲动、敌对情绪较强等。针对此种现状，对更年期妇女心理健康进行社区干预，在开展一系列宣传、培训、咨询等活动后，这部分女性的心理健康状况会得到明显的改善。

离异女性经历了夫妻感情破裂和家庭解体，往往带着旧有的心理冲突面对新的生活问题，而当前的社会现状也使离婚率居高不下，心理工作者关注到这一特殊人群可以说具有十分重要的现实意义。曾对社区离异女性进行的调查发现，离异女性的心理健康状况要明显差于普通人群，常伴有自卑感、焦虑、抑郁、孤僻、仇恨等负面心理状态。同时，研究者利用网络心理干预手段对其进行社区心理干预，可以取得很好的效果。

（2）亚健康人群：随着人类的发展、社会文化的进步，健康已不仅仅是没有疾病或不虚弱，而是要有完善的生理、心理状态和良好的社会适应能力。而伴随着社会竞争的加剧，亚健康人群的规模正在不断扩大，中国医师协会、中国医院协会、人民网和慈铭集团等机构在2012年联合发布的《中国城市健康白皮书》显示，主要城市的白领人群中，代谢紊乱疾病、疲劳、失眠、心理障碍等亚健康占比高达76%，真正意义上的

"健康人"只有2.5%。本次调查涉及全国31个省市区的589个城市,收回问卷近百万份,其中白领问卷51.3万份。调查结果显示,女性亚健康发生率高于男性。开心、精神集中、充分利用时间、对未来充满希望是亚健康的保护因素,而闷闷不乐、心神不安、精神压力、神经紧张是亚健康的危险因素。社会支持与积极应对方式同样是亚健康的保护因素。而目前我国还没有进行社区预防、干预的研究,在这方面的研究和效果评价,这也是今后努力的一个方向。

(3)残疾人群:在我国,接近一亿人口的残疾人一直是人们最关注的、庞大的弱势群体。在当今强调民生的和谐社会中,他们的心理健康状况理应成为心理学工作者工作中的重点。对社区内残疾人群心理健康状况以及社会支持状况进行过调查,发现社区残疾人心理健康的总体水平较低,尤其存在对外界和他人的防御和排斥心理。另一方面,社区残疾人社交面窄,社会活动少,社会关系松散,社会支持水平较低。社区残疾人的主要生活空间是社区,他们对社区的认可程度和期望值较高,社区社会支持对维护残疾人的身心健康起到不可或缺的重要作用。

(4)外来人群:就社区外来人群的研究来看,我国南方城市所做的工作相对较多,这可能与当地的经济环境比较开放、流动人口相对较多等特点有关。

采用心理知识讲座、电话咨询、支持性心理辅导和门诊患者的心理疏导等相结合的方式,对社区劳务工的心理卫生实施干预,并对干预效果进行评价。

四、对我国社区心理援助的评价与展望

(一)我国社区心理援助应注意的问题

未来的社区心理学的研究中可以从以下两方面加以把握。

1. *可以采取社区整合的宏观思路*　从中国社会的空间结构来看,在层块的横向之间,随着生产力发展,第二、第三产业的发展,大批农村剩余劳动力向大中城市转移,过去界限分明的二元结构,出现了彼此交错、杂糅的局面。在这种背景下社区更应发挥其整合功能,正确处理常住人口、流动人口共存产生的社会心理、社会公平问题,应更加关注流动人口家庭问题、子女发展问题,这种统合的研究模式在国内还不多见。

2. *应注重社区发展与社会心理学研究多维度的结合*　以科学的社会心理学理论和方法为基础,可以在更加深入研究社区青少年发展、老年人处境、家庭冲突等热点问题的同时,发现这些问题的联系并提出有效解决方案,真正使研究朝着发现问题、研究问题、解决问题的思路上深入地迈进,形成社区心理援助体系以及构建和谐社区的心理学评价模型,这也是以往研究未重视的。

(二)我国社区心理援助的发展趋向

为了使社区环境更好地为居民服务,增加居民对社区的认同和满意度,促进居民、社区和社会的全面发展,以西方人本主义心理学关于人的价值和自我实现的理论、近年来建设性后现代心理学对人际和谐的有关论述,以及西方社区心理学的相关研究为出发点,可以对社区环境和社区服务进行重新认定,尤其是它在人们生活中的地位和作用等问题,基于上述考量,提出以下新的思考。

(1)社区服务和干预的中心是增进个人和社区现有的心理防御力,发展和提高人们的能力,而不是仅限于治疗人们的疾患和缺陷。

(2)社区心理学工作应该聚焦于初级预防(预防个体心理和团体心理问题出现)和次级预防(在个体和团体心理问题的早期阶段进行干预),而不是三级预防(对官能障碍的治疗等)。

(3)一个人身处的每一社会系统都是个体的整个生态大系统(包括家庭、学校、邻里、社区等)中的一个子系统。

(4)社区心理学除了为部分人提供直接的服务外,还要向社会公众广泛传播相关的知识与技能。

(5)由于系统之间的相互作用,社区心理援助的服务不仅可以对个人和小群体产生直接影响,也应该可以对组织、社区乃至整个社会产生广泛的直接或间接的影响。

第四节　社区心理援助的具体方法

针对目前心理、精神疾病高发的社会特点,心理援助服务进社区是一项服务大众、提升大众心理健康

意识、早期预防、治疗心理精神疾病的有效措施,而心理援助如何真正为社区服务的具体工作、具体方法、具体形式非常重要。符合社区需求的形式、真正解决具体问题的方法,才能真正走进社区,为社区做好服务。

一、完善组织结构,发展团体优势

心理援助工作是一项社会公益事业,以社会效益为首要目标,不仅需要不断完善心理援助的理论和实践体系,还需要在政府的支持和指导下,完善组织机构,整合社会资源,使心理援助工作专业化、常态化、深入化地进行,促进社会和谐,推动社会发展。

1. 成立机构　每一个人本质上都是社会人,都生活在社会系统中。社区心理援助工作者及时、有效、持久的心理援助非常必要,同时也要明确:社区心理援助的责任主体是政府,我们不能脱离政府孤军作战,应积极、主动寻求政府的支持和帮助,最好联合民政局、妇联、团委、工会等政府机构,发挥政府的职能作用,组建社区心理援助服务机构,吸收具有专业知识、技能,具备相应资质(社区心理援助师、婚姻家庭咨询师、心理咨询师、心理治疗师等)的专业人才构成社区心理援助服务小组。通过社会联络、资源分配、需求对接等方面的协调,解决社区外的社会公益组织和社区服务需求之间的信息不畅问题,才能快速、有效地帮助更多需要帮助的个体,形成党委领导、政府支持、妇联协调、各方参与的工作局面。

2. 人员培训　对具备相关资质的人员还需要进行相关的社区服务、心理危机干预、热线电话接待等技术知识的培训,保证我们的助人行为是正确的、健康的、正向的、有效的,保证助人者自己是心理健康的、安全的、无压力的、积极阳光的。

3. 督导成长　社区心理援助师是一种综合性、应用性、实践性很强的职业。同时,由于面对群体的广泛性和特殊性,所以社区心理援助师的学习和成长尤为重要。除了同级督导之外,最好定期接受上级心理援助师的督导,不断学习、交流、成长,除了提高自己的业务技能之外,还要提高自己的实操技能。只有我们不断进步,才能更好地帮助需要帮助的人。

二、定位服务群体

做好社区心理援助服务,首先要定位服务群体,了解各群体的问题和需求,有针对性地进行服务,才能收到有效的成果。

(一)妇女、青少年与家庭暴力

1. 青少年　社区是青少年活动的主要场所,对青少年在认知、情感、行为等方面的发展具有不可忽视的意义。社区心理援助师在开展工作时,建议社区心理援助师在传授专业知识的同时,针对青少年的心理特点,展开诸如挫折教育、人际关系处理、自我疏导、倾诉和排遣等知识宣传,使青少年学会调节自己的情绪,有意识地培养其健全的人格。

在青少年犯罪的社区矫正方面,越来越多的相关部门,如法院、劳教所等,都在积极尝试社区心理矫正,这是非常切实有效的一项举措。

社区心理援助师也可以组织青少年开展一些团体户外活动,提供给青少年相互合作交流的机会,培养青少年的感恩心、信任度、团队协作意识、抗挫力等素质。通过开展亲子活动,增进沟通,和谐亲子关系。

2. 社区女性

(1)离异女性:调查发现,一些离异女性经历了夫妻感情破裂和家庭解体,往往带着旧有的心理冲突面对新的生活问题,而当前的社会现状也是离婚率居高不下,离异女性的心理健康状况要明显差于普通人群,常伴有自卑感、焦虑、抑郁、孤僻、仇恨等负面心理。心理援助师要及时关注她们,普及正确的婚恋观、择偶观,走出离婚的阴影,做好再婚的准备。

(2)孕、产妇:孕期、产后抑郁是女性特殊时期常见的不良情绪,加强孕期、围产期的精神卫生保健和心理援助十分重要,有助于减少产后抑郁症的发生。社区心理援助师可以通过对孕产妇进行心理干预,有效地帮助孕产妇针对发生抑郁的原因进行自我分析和自我化解,改变错误的认识,充分发挥心理防御机制的作用,增强孕、产妇的自信心,有效预防产后抑郁的发生。

3. 家庭暴力　1980 年颁布的《中华人民共和国婚姻法》在 2001 年修正版中明确提出禁止家庭暴力。

但家庭暴力仍然屡见不鲜，因此处理家庭暴力也将是社区心理援助师的一项重大任务。

1993年联合国发布的《消除妇女的暴力行为宣言》第一条规定：对妇女的暴力是指对妇女造成或可能造成身心方面或性方面的伤害或痛苦的基于性别的暴力行为，包括殴打……。

社区心理援助师除了具备一定的分析评估能力，在最短时间内正确处理家庭暴力，还应该教会受虐者防治家庭暴力的措施。

(1)冷静对待：当双方发生争执，可能引起冲突时，不要采用挑衅的语言，而应冷静对待或者悄悄离开，避免受到更严重的伤害。

(2)寻求帮助：当冲突发生时，及时找机会离开，寻求居委会、村委会或者街道、民政、妇联等部门的帮助。

(3)危机干预：拨打救助热线，在第三方的帮助下，从处于危机状态中脱离危险，重建信心，发挥潜能，恢复心理平衡。

(4)进行躯体治疗：脱离冲突现场后，必要时迅速进行检查，及时予以治疗，并详尽记录检查结果和治疗过程，以便将来需要的时候提供依据。

(5)进行心理治疗：社区心理援助师要采取进行群体心理教育、家庭心理咨询和个体治疗的心理干预模式，降低社区家庭暴力的发生率，改善家庭生活质量，提高个体的心理健康水平。

(二)特殊群体

1.假释及社区矫正人员　假释犯属于权利状况特殊的弱势群体，他们回归社会后，会出现很多问题，首先面临着再社会化困境，他们可能会普遍感到焦虑、苦闷、抑郁及适应不良，针对这种情况，社区心理援助师要消除其不良情绪，培养健康心理，重塑健全人格，提高他们的社会适应能力，促使其回归社会。

2.精神病患者　对康复期的精神病患者进行心理援助，也是当前我们的重要工作之一，社区心理援助师要鼓励患者消除自责、自卑心理，同时要动员家庭和社会的力量，为精神病患者创造一个宽松的生活、工作氛围，进一步促进患者的精神康复。具体做法是：鼓励患者增强生活信心，消除其自责、自卑心理。精神疾病是由各种原因引起的大脑机能失调的一类疾病，其主要临床表现为认知、情感和意志、行为的异常。由于疾病的影响，患者在病中可有各种违背社会道德的异常行为，经过治疗病情恢复以后，他们或对自己的病态行为感到自责、惭愧、自卑等，因此出院后常常把自己关在家里，不愿意出门，这样不但对康复没有丝毫帮助，有可能会使疾病复发，心理援助师要及时给予他们有效帮助，使患者对自己有个清晰的认知，对生活充满希望，积极面对生活，积极配合治疗，重新建立社会关系。

3.残疾人　社区残疾人属于社会的弱势群体，他们的主要生活空间是社区。一方面，残疾人心理健康的总体水平较低，尤其存在对外界和他人的防御和排斥心理。另一方面，社区残疾人社交面窄，社会活动少，社会关系松散，社会支持水平较低。他们对社区的认可程度和期望较高，社区社会支持对维护残疾人的身心健康起到不可或缺的重要作用。根据这些情况，社区心理援助师的侧重点应放在组织社区残疾人建立社会系统上，定期组织活动，使他们不再自卑，和大家平等交流、互动，树立他们对生活的激情和信心，接触社会、回归社会。

(三)普通求助者

对普通求助者，社区心理援助师应本着极大的耐心和爱心去倾听，帮助求助者认清问题、面对问题、解决问题。通过个案工作、心理健康讲座、团体心理辅导、发放心理健康科普资料等方法，使受助群体和个人缓解或消除心理痛苦，发展出解决自身问题的新思维，进而形成良好的生活态度和积极的行为方式，实现人与社会的良性循环发展。对有心理问题的求助者运用心理咨询的专业倾听技术，即以同情、真诚、理解、中立和关心的态度进行倾听、观察、理解和做出反应。心理干预步骤包括：①确定问题；②给予支持；③寻找积极点，帮助当事人树立信心；④帮助当事人规划自己；⑤跟踪巩固。

(四)老年服务

按照埃里克森的人格发展理论，老年期是完善感对绝望感的发展期。如果发展顺利便随心所欲，乐享晚年；反之，就会悔恨过往，悲观失望。社区心理援助师必须要重视老年人的心理健康，帮助老年人重新认识自己，应对老年人身体和心理上的各种反应，提高老年人的生活质量和生命质量。

1.空巢家庭的援助　空巢家庭的出现是社会发展变化的结果。发达国家空巢家庭的出现较早，现在十分普遍。随着我国社会的发展变化和计划生育政策的实施,空巢家庭也呈上升趋势和多元趋势,不但有老年空巢家庭,随着子女的出外求学,也出现了中年空巢家庭。

对空巢家庭的援助,我们应从三方面着手。

(1)空巢家庭夫妇重建亲密关系。可以尝试以下方法:①重新喜爱和欣赏对方。这是维持亲密关系的两个很重要的方法。每个人都喜欢被赞美和欣赏。多年来,一直在为孩子、为生计而奔波,在孩子离家以后,要相互欣赏。②夫妻双方要彼此关注。由于多年来,焦点关注在孩子身上而忽略了对方。子女离开家以后,家庭处在二人世界,这时候就要通过生活细节上尽量彼此关注,相互尊重,重新找回失去的激情,使家庭的甜蜜度上升到新的高度。③夫妻双方要培养共同的兴趣。为了使婚姻变得牢固,可以尝试培养共同的兴趣和爱好,如养花、旅游等活动,并且共同分享快乐。

(2)子女的共同努力。子女离家以后,父母因缺少子女的亲情和慰藉而产生孤独感,因此,社区心理援助师要联系空巢家庭子女,要注意保持与父母的亲情交流。

(3)社会关系的重建。社区心理援助师要帮助空巢老人积极调适空巢心理,做力所能及的事情,同时也帮助他们合理安排生活,发展业余爱好,协调人际关系,积极主动接触社会。必要时,可以组织他们参加社区联谊活动等,丰富业余生活。

2. *单身空巢家庭* 单身空巢家庭指单身家庭中的老人,这种老人从未结过婚,或者丧偶、离婚,也可能是夫妻分居。对这种家庭的老人,要多关怀、多沟通、多交流、多组织一些群体性活动,使他们不再孤单。

3. *老年关怀服务* 随着我国进入老龄化社会,越来越多的老人因为子女不在身边而寂寞忧郁,社区心理援助师应该更多关注这些老人,除了开展一些健康养生讲座和一些联谊活动,应该组织老人组成社区自助小组,相互关怀、相互照顾,安享晚年。

三、服务形式多样

1. *组建社区心理援助中心* 加强心理辅导机构环境建设,提供轻松和谐的专业心理援助氛围。有个体辅导室、团体辅导室、心灵氧吧、情绪疏导室、家庭晤谈室、督导培训室、档案测评室等功能室,并添置相应设备,充分提升心理辅导工作的基础建设水平,营造温馨的氛围。由专业咨询人员坐诊,开展心理健康咨询、治疗、服务,让社区群众在身边就能找到心理治疗师。

2. *设立心理援助咨询热线电话* 通过政府部门,设立并公布心理援助热线电话,委托有经验的咨询师轮班解答,接待希望通过电话获取心理咨询、治疗和帮助的人员。

3. *建立社区心理援助微信公众平台* 建立微信公众平台,宣传心理健康知识、自我心理调适、精神心理疾病自我诊断知识,让心理健康知识深入人心。

4. *定期组织团体心理治疗小组* 针对不同人群组织团体心理治疗小组,例如,社区空巢老人、家庭破裂人员、单亲孩子、残疾人群、青春期孩子、高考压力孩子等。招募团体治疗成员,开展团体心理治疗小组,可以较为广泛、快速地促进人群心理健康。

5. *成立精神心理疾病家属交流群* 很多时候,精神心理疾病患者的家属承受着巨大的压力,而且家庭的支持状况也是精神心理疾病患者能否康复决定性的因素之一。社区心理援助师可以组织精神心理疾病家属之间相互的交流,这样既可以释放情绪、缓解压力,也可以互相学习患者康复、管理、教育的经验,建立良好的有益于精神病患者康复的外部系统。

6. *组建心理危机干预小组* 由经验丰富的心理咨询师、治疗师、辖区派出所、居委会各部门人员组成心理危机干预小组,在突发状况时可以尽快化解危机、挽救生命。

7. *网络心理援助* 中国人的爱面子阻碍了一部分求助者。因为太爱面子,也因为害羞心理不愿求助,适当利用网络可以为这部分群体解决心理困惑。但过度使用和依赖网络,容易导致人际交往所带来的心理问题,如孤独、忧郁、情感自我和角色自我的混乱,不利于他们的身心健康。

8. *丰富多彩的宣教活动* 社区心理援助师要定期组织人员开展心理健康知识普及宣传,保证形式多样、新颖、群众容易接受。可以从以下几方面着手:

(1)心理健康知识宣传:目前,国内的社会现状是大多数人对精神心理疾病有极大的恐惧和忌讳,许多人怕被扣上精神病的帽子,拒绝接触精神心理方面的知识。心理健康知识宣传的目的就是让大众认识心理、精神疾病,消除对精神疾病就是“疯子”的误解,给精神疾病患者一份包容、理解,让大家意识到心理、情绪问题也是病,而且是可以治疗和帮助的。

(2)阳光心态,阳光人生:很多躯体疾病的诱因来自于心理问题,社区心理援助师要普及健康阳光的观念,通过宣讲活动让大家认识到心态决定生活品质,决定幸福指数,弘扬社会美德,构建和谐社会。使大家邻里和睦,乐享太平。

(3)婚恋情感的知识普及:随着国民经济的发展和社会观念的变化,离婚率一路攀升,社区心理援助师要深入社区,宣讲正确的婚恋观、价值观、人生观,使大家学会爱、懂得爱,学会表达爱、学会经营婚姻、经营人生。

(4)家庭教育:越来越多的家庭非常重视家庭教育,但是缺乏科学的教育观念和理念,社区心理援助师可以组织专业人员,开展家庭教育活动,使大家掌握科学的教育方法,和谐亲子,科学育儿。

(5)相亲会:由于现在社会节奏的加快,社区有很多适龄青年男女。社区心理援助师要组织他们参加相亲会、社区联谊会、单位联谊会等,他们通过参与,扩大人际交往圈,找到合适的另一半。

四、援助项目规划

社区心理援助师进入社区进行心理援助时,定位了服务群体、确定了服务形式,还要制定详细的项目规划,设计完整的援助方案。

(一)服务立项

确立项目名称、定位服务对象、计划服务时间。

(二)项目背景

1. 问题与需求评估

(1)进入社区服务之前,需要社区组织提交材料:社区组织针对需要服务的问题和需求提供一份资料清单,包括问题人及需求人的人口学资料。这类信息的特点位于表层,不需要深度挖掘;事实性强,主观性弱;组织一般平时都已具备,不需要做太多的额外准备。

(2)现场收集评估信息:社区心理援助师到被服务社区内部进行观察、访谈、座谈和资料补充阅读。其中与社区组织的负责人交谈是其中最重要的环节之一,从中能够看到关于组织运作理念、组织战略的丰富而系统的信息,这种方式获得的信息,远较第一步提供的信息系统更有深度。

(3)通过电话访谈相关服务人:最主要是需要援助人员和有强烈需求的人员,这是项目运作效果的最直接表达,保证以最恰当的方式援助。通过评估把握被援助人员的真实需求,必要时可以约见。在这一环节,所收集的信息是开放性的、是有机构成的,不是表层的、可以伪装与加工的信息。

(4)其他:组织的网站、宣传材料、媒体报道、登记管理机关、业务主管部门等也可以成为重要的信息来源,就又多出了一条信息获得的途径。

2. 介入理念与理论　针对调查评估问题及需求,确定服务性质及理念,运用专业理论进行有针对性的服务。一般可以从微观、中观、宏观三个层面对被援助群体实行援助计划。

(1)微观层面是指面对被援助群体个人性要求而开展的个案辅导工作。

(2)中观层面是针对家庭和小组层面的援助工作。

(3)宏观层面是指社区心理援助机构进行有针对性的倡导或改变性工作。如建立青少年组织,进行法律法规、政策或制度的修改及倡导性工作。

(三)项目目标

1. 总目标　推进社区社会主义物质文明和精神文明建设,提高人民群众的身心健康水平,积极开展公益性心理援助和相关学术活动,普及心理健康知识。通过早期的心理学专业性介入,预防心理问题的扩大和激化,减少精神障碍的发生。

2. 分目标

(1)了解社区各种群体的基本情况,关注社区不同层次、不同群体的需求。

(2)促使个体参与解决自己的问题,改善他们的生活素质。

(3)改进社区中群体之间的关系,给予他们一些资源,促进社区和谐健康有序发展。

(4)提高社区群众的居民意识和参与社会的意识。

(5)充分发挥他们的特殊技能和潜能。

(6)促使社区不同群体相互帮助,增进关怀。

(7)改进社区资源,促进社区发展需要。

(四)主要行动方案内容、方法与行动步骤

经过项目立项、问题和需求调查、确立目标之后,要制定行动方案,确定实施方法及步骤。

1. 行动方案

(1)主题:确立一个明确的主题。

(2)前言:简述活动目的。

(3)开展活动意义:为什么开展活动,开展活动的受益人群,收到哪些效果。

(4)活动内容:详细讲述该项活动的步骤及活动项目。

(5)活动执行时间:确定服务时间、季节及跨度。

(6)活动范围:针对区域和群体。

(7)人员配置:按职就分,所有的工作任务细分至每位工作人员身上。

(8)前期准备:做好对活动前期的调查、宣传推广、活动设备的安排等。

(9)工作内容:提出工作要求,细分工作任务以及提出所要完成的要求。

(10)活动目的:做出所想达到的效果。

(11)效果评估(效益分析):预想活动后所得到的反应及达到的效果。

(12)物料清单:对所有用到的宣传材料、物品等做好登记。

2. 实施办法

(1)利用社区发展、策划、社会行动模式介入:社区心理援助师通过广泛参与社区事务,解决社区问题,以有效的方式实施行动方案,鼓励被援助群体达到自助或互助,提高他们解决问题的能力,从而服务于需要帮助的人,推动社区发展。

(2)鼓励社区内居民都能够参加心理援助师提供的服务活动:让他们参与讨论,充分发表自己的意见和看法,为社区心理援助工作提供最原始的信息,提升社区心理援助师的服务质量。

(3)技术性措施:社区心理援助师通过调查问题,搜集事实资料,制定多个援助方案,通过比较各种方案的优点和缺点选择最佳方案。

(4)社会关系措施:要根据具体问题,利用拥有的资源及可动员的社会资源,通过家庭、社会和组织机构等多方力量进行援助。

3. 行动步骤

(1)收集资料:通过问卷调查、访谈或组织被援助群体讨论告示等方式收集他们对生活各个方面的不满和问题。

(2)识别问题:整理资料,分析数据,识别当前问题的原因和实质,尤其要识别隐藏的问题。

(3)制订方案:根据界定的主要问题制订有效、可行的实施方案。

(4)实施办法:选择最优方案以满足受助者的需要,唤醒受助者自身应对问题、处理问题、解决问题的能力。

(5)总结评估:准确评估行动方案,最终通过行动的效果体现出来。

五、项目评估

(一)可行性评估

1. 项目必要性　做好社区环境的分析,对各种要素进行全面的分析论证,做好服务群体的调查,包括群体定位、需求预测、资料分析、识别问题等。

2. 技术可行性　主要从项目实施的技术角度,合理设计技术方案,并进行比选和评价。

3. 组织可行性　组织机构支持、管理人员配合、专业队伍匹配、协作关系协调、项目规划完善。

4. 风险因素及对策　主要对项目的危机事件、突发事件、人身安全事件、法律法规、经济利益和社会影响等因素进行评估,制定规避风险的对策,为项目全过程的风险管理提供依据。

(二)效果评估

1. 自我评估　总体目标和分目标是否达到,行动步骤是否顺畅,方案是否达到预期。

2. 被援助群体评估　被援助群体对于服务是否满意,服务前后有哪些变化,发生什么样的改变。

3. 第三方评估　组织机构、社区其他人对工作的评价如何等。

另外,需要做效益评估,包括人力、物力、财力等,产出是指从各方得到成果的评估,通过比较得出工作的成效。

六、注意事项

(1)在识别问题时,一定要按照国家对其界定标准来界定。

(2)与被援助对象交流时要注意态度,不能有歧视心理。

(3)无论被援助对象的情况多么糟糕,都要接纳他们。

(4)在制定方案时要详细清楚,综合考虑各种因素,尽可能多地预想一些突发情况,想好解决措施,并在制定方案时有准确的评估标准。

(5)在评估时要严格按照要求进行,总结经验教训,改进工作方法。

第五节　社区心理援助的发展趋势和行业组织

一、社区心理援助的发展趋势和行业组织

1. 社区心理学研究的现状

(1)成果总量不多,2000 年以后出现增长趋势。

(2)目前尚未出现特定的"研究中心",包括具有明显领先优势的研究者或研究机构、集中发表该领域研究成果的专业刊物或出版单位等。

(3)出自心理学的研究成果最多(约占成果总数的三分之一),其他学科类别依次为医学、社会学及统计学、医疗卫生政策与法律、教育与管理等。

(4)研究对象集中于"老年人"和"青少年"两个群体,关注心理健康和心理干预问题。

(5)主要采用测量和调查等实证研究方法,研究对社区实践的卷入不深。

2. 社区心理学的发展面临三重阻力

(1)自上而下的行政化社区管理体制造成公民(包括心理学家在内)社区意识的普遍淡漠,致使社区心理学难以进入心理学研究的视域。

(2)心理学家普遍重视理论研究,对参与社会实践有较少兴趣和经验。

(3)实证主义研究范式的心理禁锢。

3. 社区心理学面临发展机遇　首先,随着社会转型的加剧以及发展过程中涌现出大量的社会心理问题,社会成员也经历着心理上的各种危机,政府和社会对解决这些问题的迫切需求,为社区心理学的发展创造了契机;其次,大型组织和企业积极参与到行动研究对社区心理学的发展起到助推作用;第三,心理学学科自身生存与发展的需要为社区心理学的发展提供了内在动力。就我国城市社区心理健康问题的现状来看,普遍存在的心理"亚健康"问题、精神疾病问题日益突显。青少年心理健康问题不容忽视,老年及妇女等弱势群体心理健康问题,以及一些突发危机事件的心理干预需求,使得系统地开展社区心理援助服务十分必要,让心理援助走进社区,走进大众身边来,从而更好地保障社区群众的心理健康,提高社区居民的健康水平和生活质量,为构建社会主义和谐社区助力。

二、各职能部门的设置和职责

心理援助行业协会各职能部门设置及职责范围见图 7 - 1。

1. 综合办(兼秘书处)　负责协会的人、财、物管理;协会的基本规章制度制订;办公室职能、资料档案

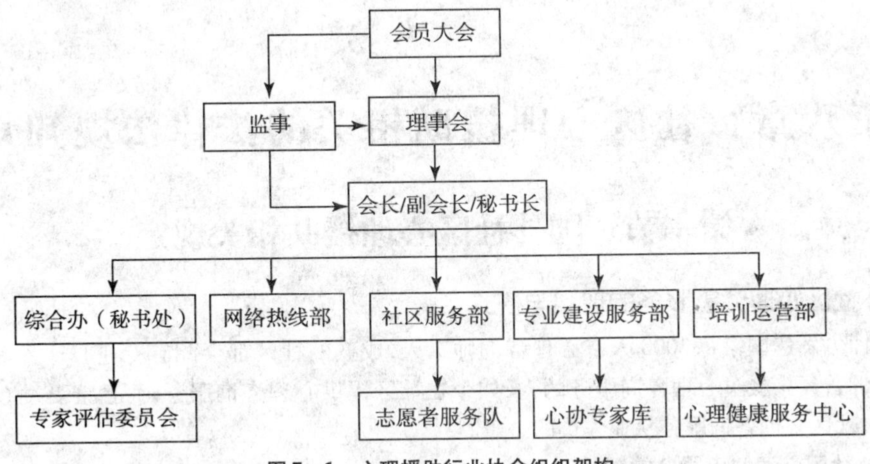

图7－1 心理援助行业协会组织架构

管理、会议召集、对外联络等；会员管理；项目委托、招投标管理、项目评审验收；协会理事会工作及其他综合性事务处理。

综合办日常工作由秘书长直接负责，1名副秘书长协助工作。综合办可根据工作需要，聘请专职秘书1人，兼职管理人员若干。综合办（秘书处）直接接受会长、常务副会长或分管副会长的领导。

为强化项目管理职能，综合办设“专家评估委员会”，成员由协会主要领导、项目委托方代表、协会专家库的相关领域专家组成，日常工作由综合办协调。专家评估委员会可根据项目评估需要，细化成立不同功能的评估小组开展工作。

2. 专业建设服务部　对外学术交流；制订心理咨询行业发展规划、职业规范及行业自律管理、执业纠纷协调、执业伦理教育；社区心理援助师继续教育培训和咨询督导；协会专家库的构建与管理；协助秘书处进行项目评估、会员资格审定；协会承担的心理健康服务项目的课程审定；心理学师资及教学力量的组织。

专业服务部由协会1名副会长负责主持日常工作，1名副秘书长协助其工作，在条件成熟时，可设专职秘书1人。

3. 社区服务部　社区心理健康服务站（点）建设与指导工作；社区服务项目的规划、实施与运营管理；社区心理健康服务站（点）专业力量的配置与整合；心理志愿者队伍招聘、选拔与管理；心理危机干预及“心理危机干预专员”管理与调度；公益性心理健康服务活动的组织、协调与实施等。社区服务部由协会指定2名副会长负责该部工作，分工协作，并配备2名副秘书长协助其工作。在条件成熟时，可设专职秘书1人。社区服务部设“志愿者服务总队”，由1名副秘书长兼任志愿者总队队长。

4. 培训运营部　心理健康服务中心的日常运营；体验中心场地与设施的管理；协会中心“市民开放日”活动的组织与实施；项目研发与对外合作；非公益性心理健康项目的组织与实施；心理援助师职业资格认证培训；心理学相关学位课程项目的研发与实施；心理学终端课程的研发与实施；EAP项目研发与实施；协会其他对外创收项目的管理。培训运营部由协会指定1名副会长负责，1名与场地租赁有关的副会长协助，下设专职培训运营主任1名，工作人员若干，负责该部日常工作的组织与实施。在条件成熟时，可设专职秘书1人。

5. 网络热线部　负责网络热线中心的建设与运营管理；心理咨询热线运行的管理与协调；远程（网上）心理咨询服务管理；网上心理测评系统管理；网上心理咨询师的培训、选拔与聘任；协会官方网站建设、推广与维护；协会电子刊物的编辑发行及心理文化论坛组织等。网络热线部由协会1名副会长负责主持工作，下设网络热线主任1名，工作人员若干。

本章编写负责人：刘义林　许多斌　刘艳秋

本章参与编写校对人员：刘义林　刘艳秋　陈晓娟　黄文娟　魏贵环　许多斌　赵菊清　牛雪梅　葛秀琴

第八章　社区心理援助相关的法律法规知识

第一节　国外社区心理援助相关规定

一、国外社区心理健康服务的现状与模式

据了解，西方发达国家每3000人有心理咨询师1人，成熟的社区都会配有专业心理咨询师。在加拿大，越来越多的曾经接受过心理咨询服务的人，如今在社区提供心理咨询服务，而且接受过心理咨询服务的人数几乎占社区心理咨询服务从业人员的一半。

（一）国外社区心理健康服务的现状

1963年，美国通过了社区心理健康中心法案，该法案设想在综合性医院周围设立功能多样的社区心理健康中心。社区心理健康工作的服务对象是社区居民，并针对不同群体开展服务工作。社区心理健康服务中心所配备的人员，主要是精神科医师、心理咨询师、保健医师及社会工作者等。专业的心理服务人员需要经过长期临床实践与训练以及资格认证后，方可成为临床精神科医师、执业临床心理学家、执业临床专业咨询师和职业临床社会工作者等四类专业人员之一。心理治疗被纳入医保体系，费用可以报销。许多家庭还有自己的私人心理医师。在美国，有30%的人定期看心理医师，80%的人会不定期去心理诊所。不仅普通美国公民视接受一次心理咨询如同吃一顿麦当劳那样自然简单，就连堂堂美国总统也拥有自己的心理顾问。

澳大利亚社区心理健康服务中心的服务，包括开设心理健康咨询、定期开展社区心理卫生健康普查及知晓率调查、协助居民发现早期健康问题、改变不良行为、利用各种媒体报道心理健康知识、提供各种免费的心理健康宣传资料等。

除了以上的常规服务项目外，一些国家还开展了一些特色社区项目。如美国的社区关爱项目，它已经在美国几百个社区成功实施，并且被许多国家所推崇效仿。社区关爱项目本是一个预防暴力和攻击的社区预防系统，对青年人的行为、父母的技能、家庭和社区的关系有明显的改善作用，明显减少了学校问题、武器指控、非法药物犯罪和攻击行为。澳大利亚则针对具有心理疾病的青年人成立了社区生活技能中心，向他们提供训练和支持服务，该中心的训练方案主要着眼于基本的生活技能、与劳动有关的行为能力、交流能力、个人发展、休闲或社会活动能力等。

（二）国外社区心理健康服务模式

美国的社区服务开始于20世纪30年代，从60年代起才开始有较快的发展。为使精神病患者尽早回归社会美国开展了“非住院化运动”，精神病患者转入本人隶属的社区心理卫生服务中心，既可继续接受治疗和参与各种康复活动，又不离开家庭，可得到亲人的照管。

1. 美国社区心理卫生服务　20世纪90年代建立了心理卫生服务责任区，每个责任区建立一所社区心理卫生中心（CMHC），社区是心理卫生服务的重要组成部分。社区工作者一般由精神科医师（包括儿童精神科医师）、临床心理学者、社会工作者、特种教师、心理卫生护士及治疗家（如心理治疗家、语言治疗家等）组成。各州均成立了儿童和青少年心理卫生服务中心，其服务有急诊、门诊、住院、会诊、儿童青少年心理卫生健康教育等。其中以日间治疗和预防为主。

近年来，美国儿童和青少年心理卫生服务模式有较大的变化，原因是多方面的，与精神疾病治疗方法改进、服务设施完善以及人们的认识水平提高等因素有关。这种模式的变化主要表现在：一方面，政府逐渐减少了对心理服务模式的直接干预，由集中管理变为开放管理，出现了由私人慈善机构运作的青少年心理卫生服务规划（MHSPY）和政府运作的儿童青少年卫生服务规划（CASSP）共存的局面，比较而言，政府规划

比私人慈善机构运作相对更具有可操作性，资金和政策保障更为有力，但慈善机构运作形式灵活；另一方面，心理卫生服务从以患者为中心的模式向以患者及其环境为中心的模式逐渐过渡，这在 CASSP 中得到了较好体现，充分强调了家庭和社会环境对青少年精神障碍患者康复的重要性。

2. 英国儿童青少年心理卫生服务　英国保健与社会服务部于 1975 年颁布了“为精神病患者提供良好服务”的决定。要求每一管区设立一所管区综合医院（DGH），有保健访问者、执业医师、社区精神病护士等人员从事心理卫生工作。服务形式基本上与美国相同。现已形成了心理卫生服务的四级防治网络，该网络工作者从儿童青少年本人、父母、教师和照顾者等处获得有关信息，再根据疾病对患者本人、家庭、社会环境的损害程度以及疾病的流行病学特征确定疾病的防治措施。该网络包括两类工作人员，一类是与社会直接接触较多的社会工作者，另一类是专业工作者。在英国，初级防治网络具有重要地位，由社会工作者、志愿者、执业医师、社区护士、教师和学校卫生工作者担任，主要就一般心理卫生问题提供咨询和对轻度至中度心理卫生问题提供服务；二级防治网络的工作人员主要由精神病学、心理学、心理治疗家和其他治疗家组成，患者由初级防治网络转诊而来，多数儿童精神病患者能在该网络中得到有效治疗；三级防治网络工作人员由多学科专家组成，包括特定的评估小组、家庭治疗小组、心理治疗小组、物质滥用干预机构、特殊儿童青少年教育服务等，不同的专家小组分工明确；四级防治网络的工作人员的专业化程度最高，工作人员主要包括神经精神病学家、司法精神病学家等，主要为病人提供住院服务，属于高消费防治网络，只有个别病情复杂的患儿需要他们的帮助。

3. 南非的“康复之旅”计划　1993 年，南非的一项流行病学调查发现，6～16 岁的儿童中有 64% 的人至少具有某种类型的精神障碍，此后于 1994 年提出了“康复之旅”计划，由政府提供资助。该计划的工作小组主要由社区工作者和地方法律工作者组成，要求工作人员下社区工作，处理病患，并从事个体、小组、父母和家庭心理咨询。在该计划中有一名心理学家对该小组的工作每周做 1 次检查，一名儿童精神病学家每 2 周 1 次进行咨询，并通过讲座或电台对有心理卫生服务患儿的父母和社区有关人员（如保育员、老师等）进行心理卫生知识教育。干预的儿童心理卫生问题主要有儿童性虐待、反社会性行为以及艾滋病的心理影响等。在 2001 年的 3 个月工作期间，其工作小组对 293 名患儿，245 个患儿父母以及 50 个家庭做了心理咨询，取得了较好的社会效益。

二、国外开展灾后心理援助及心理健康重建

（一）国外开展灾后心理援助

20 世纪中期，美国国家心理卫生研究所（NIMH）着手制定灾难受害者服务方案，资助对重大灾难的社会心理反应进行研究。1978 年出台的《灾难援助心理辅导手册》，是第一本由政府颁布的心理援助指南。随着人们对灾后心理重建重视程度的提高，一些发达国家政府着手研究灾难的危机干预，制定相关政策，并开始相关心理援助服务。1963 年，美国国会通过《社区精神健康法》，强调心理健康服务应面向全体公民，并建立由政府提供经费的社区精神服务中心。英国在 1987 年翻船事件发生后成立了社会支援组织，对灾难经历者进行演讲、家访、长期心理辅导或电话商谈等援助活动。新加坡 1986 年新世纪酒店倒塌事故发生后，专业人员对幸存者进行危机干预。1994 年又建立了国家应急行为管理系统，为经受灾难的人群提供医疗及心理服务。最近 20 多年来，灾后心理干预更加受到重视，不少国家建立了国家级的灾难心理干预中心或研究中心。

（二）灾后心理援助与心理重建——国际发展现状及趋势

灾后心理学的工作，国际上通称为心理危机干预。灾后心理服务和普通心理服务有很大不同，第一是服务人群不同，灾后心理服务面对人群范围广泛，其目的是让受灾群众尽快恢复到灾前水平。特别要指出的是，灾后心理援助的对象绝大多数是正常人，而不是病人。第二个特点是主动提供服务，其目的是确定不同人群有何种需要，防止恐慌和焦虑情绪的大面积蔓延。根据灾难发生时人们心理危机反应的不同阶段，灾难心理援助划分为急性期、灾后冲击早期和恢复期 3 个时期，每个时期有着不同的服务重点。此外，心理援助对象是幸存者、工作者、组织还是社区，是儿童、成年人还是老人，其服务重点和内容也各有侧重。一般来说，灾难心理援助的主要内容有心理评估、信息给予、问题解决、心理教育以及针对死亡通知、追悼仪式、

纪念日等特殊事件的干预和其他拓展服务等。世界卫生组织(WHO)为各国的灾难心理援助提出了指导意见,包括以下内容。

(1)灾难之前的准备:①在相关机构内成立专门的应急小组,并建立有组织的联系;②设计详细的心理援助计划;③培训心理援助专门人才。

(2)评估:评估应进行细致的计划,并适用于大众。建议对环境和个人日常功能进行定性评估。

(3)合作:心理援助应与当地政府组织和其他非政府组织进行合作。

(4)融入基层保健体系:心理援助应归入基层保健体系,充分调动家庭和社区内的资源。

(5)服务的广泛性:尽可能让所有受影响地区的居民接受到心理援助。

(6)培训和督导:培训和督导应由精神健康专业人士进行,或在专业人士指导下同时能够保证培训的长期效果,应避免缺乏监督的短期培训。

(7)长期工作:在经历了严重的灾害之后,应向受灾群众提供中长期的社区初级精神卫生服务。短期的紧急援助如果能够持续将会获得更加显著的效果。建议各国加强对长期心理援助的投入。

(8)监督指标:如果可能,各项检查指标应在开始进行活动之前确定,以保证监督和评估的顺利进行。

系统的心理援助的理论出现于20世纪40年代,缘于美国1942年波士顿的一场大火,这场发生在夜总会的大火致使近500人死亡。在这场大火之后,美国心理学家治疗了很多火灾的幸存者,并在他们身上发现了一些相似之处,就此整理出关于哀伤的反应模式。差不多同一时间,在哈佛公共健康家庭指导中心也通过他们和遇难家庭的接触,总结出危机事件中影响心理反应的5个因素。20世纪中期,美国国家心理卫生署就着手制定灾难受害者服务方案,资助有关重大灾难的社会心理反应研究。美国官方的灾难心理卫生服务始于70年代,1974年美国联邦应急管理局资助了一项灾难危机干预项目,由美国心理卫生服务中心紧急服务及灾难救援项目组负责。1978年,美国NIMH出台了第一本《灾难救援心理辅导手册》。随着人们对灾后心理重建重视程度的提高,各国的心理学家以及政府着手研究灾难的危机干预,并开始了对有关受害者的服务。

政府方面,很多国家为预防自然灾害制定了相应的法规和法令,明确灾难心理援助的组织机构和内容,并将灾难心理卫生服务列入国家紧急事务应急预案。建立国家级灾难心理卫生服务系统,并为灾难受害者提供医疗及心理卫生服务,缓解社区压力。与民间团体协作,建立完善的心理援助人才储备库和完整的培训、遴选及调配机制。如在美国,灾难心理卫生服务为国家灾难医疗系统的服务项目之一,由卫生署与人口服务部的公共健康服务系统牵头主持。发生灾难时政府启动国家灾难医疗系统,心理援助人员编入灾难医疗救援队对受灾群众进行紧急心理援助。心理援助人员须具有心理健康医生执照并经过美国红十字会的专门培训。

研究方面。由于灾难后出现的心理与一般的精神疾病有着不同的心理机制,也由于其创伤性心理体验的特质可能对人造成短期和长期的心理生理影响,因此各国对于灾后心理援助的研究也非常重视。美国、英国、澳大利亚、加拿大等国家都有国家级的灾难心理援助或研究中心。政府和民间在完善心理服务方面投入了大量资金。国家资助的服务和科研项目,研究的热点包括以下内容:

(1)研究对突发灾难事件的社会心理反应:①不同人群在灾难周期中的心理应激特点,确定其潜在危险性;②应对灾难环境的危险因素,最大限度降低心理创伤;③以家庭为互动单元更有效地应对灾难。

(2)灾难对各年龄层受害者及家属造成的心理卫生影响:①灾难对受害者、家属、救援人员、社区成员的长、短期冲击;②灾难事件造成的心理卫生后果;③联邦及社区中非心理卫生机构处理受难者可能带来的心理卫生后果。

(3)设计、执行及评估对灾难受难者进行的心理卫生服务及治疗:①对各年龄层受难者及家属的短期危机调适和长期心理卫生治疗;②研究与评估可使处在极度压力下的心理卫生人员避免产生心理障碍的治疗与服务模式;③评估灾区内医疗卫生、心理卫生、法律等服务机构合作效率。

(4)灾难所致创伤后PTSD及并发症的预防:评估各公立、私立机构制定的心理卫生紧急应对计划。

(5)研究更好的方法及应用技术:以完善联邦灾难心理卫生服务系统。

实践方面,过去的十几年,国外在灾难心理援助的方法、效果研究方面取得了极大的进步。对危机进行评估是心理援助的第一步,包括突发事件暴露程度,个体的生理、心理、社会状态,个体采取的应对方式等。评估不仅是心理危机干预的前提,还必须贯穿于危机干预过程的始终,根据个体心理状态的变化、个体与环境的互动,调整有效的应对策略。之后在评估的基础上制定符合个体实际情况的干预方案。常见的干预方法包括分享报告、认知行为疗法、艺术疗法、游戏疗法等。分享报告是一种以讨论为主要形式的干预方法,多用于成年幸存者和灾难救援工作者,以帮助他们将自己有关灾难的经历,从感受层面上升到更高层次的理解,从而给这种经历画上句号。分享报告也起到教育的作用,告知工作者正常和异常的应激反应以及可运用的应对策略。认知行为疗法,包含许多治疗技术:暴露程序、认知重建程序、焦虑管理程序、眼动脱敏等,经常用于创伤后应激障碍及灾难引发的焦虑、恐惧等心理症状的治疗。艺术疗法和游戏疗法常被用在对儿童和青少年的心理援助中。通过绘画、写作、音乐等方式,让孩子们"说出"灾难经历、表达情感、澄清问题和冲突,并强化问题解决能力。

三、欧美多国社区有关设立全国性预防自杀机构

根据世界卫生组织的报告,全球青少年死亡原因中,自杀占第三位。对于这个全球性问题,欧美发达国家有一整套体系来预防和干预,从全国性的防御机构到社会机构,再到学校的生命教育、挫折教育,还有社区志愿者的行动。

2014 年 9 月,世界卫生组织(WHO)发布的首份关于自杀的报告——《预防自杀:一项全球要务》中提供的数据:"全球每年约有 80 万人死于自杀,每 40 秒钟就有一人自杀死亡,而这种死亡是可以预防的。"

报告中说,自杀是可以得到预防的。减少自杀手段的可获得性是减少死亡的一种方式。其他一些有效措施包括媒体对自杀问题负责任地做出报道,比如避免使用使自杀敏感化的语言以及避免对使用方法进行详细描述等,还包括要通过卫生工作者在社区较早发现精神和物质使用障碍问题并加以妥善处置。

由于自杀未遂的人再次尝试的风险最大,因此重要的是卫生保健工作者对那些有自杀企图的人,要通过电话或家访等定期联络方式提供随访保健,同时提供社区支持。

四、国外妇女儿童心理健康服务体系

(一)美国的妇女援助组织

如今,所有的大城市和许多个城镇都有类似方舟家庭中心这样的组织,面向有困难的女性提供咨询、信息、鼓励及能力培养,使她们能改善自身处境。美国丹佛市有一个这样的机构叫"会聚所"。女性可以白天去那里接受咨询和建议,可以与有相同问题的人组成相互的自我帮助小组。无家可归的或是住在公共收容所的妇女还可以在那儿免费使用电话,可以找人帮忙写简历,以及交换有关工作和工作训练的信息。此外,这个机构的职员和志愿者掌握各种向需要食品、衣物、住所、卫生保健的女性提供帮助的机构名单。

对女性而言最重要的是"受虐女性庇护所",这是女性被虐待或害怕她丈夫时可以去的紧急场所。庇护所的地址是保密的,这样她丈夫就无法跟踪她,对她进行骚扰或威胁。要去庇护所的女性可以打电话给警局、社会服务部门或 24 小时热线寻求帮助。女性在庇护所里可以接受咨询、工作帮助和信息,或转介为法律服务。如果想维持婚姻,她还可以获得有关她丈夫和她自己的咨询信息。由于生活在有暴力家庭中的孩子同样经历感情问题,他们也需要接受咨询,他们也属于需要讨论所经历的感情危机的人群之列。有时,丈夫意识到如果不为自己的暴力行为寻求帮助,妻子就会离开他,他就会同意接受咨询以便维持家庭。这些庇护所并不接受男子咨询,但它们会告诉该妇女接受男子咨询的机构名称。

另一种咨询的机构是女性资源中心。女性可以在那儿了解相关信息,如工作、培训、写简历、工作申请技巧、成人教育、法律咨询等。同时还开设如何做父母和如何管理孩子的课程。所有这些机构都是非政府组织,由那些认为有必要开设这些机构的普通人建立,它们只有极少数付薪职员,但有许多愿意付出时间和金钱的志愿者,其中有曾经经历同样问题的女性,也有其家人和拥有这些问题的人。这些机构的资金来自于私人、私人公司、公共慈善组织、宗教团体以及私人慈善基金。

(二)美国社区儿童心理健康体系

在社区进行服务,儿童青少年回归社区,家庭成为了提供具体服务的主力军,这就减少了住院和其他

一些高昂的花费，降低了服务费用；而且只有家庭最了解他们的子女，以家庭为中心的服务能提供更有效的服务手段。社区服务能让儿童青少年建立更多的人际关系，有利于儿童青少年的心理发展，增加心理发展的保护性因素。并且他们能得到所需各个部门的连续服务，直至问题得到有效的解决。

另外，美国针对儿童和青少年的社区心理机构大体分两部分：一是负责治疗的，分为住院治疗、半住院治疗、门诊、家访式治疗、课后班、用药监督；二是收容不能住在家里的孩童的，分全托式治疗（短期几个月）、儿童避难所（短期1个月）、寄养家庭（长短不限，6个月到N年）、团体长期居住、独立居住，提供给18岁以上，无法在家生活的青少年。如英国海温保健中心是一个地方政府支持的社区服务中心，其服务对象是16岁以下儿童、孕妇和65岁以上老人。“从家庭做起”计划是英国海温保健中心发展的服务项目，这是一种由志愿者组织开展的帮助那些抚养儿童有困难的母亲，并指导她们科学育儿的服务。

有严重自杀、他杀、暴力倾向的人才能送去住院，严重在这里指已经有计划了。一般情况下，保险公司会给3~4天的住院时间，如果到时情况没有缓解，院方可以再跟保险公司申请更多的时间。住院治疗其实就是全天候24小时对小朋友进行监护，并提供一定量的心理治疗与精神治疗。要说明的是，这个所谓的医院是隶属于社区心理机构的儿童精神疾病医院。

（三）德国孩子每年心理体检

在德国，从幼儿园小朋友到中小学生，他们每年都要接受一次心理检查，而且从小就上心理课，学习自我调适。

这里的工作人员说：“孩子不像成年人有自我判断能力，他们出现心理问题不易被察觉。所以德国号召16岁以下的儿童每年进行心理体检，一方面能及时发现问题，一方面可以了解他们的心理成熟度，帮助孩子健康成长。”

第二节　国内社区心理援助相关规定

俗话说，没有规矩不成方圆，离开了必要的规则，社会就会陷入混乱状态。因此，国家为了规范职业活动的各种行为，制定了一系列与职业活动相关的法律法规。

《中华人民共和国精神卫生法》2012年10月26日第十一届全国人民代表大会常务委员会第二十九次会议通过，2012年10月26日中华人民共和国主席令第六十二号公布，自2013年5月1日起施行。

第十条　国家鼓励和支持工会、共产主义青年团、妇女联合会、红十字会、科学技术协会等团体依法开展精神卫生工作。

第十二条　各级人民政府和县级以上人民政府有关部门应当采取措施，鼓励和支持组织、个人提供精神卫生志愿服务，捐助精神卫生事业，兴建精神卫生公益设施。

对在精神卫生工作中做出突出贡献的组织、个人，按照国家有关规定给予表彰、奖励。

第十三条　各级人民政府和县级以上人民政府有关部门应当采取措施，加强心理健康促进和精神障碍预防工作，提高公众心理健康水平。

第十四条　各级人民政府和县级以上人民政府有关部门制定的突发事件应急预案，应当包括心理援助的内容。发生突发事件，履行统一领导职责或者组织处置突发事件的人民政府应当根据突发事件的具体情况，按照应急预案的规定，组织开展心理援助工作。

第二十条　村民委员会、居民委员会应当协助所在地人民政府及其有关部门开展社区心理健康指导、精神卫生知识宣传教育活动，创建有益于居民身心健康的社区环境。

乡镇卫生院或者社区卫生服务机构应当为村民委员会、居民委员会开展社区心理健康指导、精神卫生知识宣传教育活动提供技术指导。

第二十三条　心理咨询人员应当提高业务素质，遵守执业规范，为社会公众提供专业化的心理咨询服务。

心理咨询人员不得从事心理治疗或者精神障碍的诊断、治疗。

心理咨询人员发现接受咨询的人员可能患有精神障碍的，应当建议其到符合本法规定的医疗机构就诊。

心理咨询人员应当尊重接受咨询人员的隐私,并为其保守秘密。

第七十五条 心理咨询人员、专门从事心理治疗的人员在心理咨询、心理治疗活动中造成他人人身、财产或者其他损害的,依法承担民事责任。

一、心理咨询师职业道德准则

根据心理咨询师国家职业标准,参考国际心理咨询师遵守的道德准则及国内的相关规定,总结出心理咨询师应遵守的道德准则。和职业道德有共同之处又有不同之处,分总则和细则。

(一)总则

1. 心理咨询师在从事心理咨询与治疗时,应遵纪守法、遵守心理咨询师职业道德准则,在其工作中建立并执行严格的道德标准。

2. 心理咨询师应注意加强自身的修养,不断完善自己,提高自己的心理健康水平。

3. 心理咨询师应不断学习本专业以及咨询服务所需的有关知识,促进自身的专业发展,提高专业服务水平。

4. 心理咨询师应明确了解自己的能力界限和专业职能的界限,不做超越自己能力和职能范围的事情。

(二)对来访者的责任

心理咨询师的工作目的是使来访者从其提供的专业服务中获益。心理咨询师应保障来访者的权利,努力使其得到适当的服务并避免伤害。

1. 心理咨询师不得因为来访者的性别、民族、国籍、宗教信仰、价值观、性取向等任何方面的因素歧视来访者。

2. 心理咨询师在咨询关系建立之前,应使来访者明确了解心理咨询工作的性质、工作特点、收费标准、这一工作可能的局限以及来访者的权利和义务。

3. 心理咨询师在进行心理咨询工作时,应与来访者对咨询目标、方式等问题进行讨论并达成一致意见,必要时(如使用冲击疗法、催眠疗法、长期精神分析等技术)应与来访者达成书面协议。

4. 心理咨询师应明确其工作的目的是促进来访者的成长、自强自立,而并非使来访者在其未来的生活中对心理咨询师产生依赖。

(三)与来访者的关系

心理咨询师应尊重来访者,按照本专业的道德规范与来访者建立良好的咨询关系。

1. 心理咨询师应清楚地认识自己在咨访关系中的职业角色对来访者构成的潜在影响,不得利用来访者对自己的信任或依赖谋取私利。

2. 不允许心理咨询师以收受实物、获得劳务服务或其他方式作为其专业服务的回报,因为它们有引起冲突、剥削、破坏专业关系的潜在危险。

3. 心理咨询师要清楚的了解双重(或多重)关系(例如与来访者发展家庭的、社交的、经济的、商业的或者亲密的个人关系)对专业判断力的不利影响及其伤害寻求专业服务的潜在危险性,避免与来访者发生双重(或多重)关系。在双重(或多重)关系不可避免时,应采取一些专业上的预防措施,例如签署正式的知情同意书、寻求专业督导、做好相关文件的记录等,以确保双重关系(或多重关系)不会损害自己的判断并不会对来访者造成危害。

4. 心理咨询师不得与当前来访者发生任何形式的性和亲密关系,也不得给有过性和亲密关系的人做心理咨询。一旦业已建立的专业关系超越了专业界限(如发展了性关系或恋爱关系),应立即终止专业关系并采取适当措施(例如寻求督导、转介等)。

5. 心理咨询师在与某个来访者结束心理咨询关系之后,至少三年内不得与来访者发生任何亲密或性关系。在三年后如果发生此类关系,要仔细考察关系的性质,确保此关系不存在任何给来访者造成伤害的可能,同时要有合法的书面记录备案。

6. 当心理咨询师认为自己不适合对某个来访者进行工作时,应对来访者明确说明,并且应本着对来访者负责的态度将其介绍给另一位合适的专业人员。

7. 心理咨询师应尊重其他专业人员，与相关专业人员建立一种积极合作的工作关系，以提高对来访者的咨询服务水平。

（四）保密原则

心理咨询师应尊重来访者的个人隐私权，无论是在个体咨询或是在集体咨询中都有责任采取适当的措施为来访者保守秘密。

1. 心理咨询师有责任向来访者说明心理咨询工作的保密原则以及这一原则在应用时的限制。在团体咨询时应首先在团体中确立保密原则。

2. 心理咨询师应清楚地了解保密原则的应用有其限制。下列情况为保密原则的例外：

（1）心理咨询师发现来访者有伤害自身或伤害他人的严重危险时；

（2）来访者有致命的传染性疾病且可能危及他人时；

（3）未成年人在受到性侵犯或虐待时；

（4）法律规定需要披露时。

3. 在遇到上述中的（1）、（2）和（3）的情况时，心理咨询师有向对方合法监护人预警的责任；在遇到（4）的情况时，心理咨询师有遵循法律规定的义务，但须要求法庭及相关人员出示合法的书面要求，并要求法庭及相关人员确保此披露不会对临床专业关系带来直接损害或潜在危害。

4. 心理咨询师只有在得到来访者书面同意的情况下，才能对心理咨询过程进行录音、录像或演示。

5. 心理咨询师咨询工作的有关信息（包括个案记录、测验资料、信件、录音、录像和其他资料）均属于专业信息，应在严格保密的情况下进行保存，仅经过授权的心理咨询师可以接触这类资料。

6. 在心理咨询工作中，一旦发现来访者有危害自身和他人的情况，必须启动危机干预方案，防止意外事件发生。如与其他心理咨询师进行磋商，应将有关保密信息的暴露程度限制在最低范围之内。

（五）知情同意原则

知情同意由三个基本要素组成，即告知、自愿以及能力。告知是指在来访者做出知情同意之前，心理咨询师有义务和责任告知来访者以下情况：咨询的特点、性质、预期疗程、费用、保密范围等，如果来访者在没有被充分告知的情况下做出知情同意，法律上被视为无效同意；自愿是指来访者做出知情同意的过程中，不受外界的利诱或胁迫，其决定是自愿自主的；能力是指来访者作为知情同意的法律主体，应当具有法律所要求的行为能力。

1. 心理咨询师需要在建立咨询关系的初期，向来访者告知咨询的特点、性质、预期疗程、费用、保密的范围等，并为来访者提供充分的机会询问并且对其问题给予回复。

2. 应与来访者对咨询目标进行讨论并达成一致意见，在使用尚未广泛认可的治疗技术时，心理咨询师需要告知对方有关该咨询技术的发展状况、可能的潜在风险等。

3. 当为来访者提供服务的咨询师正在处于接受培训的阶段，而且由其督导承担相关的法律责任时，那么作为知情同意程序的其中一个部分，需要向来访者告知该咨询师正在处于培训阶段，并且在其督导监督下进行操作的事实。

4. 任何时候来访者都有权终止咨询或更换咨询师。

5. 如果来访者的确没有法律责任能力做决定，但又必须进行心理咨询时，可以请监护人采用“替代同意”的形式。

（六）关于咨询的中断

咨询的中断是指在咨询期间因咨询师个人原因暂时停止咨询。

1. 心理咨询师在进行心理咨询工作中不得随意中断工作。在心理咨询师出差、休假或临时离开工作地点外出时，要对已经开始的心理咨询工作进行适当地安排。

2. 除非来访者或者第三方付酬人员提出不需要的情况，心理咨询师在中断咨询之前，需要以合适的方式向来访者提供有关其他选择性咨询方式的建议。

（七）关于咨询的终止

咨询的中止是指经过商定，心理咨询师停止向来访者提供咨询服务，和来访者结束咨询关系。

1. 在有迹象表明来访者不再继续需要咨询服务或者后续服务对其没有益处时，心理咨询师可以结束咨询。

2. 如果心理咨询师受到来访者或者其他相关人员的威胁，或者继续治疗可能会危及到心理咨询师的安全时，那么心理咨询师可以终止咨询。

（八）关于心理咨询案例资料的保存和处理

心理咨询师须确保案例资料的安全，避免对来访者造成伤害。

1. 来访者的案例资料应存放于安全的地方，案例文件夹应关闭，来访者的名字不应显露在外面。

2. 心理咨询师不应该把咨询记录及草稿随便丢弃在垃圾堆里，而应撕碎或销毁。

3. 如果把处于保密状态的咨询记录输入电脑，应该加用密码或其他保密技术，避免被他人辨认或窃取。

4. 心理咨询师因专业工作需要对心理咨询或治疗的案例进行讨论，或采用案例进行教学、科研、写作等工作时，应隐去那些可能会据此辨认出来访者的有关信息（得到来访者书面许可的情况例外）。

（九）关于心理测评

心理咨询师应正确理解心理测量与评估手段在临床服务工作中的意义和作用，并恰当使用。心理咨询师在使用心理测量与评估过程中应考虑被测量者或被评估者的个人和文化背景。心理咨询师应通过发展和使用恰当的教育、心理和职业测量工具来帮助来访者。

1. 心理测量与评估的目的在于使来访者受益，心理咨询师不得滥用测量或评估手段以牟利。

2. 心理咨询师应在接受过心理测量的相关培训，对某特定测量和评估方法有适当的专业知识和技能之后，方可实施该测量或评估工作。

3. 心理咨询师应尊重来访者对测量与评估结果进行了解和获得解释的权利，在实施测量或评估之后，应对测量或评估结果给予准确、客观、可以被对方理解的解释，努力避免来访者对测量或评估结果的误解。

4. 心理咨询师在利用某测验或使用测量工具进行记分、解释时，或使用评估技术、访谈或其他测量工具时，须采用已经建立并证实了信度、效度的测量工具。如果没有可靠的信、效度数据，心理咨询师需要对测验结果及解释的说服力和局限性做出说明，不能仅仅依据心理测量的结果做出心理诊断。

5. 心理咨询师有责任维护心理测验材料（指测验手册、测量工具、协议和测验项目）和其他测量工具的完整性和安全性，不得向非专业人员泄漏相关测验的内容。

（十）关于心理咨询师的职业责任

心理咨询师应遵守国家的法律法规，遵守专业伦理规范。心理咨询师所从事的专业工作应基于科学的研究和发现，在专业界限和个人能力范围之内，以负责任的态度进行工作。心理咨询师应不断更新并发展专业知识、积极参与自我保健的活动，促进个人在生理上、社会适应上和心理上的健康以更好地满足专业责任的需要。

1. 心理咨询师应在自己专业能力范围内，根据自己所接受的教育、培训和督导的经历和工作经验，为不同人群提供适宜而有效的专业服务。

2. 心理咨询师应充分认识到继续教育的意义，在专业工作领域内保持对当前学科和专业信息的了解，保持对所用技能的掌握和对新知识的开放态度。

3. 心理咨询师应保持对于自身职业能力的关注，在必要时采取适当步骤寻求专业督导的帮助。在缺乏专业督导时，应尽量寻求同行的专业帮助。

4. 心理咨询师应关注自我保健，当意识到个人的生理或心理问题可能会对来访者造成伤害时，应寻求督导或其他专业人员的帮助，必要时应限制、中断或终止临床专业服务。

5. 心理咨询师在工作中需要介绍自己情况时，应实事求是地说明自己的专业资历、学位、专业资格证书等情况，在需要进行广告宣传或描述其服务内容时，应以确切的方式表述其专业资格。心理咨询师不得贬低其他专业人员，不得以虚假、误导、欺瞒的方式对自己或自己的工作部门进行宣传，更不能进行诈骗。

6. 当心理咨询师通过公众媒体(如讲座、演示、电台、电视、报纸、印刷物品、网络等)从事专业活动,或以专业身份提供劝导和评论时,应注意自己的言论要基于恰当的专业文献和实践,尊重事实,注意自己的言行应遵循专业伦理规范。

7. 当心理咨询师需要向第三方(例如法庭、保险公司等)报告自己的专业工作时,应采取诚实、客观的态度准确地描述自己的工作。

8. 心理咨询师不得利用专业地位获取私利,如个人或所属家庭成员的利益、性利益、不平等交易财物和服务等。也不得利用心理咨询、教学、培训、督导的关系为自己获取合理报酬之外的私利。

(十一)关于伦理问题的处理

心理咨询师在专业工作中应遵守有关法律和伦理,努力解决伦理困境,和相关人员进行直接而开放地沟通,在必要时向同行及督导寻求建议或帮助。心理咨询师应将伦理规范整合到日常专业工作之中。

1. 心理咨询师一旦觉察到自己在工作中有失职行为或对职责存在着误解,应采取合理的措施加以改正(如转介、寻求督导等)。

2. 心理咨询师若发现同行或同事违反了伦理规范,应予以规劝。若规劝无效,应通过适当渠道反映其问题。如果对方违反伦理的行为非常明显,而且已经造成严重危害,或违反伦理的行为无合适的途径解决或根本无法解决,心理咨询师应当向本中心举报,以维护行业声誉,保护来访者的权益。如果心理咨询师不能确定某种特定情形或特定的行为是否违反伦理规范,可向中心老师寻求建议。

二、地方性心理援助工作的建设性思考

心理援助体系建设是公共卫生应急体系建设的重要组成部分,国外较为成熟的心理援助体系已经把重点放在了预防性干预上,侧重于普及危机教育和建设心理疏导标准程序。政府作为危机管理的主体须站在统筹的层面上建立公共心理危机干预机制,探索适合地情的公共教育形式,提供权威支持和进行心理应急干预的组织协调,从而提高对突发事件的应对效率。对此,本书侧重于心理援助软建设的思考与研究。

(一)明确界定心理援助对象的范畴

地方性心理援助体系无法针对全年龄段进行一次性建设,基于青少年心理危机的特殊性和集中性,援助体系首先可以从这一领域出发进行项目建设,待项目成熟后实现经验模式的迁移,对此,明确界定和甄别援助对象是第一要务。为了便于心理援助工作者的操作,本书借助相关研究的结果将需要心理援助的对象基于心理工作实践分成六大类型,其中包括:学业问题、重大疾病、经历家庭变故等重大事件的心理适应障碍、人际关系问题、异性交往问题,还有其他,如有精神疾病史等其他有明显适应性问题的情况。政府主导将心理援助的职能部门进行有效整合,我国在工青妇团、学校、司法等部门都为儿童及青少年提供各类服务,预设大量基金,但由于资源分散、项目不清晰、服务机构间没有良好合作,服务人员和设施重复设置且任务又没有优化资源,使得青少年接受服务的机会、内容和质量都大大降低。因此,我们可以借鉴美国的项目经验,政府主导整合各类基金,根据青少年及其家庭实际需要设计心理健康服务综合项目,以项目方式划拨资金。

(1)政府主导统筹各职能部门,发挥各自独特优势,实现资源优化和职能相对分工,确保更多青少年及其家庭有机会获得所需心理健康服务。并从城市规划和社会管理的角度进行合理的规划,逐步引导社区卫生机构发挥主体作用,开发建设规范化的服务流程和多元化的社区服务项目,形成一种从管理到服务、从规范到专业的发展模式,完善社区服务扶持政策。同时,允许和鼓励有资质的个体心理服务机构以连锁化经营模式深入社区,丰富服务体系。

(2)针对预设性的社会危机问题建设心理危机干预系统。根据《国家公共卫生事件应急条例》《关于进一步加强精神卫生工作的指导意见》等文件,建设危机事件分级标准、信息交流平台、专家队伍库、资源库等,形成联动性的工作预案,并加强公众宣传和行为预演。专业机构根据需要建设项目,优化服务内涵。转变心理健康服务观念,以预防为主,倡导健康生活方式和社会支持环境的健康促进模式。心理援助工作不只是应急,更应建立在日常宣传教育的基础上进行发现式工作,引导个体提高认识、检查和发现自身及周围人群潜在的心理危机,以能较早地解决问题。强调援助的发现性不同于传统方式的自我检查,需要建立

明确、具体、具有可操作性的心理健康检测指标，提供科学的全面开放性的检测平台，促进个体及其社会群体功能正确认识问题，主动寻求专业渠道解决问题。同时心理宣传工作可配合专业治疗工作开展支持性服务工作，如鼓励患者调整生活方式、提供社会支持、健康后的自我持续教育等。

（二）开发并建设多种心理服务项目

深入学习和研究国内外先进心理健康服务项目，如意大利心理卫生服务建立了以社区为基础的发展模式，其服务内容包括健康教育、心理咨询、家庭治疗、危机干预、康复指导服务，以及老年护理和临终关怀等。建立系统的援助体系，以预防为主，分级建立援助项目，如三级为宣传教育、文化建设为主；二级以指导建议和初级咨询为主；一级为高级咨询和心理治疗；逐步健全心理健康服务体系，心理服务项目可建多元化模块。在设计服务方案时，根据援助对象的需要合理选择模块，引导援助对象及其家庭参与到服务计划，建立以儿童家庭为中心的服务团队，采用环绕服务模式确保各个服务机构不脱节，实现工作的对接和互补，在减少患者心理和行为症状的同时，提升家庭的功能，防止问题的复发。服务中心可与研究机构建立联系，既可培训合格服务者，又可开发更有效的服务方法、提供理论技术支持等。

（三）建立基本的援助程序

（1）分析常见心理援助问题，有针对性地制定主要应对程序，如情况收集的程序、实施心理危机干预的注意事项、实施心理危机干预的基本原则等常规程序。

（2）界定社会突发事件的范畴，建立事件应对的准备行动的程序、通告情况的程序、专业工作组行动的程序等，并确认每位工作人员熟悉实施专业心理援助的常规工作程序和突发事件的八项处理程序。同时，建立心理健康的具体指标，从认知、情绪、行为层面了解个体对危机问题的看法、情绪反应和行为应对情况。

（3）从质、量、外在影响因素三个角度，了解个体心理机能受损范围、程度以及个体所受文化影响，以明确的指标去鉴别。

（四）以社区心理服务为切入点，深入一线开展实际有效的心理服务

有研究表明从社会工作入手进行心理援助，具备几个有效的工作特点：一是确定受助对象非心理病理取向；二是对重大灾难，深入现场打破专业界限；三是社会援助中把现实问题解决放在第一位；四是援助中适当进行心理评估，发现创伤者给予特别关注，并建议其接受有针对性的心理干预。

（五）心理援助打破“坐等式”模式

借助社会工作深入社区、家庭提供干预和服务，这可打破中国内敛文化对个人表露的约束，促使个体提早发现问题，找到途径解决问题。服务体系的建设需从宏观管理思路入手，将社区个体心理援助与完善社区服务内容和水平、解决社会问题联系起来，可从社区青少年、老年人等重点人群入手，充分考虑到个体的社会影响因素，形成多种心理援助渠道，如青少年健康促进教育、老年人生活品质建设、特殊人群工作项目等。

1. *建立发展性专业援助人力库*　心理援助的专业性强，要求干预者有良好的心理素质，能利用专业心理知识和技能准确找到问题并给予疏导，避免造成二次创伤。因此建立专业性的心理援助队伍十分必要，但人员组成需多元化以提供综合服务，如意大利心理健康中心模式，其中心的工作人员包括精神病学家、心理学家、社会工作者、社区精神病护士、职业的治疗师和康复治疗师。同时，还需重视队伍的动态性发展，建立政策和途径激励专业人士加强心理援助技能的训练和提升，借助心理健康专业委员会等工作平台，定期组织和引导个体学习提升，形成不同技术方向的心理援助工作者。

2. *建立多类型物质资源库*　首先，梳理并整合地方现有心理援助资源，如不同类型的诊疗室或器材，避免重复建设，合理分配和科学使用器材。定期清点和维护资源，确保资源不被闲置或浪费，对于缺乏的资源及时补充，对于闲置资源建立项目促进运用。其次，建立心理援助评估资源系统，可建立一个地方性心理普测工作平台，以便了解被援助者和发现问题，同时建立心理发展档案，为危机来访者心理干预提供依据。还须建立事件资源库，包括心理咨询案例资源库、突发事件处理案例库等，促进专业人员综合能力的提高。

3. *建立心理援助电子平台*　当前是网络信息高度发展的时代，来访者获取信息的主要渠道是网络、手机、电视媒体，因此需建立地方性的网络心理宣传援助平台，实现对来访者群体的信念支持。电子平台的建设首先要选择正确的、多元的传递媒体。其次是内容需打破传统说教式宣讲而基于个体发展的需求提供行动措施，包括心理健康知识宣传，主要视野是基于来访者常见心理问题所设计的解决方案。专业人员的支持，主要基于个体具体问题的解决和同群体的互助，即以共生成长机制引导同类来访者互助解决问题。

三、关于构建城市社区心理健康服务模式的思考

我国自改革开放以来，经济建设一直保持着高速发展的步伐，城市化的进程大大加快。但人们在精神方面似乎并没有得益于城市化的建设，他们面临着越来越多的困惑，诸如工作压力、家庭婚姻危机、子女教育问题、邻里关系等，这些困惑如果不能及时排解，将可能引发抑郁、焦虑等精神障碍。社区作为社会的基本共同体或群体生活场所，是以地缘关系为纽带的一个群体生活组织，社区生活已经成为市民生活的非常重要的组成部分。在社区生活环境中，当个体意识到自己所面临的心理困惑时，最好的解决方式和途径是通过社区的心理服务机构的支持和干预。但社区心理健康服务工作的开展还仅仅处于起步阶段，城市社区如何建立良好的心理健康服务模式需要进行较为深入的分析。

（一）社区与社区心理健康服务

社区是相对于城市而言，更小的一个区域，是以地缘关系为纽带的一个群体生活组织，它包含了居民的住宅、商店、街道、居民的一个生活网络或生活系统。它不仅仅只是一个空间的地域概念，它还是人与人的互动，相互影响的文化群体概念。作为一个文化群体概念而言，在这个群体中，个体的文化水平、职业、语言等都彼此产生影响。个体的心理行为以及心理健康也将直接受到这个群体的影响。所谓社区心理健康服务，是指在社区服务工作中，运用科学的理论和原则来保持与促进人们的心理健康，即通过讲究心理卫生，培养人们的健康心理，从而达到预防身心两方面疾病的目的。具体来说，社区心理健康服务的宗旨在于促进儿童青少年的正常发展，培养其健康的人格，保持成年人的正常发展，预防各种心理问题，包括精神疾病、神经症、身心疾病、人格障碍、精神发育迟滞等，消除引起的心理压力和各种不良的心理因素。

目前我国在加速城市化的进程中，城市社区的规划和建设也开始纷纷效仿西方发达国家。例如西方国家卫星城市的建设，工业区和生活区完全独立开来，这样市民将有很大一部分的时间在生活区度过。而社区作为人们日常生活中直接发生互动联系的一个区域，在社区中开展心理健康服务工作，它将对个体的健康成长和发展以及缓解各种社会压力就显得尤为重要了。

（二）社区心理健康服务工作开展的必要性研究

1.社区心理服务工作的开展是社会发展的必然　在西方发达国家，社区心理健康服务普遍受到人们的关注。德国心理健康中央研究院的在册病例资料显示：在14岁以上的居民中，接受社区心理健康服务的人数已达到2.2‰。在我国，一方面是社会经济的发展，人们生活水平的不断提高，而另一方面是人们在生活中体验到的压力也不断上升，例如：子女的教育、人际关系、工作的变迁等等，这些压力引发了人们的种种心理问题。上海市精神卫生中心曾对上海两个街道居民进行心理卫生状况调查，发现生活水平较高的居民身心疾病发病率比生活水平低的居民的高。由于社区心理健康服务工作的宗旨就是帮助人们重新认识自我、他人与社会，培养与人交往的技巧，预防心理疾病，提高社会心理的适应能力。因此社区心理服务工作是社会发展到一定阶段的产物，它同样是社会进步的标志，社区心理健康服务能为市民营造一个良好的精神家园，对社区的健康发展具有重要的意义。

2.社区心理服务工作的开展是维护社区安全稳定的基础、生活与休息的主要场所　人们在面对激烈的社会竞争之下，承受的压力也很大，与此同时，人们对健康的需求也日益迫切，他们希望能在社区中愉快地享受生活，能把在工作中的压力疏导掉，因此社区环境的安全、稳定、和谐就显得尤为重要了。现在倡导社区精神文明建设，把社区心理服务工作纳入到精神文明建设的工作范畴中，将培养良好道德品质作为人格完善的目标。居民可以在十分熟悉、融洽的过程中，通过交流、互助，摆脱烦恼和痛苦，进而保持一种健康、积极的心理状态。社区居民的心理健康才是社会安全稳定的基础。

3.社区心理服务工作的开展能对心理疾病的预防、发现、干预发挥作用　通过开展一些社区心理辅导活动，人们可以找到一个倾诉痛苦、相互交流的场所，在辅导活动中，不仅能放心地向别人倾诉自己的痛苦，获得别人的帮助，同时也增进了居民之间的彼此情感。社区心理服务的各项工作还可以成为心理疾病预

防、发现、干预的很有效的措施,它可以使健康的居民能及时发现心理问题,提高预防心理问题的能力。轻度心理障碍的患者得以及时发现,及时处理,能为正在康复的精神病人提供及时的心理咨询及心理援助。

4.社区心理服务工作的开展为老年人生活带来福音　我国人口老龄化趋势明显,已经提前进入老龄化社会,老年人的心理问题越来越引起社会的关注。但是现实是老年人的子女忙于工作,空巢现象很普遍,他们无法享受到过去“四世同堂”的天伦之乐、家庭的照顾,他们心里有话一般都没有机会说,或者不愿说,导致心理问题不能及时地疏导。有人认为,现在的老年人更需要精神赡养,这是提高老年人生活质量的关键。城市中的老年人大多数时间是在社区里度过,如果社区心理服务工作能够针对老年人的心理特点,开展系列心理辅导活动,这将为全方位提高老年人的生活质量发挥重要作用。

(三)社区心理健康服务模式的建立

我国的社区心理健康服务工作才刚刚起步,目前在沿海地区、发达城市有一些社区心理服务机构存在,但在中西部城市的社区却难觅踪迹。总而言之,社区心理服务工作还处在发展速度慢、从业人员缺乏、素质低、政府规范较少的一种自由发展状态。具体来说,社区心理服务模式有医学模式,是指各种卫生机构承担的社区心理服务的存在形式。例如现有的社区卫生机构、综合医院或者专科医院在社区“伸腿”办院、疾病控制中心在社区的宣传教育等;有社会模式,是指社会上自发、自愿形成的占居社区一席之地的个体性质的心理服务机构的存在形式,从业人员往往缺乏系统的专业知识,缺少专业技能和经验。目前的这些社区心理服务模式普遍的问题是缺乏专业的心理工作者,规范程度不高,心理健康服务工作仅仅停留在面上,欠深入。针对目前的社区心理健康服务模式所存在的问题,特别是中西部城市的社区心理服务模式还是一个从无到有的建立过程,笔者认为应该从以下方面进行规范、构建。

1.社区心理健康服务的形式　我们可以根据现有城市社区建设特点,并结合社区居民的实际情况,因地制宜地开展系列心理健康服务工作,具体的形式包括以下几个方面:

(1)设立社区心理诊所:主要是针对社区中少数或个别居民的不适应以及心理问题进行个别咨询;对共性的问题提供团体咨询服务;对正在康复的心理患者提供咨询服务。咨询室应该配备专业的有心理学背景的咨询师,他们能对不同年龄段的居民所存在的问题进行咨询和治疗。

(2)心理健康教育知识宣传:可以利用宣传橱窗、传单的形式进行心理健康知识宣传。也可以定期或不定期地邀请心理学专家或心理辅导人员来社区作讲座,以此提高人们心理健康的意识,更加关注自我、了解自我,及时发现心理问题,及时治疗。还可以在社区播放心理知识宣传片、心理影片、教育影片等。

(3)建立社区居民心理档案:通过为居民建立心理档案,能及时准确地掌握和了解整个社区居民的心理发展规律、特点及现状。此外它为居民个人心理健康发展提供了十分重要的条件。它是每个居民的心理轨迹,居民可以通过心理档案了解自己的心理状况。在发现自己有心理问题时,就可以积极寻求心理辅导和心理咨询,通过一段时间的调整或矫治,仍可以通过心理档案来考察效果。

(4)开办相关的培训班:如针对家长,通过开办相应的培训班,传递先进的教育理念,掌握先进的教育方法,纠正家长的不良教育行为和观念。针对老年人,社区心理工作者可以根据老年人的兴趣、爱好、特长等特点,组织老年大学,让他们学习书法、绘画、音乐、舞蹈等,组织开展棋牌比赛活动,参加社区以及同某些部门和单位之间的友谊比赛活动。这些活动的开展,主要目的是让他们在这些活动中投入精力,分散寂寞的注意力,在活动中找到自己的乐趣,认识自己的能力,提高自信,在同龄人中进行有效的交流和沟通,建立友谊,使晚年的生活更加丰富多彩。

2.社区心理健康服务开展的途径　根据社区心理健康服务工作的内容和形式以及要达到的目标而言,心理健康服务工作主要可以通过两条途径进行。这两条途径如下:

(1)由专业的心理咨询师在特定的环境场所下开展心理健康服务工作,诸如,对存在心理问题的居民实施心理援助;进行心理健康普查,为居民建立心理档案;定期进行家庭访问活动,排查居民存在的心理隐患;开办系列的团体心理辅导培训班,增进人们的心理健康意识,促进人们的交流。这种途径可以称为专门的途径,是以社区心理诊所为依托。

(2)主要依托社区居委会,发挥群体的优势,一般而言,居委会中的成员老龄人居多,他们往往德高望重，富有热心，对社区居民的情况熟悉。通过对他们进行专业的心理培训，由他们来承担一些心理健康教育工作，例如，在社区中进行心理健康知识宣传；组织老年大学，成立老年活动中心；深入到家庭中为家长教育子女出谋划策。这条途径可以称之为非专门的途径，但它对社区心理服务工作开展的深入起到积极作用。

3. *社区心理健康服务模式的运作特点* 以上提到的模式是一种综合性的心理健康服务模式，其综合性首先体现在心理健康服务的主体涵盖了社区中每个居民，关注每个年龄段群体的需要与发展。其次强调整体协调，注重工作的点与面的结合。在全方位的心理健康服务背景中，彰显重点，强调各种形式的服务有机结合。如社区心理诊所随时进行个别咨询；开办团体辅导培训班；为居民建立心理档案等。居委会要抓好面的工作，如开展心理健康知识宣传；组织各种文艺活动；深入到家庭中，参与家庭会议；协调邻里关系等。社区心理诊所和居委会是社区心理服务工作开展的重要依托，只有充分发挥两者的作用，使两者的工作相辅相成，才能真正把社区心理服务工作落到实处，真正服务于人们，为构建和谐、健康的社区发挥作用。

（四）面临的问题

社区心理健康服务模式的建立及其工作的开展，首先需要由政府牵头，加大资金投入，建设好社区心理服务工作的基础设施，才能发挥工作成效。目前由于心理健康知识普及不够，居民对心理咨询、团体心理辅导往往持一种观望的态度。现有的社区心理诊所从业人员，以及居委会成员，专业知识薄弱，实践经验欠缺已成为心理服务工作开展的瓶颈。城市社区建设已成为近些年来社会结构转型与发展的主要方向，社区是人们日常生活中直接发生互动联系的区域，已成为人们生活中非常重要的部分，因此搞好社区心理健康服务工作已是社区建设中必不可少、刻不容缓的事情。

第三节　构建和谐社会与和谐家庭的相关规定

一、中共中央关于构建社会主义和谐社会若干重大问题的决定

中国共产党第十六届中央委员会第六次全体会议，全面分析了形势和任务，研究了构建社会主义和谐社会的若干重大问题，做出如下决定。

（一）构建社会主义和谐社会的重要性和紧迫性

社会和谐是中国特色社会主义的本质属性，是国家富强、民族振兴、人民幸福的重要保证。构建社会主义和谐社会，是我们党以马克思列宁主义、毛泽东思想、邓小平理论和“三个代表”重要思想为指导，全面贯彻落实科学发展观，从中国特色社会主义事业总体布局和全面建设小康社会全局出发提出的重大战略任务，反映了建设富强民主文明和谐的社会主义现代化国家的内在要求，体现了全党全国各族人民的共同愿望。

社会和谐是我们党不懈奋斗的目标。新中国成立后，我们党为促进社会和谐进行了艰辛探索，积累了正反两方面经验，取得了重要进展。党的十一届三中全会以后，我们党坚定不移地推进改革开放和现代化建设，积极推动经济发展和社会全面进步，为促进社会和谐进行了不懈努力。党的十六大以来，我们党对社会和谐的认识不断深化，明确了构建社会主义和谐社会在中国特色社会主义事业总体布局中的地位，做出一系列决策部署，推动和谐社会建设取得新的成效。经过长期努力，我们拥有了构建社会主义和谐社会的各种有利条件。

新世纪新阶段，我们面临的发展机遇前所未有，面对的挑战也前所未有。和平、发展、合作成为时代潮流，世界多极化和经济全球化的趋势深入发展，科技进步日新月异。同时，国际环境复杂多变，综合国力竞争日趋激烈，影响和平与发展的不稳定不确定因素增多，我们仍将长期面对发达国家在经济科技等方面占优势的压力。我国正处于并将长期处于社会主义初级阶段，人民日益增长的物质文化需要同落后的社会生产之间的矛盾仍然是我国社会的主要矛盾，统筹兼顾各方面利益任务艰巨而繁重。特别要看到，我国已进入改革发展的关键时期，经济体制深刻变革，社会结构深刻变动，利益格局深刻调整，思想观念深刻变化。这种空前的社会变革，给我国发展进步带来巨大活力，也必然带来这样那样的矛盾和问题。我们党要带领人民抓住机遇、应对挑战，把中国特色社会主义伟大事业推向前进，必须坚持以经济建设为中心，把构建社

会主义和谐社会摆在更加突出的地位。

目前,我国社会总体上是和谐的。但是,也存在不少影响社会和谐的矛盾和问题,主要是:城乡、区域、经济社会发展很不平衡,人口资源环境压力加大;就业、社会保障、收入分配、教育、医疗、住房、安全生产、社会治安等方面关系群众切身利益的问题比较突出;体制机制尚不完善,民主法制还不健全;一些社会成员诚信缺失、道德失范,一些领导干部的素质、能力和作风与新形势新任务的要求还不适应;一些领域的腐败现象仍然比较严重;敌对势力的渗透破坏活动危及国家安全和社会稳定。

(二)构建社会主义和谐社会的指导思想、目标任务和原则

我们要构建的社会主义和谐社会,是在中国特色社会主义道路上,中国共产党领导全体人民共同建设、共同享有的和谐社会。必须坚持以马克思列宁主义、毛泽东思想、邓小平理论和"三个代表"重要思想为指导,坚持党的基本路线、基本纲领、基本经验,坚持以科学发展观统领经济社会发展全局,按照民主法治、公平正义、诚信友爱、充满活力、安定有序、人与自然和谐相处的总要求,以解决人民群众最关心、最直接、最现实的利益问题为重点,着力发展社会事业、促进社会公平正义、建设和谐文化、完善社会管理、增强社会创造活力,走共同富裕道路,推动社会建设与经济建设、政治建设、文化建设协调发展。

构建社会主义和谐社会的目标和主要任务是:社会主义民主法制更加完善,依法治国基本方略得到全面落实,人民的权益得到切实尊重和保障;城乡、区域发展差距扩大的趋势逐步扭转,合理有序的收入分配格局基本形成,家庭财产普遍增加,人民过上更加富足的生活;社会就业比较充分,覆盖城乡居民的社会保障体系基本建立;基本公共服务体系更加完备,政府管理和服务水平有较大提高;全民族的思想道德素质、科学文化素质和健康素质明显提高,良好道德风尚、和谐人际关系进一步形成;全社会创造活力显著增强,创新型国家基本建成;社会管理体系更加完善,社会秩序良好;资源利用效率显著提高,生态环境明显好转;实现全面建设惠及十几亿人口的更高水平的小康社会的目标,努力形成全体人民各尽其能、各得其所而又和谐相处的局面。

构建社会主义和谐社会,要坚持以人为本、坚持科学发展、坚持改革开放、坚持民主法治、坚持正确处理改革、发展、稳定的关系、坚持在党的领导下全社会共同建设的原则。

(三)坚持协调发展,加强社会事业建设

社会要和谐,首先要发展。社会和谐在很大程度上取决于社会生产力的发展水平,取决于发展的协调性。必须坚持用发展的办法解决前进中的问题,大力发展社会生产力,不断为社会和谐创造雄厚的物质基础。同时,更加注重解决发展不平衡的问题,更加注重发展社会事业,推动经济社会协调发展。

1. *扎实推进社会主义新农村建设,促进城乡协调发展* 贯彻工业反哺农业、城市支持农村和多予少取放活的方针,加快建立有利于改变城乡二元结构的体制机制,推进农村综合改革,促进农业不断增效、农村加快发展、农民持续增收。加强对农民的宣传教育,加快培养新型农民,充分发挥广大农民在新农村建设中的主体作用。

2. *落实区域发展总体战略,促进区域协调发展* 继续推进西部大开发,振兴东北地区等老工业基地,促进中部地区崛起,鼓励东部地区率先发展,形成分工合理、特色明显、优势互补的区域产业结构,推动各地区共同发展。

3. *实施积极的就业政策,发展和谐劳动关系* 把扩大就业作为经济社会发展和调整经济结构的重要目标,实现经济发展和扩大就业良性互动。

4. *坚持教育优先发展,促进教育公平* 全面贯彻党的教育方针,大力实施科教兴国战略和人才强国战略,全面实施素质教育,深化教育改革,提高教育质量,建设现代国民教育体系和终身教育体系,保障人民享有接受良好教育的机会。坚持公共教育资源向农村、中西部地区、贫困地区、边疆地区、民族地区倾斜,逐步缩小城乡、区域教育发展差距,推动公共教育协调发展。

5. *加强医疗卫生服务,提高人民健康水平* 坚持公共医疗卫生的公益性质,深化医疗卫生体制改革,强化政府责任,严格监督管理,建设覆盖城乡居民的基本卫生保健制度,为群众提供安全、有效、方便、价廉的公共卫生和基本医疗服务。

6. 加快发展文化事业和文化产业，满足人民群众文化需求　坚持把社会效益放在首位，坚持把发展公益性文化事业作为保障人民文化权益的主要途径，推动文化事业和文化产业共同发展。

7. 加强环境治理保护，促进人与自然相和谐　以解决危害群众健康和影响可持续发展的环境问题为重点，加快建设资源节约型、环境友好型社会。优化产业结构，发展循环经济，推广清洁生产，节约能源资源，依法淘汰落后工艺技术和生产能力，从源头上控制环境污染。

（四）建设和谐文化，巩固社会和谐的思想道德基础

建设和谐文化，是构建社会主义和谐社会的重要任务。社会主义核心价值体系是建设和谐文化的根本。必须坚持马克思主义在意识形态领域的指导地位，牢牢把握社会主义先进文化的前进方向，弘扬民族优秀文化传统，借鉴人类有益的文明成果，倡导和谐理念，培育和谐精神，进一步形成全社会共同的理想信念和道德规范，打牢全党全国各族人民团结奋斗的思想道德基础。

1. 建设社会主义核心价值体系，形成全民族奋发向上的精神力量和团结和睦的精神纽带　马克思主义指导思想，中国特色社会主义共同理想，以爱国主义为核心的民族精神和以改革创新为核心的时代精神，社会主义荣辱观，构成社会主义核心价值体系的基本内容。

2. 树立社会主义荣辱观，培育文明道德风尚　坚持依法治国与以德治国相结合，树立以“八荣八耻”为主要内容的社会主义荣辱观，倡导爱国、敬业、诚信、友善等道德规范，开展社会公德、职业道德、家庭美德教育，加强青少年思想道德建设，在全社会形成知荣辱、讲正气、促和谐的风尚，形成男女平等、尊老爱幼、扶贫济困、礼让宽容的人际关系。

3. 坚持正确导向，营造积极健康的思想舆论氛围　正确的思想舆论导向是促进社会和谐的重要因素。新闻出版、广播影视、文学艺术、社会科学，要坚持正确导向，唱响主旋律，为改革发展稳定营造良好的思想舆论氛围。

4. 广泛开展和谐创建活动，形成人人促进和谐的局面　着眼于增强公民、企业、各种组织的社会责任，把和谐社区、和谐家庭等和谐创建活动同群众性精神文明创建活动结合起来，突出思想教育内涵，广泛吸引群众参与，推动形成“我为人人、人人为我”的社会氛围。

5. 加强国家安全工作和国防建设，保障国家稳定安全　增强国家安全意识，完善国家安全战略，健全科学、协调、高效的工作机制，有效应对各种传统安全威胁和非传统安全威胁，严厉打击境内外敌对势力的渗透、颠覆、破坏活动，确保国家政治安全、经济安全、文化安全、信息安全。

（五）加强党对构建社会主义和谐社会的领导

构建社会主义和谐社会，关键在党。必须充分发挥党的领导核心作用，坚持立党为公、执政为民，以党的执政能力建设和先进性建设推动社会主义和谐社会建设，为构建社会主义和谐社会提供坚强有力的政治保证。

1. 提高各级领导班子和领导干部领导社会主义和谐社会建设的本领　各级党委要把和谐社会建设放在全局工作的突出位置，把握方向，制定政策，整合力量，营造环境，切实担负起领导责任。坚持和完善民主集中制，扩大党内民主，推进党务公开，严格党内生活，严肃党的纪律，增进党的团结统一，以党内和谐促进社会和谐。

2. 加强基层基础工作　构建社会主义和谐社会，重心在基层。巩固和发展保持共产党员先进性教育活动的成果，围绕建设社会主义新农村，加强农村基层党组织建设，做好企业、城市社区、机关和学校、科研院所、文化团体等事业单位党建工作，推进新经济组织、新社会组织党建工作，扩大党的工作覆盖面，发挥基层党组织凝聚人心、推动发展、促进和谐的作用。

3. 建设宏大的社会工作人才队伍　造就一支结构合理、素质优良的社会工作人才队伍，是构建社会主义和谐社会的迫切需要。建立健全以培养、评价、使用、激励为主要内容的政策措施和制度保障，确定职业规范和从业标准，加强专业培训，提高社会工作人员职业素质和专业水平。

4. 深入开展党风廉政建设和反腐败斗争　党风正则干群和，干群和则社会稳。反腐倡廉是加强党的执政能力建设和先进性建设的重大任务，也是维护社会公平正义和促进社会和谐的紧迫任务。坚持党要管党、从严治党,贯彻标本兼治、综合治理、惩防并举、注重预防的反腐倡廉战略方针,推进教育、制度、监督并重的惩治和预防腐败体系建设。

和谐凝聚力量,和谐成就伟业。构建社会主义和谐社会是建设中国特色社会主义的重大战略任务,是对我们党执政能力的重大考验。全党同志要紧密团结在以习近平同志为总书记的党中央周围,带领全国各族人民万众一心、锐意进取,为把我国建设成为富强、民主、文明、和谐的社会主义现代化国家而奋斗。

二、关于家庭和谐的相关规定

建设和谐社会是一个庞大的系统工程,和谐家庭建设是构建和谐社会不可缺少的组成部分,没有千千万万稳定和谐的家庭,就不会有一个稳定和谐的社会。可以说,家庭的和谐幸福,是衡量社会是否和谐的一个重要维度,失去了这个维度,社会和谐就无从谈起。

(一)关于和谐家庭相关法律规定

最能体现和谐家庭法律效力的就是《中华人民共和国婚姻法》。根据婚姻法最新司法解释调整的《中华人民共和国婚姻法》(2015)(以下简称《婚姻法》)有完整的阐述。《婚姻法》核心内容:全文共分为六章,包括结婚、家庭关系、离婚、家暴遗弃救助措施与法律责任等内容,共五十一条。内容以调整婚姻关系为主,同时涉及家庭关系方面的各种重要问题。以下为部分内容。

中华人民共和国婚姻法

第二条 实行婚姻自由、一夫一妻、男女平等的婚姻制度。

保护妇女、儿童和老人的合法权益。实行计划生育。

第三条 禁止包办、买卖婚姻和其他干涉婚姻自由的行为。禁止借婚姻索取财物。禁止重婚。禁止有配偶者与他人同居。禁止家庭暴力。禁止家庭成员间的虐待和遗弃。

第四条 夫妻应当互相忠实,互相尊重;家庭成员间应当敬老爱幼,互相帮助,维护平等、和睦、文明的婚姻家庭关系。

第二章 结 婚

第五条 结婚必须男女双方完全自愿,不许任何一方对他方加以强迫或任何第三者加以干涉。

第六条 结婚年龄,男不得早于二十二周岁,女不得早于二十周岁。晚婚晚育应予鼓励。

第七条 有下列情形之一的,禁止结婚:

(一)直系血亲和三代以内的旁系血亲;

(二)患有医学上认为不应当结婚的疾病。

第八条 要求结婚的男女双方必须亲自到婚姻登记机关进行结婚登记。符合本法规定的,予以登记,发给结婚证。取得结婚证,即确立夫妻关系。未办理结婚登记的,应当补办登记。

第九条 登记结婚后,根据男女双方约定,女方可以成为男方家庭的成员,男方可以成为女方家庭的成员。

第十条 有下列情形之一的,婚姻无效:

(一)重婚的;

(二)有禁止结婚的亲属关系的;

(三)婚前患有医学上认为不应当结婚的疾病,婚后尚未治愈的;

(四)未到法定婚龄的。

第十一条 因胁迫结婚的,受胁迫的一方可以向婚姻登记机关或人民法院请求撤销该婚姻。受胁迫的一方撤销婚姻的请求,应当自结婚登记之日起一年内提出。被非法限制人身自由的当事人请求撤销婚姻的,应当自恢复人身自由之日起一年内提出。

第十二条 无效或被撤销的婚姻,自始无效。当事人不具有夫妻的权利和义务。同居期间所得的财产，由当事人协议处理；协议不成时，由人民法院根据照顾无过错方的原则判决。对重婚导致的婚姻无效的财产处理，不得侵害合法婚姻当事人的财产权益。当事人所生的子女，适用本法有关父母子女的规定。

（二）中央领导人关于和谐家庭的号召与高度重视

中共中央国务院2015年春节团拜会上习近平发表重要讲话。习近平强调，春节是万家团圆、共享天伦的美好时分。中华民族自古以来就重视家庭、重视亲情。家庭是社会的基本细胞，是人生的第一所学校。不论时代发生多大变化，不论生活格局发生多大变化，我们都要重视家庭建设，注重家庭、注重家教、注重家风，紧密结合培育和弘扬社会主义核心价值观，发扬光大中华民族传统家庭美德，促进家庭和睦，促进亲人相亲相爱，促进下一代健康成长，促进老年人老有所养，使千千万万个家庭成为国家发展、民族进步、社会和谐的重要基点。

（三）思想道德教育在和谐家庭建设中有着积极的作用

在和谐家庭的建设过程中，思想道德教育发挥重要的作用。思想道德教育的开展直接影响着和谐家庭的建设。思想道德教育在建设和谐家庭中的主要方法从四个层面展开：首先，要主动适应时代潮流，重塑家庭美德；其次，要加快更新陈旧观念，理顺家庭内外主要关系；再则，要有效整合社会资源，建立科学协调的和谐家庭建设社会机制；最后，要切实增强防范意识，构筑保障家庭和谐的“防火墙”。这些措施只有相辅相成、形成合力，才能逐渐解决与消除家庭之中存在的诸多问题和种种隐患，进而为构建和谐的社会主义大家庭奠定基石。

提高家庭成员的法律意识是家庭和谐的先导。一个家庭成员法律意识水平都很低的家庭是不可能成为和谐家庭的。家庭中有三种关系，即以爱情为基础的婚姻关系、以血缘或收养为基础的亲子关系和以人与物的关系为基础的人与物的关系。因此，判断家庭和谐就要以这三种关系是否和谐为标准和尺度。和谐的家庭中这三种关系能够协调发展，共同促进家庭中每一个成员的健康发展。然而，这三种关系的和谐需要依赖家庭成员法律意识的提高。

（1）从夫妻关系和谐看：婚姻是家庭的基础和起点。夫妻关系是家庭中的核心关系，是家庭生活和谐的主导力量与重要支撑。关系和谐的夫妻能够在平等与尊重的前提下，相互关爱、信任、谅解、支持和慰藉，携手共建温馨的家庭，发挥家庭的积极功能，使每一成员都享受到家庭的和谐之美。

（2）从亲子关系和谐看：父母与子女的关系是父母与子女之间的权利和义务关系，是两代人之间的联系和互动。在和谐的家庭中，不同代的人在认识和行为上的差异可以在法律规定的权利和义务的基础上通过及时沟通得到整合，从而形成融洽的代际关系。

（3）从人与物的关系和谐看：家庭财富是家庭必不可少的要求，也是家庭稳定、和睦、幸福的物质基础。和谐的人、物关系应当是家庭成员共同劳动致富，勤俭持家，合理支配运用家庭财富，在经济上相互支持帮助，使家庭财富能更好地服务于家庭成员生存、享受和发展的需要，更好地服务于家庭的建设和发展。

综上所述，在我国现阶段，和谐家庭的理念与建设深入人心，已经不断地进入规范化、法律化、制度化的进程，上至国家领导人下及各个阶层，高度重视和谐家庭的建设，并把它作为社会和谐的核心内容，贯穿到现实生活的方方面面。随着和谐社会与和谐家庭建设的不断深入，相关的规定会更加完善。

三、加强心理建设是国家发展的需求

习近平主席指出：加强心理建设是国家发展的要求。

心理建设是国家建设的重要组成部分，它贯穿于国家发展过程之中。从发达国家的发展历程看，在不同阶段的不同需求都很好地刺激了心理学的发展，而心理学取得的成果又很好地回应了社会发展的需求，满足了国家发展的需要，心理建设已渗透到国家发展的每个环节。

加强心理建设是国家发展的迫切现实的需求。一方面，当前国际局势非常复杂，国内价值取向日益多元化，这给我们提出了一个非常现实且急需解决的重要问题——如何树立正确的意识形态？我们必须认识到，意识形态通过社会心理影响行为。显然，具有共同趋向的消极社会心理可能会引发突然的社会动荡，而进步的社会意识形态则可以动员社会成员积极参与到社会建设中来。概括来讲，意识形态发挥作用的心理机制是：动机、价值观→认知、情绪→态度→行为。因此，意识形态宣传应符合人的认知特点。

另一方面,在经济快速发展的同时,人们感受到越来越大的压力。如何疏导经济发展带来的各种社会压力,这给我们提出了巨大的挑战。研究表明,人的所有行为都受到遗传和环境交互作用的影响,因此研究人类行为特征及规律是改善行为的重要基础。通过研究重大社会群体事件的发生、发展过程,我们认为,在不同时段了解民情民意,通过心理干预就有可能疏导缓解、甚至化解掉可能的危险因素,导向积极的方面,释放压力,解决问题。

此外,新一届中央领导集体明确提出中国梦。习近平总书记特别强调:实现中国梦必须走中国的道路,必须弘扬中国精神,必须凝聚中国力量。这就意味着我们不能简单复制国外心理建设的一些经验和做法,必须结合我国国情,认真研究,了解中国社会和民众的特点,找到符合国情的心理建设的工作思路。

心理建设服务国家发展,促进国家发展,核心要抓好四项工作:夯实心理学基础研究,厚积薄发;打造心理学大数据库,有的放矢;构建心理学应用体系,水到渠成;加强心理学知识传播,惠及全民。

心理建设在发达国家的成功经验表明,国家发展的根本保证是对国民心理和行为规律的科学认识。心理学的学科特点、中国心理学研究的积累和实力完全能够承担这一历史使命。

四、心理学与社会和谐的使命

党的十八届三中全会《中共中央关于全面深化改革若干重大问题的决定》提出:创新有效预防和化解社会矛盾体制,健全重大决策社会稳定风险评估机制;建立畅通有序的诉求表达、心理干预、矛盾调处、权益保障的机制。人文关怀和心理疏导必将成为预防和化解社会矛盾的重要环节和手段。随着社会和时代的发展,广大人民群众对心理健康服务的需求日益强烈,我国的心理服务机构应该承担起相应的社会责任。

为此,于 2015 年 5 月 15 ~ 17 日在天津召开了首届全国心理学服务机构发展模式研讨会。大会的目的是加强各心理服务机构间的交流,搭建有效的供需合作平台,建立规范的行业标准,促进和提高心理服务机构的整体水平。

第四节 社区心理援助、心理健康、心理健康教育相关知识

一、社区心理援助

社区心理学是 1965 年诞生的心理学分支,关注社区中的人,关注社区,也关注两者的交互作用。通过激起人和社区的正向力量和主动性,来提高人、社区的生活质量,进而改善整个社会的和谐状态。

随着我国经济社会的急剧转型,在社会形态发生巨变的同时,对人们的心态也不同程度地带来冲击。心理健康成为我国发展中重要的公共卫生和社会问题。

就目前来讲我国大部分社区心理健康教育与服务主要依赖于初级行政组织居委会传统的工作方式,再就是群众自发的心理调节团体。这两种形式都不是专业的支持系统,使有关的心理疾病得不到及时和有效地解决。以社区为基础展开心理健康教育及心理咨询服务成为我国发展公共卫生服务的主要形式,具有重要的意义。

(一)社区心理健康服务的需求

确定社区需求是社区心理健康服务制订计划的一个重要步骤,一般评估社区心理健康教育需求的办法是:进入社区论坛、了解接受治疗的人数比率、社会指标、问卷调查、生活质量和满意度调查。研究发现,几乎没有心理健康服务所没有涉及的领域,心理健康服务的需求极其广泛。

(二)社区心理健康服务的目标和对象

强调预防大于治疗,整体大于个体。个体问题是在社区背景中出现的 ,社区这个整体的健康问题解决了,才可能帮助个人解决困扰。因此,在应激事件发生以前对整个社区做预防工作,可防止创伤,阻止个体产生问题。

(三)社区心理健康服务的内容

社区心理健康服务的内容主要关注生活中的问题,如孕妇心理辅导、新任妈妈辅导班、老年心理咨询;开展对青少年的教育,如心理辅导、性教育;对吸毒人员的教育、心理辅导等。

1. *开设心理健康教育宣传专栏* 社区应通过电视、报刊、网络等覆盖面广的媒体,以及社区心理健康教育专栏来加大有关心理健康方面知识的宣传和普及,加强居民关注心理健康的意识,为社区心理健康服务的顺利开展打好民众基础,开拓广大的服务市场。

2. *举办心理健康教育方面的讲座及开展免费咨询活动* 定期或不定期走入社区,开展面向社区居民有关心理方面的讲座及咨询活动,普及心理健康小常识和常用心理健康保健方法,进一步为今后的心理健康服务工作提供基础。

3. *定期在社区中做调查* 定期通过问卷调查、量表或其他方式,了解居民的心理健康状况,建立心理健康档案,对有需要帮助的人群主动找其聊天进行咨询,特别是有心理障碍和心理疾病及身心疾病的患者应及时建议其进行治疗。

二、心理健康概念与标准

随着社会的发展和人类对自身认识的深化,人们对健康概念的认识不断丰富和完善。在现代社会中,健康不仅指生理健康,还包括心理健康和社会适应,三者的和谐统一构成了健康的基础。心理健康的标准是动态的,不同年龄、不同社会文化、不同时代具有不同的标准。

(一)心理健康的概念

1946 年第三届国际心理卫生大会指出,心理健康是指:“身体、智力、情绪十分协调;适应环境,在人际交往中能彼此谦让;有幸福感;在工作和职业中能充分发挥自己的能力,过有效率的生活。”国内外许多学者从各自关注的不同角度对心理健康进行论述,迄今为止,对于心理健康还没有一个统一的、公认的定义。《简明不列颠百科全书》将心理健康解释为:“个体心理在本身及环境条件许可范围内所能达到的最佳状态,但不是十全十美的绝对状态。”我国研究者王书荃认为,心理健康指人的一种较稳定持久的心理机能状态。它是个体在与社会环境相互作用时,主要表现为在人际交往中能否使自己的心态保持平衡,使情绪、需要、认知保持一种稳定状态,并表现出一个真实自我的相对稳定的人格特征。她认为如果用简单的一个词来定义心理健康,就是“和谐”。个体不仅自我感觉良好,与社会发展和谐,发挥最佳的心理效能,而且能进行自我保健,自觉减少行为问题和精神疾病。

心理健康指的是一种持续的心理状态。在这种状态下,个体具有生命的活力、积极的内心体验、良好的社会适应,能有效地发挥个人的身心潜力与积极的社会功能。我们认为,心理健康是指一种生活适应良好的状态。心理健康包括两层含义:一是无心理疾病,这是心理健康的最基本条件,心理疾病包括各种心理与行为异常的情形;二是具有一种积极发展的心理状态,即能够维持自己的心理健康,主动减少问题行为和解决心理困扰。

(二)心理健康的标准

关于心理健康的标准,不同学者的观点不同,并且随着社会文化和时代的不同,心理健康标准也在不断地发展和变化。比如,在封建社会,安贫乐道可能是一种理想的保持心理平衡的观念,但是在现代社会,如果安于现状而不思进取,就可能在激烈的社会竞争中被淘汰。下面介绍一些学者对心理健康标准的看法。

1. *马斯洛等提出的标准* 人本主义心理学家马斯洛等提出了心理健康的 10 条标准:①充分的安全感;②充分了解自己,并对自己的能力作适当的估价;③生活的目标能切合实际;④能与现实环境保持接触;⑤能保持人格的完整与和谐;⑥具有从经验中学习的能力;⑦能保持良好的人际关系;⑧适当的情绪表达及控制;⑨在不违背集体要求的前提下,能作有限度的个性发挥;⑩在不违背社会规范的前提下,对个人的需要能作恰如其分的满足。

2. *奥尔波特提出的标准* 心理健康与人格有着密切的关系,人格心理学家奥尔波特对心理健康提出了 7 条标准:①自我意识广延;②良好的人际关系;③情绪上的安全性;④知觉客观;⑤具有各种技能,并专注于工作;⑥现实的自我形象;⑦内在统一的人生观。

3. *林崇德提出的标准* 我国著名心理学家林崇德认为,心理健康标准的核心是:“凡对一切有益于心理健康的事件或活动做出积极反应的人,其心理便是健康的。”他认为心理健康主要有以下 10 条标准:①了解自我，对自己有充分的认识和了解，并能恰当地评价自己的能力；②信任自我，对自己有充分的信任感，能克服困难，面对挫折能坦然处之，并能正确地评价自己的失败；③悦纳自我，对自己的外形特征、人格、智力、能力等都能愉快地接纳认同；④控制自我，能适度地表达和控制自己的情绪和行为；⑤调节自我，对自己不切实际的行为目标、心理不平衡状态、与环境的不适应性，能做出及时的反馈、修正、选择、变革和调整；⑥完善自我，能不断地完善自己，保持人格的完整与和谐；⑦发展自我，具备从经验中学习的能力，充分发展自己的智力，能根据自身的特点，在集体允许的前提下，发展自己的人格；⑧调适自我，对环境有充分的安全感，能与环境保持良好的接触，理解他人，悦纳他人，能保持良好的人际关系；⑨设计自我，有自己的生活理想，理想与目标能切合实际；⑩满足自我，在社会规范的范围内，适度地满足个人的基本需求。

4. 郭念锋提出的标准

(1)心理活动强度：这是指对于精神刺激的抵抗能力。不同的人对于同一类精神刺激的反应是各不相同的，这就能看出不同人对于精神刺激的抵抗力。抵抗力低的人往往容易遗留下后患，可以因为一次精神刺激而导致反应性精神病或癔症，而抵抗力强的人虽有反应但不致病。这种抵抗力主要是和人的认识水平有关，一个人对外部事件有充分理智的认识时，就可以相对地减弱刺激的强度。另外，人的生活经验以及固有的性格特征和先天神经系统的素质也都会影响这种抵抗能力。

(2)心理活动耐受力：前面说的是对突然的强大精神刺激的抵抗能力，但现实生活中还有另外一类精神刺激，那就是长期反复地在生活中出现，久久不消失，几乎每日每时都缠绕着人的心灵。这种慢性的长期精神刺激可以折磨一个人整整一生，也可以使一个人痛苦很久。有的人在这种慢性精神折磨下出现心理异常，人格改变，精神不振，甚至产生严重躯体疾病。但是也有人虽然被这些不良刺激缠绕，最终不会在精神上出现严重问题，甚至把不断克服这种精神刺激当作生活的乐趣，当做一种标志自己是一个强者的象征。他们可以在别人无法忍受的逆境中做出成绩，可以把对长期精神刺激的抵抗能力看作一个人的心理健康水平的指标，称它为耐受力。

(3)周期节律性：人的心理活动在形式和效率上都有着自己内在的节律性。比如，人的注意力水平就有一种自然的起伏。不只是注意状态，人的所有心理过程都有节律性。一般可以用心理活动的效率做指标去探查这种客观节律的变化。有的人白天工作效率不高，但一到晚上就很有效率，有的人则相反。如果一个人的心理活动的固有节律经常处在紊乱状态，不管是什么原因造成的，都可以说他的心理健康水平下降了。

(4)意识水平：意识水平的高低往往以注意力水平为客观指标。如果一个人不能专注于某种工作，不能专注于思考问题，思想经常开小差或者因注意分散而出现工作上的差错，我们就要警惕他的心理健康问题了。因为注意力水平的降低会影响意识活动的有效水平。思想不能集中的程度越高，心理健康水平就越低，由此而造成的其他后果，如记忆力下降等也越严重。

(5)受暗示性：易受暗示的人往往容易被周围环境的无关因素引起情绪的波动和思维的紊乱，有时表现为意志力薄弱。他们的情绪和思维很容易随环境而变化，给精神活动带来不稳定的特点。当然，受暗示这种特点在每个人身上都或多或少存在着，但水平和程度差别较大，女性比男性较易受暗示。

(6)康复能力：人的一生不可避免会遭受精神创伤，在精神创伤之后，情绪的波动、行为的暂时改变，甚至某些躯体症状都可能会出现。但是，由于人们各自的认识能力不同、经验不同，从一次打击中恢复过来所需要的时间也会有所不同，恢复的程度也有差别。这种从创伤刺激中恢复到往常水平的能力，称为心理康复能力。康复水平高的人恢复得较快，而且不留什么严重痕迹，每当再次回忆起创伤时，他们表现得较为平静，原有的情绪色彩也很平淡。

(7)心理自控力：情绪的强度和表达、思维的方向和过程都是在人的自觉控制下实现的。所谓不随意的情绪和思维只是相对而言的，它们都有随意性，只是水平不高以致难以察觉罢了。对情绪、思维和行为的自控程度与人的心理健康水平密切相关。当一个人身心十分健康时，他的心理活动十分自如，情绪的表达恰如其分，仪态大方，既不拘谨也不放肆。因此，精神活动的自控能力不失为心理健康的一个指标。

(8)自信心：当一个人面对某种生活事件或工作任务时，必然会首先估计一下自己的应对能力。这种自我评估有两种偏差，一种是估计过高，一种是估计过低。前者是盲目的自信；后者是盲目的不自信。这种自信心的偏差所导致的后果都是不好的。前者很可能由于自身力不从心导致失败，从而产生失落感或抑郁情绪；后者可因自觉力不从心，害怕失败而产生焦虑不安的情绪。为此，一个人是否有恰当的自信是衡量心理健康的一个标准。自信心反映的是一种自我认知和思维的分析综合能力，这种能力可以在生活实践中逐步提高。

(9)社会交往：人类的精神活动得以产生和维持，其重要的支柱是充分的社会交往。社会交往的剥夺必然导致精神崩溃，出现种种异常心理。因此，一个人与社会中其他人的交往也往往标志着一个人的心理健康水平。

当一个人毫无理由地与亲友和社会中其他成员断绝来往，或者变得十分冷漠时，这就构成了精神病症状，叫做接触不良。如果过分地进行社会交往，与素不相识的人也可以"一见如故"，这可能是一种躁狂状态。现实生活中比较多见的是心情抑郁，人处在抑郁状态下，社会交往困难较为常见。

(10)环境适应能力：在某种意义上说，心理是适应环境的工具，人类为了保存个体和延续种族，为了自我发展和完善，就必须适应环境。因为，一个人从生到死，始终不能脱离自己的生存环境。环境条件是不断变化地，有时变动很大，这就需要采取主动性的或被动性的措施，使自身与环境达到新的平衡，这一过程就叫做适应。适应有积极适应和消极适应。前者指积极地改变环境，后者指躲避环境的冲击。有时，生存环境的变化十分剧烈，人对它无能为力，只能韬晦、忍耐，即进行消极适应。消极适应只是形式，其内在意义也含有积极的一面，起码在某一时期或某一阶段上有现实意义。当生活环境突然变化时，一个人能否很快地采取各种办法去适应，并保持心理平衡，往往反映了一个人的心理健康水平。

5. 俞国良的观点　人的心理是知、情、意、行的统一体。心理健康是一个人整体的适应良好状态，是人格健康、全面发展。根据我们对心理健康的多年研究，综合国内外学者的观点，我们认为心理健康的标准主要有以下几点：

(1)智力正常：智力正常是人正常生活最基本的心理条件，是心理健康的主要标准。智力是人的观察力、记忆力、想象力、思考力和操作能力的综合。一般常用智力测验来诊断智力发展水平。一般认为智商低于70分者为智力落后，智商在80分以上为心理健康的标准。

(2)人际关系和谐：人际关系的协调与否，对人的心理健康有很大的影响。人际关系包括正向积极的关系和负向消极的关系。心理健康的人乐于与人交往，不仅能接受自我，也能接受他人，悦纳他人，能认可别人存在的重要性和作用。心理健康的人能为他人所理解，为他人和集体所接受，能与他人相互沟通和交往，人际关系协调和谐。心理健康的人乐群性强，既能在与挚友团聚之时共享欢乐，也能在独处沉思之时无孤独之感。在与人相处时，积极的态度(如同情、友善、信任、尊敬等)总是多于消极的态度(如猜疑、嫉妒、畏惧、敌视等)，因而在社会生活中具有较强的适应能力和较充足的安全感。一个心理不健康的人总是独立于集体之外，与周围的环境和人格格不入。

(3)心理与行为符合年龄特征：在生命发展的不同年龄阶段，人们都有相对应的不同的心理与行为表现，从而形成不同年龄阶段独特的心理与行为模式。心理健康的人应具有与同年龄段大多数人一样的心理与行为特征。如果一个人的心理与行为表现与同年龄阶段的其他人相比，存在明显的差异，一般就是心理不健康的表现。

(4)了解自我，悦纳自我：一个心理健康的人能体验到自己存在的价值，既能了解自己，又能接受自己，具有自知之明，即对自己的能力、性格、情绪都能做到恰当、客观的评价，对自己不会提出苛刻的期望与要求，对自己的生活目标和理想也能定得切合实际，因而对自己总是满意的；同时，努力发展自身潜能，即使对自己无法补救的缺陷，也能安然处之。一个心理不健康的人则缺乏自知之明，由于所定的目标和理想不切实际，因而总是自责、自怨、自卑，心理状态无法平衡。

(5)面对和接受现实：心理健康的人能够做到，面对现实，接受现实，并能够主动地去适应现实，进一步地改造现实，而不是逃避现实；对周围事物和环境能做出客观认识和评价，并能与现实环境保持良好的接触；既有高于现实的理想，又不会沉湎于不切实际的幻想与奢望；对自己的能力有充分的信心，对生活、学习、工作中的各种困难和挑战都能妥善处理。心理不健康的人往往以幻想代替现实,不敢面对现实,没有足够的勇气去接受现实的挑战,总是抱怨自己生不逢时或责备社会环境对自己不公,因而无法适应现实环境。

(6)能协调与控制情绪,心境良好:心理健康的人的愉快、乐观、开朗、满意等积极情绪占据优势,虽然也会有悲、忧、愁、怒等消极的情绪体验,但一般不会长久;心理健康的人能适当地表达、控制自己的情绪,喜不狂,忧不绝,胜不骄,败不馁;在社会交往中既不妄自尊大,也不畏缩恐惧;对于无法得到的东西不过于贪求,争取在社会规范允许范围内满足自己的各种要求,对于自己能得到的一切感到满意。

(7)人格完整独立:心理健康的人的人格即人的整体的精神面貌能够完整、协调、和谐地表现出来。思考问题的方式是适中和合理的,待人接物能采取恰当灵活的态度,对外界刺激不会有偏颇的情绪和行为反应。

(8)热爱生活,乐于工作:心理健康的人珍惜和热爱生活,积极投身于生活,在生活中尽情享受人生的乐趣。他们在工作中尽可能地发挥自己的个性和聪明才智,并从工作的成果中获得满足和激励,把工作看作是乐趣而不是负担。他们能把工作过程中积累的各种有用的信息、知识和技能存储起来,便于随时提取使用,以解决可能遇到的新问题,使自己的行为更有效率,工作更有成效。

6. 按照年龄标准划分

(1)老人标准:良好的心理素质有益于增强体质,提高抗病能力。老年人怎样的心理状态才算是健康呢? 有关学者制定了 10 条心理健康的标准。①充分的安全;②充分地了解自己;③生活目标切合实际;④与外界环境保持接触;⑤保持个性的完整与和谐;⑥具有一定的学习能力;⑦保持良好的人际关系;⑧能适度地表达与控制自己的情绪;⑨有限度地发挥自己的才能与兴趣爱好;⑩在不违背社会道德规范的情况下,个人的基本需要应得到一定程度地满足。

(2)中年人标准:①感觉、知觉良好,判定事物不发生错觉;②记忆良好,能够轻松地记住一读而过的七位数字电话号码;③逻辑思维健全,考虑问题和回答问题时,条理清楚明确;④想象力丰富,善于联想和类比,但不是胡思乱想;⑤情感反应适度,碰到突发事件时处理恰当,情绪稳定;⑥意志坚强,办事有始有终,不轻举妄动,不压抑伤悲,并能经得起悲痛和欢乐;⑦态度和蔼,情绪乐观,能自得其乐,能自我消除怒气,注重自我修养;⑧人际关系良好,乐意助人,也受他人欢迎;⑨学习爱好和能力基本保持不衰,关心各方面的信息,善于学习新知识、新技能;⑩保持某种业余爱好,保持有所追求、有所向往的生活方式;⑪与大多数人的心理基本一致,遵守公德和伦理观念;⑫保持正常的行为,生活自理能力强,能有效地适应社会环境的变化。

(3)青少年标准:①智力正常;②有情绪的稳定性与协调性;③有较好的社会适应性;④有和谐的人际关系;⑤反应能力适度与行为协调;⑥心理年龄符合实际年龄;⑦有心理自控能力;⑧有健全的个性特征;⑨有自信心;⑩有心理耐受力。

(4)儿童标准:①智力发育正常。正常发育的智力指个体智力发展水平与其实际年龄相称,是心理健康的重要标志之一。②稳定的情绪。心理健康的青少年,在乐观、满意等积极情绪体验方面占优势。尽管也会有悲哀、困惑、失败、挫折等消极情绪出现,但不会持续长久,他们能够适当表达和控制自己的情绪,使之保持相对稳定。③能正确认识自己。对自己有充分了解,清楚自己存在的价值,对自己感到满意,并且努力使自己变得更加完善。对自己的优点能发扬光大,对自己的缺点也能充分认识,并能自觉地努力去克服。有自己的理想,对未来充满信心,在学习、工作等各方面不断取得新的成就。④有良好的人际关系。心理健康的儿童、青少年,有积极、良好的人际关系。尊重他人,理解他人,善于学习他人的长处补己之短,并能用友善、宽容的态度与别人相处。他们在别人面前能做到真诚坦率,从而容易得到别人的信任,并建立起融洽的人际关系。在集体中威望很高,生活充实。⑤稳定、协调的个性。人格亦称个性,人格表现为一个人的整个精神面貌。心理健康的人有健全的"自我",对自己有正确的认识,并能对自己进行客观评价,能对自己的个性倾向性和个性心理特征进行有效地控制和调节。⑥热爱生活。心理健康者热爱生活,能深切感受生活的美好和生活中的乐趣,积极憧憬美好的未来。能在生活中充分发挥自己各方面的潜力,不因遇到挫折和失败而对生活失去信心。能正确对待现实困难,及时调整自己的思想方法和行为策略以适应各种不同的社会环境。

综上所述，心理健康的标准是多层次、多方面的，要科学、正确判断一个人的心理是否健康，必须从多个角度进行考察，还要结合不同地区、不同民族、不同文化、不同时代的具体情况。

三、心理健康教育

心理健康教育是“新健康教育”的一个重要组成部分，它是以培养身心健康社会公民为目的，通过运用健康管理的方法，以功能环境改善为主，人文环境的改善相配合，以老师和学生两个主体，提供科学、健康、专业的指导。

社区心理健康教育源于西方，又称为社区心理健康服务，是指在社区服务工作中，根据人的生理、心理特点，运用有关心理教育的方法和手段，保持与促进人们的心理健康。

社区心理健康教育主要任务是发展性教育，即面向全体居民开展的预防性和发展性心理健康教育，目的是使社区居民能够正确认识自我，增强其调控自我的能力。我国社区心理健康教育是在实行社会主义市场经济以后为适应新形势的要求引入的，目前我国的社区心理健康教育工作相对于西方还处在初步探索阶段，远远不能满足我国社区居民心理健康方面的需求。

城市社区心理健康服务的重点人群是指城市社区中心理健康问题发生率高和易感性强的人群。“重点人群”的心理健康现状既是社区群众的重要心理特征信息，也是社区心理健康服务体系建构的前提和基础。截至2009年，中国城镇人口已经达到6.2亿。面对日益庞大和多样化的社区人群，准确把握社区的重点人群，对于尚未健全的城市社区心理健康服务体系是十分必要的。近十年来，我国也先后颁布了多项政策和规划，要求关注心理行为问题的重点人群，加强其精神卫生信息的评估。

（一）重点人群的类型及其特点

1. 青少年心理问题的发生率和常见问题　从单个心理问题的发生情况看，青少年发生率较高的是睡眠障碍、神经症、多动症、抑郁症、情感障碍和自杀，其中重性障碍以抑郁症最高，轻性障碍以睡眠障碍最高。一般来说，随着年级的升高，青少年的心理健康水平逐渐下降；经济相对落后地区青少年心理障碍发生率更高；性别差异存在，但受其他因素的影响而表现不一。

2. 空巢老年人心理问题的发生率和常见问题　从单个心理问题的方面看，抑郁症、焦虑症、老年痴呆症等是老年人常见的心理问题。总体来看，大多数老年人的总体生活满意度和主观幸福感较高，尽管经济收入偏低，但仍能保持知足常乐的健康心态。

3. 特定生理期女性心理问题的发生率和常见问题　经期和更年期女性出现较多的是强迫、抑郁、焦虑和恐惧等症状。妊娠期妇女多有不同程度的抑郁、焦虑、恐怖和躯体化症状，可见，处于特殊生理期的女性心理问题易感性较高。

4. 重大应激事件经历者心理问题的发生率和常见问题　近年来，我国各类灾害事件频发，灾害不仅造成了巨大的经济损失，也对民众心理健康带来了极大的损害。对“5·12地震”灾民研究发现，大多数人都出现各种应激反应，以警觉性增高和创伤性体验为主，有亲属丧失者尤为严重。而洪水、山体滑坡和车祸等灾害事件发生后，受灾人群的创伤后应激障碍（PTSD）发生率一般在18%以上。可见，严重的突发应激事件可能对事件经历者的心理健康带来极大的伤害，主要表现为PTSD。

5. 高情感投入从业者心理问题的发生率和常见问题　高情感投入从业者是指从事面对面服务，且需要付出高水平的认知和情感资源的从业者。国内外研究表明，高情感投入从业者的心理健康状况低于普通人群，如社会工作者、医护人员、教师等。受其他因素影响，大、中、小学教师群体的心理问题发生率各有不同。一般来讲，大学教师心理健康状况尽管低于一般人群，但好于中小学教师。教师心理问题多表现为躯体症状、抑郁、强迫和人际关系；职业倦怠、挫折应对问题和社会适应不良也是多发问题。关于医护人员的研究发现，医护人员心理问题多表现为躯体化、强迫、人际关系和抑郁；职业压力和职业倦怠是多发问题。由此可见，高情感投入从业者的心理问题发生率较高，不同行业间存在一定差异。

6. 高危岗位或行业从业者心理问题的发生率和常见问题　高危行业或岗位是指在生产活动中，危险性因素多、事故发生率较高的岗位或行业。从文献涉及的行业看，警察是一个高付出、高应激的职业，而农民工从事的行业也多属于安全保障低的劳动密集型行业，工人群体中也有不少接触有毒、有害物质的危险岗位从业者。分析发现,农民工则主要表现为人际关系敏感、强迫和躯体化症状等。

此外,研究还发现低收入群体、慢性病患者及其家属和失业人员等群体的心理问题也高于普通人群。由于生活或工作条件差,生活压力大,上述群体的心理健康问题也较为严重。

(二)关于我国城市社区各类群体的心理健康研究已经相当多,但缺乏总结

由于工具和对象的单一,单个研究的理论贡献和应用价值受到限制。分析重点人群及其心理健康特点,为城市社区心理健康服务体系建设提供对策建议。

1. *完善学校心理健康服务,逐步建立面向非学生的青少年的社区心理健康服务机构* 目前,大多数青少年在时空上主要集中于学校。我国的大学、中学和小学已先后建立起学校心理健康服务中心(室),学生群体的心理健康服务得到一定程度满足,但尚有很多有待改进的地方。例如,服务人员的培训和考核需完善,服务内容和形式不够丰富。此外,对于非学生的青少年群体,我国城市社区还没有建立专门的心理健康服务机构。在西方国家中,大多数国家都以法律形式要求社区建立针对儿童青少年的心理健康服务中心。因此,在我国城市社区心理健康服务的未来规划中,可借鉴国外经验,结合自身实际,逐步建立面向所有儿童青少年的社区心理健康服务机构。

2. *以社区和养老机构为依托,加强老年心理健康服务工作* 我国城市的养老方式以家庭养老和机构养老为主,社区养老为辅。这很大程度上决定了老年人主要集中于社区和养老机构。当前,无论是普通社区,还是养老机构,都还没有提供专业的心理健康服务。在社区建设中,主管部门应推动和督促在社区和养老机构配置面向老年人的心理健康服务人员和设施。针对当前社区老人心理健康的现状,特别是空巢老年人,社区和养老院应在专业机构或人士的指导下,力所能及地开展心理健康服务。

3. *强化妇联在女性心理健康服务中的主导作用* 妇联是直接维护妇女权益和社会福利的事业机构,也是女性群体的单一性群众组织。当前,大多数城市妇联的工作更多的是维护女性教育、就业和其他法律权益,对女性心理健康服务未给予重视。文献分析表明,特殊生理期是女性发生心理健康问题的高发阶段。对此,妇联应强化公共服务的角色和职能,针对特殊生理周期女性心理问题易感性高的特点开展心理健康服务活动。一方面,妇联要领导和督促各个基层社区有针对性地开展女性心理健康服务;另一方面,妇联可成立女性心理健康研究和服务机构,逐步建立专业性的人才队伍,完善面向女性的心理健康服务体系。

4. *以员工援助计划为核心,加强职业人群的心理健康服务* 高情感投入行业、高危行业或岗位从业者一般集中于所属企业或单位。员工援助计划是解决上述人群及其他职业人群心理健康服务的较佳选择。员工援助计划是组织提供的,旨在帮助员工解决可能影响其工作表现和健康问题的多种策略的整合。EAP由专业的服务机构为组织及其员工提供,能有效解决员工自身及其家庭成员的各种心理和行为问题。2003年,我国开始实施国家职业心理咨询师培训、考核和认证制度,国际、国内的EAP机构开始落地开花,并向产业化方向发展。目前,我国员工援助计划的研究和应用尚处于起步阶段,在推广普及的同时,还应对存在的问题进行本土化研究和创新,并建立、完善行业内部和外部的监管制度。

5. *以心理援助体系建设为中心,开展重大应激事件经历者的心理健康服务* 重大应激事件经历者一般聚集在重大自然或灾难事件发生地,问题类型也存在阶段性特点,并以创伤后应激反应和PTSD为主。在"5·12地震"发生后,陈雪峰等提出了时空二维工作框架,将地震灾后心理援助分为6个环节:重灾区的应激阶段(A);灾难周边地区的应激阶段(B);非灾区的应激阶段(C);重灾区的冲击阶段(D);灾难周边地区的冲击阶段(E);灾区的重建期(F)。当前,各类自然或人为灾害增多,政府部门和行业协会应协商建立适用于灾害事件的心理援助机制和体系,统一领导,整合资源,有序开展援助,逐步把事前的备灾心理教育、事发和事后的心理援助工作制度化、规范化。

6. *进一步深化未成年社区服刑人员心理健康援助*

(1)开展未成年社区服刑人员心理健康援助存在一些困难与不足。

①缺乏适应未成年社区服刑人员心理矫治的专业机构和人才。

②未成年社区服刑人员对心理矫治存有抵触,家长(监护人)对心理矫治工作认知不足。未成年社区服刑人员不愿将自身的心理问题告诉工作人员,有不少人员将心理辅导与心理矫治的定位与精神病或神

经病相提并论，将心理健康援助辅导与心理矫治等同于精神病治疗，因此在内心对其产生抵触、排斥情绪，不主动甚至不配合心理健康援助活动。

③未成年社区服刑人员心理健康援助活动制度化、连续性有待加强。

④未成年社区服刑人员心理健康援助活动的社会参与率不高。参与心理健康援助活动的单位多为区团委、区妇联等政府单位，企业、学校、社会团体等参与相关活动比较少，而学校作为未成年社区服务人员最重要的成长环境，应当肩负着更多的责任，现实中学校对于社区矫正特别是心理矫治活动的参与并不热情，甚至少数学校、社区团体持排斥态度，大大影响了其社区矫正效果。

⑤未成年社区服刑人员心理健康援助活动缺乏正常经费保障。

(2)进一步深化未成年社区服刑人员心理健康援助。

①建立、健全未成年社区服刑人员心理健康援助规章制度，着力实现活动开展规范化。出台《未成年社区服刑人员心理健康援助实施办法》、《未成年社区服刑人员心理健康援助工作流程》等一系列相关规章制度，进一步明确开展心理健康援助工作的职责。

②健全完善未成年社区服刑人员心理健康援助组织机构，着力实现队伍建设职业化。建立未成年社区服刑人员家长学校、未成年社区服刑人员心理健康援助中心及相应的镇(街道)未成年社区服刑人员心理矫治工作站，将高校、社会团体、区关工委、区妇联、区团委等社会资源有机整合，共同参与心理健康援助工作。积极鼓励引导组织社区矫正工作人员参加心理咨询师等级认证考试，打造一批自己的专业化、高素质的心理矫治队伍，进而提高其心理矫治效果。

③探索推行未成年社区服刑人员心理健康援助参与模式，着力实现心理矫治多极化。通过广泛宣传、沟通交流，最大程度地调动家庭成员(家长、监护人)、学校老师或领导以及社会相关人士参与的积极性，让孩子、家长(监护人)、老师等相关人员共同参与心理健康援助活动。

④丰富未成年社区服刑人员心理健康援助授课形式，着力实现教育内容多样化。通过实施心理咨询、价值引导、人生观教育、社区服务、职业技能及情趣爱好等综合内容教育，给未成年社区服刑人员日常生活注入新的动力，促使其激发自身能量，增强认知能力和水平，加快改造步伐，早日顺利回归社会、融入社会。

⑤将未成年社区服刑人员心理健康援助项目纳入财政预算，着力实现经费保障常态化。开展未成年社区服刑人员心理健康援助活动需要专业人才、专用设备和相关配套设施作为保障，建议各级政府将此项活动经费列入社区矫正年度预算，并根据地区经济发展状况，合理调整经费增长比例，为进一步提高社区矫正质量奠定财力基础。

第五节　社区心理援助的政策与改革

一、心理援助进社区是大势所趋

心理建设已经提到议程上，社区居民的心理健康直接关系到社会的和谐发展。

首届全国心理服务机构发展模式研讨会于 2015 年 5 月在天津师范大学举办。来自全国各地的知名心理学家、心理服务机构法人代表、执行 CEO、基金会、NGO 组织、社会团体组织代表、政府相关部门、企事业单位、大中小学心理健康中心负责人、高等院校心理学院(系)、社工系及相关专业负责人、心理咨询师、心理治疗师、心理辅导员等心理服务工作者共 200 余人，聚首天津师范大学共同探讨心理学服务机构发展模式，分享各自经验，共谋发展大计。

为更好地发挥心理学在和谐社会建设中的作用，加强各心理服务机构间的交流，搭建有效的供需合作平台，建立规范的行业标准，提高心理学服务机构的整体水平，2015 年 5 月由中国心理学会、教育部人文社会科学重点研究基地天津师范大学心理与行为研究院、国民心理健康评估与促进协同创新中心、天津市心理学会联合主办，“心教育”平台、中科博爱(北京)心理医学研究院、天津良友心理咨询中心共同承办了本次主题为“心理学在预防和化解社会矛盾中的作用”的研讨会。首届全国心理服务机构发展模式研讨会的召开，预示着中国的心理服务机构水平将再上一个新台阶。

《中华人民共和国精神卫生法》第二十条 村民委员会、居民委员会应当协助所在地人民政府及其有关部门开展社区心理健康指导、精神卫生知识宣传教育活动，创建有益于居民身心健康的社区环境。乡镇卫生院或者社区卫生服务机构应当为村民委员会、居民委员会开展社区心理健康指导、精神卫生知识宣传教育活动提供技术指导。

社区心理服务将成为建设和谐社会的一个重要的发展指标。

二、心理援助进社区的现状

(一)社区居民的心理服务需求强烈

随着生活水平的不断提高，生活压力的不断加大，人们对于精神上的需求也越来越渴望，希望在生活中保持平和的心态，拥有良好的人际关系，掌握调控情绪的技巧等等。在一项针对社区居民的心理咨询服务需求的调查中发现，认为不需要心理服务的有 47 人，约占 14%；认为偶尔需要的有 146 人，占 43%；经常需要的有 44 人，占 13%；需要定期得到服务的有 94 人，占 28%。

进一步对认为不需要心理服务的人群进行深入调查发现，他们不愿主动寻求心理服务的主要原因有：对社区心理服务还不太了解；因为住家附近缺乏服务机构；认为去看心理医生多半是精神有问题，因此怕别人发现后误解；不相信社区心理服务人员能够帮助自己解决心理问题；认为自己确实不存在心理问题等。从这项研究可看出，社区居民对心理服务有比较强烈的需求，他们需要专业的服务进行心理引导，开展社区心理咨询服务拥有较多的服务对象。

但是由于目前社区心理咨询服务的机制还不够健全，服务人员的水平还有待提高，宣传的力度还不够深入，导致居民对社区心理咨询服务还缺乏认识和理解，这妨碍了他们及时地疏导自己的心理问题。

(二)社区心理咨询服务相对集中

由于社区居民生活空间集中，有时会体现出较为一致性的心理问题，这时，他们需要社区可以提供个别咨询服务或集体咨询服务，以避免心理问题的挤压导致更为严重的心理障碍。社区心理咨询服务的主要内容集中在生活中的一些常见问题，如家庭矛盾、邻里冲突、老年心理调适等问题；还有一些重大的生活事件，如家庭成员死亡、生病、交通事故、地震、失业等；另外还有涉及保健工作，如戒毒者、出狱者、出院的精神病康复者等，对于这些特殊人群社区心理咨询系统要切实做好追踪服务，同时还应该给他们提供和谐、宽松、愉快的家庭氛围和社区环境，促进他们的身心早日痊愈，尽快步入正常的生活轨道。

(三)社区心理咨询服务人员不足

西方发达国家每 3000 人有心理咨询师 1 人，成熟的社区都会配有专业的保健医师、社区工作者和心理健康咨询师。在美国心理咨询服务人员需要获得一定的专业资格证明和一定实践经验才能持证上岗。另外非营利组织和特殊人群也是主要参与社区服务的主体。在加拿大越来越多的曾经接受过心理咨询服务的人，如今在社区提供心理咨询服务，这几乎占社区心理咨询服务从业人员的一半。而我国社区心理咨询服务人员无论从数量和质量上来说，都远远不能满足社会的需求。

如果按照西方发达国家的比例，中国 13 亿人口中获得心理咨询资格的专业人数至少应该有 40 多万人。但我国目前通过国家心理咨询师认证后从业的人数仅有几万人，而且即便是获取的国家心理咨询师认证的这些人员也是良莠不齐，其中有长期实践咨询经验的人所占比例很少。心理咨询服务人员主要来自心理学、医学、社会工作者等专业毕业生，而这些人员大都喜欢在医院或专业的心理机构来展开心理服务工作，很少有人愿意到基层社区来开展专业服务，这对社区顺利开展心理咨询服务工作设置了很大的人才障碍。

(四)社区心理咨询服务人员缺乏正规、系统的专业培训

在欧美发达国家，社区心理服务机构早已成为人们治疗心理疾病的重要场所，社区心理咨询服务的水平得到居民的认可，这种服务不仅在整个社区服务中有一定影响，而且在心理学研究领域中也颇受重视。而在一项针对我国社区心理卫生服务人员的调查中发现，有 54.55% 的医务人员对心理知识有一定的了解，而有 45.45% 的人员不太明确所掌握的心理知识，甚至不太明确如何开展心理咨询服务工作。社区中从事心理服务工作的人员不能较好地掌握相关心理知识，这无疑制约了社区心理咨询服务的开展。当下

在社区中从事心理咨询服务的人员大多不是心理学专业出身，而是由从事其他工作的人员兼任，或是由其他专业的人员经过短期培训、自学等方式速成而来。这些人员基本上没有受过正规系统的心理知识的学习，所掌握的心理学知识还不足以达到解决他人心理问题的水平，所以目前社区心理咨询人员还缺乏正规、系统的专业授课和培训。

三、心理服务进社区是现实需求

伴随着社会的转型，各种社会矛盾增多，竞争压力加大，人口和家庭结构变化明显，民众的心理健康问题已成为我国较为突出的社会问题。

北京心理危机研究与干预中心执行主任费立鹏曾公布了一组令人触目惊心的数据：中国每 2 分钟有 1 人自杀死亡、8 人自杀未遂，每年至少有 25 万人死于自杀，200 多万人自杀未遂。我国精神病学专家、原卫生部发言人之一的陈彦方教授在接受记者专访时曾强调，中国人心理问题的范围实际比自杀要宽得多，如失学、下岗、婚姻问题等引起的各种心理问题，其人数是精神疾病和自杀人数总和的10 倍以上……中国人患抑郁症、焦虑症的人数分别占到总人数的 5%。而据世界卫生组织推算，目前中国有心理问题的人数在 2 亿~3 亿，中国精神疾病负担到 2020 年将上升到疾病总负担的 1/4。民众心理健康状况不容乐观，为民众提供能接受、易获得的心理健康服务成为当前我国社会发展的迫切需求，而建构心理服务的社区支持体系成为现实的最佳选择。

(1)心理健康并不是一种静止的状态，而是一个动态平衡的发展过程，是主体与环境之间相互作用的结果。心理健康的这种动态平衡特性决定了心理服务的提供是一个持续的不间断的过程。社区作为民众具有内在互动关系和文化维系力的地域性生活共同体，作为城市社会中一种新的社会基本组织形态，已经逐渐被广大民众所普遍认同和接受。针对最广泛民众提供的具有连续性的心理服务只有选择社区这一载体才有可能真正实现，这与我国政府的社会发展政策也是相一致的。

(2)随着社会的发展，人们逐步认识到，心理障碍或心理疾病，并不是个体的失败，也不能将其归结为个体的缺陷，个体不应为问题的产生负责，并因此承受压力或羞辱。美国著名的心理学家曾说过，心理问题“不是个人私人的不幸，而是社会的、伦理的、道德的问题，是整个社区的责任”。这实际上表明，心理问题根植于人环系统，对心理问题的看法，应摆脱个体心理学观点，超越个人层面，衡量环境对人的影响，将焦点放在个体形成的生态环境领域。因此在符合生态学最重要的隐喻精神下，“要经由对环境评估、观察，以了解环境对个体行为的影响，透过重新掌握环境，来增进人类福祉”。这与“人在环境”的社会工作方法论不谋而合，也意味着如果要促进民众的心理健康，必须改善危害社区生态脉络的因素，除了注重通过心理调适来挖掘人的内部潜能，也必须通过环境变化，动员各种社会——人际资源为个体提供充分的社会支持，从而使民众的心理健康状况获得持久的改善。从这一视角出发，作为民众个体及其家庭重要生活系统的社区便成为了促进心理健康的一个重要领域，也使得当前我国轰轰烈烈开展的社区建设运动具有了更深层次的意义。

(3)西方社区心理学的蓬勃发展及心理服务的社区转向为我国社区心理服务支持体系的构建提供了理论支持及经验借鉴。现在社区心理学已经发展成为一个国际性的研究领域，在欧洲、南非、新西兰以及澳大利亚，社区心理学家已经开始了干预和培训计划。而各国政府组织社区心理健康运动的收益不仅仅给社区带来益处，整个社会也因此受益。我国当前的心理服务还远不如西方国家当初的水平，选择社区来建构民众心理健康的支持体系也是结合我国实际，充分借鉴国外经验的最佳选择，同时也是面对现实，政府、从业者与民众需求相互作用的结果。

四、心理服务进社区的重要意义

(一)社区心理服务有利于居民日常能力的改善

人的心理和行为是与他们所处的社会背景，以及社会系统联系起来的，人们与所处的环境之间构成了一种整体的不可分割的双向的影响。而居民的心理和行为，或者日常能力都可以在贴近居民生活的社区中，在这个大社会的小背景下，通过干预，比如参加日常能力操作培训，改善并提高其适应社会生活的自主性、独立性和对社会文化的认同感。

(二)社区心理服务的预防和干预倾向增进个人和社区现有的心理防御力

社区心理学者、工作人员尽可能接近人们的真实生活和日常社会情境,将社区心理服务应用于居民对生活环境的理解、对组织的理解、对社会的理解,来疏导来自各个方面的压力。并且,社区心理服务工作人员应秉着与他人共享心理学的态度,在咨询服务中对正式或非正式共享心理的方式持积极倾向。在社区的环境下,可较多地利用家庭或团体的群体氛围,促进社区居民的心理沟通,达到主流文化和亚文化的相互交流,提供多种对心理问题了解的途径。与非专业人员积极寻求合作,鼓励人们的自我帮助,而非职业性帮助。社区心理服务的预防和干预倾向同样可以作用于建立居民心理档案,记录居民在日常生活背景下的个体行为和压力事件,预测并评价社区居民的需要和特别风险。

(三)社会问题的预先与后期应对

除了平时的心理预防和干预外,社区心理学者应对社会问题具有预先应对的意识,采用相对应的方式,提前采取措施以应对潜在压力事件的发生可能造成的社会影响。同样,在社会压力事件发生后,社区心理学者应在平时沟通和了解的基础上,及时、有针对性地对居民进行心理辅导。除了压力事件的预先与后期应对外,社区心理工作者也应从社会层面看待各种个体问题,要在不同层次之间,综合考虑所要研究和解决的问题。个人与环境和系统之间在各个层次上都是相互依赖的。例如研究和服务有生理缺陷人们的社区心理学者,不仅应该乐于指导一名年轻人要使用轮椅在邻里之间走动,而且也应该乐于去说服当地的公共和商业企业在建筑物内外设立轮椅通道。同样,社区心理学者应当在为老年人提供个别服务之外,提供相应依据,建议管理部门实行老年人低价住房政策。社区心理学者的角色除了为部分人提供直接的服务之外,还要向社会公众广泛传播相关的知识与技能。由于系统之间的相互作用,社区心理学家的服务不仅能对个人和小群体产生直接影响,也能对组织、社区乃至整个社会产生广泛的直接或间接的影响。

五、心理服务进社区的路径选择

我国社区心理服务的开展,直接目标就是促进居民的心理健康,即以积极的、有效的心理活动,平稳、正常的心理状态,对当前和发展着的社会和自然环境作出良好适应,最终目标是实现人的发展与社会的和谐。为了实现这一目标,须确定心理服务进社区的路径,但在此之前,需要理清两个基本问题:

1. *心理服务的介入点* 从心理学的学科基础来看,个体是其研究的对象,心理服务的介入点是"个人"。这与早期的心理咨询与治疗以心理分析或心理动力学为基础相一致。但是随着客体关系心理学、自我心理学、自身心理学的发展,特别是社区心理学的蓬勃兴起,其对个体所处的环境系统开始逐渐关注,在某种程度上拓展了心理服务介入的维度。也就是说,对心理健康的关注点不再只停留于个体的认知、情绪、动机、行为等心理变量,而是力图将人置于其生活的真实背景和社会系统中来理解,并应用基于这种理解的知识来改善和增进人的生活质量。"社会"取向的介入,将个体心理与行为问题的起因看作是一种长期的、个人与社会环境和系统之间的互动或相互作用,包括社会支持和社会权力结构。简单地说,个人取向倾向于改变个体自身来适应社会,而社会取向则希冀改变人们生活于其间的结构情境从而整体性地改善个体的境遇。相对于社会取向,个人取向的社区心理服务是更易开展的,因为社会取向需要努力地去消除现存体制下精英们或为自身利益占有权力和资源从而维持的一种具有不平等性的社会结构,而代之以更为平等的社会关系,这不是凭借人的力量在短期内所能实现的。但是,社区心理服务的开展如能兼顾"个人"与"社会"取向,就能提升其价值,就能获得持久的生命力,就能在理解民众和帮助民众的过程中真正有所作为。

2. *心理服务的介入模式聚焦点* 在过去约15年中,社会工作领域一个具有范式革命意义的变化就是优势视角的兴起,这一模式的兴起彻底改变了社会工作者对来访者系统的看法及其适应的基本助人原则。由于西方心理健康服务是社会工作的重要组成部分,其主要提供者也是社会工作者,因此这一变化也迅速地波及到心理服务领域。在以缺陷或弱点作为介入聚焦的模式下,关注的是个体的问题或病态,而强化个体的问题会导致一系列对个体、个体环境、个体应对环境能力的悲观期望和预测,因为他们可能会认同自己被贴上的标签,从而强化弱势地位。缺陷模式实际上是以线性的因果关系去找寻解决问题的方法,但其认识到问题的状况或根源并不必然是可以解决的。在缺陷模式中,服务提供者与接受者之间可能形成一种不平等的关系,即便这种不平等关系是非常隐晦的。

优势视角则以赋权、成员资格、治疗、整全和悬置怀疑为核心而提出了不同于缺陷模式的基本实践原则:每个人、团体、家庭和社区都有优势;创伤、疾病和抗争具有伤害性,但亦是挑战和机遇;要与个体合作从而更好地提供服务;所有的环境都充满资源;强调关怀、照顾。在优势为本的助人过程中,心理服务的关注点是每个人所具有的优势、兴趣、能力、知识和才华,而非其诊断、缺陷和症状。在优势视角看来,人在逆境之中可看到抗逆力和优势,在与逆境和可怕事件的抗争之中,人们可以发现新的意义或修正以前的意义。

六、心理服务进社区的实践方法

基于上述心理服务进社区路径选择须秉持的第一理念,即"个人"与"社会"取向兼顾,可以将社区心理服务的方式划分为两大块,其一社区发展,即通过社区建设来构建有助于民众心理健康的生态环境,打造社区心理支持系统。其二社区心理干预,即通过直接的心理干预措施来构建社区心理健康促进与疾病预防体系。心理服务进社区须秉持的第二理念即对优势视角的关注则是体现于心理服务实践的各个细微环节之中。另外,不论是哪一种方式的实践,都需要有一个完整的服务体系的支撑,这是基础。

(一)社区心理支持系统

社区发展在社会转型、"单位制"日趋解体的今天,在持续十余年社区建设的努力下,社区作为中国城市社会中一种新的社会基本组织形态,已经逐渐被广大市民所普遍认同和接受。它正日益成为人们和庞大、复杂的城市社会相联系的关系纽带,成为人们融入城市社会的一个切入点,成为中国城市社会再组织和城市居民再社会化的工具与载体。社区的主体是人,社区的精髓是人,社区的发展也是为了人。从这个意义来说,将社区发展作为建构社区心理支持系统、促进民众心理健康的一个重要策略是毋庸置疑的。社会心理学家勒温也曾提出一个行为公式:$B=f(P,E)$,即人的行为是其人格或个性与其当时所处情景或环境的函数。对于社区心理服务来说,这个公式的意义就在于:只有把个人的行为同行为发生的背景联系起来才能够更好地理解人的行为,个人与他所处的环境之间是一种相互作用、互相回报的关系,因此通过社会发展,构建良好的社区环境,有助于塑造良好的社会行为。需要进一步明确的问题在于,社区如何发展才能真正成为社区居民的心理支持系统?着力点在何处?这需要回归到社区的基本特性,即社区作为维系社会和社会成员之间相互支持的家庭之外的人与人之间的联系网络,是一个具有凝聚力、情感和公共活动的社会生活共同体。居民对社区的归属感和满意度,或者说社区对居民社会需求的满足应是社区发展的着力点。近年来我国各地开展的社区建设运动也为民众的心理健康营造了较为和谐的生态环境。不论是社区治安的改善、社区环境的美化、社区服务的拓展(如职业介绍、社区学校、残疾人服务、司法援助等),还是社区文化的繁荣、人际关系的和谐、生活质量的提升,实际上是有效地提升了社区居民对社区的认同感和归属感,从而使社区居民的心理健康成为一个附带效益。当然,目前社区心理支持系统的构建实际上是社区建设的一个潜功能,并没有成为其明确的目标,在今后的社区发展中,应该将社区心理支持体系的构建纳入到目标体系中,使之成为更有意识的活动指向。

(二)社区心理干预

社区心理干预是指将健康促进与疾病预防的方法结合起来为居民提供有效心理服务的一种方式,也是目前正在实践中不断探索的一种社区心理服务方式。将干预措施按照促进健康的不同范畴(或者说按疾病不同的危险水平),可以分为三种类型:针对健康人群开展的普遍性心理干预;针对高风险健康人群的选择性心理干预;针对早期症状人群开展的指定性心理干预。

普遍性心理干预也可以称之为预防和发展性心理训练,是面向全体居民的心理服务。如通过心理测量,增强居民的自我认知;通过心理学知识讲座,强化居民的心理健康意识,提升自我调节能力;通过主题活动开展,促进社会适应能力等。选择性心理干预是面向部分居民尤其是社区弱势群体(如贫困群体、儿童、老人、孕产妇等)提供的心理服务。如针对贫困群体、孕产妇、独居老人等提供的家庭支持;对个体成长发展中遇到的人际关系紧张、情绪困扰、工作压力、社会适应不良、婚姻家庭关系等问题提供咨询。需要特别指出的是,针对处于心理危机状态的居民给予的心理援助,即危机心理干预,也属于选择性心理干预的范畴。自汶川大地震后，危机心理干预随着心理援助项目的实施及媒体的大量报道进入到大众视野，并逐步被大众所了解，这实际上也是社区心理服务发展的一大契机。危机事件的范围实际上是很广泛的，譬如恋爱关系破裂、突然失去亲人或朋友、失去宠物、破产或重大财产损失、重要考试失败、晋升失败等等。其中能与社区关联起来的因素占有很大比重，因此社区心理服务在这一领域应大有作为。指定性心理干预则是面向特定居民提供的心理服务，如筛选或早期治疗抑郁与痴呆症状，对癔症、恐怖症、药物滥用及酗酒等进行早期治疗。

社区心理干预的具体方式有很多，笼统地说譬如专题讲座、专家咨询、网络答疑、热线电话、家访服务、主体活动等，具体如针对婴幼儿及其家庭的妈妈社团和亲子活动，针对青少年群体的生活技能培训和关于阅读技巧与社会情感价值的电视教育，针对职业群体的应激处理训练、放松技术、社会技能和体能训练，针对老年群体的陪伴、倾听护理和运动干预、友谊项目；针对早期症状人群则是更为专业的认知领悟疗法、认知行为疗法、意象对话技术、系统脱敏法、厌恶疗法等。选择哪种方式不是重点，因为有很多成熟的经验可以借鉴，关键的是干预实施过程中所秉持的理念，也就是之前所提出的，是以“缺陷”视角介入，强调干预对象的脆弱性，关注于对象的问题或病态，注重诊断与治疗，还是以“优势”视角介入，强调干预对象的主体性，关注于对象的优势与潜能，注重交流、理解、解释和互助。这是在实施社区心理干预过程中需时时进行反思的问题。

（三）社区心理服务体系的构建

当前我国大部分社区还没有一个完备的心理机构来为社区提供心理服务，更多是依托于社区卫生服务中心（心理科）来开展部分的服务，部分有条件的社区成立了心理健康指导中心、青少年心理服务中心等，但心理服务的提供还缺乏系统性和规范性。

心理健康服务实际是一项社会化的系统工程，涉及社会的方方面面，需要各部门的通力合作才能完成，因此首先要在社区逐步建立并完善心理服务的组织体系和运行机制。

1. 建立社区心理服务组织体系　从组织体系看，一要建立相应的各级社区心理健康工作机构，比如在区的层面，构建以政府为主导，卫生、民政、公安、发展改革、财政、教育、残联等相关部门协作，社会各界广泛参与的组织管理体系，提供可用的资源与保护措施，包括政策与配套措施的提出、信息的清晰、环境的支持、跨部门的整合等。二要在社区建立相应的服务体系，如成立心理健康工作委员会，设立心理健康服务中心，开设网站、咨询热线，设置心理咨询室、活动室等。三要充分整合现有资源，每一个人身处的每一社会系统都是个体的整个生态大系统（包括家庭、学校、邻里、社区等）中的子系统，因此社区心理服务要进行资源整合，形成合力。如调动社区的各种企事业单位以及 NGO 和 NPO（可以借鉴国外广泛使用的政府购买服务的方式）的力量，充分利用各种综合性医院、妇幼保健院、学校、私人心理诊所、生命救助热线等公益组织，共同提供社区心理服务。从运行机制来看，“政府牵头、部门合作、社会参与”是对工作机制的高度抽象概括，但需要细化，如明确服务规则，即建立相关的职业伦理与道德守则；区内心理咨询专家社区轮流坐诊，接受开放式预约的服务；在校心理学、社会学、社会工作、护理等专业的大学生社区心理服务实践机制；社区内学校、图书馆、幼教机构开放机制；相关的配套补偿机制，如大学生实践计算学分，拥有心理咨询专业资质的志愿者服务社区实行补休等；以及督导、监督、评价机制等等。

2. 完善社区心理服务人员的配备　当前我国社区心理服务中的瓶颈问题就是专业人员数量少、水平参差不齐、队伍不稳定，以及心理健康服务人员的职业伦理、道德规范、职业守则和标准缺乏，资格认证与督导制度缺乏等问题。通过之前的论述，我们已经对社区心理服务有较为清晰的认识，这帮助我们绕过社区心理服务专业人员缺乏的难题。因为在心理健康促进的视野下，社区心理服务的提供者不再局限于专家型的专业人员队伍，大量非专业和半专业的工作人员也可参与其中，通过多方力量的参与，建设一个有利于居民发展的支持性社会环境。这不仅可能，而且必要。涉及社区心理干预的内容，则可以通过组建工作团队的方式，整合力量。如由具备心理咨询师等专业资质的人员实施具体的心理咨询与心理诊断与治疗行为，而实践的大学生群体和志愿者队伍则可以参与完成心理健康活动的策划、宣传与组织等辅助性工作，并通过短期专业心理知识培训与长期的专家督导方式，为民众提供更好的服务。

另外，当前社区心理服务实践还面临一个难题，即如何使得社区提供的心理服务能够有效地传达给确有需要之人。

最重要的是“倡导”，即通过对正确的健康理念的倡导，使公众对心理健康产生公共需求。从而激发民众对心理服务的需求。

3. 服务策略　在服务策略上寻求改变也是一种选择，如充分顾及到中国的社会文化和制度结构，采取人本主义的模式，具体包括以下内容：

(1)积极主动的服务取向。在西方，心理服务一般是从有需要者的求助开始的，而在我国这一过程模式可能要修改。鉴于人们的消极求助心理，助人活动大多从助人者的主动行为开始。这倒不是心理服务的提供者不加分析地任意提供帮助，而是指其通过探询启发有需要者表达自己的需要，进而了解这种需要并提供帮助。那种等人上门求助的服务模式在中国可能会贻误很多真正必要的心理服务。

(2)使求助者与心理服务者的价值相关：求助者的被动和助人者的积极主动将导致心理服务者的价值相关。即在求－助过程中双方要维持深入的思想交流，心理服务提供者应该能站在“求助者”的角度上思考问题，同求助者深入沟通、交流意见、帮助求助者(或共同)做出决策可能更加有效。

(3)建立实质性的信任关系：西方的心理服务是建立在契约基础之上的，是程序上的信任关系(这并不否认受助人对服务提供者的信任)。我国社会中的心理服务可能更多地建立于实质性信任关系之上，所谓实质性信任关系是助人者与受助者建立在沟通理性基础上的合作关系。

古希腊哲学家普罗塔哥拉曾说过，“人是万物的尺度”。我国构建社会主义和谐社会的首要原则即是“以人为本”，社区心理服务的开展本质是为了人的发展，追求人心理的和谐、行为的和谐乃至社会的和谐。因此社区心理服务的开展实质上具有更为宏观层面的深刻意义，值得更多学者的深入探讨。

我国社区心理健康服务还处在探索发展阶段，如何在借鉴其他国家成熟和先进的基础上，找出适合我国社区居民心理健康服务的模式和方式，更好地改善居民生活质量，提高心理健康水平，创建有中国特色的居民小区心理服务模式，是我国社区发展的迫切需要。

本章编写负责人：刘义林　付春山　高　健

本章参与编写校对人员：刘义林　付春山　王新静　赵　新　张英姿　杨吉影　谢桂华
邓许林　陶业兰　柳晓琼　边爱萍　郑艳玲　王　峰　韩群业
王文举　孙　伟　刘晓霞　刘国静　马晓燕　杜　彬　曲　欣
颜永惠　唐玉霞　柳旭锋　许多斌　刘名徽

第九章　社区精神病患者康复援助

第一节　社区精神病患者的现状、康复要领和法律保护

一、社区精神病患者的现状

社区精神卫生运动的正式开始起源于20世纪60年代。当时由于精神药物的发明、新的治疗形态如集体治疗、家庭治疗的盛行，使得人们开始对导致精神疾病的因素做更多、更深入的探讨，进而体会到除生理因素以外，个人所处的社会环境中所带来的困扰与挫折，亦是引起压力产生的来源。而压力导致个人遭遇到生命中的困扰和危机，正是造成心理问题的基本因素。因此，基本上社区精神卫生的概念是主张以社区为基本单位，针对社区成员的特性发展出一套有组织且适宜的社区精神卫生服务系统，提供社区成员多元化且合乎人性化的精神卫生专业服务，其中包括教育、治疗、预防、康复、宣教等措施，以提升社区生活的品质。

社区包含了家庭、学校、特殊团体（如部队、工厂等）、住宅社区等由特定对象所组成的社会团体。所以，社区精神卫生的另一个特色是能够为较多数的群众服务，提高精神卫生服务的经济效益。

理想的社区精神卫生服务系统中，应设有完善的工作机构，例如社区精神卫生中心，精神医疗康复机构（按照患者的不同疾病的需要给予门诊治疗、急性短期住院、日夜间留院、慢性疾病康复治疗、患者之家、居家照顾等不同层次的医疗服务），公共卫生机构（如社区工疗站、卫生所），社会福利机构，心理辅导机构（如电话咨询服务），危机处置机构（如电话热线服务），学校等（心理卫生专业的工作人员）。

精神疾病是一种常见病和多发病。1984年世界卫生组织上海精神卫生培训合作中心的统计资料表明，在我国精神分裂症的发病率为2‰~4‰，男女发病比例基本相同，城市的发病率略高于乡村。发病前受各种精神刺激而诱发精神疾病的，占住院病人总数的54%~77%。各类精神病患者仅上海市就有8万多人，可见远远高于平均发病率。当时，上海各级精神病医疗机构可容纳住院患者6000人，占总病人数的7.5%，其余92.5%的精神病患者分散在社会人群中。因此，精神病患者的社会管理问题是一个沉重的社会课题。精神病患者的社会管理问题是直接关系到社会秩序的安定、治安净化及千家万户人身和财产安全的保障措施问题之一。

社区精神病患者的康复护理不容忽视。对监护人和社区工作人员等不同群体进行有计划、有步骤的精神卫生知识和心理健康相关知识的培训，能提高贫困精神病患者康复和回归社会的比率，减少患者、家庭的痛苦，减轻社会的压力。

精神病患者多数时间生活在社区，生活单调以及本身疾病导致生活兴趣缺乏、社会能力减退，甚至生活懒散、精神退缩等综合征。因此，目前国内外精神卫生组织和有关专家都提倡让患者走出医院，回归家庭，回归社会。康复过程是患者适应与再适应的过程，培养和训练其生活、工作技能，这是社区医疗康复的目的，而社区康复工作成功的关键取决于社区康复护理。精神病患者暴力行为是指精神病患者在精神因素或精神症状的影响下，突然发生的针对自身和他人的暴力行为。目前，对其产生的机制知之甚少，预测有较大的困难，精神疾病患者暴力攻击行为发生率为一般人的10倍，并且具有隐蔽性强、危害性大的特点。

目前，患者出院后的随访主要依赖患者本人和家属的复诊，而很少有医疗机构组织的系统回访研究和监测。有系统、有针对性的社区家庭干预是减少和预防精神病患者暴力行为十分有效的措施。大多数患者回到社区后未能得到正规治疗，难以坚持长期服药。因此，这些患者常常处于发作—治疗—缓解—停药—再次发作—病情恶化这样一种恶性循环中，再加上全社会对精神疾病的认识和知晓率都处于相当低的水

平，导致精神疾病患者即便康复了也会受到社会的歧视和不公正对待。这些因素都造成了精神病患者治疗率低下。若精神病患者能够得到充分、有效的治疗，病情保持稳定，严重暴力行为的危险因素就可大大减少。近年来我国在开展社区护理方面投入了较多的人力、物力，采取了一些措施和经验，但还存在着许多困扰社区精神科护理深入开展的问题。

（一）社区精神卫生与医院利益的矛盾

社区精神科护理是精神卫生事业发展的方向，但现在政府对该项工作的经费投入不足，因此医院目前向社区提供的服务，无论是人力、物力等都是无偿的，与之相应的是，社区护理开展得越好，医院的无偿性投入就越多，门诊与住院患者就越少，如果仍然得不到国家的政策支持，则会影响社区精神科护理的顺利发展。

（二）社区护理队伍状况不尽如人意

社区护士年龄结构、知识结构老化、人员配置不足。目前社区护士的年龄在 40 ~ 51 岁，且均为中专学历；护士的护理观念落后，大部分护士未经系统的学习培训；由于人力资源配置严重不足，还有很多社区没有精神科护士的介入；社区精神科护理的范围还很小。

（三）工疗站设备简陋、资金不足

目前工疗站都存在场地狭小、年久失修、设施落后、缺少经费的情况，有个别工疗站甚至仍保持着20 世纪 70 年代的旧貌，有的甚至缺少一些基本器械，如体温表、血压计。受场地限制，工疗站也因此无法接纳社区内更多的精神病患者，致使流散在社会。由于缺少经费，开展以培养训练患者劳动技能的生产活动场地和经费问题无法解决。

（四）患者家庭经济困难

由于精神疾病的长期性和易发性等特征，大部分患者家庭难以承受长期的、日积月累的医疗费用，他们经济困难，大都是享受基本生活救助的困难人群。

（五）对策与设想

精神病患者病程长、治愈率低、复发率高，患病人数逐年增多。而许多精神障碍是可以通过社区护士早期采取干预措施来阻止疾病进程的，如等到患者发病再送入院治疗，实际上也增加了患者家庭经济负担，让大量患者集中在社区内治疗和康复，既有利于改善患者家庭的窘境，也因为预防所需要成本相对较少，使更多的卫生资源被节省下来用于真正需要治疗的患者身上。

二、社区精神病患者的康复要领

在发展社区精神医学中，必须充分汲取预防医学及康复医学等最新知识和技术，并将临床工作及心理卫生工作紧密结合，才能把社区精神卫生服务工作提高到新的水平，以促进学科的发展。

精神康复的概念来源于躯体康复。精神疾病的康复是利用一切可能取得的条件和时机，运用现代医学科学的先进手段，丰富患者的治疗方法，使患者在生活、人际交往和职业训练等方面得到最大限度的恢复，并想方设法预防和减少精神残疾的程度，同时培养具有代偿性的生活和工作技能，改善患者接触的环境，保持乐观的情绪，树立战胜疾病的信心，防止精神衰退，同时也减轻家庭、社会和国家的负担。也就是在治疗躯体疾病的基础上，使身体的功能恢复，并适应周围的环境，因此精神康复的概念也是经过以下几个时期演变成现在的概念，这些概念的演变是源于不同的康复模式导致的不同的康复目标，并且在这些康复目标下形成一些不同的康复概念。

精神康复概念的形成分为了 6 个不同阶段。

第一阶段：试图改善患者的精神残疾，增强患者其他方面的能力来代偿其残疾，并将他们安排在能够发挥其能力的环境中。

第二阶段：帮助精神残疾患者解决工作问题，但是这个目标在后来的工作实践中发现是很困难和不现实的。

第三阶段：尽量使精神残疾患者能够恢复至病前状况，甚至优于病前，尤其是帮助他们摆脱长期住院状况，虽然有一些患者难以出院，或即使从未住过院也会形成慢性精神残疾，但应尽量使患者回归社会。

第四阶段:通过训练患者的技能来帮助其重返家庭、学校、工作岗位和社区。

第五阶段:增强残疾患者的生活技能及社会适应功能,其重点是强调改善功能而并非指望治愈。

第六阶段:帮助精神残疾患者最大限度地利用其所残存的能力,以一种相适应的功能状态尽可能地生存在正常的社会环境中。

有研究表明,精神病患者的精神残疾,主要为社会性残疾,即患者的社会实践不能达到他们本人、他们的家庭以及社会通常的预期标准。分析造成这类缺陷的原因,与疾病本身的性质、社会偏见、难以就业和继发的不良心理反应等因素都有关系。因此,防治康复的针对性措施就应从生物 - 社会 - 心理三方面入手开展服务工作。

精神疾病的社区康复是社区精神卫生服务的重要任务之一。要始终不懈地在社区实施全面康复措施,工作可以有阶段性,但必须长期坚持,逐步完善与提高,以达到最好的康复效果。

(一)目的

通过各项康复措施,使精神疾病患者因患病丧失的家庭社会功能得以最大限度的恢复,使精神残疾程度降到最低,留存的能力得以最大的发挥。

(1)预防精神残疾的发生:早期发现,及时充分治疗,争取达到最好的疗效,防止复发,这是预防精神残疾最有效的方法。

(2)减轻精神残疾程度:对难以治愈的患者,要尽可能防止其精神衰退;对已经出现的精神残疾者,应设法逐步提高其生活自理能力,减轻精神残疾程度,从而减轻家庭负担。

(3)提高精神残疾者的社会适应能力:提高或恢复患者原有的社会功能,使其能较好地胜任社会角色。只有提高患者的社会适应能力,才能减少对社会的不良影响,提高患者的生活质量。

(4)恢复劳动能力:通过各种康复措施训练,使患者生活和工作得到提高,使其尚存的能力得以充分发挥,争取能够操持部分家务,独立做一些工作。

(二)康复措施

在掌握来本社区患者情况与康复需求类别后,根据社区条件制定各类不同的康复实施方案。一般可采取个别指导和集体康复训练相结合的措施。

(1)个别指导的康复措施:即以患者个体为对象进行康复指导。在目前国内社区康复的中间过渡机构短缺的情况下,在家庭就地康复是可取并值得推广的。社区医师应向患者家属讲授一些简单的心理行为训练方法,共同为患者制定分阶段的康复计划和日程表,并取得患者认可,定期检查达标情况。比如,对于十分懒散的慢性精神疾病患者,康复训练就要从生活自理、生活有规律开始。

(2)集体康复措施

①组织康复训练班。尚存有劳动能力、有望回归社会、能够接受集体心理治疗的患者,每月来社区精神卫生中心参加培训班学习,每次由医师讲一个专题的康复课,教给患者防止疾病复发的知识和具体做法。患者可以互相讨论、交流自己康复的体会。比如如何适应社会生活,如何调整人际关系,如何正确对待可能出现的社会歧视,如何克服困难,如何坚持使用药物以及如何安排日常生活等。

康复训练班也可以邀请患者家属参加,或另为家属组织讲座或座谈,使患者家属也参与制定康复计划,督促计划实施。

②设置过渡性机构。如工疗站、康复站、日间住院部、晚间住院部等,为社区患者等集体康复提供条件。

③专门安置精神残疾者的生产机构:在县、区或街道、乡一级,由民政部门与卫生部门共同协作建立福利工厂或农场,专门安置无职业或不能回归社会的患者在厂内就业,边治疗、边从事力所能及的生产劳动,减轻家庭负担和社会负担,同时解决社区管理中的困难。

④组织互助小组和集体活动:在社区范围内,把一些已退休或因病长休不再求职的精神疾病患者组织起来,培养手工操作技能或开展文娱活动,如手工、艺术等劳作训练,或组织文学、音乐欣赏小组等。发挥患者的主动性,在社区精神卫生工作人员协助下,定出活动计划,安排作业。这是一种患者特定互助组织。还可以组织游园、野餐、文体表演、比赛等活动。

三、社区精神病患者的法律保护

精神疾病患者由于受到先天或后天各种有害因素的影响导致脑功能紊乱，出现各种精神症状，使他们对客观环境或自身行为的辨认或控制能力受到损害，可能产生危害自己或他人的行为。由于社会的不理解，他们常沦为受歧视、受凌辱甚至被虐待的对象，他们对来自外界的侵害常缺乏自我保护的意识或能力，特别是重性精神疾病患者不能主动利用社会资源保护自己的合法权利，所以，精神疾病患者在社区的法律保障的重要性更加突出。

（一）现状

在中国内地地区，开展现代意义上的精神卫生服务的历史并不长。1898 年在广州建立了我国第一家精神病专科医院，以后在北平（现北京，1906 年）、哈尔滨（1910 年）、苏州（1929 年）、上海（1935 年）、大连（1935 年）和南京（1947 年）相继建立起了精神病院。1922 年还在北平（现北京）协和医院成立了中国的第一个精神专科教学机构。

1948 年，世界心理卫生联合会、联合国《世界人权宣言》，及 1989 年为精神疾病患者而发布的卢克索尔人权宣言均指出，精神疾病患者享有“天赋尊严”和“在人类大家庭中享有平等与不可剥夺的权利，反对不公正的约束、歧视及医学上的疏忽或放弃”。

1991 年 12 月，第 46 届联合国大会通过的《保护精神疾病患者和促进精神保健的原则》第七条原则明确指出：“每个患者均有权尽可能在其生活的社区内接受治疗和护理”。

联合国《世界人权宣言》《经济、社会和文化权利国际公约》，以及《公民和政治权利国际公约》中都强调了精神疾病患者在公民、政治、经济、社会和文化方面享有与普通人群同等的权利，他们有行使选举、婚姻、处理财务和财产、生育和亲权、宗教信仰自由、工作和就业、受教育、自由迁徙和选择住处、保健、接受公正审判和其他正当法律程序的权利。我国作为这些国际公约的签署国，承诺保证患者的上述各项权益。

我国在《中华人民共和国宪法》《中华人民共和国残疾人保障法》《中华人民共和国劳动法》等法律中都明确规定对残疾人劳动就业要给予特别扶持、优惠和保护。精神疾病属于高致残类疾病，目前我国已将精神残疾和智力残疾纳入残疾人法律保护和管理范畴。2007 年 5 月 1 日起实施的《残疾人就业条例》提出，国家对残疾人就业实行集中就业与分散就业相结合的方针，促进残疾人就业。实行残疾人就业保障金，用人单位安排残疾人就业比例不得低于本单位在职职工总数的 1.5%。用人单位安排残疾人就业达不到规定比例的，应当缴纳残疾人就业保障金。残疾人就业保障金要纳入财政预算，专项用于残疾人职业培训，以及为残疾人提供就业服务和就业援助。

上海、宁波、北京、杭州、无锡等市的地方《精神卫生条例》（以下简称《条例》）已公布实施。《条例》对精神疾病患者权益保护做出明确规定：禁止歧视、侮辱精神疾病患者及其家庭成员，禁止虐待、遗弃精神疾病患者；不得非法限制精神疾病患者的人身自由；精神疾病患者有参加生产劳动并取得相应劳动报酬的权利；不得强迫精神疾病患者参加生产劳动；对患者隐私要依法保护；精神疾病患者有通讯、会见来访者、处理私人财务等合法权益；精神疾病患者康复后，依法享有受教育、就业等方面的权益。

进入 21 世纪以来，随着经济社会的发展和大众精神健康需要的提高，精神卫生工作受到了党和政府前所未有的重视，我国精神卫生事业发展进入了历史转折阶段。2001 年，卫生、公安、民政、残联等部门联合召开了“第三次全国精神卫生工作会议”，提出“预防为主，防治结合，重点干预，广泛覆盖，依法管理”的新时期我国精神卫生工作指导原则。随后在 2002 年下发了《中国精神卫生工作规划（2002—2010 年）》，提出“基本建立政府领导、多部门合作和社会团体参与的精神卫生工作体制和组织管理、协调机制；加快制定精神卫生相关法律、法规和政策，初步建立与国民经济和社会发展水平相适应的对精神卫生工作重要性的认识，提高人民群众的精神健康水平；强化重点人群心理行为问题干预力度，改善重点精神疾病的医疗和康复服务，遏止精神疾病负担上升趋势，减少精神疾病致残；建立健全精神卫生服务体系和网络，完善现有精神卫生工作机构功能，提高精神卫生工作队伍人员素质和服务能力，基本满足人民群众的精神卫生服务需要”的总目标以及“普通人群心理健康知识和精神疾病预防知识知晓率 2005 年达到 30%，2010 年达到 50%；儿童和青少年精神疾病和心理行为问题发生率 2010 年降到 12%；精神分裂症治疗率 2005 年达到

50%,2010年达到60%;精神疾病治疗与康复工作覆盖人口2005年达到4亿人,2010年达到8亿人”的工作指标。

2004年,国务院办公厅转发了卫生部(现卫生和计划生育委员会)、教育部、公安部、民政部、司法部、财政部、中国残联等部门《关于进一步加强精神卫生工作的指导意见》,就重点人群心理行为干预、加强精神疾病的治疗与康复工作、加快精神卫生工作队伍建设、加强精神卫生科研和疾病监测工作、依法保护精神疾病患者的合法权益等提出了具体指导意见,由此形成了我国政府当前精神卫生政策的框架。

为保障和落实上述政策与规划,国家加大了精神卫生事业的领导力量,于2006年5月,卫生部在疾病预防控制局内成立精神卫生管理处。2006年11月,国务院批准建立精神卫生工作部际会议制度。会议由卫生部、中宣部、发展改革委、教育部、公安部、民政部、司法部、财政部、人事部、劳动和社会保障部、食品药品监管局、法制办等17个部门和单位组成,卫生部为牵头单位。2007年又增加了文化部、中国科学院为成员单位。会议的主要职责是:在国务院领导下,研究拟订精神卫生工作的重大政策措施,向国务院提出建议;协调解决推进精神卫生工作发展的重大问题;讨论确定年度工作重点并协调落实;指导、督促、检查精神卫生各项工作。2008年1月,会议中的17个成员单位联合下发了《全国精神卫生工作体系发展指导纲要(2008—2015年)》,提出到2010年、2015年精神卫生工作体系发展的分阶段目标,以及在保障目标实现的过程中,各成员单位的精神卫生工作职责。

与此同时,精神卫生工作从国家层面、政策层面,逐步向地方层面、实施层面推进。2003年起,在国家彩票公益金支持下,中国残疾人联合会在全国部分区县开展了在精神专科医院指导下由基层医疗卫生机构实施的“贫困精神病患者免费服药医疗救助项目”,为辖区内每位申领了精神残疾证的贫困患者每年免费提供价值360元的基本精神科药品。

2005年,全国共建示范区60个,覆盖人口约4300万人,全国分级培训精神科医师、社区医生、个案管理人员、街道及派出所人员、患者家属3万多人次,建立了示范区精神疾病信息管理系统。2006年国家项目经费1000多万元,2007年为1500万元,2008年为2735万元,示范区均建立了重性精神疾病监管治疗网络,各地的重性精神疾病综合防护队伍基本建成。主要服务内容包括登记重性精神疾病患者,定期随访有肇事倾向的患者,为贫困的患者提供免费的药物治疗和住院,免费处理患者肇事行为。目前,“686项目”的工作模式在北京、上海、广东、浙江、四川等省份开始逐步推开。

地方各级精神卫生工作不断发展,推动了全国精神卫生服务资源较快增长。截至2006年底,除西藏自治区外,全国共有精神卫生专业机构1123家,其中精神专科医院645所、有精神科的综合医院479个,共有精神科床位14.6万张。2005年,全国共有精神科执业医师和执业助理医师19 130人,精神科护士29 458人。除精神专科医疗服务外,心理咨询和心理治疗、社区精神卫生服务和家庭医疗服务等多种服务形式已在许多地方开展或重新恢复生机。适合我国新形势发展要求的精神卫生工作体系建设工作拉开了序幕。

(二)当前存在的主要问题

1. *社会的歧视与偏见* 尽管政府有保护残疾人的相关规定,然而现实中下岗、待岗、协保人员往往还是残疾人首当其冲,其中精神疾病患者则占大部分;此外,作为残疾人集中就业形式的街道福利工厂、工疗站,因不被重视,又无力竞争,现已逐步萎缩,使绝大部分残疾人职工成了社会无业人员。而由于社会的歧视和偏见,精神疾病患者就业、再就业经常被拒之门外。

2. *精神残疾者就业面很窄* 对于促进残疾人的就业问题,政府出台了很多优惠政策。然而由于精神残疾者是残疾人中的特殊群体,他们的就业能力难与社会竞争,同样也难与其他残疾人竞争。福利企业集中就业原是精神残疾者就业的很好渠道,但是现在的福利企业面临着前所未有的困难。关闭福利企业事实上是关闭了精神残疾者就业的主要渠道,进一步加重了精神残疾者的就业困难。

3. *缺乏适合精神疾病患者过渡的工作场所* 精神疾病患者出院后,要立即上岗工作是不现实的,他们必须要经过一个过渡期,完成心理功能、社会功能和体能的恢复。目前世界上许多发达国家和地区都在加快康复设施的建设。而我国的精神疾病患者一般是离开医院直接回家,没有一个过渡的场所(康复、治疗、工作和劳动一体）可以接纳。

事实上，一些精神疾病患者在医院住了几年甚至是几十年，身体素质下降，社会及工作能力减退，很难一下子融入社会，就业谋生困难。悲观的情绪、窘迫的经济，再加上社会偏见，促使相当一部分患者因病情复发而重返医院，造成恶性循环。这样的恶性循环往往使一个本来有希望自立的人出现两种结局：一种是在医院住到终老，另一种结局是因为经济困难而放弃治疗。

（三）社区康复机构生存困难

原有的社区康复机构绝大多数属于民政福利企业，需要靠企业生产的利润来维持生存和承担入站患者的福利，部分服务于精神疾病患者的工疗站随着福利企业的关闭而关闭。原有场地的动迁、拆迁或移作他用。加之缺乏长效的投入机制和管理规范，致使社区康复机构因无固定经济补偿而关闭。

第二节　社区精神障碍患者回归社会的措施及意义

一、目前我国精神障碍患者康复困境

精神卫生既是全球性的重大公共卫生问题，也是较为严重的社会问题。据统计，精神疾病在我国疾病总负担中排名居首位，约占疾病总负担的20%，我国目前有重型精神疾病患者约1600万人，并呈现逐年增多的趋势，但患者人群和潜在患有精神障碍疾病的人数与防治力量不成正比。就北京市而言，有逾6万的精神疾病患者，但仅有1041名社区卫生服务机构中的精神疾病防治人员，力量很薄弱，平均每名医务人员需要承担57.6名患者的用药、随访、宣教、体检等工作。

目前，虽然由残联、民政机构开办的社区康复机构在慢慢增多，但掌握相应技能的人员却少之又少，这使得“大医院治疗、社区康复、回归社会”这个链条被无情切断，由于缺少出口和融入社会的环境，加之社会对精神疾病的歧视，许多患者复发率、再住院率和致残率高，很难重返社会，独立生活，因此精神障碍患者回归社会意义重大。

在精神病患者中终身患病率为17.5%，但病情轻重程度不一样，绝大多数都是轻型精神障碍，只有1%是重型精神障碍患者，但即使是后者，只要经过急性期治疗，并坚持服药，也可以在出院后从事一些简单的工作，对他人也不会如传说中的那样冲动、伤人、毁物等。

目前我国多数精神病院重性精神障碍患者只进不出，患者出院难，一个重要的原因是社区康复体系还没建立起来或没有完善，无法让患者在院外得到有效管理，并通过康复训练逐步恢复其生活技能、社会技能，从而回归家庭、回归社会。还有社会的歧视和偏见，让这些患者难以融入社会，有些甚至连家庭都无法接纳。不仅如此，精神专科医院及医务人员也备受歧视。

精神障碍患者的心理极度痛苦，却难以言表，缺乏专业知识的家人很多时候也只能干着急，家庭负担沉重。精神障碍是各种原因引起的感知、情感、思维等精神活动的紊乱或者异常，导致患者心理痛苦或者社会适应等功能的损害。现行的国际疾病诊断标准将精神障碍分为10大类，近400种。病因往往不明，治疗主要是做对症的控制，患病率比较高，致残率高。

少部分患者在幻觉、妄想的支配下，出现行为紊乱，甚至伤害自己或他人。疾病反复发作、康复时间漫长，很多家庭不堪重负，陷入因精神病患者致贫、返贫的困境，农村地区甚至把患者锁起来，关在铁笼子里。由于患者第一次发病时一般在20岁左右，和家人住在一起，家人照料患者的负担沉重，不少家属因此也患上心理疾病。

一般来说，为了减少病情波动，我国提倡对重性精神障碍患者进行规范化治疗，分急性期、巩固期、维持期三个阶段。急性期主要在医院治疗，巩固期可以在康复机构，维持期则大多可回到社区。治好了为什么不回家，让出床位给重性精神障碍患者？2014年北京市海淀区精神卫生防治院对300名住院患者进行调查，其中150多人符合出院条件；医院召开住院患者家属座谈会却发现，家属全都坚决反对患者出院。

患者出院难，一个重要的原因是社区康复体系还没建立起来或没有完善，无法让患者在院外得到有效管理，并通过康复训练逐步恢复其生活技能、社会技能，从而回归家庭、回归社会。

二、社区精神卫生服务模式

理想的社区精神卫生康复服务应该具有以下特点。

1. 多部门协作　社区精神卫生服务模式需要卫生、民政、公安及残联和社会劳动保障部门密切配合，动员家属、基层保健组织、福利机构、康复中心等参与。

2. 综合性　以不同地强度提供形式多样的服务，从日间治疗到住院治疗，其中还包括心理治疗、社会技能训练、职业康复计划等，社区应设立中途之家、辅助住房等居所服务。

3. 连续性　应努力建设一个连续的服务体系，尤其是患者出院的时候应有与社区服务交接的模式。在社区复发的患者，也能够及时到专科医院就诊。病情缓解者可到社区工疗站进行职业康复，还可以受到社区服务中心的照顾。

4. 多学科团队　应由精神科医师、心理学专家及社会工作者、社区精神科护士、职业治疗师、心理咨询师和管理者组成，使各学科成员各展所长，从不同的视角对患者形成全面的理解，并提供多层面的治疗和服务。

5. 可普及性　社区精神卫生服务应在居住及工作场所附近进行。各级社区卫生服务组织应当建立社区精神卫生服务中心(站)并提供适宜场所，利用这些场所开展科普讲座、咨询答疑、印发宣传材料、开设精神卫生课等多种形式的精神卫生教育。社区精神卫生服务工作者应当尽可能地从居民健康入手，为其建立个人或家庭档案，有针对性地对社区居民的精神健康问题进行咨询和干预，以提高生活质量。

三、社区精神卫生的服务内容

(一)精神卫生医疗服务

精神卫生医疗服务是为社区的精神疾病患者提供诊断、治疗和护理。

1. 住院服务　当精神疾病患者在社区中接受治疗，但患者不能照顾自己，或因精神病性症状对自己或他人构成伤害威胁时，住院常是必需的。社区精神卫生中心需设立少量的住院床位，供此类患者短期住院，以控制急性症状。由于社区中心的设备和技术条件限制，对于重症患者应及时向专科医院转诊。

2. 门诊服务　为病情稳定的患者进行动态评估、解答咨询、处方药物，并为社区居民的心理健康问题提供筛查和转诊。以及对那些不能来诊患者进行电话随访，对那些不愿或不能来就诊的患者进行社区或家庭探访。

3. 危机干预　精神病患者对压力十分敏感，病情容易恶化。故社区应有与门诊和住院紧密联系的急救服务，紧急处理症状突然加重或出现严重药物副作用的患者、家人和邻居。该服务常需警察协助。以上均建立在充分尊重患者的利益和保证患者安全的前提下进行。

4. 部分住院　或称日间治疗，介于门诊和住院之间的一种服务模式，患者既可接受充分的治疗和康复服务，又不脱离社区生活。

(二)精神卫生保健服务

精神卫生保健服务对社区的所有居民，开展精神健康教育和形式多样的文体活动，普及精神卫生知识，创造健康的生活环境，提高个体的心理健康水平，培养良好的社会适应能力。对他们定期进行心理测查和心理干预，预防或早期发现精神疾病的发生。

(三)精神卫生康复服务

精神卫生康复服务指组织实施社区精神疾病患者的心理社会康复。社区康复多以集体治疗的形式对患者进行独立生活、社会交往、娱乐休闲、学习工作等技能的训练，其中参加工作是心理社会康复的最终目标。职业康复训练第一步是在庇护工厂中从事低压力、非竞争性的工作，从而学习工作技能。这是患者迈向竞争性工作的第一步。第二步是过渡性就业，由社区或康复机构与企业签订协议，担保完成某项初级工作。受训患者轮流上岗，如工作不能完成，就由员工替代，报酬则是根据患者完成的实际工作量来支付。第三步是辅助性就业，患者在康复机构的安排下以正常雇员的身份工作并获得相应薪水，但需精神卫生服务者的评估、协调和支持。最后是独立就业，同正常人一样从事竞争性的工作岗位。

(四)精神卫生社会服务

精神卫生社会服务是提供社区精神疾病患者的监护与管理,全面地提供公共服务,为精神疾病患者的正常生活减少阻碍,并为患者家庭提供心理支持、信息咨询,倡导公众减少对精神疾病患者的歧视与偏见。

四、国外社区精神卫生个案管理模式

(一)个案管理的概念

1. 个案管理(case management)　最早用于精神科是20世纪60年代的美国、英国,当时精神卫生服务的主流是将精神专科医院住院机构大量关闭,发展以社区为基础的服务模式。个案管理的目的是避免多种社区服务的相互脱节,提高社区服务质量,以满足病人的多种需求。

2. 个案管理员(case manager)　主要有精神科护士和社会工作者担任,职责是协调并确保各项服务的实施。个案管理员代表患者的利益,力求同时满足精神病患者的各种需要。个案管理员需要与患者定期联系,尊重他们的感受,了解他们的担心,满足他们现实的需要。

(二)个案管理的五大功能

1. 评估患者的需求　需要从多种不同途径收集信息,并对以下方面进行评估:患者的躯体状况、精神症状、服药依从性、家庭环境及社会交往等。

2. 制订计划　基于以上评估,找出患者的主要需求,制定切实可行的计划,以满足患者的需求。

3. 提供服务　个案管理员要熟悉社区的各种资源,并敦促患者如何有效地使用这些资源。

4. 监督并评估服务体系　个案管理员要对各个环节进行监督和协调,他们不仅是服务的计划者,也是各种服务之间的协调员和实施者。

5. 随访并对患者进行评价　个案管理员要动态考察计划的实施情况和对患者的效果,并适时对计划做出调整。

(三)个案管理模式

个案管理模式有多重,他们相互重叠彼此贯通,主要有以下4种:

1. 中介模式　是简单、最基本的方法。个案管理员充当中介人,将患者同社区资源以及相应的服务提供者联系起来。

2. 康复模式　在中介模式的基础上,增加了康复职能,涉及功能评估、技巧训练及全面康复目标的建立等。

3. 力量模式　强调患者的积极态度和社区资源,其理念是给予严重的精神病患者是能够继续学习、成长和改变的,强调患者的力量而不是病态。

4. 临床个案管理　个案管理员是具有临床工作经验和技能的心理治疗师,兼有中介人和治疗师的双重身份,除实现患者与各种服务资源的链接外,还要帮助患者准确解释生活事件,训练应对技巧,鼓励患者内在的改变和成长。

(四)主动式社区治疗

主动式社区治疗是目前最广泛、效果最被推崇的服务模式,是多学科团队向患者提供服务的一个过程。它具有如下特点:一组工作人员共同承担一定数量的患者,并非单打独斗。工作人员与患者人数的比例较低(即每个工作人员负责的患者数少),这主要是由政府等机构来提供资源。在患者的原生环境中提供每天24小时不间断的服务,服务内容包括个体化药物治疗、危机干预、家庭教育、技能训练、就业辅导等,以及建立和强化社会支持系统。这种服务的模式也叫做强化个案管理。

五、社区康复的组织、实施与评估

让精神病患者回归社会,像正常人一样工作、学习、生活,是精神病防治康复工作的主要目的,也是患者家属最为期盼的。然而,由于精神病患者的社会功能受损以后,并非都能随着病情的控制而同步恢复,患者往往变得懒散、退缩,对社会交往缺乏信心。因此,帮助精神障碍患者振作起来,重新回归社会显得极为重要。

社区康复是指让精神疾病患者在社区得到服务，克服疾病所导致的各种功能缺陷，达到躯体功能、心理功能、社会功能及职业功能的全面复原，回归社会。社区康复不仅涉及医学、心理学、流行病学和社会学等科学领域，还必须有政府主导和社会有关部门的密切配合。

1. 实现社区康复须要做到的几点

(1)个体化，应该结合每位患者的特点，制订个体康复计划和措施。

(2)整体化，对社区的全部患者应有整体的管理规划，组织协调相关部门的力量进行宏观调控。

(3)长期化，无论是对个人的服务措施还是社区的整体规划，都应该是长期坚持，逐步完善，而不是短期行为。

(4)建立伙伴关系，社区康复是一个需要患者主动投入、全程参与的过程，不能被动地依赖专业人员的引导和督促。所以，在专业人员和患者之间建立平等的伙伴关系至关重要。

(5)社区服务人员队伍稳定、培训到位。

2. 社区康复的实施方法

(1)药物维持治疗：通过定期门诊和长期随访，督促患者服药，并通过健康教育，提高病人对服药的依从性。

(2)生活技能训练：针对慢性退缩性的患者，采用行为矫正的方法，训练其养成规律的生活习惯，培养生活自理能力和使用工具的能力，达到在社区中能够独立生活的目的。

(3)社交技能训练：针对社交障碍的患者，采用讲课、讨论、示范、角色扮演和重复练习的方法，训练基本的社交礼仪、倾听、语言表达和解决问题的能力，以增进社交技能、改善人际关系、争取社会支持的目的。

(4)心理康复训练：针对自信心缺乏、难以应对压力的患者，采用个体和小组治疗相结合的方法，进行认知矫正，调整情绪，提高应对挫折的能力。

(5)文娱治疗：通过多种参与性、学习性和竞技性的活动，比如游戏、棋牌、音乐、绘画、体育比赛等，增加患者的生活情趣，培养爱好，陶冶情操，享受生活。

(6)学习和职业技能训练：针对病情相对稳定、有学习和就业要求的患者，通过求职培训、技能评估和庇护性就业，逐步恢复其学业和劳动能力，实现自我评价。

社区康复的评估包括过程评估和效果评估两部分，前者是通过分别对工作人员、患者及家属进行调查，回顾各种活动的记录。主要评估指标是康复活动的计划性、全面性、针对性，工作人员的业务能力、社区康复机构的建制等；后者主要通过随访调查，了解患者及家属对康复治疗的满意度、患者的病情变化、社会功能、肇事肇祸率、病情复发率、再住院率、就业率、家庭负担变化、卫生资源利用等。

总之，我国“十一五发展规划纲要”明确提出要加强精神卫生工作，卫生部在疾病预防控制局内专门设立了“精神卫生管理处”，并将精神卫生服务正式列入社区卫生服务内容。在部分试点地区，重性精神病患者的日常随访、康复，以及发生紧急情况的上门求助等都尝试交给社区卫生服务机构来做。

但是，中国社区精神卫生工作体系的建立和全面铺开，还存在相当多的困难：一是经费不足问题，目前有不少地方政府并未将精神卫生经费单列开支，而是由卫生事业经费自行支出；二是要建立专门的工作机制，开展多部门协作；三是许多社区卫生服务机构设施简陋，人员结构和知识水平仍不理想，服务水平大多局限于基础服务上，一些在国际上已经普遍采用的新技术和新方法尚未普及，服务行为有待进一步规范和提高；四是全国的发展不平衡，部分地区缺医少药现象仍然较为严重。因此，目前要在短时间内将精神卫生工作交由社区卫生服务机构负责还不太现实。

第三节 社区精神病患者康复援助的方法和技巧

一、精神疾病与社区精神病患者

(一)精神疾病

1. 定义　精神疾病，是指在各种生物学、心理学以及社会环境因素的不利影响下，大脑功能出现紊乱，精神活动失调，导致认知、情感、意志和行为等精神活动出现不同程度障碍为临床表现的疾病。此类疾病包括精神病、神经官能症、人格障碍、精神发育迟滞等。

2. 精神病的成因　在精神疾病中，治疗起来最困难、给康复和护理带来挑战最大的要数精神病。精神病，是以精神活动障碍为主要表现的一类疾病，是由于生物、心理、社会三方面的因素影响，导致大脑功能紊乱、精神活动失常的疾病。关于此类疾病的病因，虽然极其复杂，但通常都涉及到以下三个方面：

（1）生物学因素：现今对精神病最热门的解释是生物学上的解释。一个有精神疾病的人可能在脑部结构或功能层面发生了变化，或者是产生了不同的神经化学反应，这些可能是由基因或环境伤害（如胎儿酒精综合征）引起的。举例来说，许多被诊断有精神分裂症的患者被证实在大脑中有肿大的脑室和萎缩的灰质。另外，有些人认为神经传导物质不平衡也会导致精神疾病。许多的遗传和双胞胎研究都证实像躁郁症和精神分裂症等精神疾病是会遗传的。

（2）心理因素：心理学家认为矛盾、危机、紧张和创伤可能会导致精神病，特别是一个早年经历过心理创伤的人更加易感。例如，一个目睹父母亲杀人的小孩可能会发展出沮丧和紧张的情绪，甚至导致创伤后应激障碍、精神崩溃等。

（3）社会因素：社会学家认为重大事件和情境会导致精神病。例如，在社会运动、战争或遭受天然或人为的灾害时，该地区的人们有较高的几率患精神疾病；贫穷、动乱和缺乏资源与援助的地区也会比富裕和稳定的地区有较高几率出现精神疾病。

3. 精神病的临床表现　精神病的临床表现非常丰富，可表现为知觉、思维、情感、智能和行为等方面的失常，主要症状表现有错觉、幻觉、妄想、焦虑、情感淡漠、自知力障碍等。

（1）初期表现

①性格突变。原本活泼开朗、热情好客的人，突然变得对人冷淡，与人疏远、孤僻不合群，生活懒散，不守纪律，对任何事情都没有了往日的激情。

②情感紊乱。情感变得冷漠起来，对亲人漠不关心，对周围事情不感兴趣，脾气开始变得暴躁起来，经常会为一些小事而乱发脾气，会莫名其妙地大笑或嚎哭。

③行为诡异。行为举止开始变得诡异起来。喜欢发呆、独来独往，常人很难与其交流。

④敏感多疑。对任何事都敏感起来，把周围的一切都联想到自己身上。以为别人都在议论他，不吃、不喝，认为有人想要加害于他，有时甚至会出现幻视、幻觉的症状。

⑤睡眠障碍。逐渐或突然变得入睡困难，即使入睡也易惊醒或睡眠不深，彻夜失眠多梦或睡眠过多。

⑥其他因素。精神活性物质、酒精中毒所致精神障碍；有机磷中毒所致精神障碍与非依赖性精神障碍；肾上腺皮质激素所致精神障碍；镇静催眠药中毒所致的精神障碍等。

（2）常见症状

①感觉障碍。包括感觉过敏、减退、倒错、内感性不适等。

②知觉障碍。包括错觉、错视、幻觉和感知综合征。

③思维障碍。包括思维奔逸、迟缓、贫乏、松弛、病理性赘述、思维不连贯、思维中断、思维云集、象征性思维、逻辑倒错性思维、诡辩性思维、持续重复模仿、刻板性言语，以及思维妄想、释意妄想、形象性妄想、思维插入等。

④注意障碍。包括主动注意障碍和被动注意障碍。

⑤记忆障碍。包括记忆增强、减退、遗忘、错构、虚构、潜隐记忆和似曾相识症。

⑥智能障碍。分为先天性智能低下、后天获得性痴呆。

⑦情感障碍。包括喜、怒、哀、乐、爱、憎、悲、忧等的体验和表情失调。常见的情感障碍：情感高涨、欣快、低落、焦虑、脆弱、激动、迟钝、淡漠、倒错、恐怖、矛盾等。

⑧意志行为障碍。包括意志增强、减退、缺乏、倒错、矛盾、木僵、违拗以及动作刻板、模仿、作态与行为怪异等。

4. 精神病的治疗、预防与康复　精神病的治疗目的在于对上述临床症状表现加以干预，以期减轻或消除症状,改善患者的生理及心理状态,降低复发风险,恢复社会功能。目前主要的治疗手段包括药物治疗、心理治疗、生活方式训练及指导,或上述方法的综合运用。

由于精神病属于难治性疾病,单从治疗方面入手还是不够的,对精神病的预防和预后康复援助已经变得越来越重要。

5. 预防工作　预防工作主要包括以下几个方面。

(1)开展病因研究,为根本性预防措施提供科学依据。病因预防是最根本的预防措施,我国已有多所精神卫生研究所和专家从事有关精神疾病的遗传、生理、生化、心理和社会等方面的研究。对某些病因明确或基本明确的精神疾病,已开展了病因预防。

(2)加强精神疾病流行病学的调查与研究,探索疾病的发生、发展规律和预防途径。

(3)扩大精神疾病防治工作的专业队伍,提高精神医学专科人员的专业知识水平。非专科医务人员也应具有必要的精神科知识,加强宣传,改变对精神疾病及患者的偏见,有利于早期发现,早期诊断和治疗。

6. 康复工作重点

(1)加强心理卫生知识的教育,提高人群精神健康水平,减少精神疾病的发生,对患者开展心理治疗,宣传精神疾病知识,纠正或改善自身个性的缺陷,提高心理上的应变能力,有利于康复和防止复发。

(2)广泛建立精神疾病的防治机构,开展社区精神卫生服务,对患者家属进行心理健康教育,在社区开展精神疾病知识宣讲活动,加大对社会工作者的培训和投入,有利于在社区层面加强精神疾病的康复、防止复发等工作。

(二)社区精神病患者

社区精神病患者包括两类:①患有重性精神疾病,经过住院治疗后好转,进入康复期的患者。②精神疾病的病情较轻,通过门诊治疗或社区康复援助能够维持一般社会生活的患者。

我们所说的重性精神疾病包括四种:①精神分裂症。②双相情感障碍。③分裂情感精神病。④偏执性精神病。需要强调的是,此类重性精神病患者如果处在急性发作期,社区康复援助是无法对他们产生多大帮助的,他们应该尽快接受专科医院住院治疗或门诊治疗。只有当患者病情好转并趋于稳定,回到社区休养后,社区康复援助才能实现最大化的效果。

二、社区康复援助的原则、工作对象及一般形式

(一)社区康复工作的基本原则

社区康复援助工作有三项基本原则。

1. 功能训练　主要是指训练患者的心理耐受能力、语言交流能力、日常生活能力、职业活动和社会交往活动能力等。

2. 全面康复　主要是指帮助患者从躯体层面、心理层面以及社会生活层面,实现全面的、整体的康复,又称为综合康复。

3. 重返社会　主要是指在功能训练和康复援助的基础上,让患者尽可能成为独立自主和有价值的人,能重新参加社会生活,履行社会职责,并在其能力范围之内为社会做出适当地贡献。

(二)社区康复工作的对象人群

1. 主要对象

(1)重性精神病康复期的患者,包括精神分裂症、情感性精神障碍(如双相情感障碍)、其他精神病性障碍(如偏执性精神病、分裂情感性精神病、感应性精神病等)的患者。

(2)癔症性精神病以及其他持久的癔症性精神障碍患者。

(3)器质性精神障碍(如老年痴呆、脑血管病所致的精神障碍、癫痫所致的精神障碍、慢性躯体疾病所致的精神障碍等)患者。

(4)精神活性物质或非成瘾性物质所致的精神障碍(如乙醇所致的精神障碍、各种药物(含毒品)依赖所致的精神障碍等)患者。

(5)中度、重度、极重度精神发育迟滞以及伴有精神障碍的精神发育迟滞患者。

(6)确已导致精神活动和社会功能明显受损的其他精神障碍(如病情严重的强迫症、恐惧症等)患者。

(7)其他因各类精神疾病导致病情持续一年以上未愈,从而影响到社会交往能力,且在家庭、社会应尽职能上出现不同程度的紊乱和障碍的精神残疾者。

2. 应开展的工作　针对上述人群所进行的社区康复工作,总的来讲是为了让精神病患者能够延续必要的巩固治疗,适应社会生活,恢复一定的社会功能以及预防疾病的复发。具体来说,社区康复援助工作应注意从如下几个方面加以开展。

(1)加强对精神病患者的监护管理:通过监护小组、家庭随访、社区居委会及社会工作者团体、社会就业及精神卫生机构,对处于社会化、综合性、开放式治疗和康复状态的精神病患者进行调查摸底,建立相应的健康管理档案。

(2)促进精神病患者的康复:通过采取有效的康复援助措施,使精神病患者的病情趋向或保持稳定,症状得到缓解。

(3)提高精神病患者的社会参与度:社区康复援助很重要的一点,就是通过技能训练增强精神病患者的生活能力,使患者基本达到自理,进而参加家务劳动,更有能力者可以参与社会生产和社会活动。

(4)降低精神病患者的肇事率:精神病患者受病情影响,很可能出现紊乱和异常的行为表现,在不能自主控制的情况下危及自己和他人的生命财产安全,社区康复工作应当通过监管、训练、教育等方式降低患者的肇事肇祸几率。

(5)兼顾贫困人群:许多精神病患者由于贫困等多种原因,缺乏有效的资源和途径得到必要的治疗和康复援助,康复工作志愿者在一定程度上可以帮到这部分患者。

(6)提高精神病患者家属的康复护理意识:社区康复工作不仅可以针对患者本人,对于患者家属同样有很重要的作用,如果可以提高患者家属对精神疾病的识别和防范意识,帮助患者家属学会理解和应对突发情况,家属就有可能合作并促进康复援助工作的进行,这对于患者疾病的转归也有积极意义。

(三)社区康复工作的一般形式

精神病患者在住院治疗的中后期,在院内就已经开始了相关康复训练活动,比如行为矫治、社会适应性训练等等。出院后回到社区的患者,康复训练将是他们社会再适应过程中的主要内容和重要手段。一般来讲,院外的社区康复训练主要有家庭康复、机构康复和职业康复三种形式。

1. 家庭康复　家庭康复目前是社区精神病防治康复工作的一种主要形式,家庭康复工作的承担者是由精神病患者的家庭成员、居委会干部、基层精神卫生防治康复医生和其他志愿者所组成的监护小组。小组的主要任务是在督促患者规律服药的同时,对其进行心理疏导与支持以及家庭生活能力、社会交往能力的训练,或者通过组织一些活动,帮助患者参与社会生活。

2. 机构康复　机构康复是精神病防治康复工作中的一种重要康复形式,这类机构大多是在政府的扶持下,以基层街道、乡镇为单位而建立起来的。康复机构可以有多种组织和服务形式,是一种为精神病患者提供康复、管理、就业服务等的福利性事业。康复机构可分为依附型、独立型、托管型三种类型,主要负责接收、安排精神病康复者参加力所能及的生产劳动,开展社会适应能力方面的训练和文体娱乐活动,同时进行医疗监护和心理康复。

3. 职业康复　职业康复指的是精神病患者回到原单位从事力所能及的工作,或到福利工厂就业,或者在社会上公开就业。对康复期的精神病患者,应当进行有针对性的职业技能培训,为他们提供职业介绍和就业指导,使他们能够掌握一技之长,养成良好的工作习惯和工作态度,同时对他们进行心理辅导和职业技能辅导,帮助他们适应新的工作环境和人际关系环境,促进其康复。对于农村精神病康复者,同样应该进行劳动技能的训练,帮助他们提高劳动生产能力,改善生活状况。

三、社区康复援助的方法和技巧

(一)健康档案管理

社区在开展康复援助工作之前,首先应当为本辖区内的精神病患者建立健康档案,并有专人管理。档案管理者应负责每月对案主进行随访，随访过程中，尽可能多地与患者家属及患者本人交谈，仔细观察患者的病情变化、服药情况、情绪状态、近期生活事件以及家属对患者的态度等，有针对性地给予康复干预指导。遇到有病情复发先兆的，应及时与合作的精神专科医院取得联系，商讨干预措施。

健康档案管理一方面为社区开展康复援助工作提供了目标，可以有的放矢地、有针对性地进行援助，另一方面，可以为社区内有共同患病经历的患者及家属带来支持和鼓励，提高患者及家属识别精神疾病症状表现的能力，也为精神病患者及家属搭建了交流平台，提供了互助机会。

（二）药物管理

1. *药物的自我管理* 精神病有着难治疗、易复发的特点，尤其是两次或两次以上复发的患者常常需要长期服药，乃至终生服药。对于精神病患者来说，控制症状是改善自身生活质量的基础，也是参与家庭和社会活动的必要条件，所以在康复过程中，也要培养患者在药物治疗方面的自我管理意识和方法，让患者知道自己正在服用的药物名称、服用剂量和方法，训练患者用药前仔细核对标签，有条件的患者还可以学习阅读说明书。此外，还应教会患者在发生特殊问题时及时向家人及医务人员求助。患者应了解精神病药物的常识，知道药物在提供治疗作用的同时，也或多或少存在与治疗作用无关的不良反应，患者应该及时反馈治疗信息，而且反馈时应注意反映客观实际的病情，不要因为想引起医师及家人的重视而故意夸大病情，或者因为害怕药物的不良反应而隐瞒病情。如果出现药物过量或发生严重不良反应，患者应携带好剩余的药品及说明书，及时寻求医师的帮助。

2. *药物的家属管理* 药物治疗目前是精神病的主要治疗方法，为确保疗效，一定要保证药物按时按量服入。然而，有一部分患者因否认自己有病，或认为药物有毒等原因，常表现出拒药或藏药行为；还有一些康复期患者，由于症状得到缓解，开始忽视药物维持治疗的重要性。这类患者的药物，最好应由家属代为保管，服药时由专人督促，服药后检查口腔和指缝等部位，以防藏药或吐药，特别要注意防止患者蓄积药物后一次吞服自杀。服药后应注意适当休息，减少外出。关于自行停药问题，有时是患者本人认为病已经好了，不需服药；有时是家属对坚持服药的重要性缺乏认识，轻易同意患者停药；甚至有些家属担心药物不良反应，怕药物会影响患者智能和肝肾功能等，因而阻止患者继续服药。这些担忧其实并不必要，对于轻微的不良反应，通常患者过段时间都能自行适应和缓解，而对于严重不良反应，则必须在医师指导下调药，从而改善症状。

3. *药物治疗的复查* 出院后的药物治疗需要配合定期的门诊复查，以便医师根据病情变化调整药物，包括增加药量、减少药量、换用新药、联合用药及逐渐停药。药物治疗一定要谨遵医嘱才行，患者突然停药可能导致严重的药物戒断反应，若是从停药状态突然又开始服药可能会出现严重的药物不良反应，导致意外发生。如果复查比较规律和及时的话，上述情况其实都是可以避免的，因此患者及家属都应该意识到复查的重要性。

（三）家庭护理技巧

精神病是高发性的疾病，它不仅给患者带来了很大的危害，也对其家庭造成了严重的影响，一旦家庭成员中有一人患病，便会搞得全家人不得安宁。作为精神病患者的家庭成员，应该掌握一些对患者的护理知识，在患者康复期，帮助患者在院外持续得到适当的对待，以便促进患者的康复和社会功能的恢复，早日摆脱疾病所带来的困扰。

1. *精神病护理的常见误区*

（1）精神病和其他病一样，只是一种疾病。精神病患者的早期症状大多表现为孤僻、生活懒散、性格改变、工作或学习能力下降、失眠等。当家中有人出现上述现象时，家庭的其他成员由于缺乏精神疾病的常识以及没有这方面的心理准备，常常否认患者这一系列的言行是精神病的早期症状，而总是往好的方面想，简单或错误地认为是“个性问题”或“思想问题”，耽误了治疗精神病的时机。

（2）当患者的言行已表现出明显的异常时，家属才意识到他（她）患了精神病。但是，他们在焦虑、不安和恐慌之际，又生怕别人知道家中有人患了精神病，担心患者的婚姻和前途受到影响，所以，常常忌讳带患者到医院诊治。更有甚者抱侥幸心理，希望患者能不治自愈。

(3)患者症状加重后，家属已不可能顾及面子，开始懊悔自己的无知延误了治疗，于是迫切请求治疗，以减轻内心的自我责备。但过分的懊悔以及对治疗过于性急，无助于患者的康复。

2. 精神病患者的护理技巧

(1)讲话的态度要专注而亲切，即使患者看起来注意力分散，也不要忽视他。讲话要缓慢、平和，内容要简明。如果要向患者提问题，或吩咐他做事，每次只能说一件事。一下子说好几件事，就会使他无所适从。

(2)经常用语言和行动来表现你对患者的关怀和挚爱，有时谈谈对童年生活的回忆，或许可以创造一个比较愉快的气氛。

(3)不论患者在生活和工作中取得了多么微小的进步，都应加以鼓励，借此重建患者的自尊和自信，尽量避免抱怨和责备。

(4)对于患者明显脱离现实的想法，不要试图去说服他，更不要同他争辩或嘲笑他，这样做不仅于事无补，反而会招致麻烦。

(5)培养患者更多的兴趣爱好，适当地为患者提供社交的机会，并鼓励他(她)表达自己的喜怒哀乐。

(6)对于精神病的治疗必须到专科医院进行诊治，否则会使症状恶化，增加治疗难度，增加复发几率，增加住院时间和费用，增加自杀危险性，导致患者社会功能减退，造成精神残疾。

3. 在康复期护理过程中家属的职责

(1)听从医生的指导，妥善看管和照顾患者，督促患者按时按量服药，防止患者自行减药或加药，若发现病情复发症状时要及时与医生联系，以实施更好的改善治疗方案。

(2)要合理安排患者日常生活，使患者养成良好的生活习惯，督促患者搞好个人卫生，适当进行体育锻炼。

(3)要注意提高患者生活自理能力及社会适应能力，根据患者病情，安排患者适当做家务劳动，创造条件增加患者接触社会的机会，在保障安全的前提下，让患者适度地参与娱乐活动。

(4)要创造良好的家庭氛围，充分尊重患者的人格和隐私，平等对待他们，既不过分迁就，也不过分指责，鼓励患者尽量像正常人一样生活，加强对他们生活技能的训练，鼓励和关怀，帮助他们树立自信心，积极参与社会康复服务。

(5)要科学地养成饮食健康习惯，多吃蔬菜和蛋白质高的食物。

(6)患者家属要督促和监督患者不要喝酒、少喝咖啡、少抽烟，以防止诱发病情的情况出现。

(四)家庭康复训练

精神病患者的家庭是社区康复援助工作的主力军之一，给患者一个良好的生活环境和更多的关心，可以使他们降低对家庭、他人和社会的潜在危害，提高他们的生活质量。让精神病患者回归社会，像正常人一样有机会工作、学习、生活，是精神康复工作的主要目的，也是患者家属最为期盼的。然而，事实上不少精神病患者的社会功能受损后，并非都随着住院病情的控制而同步恢复，他们出院后往往变得懒散、退缩，对社会交往缺乏信心。因此，家属如能给予全面、细致的家庭康复训练，对于帮助他们振作起来，重新回归社会显得极为重要。

家庭支持系统是患者获得的支持系统中最直接的、最重要的一个环节。家庭干预，可以减轻精神病理过程带来的创伤，有助于帮助患者更好地恢复正常生活。

1. 家庭康复技能训练　①洗脸、洗脚、刷牙、整理床铺，每天2次。②扫地、拖地、轻微家庭劳动，每天1次。③剪指(趾)甲、洗澡，每周1次。④理发，每周1次。⑤散步、看电视、听音乐，每天1次。⑥文体活动，如象棋、扑克、羽毛球及健身器材等，每天1次。

2. 精神病复发的原因　最多见的是由于停药或减药所导致；此外还有社会心理因素、生物学因素等。

3. 精神病复发的先兆　自知力动摇、睡眠障碍、生活能力减退、工作或学习效果下降、情绪不稳定、躯体不适病和精神症状再现。

4. 复发的预防

(1)坚持服药;正确处理社会心理应激因素;识别复发早期的“预警症状”;有效、便利的求助策略;保持良好的社会角色;避免使用精神活性物质,如乙醇、毒品。

(2)预防复发的训练:见图 9 - 1

图 9 - 1　预防复发的训练

阶段	复发征兆	预防复发策略
首先出现的征兆	1. 担心人际关系 2. 感到嫉妒 3. 变得多疑 4. 没有正规服药 5. 试图做很多事情来转移烦恼	1. 与社区医生联系 2. 用思想日记使自己的思维变得合理 3. 花时间放松自己 4. 避免承担太多事务
中间出现的征兆	1. 感到恐惧和焦虑 2. 感到人们都和自己作对 3. 离不开房子 4. 感到不堪重负和健忘	1. 拜访朋友和社区医生 2. 增加药物
晚期出现的征兆	1. 感到日益恐惧 2. 自我孤立 3. 睡眠困难 4. 感到困倦 5. 听到声音 6. 有怪异的想法 7. 日常工作中有问题	1. 立即与社区医生联系 2. 增加药物

(3)降低自杀风险

①自杀的高危因素。严重精神疾患;有自杀观念和自杀企图;有抑郁、绝望情绪;病前工作能力强,智商高;男性;自尊心过强;酒、药物滥用史;自杀家族史。

②自杀行为的核心问题。缺乏自信、绝望感;家庭成员和与患者关系密切的人应以现实而乐观的方式给他们提供强有力的支持和护理。

③患者发生意外时的对策。

a. 自缢:口对口人工呼吸和胸外心脏按压。

b. 外伤出血:包扎止血后立刻送医院。

c. 服毒:催吐,立刻送医院。

d. 噎食:抠出食物,拍击背部,即刻就医。

e. 暴力行为:想方设法,齐心协力制服,通知警方采取必要措施。

有专家指出,精神病患者治疗康复的最佳链条是由医院—家庭—社会三部分组成的。精神病患者回归社会,像正常人一样学习、工作、生活是精神康复工作的主要目的,也是家属最为期盼的。给予精神病患者良好的社会关怀,不仅是社会公平之要义,也是保障公共安全免遭其害的根本。精神病患者的治疗康复单靠亲情远远不够,但精神病患者家庭的作用仍是举足轻重的。精神病患者的康复需要社会和家庭合作互助,使患者在心理、生理上及社会适应上实现全面整体的康复,重返社会。

(五)社区援助和康复训练的注意事项

(1)首先应当明确观念,社区康复依靠的是社区和家庭的协作,不能过分依赖医师。开展援助之前应首先找出患者目前的主要问题,与患者平等交换意见,制定出改进计划。实施计划时应有适当的奖励机制,并且需要做好定期记录和阶段总结。

(2)进行康复训练时,期望值要适度,制定短期目标,并且目标要尽可能明确具体,有可操作性。参与康复工作的家人或社工要尽量保持态度及行动的一致性,避免患者混淆。

(3)实施康复计划的过程中,应鼓励患者微小的进步,尽量避免抱怨和责备,着眼于积极的方面,尽可能给予患者灵活操作的空间和机会,循序渐进,帮助患者学会控制情绪,接纳挫折。

(4)康复训练要注意鼓励和发挥患者的主观能动作用,使患者认识到康复期是恢复自主生活的阶段,提高患者的自我保护能力,使患者逐步向身心和谐状态过渡,成为有益于社会的人。

(5)对于精神疾病而言,治疗始终是前提,急性、危重的患者应当被识别出来并及时予以专业治疗,这是康复工作无法替代的。康复工作是治疗的延续,当患者病情稳定,回归社区进行社会再适应时,康复工作则具有更为重要的意义。

第四节　社区精神病患者及家属的心理援助

精神病,或许很多人只要一接触这类人,就会很自动地远离他们,觉得他们是一个很恐怖的群体,因为害怕他们会一冲动做出很多伤害别人的事情。并且也会觉得跟他们无法沟通,甚至是很多精神病患者的家人,都已经放弃了对于他们的心理援助。把他们送去精神病医院就不管了。其实,精神病患者并没有我们想象得那么可怕,有些人是因为生了一场病,影响到了神经系统,从而出现精神上的异常,更多的人是因为他们内心承受挫折的能力弱,社会适应性差,遇到较大的应激,一时应对困难,心理无法接受,而出现了各种各样的精神症状。这些精神病患者如果能够得到及时又良好的治疗,是可以恢复社会功能,回归社会的,尤其对于康复期的患者,有效的心理援助对他们或者家属来说都是非常重要的。

一、急性期精神疾病患者的心理援助

1. *急性期精神疾病患者的特点*　急性期的患者心理表现主要是精神障碍和心理紊乱,幻觉、妄想等,心理活动脱离实际,丧失对社会环境的适应能力。在人际交往中缺乏道德信约和法律观念,缺乏自制力,否认有病,拒绝治疗和社会支持。对此要加强心理护理,要接近患者,避免与患者发生冲突,以免矛盾激化,要稳定患者情绪,使其便于接受治疗和管理,经过治疗后的患者可顺利地度过急性期。

对躁狂状态的患者:典型的躁狂状态表现为情绪高涨,思维活动加速和语言动作增多。患者喜气洋洋,精力充沛,好管闲事,夸大自己的才干,睡眠减少,食欲增加,易争吵,惹是生非。对此类患者要热情和蔼,不歧视,投其所好,因势利导,调动患者良好的情绪,将其过多的心理能量疏泄到安全的劳作和娱乐上来。

对抑郁状态的患者:抑郁状态的临床表现是情绪低落,抑郁悲观,忧心忡忡和唉声叹气,思维缓慢,言语动作减少等。患者各种内感性不适,对工作、学习、生活、前途丧失信心,认为自己成了废人,严重时自责、自罪或产生顽固的自杀念头等。对这类患者,要做好护理,严防其自杀等意外发生。要给病人以支持,增强病人的意志力,树立信心去克服,使其多看自己的优点和有利条件,以消除顾虑。

2. *社区心理宣教*　社区心理健康宣教作为社区心理健康服务的形式之一,包括心理健康宣传和心理健康教育两方面。社区心理健康宣传是指在社区范围内,通过各种渠道,运用各种传播媒介和方法,为维护和促进社区居民心理健康而传播、分享心理健康信息的过程。社区心理健康宣传主要是通过人际传播和大众传播的途径,不仅包括宣教者与受传者之间的信息传递,而且包括受传者与其他居民再次分享信息的过程。社区心理健康教育是在社区范围内,以增进居民心理健康为目标,采取有效的宣教方式与干预措施,有组织、有计划、有评价的心理健康教育活动。其目的是组织发动社区人群参与心理健康活动,普及心理卫生知识,树立心理健康意识,消除危险因素,以提高社区居民的心理健康水平。

通过心理健康宣传和心理健康教育,让居民能够了解精神和心理疾病的科普知识,对精神病患者有个客观的认识,减轻大众的恐惧感,使其能够识别身边的精神病患者症状的急性期,帮助他们联系专业机构,得到有效的治疗。

对于精神病患者,要积极参加健康宣教活动,从中能够了解到自己疾病的发生、发展过程,增加对精神疾病症状的认识,提高识别自己精神症状的能力,积极与专业机构联系,结合药物治疗,控制精神症状,尽快

度过急性期。

二、社区康复期精神病患者的心理援助

对于精神病患者来说,及时又良好的治疗可以帮助患者控制病情,改善症状。一般来说精神病患者经过一段时间的住院治疗病情出现好转后,可逐步转入恢复期,但这一时期患者仍然心理脆弱,因此,给予必要的心理帮助十分重要。

1. 康复期精神病患者的心理特征

(1)悔恨羞耻感:患者生病时,由于病因作用,常有一些失态现象。当患者进入恢复期后,回忆起自己当时的失态行为,倍感悔恨与羞耻,加上社会的偏见,更使患者觉得无地自容。此类患者对周围人谈话非常敏感,怕受到社会的歧视,认为即使病愈出院,也会被人另眼看待,在亲友中抬不起头来。

(2)悲观绝望及前途毁灭感:当患者得知自己患有精神病时,往往承受不了这种打击,认为精神病比癌症更可怕,担心今后是否能继续工作,许多人对生活失去了追求,感到前途暗淡,人生无望,情绪极度悲伤。

(3)恐惧感:社会舆论使精神病患者怀有恐惧的心理,他们在自身疾病痛苦的基础上,又要承受社会压力与精神创伤。担心家庭的破裂和婚恋困难。未婚者怕找不到合适的终身伴侣,已婚者则恐怕爱人离异或忧虑子女的处境。对周围的人怀有猜疑和敌意,孤独退缩,脱离现实环境。甚至不能适应正常的社会生活。

(4)孤独感:患者感到受到命运的捉弄,被生活抛弃,有强烈的孤独感,沉闷压抑,郁郁寡欢,甚至对周围一切淡漠麻木,少数人有对抗情绪。当恢复期精神病患者出现以上各种心理特征时,如果不及时加强心理护理,患者常可出现自杀意外,此时要有针对性的措施,适当进行心理护理,避免意外的发生。

2. 康复期精神病患者的心理护理

(1)鼓励和支持:医护人员应尊重患者,根据患者的职业特点,对他们要有恰当的称呼;和患者谈话时,态度要诚恳,耐心倾听患者的陈述。热情对待患者,不仅要了解患者的病情,亦要了解他们的个人经历、业余爱好、家庭生活等,这样既使患者感到亲切,又满足了他们的自尊心。帮助患者分析自己的长处和优点,帮助他们勇敢面对自己的困难,建立起积极的心理状态。在患者取得进步时,及时给予鼓励和肯定,使他们感到自身存在的价值和意义。对带有共性的心理问题,可以开展心理知识讲习课,组织病人座谈讨论,达到自我教育、相互启发、鼓舞斗志、共同战胜疾病的目的。也可请恢复较好的出院病人做经验交流。使患者从中得到启发和鼓舞。

(2)诱导:在和谐的气氛中,心平气和地按循序渐进的方法对患者进行循循善诱的护理。①对沉浸于反复追忆其发病期的异常行为、心理上有羞耻感的患者,医护人员应态度温和,语言诚恳地帮助患者分析病情,使他们正确认识病态行为并给予安慰,以解除思想顾虑及羞耻心理。②对因个人生活受挫而忧心忡忡、消极悲观的患者,则应诱导其正确对待和处理生活中的事情,学会处理个人与家庭、社会关系的能力。③对过度悲伤的患者,应巧妙引导,使患者得到宣泄。可采取移情法,设身处地为患者着想,同患者交谈,耐心倾听他们心中的痛苦和积怨,并给予适当的解释,让患者得到安慰和解脱。④对待病情基本恢复正常,心理状态较稳定,消除顾虑的患者,可引导他们总结发病规律,向他们宣教有关精神疾病方面的知识,启发他们自己制定预防措施,以取得其主动配合,可得到更好的疗效。

(3)保护,即防止患者的自伤和自杀:康复期患者最突出的心理危机就是自杀,而这种念头在具有绝望、毁灭及羞耻感等心理障碍的患者中,最易表现出来,对有自杀史,有持久自杀威胁及严重抑郁症患者,应特别提高警惕,严加防范,注意自杀征兆的出现。采取保护措施的同时,辅以支持性、诱导性心理护理,以解除患者的心理障碍,打消其轻生念头。

(4)按时服药:部分患者出院后常不能坚持服药,主要原因是:①认为已痊愈,不需要再服药;②怕吃了药无精神,影响正常生活;③服了药难受;④怕损害内脏器官;⑤怕社会歧视;⑥怕影响婚姻;⑦怕变傻等。患者停服药一段时间后,往往很容易造成疾病复发。所以保证恢复期患者在出院后能坚持服药是避免精神病复发的关键。对此类恢复期精神病患者可采取如下针对性防范对策:①向患者及家属进行健康宣教,教育应以病人主动配合提高疗效为重点,让其明白:导致精神疾病复发的因素是综合性的,除了与疾病本身有关外,最主要的因素与是否坚持服药维持治疗密切相关,病人获得康复的重要基础在于长期维持治

疗。②有的放矢耐心细致地解释。③发挥家庭和社会支持系统的作用。

3. *康复期精神病患者的心理治疗* 精神病患者经治疗和休养后，精神症状基本消失，自知、自理能力开始恢复并对自己的现实状况及周围环境有了一定的认识和分析能力。此期患者的心理活动极为复杂并相互矛盾、变化多端。他们既为自己的病愈而高兴，同时又会产生种种顾虑，甚至出现意外。因此，要对恢复期精神病患者进行心理治疗，调节患者的情绪，提高患者耐受挫折的能力，预防复发。

(1)心理治疗的分类：根据指导理论和治疗方法不同，可将心理治疗分为以下几种类型。

①根据对心理治疗的不同理解分类。

a. 广义的心理治疗，是指医疗的全过程对患者的积极性心理影响，如环境、工作人员态度、医患关系、合理医疗制度等对心理治疗产生治疗影响。

b. 狭义的心理治疗，指心理治疗师采用心理学的某种理论和方法，有针对性地治疗患者。

②根据治疗对象的多少不同分类。

a. 个别心理治疗：是心理治疗师与来访者个别进行谈话形式进行的心理治疗。治疗师与来访者交谈的目的在于了解疾病发生的过程与特点，帮助来访者掌握自己疾病的情况，对疾病有正确的认识，消除紧张不安的情绪。

b. 集体心理治疗，这是治疗师把有同类问题的来访者组织起来进行心理治疗，每个小组由数个或十几个来访者组成。社区集体心理治疗的主要方法是讲课、活动与讨论。治疗师根据患者中普遍存在的心理因素及观点，深入浅出地对来访者讲解有关的症状表现、病因、治疗和预后等，使来访者了解问题的发生发展的规律，消除顾虑，建立信心。

③根据治疗的理论和方法不同分类。

a. 精神动力学治疗，精神动力学认为，患者表面上是因为各种症状和问题而感到痛苦，但这些痛苦其实是潜意识的冲突和童年期创伤的结果。这些体验的组合甚至会导致人格障碍的形成，并且渗透、反映在日后的所有体验领域之中，包括思维、躯体感知、自我及环境知觉、社会能力。与经典精神分析不同，现代动力性心理治疗认为：过去的经历实际上是不可能真正得到修复的，心理治疗的目的首先是改变此类人格障碍中与当前紧迫问题相关的那些部分；与此同时，通过治疗室中的互动关系，处理不良心理体验，使患者正确认识自己生活设计中的缺陷，重树希望，重建有效的人际关系。

b. 认知行为治疗，认知行为治疗是由 A · T · Beck 在20世纪60年代发展出的一种有结构、短程、认知取向的心理治疗方法，主要针对抑郁症、焦虑症等心理疾病和不合理认知导致的心理问题。它的主要着眼点，放在患者不合理的认知问题上，通过改变患者自己对人或对事的看法与态度来改变心理问题。认知行为治疗认为：人的情绪来自人对所遭遇的事情的信念、评价、解释或哲学观点，而非来自事情本身。正如认知疗法的主要代表人物贝克(A · T · Beck)所说："适应不良的行为与情绪，都源于适应不良的认知"。例如，一个人一直"认为"自己表现得不够好，连自己的父母也不喜欢他，因此，做什么事都没有信心，很自卑、心情也很不好。治疗的策略，便在于帮助他重新构建认知结构，重新评价自己，重建对自己的信心，更改认为自己"不好"的认知。

c. 支持性心理治疗，支持性心理治疗的狭义定义为是一种基于心理动力学的理论，利用诸如建议、劝告和鼓励等方式来对心理严重受损的患者进行治疗。治疗师的目标是维护或提升患者的自尊感，尽可能减少或者防止症状的反复，以及最大限度地提高患者的适应能力。患者的目标则是在其先天的人格、天赋与生活环境基础上保持或重建有可能达到的最高水平。其广义定义是一种有广泛适用性的治疗方法，是最常用的一种个别心理治疗。主要依靠安慰、解释、鼓励、保证等手段去完成对患者的治疗任务，其最基本的前提是要有良好的治疗关系。

d. 家庭治疗，治疗师根据来访者与家庭成员之间的关系，采取家庭会谈的方式，建立良好的家庭心理气氛与家庭成员之间的心理相容，家庭成员共同努力使得来访者适应家庭生活。在家庭心理治疗时，必要的家庭成员都要参加。

4. *家属对精神病患者的心理支持* 精神病专家指出，家属们在精神病患者恢复期所给予的心理帮助，对于患者病情的控制和治疗有很大的帮助,因此,家属们应该做到如下两个方面。

给予患者鼓励和支持:

(1)精神病患者会有严重的孤独感和恐惧感,他们既要承受自身疾病带来的痛苦,还要承受来自社会的压力和精神创伤,因此需要家属及亲朋好友一定要给予患者恰当的心理支持和关怀,耐心倾听其心理感受并给予正确解答,做到态度诚恳,真诚交流。帮助患者分析其长处和优点,使其勇敢面对困难,建立起积极的心理状态,树立战胜疾病的斗志。

(2)要对患者进行针对性的诱导:精神病患者的心理状态较为复杂,常常难以捉摸。因此,不管患者做出何种激进反应,家属们都应该心平气和地对患者进行循循善诱的护理。对发病期间行为异常难以释怀、心理上有羞耻感者,应态度温和、语言诚恳地帮助患者分析病情,使他们正确认识其病态行为并给予安慰,以解除思想顾虑及羞耻心理。因个人生活受挫而忧心忡忡、消极悲观者,则应诱导其正确对待和处理生活中的事情,学会处理个人与家庭、社会关系问题的能力。心理状态较稳定、无心理顾虑者,可引导他们总结发病规律,宣教精神疾病方面的知识,帮其制订预防小措施,有利于患者早日康复。以上就是关于精神病患者恢复期家属应该给予的心理帮助的介绍,专家指出,家属的心理帮助可以使患者减轻心理压力,增加患者的安全感和自信心。

三、社区精神病患者家属的心理援助

社会心理对患者影响的调节因素中,最受重视的是社会支持,它在康复和疾病预防中的作用,日益受到医学心理学和社会的重视,而社会支持系统最大的来源是患者家属。精神病患者家属由于难以接受亲属得了精神病这个现实,而在心理上产生这样那样的变化。对精神病患者家属进行有效的心理疏导,有利于降低家属的焦虑程度,使其提供更高的社会支持,体贴、安慰、鼓励和帮助患者,使患者能在最佳的心理生理状态下接受救治护理,促进患者早日康复。

1. 精神病患者家属中常见的心理状态分析

(1)否认心理:患者大多数是家属的宝贝,特点是现在的独生子女处在“唯我独尊”的特殊地位,形成“以我为中心”的特殊优越感,表现为孤僻、任性、霸道、骄傲、虚荣和自理能力差、依赖性强等不良心理。一旦有病,也被家属忽视,认为是个性之故。当确诊后,家属不敢面对患者有精神病这个现实,而竭力加以否认。

(2)拒医心理:由于家属否认患者有病,再加之社会对精神病的偏见,家属错误地认为住院治疗,套上了“精神病”的帽子;对患者来说,面临出院后无法立足社会,面对亲朋好友等问题;再则今后的个人问题,工作前途都将受到影响等原因,故初发患者家属往往拒绝让患者住院治疗。

(3)愚昧心理:随着患者精神病症状的日趋明显,家属在难以管理的情况下,不得不送患者住院治疗。但住院后,由于精神科为封闭式管理,一般情况下不需家属陪护。家属因不能亲自照顾患者,对医院里饭菜是否符合口味,服了抗精神病药是否会有不良反应,工作人员的态度如何等,凡此种种家属一概不知,又唯恐受到其他患者的伤害等等,而使家属表现为惊恐万状,不知所措,紧张不安,心烦意乱或流泪哭泣,长吁短叹。

综上所述,家属产生的心理问题是多方面的,必须多方面配合,有的放矢地进行心理疏导,才能使他们更好地配合治疗、护理,使患者早日康复。

2. 疏导方法　疏导工作首先应了解家属产生这种心理的原因,并帮助解决一些力所能及的实际困难,多与患者家属谈心,及时告知病情及有关卫生知识,让他们了解家属在疾病康复中的重要作用,承担起应尽的社会责任。

(1)与患者家属建立真诚的情感:在建立情感的基础上,首先理解家属的心情,通过交谈了解患者与患者家属是什么关系及患者家属的心理要求;帮助分析原因,观察他们有哪些心理反应,有针对性地进行安慰和帮助,做到让家属能随时把真实的思想及痛苦向医护人员倾诉。

(2)做好健康宣教:对患者家属做好健康宣教特别重要,耐心解答他们提出的各种问题,动员他们及早接受治疗,对那些医学知识了解少的家属,更应及时如实地将病情的预后告知家属,使家属心理上有所准备,并配合治疗。

(2)尽量满足患者家属的心理需求:尽量满足患者家属提出的对患者有利的要求,如要求陪患者这一要求,应视患者的具体情况予以满足,根据患者的心理特点,可暂时让家属参与生活护理以达到慰藉患者及家属双方的心理,使患者安心接受治疗。

(4)针对不同层次的家属给予心理疏导

①耐心对待文化层次低的家属,据观察,文化层次越低,焦虑程度越高,说明文化层次低的家属由于自身文化素质的限制,可能对疾病方面的信息了解得较少,因而产生茫然和焦虑。文化层次较高者,对患者疾病的发展和转归认识比较科学明确,焦虑程度相对较低。此时,医护人员应将与患者病情有关的知识,用通俗易懂的语言讲解给家属,使其及早了解与患者疾病有关的信息,知道各种检查治疗前的必要性、可靠性、安全性等,消除不必要的顾虑。

②理解中年家属所承担的压力,因中年人承担着家庭和社会等多种角色,所受到的事业、经济、婚姻、人际关系、侍奉老人和养育子女等各方面的冲击和压力比较集中,身心负担沉重,一旦亲属突然患病,易发生心理矛盾冲突,此时,医务人员要给予帮助,耐心解释和疏导,使其心理平衡,情绪稳定,有愉快的心境。关心和鼓励患者,增强患者战胜疾病的信心。

③注意女性家属的特殊性,时代的变迁没能解除传统的贤妻良母角色观念的影响,一旦家中有人患病,她们自愿或不得不承担照顾患者的责任,加之繁重的工作家务,在这样多重的压力下,易出现心理障碍。对女性家属更应宽容,理解家属出现焦虑反应的各种心理表现,采取同情的立场加以有效地合理引导,很多情况下让女性家属有哭泣和倾诉的机会,则有助于疏泄家属的紧张和焦虑。

④对正性心理的疏导,家属对患者的正性心理表现为对患者病情了解后,渴望患者早日康复。这种心理在医务人员的正确诱导下,对增加患者的正性情感,配合治疗、对疾病的康复无疑起着积极的作用。若这种心理能正确引导则可起到积极的作用,如坚持服药对防止疾病复发重要性的认识,当家属对医疗、护理提出疑问时,应耐心地向他们解释,对家属的过激言行应容忍、谅解。

3. *家属心理疏导对患者的重要性* 家庭康复指导帮助患者了解病情,接受药物治疗,协助患者处理日常生活及更好地面对困难,让精神适应性减退的患者提高社会适应能力、工作能力及与他人交往的能力,减轻或避免病情恶化,遵循绝不批评、不教育、不指责原则;有爱心、耐心、信心原则;正面引导、积极带动原则;接受、宽容、体谅原则;耐心帮助患者学会自我解脱,鼓励患者多与外界环境接触,积极主动地融入集体中去,参加力所能及的工作和劳动,丰富生活,活跃患者情绪,使其在人际交往中增加生活的信心。

四、社区精神病患者的危机干预

近年来,精神病患者肇事杀人或自杀的事件屡屡见诸报道,成为社会关注的热点问题,自杀已经成为人类十大死亡原因之一。大量研究表明50%~90%的自杀死亡者可以诊断为精神疾病患者,精神病患者的自杀危险性比一般人群高出3~12倍。加强对精神病患者的心理危机干预是社区工作者义不容辞的职责。

1. *心理危机干预的概念* 正常个体多维持在与其环境相平衡的状态,当个体碰到一个他自认为不能解决的问题时,这种平衡就会被打乱,个体心理反应将变得越来越无目的性和组织性,最后进入情绪危机的不平衡状态。简单地说,心理危机就是个体内部的一种心理稳定的破坏。而心理危机干预就是对处于心理危机的个人给予适当的心理援助,使症状得到立即缓解和持久地消失,使心理功能恢复到危机前水平,并获得新的应对技能,以预防将来心理危机的发生。

2. *心理危机产生的原因* 精神病患者的心理危机产生的原因可以归纳为两个方面:①内在因素,急性发作期的精神分裂症患者、恐惧症、抑郁症、人格障碍等患者,易发心理危机;另外因疾病所产生的压力和痛苦导致的绝望悲观情绪。②外界因素,重大的负性应激事件可能成为危机的直接原因或诱因。人际关系恶化(包括婚姻与家庭关系),亲人去世、财产、名誉、地位受损、失业、政治高压等引起个体明显的情绪反应;另外突发的自然灾害造成患者难以承受的心理压力等。

3. *心理危机的临床表现* 当个体面对危机时会产生一系列的身心反应,主要表现在生理上、情绪上、认知和行为上。

(1)生理方面:肠胃不适、腹泻、食欲缺乏、头痛、疲乏、失眠、做噩梦、容易惊吓、感觉呼吸困难或窒息、堵塞感、肌肉紧张等。

(2)情绪方面:常出现害怕、焦虑、恐惧、怀疑、不信任、沮丧、忧郁、易怒、无助、麻木、否认、孤独、紧张、不安、愤怒、烦躁、自责、过分敏感或警觉、无法放松、持续担忧等。

(3)认知方面:常出现注意力不集中、缺乏自信、无法做决定、健忘、效能降低、不能把思维从危机事件上转移等。

(4)行为方面:呈现重复某一动作、社交退缩、逃避与疏离、不敢出门、害怕见人、暴饮暴食、容易自责或怪罪他人、不易信任他人等。

4. 心理危机的特征　①通常为自限性,多于1~6周内消失;②在危机期,个人会发出需要帮助的信号,并愿意接受外部的帮助或干预;③预后取决于患者个体素质、适应能力和主动作用,以及他人的帮助或干预。

5. 心理危机干预的主要目的和原则

(1)目的:①防止过激,如自伤、自杀或攻击行为等;②促进交流,鼓励当事人充分表达自己的思想和情感,鼓励其自信心,提供适当建议,促使问题解决;③提供适当医疗帮助;④恢复患者的心理平衡和动力。

(2)原则:①迅速确定要干预问题,强调以目前问题为主,并立即采取相应措施;②必须有其家人或朋友参加危机干预;③鼓励自信,不要让当事者产生依赖心理;④干预的重点是心理问题处理,而不是对疾病的处理。

6. 危机干预的主要措施　危机心理发展有特殊的规律,需要使用立即性、灵活性、方便性、短期性的策略来协助患者适应与度过危机。应根据患者个体的具体情况具体分析,因人而异,分类施治。

(1)积极的心理治疗:这是心理危机干预的主要手段,治疗者通过语言、表情、举止及特意安排的情境,促使患者在认知、情感、意志、行为等方面发生变化,逐步解除危机状态。

(2)改变不利于患者摆脱心理危机的居住环境:特别是遭受重大自然灾害出现心理危机的患者,应及时转送相对安全的生活环境下生活,对其克服心理危机很有帮助。

(3)对症性的药物治疗:如控制精神病的急性发作、解除患者疼痛、抑制过于激动的情感情绪等。

(4)亲人的关心、帮助和庇护:患者亲属对处于心理危机状态的患者的关心、安抚、引导和帮扶至关重要,应取得患者家人、亲友、同事的重视和支持,告知必要的心理危机特征的识别和预防的有关知识,强化24小时监督措施。

(5)增强安全防范措施:对住院患者,病房内应尽可能消除不安全隐患,如刀、剪、绳索等,对有心理危机的患者应重点关注。

(6)普及心理健康知识:讲授各种生活技能、应对挫折、表达思维和情感的方法和技巧,提高患者应对心理危机的能力。

精神病患者的心理危机产生与发展有一个渐进的过程,需要我们早期发现、早期预防、早期治疗,采取行之有效的干预措施,使患者从危机中迅速解脱出来,恢复信心,重振生活。

第五节　政府、医院、社团、社区、家庭联合方式的精神病患者康复援助

一、法律法规

精神病防治康复"十二五"实施方案随着我国精神卫生事业的发展,精神残疾问题越来越引起全社会的广泛关注,国家对精神残疾康复工作的投入也逐步增加。自1991年起,"社会化、综合性、开放式"精神病防治康复工作模式在全国范围内开展,经过20多年的努力,取得了显著成效。"十二五"期间,精神病防治康复工作纳入《中国残疾人事业"十二五"发展规划纲要》,卫生部(现卫生和计划生育委员会)、民政部、公安部、教育部、财政部、中国残联共同制定了《精神病防治康复"十二五"实施方案》。具体如下:

任务目标：在全国范围内，对780万名精神病患者开展社会化、综合性、开放式精神病防治康复工作。为20万名贫困精神病患者提供医疗救助，每年为156万名稳定期精神病患者开展社区家庭康复训练。

二、工作流程

建立社会化工作体系→制定规划→培训人员→摸底调查→建档立卡→落实措施→检查评估。

三、具体做法

(一)建立社会化工作体系

1. 组织管理网络　精神病防治康复工作组织管理网络自上而下应直至基层居(村)民委员会和千人以上的企事业单位。由卫生部、公安部、民政部、中国残联等16个部门建立的精神卫生部际联席会议制度，是国家该项工作的组织协调、决策机构。各省(自治区、直辖市)、市(地、州)、县(市、区)、街道(乡镇)、居(村)民委员会及千人以上企事业单位也要相应建立各级精防康复领导小组，成立精神病防治康复工作办公室，由政府分管领导担任组长，卫生、民政、公安、残联、劳动和社会保障、财政、教育、宣传等有关部门领导参加，在政府的统一协调下，各部门分工明确，充分利用现有资源开展工作，并指定专人负责日常工作。

卫生部门应将精防康复工作纳入国家基本公共卫生服务、社区卫生和农村基层卫生服务内容，充分发挥专业机构资源优势，承担所辖地区精防康复工作的业务指导、人员培训，组织所属精神卫生机构及各级医务人员从事社区精防康复工作，对社区精神病人进行治疗、随访和康复指导；民政部门要及时收容和治疗社会上无法定抚养人和赡养人、无劳动能力、无经济来源的精神病患者，在医疗、康复、就业、扶贫救济、社区服务等方面做出安排，解决精神病人生活中的实际困难；公安部门要认真管理肇事肇祸精神病人，从社会治安防范等方面进行管理，会同卫生等部门对严重肇事肇祸精神病患者实施强制治疗；各级残联要协助政府，动员社会，做好宣传、发动、组织、协调、服务工作，为病情稳定的精神病患者提供康复服务，维护精神残疾者的合法权益；财政部门及时下拨经费，保障精防康复工作的顺利开展；劳动和社会保障部门积极做好精神病康复者的职业培训和就业安置工作。

各级精防组织管理网络负责对本地区精神病防治康复工作进行宏观管理，制定《实施方案》及相关政策，协调有关部门，对本地区精神病防治康复工作进行监督与指导。

2. 技术指导网络　自上而下建立精神病防治康复工作技术指导网络，全国精防康复技术指导组是最高的技术指导机构，由全国精神康复领域知名的专家及具有丰富实践经验的精防康复专业人员组成；各省、市、县指定一所精神卫生机构或综合医院精神科作为技术指导机构，并成立技术指导组，专门从事社区精神病防治康复的技术指导和培训基层精防医生及康复人员，为社区精神病人服务；街道、乡镇、居(村)民委员会及千人以上企事业单位，充分利用社区资源，设立专职或兼职的精防康复技术人员，发挥基层残疾人组织的协调作用，调动精神病人亲属和患者的积极性，定期对所辖地区的精神病人进行随访，指导精神病人家庭进行治疗与康复，发现病情变化，及时采取措施。

精神病防治康复技术指导网络是本地区精神病防治康复工作的技术资源中心，主要的工作职能是负责本地区的技术指导、开展摸底调查、对病人进行诊断、制定治疗与康复方案、人员培训、检查评估，就精神病防治康复工作有关问题向精防康复工作领导小组提供咨询。

3. 治疗康复系统　精神病防治康复工作治疗康复系统的建立应借助已经形成的工作系统，如初级医疗保健网、社区卫生服务网、社区服务网络、治安防范网络和残疾人工作网络，做好精防康复工作。建立以精神病院或综合医院精神卫生科为龙头，以街道(乡镇)卫生院、村卫生室、单位医务室、家庭病床、精神康复机构、家庭看护小组为基础的治疗康复系统，充分发挥基层组织——街道(乡镇)、居(村)委会的作用，为精神病人提供医疗、康复等方面的服务。社区康复协调员负责了解患者的康复需求，与居(村)委会干部一起协助其法定监护人组成看护小组，督促患者按时服药，发现病情反复，及时向社区精防医生沟通，同时协调社区内有关人员、服务机构，为精神病患者提供康复服务和相应的支持。要以社区(乡镇)卫生服务机构、村卫生室以及监护小组为基础，在社区和家庭的共同作用下对稳定期精神病患者实施综合性的社区家庭康复训练。在社区和家庭的共同作用下对稳定期精神病患者在真实的社会环境实施综合性的防治康复措施，加强社会生活技能训练，增进人际交往的能力，最终达到回归社会的目的。

治疗康复系统的工作职能是落实精神病人的治疗与康复措施，预防、降低复发率，减少精神残疾发生，解决精神病人生活中的实际问题，宣传普及精神卫生知识，创造接纳精神病人的良好社会环境，为精神病人提供就业机会和条件，帮助他们顺利回归社会正常生活。

综上所述，建立社会化工作体系要做到五个“一”：政府要有一个分管领导担任组长；要有一所精神卫生专业机构作为技术指导中心；街道（乡镇）卫生服务机构有一名精防医生；每一名精神病患者成立一个看护小组；每一名精神病患者有一份康复档案。

（二）检查评估

1. 精神病防治康复工作检查评估　主要包括三个方面的内容。

（1）组织管理网络的建立与开展工作情况。

（2）技术指导网络的建立与开展工作情况。

（3）治疗康复系统的建立与开展工作情况。

2. 检查重点　根据《精神病防治康复“十二五”实施方案》的要求，检查的重点如下。

（1）摸底调查及精神病人检出率情况。

（2）全国精神病防治康复工作统一表卡使用与管理情况。

（3）各级精防康复工作人员的培训情况。

（4）治疗康复措施的落实及患者的康复效果。

（三）经费保障

精神病防治康复经费由政府财政拨款、社会筹集、个人或家庭出资等多种渠道筹集。其中政府财政拨款是由中央经费和地方经费两部分构成。

中央经费按所辖覆盖人口每人 0.15 元给予补贴，主要用于建档立卡、人员培训、检查评估、贫困精神病患者医药费用补助、扶持精神病康复机构建设、社区精防医生补贴、精神病康复者职业技能培训和开展社区家庭康复训练工作等。残疾人事业专项彩票公益金康复项目服药救助项目救助标准为没有享受医疗保险报销的每人每年 900 元，享受医疗保险报销的每人每年 500 元，住院救助项目标准为每人次4000 元。贫困孤独症儿童康复救助标准每人每年 12 000 元。

实施《精神病防治康复“十二五”实施方案》的省（自治区、直辖市）、市（地、州）、县（市、区），要分别按辖区覆盖人口，每年每人不少于 0.15 元投入经费（经济发达地区 0.50 元以上）。主要用于组织协调、调查摸底、建档立卡、人员培训、宣传教育以及对精神病康复机构的补助和贫困精神病患者医疗康复费用补助等。要根据当地实际情况，对贫困精神病患者医疗救助项目投入相应的工作管理经费。将贫困精神病患者纳入城乡医疗保障范围。

落实有关政策，积极创造条件，帮助贫困精神病患者加入城镇职工医疗保险、城镇居民医疗保险和新型农村合作医疗，将重性精神疾病患者经常性服药费用纳入门诊统筹或门诊特殊病种支付范围，将重性精神疾病作为重大疾病救治试点的病种。协调有关部门制定优惠政策，取消起付线、提高报销比例。对贫困精神病患者实行医疗救助，特别要对基本生活十分困难或一户多残的重度精神病患者给予特殊照顾，适当提高救助水平。

（四）精神卫生法规

2012 年 10 月 26 日上午，十一届全国人大常委会第二十九次会议召开第三次全体会议，表决通过了《中华人民共和国精神卫生法》（简称《精神卫生法》）。时任的国家主席胡锦涛签署第 62 号主席令予以公布，自 2013 年 5 月 1 日起施行。《精神卫生法》共七章八十五条，对精神卫生工作的方针原则和管理机制、心理健康促进和精神障碍预防、精神障碍的诊断和治疗、精神障碍的康复、精神卫生工作的保障措施、维护精神障碍患者合法权益等都做了详细规定。

我国精神卫生总体形势严峻，精神卫生工作还比较薄弱。据卫生部统计数据显示，目前我国精神卫生专业机构和人员缺乏，截至 2010 年底，全国仅有精神卫生医疗机构 1468 家，精神科医师约 2 万名，精神障碍防治和康复能力严重不足。因此,精神卫生法立足这一现实,着重解决防治和康复能力不足等突出问题,促进精神卫生事业的发展。

《精神卫生法》从人、财、物三个方面加强了精神障碍预防、治疗和康复服务能力建设:一是鼓励和支持开展精神卫生专门人才培养,加强精神卫生专业队伍建设,提高精神卫生工作人员待遇水平。二是政府加大财政投入力度,保障精神卫生工作所需经费,将精神卫生工作经费列入本级财政预算,扶持贫困地区、边远地区的精神卫生工作。三是政府建设和完善精神卫生服务体系,鼓励和支持社会力量举办精神障碍医疗和康复机构,综合性医疗机构按照规定开设精神科门诊或者心理治疗门诊。

由于精神卫生工作涵盖了心理健康促进和精神障碍的预防、诊断、治疗、康复等多个环节,不仅涉及政府和卫生、司法行政、民政、公安、教育、人力资源和社会保障等有关部门,还涉及家庭、所在单位、社区、残联等主体。因此,精神卫生法明确了各有关主体的相关责任,并在此基础上建立起政府组织领导、部门各负其责、家庭和单位尽力尽责、全社会共同参与的综合管理机制。

具体法律条文如下。

第五十四条 社区康复机构应当为需要康复的精神障碍患者提供场所和条件,对患者进行生活自理能力和社会适应能力等方面的康复训练。

第五十五条 医疗机构应当为在家居住的严重精神障碍患者提供精神科基本药物维持治疗,并为社区康复机构提供有关精神障碍康复的技术指导和支持。

社区卫生服务机构、乡镇卫生院、村卫生室应当建立严重精神障碍患者的健康档案,对在家居住的严重精神障碍患者进行定期随访,指导患者服药和开展康复训练,并对患者的监护人进行精神卫生知识和看护知识的培训。县级人民政府卫生行政部门应当为社区卫生服务机构、乡镇卫生院、村卫生室开展上述工作给予指导和培训。

第五十六条 村民委员会、居民委员会应当为生活困难的精神障碍患者家庭提供帮助,并向所在地乡镇人民政府或者街道办事处以及县级人民政府有关部门反映患者及其家庭的情况和要求,帮助其解决实际困难,为患者融入社会创造条件。

第五十七条 残疾人组织或者残疾人康复机构应当根据精神障碍患者康复的需要,组织患者参加康复活动。

第五十八条 用人单位应当根据精神障碍患者的实际情况,安排患者从事力所能及的工作,保障患者享有同等待遇,安排患者参加必要的职业技能培训,提高患者的就业能力,为患者创造适宜的工作环境,对患者在工作中取得的成绩予以鼓励。

第五十九条 精神障碍患者的监护人应当协助患者进行生活自理能力和社会适应能力等方面的康复训练。

精神障碍患者的监护人在看护患者过程中需要技术指导的,社区卫生服务机构或者乡镇卫生院、村卫生室、社区康复机构应当提供。

(五)综合康复援助

精神病患者的康复形式主要有:医院内康复训练服务、医院外康复训练服务。其中医院外康复训练服务又分为家庭康复、社区康复以及其他职业康复。

1. 医院　精神病患者的治疗形式主要有住院治疗、定期门诊、医院内康复训练服务。

(1)住院治疗主要针对重度急性期的精神病患者,使患者在医院内接受药物治疗、无抽搐电休克治疗、心理治疗、行为治疗等,以有效控制病情,提高患者疾病自知力和服药的依从性,规范患者的日常规律行为,为出院后的社区康复创造条件。

对重性精神障碍患者除了药物治疗,还有一整套的配套措施,如物理治疗、心理治疗、康复治疗等。鉴于发病原因尚不明确,药物治疗一般是对症治疗,目的是控制症状。为了减少病情波动,提倡对重性精神障碍患者进行规范化治疗,分急性期、巩固期、维持期三个阶段治疗。急性期主要在医院治疗,巩固期在康复机构,维持期回到社区。首次发病的患者需要1~2年的时间治疗,两次发病需要2~5年,3次以上则需要终身服药治疗。对出院后仍需重点监护的病患者提供专科门诊治疗,以保证疗效的稳定。

(2)医院内康复训练服务:主要有以下内容。

①对患者进行训练和再训练,尽量采用各种措施,改善功能,认真训练其生活、学习、工作等方面的行为技能。针对疾病方面:通过与患者交谈,使患者了解诊断、治疗及预后的有关情况,帮助患者认识疾病,指导心理康复。针对情绪方面:精神病患者康复后自知力恢复,患者会不认同疾病发作时期自己的表现,会产生一些想法,怕被人瞧不起,担心失去工作和家庭而忧心忡忡,尤其是反复住院的患者自感在社会上价值降低感到绝望等,所以医护人员需要运用心理学知识、启发和安慰患者,帮助他们消除疑虑,以积极的情绪配合治疗。

②大力调整患者的周围环境和社会条件,所调整的环境包括医院、社区及家庭内的环境和人际关系,谋求社会各阶层的同情和支持,并在服务设施和生活条件上尽可能照顾到心理与社会功能障碍者的需求。

③始终贯彻支持和心理教育原则,在实行各种康复措施时,始终结合有效的心理治疗从情绪上和理智上支持患者的心理处境,进行必要的心理教育和干预,努力促进其心理康复。

④积极采用家庭教育和干预的措施,动员家庭成员参与社区家庭教育和干预的措施,进一步发挥社区防治康复网络、基层康复队伍在这方面的作用,促使患者家庭负担起应尽的责任。

2. 社区　精神病患者由于长期住院,会出现社会功能减退、情感淡漠、懒散被动等表现。经过医院治疗康复好转了,但直接回归社会、家庭短时间难以适应,从而出现反复住院的情况。所以社区康复就是其中一重要环节。

在精神疾病三级防治体系中,社区康复模式是连接医院和家庭、社会的纽带,任务重大。社区康复模式包括社区免费用药和社区康复。

(1)社区免费用药:2011 年始,社区重症精神病患者实现免费用药政策,出院精神病患者只需持残疾证,即可享受此政策。

(2)精神病患者的社区康复项目:目前主要分三种。

①医疗康复。对稳定期患者,社区精防医生至少三个月随访一次,他们要走家串户探访社区的患者,向居委会和派出所了解患者的最新动向,了解他们是否按时服药,康复中遇到了什么困难。指导患者定期到医院复查,鼓励服药,增加服药的依从性。

②职业和功能训练。智力残疾人和处于稳定期的精神残疾人可以到职业康复站进行职业康复训练,职业康复站提供集康复、培训、简单劳动、文体和日间照料为一体的综合性服务,会开展生产项目,组织精神残疾人士参与,并给予一定报酬,以此提高他们的自信心和成就感。这些患者在康复中,逐步训练就业、社会交往能力,完成出门乘车、购物、洗衣、房间清理等日常生活。最终可以走向社会。职业康复站主要有依附型、独立型、托管型三种类型,接收、安排精神病康复者参加力所能及的生产劳动,开展社会适应能力方面的训练和文体娱乐活动,同时进行医疗监护和心理康复。

③其他职业康复形式。包括回原单位从事力所能及的工作、到福利工厂就业以及在社会公开就业。对康复后的精神病患者,应进行有针对性的职业技能培训,提供职业介绍、就业指导,使他们掌握一技之长,养成良好的工作习惯和工作态度,同时对他们进行心理、职业技能的辅导,帮助他们适应新的工作环境,促进康复。对农村精神康复者进行劳动技能训练,帮助他们提高劳动生产能力,改善生活状况。

(3)目前存在的问题

①社区卫生服务中心及街道残联,专业医务人员和项目经费短缺,比如一个社区一个精神科医生,上门随访根本顾不过来,大部分随访只能靠电话,或者患者来门诊开药时顺便就访了。

②免费药品政策未完全放开,有的社区免费服药政策只惠及低保家庭或困难家庭,并且并非所有药物都免费。目前北京市免费服用的药品只有几十种,且各个区县政策不一。

③职业康复站收纳精神病患者有限。原则上处于稳定期,且办理残疾证的患者均可以到康复站。事实上,“无钱、无人、无场地”的现状导致极少数的符合此条件的精神病患者可以得到康复训练。

④建立康复项目,核心目的就是让患者康复后独立走向社会,但“偏见、歧视、排斥像一堵高墙,将精神

残疾患者和社会隔离。"现实是,某康复站项目开展近10年,每年仅有一两人找到工作。用人单位负责人的顾虑:"精神病患者像颗不定时炸弹,谁知道何时爆发,会伤害多少人?"。有的企业更直白:"现在应届大学生找工作都难,为什么要用一个精神残疾人,哪怕他是清华高材生。"

3. 家庭　许多人认为,精神病患者经过治疗不打不闹就算是康复了,即使他整日生活懒散、无所事事,也是可以接受的。因为多年以来,人们一直认为精神病患者治成这样已经不错了。这种过低的期望值势必导致患者本人及其家人忽视自己应尽的努力,或听天由命,或怨天尤人,使众多的精神病患者长期闲散在家、与世隔绝,导致社会对他们产生更多的偏见。

事实上,精神病患者康复的目标并不仅仅是消除精神病症状,而是通过各种综合康复措施,使患者能像正常人一样生活、学习和工作。家庭康复就是很重要的一环。

但是,目前的现状是患者难入院,难回家。不承认有病,花费数年终于住院,进了医院,往往被拒绝回家。患者一旦住进医院,大多数家庭不想让患者出院。许多符合出院条件,家属却坚决反对患者出院。最难出院的患者中有的是由于父母已亡故,兄弟姐妹各自成家;有的是父母年事已高,无法照顾;还有些家庭宁愿承担费用也不愿意患者出院,害怕患者病情出现波动。

目前精神病患者的诊疗中,入院和出院都有明确的标准规程。新的《精神卫生法》实施后,规定自愿住院治疗的精神障碍患者可以随时要求出院,医疗机构应当同意。所以患者出院后家属就承担起监护和照顾的责任。

家庭康复是目前社区精神病防治康复工作的一种主要形式,监护小组是家庭康复的主要承担者。它由精神病患者的家庭成员、居(村)委会干部、基层精神病防治康复医师和其他志愿者组成,对病患者督促服药的同时,对其进行心理疏导以及家庭生活能力、社会交往能力的训练,组织一些活动,帮助其参与社会生活。

每个精神病患者所患精神病类型的不同,还有每个人的身体情况、性格等差异,精神病患者家属在进行康复护理时,要根据实际情况考虑,进行有针对性的帮助。对于康复期精神病患者,必须改善社会家庭环境,减少不良环境刺激对精神病的影响,从根本上防病治病。

(1)强调生物性归因的心理卫生教育:建立全民对精神疾病的正确认识,减少对疾病的社会羞耻感,做好支持网络工作,改变其对精神病患者的不正确看法,尊重患者的人格和感情,使他们感到自己是一个有用的人,这对他们的康复至关重要。

(2)开展家庭教育:对家庭监护人进行卫生宣教,指导监护人进行家庭护理,将有关知识和家庭护理的方法及内容传授给监护者,使他们对患者有恰当的认识和期望,增强其对患者异常行为和家庭紧张气氛的应变能力,为患者创造温馨和睦的家庭气氛,监督患者服药,帮助患者合理安排生活,适应社会和工作。指导病人增强自我心理调节能力。

(3)家属的误区:在精神病患者的康复过程中,患者家属的误区主要表现在两个方面。

①对患者过度关心,事事包办:家庭康复并不是代替患者去解决各个具体问题,而是增强和提高患者的心理承受力为主,以便患者应对各种心理社会紧张刺激,维护心理平衡和身心健康。所以,康复期患者并不像患了躯体疾病那样需要静养。相反,亲人为他做得越多,他的主动性越差,依赖心理越强,越难以走出家门,进入社会。家属应鼓励患者自己料理生活,主动与他人交流情感,并适当参加社交活动。

②家属过于急躁,看患者做什么都不满意,经常指责患者"有病"。精神康复是一个漫长的过程,家属要有足够的耐心,做好打"持久战"的心理准备。家属应站在患者的角度去理解他们的内心感受和实际困难,千万不要动不动就揭他"有病"的伤疤,因为"恨铁不成钢"的结果往往是"欲速则不达"。如何与患者平等地交谈,也是家属需要学习和摸索的。有的家属主观意志较强,对患者说话带有指令性,不给患者充分表达自己意愿的机会,结果患者变得愈发沉默寡言,自我封闭。

患者对待疾病和现实的态度也是影响康复的重要因素。常见的情况是患者在病重期间由于缺乏自知力,主观的痛苦感并不强烈,然而在病愈之后,顿觉噩梦方醒,不得不面对周围人异样的目光,不得不考虑精神疾病给自己学习、工作带来的重重困难。有的人从此意志消沉,甚至悲观厌世。

这就需要家属有意识地去引导患者从另一个角度看待疾病。家属要为患者树立这样的观点:患病固然不幸,却也可以把它看作上天对自己的一种磨练。

精神病患者克服着普通人难以想象的困难,目的就是康复后回归社会,同我们一起生活、工作。因此这种政府、医院、社团、社区、家庭联合方式的精神病患者康复援助方式,对于精神病患者的康复来说,至关重要。

本章编写负责人:刘华清　刘义林　刘　洋

本章参与编写校对人员:刘华清　刘义林　刘　洋　魏晨曦　李玖菊　孙春云　何　玲

第十章　社区心理援助测评技能

第一节　社区心理援助测评技能概述

一、测量

（一）一般测量概述

生活中，测量无处不在。所谓测量，是依据一定的法则使用量尺对事物的属性进行定量的描述。测量是对非量化实物的量化过程。这一句概念中包含了四个重要的要素。

1. *一定的尺度*　这是指任何测量都要建立在某种科学规则和科学原理之上，并通过科学的方法和程序完成测量。所以从事测量方面的工作要经过专业地学习，学其原理，掌握其方法，才可以从事测量。

2. *事物的属性*　是指所要测的事物的特定特征，一种事物有不同的特征，不同的特征有不同的属性，对不同的属性有不同的测量法则；有的特征与属性明显，有的隐晦，不易察觉，只有在测量中鉴定出事物的属性，其测量结果才是有效的。

3. *量尺*　是指测量中使用的测量工具，这个作为测量参照点的量尺，是否在测量过程中达到标准化、统一化。要知道不同的参照点的测量结果是不同的，量尺的标准化是测量结果有效可信的保证。

4. *定量描述*　指测量的结果是对事物定量的描述，不是定性的。所谓定性描述是对事物的本质属性做一描述，譬如，对苹果的定性描述，苹果是水果，不是动物；而定量的描述是指数字的一种分类。

数字具有区分性，即（数字“1”是数字“1”，数字“1”不是数字“2”）；序列性；即（1、2、3、4）；等距性（如 $2-1=3-2$）；可加性（如 $1+1=2$），正是因为数字有了这些特征，才有了数学运算，也正是因为此，才让我们对事物的定量描述有了可能。

（二）测量的种类

根据测量的性质，测量有四种。

1. *定类测量*　定类测量也被称为类别测量或定名测量，它是测量层次中最低的一种。

2. *定序测量*　定序测量也称为等级测量或顺序测量。定序测量的取值可以按照某种逻辑顺序将研究对象排列出高低或大小，确定其等级及次序。

3. *定距测量*　定距测量也称为间距测量或区间测量。它不仅能够将社会现象或是事物区分为不同的类别、不同的级别，而且可以确定它们相互之间的间隔距离和数量差别。

4. *定比测量*　定比测量也称为等比测量或比例测量。定比测量除了具有上述三种尺度的全部性质之外，还具有一个绝对的零点（有实际意义的零点）。

测量有两大因素：①测量的参照点，这是保证测量有一个原始的起点，他有绝对参照点（以绝对零点为参照点）和相对参照点（以人为的参照点为参照点，譬如温度的零度，就是一个相对的参照点，零度值是人体温度，是人为设置的，不是说温度为零了）；②测量单位，它保证了测量结果的一致性与可比性，如果没有单位的测量就是无效的测量。

如前所说，要测量某一事物的特征首先选一个测量参照点保证测量的尺度与测量的连续性。这种可以是事物的特征数字化的连续载体就是测量的量表，建立系统的法则制定量表的参照点与单位就是度量。

（三）量表

根据测量中使用的不同单位，量表有四个不同形式。

1. *名称量表*　名称测量是测量中最简单的形式——分类，即属于同一类的事物用同一个数字表示，属于另一类的事物用另一个数字表示。用来描述各类事物的数字仅仅是事物的名称；它只具有相同与不同的特性，没有数量大小的含义。用这类数字表示的量表叫名称量表。

例如，学生按性别进行分类，凡男生用1表示，女生用2表示。如果既按性别分类，又按对物理学科喜欢和不喜欢两个标准进行分类，喜欢用1表示，不喜欢用0表示。于是男生喜欢者可表示为11；男生不喜欢者可表示为10；女生喜欢者可表示为21；女生不喜欢者可表示为20。在这里，用来描述事物的数字仅仅是代表事物的符号。它只能区分事物的类别，没有数量的大小、多少、位次和倍数关系。也就是说，它只具有数的同一性和区分性，而不具有等级性、等距性和等比性。因此，不能将之进行“加、减、乘、除”四则运算。对于名称测量结果的数据所进行的统计处理，不是用来描述事物的数字本身，而是归入每一类中个体的数目（频数）。

对这类点计数据所允许和适用的统计方法，有比率（相对频数，即某一类的频数与总频数之比）、百分比、相关系数、检验。

2. *等级量表或位次量表* 对于事物的属性按一个标准进行分类，用来描述各个类别的数字，不仅具有区分性，而且还具有等级性（位次性），这些数字之间能表示事物大小的位次关系，但不具有等距性和等比性。用这样的数字表示的量表叫等级量表或位次量表。

例如，将学生的动能定理的应用能力分成甲、乙、丙三个等级。甲等用3表示，乙等用2表示，丙等用1表示。于是对于学生动能定理的应用能力的评定构成了3>2>1的位次关系。但是这些数字只能确定事物相等或不等的关系。在不等的情况下，只能确定大于或小于的关系，如3>2、2>1，则3>1的关系，却不能确定甲等的3比丙等的1大多少个相等的单位。因为3与2和2与1之间的差距是不相等的。因此对于量表上的这些数字不能进行加减乘除的运算。

3. *等距量表* 有相等单位和人定参照点的量表叫等距量表。这种量表上的数值不仅具有区分性、等级性，还具有等距性。但是量表上的参照点（读数的起点）不是绝对零点，而是人定的参照点。

例如，用摄氏温度计测量的温度，9℃与6℃之差等于6℃与3℃之差，即这并不意味着9℃是3℃的3倍。这是因为摄氏温度表是以冰点作为人定参照点。摄氏零度并不意味着没有温度，而摄氏温度表上的绝对零点在零下273℃，即-273℃。时间量表上的参照点也是人定的。钟表上的零点，并不意味着没有时间。这类量表上的数值只能作加减运算，不能作乘除运算。

4. *比率量表* 有相等单位和绝对零点的量表叫比率量表。这种量表上的数值不仅具有区分性、等级性、等距性，还具有等比性。

因为量表上有绝对零点。所谓绝对零点，就是量表上标着0的地方，表示所要测量的属性是无。这类量表上的数值既可以确定一个事物比另一事物大多少，又可以确定大多少倍。因此，量表值可以进行加减乘除四则运算。在物理测量中，长度、重量、开氏温度量表（绝对温度量表）都属于比率量表。例如，甲生身高143厘米，乙生身高130厘米，可以说甲生比乙生高13厘米，也可以说甲生身高是乙生的1.1倍。

它所适用的统计方法，除了等距量表所适用的统计方法之外，还可以计算几何平均数和差异系数。比率的测量，是测量的最高水平。

以上四种量表是依从低到高的次序排列的。量表的次序越高，对于描述事物的数所能允许的算术运算也就越多。后面每一种量表的性质，除包括前面各种量表的性质之外，还具有其特殊的性质。

人们往往将运用名称、等级量表进行的测量认为是定性测量，而将运用等距、比率量表进行的测量认为是定量测量。

二、心理测量概述

根据一般测量的定义，我们把心理测量定义为指依据一定的心理学理论，使用一定的操作程序，给人的能力、人格及心理健康等心理特性和行为确定出一种数量化的价值。广义的心理测量不仅包括以心理测验为工具的测量，也包括用观察法、访谈法、问卷法、实验法、心理物理法等方法进行的测量。心理测量是通过科学、客观、标准的测量手段对人的特定素质进行测量、分析、评价。这里的所谓素质，是指那些完成特定工作或活动所需要或与之相关的感知、技能、能力、气质、性格、兴趣、动机等个人特征，他们是以一定的质量和速度完成工作或活动的必要基础。

（一）心理测量的作用

(1)测量可以从个体的智力、能力倾向、创造力、人格、心理健康等各方面对个体进行全面地描述，说明个体的心理特性和行为。同时可以对同一个人的不同心理特征间的差异进行比较，从而确定其相对优势和不足，发现行为变化的原因，为决策提供信息。

(2)心理测量可以确定个体间的差异，并由此来预测不同个体在将来活动中可能出现的差别，或推测个体在某个领域未来成功的可能性。

(3)心理测量可以评价个体在学习或能力上的差异，人格的特点以及相对长处和弱点，评价儿童已达到的发展阶段等。心理测量的结果可以为客观、全面、科学、定量化地选拔人才提供依据。因为它可以预测个体从事某种活动的适宜性，进而提高人才选拔的效率与准确性。心理测量可以了解个体的能力、人格和心理健康等心理特征，从而为因材施教或人尽其才提供依据。如学校可以依据学生的能力水平分班分组，部队可以依据每个人的特长分配兵种，企业可以将职员配置到与其能力、人格相匹配的部门等。

(4)心理测量可以为升学、就业咨询提供参考，帮助学生了解自己的能力倾向和人格特征，确定最有可能成功的专业或职业，进而做出最佳选择。心理测量可以为心理咨询或治疗提供参考，帮助人们查明心理问题、障碍或疾病的表现及其原因，进而有针对性地给予心理辅导、咨询或治疗。

心理学的测量从使用的参照点说，都是相对零点，都是人为设定的，从使用的单位来说，心理测量的单位意义不太明确，譬如各种名称量表都是以“分”作单位，但是这个做单位的“分”的实际意义真的很难说清楚。由于顺序量表的参照点没有绝对零点，而且单位不等值，大量的统计方法不能直接应用到顺序量表的分数上去，因此无论在理论研究还是实际测量中都有很大的限制。为了克服这些困难，心理学家大致都同意将顺序量表上得到的分数转化成等距量表上去解释。因此现实很多测量都是用顺序量表做，最后转化成等距量表中做解释。

（二）心理测量的发展史

大致经历了古代时期、近代时期、现代时期三个阶段。

1. 古代时期

(1)公元六世纪初，南朝人刘勰的著作《新论·专学》中提到了类似现代“分心测验”的思想。

(2) 在中国古代，“七巧板”是很常见的一种儿童玩具，其实它可以作为创造力测量的工具。

(3)中国古代心理测量的思想中包含着典型的东方文化特点:定性描述及带有道德判断色彩。

2. 近代时期

(1)1916 年，樊炳清先生首先介绍了比内—西蒙智力量表。

(2)1920 年，北京高等师范学校和南京师范学校建立了我国最早的两个心理学实验室，廖世承和陈鹤琴先生在南京高等师范学校开设心理测验课。1921 年，他俩正式出版《心理测验法》一书。

(3)1922 年夏天，中华教育改进社聘请美国教育心理测验专家麦考尔来华讲学。

(4)1924 年，陆志韦先生出版了《订正比内西蒙智力测验说明书》，30 年代又与吴天敏再次做了修订。

(5)1931 年，由艾伟、陆志韦、陈鹤琴、萧孝嵘等倡议，组织并成立了中国测验学会。

(6)1932 年，《测验》杂志创刊。

(7)至抗战前夕，由我国心理学工作者制定或编制出的合乎标准的智力测验和人格测验约 20 种，教育测验 50 多种。

3. 现代时期

(1)1936 年，苏联在批判“儿童学”时扩大化，心理测验也被一概禁止。

(2)从 1978 年北京大学首建心理系开始，心理测验才重新得到恢复。

(3)1979 年，林传鼎、张厚粲等以国外资料为参考，编制了少年儿童学习能力测验。

(4)1980 年初，北师大心理系开设了心理测量课。1984 年，在北京召开的第五届全国心理学年会上，成立了心理测验工作委员会，加强了心理测验工作的指导和监督。

（三）心理测量的特点

最主要的就是它的间接性。

1. 间接性　心理与某些客观的物理现象不同,以今日的科学发展水平我们尚不能对心理进行直接的测量。根据心理学特质理论,某种内在的不可直接测量的特质,可表现为一系列具有内在联系的外显行为。因此,心理测量只是测量了一个人对测验项目所进行的行为反应,心理学家对测量结果进行推论,从而间接了解人的心理属性。

2. 相对性　对人的行为进行比较,没有绝对的标准,也就是说没有绝对的零点,我们有的只是一个连续的行为序列。所有的心理测量都是看每个人处在这个序列的什么位置上,因此,位置具有相对性。由此所测得的一个人智力的高、低等,都是与其所在总体的人的行为或某种人为确定的标准相比较而言的。同时,标准也不是一成不变的。

心理测验是与心理测量相联系又有所区别的概念。心理测验是了解人心理的工具,主要在"名词"意义上使用。而心理测量则是运用心理测验为工具,达到了解人类心理的实践活动,它主要是在"动词"意义上使用。

这也就提醒心理测量的爱好者尽管心理测试是心理学研究的必要手段,在实际的生活中也得到了越来越广泛地应用,然而要注意的是,心理测试只是提供一定的参考。人是发展成长和变化的,心理测试仅仅提供个人在进行测试的那个时间点的状况、特点,因此过分夸大心理测试的效果也是不对的。

在此特别提醒各位的是,心理测试只能提供一个专业的心理学方面的参考,并不能为一个人下终生的论断。无论任何人,在对测试结果进行解释的时候必须慎之又慎,不要把心理测试结果当成是"终生的标签"。

类似的心理测试很多,但测试的结果仅供参考,心理测试不是心理健康的唯一标准,心理测试细节应由专家再分析。因为心理测试是以心理健康社会常模为标准测试,心理测试的常模标准是动态的,比如国外的测试常模和过去的测试常模不一定符合当代社会的普遍现象;另一方面,当事人在心理测试的时候是一种心态,测试以后可能又是一种心态;还有心理测试题是否恰当、是否有暗示性、当事人对心理测试的态度、测试答案怎么分析都是影响心理测试的因素,心理测试在专业领域叫心理测量,网络上的心理测试多是娱乐游戏性质。

(四)心理测量分类

常见的心理测量按目的可以分为以下几种:

1. 能力测量　包括智力测验和特殊能力测验。前者主要测量人的智力水平,后者多用于升学、职业指导服务(如绘画、音乐、手工技巧、文书才能、空间知觉能力等)。

2. 人格测量　主要测量人的性格、气质、兴趣、态度等个性特征和各种病理个性特征。

3. 记忆测量　包括短时间记忆测验和长时间记忆测验,主要用于外伤引起的记忆损害和老年人记忆减退。

4. 适应行为评定　评估人们社会适应技能,包括智慧、情感、动机、社交、运动等因素。

5. 职业咨询测量　随着心理测验的发展,许多年轻人希望在未来竞争中既能发挥自己的潜能、气质,又能适应自己的兴趣、爱好,因此在择业前往往求助心理学家。

第二节　社区心理援助常用测量工具

目前我国普遍使用的61种常见测评量表和中国心理网、北京星海软件公司、京师心港软件公司所开发使用的109种各类心理测评量表,都是比较值得参考的测量工具。《心理卫生评定量表手册》也是社区心理援助工作中可以参考和借鉴使用的测量工具。

工欲善其事,必先利其器。没有金刚钻,别揽瓷器活。如果没有得心应手的工具和方法,做起心理援助和心理咨询来,必然会事倍功半。临床心理学博士刘义林教授通过多年的临床实践,归纳出了一套实用的、规范的、可推广使用的20个工具。

一、社区心理援助师常用的20个工具

社区心理援助师常用的20个工具包括心理咨询记录表、心理咨询协议书、来访者承诺书、咨询会谈连

接作业表、生活史调查表、一周生活时间记录表、简明精神问题量表、贝克抑郁量表、伯恩斯抑郁量表、改善人际关系作业表、五步脱困法掌控自己的情绪作业、够你用一辈子的话、思维过程中常见的错误、情绪强度记录表、简单算数思维练习表、情绪思维感受心理状态记录表、积极情绪与消极情绪自我评估、积极情绪与消极情绪评估月报表、来访者满意度调查、个人优劣势评估表。

1. *心理咨询记录表(PCS)* 没有记录的咨询,是不负责任的咨询。一个专业的心理咨询师,你的咨询内容如果没有记录的话,这位来访者下次再来找你的时候,你还能完整准确地记得他的问题吗?你还记得你上次做过什么样的应对和处理吗?你能有科学的依据来证明来访者的症状得到了什么样的改善吗?不管从规范、严谨、科学、负责任、自我保护的哪一方面来讲,咨询记录都是重要的、必需的。如果来访者对咨询记录提出质疑,或担心自己的信息被泄露,心理咨询师需要事先讲明保密原则,可以让来访者使用化名,或者避免让来访者填写他认为敏感的或不便填写的其他信息。

(1)初次来访:需要澄清问题,需要排除躯体病变,了解既往病史和有无家族精神病史。要提示来访者用关键词陈诉需要帮助的主要问题,要注意收集数据信息,尽量把抽象的语言描述改用数字描述。如来访者诉说抑郁很难受,这个很难受的感觉就会因人而异,如果我们要求来访者用1~10的数字来表述,1~3为轻度,可以忽略;4~6为中度,需要关注;7~10为重度,需要重视。这样一来,来访者表述的抑郁程度就变抽象为具体了,就可以数据化、可视化了。

(2)第一次收集相关数据:一般让来访者用1~99来对自己综合的稳定性、自信心、希望、情绪做评估,对心理咨询师的信任度、自己对咨询的配合度做评估。60分及格,90分优秀。同时表明信任和配合度越高,咨询效果越好。如果信任度和配合度都低于60分,咨询效果会受到影响,甚至难于达到预期效果。为了客观地了解来访者的性格特征和问题所在,建议同时收集来访者的卡特尔16种人格因素问卷(16PF)和明尼苏达多相人格问卷(MMPI)的相关数据。

(3)初次心理咨询:最重要的是关系的建立,关系建立失败,就意味着咨询失败。良好的人际关系是心理咨询效果的保障,是一个心理咨询师专业素质水平以及人格魅力的重要体现。

初次以后的心理咨询记录,一般在第一栏注明日期,在栏外注明第几次咨询。

2. *心理咨询协议书(PCP)* 心理咨询协议书的签订,体现了心理咨询师的专业素质,明确了来访者和心理咨询师的权利和义务,明确了咨询时间、咨询次数、咨询费用、保密责任等重要事宜和约定事项,避免了没有签订咨询协议可能会产生的误会与纠纷,是心理咨询师专业化、行业行规所必需的事项,也是有法律意识和心理咨询师自我保护的体现。来访者也可以使用化名签订咨询协议,咨询协议书的签订是一种认同、一种约束、一种共同努力协同解决问题的象征。如果心理咨询师或来访者认为该心理咨询协议需要修改或补充,可以在咨询协议书中替换或加入其他条款。心理咨询协议书的签订,是心理咨询规范化、标准化的一个重要工作。

3. *来访者承诺书(VLC)* 让来访者在来访者承诺书上签名,这也是给来访者的一种强化和暗示,对于巩固咨询关系会有促进作用。其中的"我保证积极努力配合心理咨询和心理辅导,提供真实的相关情况和症状线索,绝不将来访期间接触到或见到的相关技术、工具、其他来访者的情况以及他人隐私等敏感事宜泄露给任何第三人;如果由于我的不努力配合或者我本人症状的恶化加重而无法达到心理咨询和心理辅导效果,我绝不对您迁怒、指责、诋毁、攻击或散布有损您声誉的言行。"以及"我保证信守承诺,决不食言,决不半途而废。"对保障咨询效果是有益的,对咨询师的权益保护也是显而易见的。

4. *咨询会谈连接作业表(CTCW)* 一般要求来访者在每次来访前,填写好咨询会谈连接作业表,这是来访者与咨询师互动的一个重要工具,如果来访者有很多问题,可以让来访者写在背面或另文表述。依据多次咨询会谈连接作业表的比较分析,可以看出来访者改善的轨迹和心理咨询效果的体现过程,以及心理咨询师使用的技术和心理咨询的方法、技巧、特点。来访者的配合度、作业完成度、来访者对心理咨询师的要求或不满亦可以在这里体现出来。

5. *生活史调查表(LHQ)* 该表修改前来源于《心理诊断和治疗手册》,共有11组问题,这个调查表的目的是为了对来访者的生活经历和背景获得全面的了解,该表提供的许多信息,都可以在一定程度上表现出来访者的问题和症状因素,包括并不限于家族病史、遗传基因、家庭背景、个人主要成长经历、问题或症状的严重程度等信息。

心理咨询师要请来访者配合,尽可能完整和准确地回答这些问题,这将有利于制定一个适合于来访者的特定需求的心理咨询方案,在来访者填写之后尽快收回此表,此表和咨询档案同样需要高度保密,未经来访者同意,不得对外泄露来访者填写的任何信息。

6. 一周生活时间记录表(WLTS) 这个一周生活时间记录表适用于学生,成人可以把学习栏改为工作栏,今日一句话感想要求全部使用积极的、表扬的、赞美的、好的短句子,而避免使用消极的、批评的、攻击的、坏的简短词句。一般对比数据要求连续收集 8 周或以上。

7. 简明精神问题量表(BPRS) 该量表来源于中国心理卫生杂志社《心理卫生评定量表手册》,原名叫"简明精神病量表",是精神科应用最广泛的他评量表之一,具有良好的信度和效度。为了避免来访者产生恐慌、畏惧、误会,所以将其淡化改名为"简明精神问题量表"。临界值为 35 分,小于 35 分为正常,大于 35 分为异常,总分为 20～140 分,反映问题的严重性,总分越高问题越严重,心理咨询前后总分值的变化可以反映心理咨询效果的好坏,差值越大效果越好。如果采用来访者真实客观的自评,可以达到改善认知偏差的效果。得分超过 70 分者可以每周评定一次。

8. 贝克抑郁量表(BDI) 贝克抑郁量表(BDI)和伯恩斯抑郁量表(BDC)可以同时使用,可以简易快速地得出来访者的抑郁数据,判断出其抑郁的严重程度。在贝克抑郁量表(BDI)和伯恩斯抑郁量表(BDC)同时使用时,伯恩斯抑郁量表(BDC)对轻度症状表现为不敏感,对重度症状的效度是比较一致的。对比观察使用,作者认为贝克抑郁量表(BDI)较好。

贝克抑郁量表(BDI)问卷有 21 组陈述,四选一。要求来访者仔细阅读每一组陈述,然后根据来访者近一周(包括今天)的感觉,从每一组选一条最适合来访者情况的项目,将旁边的数字圈起来,所圈的数字是几就记几分。0～4 分为无抑郁,5～7 分为轻度,8～15 分为中度,16 分以上为重度。

9. 伯恩斯抑郁量表(BDC) 伯恩斯抑郁量表(BDC)和贝克抑郁量表(BDI)可以同时使用,可以简易快速地得出来访者的抑郁数据,判断出其抑郁的严重程度。在贝克抑郁量表(BDI)和伯恩斯抑郁量表(BDC)同时使用时,伯恩斯抑郁量表(BDC)对轻度症状表现为不敏感,对重度症状的效度是比较一致的。

伯恩斯抑郁量表(BDC)问卷有 15 组陈述,四选一。要求来访者仔细阅读每一组陈述,然后根据来访者近一周(包括今天)的感觉,从每一组选一条最适合来访者情况的项目,在相应的栏里打钩,打钩的数字是几分就记几分。0～4 分为轻度或没有抑郁,5～10 分为正常但不快乐,11～20 分为接近中等抑郁,21～30 分为中等抑郁,31～45 分为严重抑郁。

10. 改善人际关系作业表(IRW) 这个作业表用来改善来访者与同事、朋友、同学、老师、父母、伴侣、恋人、上司、下属等的人际关系,建议连续做 12 次,每周做一次,在每次做这个作业之前,都要认真阅读后面的良好的沟通方式和有效沟通的技巧。为了来访者能从这个作业的分析对比中受益,建议来访者在每次提交本作业之前将填写的内容复制或抄写下来。

11. 五步脱困法掌控自己的情绪作业(FCEW) 当我们说自己做不到某一件事,运用五步脱困法技巧,可以将问题分解为以下五句:①困境,我做不到什么;②改写,到现在为止,我尚未能做到什么;③因果,因为过去我不懂什么,所以到现在为止,尚未能做到什么;④假设,当我学懂什么,我便能做到什么;⑤未来,我要去学什么,我将会做到什么。这五个步骤,可以让我们放下包袱,坦然面对,勇往直前。这是认知结合行为的综合练习。

第三步因果中的因,必须是某些本人能控制或有所行动的事,很多时候,是需要我们运用教练技术中的发问技巧去挖掘和梳理的。我做不到实际上是描述一件过去的事实:尽管在当时我们会说我没有这个能力,或者我不想去做,但是在未来的岁月里,我们内心其实是总想保留做得到,或者想去做的权利。发生了的事已无法改变,然而往事对我们未来的影响却可以改变,因此我做不到不应该成为一个包袱,阻碍我们向前走。

12. 够你用一辈子的话(RPW) 这篇 612 字的阅读练习,目的是:①提高口头表达能力、口才、演讲水平;②增强自信心,找到良好的自我感觉;③增强毅力和诚信,让自己对练习能够持之以恒。要点是:注意语气、语态、语感,要有感染力,要声情并茂,要争取读出味道来。评估值1~99分,60分为及格,90分为优秀,定期评估,不断提高,争取早日达到90分以上。该练习既属于阅读疗法,又属于认知疗法和行为疗法,通过对文字内容的领悟消化,达到表达能力的提高。可以使用录音,可以有人监督陪练,可以设定目标和期限来早日达到优秀的水平。

13. 思维过程中常见的错误(TCM) 这个作业可以在认知、反省、调适过程中多次使用,一共有12项思维过程中常见的错误,每一项都可以用1~10的数字来评估,1~3为轻度,可以忽略;4~6为中度,需要关注;7~10为重度,需要重视。

如果来访者的自我评估值在7或7以上,心理咨询师可以引导来访者为自己设立近期目标,让来访者说出自己的愿望,希望在多长的时间里下降到几,从而鼓励和帮助来访者逐步地实现这个目标。

14. 情绪强度记录表(EIS) 让来访者把自己的情绪强度表达出来,指导来访者先做0%(情绪在基本上没有焦虑的愉悦状态下)、100%(情绪在十分焦虑的痛苦状态下)、50%(介于既不是很愉悦、也不是很难过的中间状态),然后再分别填写上面4格和下面4格。该记录表可以暴露来访者的情绪特征,让心理咨询师更好地了解来访者的情绪调控能力。

15. 简单算数思维练习表(SATW) 这个练习,要求来访者把自己的第一感觉答案写下来,然后开始计算。计算完毕后,正确答案肯定会与自己的第一感觉答案悬殊很大。通过这个练习,来访者自己会受到很多启发,会明白自己的第一感觉往往会出错误,自己在实践过程中是可以纠正自己的错误认知,从而得到正确的答案。这个练习也可以告诉来访者遇事不要急于下结论,有时候自己想当然的感觉往往是不对的,甚至是离谱的。这个练习的缺陷是不可以重复做,做过一次的人就没有必要再做了。

16. 情绪思维感受心理状态记录表(ETFPS) 来访者通过填写这个记录表,可以让心理咨询师和自己了解分析对比自己的情绪状态和产生这个情绪状态的原因或事件。这个记录表可以为精神分析疗法、认知疗法、行为疗法提供数据,同时也是一个比较客观的观察记录。来访者在做好这个记录的同时,可以从时间、难受程度的数字、自己的一句话感想获得有益于症状改善的积极因素。

17. 积极情绪与消极情绪自我评估(PNSA) 通过积极情绪与消极情绪的评估对比,找到来访者情绪的平衡点,帮助来访者从具体的情绪状态找到突破口,充分利用来访者的积极情绪,使来访者的症状得到好的转变。

让来访者用1~10的不同数字来表示在过去的一天24小时里,能体验到的以下两组情绪(积极情绪与消极情绪各10个问题)的最大值,然后分别相加得出每一组情绪的总分并加以对比。1~39分为低,40~69为中,70~100为高。各组情绪超过80分或低于20分都需要予以关注和调适。

18. 积极情绪与消极情绪评估月报表(PNMR) 这个工具可以和积极情绪与消极情绪自我评估(PNSA)配套使用,让来访者把每天的积极情绪与消极情绪自我评估(PNSA)值,填写到积极情绪与消极情绪评估月报表(PNMR)里面,积极情绪使用蓝色,消极情绪使用红色。当月报表完成的时候,来访者本月的情绪曲线图就一目了然了。该报表特别适用于慢性症状和情绪不稳定而自己不察觉或不承认的来访者。

19. 来访者满意度调查(VSS) 来访者满意度调查修改前来源于《心理诊断和治疗手册》,主要有来访者寻求心理咨询师解决的问题、情感或者状况得到何种程度的解决、来访者是否充分地理解了问题所在并能在将来应对这些问题、心理咨询师是否对来访者有帮助、如果来访者将来需要帮助是否会预约这个心理咨询师、来访者是否将向需要帮助的其他人推荐这个心理咨询师、在帮助来访者解决问题的过程中心理咨询师表现出的兴趣是否令来访者满意、来访者上次来访到现在有多长时间、中止该心理咨询师的咨询是因为什么原因、当来访者向这位心理咨询师咨询后,来访者或者家庭的任何人是否在别处就此相同的问题进行过心理咨询、附加意见这10个问题,前9个问题是选择题,最后一个问题是自由描述题。

通过来访者满意度调查,可以说明来访者对心理咨询师是否满意,来访者的问题是否得到了解决,对心理咨询师反省和总结自己的心理咨询工作是很有帮助的,一般是在心理咨询结束的时候进行。

20. 个人优劣势评估表 天生我材必有用,你有优势。人非圣贤,孰能无过,你也会有劣势。人的性格没有好坏对错之分,各有自己的特点。每个人都具有自己的优势和劣势,然而却很少有人认真地观察和评估过自己的优势和劣势。通过优劣势评估,发现我们的五大优势和五大劣势,我们就可以知道如何扬长避短,让自己变得更加优秀。按照自己的直觉,客观真实地将 1 ~ 10 的数字填写在该表的"□"内,1 ~ 3 为低或轻、4 ~ 6 为中、7 ~ 10 为高或重。最高值为 500,最低值为 50。50 ~ 150 为低、151 ~ 300 为中、301 ~ 500 为高。

二、常用心理测评量表

1. 人格测试量表

(1)艾森克个性问卷(EPQ)

(2)卡特尔 16 项个性因素测试(16PF)

(3)气质测试

(4)个性爱好倾向测试

(5)明尼苏达(MMPI)多相人格测试

(6)心境投射测验

2. 智力测试量表

(7)韦氏智力测验(儿童)

(8)比奈—西蒙智力测验

(9)画人智力测验

(10)瑞文智力测验

(11)韦氏智力测验(成人)

(12)幼儿智力测验

(13)斯坦福—比奈测验

3. 心理健康量表

(14)90 症状清单(SCL-90)

(15)康奈尔医学指数(CPI)

(16)抑郁状态量表

(17)简明精神问题量表(BPRS)

(18)焦虑自评量表

(19)社会功能缺陷评定量表

4. 心理状态量表

(20)成人人际关系量表

(21)成人心理压力量表

(22)生活事件量表(LES)

(23)心理适应性量表

(24)社会支持问卷

(25)心理年龄量表

(26)社会适应能力量表

(27)防御方式问卷(DSQ)

(28)情商(EQ)测试

5. 学生心理量表

(29)提高学习能力因素诊断测验

(30)小学生心理健康综合测量量表

(31)学习障碍的鉴别

(32)中学生心理健康综合测量

(33)中学生学习态度与态度测验

6.人力资源管理量表

(34)职业能力倾向测试

(35)社会适应能力诊断量表

(36)心理发展状态测验

(37)行动潜力测验

(38)个人风格测评问卷

(39)员工健康状况测评

(40)员工素质测评

(41)工作环境测评量表

(42)职业满意度量表

(43)人力资源管理能力测评

(44)成功商数测试

(45)霍兰德职业兴趣量表

(46)婚恋测试量表

(47)婚姻质量测试

7.婚姻心理量表

(48)艾森克性心理健康测验

(49)恋爱方式测验

(50)夫妻生活健康测验

(51)婚姻安全界线检测问卷

8.儿童用心理量表

(52)儿童行为量表

(53)儿童行为问卷

(54)父母养育方式评价量表

(55)亲子关系与父母角色测量量表

(56)亲子关系诊断测验

(57)托马斯婴儿气质问卷

(58)儿童韦氏智力测验

(59)问题行为早期发现测验

(60)幼儿智力测验量表

(61)康纳尔父母量表

第三节　社区心理援助师必备测量工具

一、人格测量工具

人格特点能在一定程度上影响个体的行事风格、人际关系、社会适应、将来的成就目标等。此类量表有助于了解个体的主要人格特征,预测其兴趣爱好、行为风格、未来在特定情境中的表现,以及可能存在的性格弱点。在职业选择指导、个体发展咨询、学校教育等方面应用广泛。

1.艾森克人格问卷　艾森克人格问卷是英国伦敦大学心理系和精神病研究所艾森克教授编制的，他搜集了大量有关的非认知方面的特征，结合了类型与特质的概念,提出了人格的维度理论,从人格的特质和维度的研究出发,通过因素分析归纳出三个互相成正交的维度，从而提出决定人格的三个基本因素：E维度,内—外向;N维度,神经质,又称为情绪稳定性;P维度,精神质。人们在这三方面的不同倾向和不同表现程度，便构成了不同的人格特征。艾森克人格问卷是目前医学、司法、教育和心理咨询等领域应用最为广泛的问卷之一。

陈仲庚、龚耀先等教授先后分别对该量表在我国是否适用进行了验证，并对原量表进行了修订。我们系统中选用的是陈仲庚教授修订的版本。分为成人式和少年式两分量表，各自包括三个内容分量表（E、N、P）和一个效度分量表（L）。

成人式（EPQA）包括85道题目，适用于16～70岁的受测者；少年式包括74道题目，适用于7～15岁的受测者。EPQ结果采用标准T分表示，根据各维度T分高低判断人格倾向和特征。

（1）E（内向－外向）：分数高表示人格外向，可能是好交际，渴望刺激和冒险，情感易于冲动。分数低表示人格内向，可能是好静，富于内省，除了亲密的朋友之外，对一般人缄默冷淡，不喜欢刺激，喜欢有秩序的生活方式，情绪比较稳定。

（2）N（神经质）：反映的是正常行为，并非指神经症。分数高者常常焦虑、担忧、郁郁不乐、忧心忡忡、遇到刺激有强烈的情绪反应，以至出现不够理智的行为。分数低者情绪反应缓慢且轻微，很容易恢复平静，他们通常是稳重、性情温和、善于自我控制。

（3）P（精神质）：并非暗指精神病，它在所有人身上都存在，只是程度不同。高分者可能是孤独、不关心他人，难以适应外部环境，不近人情，感觉迟钝，与他人不友好，喜欢寻衅搅扰，喜欢干奇特的事情，并且不顾危险。低分者能与人相处，能较好地适应环境，态度温和、不粗暴、善解人意。

（4）L（效度量表）：测定被试的掩饰、假托或自身隐蔽，或者测定其社会性朴实幼稚的水平。L与其他量表分的功能有联系，但本身代表一种稳定的人格功能。

（5）将N维度和E维度组合：进一步分出外向稳定（多血质）、外向不稳定（胆汁质）、内向稳定（黏液质）、内向不稳定（抑郁质）四种人格特征，各型之间还有移行型。

①不稳定内倾（抑郁质）。感受性高，耐受性低；不随意的反应性低；严重内倾；情绪兴奋性高而体验深，反映速度慢；具有刻板性，不灵活。

②不稳定外倾（胆汁质）。感受性低，耐受性高；不随意的反应性高，反应的不随意性占优势；外倾性明显，情绪兴奋性高，抑制力差；反应速度快，但不灵活。

③稳定内倾（黏液质）。感受性低，耐受性高；不随意的反应性和情绪兴奋性均低；内倾性明显，外部表现少；反应速度慢，具有稳定性。

④稳定外倾（多血质）。感受性低，耐受性较高；不随意的反应性强；具有可塑性和外倾性；情绪兴奋性高，外部表露明显，反应速度快且灵活。

2. 明尼苏达多相人格问卷（MMPI）　明尼苏达多相人格问卷是美国明尼苏达大学教授哈萨威和迈金利于20世纪40年代编制的，它是采用经验标准法编制自陈量表的典范。在当今，MMPI已被翻译成多种文字，广泛地使用于人格鉴定、心理疾病的诊断、治疗、心理咨询以及人类学、心理学、医学的研究工作。80年代初，中国科学院心理所宋维真同志曾将MMPI引入我国。

MMPI的主要功能是测查个体的人格特点，判别精神病患者和正常者。编制者从大量病史、早期出版的个性量表以及医生笔记中选出了一千多个题目，然后对正常和异常被试进行重复测验、交叉测验，选出两组被试反映明显不同的题目构成问卷。最后定型的MMPI共包括566个自我报告的题目，实际上为550个题目，其中16个为重复题目（主要是用于测量被试反映的一致性，看作答是否认真。如果对同一题目被试前后反应相反，则被试作答的认真性更值得怀疑）。这些题目的内容涉及很广，包括身体体验、精神状态及对家庭、社会、婚姻、宗教、政治、法律的态度等26类问题。

MMPI题目要求被试根据自己的实际情况做出“是”“否”“不作回答”三类反应。这些题目组成了14个量表（10个临床量表和4个效度量表）。

（1）效度量表：它是MMPI的主要特色，它并不是测试的效度指标，而是通过几个量表去识别不同的应试态度及反应心向，例如粗心、掩饰、不明提议等。如果这些量表出现异常分数，则意味着被试作答其他量表的有效性值得怀疑。

①说谎量表(L)。由与受社会称赞的那些行为或情绪有关的问题构成。这些项目所涉及的弱点是几乎所有人都难以避免的,但那些试图留下好印象或将自己看得完美、过分夸大自己的个体,不会承认这些弱点,因此L量表的高分意味着不能客观评价自己。

②诈病量表(F)。来自于正常人一般不作肯定回答的MMPI项目,他们往往比较古怪或荒唐,不讨人喜欢。F量表主要是为识别那些胡乱反应、故意装坏的被试。有三种功能:一是被试作答态度的指标,可发现偏离反应;二是精神病程度的良好指标;三是根据此量表得分,可以推测测验以外的行为。

③校正量表(K)。K量表主要是为了鉴别有意将自己伪装成"好人"或"坏人"两种倾向的被试。一般来说,高K值表示对测验的防卫性态度,低K值表示过分地坦率与自我批评。K量表的另一主要用途是根据K值校正各种临床量表的得分。

④疑问量表(?或Q)。该量表无确定项目,它是被试对问题作"无法回答"反应,或对题目的"是""否"均作反应的题目总数。这种无回答的反应心向代表了个体某些心理冲突或对某些事物的逃避,因此也值得重视。如果全测验中30个以上题目为无回答,则此答卷无效。

(2)临床量表[均以所采用的效标组命名,①~⑩为其编号]

①疑病症。由与躯体健康有关的条目组成,如"我每周胸痛好几次"。测试被试者的疑病倾向或对健康和身体的关怀程度。高分表示受试者有许多身体上的不适、不愉快、自我中心、敌意、需求、寻求注意等。

②抑郁症。测量情绪低落、焦虑的问题。问题如"我通常感到生活有趣和有价值"。高分表示受试者情绪抑郁、缺乏自信等。

③癔症。反映对身心症状的关注和敏感、自我中心等特点。条目如"我的心脏跳得很厉害,以致常常我都感觉到"。高分提示受试者倾向于用否认和压抑来处理困难冲突的特点。

④精神病态。社会行为条目如"我的行为和兴趣常常被别人批评"。反映受试者冲动、社会适应差、无视法规和权威、敌意和攻击性等倾向。

⑤男子气—女子气。测量男性或女性气质差异及同性恋倾向。条目如"和我性别相同的人对我有强烈的吸引力"。高分男性表现为敏感、爱美、被动、女性化倾向;低分男性表现为好攻击、粗鲁、爱冒险、粗心大意及兴趣狭窄等。高分女性表现为粗鲁、好攻击、自信、缺乏情感、不敏感等;低分女性多为被动、屈服、诉苦、吹毛求疵、理想主义、敏感等特点。

⑥妄想症。测量异常思维特征,怀疑甚至妄想,条目如"似乎没有一个人了解我"。高分者通常与多疑、孤独、敌意、愤怒、指责有关。

⑦精神衰弱。测量强迫、恐怖等神经官能症等特点。条目如"我保留几乎所有我买的东西,即使我不再用它"。高分者反应紧张、焦虑、强迫思想和恐怖等特点。

⑧精神分裂。测量怪异思维和行为等精神分裂症的特点。条目如"我周围的事物似乎不真实"。高分者反映退缩、情感不稳、思维怪异、幻觉和妄想。

⑨轻躁狂。反映过分兴奋、夸大等轻躁狂症的特点。条目如"每星期至少有一两次我十分兴奋"。高分反映外向、夸张、易激惹、精力过分充沛、乐观、无拘束等特点。

⑩社会内向。测量社会化倾向,条目如"和人争辩的时候,我常争不过别人"。低分反映外向;高分反映内向、羞怯、退缩、不善交际、屈服、过分自我控制等。

(2)测验分数的解释:在MMPI测验中,各量表的T分数如果超过70(国内一般采用T分60标准),就属于异常。由于在某些分量表中的题目有相互重复的现象,因此,一个分量表分数的升高或降低,会影响另一个分量表分数的变化。另外,相同分数在不同量表上可能具有不同的意义,而且,还要同时考虑效度量表的分数。由此可见,对各分量表的分数不能孤立地去解释,应将不同量表结合起来,从分数模式上进行分析解释。

对量表T分进行剖图分析:大量的MMPI临床研究发现,患者的MMPI剖析图中往往出现两个或两个以上的高峰,经过有关专家反复验证,进一步提出了两点编码(Two Point Code)的解释。具体是将10个量表从左至右依次编号为1~0(将第10个分量表编号为0)。将超过正常标准的高点取出,将最高的两点进行组合即可(如果出现的最高点不止一个,则分别组合),将T分最高的写在左边第一位,次高的写在第二位。需要说明的编号为5(男子气—女子气)和0(社会内向)的两个分量表不参与编码。

常遇到的两点编码形式及意义举例如下。

12/21:被试诉说身体不适和疼痛,但很少有器质性病变;情绪紧张,高焦虑,内向性格,有较强的自我意识。出现这种测图的患者常有躯体不适,并伴有抑郁情绪。这组高分者可诊断为疑病症或抑郁性神经症。如为127测图则可诊断为焦虑性神经症;如为128测图并伴有F量表高分者可诊断为精神分裂症未分化型。

13/31:这种组合的精神病患者,往往被诊断为疑病症或癔症,尤其是在量表2比量表1和3得分低许多的情况下,可作出典型转换性癔症的诊断。

18/81:这种组合的精神病患者,有时被诊断为焦虑性神经症和分裂样病态人格,但按严格的临床标准,如同时伴有F量表分数升高,可诊断为精神分裂症。

23/32:这种组合者通常诊断为抑郁性神经症,如有F量表高分或量表8高分则诊断为重性抑郁症。这类患者对心理治疗反应欠佳。

24/42:具有这种测图的人常有人格方面的问题,有的可诊断为反社会型人格。反映不成熟、依赖性、自我中心、人际关系差、不服从等特点,常见于反社会型人格或被动/攻击性人格,也见于伴有抑郁心境的适应障碍。

26/62:此种人常有偏执倾向,可能的诊断有抑郁性神经症、被动专横人格、偏执状态或早期的偏执型精神分裂症,少数病例为更年期偏执。

27/72:这是最常见编码,反映抑郁、悲观、焦虑不安、神经过敏、躯体不适等特点,常见诊断是抑郁或焦虑症。

28/82:此类测图常见于精神病患者,如F量表T分高于70,可诊断为重性抑郁症、更年期抑郁或分裂情感性精神病。如这种测图不能提示精神病,可诊断为分裂性人格伴抑郁或抑郁性神经症(287测图),对这种人要预防他的自杀企图。

29/92:常见的诊断为躁郁性精神病与循环性人格。

34/43:这种人以长期严重的易怒情绪为特征,诊断有癔症性人格、混合性人格障碍、被动专横人格和爆发性人格。

38/83:具有这种测图的人有焦虑与抑郁感,有时表现出思维混乱。常见的诊断为精神分裂症或癔症(尤其在F量表、Sc量表T分都不超过70时)。

46/64:这种组合的人是不成熟、自负和任性的,对别人要求过多,并责怪别人对他提出的要求,可能的诊断有被动—攻击人格、偏执型精神分裂症和更年期偏执。

47/74:这种人对别人的需求不敏感,但很注意自己行为的后果,极易发生自怨自艾。可能的诊断为焦虑性神经症或病态人格,心理治疗效果甚微。

48/84:有这种测图的人,行为怪异,很特殊,常有不寻常的宗教仪式动作,也可能做出一些反社会行为。这些人一般诊断为精神分裂症(偏执型)、不合群人格、分裂样病态人格或偏执病态人格。

49/94:这种组合者最显著的特征是完全不考虑社会的规范和价值,常有违反社会要求的行为,常见的诊断为反社会型人格。

68/86:这种人表现多疑、不信任、缺乏自信心与自我评价低,他们的日常活动表现退缩、情感平淡、思维混乱,并有妄想,多见于偏执型精神分裂症、偏执状态或分裂性人格。

69/96:有这种测图的人可表现极度焦虑、神经过敏,并有全身发抖等特征,当其受到威胁易退缩到幻想中去。多见于躁郁性精神病、偏执型精神分裂症或分裂情感性精神病。

78/87:这种人常有激动与烦躁不安等表现,被动、缺乏自信、难与异性保持成熟关系、忧虑、恐惧、缺乏抵抗环境压力的能力、有自杀危险等,常见于精神分裂症和回避性人格障碍,当量表2也是高分时则可能为心境恶劣或强迫症。

89/98:这种测图倾向于活动过度,精力充沛、情感不稳,不现实及夸大妄想者。诊断有精神分裂症与躁郁症,分裂情感性精神病亦有可能。

3. 卡特尔16种人格因素问卷(16PF)　卡特尔16种人格因素问卷(16PF)由美国伊利诺州大学人格及能力测验研究所的卡特尔教授在多年实践和研究的基础上编制而成。该问卷的理论基础是个性特质论,问卷编制采用因素分析法。卡特尔教授认为人的个性是由许多特性所构成的,由于各种特性在一个人身上的不同组合,构成了一个人不同于他人的独特个性。他把人的个性分为“表面特性”和“根源特质”,所谓表面特性是指一个人经常发生的、可以从外部观察到的行为;而根源特质则是制约着表面特性的潜在基础。卡特尔从许多表面的行为中抽取了16种“根源特质”,称为16种个性因素。然后他又据此编制了专门的量表来测量这16种特质。该问卷具有良好的信度和效度,是目前在全世界运用很广泛的一种人格测验工具。

(1)测验目的与功能

①目的:人格是稳定的、习惯化的思维方式和行为风格,它贯穿于人的整个心理,是人的独特性的整体写照。人格对于管理者来说是很重要的,它渗透到管理者的所有行为活动中,影响管理者的活动方式、风格和绩效。大量研究和实践表明:某些人格类型和管理活动有着特定的关系,它们对团体的贡献不同,所适宜的管理环境也不同。利用成熟的人格测验方法对管理者或应聘人员的人格类型进行诊断,可为人事安置、调整和合理利用人力资源提供建议。这正是本测验的使用目的所在。16PF广泛用于人员的选拔和评定。

②功能。从乐群性、聪慧性、稳定性、恃强性、兴奋性、有恒性、敢为性、敏感性、怀疑性、幻想性、世故性、忧虑性、实验性、独立性、自律性、紧张性16个相对独立的人格(维度,又称维量)对人进行描绘,可以了解应试者在环境适应、专业成就和心理健康等方面的表现。在人事管理中,16PF能够预测应试者的工作稳定性、工作效率和压力承受能力等。可广泛应用于心理咨询、人员选拔和职业指导的各个环节,为人事决策和人事诊断提供个人心理素质的参考依据。

(2)适用对象和构成:该问卷适用于初中文化程度(16岁)以上的各年龄阶段的受测者,对被试的职业、级别、年龄、性别、文化等方面均无限制。问卷共有187道关于个人兴趣和态度等方面的题目,每一人格因素由10~13个测验题组成的分量表来测量,共有16个分量表。16种因素的测验题采取按序轮流排列,即从第1题到第16题分别按序对应于16个人格因素。然后再转回来,从第17题到第32题再同样按序对应16个人格因素。这样既便于计分,也保持受试者作答时的兴趣。每一测验题有3个备选答案。答题时应注意的是:测验不计时,但应在1小时内完成;应凭自己的直觉反应进行作答,不要迟疑不决,拖延时间;尽量不选中性答案。

施测该问卷可以得到16种主要的人格特质因素。由于测得的16种人格特质因素各自独立,相关较低,因此,每一种人格因素都能对受测者某一方面的人格特征有清晰而独特的说明。通过对这些信息的综合,可以全面理解其人格特点。

卡特尔16种人格测试的16种根源特质及其特征如下。

(1)乐群性(A因素)。测量被试是喜欢和人打交道还是喜欢和具体的事情打交道。反映热情和外向等特征,条目如:根据我个人兴趣(我愿意参加文娱队活动)。

(2)聪慧性(B因素)。测量思维的敏捷性。反映智力和抽象思维能力特点,条目如:猫和鱼就像牛和(A. 牛奶;B. 牧草;C. 盐)(选B)。

(3)稳定性(C因素)。反映情绪的稳定性。条目如:气候变化并不影响我的情绪(是)。

(4)恃强性(E因素)。测量支配性。反映好强,不顺从和支配他人等特点,条目如:在课堂上,如果我的意见与老师不同,我常常(当场表明自己的看法)。

(5)兴奋性(F因素)。即情绪的兴奋性,情绪活动的感染力。反映热情、易交往和控制等特点,条目如:一般人都认为我是一个活跃热情的人(是的)。

(6)有恒性(G因素)。测量做事是否认真,是否希望尽善尽美。反映社会责任感等特点,条目如:我总是把是、非、善、恶作为处理问题的原则(是的)。

(7)敢为性(H 因素)。测量被试是否敢于冒险,或者顾忌是否多。反映自信和社交敏感性等特点,条目如:在和别人交往时,我常常会无缘无故地产生一种自卑感(不是的)。

(8)敏感性(I 因素)。测量被试做事情的时候是容易受感情支配还是受理智支配。反应敏感和感情用事等特点,条目如:我爱想人非非(是的)。

(9)怀疑性(L 因素)。测量被试是容易相信别人,还是容易怀疑别人。反映多疑的特点,条目如:我常常怀疑那些出乎我意料的对我过于友善的人的动机是否诚实(是的)。

(10)幻想性(M 因素)。测量被试是按照现实的条件考虑问题还是从本身动机或当时的兴趣来考虑问题。反映理性和现实态度的特点,条目如:我认为目前所需要的是(多出现一些改造世界的理想家)。

(11)世故性(N 因素)。测量被试是全面周到地处理问题还是天真、直率地考虑问题。反映精明和世故等特点,条目如:我愿意跟有教养的人来往而不愿意同鲁莽的人交往(是的)。

(12)忧虑性(O 因素)。测量被试忧虑的程度。反映患得患失、悲观抑郁等特点,条目如:半夜醒来,我常常为种种忧虑而不能再入睡(常常如此)。

(13)实验性(Q1 因素)。测量被试是遵守传统观念和行为标准还是积极尝试新的思想和行为。反映自由、不拘于服从现实权威、接受新事物等特点,条目如:在年轻时,当我和父母的意见不同时(我保留自己的意见)。

(14)独立性(Q2 因素)。测量被试是独立还是容易受别人的影响。反映自信、独立等特点,条目如:我解决问题时,多借助于(个人独立思考)。

(15)自律性(Q3 因素)。测量被试是否能够约束自己的感情和行为。反映自我克制等特点,条目如:在人声嘈杂中,我仍能不受干扰,专心工作(是的)。

(16)紧张性(Q4 因素)。测量被试是情绪紧张的还是心平气和的。反映紧张、烦恼、缺乏耐心等特点,条目如:我常常被一些无谓的小事所烦扰(是的)。

以上 16 种基本人格因素还可进一步组合成 4 种次级人格因素,分别是:①焦虑因素,反映适应水平与焦虑情况;②内外向因素,反映内向与外向特点;③情感因素。反映情感活动和处事特征;④顺从与独立因素,反映被动与主动,依赖与独立,顺从与攻击等特征。

本测试中,得分在 1~3 分者被认为有低分特征;得分在 4~7 分之间属于平均水平;得分在 8~10 分者被界定为高分者。

4. 卡特尔 14 种人格因素问卷(14PF) 卡特尔 14 种人格因素问卷是在 16PF 人格量表的基础上,针对 8~14 岁儿童的特点改编而成。此人格量表对儿童的乐群性、聪慧性、稳定性、恃强性、兴奋性、有恒性、敢为性、敏感性、怀疑性、幻想性、世故性、忧虑性、自律性、紧张性 14 种人格因素和适应与焦虑、内向与外向、神经敏感性 3 种次级人格因素进行分析和评估,从而给儿童的人格特点提供全面的描述。由美国印第安纳州立大学波特博士和伊利诺州立大学人格及能力测验研究所卡特尔教授共同编制,华东师范大学心理学系修订。

5. 斯特里劳气质调查表(STI) 20 世纪 80 年代,波兰心理学家斯特里劳在巴甫洛夫学说的基础上,从整体活动来探讨气质问题。他认为,气质是生物进化的产物,但不受环境影响而发生变化。气质在人的整个心理活动中,在人与环境关系中起着调节作用。并认为,反应性和活动性是两个与行为能量水平有关的气质基本维度,它们对有机体起着重要的调节作用。高反应性的人感受性高,耐受性低;低反应性的人感受性低,耐受性高。

他根据巴甫洛夫学派关于神经过程基本特性的理论编制了斯特里劳气质调查表(STI),用来评定神经系统的四个特性。他在该研究的初期,对每个神经过程的特性(兴奋过程的强度、抑制过程的强度、神经过程的灵活性)各选用了 50 个题目,全部问卷共 150 题,后来删除了十余个题目,剩下 134 题,其中44 个兴奋强度(E)的题目,44 个抑制强度(I)的题目和 46 个神经过程灵活性(M)的题目,神经过程的平衡性(B)没有单独项目。被试根据自己的情况回答:"是""否",然后统计得分。该调查表在国际上广泛应用,已经译成中文、英文、俄文、德文、法文、西班牙文等。

分别计算出你在每一部分的得分，并参考气质测评表，就可以了解你的各种特性的状态和气质类型（表 10－1）。

表 10－1　气质测评表

气质类型	高级神经活动类型	各种神经过程		
		兴奋程度	抑制强度	灵活性
胆汁质	强而不平衡型	正分	负分	负分
多血质	强、平衡灵活型	正分	正分	正分
黏液质	强、平衡、不灵活型	正分	正分	负分
抑郁质	弱型	负分	负分	负分

（1）胆汁质：相当于神经活动强而不均衡型，这种气质的人兴奋性很好，脾气暴躁，性情直率，精力旺盛，能以很高的热情埋头事业，兴奋时，决心克服一切困难，精力耗尽时，情绪一落千丈。

（2）多血质：相当于神经活动强而均衡性，热情，有能力，适应性强，喜欢交际，精神愉快，机智灵活，注意力易转移，情绪易改变。但办事重兴趣，富于幻想，不愿做耐心细致的工作。

（3）黏液质：相当于神经活动强而均衡性。平静，善于克制忍让，生活有规律，不为无关事情分心，埋头苦干，有耐久力，态度持重，不卑不亢，不爱空谈，严肃认真。但不够灵活，注意力不易转移，易墨守成规。

（4）抑郁质：相当于神经活动弱型。沉静、深刻、易相处，人缘好，办事稳妥可靠，很坚定，能克服困难。但比较敏感，易受挫折，孤僻、寡欲，反应缓慢。

6. *A 型行为类型问卷（TABP）*　A 型行为类型问卷，简称 TABP，是由张伯源教授于 1983 年主持全国性的协作组开始修订，用于鉴别行为类型是 A 型的人。研究参考了美国的一些 A 型行为测查量表的内容并根据中国人的自身特点，经过三次测试和修订，完成的信度效度较高的 A 类行为类型量表。

量表含有 60 个题目，分成 3 个部分。

（1）TH：共有 25 个项目，表示时间匆忙感，时间紧迫感和做事快节奏等特点。

（2）CH：共有 25 个项目，表示竞争性、缺乏耐性和敌意情绪等特征。

（3）L：共有 10 个题目，作为测谎题，用以考查被试回答量表问题是否诚实、认真。

该问卷具有较好的信度效度。对冠心病的测试证实其在 A 型行为类型问卷上的 TH、CH、TH + CH 得分均显著高于常人。量表对病人的重测信度为 0.51，对正常人的重测信度为 0.58。

7. *性格特征测量*　这是一个简单的测量量表，主要是根据你对自身性格特征的描述对你的自我控制能力、性格内外向和适合做对人还是对事的工作进行初步判断。

该量表适用于中学生、大学生及成人。

8. *性格倾性测试*　本量表主要是根据您对身边人、事的看法和表现出的对人、对事的态度测试您的性格属于外向还是内向，比较简单快捷。

该量表主要用于成人。

二、心理健康测量工具

心理健康水平会影响个体的学习、生活、人际关系等诸多方面。此类量表可用于鉴别心理处于边缘或异常状态的个体，以及早发现问题，及时进行帮助和治疗。

（一）大学生健康调查（UPI）

UPI 是为了早期发现早期治疗有心理问题的学生而编制的大学生精神卫生、人格健康调查表。该表 1966 年由日本大学的心理咨询专家与精神科医师集体编制而成。我国大学生心理咨询工作者 1993 年修订。

为我国高校应用最早也最为广泛的心理普查量表之一，主要以大学新生为对象，入学时作为心理健康调查而使用。有利于有心理问题的学生的早期发现，并提供及时的帮助和必要的治疗，同时起到心理卫生的宣传作用,有助于学生了解心理问题的表现,增强心理保健的意识。通过测验可以了解大学生的苦恼、心理冲突、迷惘、焦虑,有无身心疾病、神经症、精神分裂症等。它有 64 个题目。操作简便,效果良好。

1. UPI 的构成　由以下三部分构成。

(1)学生的基本情况:包括学生的姓名、性别、年龄、住址、联系办法、家庭情况、兴趣爱好、入学动机等。这部分内容作为问卷分析时供参考之用。

(2)UPI 问卷本身:由 60 个项目构成。其中 4 个项目是测伪尺度(lie scale),其题号是 5、20、35、50。其余 56 个是反映学生的苦恼、焦虑、矛盾等症状项目。

(3)附加题:主要是了解被测者对自身身心健康状态的总评价以及是否接受过心理咨询的治疗,有什么咨询要求。

2. UPI 实施程序　心理卫生知识普及→UPI 调查→分类筛选→请来咨询→ABC 分类。

3. UPI 实施要求

(1)调查时间一般定在新生正式上课后的第二周或第三周为宜。

(2)调查人员测试前要了解 UPI 的有关内容和明确实施过程。

(3)UPI 调查时应向学生讲明调查的目的,打消疑虑。

(4)请来咨询的约请信直接发给学生本人,不要通过班主任、辅导员转交,以免增加学生的压力和负担。请来咨询的结果应保密,一般情况下不与所在系联系,但学生有自杀倾向等危机状态时,为了安全起见,可与有关部门联系。

4. UPI 的记分方法　UPI 测验完成后,需要计算的只有一个指标,即总分。UPI 问卷共 60 个问题,其中有4 个测伪题(第 5、20、35、50 题)。UPI 采用是非式选择,肯定选择的题记 1 分,否定选择的题记 0 分,UPI 总分的计算规则是将除测伪题以外的其他 56 个题的得分求总和,所以,UPI 总分最高为 56 分,最低为 0 分。

5. UPI 的筛选规则　UPI 的筛选标准视研究需要和使用者的具体情况而定,国内高校普遍采用的筛选标准如下所示。

(1)第一类筛选标准:满足下列条件之一者应归为第一类。

①UPI 总分在 25 分(包括 25 分)以上者。

②第 25 题做肯定选择者。

③辅助题中同时至少有两题做肯定选择者。

④明确提出咨询要求者(由于此条选择人数较多,有时不用)。

(2)第二类筛选标准:满足下列条件之一者应归为第二类。

①UPI 总分在 20 分至 25 分(包括 20 分,不包括 25 分)之间者。

②第 8、第 16、第 26 题中有一题做肯定选择者。

③辅助题中只有一题作肯定选择者。

(3)第三类筛选标准:不属于第一类和第二类者应归为第三类。

其中第一类为可能有较明显心理问题的学生,应尽快约请进行咨询。

6. UPI 结果的评价与分类　在请来咨询的第一类学生中,通过进一步的诊断被认为确有心理卫生问题的学生称为 A 类学生,该类学生需要进行持续的心理咨询。没有严重心理卫生问题的学生称为 B 类学生,该类学生可作为咨询机构今后关注的对象。没有任何心理卫生问题的学生称为 C 类学生。

关于 A、B、C 三类如何判定,主要是根据咨询员的经验。下面的特征可供诊断时参考:

(1)A 类:各类神经症(恐怖症、强迫症、焦虑症、严重的神经衰弱等),有精神分裂症倾向、悲观厌世、心理矛盾冲突激烈,明显影响正常生活、学习者,这类学生可立即预约下次咨询时间,每周或隔周面谈一次,直至症状减轻。

(2)B 类:存在一般心理问题,如人际关系不协调,新环境不适应等。这类学生有种种烦恼,但仍能够维持正常学习和生活。对他们提供帮助的同时请他们有问题时,随时咨询。

(3)C类:对他们通过面谈可以起到预防的作用。他们的症状暂时不明显或已经解决,以后出现症状,知道咨询机构可以提供帮助。

把握A、B、C分类也可以从比率上入手。目前各种调查表明,大学生中心理障碍发生率在20%左右,其中心理症状比较严重者占1%~2%。UPI调查中,A类学生占总体被测的1%~2%。

A、B、C分类的目的是筛选出重点帮助和关心的对象,使那些有明显心理症状的学生通过心理咨询和心理治疗,症状减轻,问题缓解,逐步正常化。各校可以根据学生的人数、咨询人员的力量,在有条件的情况下多请一些学生持续面谈,一直到他们可以独立应付生活中的各种事件。在人手缺乏的学校,也可以少请一些学生。A类并不是肯定有神经症或精神病,而只是有某些症状,需要继续提供帮助和指导。

此外,为了对A类诊断更为准确,可以借助其它测验手段,如用16PF、MMPI等。

7. UPI的统计分析　从总体上了解和把握新生心理健康实态是UPI的另一主要作用,因此,除了根据筛选标准找出可能有心理问题的学生外,UPI的统计分析也非常重要。

(1)UPI的统计指标

①入学新生的总人数。

②参加UPI测试的人数及其占全体入学人数的比率(即施测率)。

③根据筛选标准选出的第一类学生(即需要约请来咨询的学生)的人数及其占施测学生人数的比率(即一类筛选率)。

④按约请信的要求实际来咨询机构面谈的学生人数及其占被邀请人数的比率。

⑤来面谈的学生中分别被定为A类、B类、C类的学生人数及其分别占来面谈学生人数的比率。

⑥A类学生占全体施测学生人数的比率。

⑦统计各项目的选择频数,即分别计算在UPI各项目上做肯定选择的人数及其占施测总人数的比率,该统计指标可反映学生的心理问题主要表现在哪些方面(要特别注意关键项目的频数以及认为自己心理卫生方面存在问题的学生比例和主动提出咨询要求的人数)。

⑧总分分布统计,即分别计算每个UPI得分上的人数及其占施测总人数的比率,该指标可反映出学生在UPI总分各个分数上的分布情况,使我们可以从总体上把握学生心理健康状况(要特别注意25分以上学生所占比例)。

⑨不同学生群体之间的比较。为使心理教育和心理咨询机构的工作更具有针对性,有必要对不同群体的学生在以上各统计指标上进行比较研究,如男生与女生之间、系与系之间、农村生源与城市生源之间、应届生与往届生之间等,通过比较分析,可找出差异,对症施治。

8. 鉴别精神分裂症倾向有效的项目(18项)　⑩不想见人;⑪觉得自己不是自己;⑭思想不集中;⑯常常失眠;㉓焦躁不安;㉔容易动怒;㉖对任何事情都没兴趣;㉗记忆力减退;㉘缺乏耐力;㊱莫名其妙地不安;㊵容易被人误解;㊶不相信别人;㊸厌恶交往;(51)过于拘泥;(56)别人在自己背后说坏话;(57) 总注意周围的人;(58)在乎别人视线;(59)觉得别人轻视自己。

9. 鉴别抑郁状态有效的项目(12项)　⑪觉得自己不是自己;⑫缺乏热情和积极性;⑬悲观;⑭思想不集中;⑮情绪起伏过大;⑯常常失眠;㉒爱急躁;㉕想轻生;㉘缺乏耐力;㊸厌恶交往;㊹感到自卑;㊺杞人忧天。

10. 鉴别神经症有效的项目(18项)　⑯常常失眠;⑲胸闷憋气;㉓焦躁不安;㉗记忆力减退;㉛为脸红而苦恼;㉜口吃声音发颤;㊱莫名其妙地不安;㊳缺乏自信心;㊴办事畏首畏尾;㊺杞人忧天;㊼一着急就出冷汗;(51)过于拘泥;(52)对任何事情不反复确认就不放心;(53)对脏很在乎;(55)觉得自己有怪气味;(57)总注意周围的人;(58)在乎别人视线;(60)情绪易被破坏 。

关键项目⑧自己的过去和家庭是不幸的;⑯常常失眠;㉕想轻生;㉖对任何事情都没兴趣。

我们的心理辅导老师可以根据测试和面谈情况判断学生的心理倾向,因为没有常模,所以对异常心理的判定主要是视实际情况而定。

本系统的统计图表中,结果总分大于等于25分或者第25题作肯定选择者,被界定为异常。这里的异常并不是真正意义上的异常,因为 UPI 并没有常模。

(二)症状自评量表(SCL-90)

SCL-90 含有 90 个项目,每项 5 级评分,用于测量较广泛的精神症状学内容,从感觉、情感、思维、意识、行为直到生活习惯、人际关系、饮食睡眠等,要求被试根据自己的实际情况就有无该症状做出评定。测得的是一个人某段时间里(通常是一周)的症状水平。

该量表包括了 9 个因子,每一个因子反映出被试的某方面症状痛苦情况,具体来说,9 个因子的含义如下。

(1)躯体化:反映主观的躯体不适感,包括心血管、胃肠道、呼吸和其他系统的主诉不适,和头痛、背痛、肌肉酸痛,以及焦虑的其他躯体表现。

(2)强迫症状:主要指那些明知没有必要,但又无法摆脱的无意义的思想、冲动和行为,还有一些比较一般的认知障碍的行为征象。

(3)人际关系敏感:反映某些个人在人际交往中的自卑感,心神不安,明显不自在,以及人际交流中的自我意识,消极的期待。

(4)抑郁:苦闷的情感与心境为代表症状,还以生活兴趣的减退,动力缺乏,活力丧失等为特征。以反映失望,悲观以及与抑郁症相联系的认知和躯体方面的感受。另外,还包括有关死亡的思想和自杀观念。

(5)焦虑:一般指那些烦躁,坐立不安,神经过敏,紧张以及由此产生的躯体征象,如震颤等。测定游离不定的焦虑及惊恐发作是本因子的主要内容,还包括一项躯体感受的项目。

(6)敌对:主要从思维、情感及行为三个方面反映受试者的敌对表现,其项目包括厌烦的感觉,摔物,争论直到不可控制的脾气爆发等各方面。

(7)恐怖:恐怖的对象包括出门旅行,空旷场地,人群,或公共场所和交通工具,还反映社交恐怖的一些项目。

(8)偏执:本因子是围绕偏执性思维的基本特征而制定的,主要指投射性思维、敌对、猜疑、关系观念、妄想、被动体验和夸大等。

(9)精神病性:反映各式各样的急性症状和行为,有代表性地视为较隐讳,限定不严的精神病性过程的指征,其中有幻想、思维播散、被控制感、思维被插入等反映精神分裂症者的定性项目,也可以反映精神病性行为的继发征兆和分裂性生活方式的征兆。

SCL-90 使用简便,测查角度全面。它对有可能处于心理障碍边缘的人有良好的区分能力,适用于测查人群中哪些人可能有心理障碍、有何种心理障碍及其严重程度如何。在临床上常常作为诊断参考,也可以用作初级的筛查工具。

(三)心理健康诊断测验(MHT)

MHT 是由华东师范大学心理学系周步成教授和其他心理学科研究人员,根据日本铃木清等编制的“不安倾向诊断测验”进行修订,成为适应于我国中学学生标准化的“心理健康诊断测验”。本测验适用于从小学 4 年级到高中 3 年级的学生,对于教师和家长正确地了解和指导孩子,以及对中学生的心理健康进行科学研究都非常有价值。

学生心理健康综合测量包含学习焦虑、对人焦虑、孤独倾向、自责倾向、过敏倾向、身体症状、恐怖倾向、冲动倾向八个方面,另有一个测谎维度,共 100 个测验题目。可以帮助学生更深入地了解自己,帮助自己保持良好心态。每一个内容量表的得分可以转换成标准分,8 个内容量表的标准分相加即为全量表的总焦虑倾向的标准分。

MHT 测验中若总标准分≥65 分,表示这个人在日常生活中有较严重的不适应行为,可认为其存在着较明显的心理健康问题;如果学生总标准分不到 65 分,但是在某一个或几个内容量表上的标准分在8 分以上,表示他在这项内容上存在着适应不良,需对其制订特别指导计划。

(四)康奈尔儿童行为问卷

康奈尔量表应用至今约有 20 年的历史,是筛查儿童行为问题(特别是多动症)用得最广泛的量表。父母问卷由48题组成，采用四级评分法(0、1、2、3)。这48条可以归纳为6个因子。基本上概括了儿童常见的行为问题，其信度、效度已经过较广泛的检验，能满足一般需要。

教师问卷应用更广泛，它是由28题组成，也采用四级记分法(0、1、2、3)。这28条可归纳为四个因子，包括了儿童在学校中常见的行为问题。

(五)皮尔斯－哈里斯儿童自我意识量表

皮尔斯－哈里斯儿童自我意识量表是美国心理学家于1969年编制、1974年修订的儿童自评量表。主要用于评价儿童自我意识的状况，分为6个分量表，即行为、智力与学校情况、躯体外貌与属性、焦虑、合群、幸福与满足以评价儿童的自我意识。

比较男女性别各分量表的得分，发现“行为”及“合群”分量表女孩得分高于男孩，“焦虑”分量表男孩高于女孩，提示男孩存在较多的行为问题，女孩存在较多的情绪问题，符合心理学一般规律；各分量表及总分城市均高于农村，与哈瓦克斯报道高社会经济层的儿童自我意识高于低社会经济阶层的看法一致，提示环境因素对儿童自我意识的影响，在应用时应考虑城乡差异。

本量表适用于8～16岁儿童。可用于临床对行为障碍、情绪障碍儿童自我意识的评价、治疗追踪，也可以作为筛查工具用于流行病学调查。

三、情绪测量工具

(一)艾森克情绪稳定性测验

艾森克情绪稳定性测验是由当代最著名的心理学家之一——英国伦敦大学的心理学教授艾森克编制的。可以用于诊断被试是否存在自卑、抑郁、焦虑、强迫症、依赖性、疑心病观念和负罪感。

量表共有210道题，其中包含着7个分量表，每一个量表30题，分别从自卑感、抑郁性、焦虑、强迫症、依赖性、疑心病观念和负罪感7个方面评价一个人的心理健康状态。你可以将你在7个分量表上的得分标记在剖析表(表10－2)之中。剖析表中间的竖线代表人们的平均水平。如果你得分基本落在中间附近或基本落在竖线的右侧，那么，你的情绪是比较稳定的，心理健康状态也是好的；如果你的得分多数落在竖线左侧，那么，你的情绪就存在着某种程度的不稳定性，你的心理健康状态就可能存在一些问题。此时，你最好去拜访一位心理学家，进行一次心理咨询。

表10－2　情绪稳定性测验的剖析图

	情绪不稳定性	情绪适应性	
自卑感	6～21	22～30	自尊
抑郁性	7～22	23～30	愉快
焦虑	30～16	15～1	安详
强迫性	25～11	9～1	随意性
自主性	5～20	21～29	自主性
疑心病观念	21～6	5～1	健康感
负罪感	23～8	7～1	无负罪感

关于7个分量表得分的解释如下。

1.自卑感

(1)高分者：对自己及自己的能力充满自信，认为自己是有价值的、有用的人，并相信自己是受人欢迎的。这种人非常自爱、不自高自大。

(2)低分者：自我评价低，自认自己不被人喜爱。

2.抑郁性

(1)高分者：欢快乐观，情绪状态良好，对自己感到满意，对生活感到满足，与世无争。

(2)低分者：悲观厌世，易灰心，心情抑郁，对自己的生活感到失望，与环境格格不入，感到自己在这个世界上多余的。

3. 焦虑

(1)高分者:容易为一些区区小事而烦恼焦虑,对一些可能发生的不幸事件存在着毫无必要的担忧,杞人忧天。

(2)低分者:平静、安详,并且对不合理的恐惧、焦虑有抵抗能力。

4. 强迫状态

(1)高分者:谨小慎微,认真仔细,追求细节的完美,规章严明,沉着稳重,容易因脏污不净、零乱无序而烦恼不安。

(2)低分者:不拘礼仪,随遇而安,不讲究规则、常规、形式、程序。

5. 自主性

(1)高分者:自主性强,尽情享受自由自在的乐趣,很少依赖别人,凡事自己做主,把自己视为命运的主人,以现实主义的态度去解决自己的问题。

(2)低分者:常缺乏自信心,自认为是命运的牺牲品,易受到周围其他人或事件所摆布,趋附权威。

6. 疑心病症

(1)高分者:常常抱怨躯体各个部分的不适感,过分关心自己的健康状况,经常要求医生、家人及朋友对自己予以同情。

(2)低分者:很少生病,也不为自己的健康状况担心。

7. 负罪感

(1)高分者:自责、自卑,常为良心的折磨所烦恼,不考虑自己的行为是否真正应受到道德的谴责。

(2)低分者:很少有惩罚自己或追悔过去行为的倾向。

(二)抑郁自评量表(SDS)

抑郁自评量表为自评量表,用于衡量抑郁状态的轻重程度及其在治疗中的变化。

SDS 的评定时间跨度为最近一周。评分不受年龄、性别、经济状况等因素影响,但如果受试者文化程度较低或智力水平较差不能进行自评。

SDS 由 20 个陈述句和相应问题条目组成,每个条目相当于一个有关症状,均按 1、2、3、4 四级评分。20 个条目中有 10 个项目是用正性陈诉的,为反序计分。20 个条目反映抑郁状态的四组特异症状:①精神性—情感症状,包含抑郁心境和哭泣 2 个条目;②躯体性障碍,包括情绪的日间差异、睡眠障碍、食欲缺乏、性欲减退、体重减轻、便秘、心动过速、易疲劳,共 8 个项目;③精神运动性障碍,包含精神运动性迟滞和激越 2 个条目;④抑郁的心理障碍,包含思维混乱、无望感、易激惹、犹豫不决、自我贬低、空虚感、反复思考自杀和不满足,共 8 个条目。

SDS 评定的抑郁严重程度指数按下列公式计算:抑郁严重程度指数 = 各个条目累计分/80。指数范围为 0.25~1.0,指数越高,抑郁程度越重。

(三)焦虑自评量表(SAS)

焦虑自评量表用于评出有焦虑症状的个体的主观感受,作为衡量焦虑状态的轻重程度及其在治疗中的变化依据。SAS 是一种分析患者主观症状的临床工具。

SAS 适用于具有焦虑症状的成年人,具有广泛的适用性。SAS 的评定时间跨度为最近一周;评分不受年龄、性别、经济状况等因素的影响,但如果受试者文化程度较低或智力水平较差则不能进行自评;应在治疗前及治疗后各进行一次测试,以评定症状的变化情况。

SAS 由 20 个项目组成,均按 1、2、3、4 四级评分。SAS 的 20 个项目希望引出的 20 条症状是:①焦虑;②害怕;③惊恐;④发疯感;⑤不幸预感;⑥手足颤抖;⑦躯体疼痛;⑧乏力;⑨静坐不能;⑩心悸;⑪头昏;⑫晕厥感;⑬呼吸困难;⑭手足刺痛;⑮胃痛或消化不良;⑯尿意频数;⑰多汗;⑱面部潮红;⑲睡眠障碍;⑳噩梦。

SAS 的主要统计指标为总分。有自评者评定结束后,将 20 个项目的各个得分相加,即得到粗分(raw

score)经过下式换算,y = int(1.25x);即用粗分乘以 1.25 以后取整数部分,就得到标准分(index score,Y),或者可以查表作相同的转换。

(四)流调中心用抑郁量表(CES - D)

流调中心用抑郁量表共有 20 个条目,代表了抑郁的主要方面,是 Radloff 通过对大量临床文献及已有量表的因子分析中提取出来的,反映了抑郁状态的以下 6 个侧面:抑郁心境、罪恶感和无价值感、无助与无望感、精神性迟缓、食欲缺乏、睡眠障碍。量表着重于评价抑郁情感或心境,即个体的情绪体验,较少涉及抑郁的躯体症状。目前,本量表已广泛用于流行病学调查,用以筛查出有抑郁症状的对象和评定抑郁症状的严重程度。它着重于评价抑郁情感或心境,即个体的情绪体验,较少涉及抑郁的躯体症状。

填表时要求被试说明最近一周内症状出现的频度。答案包括:"偶尔或无(少于 1 天)";"有时(1 ~ 2 天)";"经常或一半时间(3 ~ 4 天)";"大部分时间或持续(5 ~ 7 天)",每个频度的赋值为 0 ~ 3。有四个条目的用词指向非抑郁,防止病人乱答。总分范围为 0 ~ 60,分数越高抑郁出现频度越高。

CES - D 用于成人测试。

(五)贝克抑郁量表(BDI)

BDI 是由美国心理学家贝克编制的,是相当著名的抑郁自评量表。

BDI 用于评价抑郁的严重程度。内容源自临床,每个条目代表一个"症状 - 态度类别",包括抑郁、悲观、失败感、不满、自罪感、自我失望感、消极倾向、社交退缩、犹豫不决、体像歪曲、工作困难、疲劳、食欲缺乏等 21 项内容。对每个条目的描述分为四级,按其所显示的症状严重程度排列,从无到极重,级别赋值为 0 ~ 3 分。总分范围为 0 ~ 63 分。

施测时应注意,受测者当时的心理状态对该测验很关键。如果让受测者按当天的情况回答,回答的稳定性不能保证;如果让受测者按过去一周的情况回答,稳定性可能好得多。另外,对 BDI 条目的回答还可能会受社会期望的影响。

该量表适用于成年的各年龄段,但在用于老年人时会有些困难,因为 BDI 涉及许多躯体症状,而这些症状对老年人可以是与抑郁无关的其他病态甚或衰老的表现。

BDI 作为最常用的抑郁自评量表,是用于抑郁状态筛查的经典工具。

(六)老年抑郁量表(GDS)

老年抑郁量表由布林克等编制,是专用于测量老年人的抑郁筛查表。

GDS 以 30 个条目代表了老年抑郁的核心,包含以下症状:情绪低落、活动减少、易激惹、退缩、痛苦的想法,对过去、现在与将来的消极评价。每个条目都是一句问话,要求受试者以"是"或"否"作答。20 个条目正向计分,10 个条目反向计分。

检验结果表明 GDS 的信效度较好,并与 SDS、HRSD、BDI 等常用抑郁量表有较高的相关性。GDS 是专为老年人创制并在老年人中标准化了的抑郁量表,在对老年人的临床评定上,它比其他抑郁量表有更高的符合率,在年纪较大的老人中这种优势更加明显。

本量表为 56 岁以上者的专用抑郁筛查量表,而非抑郁症的诊断工具,每次检查需 15 分钟左右。临床主要评价 56 岁以上者的以下症状:情绪低落、活动减少、易激惹、退缩痛苦的想法,对过去、现在与将来的消极评价。但 56 岁以上主诉食欲缺乏、睡眠障碍等症状属于正常现象,使用该量表有时易误评为抑郁症。因此分数超过 11 分者应做进一步检查。

(七)学习焦虑倾向测量

青少年正处在学习知识、增长能力的重要时期。近年来,随着升学考试和就业难度的增加,他们面临的学习压力普遍加大,当压力超过了他们所能承受的程度时常常会引发对学习和考试的焦虑、紧张、不安、抑郁、恐惧等情绪困扰,影响了正常的学习和生活的进行,这就是学习焦虑的表现。正确诊断青少年学生的学习焦虑问题,不仅有利于对青少年进行心理咨询,而且对教师和家长正确地了解和指导青少年具有重要的价值。该量表主要适用于 12 ~ 18 岁的在校生。

(八)考试焦虑自评量表(TAT)

考试焦虑测验(TAT)是用来考查学生考试焦虑程度的测验量表,本测验共由 33 个问题构成。根据测验得到的总分可把被测者考试焦虑的程度分为四种：镇定、轻度焦虑、中度焦虑和重度焦虑。对于中度以上焦虑者应该给予一定的心理辅导，改善其不良心理状态。具体分类标准如下。

(1)镇定：说明该学生一般来说能以比较轻松的态度对待考试。但若分值很低，可能说明其对考试毫不在乎。

(2)轻度焦虑：说明该学生面临考试时有点惶恐不安，但仍属正常范围。轻度焦虑有助于考试成绩的提高。

(3)中度焦虑：说明该学生面临考试时心情过于激动，焦虑感过高，很难考出实际水平，并可能会对身心健康有损害。

(4)重度焦虑：反映该学生可能患有“考试焦虑症”，每逢考试来临便会不由自主地产生莫名其妙的恐惧感。考试时，往往会发生“怯场”，可能会严重影响学习水平的正常发挥，对身心健康很不利，建议通过心理咨询与心理治疗，消解焦虑程度。

考试对学生来说是一种紧张刺激，易引起适度的焦虑，产生一定心理压力，这属于正常现象。但过度的焦虑不仅会危害认知过程，不能正常发挥应有的水平，而且会损害身心健康。因此，教师和家长应注意考试前学生的情绪与行为反应，及时发现存在严重考试焦虑的学生，并及时进行心理辅导，以尽快帮助他们摆脱过度焦虑状态，以正常的心态参加考试。

(九)交往焦虑量表(IAS)

IAS用于评定独立于行为之外的主观社交焦虑体验的倾向。

IAS含有15条自陈条目，这些条目按5级分别予以回答。条目是根据下述两个标准选出的：①涉及主观焦虑(紧张和神经症)或其反面(放松、安静)，但不涉及具体的外在行为；②条目大量涉及意外的社交场合。在这些场合中个体的反应取决于平常对其他人的反应，或受其影响(与之相反的，例如公开演讲场合)。量表经历4个阶段从最初的87条中选出现在的15条。其总分从15(社交焦虑程度最低)到75(社交焦虑程度最高)。

该量表主要是根据被试在人际交往过程中的一些反应情况来判断其焦虑程度，用以判别和改善被试的人际交往状况。该测验主要适用于成人。

(十)工作满意度自我测试

该量表主要是针对被试在日常工作中的一些自我体验和观点进行测试，以判断其对目前工作的满意程度，主要适合于一般在职者。

(十一)工作负荷自我测量

一般在职者在日常工作中，常常要面临非常大的工作压力和生活琐事。过大的工作压力不仅会降低一般在职者的工作效率，还有可能导致心理障碍的产生。一般在职者工作负荷自我测量可以对其当前的工作压力进行评估。

(十二)测测您的厌职情绪

对当前工作的厌倦将会影响到你的心理健康和工作效率，本测量主要是通过对自己工作状况的评价判断你是否存在厌职情绪，然后进行适当的自我调节。该量表主要用于在职人员的自评。

四、能力兴趣测量工具

能力和兴趣与学生的学习成绩、未来发展密切相关。

(一)瑞文推理测验标准型(SPM)

SPM是根据瑞文测验联合型(CRT)编制而成。瑞文测验是英国心理学家瑞文于1938年创制，在世界各国得到广泛的应用。它是一种非文字的智力测验，用于“测验一个人的观察力及清晰思维的能力”，适用范围为5~75岁。

一般人完成瑞文测验，大约需用半小时，测验结果可以计算出原始分数然后根据常模资料(即将一个被试的分数与其所属团体作比较)确定被试的智力等级，或者换算成被试的智商值。

心理学家的大量研究表明，瑞文测验测量了智力的许多因素，包含多种可认为是g因素的方面，推理能力常常被称为智力的核心成分。可以说,瑞文测验所测到的因素与其他智力测验相比,更具有一般性。

测验共60题,分为5组,即反映知觉辨别能力、反映类同比较能力、反映比较推理能力、反映系列关系能力、反映抽象推理能力,每组12题,且5组题目难度逐步增加,每组内部题目也是有一道难排列。组内题目接替思路基本一致,各组之间则有差异。

瑞文测验的实用价值突出表现于它的适用范围之广。不同年龄、从事不同职业、说不同语言、有不同文化背景的人都可以用它作工具,可以用它进行跨文化的研究、多年龄组的研究、正常儿童和聋哑儿童的比较研究等;医学上也可以用它作为诊断和研究的辅助工具。此外,瑞文测验使用方便,经济实用,且测验结果也比较可靠。

(二)智力测验(CW-70)

智力是一个相对概念,根据学生的测验得分和常模进行对照,以判断他(她)在一些计算、常识和逻辑运算等方面是否存在一定的不足或缺陷。

CW-70儿童智力测验是根据国外有关智力测验修订而成的,共有70个项目,内容包括常识、算术、类比、词汇、理解、积木、推理、填图等。该测验的分半信度为0.93,预测效度为0.71。

(三)威廉斯创造力倾向测验

这是美国著名的创造力教学研究专家威廉斯设计的,被公认为是一个"信度高、效度好"的测量创造性的工具,主要测试好奇心、想象力、挑战性和冒险性四项个性特质水平。

它包括冒险性、好奇心、想象力、挑战性四个分量表,是用来测量人的创造潜能的。也就是说,它不是直接测受测者现有的创造能力,而是测量受测者在创造力方面可能达到的水平。对于成年的被测试者来说,如果在本测验中取得了较高的分数,一般来说也可以推论他(她)具有较高的实际创造能力。对于未成年的被测试者来说,如果在本测验中取得了较高的分数,则证明他的创造力潜能较高,他(她)最终形成的创造能力还要受到自身其他人格因素、家庭和社会环境、教育和训练等因素的影响。

(四)思维能力测试

本测量主要从您的类比、推理、发散思维等方面进行测量和判断,以了解您的思维能力属于一个什么样的层次和水平。该量表较简单也易操作。

(五)创造能力自测

这是美国普林斯顿创造才能研究公司总经理、心理学家尤金劳德塞,根据他多年来对富有创造能力的有成就的男、女科学家,发明家,工程师和企业经理的个性和心理品质的研究之后精心设计的。创造能力是智能的核心组成部分。本量表主要是根据学生的自我行为评判来了解其创造能力。

(六)意志力测试

本测试主要根据被试者在日常生活中反映出的行为习惯来判断其意志是否坚定和持久;适合于中学生及成人。

(七)自信心测试

该量表主要是针对被试在日常生活中的一些自我体验和观点进行测试以判断其自信程度。主要适合大学生以及成人。

(八)自我控制能力测试

该量表主要是对被试在日常生活的一些行为表现判断其自我控制能力的高低;主要适合大学生及成人。

(九)交际能力测试

美国著名职业规划专家卡耐基先生曾指出:一个人事业的成功,只有15%是由他的专业技术能力决定,其余85%,则要有赖于他的交际能力。这从一个侧面反映出交际能力的重要性,本测试主要从被试者的日常交际行为和习惯去判断其交际能力水平。该量表主要适用于成人。

(十)核心技能自我测评

该量表主要是从人际关系、组织能力、实践能力、沟通能力、掌握数字的能力、影响力、书面表达能力、研究能力、工作创造性、解决问题能力 10 个方面来判断被试最核心的技能是什么。该量表适用于成人。

(十一)性格与职业类型测试

选择职业方向是人生中一项非常重要的抉择,它不仅决定了人们今后将从事的事业,而且在很大程度上决定了人们的生活方式和生活内容。本量表是美国著名职业指导专家 J. 霍兰德编制的,在几十年间经过一百多次大规模的实验研究,形成了人格类型与职业类型的学说和测验。该测验能帮助被试者发现和确定自己的职业兴趣和能力专长,从而科学地做出求职择业的决定。该测试由中科院心理所方莉洛老师修订。本测验主要适用于高中生及成人。

(十二)RCCP 通用职业匹配测试量表

根据国际上知名的霍兰德职业测评量表进行改进而形成的专业量表,在职业描述上更准确,更精细。它是具有较高信度、效度的职业测评量表,适用于青少年及成人,根据兴趣(你想做什么)、能力(你能做什么)、人格(你适合做什么)这三个因素了解自己,为升学、就业提供帮助。

五、社会应激测量工具

(一)社会功能缺陷筛选量表(SDSS)

社会功能缺陷筛选量表,源于世界卫生组织制定试用的功能缺陷评定量表,又称 DAS 简表。由我国 12 个地区精神疾病流行学协作调查组根据 DAS 的主要部分翻译并修订,主要用于评定最近一个月内精神障碍者的各种社会角色功能及功能缺陷程度。

本量表适用于非住院的或住院时间少于 2 周的患者。适用年龄在 15 ~ 59 岁之间。评定时由经过培训的评定员,重点通过对知情人的询问,参照每个项目的具体评分标准病人做三级评定,评定范围为最近一个月的行为表现。一次评定需 5 ~ 10 分钟。SDSS 的信度效度良好。

使用量表应注意某些项目对某些受检者可能不适用,则不计人总分。

(二)社会支持评定量表(SSRS)

社会支持评定量表是肖水源于 1993 年设计的。社会支持是影响人们社会生活的重要因素。它涉及到学习、生活、健康等各个方向。提供充分的社会支持将有利于个体获得社会资源,增强信心,为个体提供归属感。

社会支持从性质上可以分为两类,一类为客观的支持,这类支持是可见的或实际的,包括物质上的直接援助、团体关系的存在和参与等。另一类是主观的支持,这类支持是个体体验到的或情感上感受到的支持,指的是个体在社会中受尊重、被支持与理解的情感体验和满意程度,与个体的主观感受密切相关。

社会支持量表多采用多轴评价法。量表共有 10 个项目,包括客观支持(3 条)、主观支持(4 条)和对社会支持的利用度(3 条)等三个纬度。问卷的设计基本合理,条目易于理解不会产生歧义,具有较好的信度和效度,重测信度也较好。通过该量表的测量可以较好地反映个体的社会支持水平,能更好地帮助人们适应社会和环境,提高个体的身心健康水平。该量表一般用于 16 岁以上的青少年和成年人。

(三)同学关系问卷

本测验可用来帮助学生了解自己与朋友的关系,了解自己在与同学相处过程中存在哪些典型的行为问题。良好的同学关系是营造良好的学习氛围、保持自己良好的心理状态和学习状态的基础。该量表主要是根据被试自身的感受和交往状况来判断其人同学关系状况的。比较适合中学生和大学生使用。

(四)特质应对方式问卷

应对是心理应激过程的重要中介因素,与应激时间性质以及应激结果均有关系。但目前的应对概念是多维度的,有非常丰富而又不统一的内涵,例如从应对活动的主题角度看,应对涉及个体的心理活动、行为操作和躯体变化;从应对活动与应激过程的关系看,应对涉及应激各个环节,包括生活事件、认知评价、社会支持和身心反应;从应对活动的指向性看,有针对问题的应对和针对情绪的应对。

自 20 世纪 80 年代中开始常识应对评定,至 90 年代初形成 16 项应对条目,所依据的思路是:在应对活动的多维度属性基础上,可以筛选出这样的条目,它们既具有在不同应激过程中的跨情景一致性或个性特质属性,又对个体的身心健康有比较稳定的影响。为此,作者用特质构题、效标考察法筛选和因素分析法严整的方法，经多次修订成本量表。

本量表被引用至多种文献，证明该应对评估方法有助于对团体应激水平的了解，在各种病包括肿瘤、非溃疡性消化不良、心律失常、失眠等病因学研究中有意义。由于特质应对问卷的界定与个性特质以及身心健康有关，但不反映活动的全貌，故可能更适宜于在有关于健康的各种研究课题中使用。另外，本问卷中消极应对（NC）的病因学意义大于积极应对（PC），与之对应的是后者的跨情景一致性也稍低于前者，在使用中也应予以注意。

（五）青少年生活事件量表（ASLEC）

生活事件作为一种心理社会应激源对身心健康的影响引起广泛的关注。由于不同民族、文化背景、年龄、性别及职业群体中生活事件发生的频度及认知评价方式的差异，针对特殊群体的生活事件量表也相继问世。国内 20 世纪 80 年代杨德森和张明园教授等结合我国国情先后编制了两个生活事件量表，两个量表各有特色，已被多项研究引用。

本量表作者刘贤臣等在综括国内外文献的基础上，结合青少年的生理心理特点和所扮演的家庭社会角色，于 1987 年编制了青少年自评生活事件量表，对我国较常见的生活事件（引起人们精神刺激的事件）进行定性定量，测查在某时间段内所受的精神负荷，以甄别高危人群，预防心理障碍和身心疾病。本量表适用于青少年。本量表可用于精神科临床、心理卫生咨询和心理卫生研究，对于研究青少年心理应激程度、特点及其与身心发育和身心健康的关系有十分重要的理论意义和应用价值。目前多应用于综合性医院各科门诊以确定心理因素对疾病发生，发展和转归中的作用分量，也用于指导心理治疗，危机干预，以及指导正常人了解自己的精神负荷。

本量表适用于青少年尤其是中学生和大学生生活事件发生频度和应激强度的评定。主成分因子分析显示 ASLEC 可用人际关系因子、学习压力因子、受惩罚因子 、丧失因子、健康适应因子及其他 6 个因子来概括：

ASLEC 为一自评问卷，由 27 项可能给青少年带来心理反应的负性生活事件构成。评定期限依据研究目的而定，可以为最近 3 个月、6 个月、9 个月、12 个月。对每个事件的回答方式应先确定该事件在限定时间内发生与否，若未发生过仅在未发生栏内划“√”，若发生过则根据事件发生时的心理感受分 5 级评定，即无影响（1）、轻度（2）、中度（3）、重度（4）或极重（5）、完成量表约需要 5 分钟。

统计指标包括事件发生的频度和应激量两部分，事件未发生按无影响记，累计各事件的评分为总应激量。若进一步分析可分为 6 个因子进行统计。

本量表有以下特点：①简单易行，可以自评也可以访谈评定；②评定期限依研究目的而定，可以是 3、6、9 或 12 个月；③应激量根据时间发生后的心理感受进行评定，考虑了应对方式的个体差异；④ASLEC 仅包含青少年时期常见的负性生活事件；⑤ASLEC 有较好的信、效度；⑥统计指标包括发生频度和应激量两部分。

（六）自杀态度问卷（QSA）

作为以预防自杀为目的的自杀态度研究，所测量的态度应该更加全面与具体。这样才能对自杀预防工作提供更加翔实与具体的资料。事实上，社会态度对自杀行为的影响，也并不仅仅局限于对自杀行为性质的态度上。其他方面比如对自杀者（包括自杀死亡者和自杀未遂者）的态度。

六、婚姻家庭测量工具

（一）儿童孤独量表（CLS）

儿童孤独量表，是用来评定儿童的孤独感与社会不满程度的量表。该量表有 24 个项目，可用于评定 3～6 年级学生的孤独感与社会不满程度。

其中 16 个条目评定孤独感、社会适应与不适应感以及对自己在同伴中的地位的主观评价（其中10 条用语指向孤独，6 条指向非孤独）。另外 8 个为补充条目，这些条目对于孤独的评定不起作用，而是询问一些课余爱好和活动偏好，使得儿童的回答更坦诚和放松，避免他们意识到量表的真正测量目的而掩饰了自己的真实回答。

（二）家庭环境量表（FES）

家庭环境量表简称 FES，用于描述不同类型的正常家庭的特征和危机状态下的家庭状况，评价家庭干预下的家庭环境变化，并可比较家庭环境和家庭生活的其他方面内容。该量表有 90 个是非题，答题时间约为 30 分钟。

该量表含有 10 个分量表，分别评价 10 个不同的家庭环境特征：①亲密度，即家庭成员之间互相承诺、帮助和支持的程度；②情感表达，即鼓励家庭成员公开活动，直接表达情感的程度；③矛盾性，也就是家庭成员之间公开表露愤怒、攻击和矛盾的程度；④独立性，即家庭成员的自尊、自信和自主程度；⑤成功性，是将一般性活动，如上学和工作变为成就性或竞争性活动的程度；⑥知识性，即对政治、社会、智力和文化活动的兴趣大小；⑦娱乐性，即参与社交和娱乐活动的程度；⑧道德宗教观，即对伦理、宗教和价值观的重视程度；⑨组织性，即安排家庭活动和责任时有明确的组织和结构的程度；⑩控制性，即使用固定家规和程序来安排家庭生活的程度。

该问卷的中文版（简称 FES－CV）由费立鹏等于 1991 年修订。中文版对一些不适合中国文化的条目做了修改，并改写了两个最不符合中国文化的分量表：独立性和道德宗教观。

修订结果显示，该量表效度较好。精神分裂症患者及其家属的评定没有显著差异，说明患者及家属对家庭环境的感受基本一致。正常人家庭和精神分裂症患者家庭 4 个分量表上有显著差异，正常人家庭在亲密度、知识性和娱乐性分量表中得分显著高于精神分裂症患者家庭，在矛盾性分量表上得分显著低于精神分裂症家庭，说明量表具有较好的判别效度。家庭亲密度和适应性量表中文版（FACESⅡ－CV）评定的亲密度与本量表评定的亲密度呈正相关，与本量表评定的矛盾性呈负相关，说明有较好的趋集效度。

量表的重测信度在不同的分量表中有所不同。亲密度、矛盾性、知识性和组织性 4 个分量表的内部一致性信度较高，成功性、娱乐性和控制性3 个分量表的一致性稍差，独立性、道德宗教观和情感表达 3 个分量表的内部一致性信度很差。可能是因为这些分量表的内容不太适合中国文化。在应用量表做解释时应该慎重。使用量表对学习成绩良好和成绩差的儿童测查发现，高分儿童的家庭气氛更融洽，家庭成员自由表达情感的程度更高，追求成功的动机较强，同时高分儿童家庭冲突较少，彼此攻击和敌视的现象较少。这样的家庭特征有利于培养儿童的学习积极性，提高学习效率。

量表使用要求受试者具有初等以上教育程度，主试应监控受试者完成量表的全过程，在受试者不能理解多个项目时应中止测试并确认答卷无效。

（三）父母养育方式问卷（EMBU）

父母教养方式问卷用于评定父母的教养方式。中文版 EMBU 由中国医科大学心理学教研室的岳冬梅、李鸣果、金魁和、丁宝坤修订。修订后的量表经过主因素分析，确定了 66 个条目。

量表要求被试回忆早期经历的父母教养方式，并做出 4 级评分。施测时间约 30 分钟。

该量表不适用于年龄幼小的被试和年龄过大的被试，而适用于中青年被试（15～54 岁），该年龄段的被试对父母的评价更客观、稳定，回忆的准确性也较高。

（四）艾森克性心理健康测试

人的性心理是一个非常复杂的问题。单就性行为而言，人与人之间便存在着巨大的差异，有些人一天有一次以上的性生活，而另一些人则很少有或从未有过。随着年龄的增长，性生活的频率日趋减少，但个体差异仍然存在。

为探讨性心理的健康问题，人们设计了许多种问卷。本系统采用的是英国心理学家艾森克在总结大量的实验研究基础之上制订的《艾森克性心理健康测试》，该问卷包含 11 个分量表，共有 159 道题目，每道题目有 3 种选择答案："是""？""否"。该问卷测验在许多人中施用过，并对结果进行了详细的分析。

问卷后面，除了 11 个分量表之外，又加了两个关于性满足和性趋力的综合量表；这些条目的意义和量表的性质也给予了解释。最后，还有一个男子气—女子气量表，它集中了那些反映性别差异最大的条目，这些条目，男性回答"是"或"否"的频率远远高于女性；最后 3 个量表也组成一个一览表，可以在其中描记出自己的得分曲线，并与群体的平均值进行对照。之所以要把后 3 个分量表与前 11 个分开比较，原因在于后

3 个分量表有明显的性别差异。

关于各个分量表的具体情况如下。

1. 宽容度　高分意味着对性具有现代的、比较时髦的、宽容的态度，与宗教、欧洲中世纪的那种关于性生活的老式观点截然相反。在性问题上，对传统的风尚持较为适宜的态度，而又不过分拘泥于传统的观念。不为贞洁问题而过分担忧，乐于发生婚前的性行为。相信避孕是一种自然而有效的方法。把性行为视为只要是成年人就能享受的、愉快的活动。

低分的含义正好相反，低分者把性行为视为一种非常严肃认真的事情，很看重婚姻关系，不愿意发生任何形式的不道德性关系。

2. 满意度　是关于性满意程度的，或表示一个人对其目前性生活满意与否。高分者表明他们的性生活是相当满意的，低分者则不满意。

3. 神经症性反应　得分高的人，明显地为他们的性生活所苦恼，他们自觉很难控制自己的冲动，或难以恰当地表达出来，他们很容易为自己的思想和行为感到烦恼不安。他们为有关性方面的问题而担忧，为此，他们的性功能变得更糟。在这个量表上得分高的人，最好去找大夫看看，或到有关医疗机构进行咨询。

4. 嗜欲性　与缺乏人情味的性行为有关。也就是把自己的性伙伴简单地作为一个性对象，而不关心其人格、气质或个性特征。他们只追求肉体的满足，而不是达到一种亲密的人际关系。男性得分明显高于女性，但不是只有男性才有缺乏人情味的性行为，只是这种性行为方式对于女性的吸引力远低于男性而已。女性更注重性行为中的感情因素。

5. 色情性　喜爱描绘性活动的图画及读物，通常采取一种最直截了当的和赤裸裸的态度对待色情作品，包括看其他人的性活动，以及目前争论最多的有关色情电影和电视节目。高分意味着喜欢看色情作品，或至少对色情的东西有相当的容忍度；低分者则不赞成，或不能容忍色情方面的东西。

6. 性羞怯　高分者和异性在一起或谈到有关性的问题时就感到紧张不安和不自然，甚至有时出现对性的恐惧，在不得已的情况下才勉强接受性活动。低分者表示对性有正常、自然的反应。

7. 性拘谨　高分者即使对温柔委婉的性表示都畏缩退却，对性生活连想都不愿意想，更不要说尽情享受。高分者多少有些不正常，低分者的性反应较为自然。

8. 性厌恶　高分者对某些做爱的方式非常厌恶。即使是和自己很爱的人，也不能使用这些方式，他们对多数人视为正常的性行为也容易产生厌恶感。低分者则表现出更为健全的性反应。

9. 性兴奋　性兴奋或性唤起的难易程度。对有些人来说，必须有非常适宜的情境才能出现性唤起，这类人在此量表上得分低。得分高的人则很容易出现性唤起。

10. 躯体性　强调爱情关系中的躯体反应，渴望进行真正的躯体接触。对高分者来说，配偶的性生活能力尤为重要。低分者更偏向于追求精神因素。高分的人对性评价很高，特别注重性行为，而忽视爱情的其他方面。

11. 攻击性　强调性关系中的敌意成分，即要压倒对方及尽可能地羞辱对方。否认在性关系中存在上述的想法或情感是无济于事的。有些人比其他人表现得更为严重，高分者明显地表现出较多的敌意和攻击性的冲动。

两个综合量表，第一个在性的宽容度、兴奋性、色情性、嗜欲性和躯体性之间存在着相关。在上述所有分量表或多数分量表上得分高的人，有强烈的性力比多，或者说有强的性趋力。

第二个是性满意量表，是性满意度与神经症性反应、性羞怯、性拘谨个性厌恶的负相关。

最后一个量表为男子气—女子气。它是由那些性别差异最大的条目所组成，即男子得分的题，女子常常不得分，反之亦然。高分者即我们这里所说的男子气，它仅仅意味着读者赞赏、社会公认的在性行为方面典型的男性特征，而不赞赏典型的女性特征，这是否会使他（她）成为大男（女）子主义者，由读者自己去判断。

低分为女子气，它只意味着读者（包括男女读者），在与性有关的行为中更赞赏典型的女性特征。在这个量表上，女性读者有可能得高分，而男性读者则可能得低分，但并不说明他们具有我们通常所理解的那种男子气或女子气。当然,也不表明他们有同性恋倾向。

(五)欧利生婚姻质量问卷(ENRICH)

ENRICH是美国明尼苏达大学欧利生教授于1981年在1970年的“婚前预测问卷”(PREPARE)的基础上编制而成的自评问卷。该量表主要用在婚姻咨询中判断婚姻的满意程度,识别婚姻冲突的原因。该量表测量12个因子:过分理想化、婚姻满意度、性格相融性、夫妻交流、解决冲突的方式、经济安排、业余活动、性生活、子女和婚姻、与亲友的关系、角色平等性及信仰一致性。量表有124个题目,由受试者独立做出5级评定,全部完成约需40分钟。

第四节 社区心理援助师测量资格认定

心理测量是一个和社区心理援助不能分离的知识与技能,必须经过系统的学习方可以实施测量。社区心理援助师必须按照以下阶段学习目标,逐步掌握心理测评。全国社区心理援助中心设置有心理测量的培训课程,只有接受过专业的心理测量培训获得资格认证后,方可在社区心理援助的工作中进行心理测量。

心理测量的培训课程必读书目有《心理测量学》《心理测量与心理诊断》《心理统计学》等专业书籍,拥有心理咨询师二级证书与社区心理援助师执业证书,方可以参加全国社区心理援助中心的心理测评师考试认证。考试认证分为两部分:一部分为基础理论,主要考核心理测量学的基本概念和一般原理的掌握情况;一部分为实际操作题,通过案例考察心理测量学在案例中的运用。

第一部分示范考题

单项选择

1. 心理测量的参照点是指( )

A. 绝对零点　B. 自然零点

C. 相对零点　D. 心理零点

2. 以下严谨程度较高的测验是( )

A. 客观测验　B. 个别测验

C. 主观测验　D. 团体测验

3. 常模样本对于所测群体应当具有较好的( )

A. 跨时空性　B. 同一性

C. 非限制性　D. 代表性

4. 如果测验的决定系数是0.81,则该测验的效度系数是( )

A. 0.60　B. 0.70

C. 0.80　D. 0.90

5. 将原始分数转化为百分等级,再将百分等级转化为正态分布上相应的标准分数,这个过程是( )

A. 线性转换　B. 常态化

C. 对应转换　D. 标准化

6. 如果两个复本的施测相隔一段时间,则其信度称为( )

A. 复本信度　B. 重测复本信度

C. 重测信度　D. 稳定等值信度

多项选择

1. 常模团体的选择步骤一般包括( )

A. 确定测验情境　B. 确定一般总体

C. 确定目标总体　D. 确定常模样本

2. 考察测验的构想效度的证据包括( )

A. 测验本身的内容效度　B. 几个测验之间的相互关系

C. 测验内部一致性指标　　D. 受测者对题目的反应特点

3. 效度的功能包括(　)

A. 预测测验误差　　B. 预测效标分数

C. 预测效率指数　　D. 预测影响因素

4. 要对测验分数做出确切的解释,需要该测验的常模资料和信度、效度资料,并要注意这些资料是否来自于(　)

A. 最准确的描述　　B. 最大量的人群

C. 最匹配的情境　　D. 最相近的团体

5. SCL－90 属于(　)

A. 症状量表　　B. 自评量表

C. 诊断量表　　D. 他评量表

6. 关于杨德森等编制的生活事件量表(LES),下列正确的描述包括(　)

A. 该量表包括三个方面的问题　　B. 按常理去判断经历的事件是好事或是坏事

C. 可以应用于病因学的研究　　D. 测验的记分由四个部分组成

7. 中国协作组在修订倍克—拉范森躁狂量表(BRMS)时,增加的项目包括(　)

A. 饮食　　B. 睡眠

C. 幻觉　　D. 妄想

8. 对韦氏成人智力量表(WAIS－RC)分量表的平衡性分析,正确的说法包括(　)

A. VIQ > PIQ,可能操作能力差　　B. VIQ > PIQ,可能操作能力好

C. PIQ > VIQ,可能无阅读障碍　　D. PIQ > VIQ,可能有阅读障碍

9. 对 MMPI 进行两点编码分析,通常只考虑 8 个临床量表,其中包括(　)

A. Hs 量表　　B. Si 量表

C. Hy 量表　　D. Mf 量表

10. 关于汉密顿抑郁量表(HAMD),正确的施测方法包括(　)

A. 由一名经过训练的评定员评定　　B. 一般采用交谈和观察的方式

C. 先评定入组时或前一周的情况　　D. 再次评定需要间隔一周进行

第二部分示范考题

案例 1.

某求助者的 WAIS－RC 的测验结果

	言语测验							操作测验							言语	操作	总分
	知识	领悟	算术	相似	数广	词汇	合计	数符	填图	积木	图排	拼图	合计				
原始分	12	23	18	11	18	37		54	12	32	18	33			71	53	124
量表分	8	14	16	8	17	8	71	12	9	10	9	13	53	智商	111	98	107

1. 多选　在该求助者测验结果中,百分等级达到 98 以上的分测验包括(　)

A. 领悟　　B. 数字广度

C. 算术　　D. 图片排列

2. 多选　与一般人的结果相比,该求助者的强项包括(　)

A. 知识　　B. 算术

C. 数符　　D. 拼图

3. 单选　如果将可信置限水平定为 85%~90%,该求助者 FIQ 值波动范围的上限是(　)

A. 100　　B. 111

C. 112　　D. 115

案例 2.

某求助者的 MMPI－2 的测验结果

量表	Q	L	F	K	Fb	TRIN	VRIN	ICH	Hs	D	Hy	Pd	Mf	Pa	Pt	Sc	Ma	Si
原始分	11	2	22	12	6	10	4	5	23	34	33	21	31	16	22	31	16	35
K 校正分																		
T 分	50	35	63	47	52	63	47	52	78	65	71	56	65	57	59	58	43	50

1. 单选　MMPI－2 与第一版相比，其独特之处在于它采用了(　)
   A. 标准化 T 分　　B. 平均数为 50 的 T 分
   C. 一致性 T 分　　D. 标准差为 10 的 T 分
2. 多选　如果 VRIN 的 T 分大于等于 70 且小于等于 79，则表示受测者(　)
   A. 回答项目内容可能不一致　　B. 测验结果效度可疑
   C. 回答项目内容基本上一致　　D. 临床量表结果有效
3. 多选　根据两点编码结果，该求助者可能的诊断包括(　)
   A. 癔症　　B. 焦虑症
   C. 疑病症　　D. 强迫症
4. 单选　该求助者临床量表剖面图模式属于(　)
   A. 自我防御模式　　B. 精神病模式
   C. 症状夸大模式　　D. 神经症模式
5. 单选　在下列量表中，项目采用 1～7 级评分的量表是(　)
   A. SSRS　　B. BPRS
   C. HAMD　　D. HAMA
6. 多选　在以下评定误差中，因缩小分数分布范围而降低评定的信度和效度的包括(　)
   A. 逻辑误差　　B. 期待效应
   C. 严格误差　　D. 宽容误差
7. 单选　以下属于 MMPI－2 特殊量表的是(　)
   A. A 型行为量表　　B. 强迫固执量表
   C. 吸毒态度量表　　D. 家庭问题量表

第五节　社区心理援助师测量注意事项

(一)社区心理援助师测量工作职责

1. 测验前的准备工作

(1)预告测验事先通知被试，保证被试准确知道测验的时间和地点以及测验的内容、测题的类别(论文题、客观题、口试题等)，使受测者对测验有充分的准备——智力的、情绪的、生理的状态调整。心理测验不主张搞突然袭击。

(2)熟悉测验指示语，主试在个别测验中记住指示语是基本的要求，即使是团体测验，先熟悉指示语也会使你在朗读指示语时不会出错或犹豫，而且使你在测验中感觉自然、轻松。

(3)准备测验材料，这在个别测验中，特别是在最高作为测验中尤为重要。材料一般应放在离测验桌不远的地方，主试可以伸手拿到而不干扰被试。当需要使用仪器时，要经常进行检查和校准。团体测验中，所有的测验本、答卷纸、铅笔和其他必需材料都必须在测验前清点、检查和安排好。

(4)熟悉测验的具体程序，个别测验通常需要进一步的训练。训练的时间依赖于测验的性质和主试的特点，包括演示实践及实习等。对于团体测验，特别是欲测大量被试时，这样的准备工作还包括主试与监考的分工，使他们明确各自的任务。一般说来，主试宣读指示语，掌握时间和负责每个测试点的全面工作；监考则分发和收集材料，回答被试手册中所限定的问题和防止作弊。

(5)确保满意合适的测验条件，安排好测试地点，调整光线、通风、温度、噪音水平等物理条件。有些特殊安排，如对生理残疾的被试及生理上有差异的被试（如左撇子）也应考虑。

(6)防止作弊，妥善安排座位，有时对测试项目安排多种形式（如题目不同或题目顺序不同），对于团体测验中施测时间有先后的被试要注意测验内容最好不同。监考人有防止作弊的责任。

2. 测量中的职责

(1)遵从指示语按照指示语的要求实施测验，在被试询问指示语意义时，可以作进一步的澄清，但不作任何暗示。

(2)测验前不要讲无关的话，如测验时间50分钟，主试竟占了10分钟作不必要的说明，就会使学生感到不公平。另外这种与考试无关的说明不会引起他们的注意，还会引起焦虑，或对主试产生敌意。

(3)对特殊问题有所准备，主试希望的测验环境当然是活跃的、鼓励人的，但实际上一个测验情境对所有被试来说都不是轻松的事情，偶尔会有某些被试因焦虑而有突发事件。另外，测量非常年轻的、有心理障碍的或生理残疾的文化水平低的被试，实施也有具体困难。因此主试必须机智、灵活、热情、客观而且熟悉测验材料。当然这些品质不容易学会，但经验也许会有助于这些品质的形成。

一定的灵活性在实施非标准化的测验甚至标准化测验时也是合适的。有某种测量目标时，一定的敏感和容忍能够使一些有残疾或表达能力有困难的被试有比较好的机会和条件。在施测残疾人时，如下建议将会有所帮助：

a. 保证充分的时间让被试做出反应；

b. 允许充分的实践和练习；

c. 相对较短的测验时间；

d. 发现并关心他们的焦虑和疲劳；

e. 注意发现被试任何视、听等感知觉障碍；

f. 提供正面鼓励和正面支持；

g. 在被试重复出错成绩下降时不强迫他们继续反应。

3. 建立协调关系　在心理测验中，协调关系这个专门术语指的是主试和被试之间友好的、合作的、能促使被试最大限度地做好测验的一种关系。例如能力测验中，它会促使被试认真地注意测验任务并尽其最大努力完成得更好；在人格问卷测验中，它表示促使被试坦率而诚实地回答有关个人一般行为特点的问题；而某些投射测验中，它表示促使被试完整充分地报告刺激引起的各种联想内容，不得有任何审视或删改。总之，建立协调关系就是要求主试必须促使被试尽可能地对测验感兴趣，遵从指示语，认真合作地进行测验。

建立这种关系，如同其他测验程序一样，必须是规范一致的，否则结果无法比较。例如某个孩子正确地解决了一个问题，主试就给予奖金，那么他的结果就不能与常模和那些只能得到口头鼓励的被试的结果进行比较。因此，建立协调关系不能过分偏离测验的标准条件。

协调关系在个别实施的测验中更容易建立些，因为主试有更多的机会来观察被试，更有可能了解被试的动机、干扰因素和焦虑，这些问题在解释测验结果时必须考虑。在团体测验中建立协调关系虽然困难些，但也是必要的。无论是在个体或团体测验中，主试都应该热情、友好而且客观，这是建立协调关系的基本条件。

建立协调关系的基本步骤是随测验的性质和所测被试的年龄与其他特征的不同而有所差异的。在测验学前儿童时，必须考虑儿童对陌生人的胆怯、分心和违拗等具体因素。主试应该友好、随和、令人愉快地帮助儿童。害羞、胆怯的儿童需要有更多的时间来熟悉测验，主试不要过多地反复演示，最好耐心地等待，直到儿童愿意做时为止；测验时间也不宜过长，测验任务应有变化而且要有趣，仿佛测验是场游戏，这样才会唤起儿童的好奇心。对这种年龄水平的儿童，有必要采用某种变通方式，因为他们很可能会出现拒绝、兴趣消失和其他消极反应。

(二)社区心理援助师在心理测量中的注意事项

美国心理学家桑代克和教育测量学家麦柯尔在几十年前曾先后提出:“凡物之存在必有数量”“凡有数量的东西都可以测量”。心理测量是使用测验对人的心理特质进行定量描述的过程,它是一种间接测量,其结果虽不像物理测量那么准确,但在实际工作(如选才、安置、诊断、评价、咨询等)和理论研究(如搜集资料、建立和检验假说、实验分组等)中,它作为一种手段确实比现实生活的映像、经验评估等更为有效,更为准确。

随着心理测量学的不断深入发展,它已广泛应用于人才选拔、职业指导、因材施教、心智缺陷和精神疾病的早期诊断等各个方面。目前,心理测量量表很多,既有从国外引进并加以修改的,也有我国心理学工作者自己编订的。虽然它们都是心理测量的有效工具,但如果在施测过程中不注意对可能影响测量信度和效度的因素进行控制,那么主试所得到测量结果的真实性就值得怀疑。另外对量表分数的解释也将影响到心理测量的科学性和严肃性。因此,在进行心理测量时,主试应注意以下几方面的问题。

1. 主试的要求

(1)素质要求:从专业素质方面来看,主试必须具备心理学、教育学、心理统计学以及工作领域相应的专业知识。主试必须确定自己有能力实施某些心理测验,要避免那些超出自己知识和经验范围之外的测验。一般来说,个体测验较团体测验对主试的资格要求严格,尤其是人格测验和智力测验。

(2)道德标准:为了保证测验的价值,防止测验失效,心理测量必须要保密和控制使用。还要在测验中注意保护被试的个人隐私。

2. 测量的选择　选择什么样的测量,是主试在测量前必须慎重考虑的问题。心理测量的结果是否有效,首先必须考查测量本身的信度和效度,另外主试必须明确所选测量的适用范围及其测验目的。

3. 测量环境　测量环境包括测量时的物理环境和心理环境两个方面。

(1)对测量中物理环境的控制就是要最大限度地减少环境中无关因素对测量效度的影响。因此,一般来讲,测量场所应整洁、安静、通风良好、光线充足、噪音较小,室内装饰不要过于花哨,环境中不能有给被试提供任何暗示的线索,被试的座位要舒适。测量过程中应尽可能避免他人的干扰。

(2)对测量中心理环境的控制就是要求主试与被试之间建立起和谐的人际关系,营造出良好的心理氛围,以消除被试对测量的非适度焦虑。因此,施测前主试与被试的言语或非言语沟通就至关重要。对于儿童,为了避免陌生、害羞、分心等因素影响测量的效果,主试可以利用一点时间与其进行适当的谈话、玩耍,待其消除紧张情绪后,再进行测量。对于一些因测量而产生过分焦虑的被试,主试更应利用各种方法,冲淡紧张的气氛,向他们说明测量的意义和原则,以解除他们的顾虑。总之,良好的物质环境也可以使被试感到心情舒畅,注意力容易集中。

4. 测量时间　一般来说,心理测量(尤其是智力测量)应在双方身心状态都较和谐的时候进行。这既能提高主试反应(评价)的客观性,又能保证被试反应的准确性和敏捷性,使被试的自我认识更加客观。因此,在测量时间的安排上就应注意以下几点。

(1)切忌在主、被试任何一方连续进行了几个小时的智力活动或剧烈运动后立即开展心理测量。因为此时主试或被试都比较疲倦,精力难以集中,感知觉、记忆和思维等心理过程受到较大抑制,甚至还会出现混沌现象,这将影响测量结果的真实性。如果测验是在学校进行,最好不要将测量安排在紧挨假期。

(2)情绪是影响测量效度的又一个重要的因素,在一个人情绪不佳的时候,会对自我认知的真实、客观性产生消极的影响,进而制约了心理测量效度。然而,人的情绪在一个月内会出现周期性的起伏变化,每一天里也会随着所遇到生活事件的不同而产生变化。因而在被试处于情绪低谷时不宜进行测量。

(3)切忌在被试经受挫折时进行某种心理测量(如智力测量)。因挫折导致的忧郁、烦躁、焦虑等都会影响一个人反应的速度、思维的灵活性和敏捷性、注意的范围和清晰度等。同样,因挫折带来的不良情绪也会影响主试的阅卷速度、评分质量,从而造成误差。

(3)一天中,下午5~7时是一个最“危险”的时期。因此,不论是工作还是学习了一天的主试或被试,此时的身心状态都处于最低潮。除了因疲劳困倦而导致注意力分散外,情绪也多显焦躁,被试很难做到心平气和、精力集中,稍有不慎,便会使测量失败。同时,从生理角度看,下午 5~7 时是大多数人"生理律动"的最低点,此时急需补充体能的消耗和恢复精力。而到了晚上 8 点左右,餐后的松弛状态使每个人对事物的反应灵敏度得以恢复,心情也较愉快。若此时进行心理测量,将会得到比较满意、真实、客观的结果。

在完成量表或问卷的时间上,主试应严格按照量表或问卷上规定的时间执行,不能让被试在某个题目上考虑的时间过长。因为被试可能在回答上竭力去符合主试的期望或对于涉及社会赞许性的题目时,被试具有自我保护倾向,这些都将严重影响测量的准确性和有效性。一般说来,能力测验和成就测验都有严格的时间限制,而人格测验和态度测验一般无时限。

5. 指导语　在进行心理测量前,主试都要向被试说明如何完成心理测量。但是,主试的说明必须严格按照量表或问卷提供的标准化的指导语进行,切忌向被试解释过多或擅自发挥,否则,会给被试在无意间提供了某种暗示和导向,影响其回答问题的真实性。

一般来说,只要被试能理解量表意思,正确掌握回答方法就可以了。在施测过程中,有些被试故意装着对某些题目(项目)不理解而要求主试解释,以期从主试的解释中寻求答案。对此,主试千万不要上当,而只能重复一遍指导语,让被试按自己的理解真实回答。

在人格测量中,为了打消被试的某种顾虑,使其回答符合自己的真实情况,主试可向被试作如下说明。

(1)心理测量的结果只代表被试的某种心理类型和个性特点,不作为评定能力和思想品德的依据。

(2)对每个题目(项目)的回答无对错、好坏之分,回答时按"我是什么"来回答就可以了。

(3)在每个题目(项目)上思考的时间不能太长,看准了就回答,每个题目(项目)的答案必需而且只能选一个。

6. 测谎分数的处理　在人格测量中,为了检查被试回答的真实性和有效性,常常会在量表或回答中穿插有测谎题。有时会发生被试的测谎分数超过常模的现象。对此,主试在理解时不能带着道德的倾向去指责被试,认为被试不诚实、虚伪等。这样,不仅会伤害被试的自尊心,使双方的关系对立起来,而且还会由此产生一系列消极的影响。其实,测谎分数,在心理测量学上称之为"真实性校正分数",它只是说明被试回答是否真实,用于鉴定量表的有效性,并不代表其他含义。

7. 量表分数的解释　心理测量后,主试一般都要对量表分数(测验结果)进行解释。主试在对量表分数(测验结果)进行解释时应注意以下几点。

(1)对量表分数的解释应全面、客观,有利于被试今后的自我发展,切忌随意推论或武断地下结论。对量表分数的解释应采取鼓励性的、委婉的方式进行,特别是对心理健康方面的测验结果的解释,只能是尽可能地减轻被试的心理负担,而不能任意夸大被试心理障碍的程度。

要让被试积极参与对量表分数的解释,以使主试完全了解分数的表面意义和隐含意义。另外主试在向被试作解释时,一定要使用被试能理解的语言。

(2)任何情况下,解释分数时绝不能将测验分数与被试相关背景信息(如年龄、性别、教育程度、生理特征等)割裂开,必须把两者结合起来一起纳入解释的范围,这样测验结果才能正确应用于教育、诊断、治疗和干预决策。

(3)主试在根据常模资料对被试的量表分数进行解释时,必须考虑到由于被试自身特点的不同及被试所处的社会、文化的差异,且随着时间的推移、社会的发展变化,因为常模资料有不适用于少部分被试的可能。

(4)一次的测验分数对于个体来说并非固定不变的数字,每个测验分数都包含有一定的误差,并随着时间的推移发生变化,所以测验分数只可以看做是一种路标或估计值,只有结合被试的相关信息进行解释才具有现实意义。另外由于误差的存在,测验结论应用概率来表述,而不是定论(必定如何)。

(5)在解释分数时,可以参考被试的横向(被试间)比较和纵向(被试自身)比较,特别是在成就测验中具有较大的价值。

(6)一般而言,不要把测验直接结果告诉被试,而只需告诉被试对测验结果的解释,指出被试在哪些心理能力群上的长处和弱点。

当然,影响心理测量效度的因素还有很多。实际上,任何与测量目的无关的因素都有可能引起误差,这就要求心理测验工作者在进行心理测量时必须考虑到、控制住可能出现的各种问题,以使测量的结果更真实、可靠。总之,对待心理测量应持一种科学的态度,心理测量是一种工具,善用则用之有效,不善用则适得其反。

本章编写负责人:刘义林　许多斌　李谢之

本章参与编写校对人员:刘义林　许多斌　李谢之　任明霞　张英姿　刘艳秋　吕新燕

参考文献

[1] 章志光. 社会心理学[M]. 北京:人民教育出版社,2008.
[2] 彭聃玲. 普通心理学[M]. 北京:北京师范大学出版社,2005.
[3] 陈琦,刘儒德. 当代教育心理学[M]. 北京:北京师范大学出版社,2007.
[4] 刘视湘. 社区心理学[M]. 北京:北京开明出版社,2013.
[5] 道尔顿,伊莱亚斯,万德斯曼. 社区心理学[M]. 王广新,译. 北京:中国人民大学出版社,2010.
[6] 陆江,林琳. 社区健康教育[M]. 北京:北京大学医学出版社,2010.
[7] 姚蕴伍. 社区护理学[M]. 杭州:浙江大学出版社,2008.
[8] 弗洛伊德. 精神分析引论[M]. 谢敏敏,王春涛,译. 北京:中央编译出版社,2008.
[9] 许燕. 人格心理学[M]. 北京:北京师范大学出版社,2009.
[10] 侯玉波. 社会心理学[M]. 北京:北京大学出版社,2002.
[11] 彭聃龄. 认知心理学[M]. 杭州:浙江教育出版社,2004.
[12] 严文华. 做一名优秀的心理咨询师[M]. 上海:华东师范大学出版社,2008.
[13] 萨默斯-弗拉纳根. 陈祉妍,江兰,黄峥,译. 心理咨询面谈技术[M]. 北京:中国轻工业出版社,2001.
[14] 威廉·窦赫提. 李淑珺,译. 心术-心理治疗的道德责任[M]. 上海:上海三联书店,2013.
[15] 李虹. 健康心理学[M]. 武汉:武汉大学出版社,2007.
[16] 钱铭怡. 变态心理学[M]. 北京:北京大学出版社,2013.
[17] 郭念峰. 国家职业资格培训教程(心理咨询师)[M]. 北京:北京民族出版社,2005.
[18] 李跃儿. 自我评价[M]. 南宁:广西科学技术出版社,2009.
[19] 姚树桥. 心理评估[M]. 北京:人民卫生出版社,2013.
[20] 俞国良. 心理健康教育(学生用书)[M]. 北京:高等教育出版社,2005.
[21] 俞国良. 心理健康教育(教师用书)[M]. 北京:高等教育出版社,2005.
[22] 贾晓明. 地震灾后心理援助的新视角[J]. 北京:北京理工大学应用心理学研究所. 中国健康心理学杂志. 2009,7:882-885.
[23] 章志光. 社会心理学[M]. 北京:人民教育出版社,2008.
[24] 林坤辉. 家庭心理学[M]. 北京:电子工业出版社,2014.
[25] 岳晓东. 心理咨询基本功技术[M]. 北京:清华大学出版社,2015.
[26] 张伯源. 变态心理学[M]. 北京:北京大学出版社,2005.
[27] 赵敏,杨凤池. 中国社区心理疾病防治[M]. 上海:上海交通大学出版社,2013.
[28] 张伟. 社区精神卫生服务[M]. 成都:四川大学出版社,2010.
[29] 杨洋. 社区常见心理卫生问题[M]. 成都:四川大学出版社,2014.
[30] 王文忠,王世卿. 灾后社区心理援助手册[M]. 北京:科学出版社,2009.
[31] 姚蕴伍. 社区护理学[M]. 杭州:浙江大学出版社,2008.

后 记

全国社区心理援助中心于2015年3月成立以来,在国务院国资委中国人才专业库全国心理学考评管理中心的支持下,得到了各省市相关部门的大力支持,也得到了很多国内顶尖级的专家学者的支持。在这些专家当中,有92岁高龄的李心天教授,有张伯源教授、王极盛教授、张吉连教授、刘立教授等老前辈,以及活跃在前沿一线的刘华清教授、时勘教授、彭娟教授、苏朝霞教授、魏心教授、朱美云教授。感谢张伯源教授为本书作序并题写书名。在此,我谨代表全体编委,向各位前辈和专家学者们表示衷心的感谢。

这本书作为社区心理援助师的培训教材,同时作为社区心理援助活动具体开展的指南手册和工具书,能在短短的3个月时间内完成编写,确实是一件很不容易的事情。感谢遵义医学院2013级医学美容专业的全体学员为本书收集资料做了大量的前期准备工作,感谢参与编写的200多名专家、老师、同学,感谢大庆闻革同志为大家相识所搭建的网络平台(心理学资源共享教室),没有大家的积极参与和支持,本书的编辑出版是不可能的。还要感谢军事医学科学出版社孙宇社长和全体工作人员,没有你们高效率、高质量的策划、编辑、排版、校对,本书也是难以和读者见面的。

由于时间仓促,无论是内容题材还是专业技术方面,本书可能存在尚须完善和不足的地方,我们期待着各位专家学者的批评和建议,以便我们在修订和改版时让本书更加完善。

让我们用社会主义核心价值观来解读心理学,让心理学走进千千万万个社区,走进千家万户。让心理学使更多的人受益。

刘义林

2015年6月

鸣　谢

借此机会，特向支持我们的以下单位和机构表示衷心感谢。

中国心理学会
中国心理干预协会
中国心理卫生协会
中国医药教育协会
中国科学院心理研究所
中国幸福企业研究中心
中国人民解放军心理咨询培训中心
中科博爱（北京）心理医学研究院
中国心理网
北京回龙观医院临床心理科
北京心力健康管理有限公司
北京骄阳智心教育咨询有限公司
北京心路成功教育咨询有限公司
北京星海软件有限公司
北京海淀育新职业技能培训学校
广州上馨心理机构
深圳简约心理咨询有限公司
南宁心翊心理咨询服务有限公司
上海予桐健康咨询有限公司
温州市心理志愿者协会
山西悦心心理咨询中心
乌鲁木齐玄石心理咨询研究所
哈尔滨南岗育源心理教育学校
武威多斌维悦文化传播有限公司
遵义医学院管理学院
上海艾瑞克森企业服务有限公司
杭州心希望公益发展促进中心
“心教育”平台
成都太昌科技有限公司
包头陈欣心理学校
三亚新动力文化传播有限公司
三亚刘博士心理咨询有限公司